Bibliographie

des Éditions de

Simon de Colines

1520-1546

PAR

PH. RENOUARD

*Avec une Notice biographique et 37 Reproductions
en fac-similé*

PARIS
ÉM. PAUL, L. HUARD ET GUILLEMIN
LIBRAIRES DE LA BIBLIOTHÈQUE NATIONALE
28, RUE DES BONS-ENFANTS, 28
1894
Tous droits réservés

Bibliographie

des Éditions de

Simon de Colines

1520-1546

Bibliographie

des Éditions de

Simon de Colines

1520-1546

PAR

PH. RENOUARD

*Avec une Notice biographique et 37 Reproductions
en fac-similé*

PARIS

ÉM. PAUL, L. HUARD ET GUILLEMIN

LIBRAIRES DE LA BIBLIOTHÈQUE NATIONALE

28, RUE DES BONS-ENFANTS, 28

1894

Tous droits réservés

PRÉFACE

La bibliographie des éditions de Simon de Colines est un complément naturel à celle des éditions de la famille des Estienne : Colines succéda en 1520 à Henri Ier Estienne, épousa sa veuve, et devint le tuteur de ses trois fils, en 1526 il transmit à son beau-fils Robert la maison paternelle, mais non pas le fonds qu'il continua d'exploiter et d'accroître jusqu'à sa mort; nous avons donc jugé que la série des éditions colinéennes compléterait utilement les Annales de l'Imprimerie des Estienne, dans lesquelles notre arrière-grand-père Antoine-Augustin Renouard a réuni la liste des éditions stéphaniennes à l'histoire des membres de cette célèbre famille (1).

On trouvera peut-être superflu le soin que nous avons pris de transcrire le titre de chacun des volumes cités, en indiquant la division des lignes, et d'en donner une collation minutieuse avec le détail des pièces accessoires; il nous a semblé que ces indications ne seraient pas toujours inutiles aux bibliophiles et que le dépouillement des pièces pourrait faire connaître le nom de quelques érudits ignorés de la première moitié du XVIe siècle.

La marche que nous avons adoptée est celle qu'a suivi

(1) 2e édition, Paris, 1843, in-8º.

M. Vander Haeghen dans sa Bibliotheca belgica *qui restera le modèle de toutes les bibliographies. Les titres et les citations sont transcrits exactement avec leurs abréviations, leur ponctuation et souvent leurs anomalies, les mots seuls placés entre crochets sont ajoutés au texte original ; la fin de chaque ligne est indiquée par un double trait ; on n'a pas tenu compte, dans la transcription, de la différence des caractères employés (gothique, romain ou italique), mais l'on a maintenu une capitale à la première lettre de tous les mots composés entièrement en capitales.*

Comme la longue liste des éditions que nous avons réunies est destinée à être consultée seulement et non à être lue dans son ensemble, nous n'avons pas reculé devant des répétitions nombreuses qui faciliteront les recherches. Les volumes sont classés par année, et dans chaque année par ordre alphabétique.

On comprendra que la transcription exacte de titres et la collation de volumes que nous avons eu souvent quelques instants seulement entre les mains, ne pouvait être exempte de nombreuses erreurs, nous avons pu en relever quelques-unes dans l'errata auquel nous prions le lecteur de vouloir bien se reporter ; nous le prions aussi de consulter sur les différentes réimpressions de chaque volume, l'index alphabétique des auteurs.

Nous aurions voulu faire précéder la bibliographie d'une biographie détaillée de Simon de Colines, mais les documents originaux nous ont appris bien peu de choses, et nous ne savons guère sur lui que ce qui découle de la série de ses éditions, aussi avons-nous dû nous contenter de donner un résumé de son œuvre que nous avons placé à la suite de la bibliographie comme une sorte de conclusion.

Comme l'ont fait M. Vander Haeghen et M. Buisson, nous nous sommes efforcé d'indiquer, pour chaque volume, les bibliothèques publiques qui en possèdent des exemplaires ; nous avons dépouillé les catalogues imprimés et un grand nombre de catalogues manuscrits de nos bibliothèques françaises et de quelques bibliothèques de l'étranger, mais nous ne pouvons avoir la pré-

tention d'en donner un relevé complet et l'on ne pourra conclure, de ce que nous ne mentionnons pas telle ou telle bibliothèque en décrivant un volume, que cette bibliothèque ne le possède pas. Peut-être cette partie de notre travail aura-t-elle pour effet de donner un aperçu des richesses disséminées dans nos dépôts publics de province, et d'attirer l'attention sur quelques uns de ceux qui, n'ayant pas de catalogues imprimés, restent à peu près ignorés des chercheurs et des bibliophiles.

Nous ne saurions omettre d'exprimer ici toute notre gratitude aux bibliothécaires, aux bibliophiles et aux libraires auprès de qui nous avons toujours trouvé le plus bienveillant accueil et qui nous ont facilité notre tâche. Nous en abuserons encore en leur demandant de vouloir bien nous signaler les erreurs qu'ils relèveront dans notre travail.

BIBLIOGRAPHIE

DE

SIMON DE COLINES

MDXX

8 AVRIL 1520 — 20 MARS 1521 N. S.

⁋ Logica Aristotelis Ex Tertia Recognitione. ‖ Libri Logicorvm ‖ ad archetypos recogniti / cū no‖uis ad literā cōmētarijs : ad fœ=‖lices primū Parifiorū & cōmu=‖niter aliorū ſtudiorū ſucceſſus / ‖ in lucem prodeant / ferantqʒ li=‖teris opē. Nunc ergo O iuuenes ex Ariſtotelico ope ‖ ceu ex pprio fōte puriſſimas haurite / delibateqʒ a=‖quas. peregrinas aūt tāq̄ viles lacunas inſalubresqʒ ‖ Trinacrię lacº / deuitate. Omne enī malū ſtudijs in=‖ſeminatū fere eſt : qʒ authorū literis dimiſſis / ipſisqʒ ‖ authoribus : ad vana gloſſemata feſe totos cōtulere. ‖ Et eos q̄ nō eſſēt authores (ac ſi apes fucos ſequerēt) ‖ po ducibº & delegerūt & fecuti funt. Sed nūc meliº ‖ ſtudiorū cōſulite rebº. Si aūt dialecticā artē cū mo‖deſtia fufcipitis : ‖ cōfequēs eſt vt bonæ difciplię ‖ redeāt oēs. Bonas aūt difciplinas morū ‖ pbitas & vitæ decor cōcomitat oīs / ‖ omnifq; virt⁹ qď fūmopere ‖ ſtudijs & optamus ‖ & impreca=‖mur. ‖ *Parisiis* ‖ Ex officina *Henrici Stephani.* ‖ 1520 ‖.

In-folio de 271 ff. chiffr. et 1 f. bl., sign. a-z, A-L par 8; car. rom., annot. marg.; init. sur bois à fonds criblés, la première lettre ornée, Q, plus grande que les autres, représente un philosophe; figures dans le texte et dans les marges.

Le titre est imprimé en rouge et en noir, il est placé dans un des encadrements dont Henri Estienne ornait ses publications; c'est celui qui est reproduit par Silvestre, comme marque typographique, sous le numéro 906, il représente des séraphins, et porte les armes de l'Université de Paris ainsi que les initiales H S; les mots ℭ *Logica Aristotelis Ex Tertia Recognitione,* sont placés, en capitales, autour du cadre, au-dessous duquel est la suscription. Au verso du titre se trouve la dédicace à Germain de Ganay : ℭ *Iacobvs Stapvlensis Insigni Pro=‖bitate Viro Germano Ga=‖nayensi Consilia‖rio Regio.* ‖ (sans date). Le corps de l'ouvrage qui a pour titre de départ : ℭ *Logicorvm Libri Recogniti/ Boetio Severino* ‖ *interprete / & Paraphraſes in eodem cum adieɑ̃is annotationibus : ordinatore* ‖ *Iacobo Fabro Stapulenſi.* ‖, comprend : *Libri vocum Prophyrij* (ff. 2 à 16 recto) ; — *Liber Prædicamentorum* (ff. 16 verso à 43 recto) ; — Περὶ Ἑρμηνείας (ff. 43 recto à 71), terminé par une première souscription :... *Ex officina* ‖ *Henrici Stephani anno Chri=‖sti omnium cōditoris.* ‖ *M. CCCCC. XX.* ‖...; — un nouveau titre de départ : *Secvnda Pars Lo-‖gices Qvæ Resolvtoria / Ivdica=‖ tivaqve Dicitvr.* ‖, cette seconde partie se subdivise ainsi : *Primi et ſecundi priorum analyticorum libri* (ff. 72 à 161), — *Primi et ſecundi poſteriorum analyticorum libri* (ff. 162 à 208 recto), — *Topicorum libri* (ff. 208 verso à 253 recto), — *Primus (et ſecundus) elenchorum sophiſticorum liber* (ff. 253 verso à 271), terminé par la souscription suivie de la 17° élégie morale du second livre de Murmellius :

ℭ *Secvndi Elenchorvm Sophisticorvm* ‖ *Ariſtotelis : & totius logices (quam & obſcurum nūcupauit organum)* ‖ *Finis. Pariſiis ex officina libraria Henrici Stephani & ſucceſſo=‖ris eius Simonis Colinæi. Anno Christi ſalua=‖toris omnium M.D.XX. Die Martij ſeptima.* ‖ (1521, n. s.)

Henri Estienne avait déjà donné deux éditions des *Libri logicorum* en 1503 et 1510; Colines les a réimprimés trois fois en 1531, 1538, 1543.

Le *Promptuarium divini juris,* dont l'achevé d'imprimer est du 7° jour avant les calendes de novembre (24 octobre) 1520, est le premier volume portant le nom de Colines, nous ne le citons pas le premier parce que nous avons adopté l'ordre alphabétique dans chaque année.

PARIS : *Bibl. Mazarine.* — BORDEAUX. — CAMBRAI. — MARSEILLE. — TROYES.

Nicolai Ascleph Barbati Epigrammaton ad Antonium de Marcka Dominum Belliloci & Comitem libri duo. Ex officina *Simonis Colinæi* pro schola Decretorum 1520.

In-8º.
Souscription :
Excudebat Simon Colinæus Parifiis e regione Scholæ Decretorum habitans Anno 1521. die Aprilis quarta.

Nous n'avons pas rencontré ce volume qui est cité par Panzer, d'après Maittaire, II, p. 603.

(Josse CLICHTOVE.) De Vita Et Moribvs Sacerdo=‖tum / opufculum : fingularem eorum ‖ dignitatem oftendens / ex quibus ‖ ornati effe debeant vir=‖tutibus expla=‖nans. ‖ ∴ ‖ Secvnda Emissio. ‖ *Parisiis.* ‖ Ex officina *Simonis Colinæi.* ‖ 1520 ‖.

In-4º de 79 ff. chiffr. et 1 f. non coté, sign. a-k par 8; car. rom.; init. sur bois à fonds criblés, notes marginales.

Le volume est précédé d'une dédicace *Reverendo In Christo Pa=‖tri ac domino D. Lvdovico Gvilliar=‖do epifcopo Tornacenfi dignissimo : Ivdo‖cus Clichtoueus profefforū theologiæ mi=‖nimus. S. D.* ‖ (Paris, 1519), occupant le verso du titre et le feuillet 2 ; les feuillets 3 à 79 contiennent le traité de Clichtove sur les devoirs des prêtres avec les règles dont ils ne doivent pas se départir dans leur conduite journalière et leur façon de vivre; à la fin du volume sont placés un index des chapitres et la souscription :

☙ *Abfolutum eft hoc opufculū de vita & moribus ‖ facerdotū atq̃ fecundo editū Parifijs / in officina ‖ Simonis Colinei : e regione fcholæ De=‖cretorū fita. Anno dñi. 1520. ‖ die vero Decembris ‖ duodecima ‖.*

Cette seconde édition n'est pas une réimpression exacte de l'édition originale, *Paris, Henri Estienne*, 1519, in-4º, elle contient un chapitre nouveau : ☙ *Teftimonio beati Cypriani epifcopi... admodum periculofam effe clericorum ‖ cum mulieribus habitationem / & fummo ftu=‖dio fugiendam. ‖*, qui est placé le vingt-quatrième et avant dernier; jusque-là la première édition est copiée page pour page, mais avec moins d'abréviations et quelques changements dans les lettres ornées.

Voyez sur ce volume, comme sur tous les autres ouvrages de Josse Clichtove ou Clicthove, les détails historiques et bibliographiques donnés par M. Vander Haegen, le savant bibliothécaire de l'Université de Gand, dans sa *Bibliotheca Belgica.*

PARIS : *Bibl. Nat.; Bibl. Arsenal.* — ABBEVILLE. — AMIENS. — BORDEAUX. — LE HAVRE. — TOURS. — LONDRES : *Brit. Mus.* — M. Vander Haegen cite encore : BONN. — GOTTINGUE. — VIENNE (Autriche).

(Josse Clichtove.) De Doctri=‖na moriendi opuſculum / neceſſaria ad mor=‖tem fœliciter oppetendam prępara=‖menta declarans : & quo modo in ‖ eius agone varijs antiqui ho=‖ſtis inſultibus ſit reſiſten=‖dum / edocens. ‖ *Parisiis* ‖ ⁌ Ex officina *Simonis Colinęi.* ‖ 1520 ‖.

In-4º de 86 ff. chiff. et 2 ff. non chiff., sign. a-l par 8; init. à fonds criblés, notes marginales. Sur le titre, une figure sur bois représente une tête de mort tenant un os entre les mâchoires, à droite et à gauche, des ossements, une pelle et une pioche, au bas, une tombe ouverte avec l'inscription : *Memor eſto : quoniam mors* ‖ *non tardat. Ecclī. 14.* ‖, près de la tombe une dalle porte ces mots : *Hic Iacet.*

Le verso du titre est blanc, les feuillets 2 recto à 4 verso renferment l'épître dédicatoire : ⁌ *Illvstrissimo Principi Ac* ‖ *Domino Ioanni Comiti & Domino de Gallinario monte* / *tum antiqua generis no*‖*bilitate tū virtutum claritate præfulgenti :* ‖ *Iudocus Clichtoueus profeſſorū theologiæ* ‖ *minimus : fœlicitatem exoptat* ‖, datée de Paris, 1520 : les deux derniers feuillets contiennent l'index, la figure sur bois du titre (dans laquelle l'inscription *Memor eſto* est remplacée par les mots *Reſpice finem*), un texte de la Bible : *Memor eſto iudicij mei...,* trois distiques latins et la souscription :

⁌ *Absolvtvm Est Hoc De Do*=‖*ctrina moriendi opuſculum & in lucē pro*=‖*latum, Pariſijs, in officina libraria Si*=‖*monis Colinæi, induſtrij in excu*=‖*dendis libris opificis : e regione* ‖ *ſcholæ Decretorum ſita.*

An=‖no ab incarnatione domini ‖ (*qui vitæ & mortis ha=‖bet imperiū*) *viceſi=‖mo ſupra ſeſqui=‖milleſimum :* ‖ *die vero* ‖ *Martij* ‖ *ſecū=‖da* ‖ ∵ ‖ (1521, n. s.)

La préface contient des documents intéressants sur la famille des comtes de Henneberg (*Gallinarius mons*) ; Jean de Henneberg était parent de Louis XII par son arrière-grand'mère, fille du duc de Clèves, et, par sa mère, descendait des électeurs de Brandebourg et des électeurs de Saxe.

Le doctrinal de mort a été réimprimé par Simon de Colines en 1534 et sept fois encore par d'autres imprimeurs ; M. Vander Haegen donne la série complète de ces éditions ; il a été traduit en français et imprimé à Rouen par Robert et Jean du Gort, en 1553. L'ouvrage est divisé en 22 chapitres et ne doit pas être confondu avec l'Art de bien mourir, qui lui est antérieur, et a eu aux xve et xvie siècles de si nombreuses éditions ou imitations.

PARIS : *Bibl. Nat. ; Bibl. Mazarine ; Bibl. Ste-Geneviève.* — AMIENS. — AUTUN. — BORDEAUX. — LE MANS. — BRUXELLES. — DRESDE. — LONDRES : *Brit. Mus.* — M. Vander Haegen cite encore : CAMBRIDGE : *Bibl. Univ.* — COPENHAGUE. — GOTTINGUE. — LA HAYE. — MUNICH. — MUNSTER. — VIENNE (Autriche). — WOLFENBUTTEL.

(Josse CLICHTOVE.) ❡ De Vera Nobilitate Opvscv=‖lum : completam ipſius rationem explicans, ‖ & virtutes, quę generis nobilitatem in pri‖mis decent ac exornant, depromens. ‖ adiectis paſſim grauibus autho=‖rum cum gentilium tum ſa=‖crorum ſententijs, ſcri=‖pturæ ſanctæ teſti=‖monijs , claro=‖rumq̃ viro‖rum exē‖plis ‖ ∵ ‖ ❡ Ex Secvnda Recognitione. ‖ 1520 ‖ ❡ Venale habetur *Pariſijs*, in officina *Simonis* ‖ *Colinæi* chalcographi : e regione ſcholæ Decre=‖torum. ‖

In-4° de 60 ff. chiffr., 1 f. non coté et 1 f. blanc, sign. a-g par 8, h par 6 ; car. rom.; notes marginales ; init. sur bois à fonds criblés.

Cette édition est la réimpression textuelle de l'édition originale donnée en 1512 par Henri Ier Estienne ; elle est précédée de la dédicace de Clichtove : ❡ *Generoſo & claris orto natalibus Domino Ia‖cobo Ambaſiano, Iudocus Clichtoueus Neo=‖portuenſis, profeſſorum Theologię minimus : ‖ veram nobilitatem exoptat.* ‖ (Paris, 1512), qui occupe le verso du titre, le feuillet 2 et le recto du feuillet 3 ; le traité de la vraie noblesse se termine au recto du feuillet 60 ; à la suite se trouvent l'erratum et cinq distiques latins de Jean Multivallis placés après la souscription :

❡ *Excuſum eſt hoc de vera nobilitate opuſcu=‖lū. & ſecundo in lucē editū, Pariſijs : in offi=‖cina Simonis Colinæi, induſtrij librorum* ‖ *effor-*

mandorum opificis, e regione fcholæ ‖ *Decretorum fita. Anno ab incar-natiōe do=*‖*mini, veræ nobilitatis authoris, vicefimo,* ‖ *fupra millefimum & quingentefimum : die* ‖ *vero Martij. 15.* ‖ (1521, n. s.)

Paris : *Bibl. Nat.*; *Bibl. Cour de Cassation.* — Le Mans. — Bruxelles. — Dublin : *Collège de la Trinité.* — Londres : *Brit. Mus.* — M. Vander Haegen cite encore : Cambridge : *Bibl. Univ.* — Copenhague. — Dresde. — Gottingue. Upsal. — Vienne (Autriche).

Orationes Richardi Croci ‖ duæ, altera a cura qua utilita-tem laudemqʒ ‖ Græcæ linguæ tractat, altera a tem=‖pore, qua hortatus eſt Canta=‖brigienſes, ne deferto=‖ res eſſent eiuſ=‖dem. ‖

In-4° de 28 ff. non chiff., sign. A-C par 8, D par 4; init. à fonds criblés ; le verso du titre et celui du dernier feuillet sont blancs.

Les pièces liminaires se composent d'une préface de Gilbert Ducher à Antoine du Prat, datée *e noſtro italorum gymnafio*, 1520, et d'une dédi-cace de Crocus... *bonarum artium et utriuſque linguæ profeſſor*, datée des calendes de juillet 1520. A la fin sont placés l'errata et la souscription :

Lutœtiæ [sic] *Parifiorum cura Simonis Colinæi* ‖ *chalcographi Sump-tibus vero Damiani Ichmā* ‖ *bibliopolœ* [sic] *in via Iacobea fub quatuor elemētis* ‖ *morā trahētis. Anno Domini M. D. XX.* ‖

Ce volume fut exécuté pour Damien Ichmann, parent de la veuve de Henri Estienne, que Simon de Colines devait épouser l'année suivante. La souscription n'indique pas d'une façon absolue que l'impression même ait été faite par Colines, mais les initiales et les caractères sont bien ceux de Henri Estienne et de son associé. En tous cas, c'est Simon de Colines qui a donné ses soins à ce volume, probablement exécuté avec grande hâte, car il contient de nombreuses fautes, entre autres, dans la préface, le mot *Colmæi*.

Maittaire et Panzer citent une autre édition du second discours, chez Simon de Colines, en 1529.

Richard Croke, né à Londres, avait été élevé aux collèges d'Eton et de Cambridge, il fut professeur de grec à Leipzig, puis à Louvain et enfin à Oxford; choisi par Henri VIII pour traiter les préliminaires de son divorce, il échangea avec le roi d'Angleterre une correspondance qui est conservée au British Museum et a été publiée par Burnet dans son *Histoire de la Réforme*. Richard Croke est l'auteur de : *Tabulæ, græcas litteras compendio discere cupientibus sane quam utiles*, Leipzig, 1516 et 1521, *Introductiones ad græcam linguam*, Francfort, 1520, *In-stitutiones in rudimenta græca*, Cologne, 1520.

Paris : *Bibl. Nat.; Bibl. Maʒarine.*

❦ Galeni ‖ De Affectorvm Locorvm Noti=‖tia, libri ſex, Guilielmo Copo Baſi=‖leienſi interprete. ‖ Ex Secvnda

GALENI DE
AFFECTORVM LOCORVM NOTI-
tia, libri sex, Guilielmo Copo Basi-
leiensi interprete.

EX SECVNDA RECOGNITIONE.

S·DE COLINES

¶ Vænales habētur Parisijs in officina Simonis
Colinæi chalcographi, e regione scholæ Decretorum commorantis.

Recognitione. ‖ ❡ Venales habētur *Pariſijs* in officina *Simonis* ‖ *Colinæi* chalcographi, e regione ſcholæ De-cre=‖torum commorantis. ‖

In-folio de 75 ff. chiffr. et 3 ff. non cotés, sign. a-i par 8, k par 6 ; car. rom.; annotat. marg.; init. sur bois à fonds criblés.

Le titre est placé dans un grand encadrement sur bois, à personnages, de 6 pièces, assez grossièrement gravé, et qui n'a d'ailleurs pas été exécuté spécialement pour Simon de Colines; la marque *aux Lapins*, donnée par Silvestre (*Marques Typographiques*, I, 79), est placée dans l'intérieur du cadre.

Le texte est précédé d'une table des chapitres et d'une épître dédicatoire du traducteur (Paris, 1513). Les feuillets non cotés de la fin contiennent un index imprimé sur deux colonnes et la souscription :

❡ *Excudebat hos ſex Galeni de affectorũ locorũ notitia libros Simon* ‖ *Colinęus, Pariſijs, Anno M.D.XX, Die Februarij vltima.* ‖ (1521, n. s.)

La première édition de cette traduction, donnée par Henri Estienne Ier, ne porte pas de date, mais elle contient comme celle-ci l'épître dédicatoire de 1513, adressée alors à Louis XII; Simon de Colines a réimprimé ce traité en 1539. Premier volume de la collection in-folio des œuvres de Galien entreprise par Colines.

Paris : *Bibl. Nat.* — Bordeaux. — Bourges. — Troyes. — Londres : *Brit. Mus.*

Promptuarium ‖ Diuini iuris & vtriuſq, humani, Pon=‖tificij & Cęſarei celebriores eiuſdem ‖ Diuini iuris, & hiſtorias / & ſenten=‖tias, humanis iuribus tum annota-tas‖tum elucidatas, ſub alphabetica ſerie ‖ complectens : a Ioanne Montholonio ‖ Eduenſi, humanorum iurium docto=‖re, ad Dei honorem & ſtudioſorũ vti=‖litatem elaboratum & duobus Tomis ‖ abſolutum. ‖ *Parisiis* ‖ In ædibus *Henrici Stephani*, ‖ 1520 ‖ Cum gratia et priuilegio. ‖

2 volumes in-f°. Vol. I : 6 ff. lim., cccx ff. chiffr. et 2 ff. non cotés, sign. ❡ par 6, a-z, A-Z, aa-dd par 8, ee-ff par 6 ; car. rom. et goth. ; init. sur bois. Le titre, dont la première ligne est en caractères gothiques, est placé dans un grand encadrement sur bois à personnages dont nous donnons la reproduction réduite ; la dernière ligne, placée au-dessous du cadre est, comme la première, en gothiques. Les feuillets liminaires contiennent le titre, blanc au verso, l'épître dédicatoire : *Ioannis Montholonii Eduenſis* ‖ *in diuini & vtriuſq humani iuris Promptuariũ ; ad ſuos*

Promptuarium

Diuini iuris & vtriusq; humani, Pontificij & Cęsarei celebriores eiusdem Diuini iuris, & historias, & sententias, humanis iuribus tum annotatas tum elucidatas, sub alphabetica serie complectens: a Ioanne Montholonio Eduensi, humanorum iurium doctore, ad Dei honorem & studiosorū vtilitatem elaboratum & duobus Tomis absolutum.

PARISIIS
In aedibus Henrici Stephani,
1 5 2 0

Funiculus triplex difficile
rumpitur. Ecclesiastes. 4.

Cum gratia et priuilegio.

vnice ſibi di=‖*lectos fratres, Franciſcum, pontificię cęſareęqʒ censurę doctorē,* ‖ *Pariſini ſenatus aduocatum, Nicolaū, iudicem apud* ‖ *Eduos cancellarium, Laʒarum, Cabiloneum* ‖ *fiſcalem patronum, in ea iurium pro=*‖*feſſione licētiatos, & Gulielmū* ‖ *Mōtholoniū, in eis iuribus* ‖ *doctorali laurea proxi*‖*me inſignēdū, nū=*‖*cupatoria pre=*‖*fatio.* ‖ (Paris, 8 des cal. de novembre 1520), et l'index.

L'ouvrage est rédigé dans l'ordre alphabétique, en forme de dictionnaire, et le titre de chaque article est imprimé en gothiques ; le corps du texte est entouré, de 3 côtés, de copieuses gloses en caractères plus fins, il se termine, au bas du feuillet 410 verso, par ces mots : *Promptuarij... tomi prioris.* ‖ *Finis.* ‖ ∴ ‖

Vol. II : cxxxi ff. chiffr., 9 ff. non chiffr. et 1 f. bl. ; sign. AA-ZZ, aaa-sss par 8, ttt par 10. Le titre : *Tomvs Secvndvs* ‖ *Promptuarij diuini iuris ac utriuſqʒ huma*‖*ni, Pontificij & Cæſarei, ab Ioāne* ‖ *de Montholon Eduenſi hu=*‖*manorum iuriū docto=*‖*re : ad dei honorē &* ‖ *ſtudioſorū vtili=*‖*tatem elabo*‖*rati.* ‖ *Pariſiis* ‖ *Ex officina Henrici Stephani.* ‖ *1520* ‖, est placé, sauf la première ligne et l'adresse, dans le même encadrement que les *Libri Logicorum* d'Aristote, le verso en est blanc. La souscription se trouve au bas du dernier feuillet chiffré :

☙ *Parrhiſijs in ędibus Hērici Stephani e re=*‖*gione ſcholæ Decretorum, fœliciter* ‖ *abſoluta ē hui⁹ operis īpreſſio* ‖ *die ante Nouēbris Calē=*‖*das septimo. Anno* ‖ *a verbiparę vir=*‖*ginis par=*‖*ta.* ‖ *1520.* ‖ (...) (...) (...) ‖ ☙ *Finis.* ‖

Les feuillets non chiffrés contiennent la table sur 3 colonnes, 3 pages d'errata et le privilège, en français, accordé le 2 octobre 1520 à Simon de Colines. Comme on le voit, le nom de Henri Estienne figure seul sur les titres des volumes et dans la souscription, tandis que le privilège est accordé à Simon de Colynes (ou de Colyne). L'ouvrage était sans doute déjà fort avancé au jour de la mort de Henri Estienne, et ce n'est qu'au moment de l'impression des dernières feuilles que son successeur se sera fait délivrer le privilège nécessaire à la sauvegarde de ses droits ; c'est le premier volume sur lequel se rencontre le nom de Simon de Colines.

Paris : *Bibl. Nat.* ; *Bibl. Maʒarine* ; *Bibl. Cour de Cassation.* — Amiens. — Auch. — Auxerre. — Chaumont. — Clermont-Ferrand. — Dijon. — Douai. — Le Mans. — Nimes. — Tours. — Troyes. — Versailles.

M D XXI

21 MARS 1521 — 19 AVRIL 1522 N. S.

Æsopi Fabvlatoris Claris=‖fimi, tres & triginta fabulæ, fane q̃ le=‖pidę et morales, ab Laurētio ‖ Valla e græco in lati=‖num fermonem ‖ conuer=‖fæ. ‖ ❡ Æsopi vita in commentarijs Vrbanis, ab ‖ Raphaele Volaterrano tradita. ‖ ❡ Ioannes Murmellius Ruremundenfis ‖ puero bonarum artium ftudioso. ‖

> Has puer Æsopi dulces interprete Valla,
> Perlege fabellas, ingenioq; cape.
> Inuenies pariter fermonibus apta latinis,
> Inq; bonos mores verba datura viam.

Parisiis ‖ Ex officina *Simonis Colinæi.* ‖ 1521 ‖.

In-4° de 18 ff. chiffr., sign. a-c par 8, d par 6; car. rom.; init. gravées sur bois à fonds criblés. Le verso du titre et celui du dernier feuillet sont blancs.

Au commencement du volume est placée la dédicace de Laurentius Valla : *infigni viro Arnoldo Fouelledæ...* datée de Caiète, mai 1438. A la suite des fables sont : *Apologvs Æsopi Phrygis* ‖ *memoratu non inutilis, ex Auli Gellij* ‖ *libro fecundo Cap.* xxix ‖; — *Æsopi Vita In Commentariis* ‖ *Vrbanis, ab Raphaele Volaterrano tradita.* ‖ A la fin du volume se trouvent 5 distiques latins de Baptiste Mantuan et la souscription :

Excudebat Simon Colinæus, Pariſiis, e regio=‖*ne fcholæ Decretorum habitantis.* ‖ *Anno 1521 Die* ‖ *Martij* ‖ *25.* ‖

Les 33 fables traduites en latin par Laurent Valla sont :

De Vulpe et Capro,	*De homine glorioso,*
De Vulpe et Pardo,	*De Homine et Apolline,*
De Cata et Venere,	*De Piscatore et Cinaride,*
De Agricola et filiis ejus,	*De Asino et Equo,*
De Muliere et Gallina,	*De Homine et Satyro,*
De duobus adulescentibus,	*De Agricola et Canibus,*
De duobus amicis et vrso,	*De quodam admorso a Cane,*
De Arundine et Olea,	*De Thysino et Delphino,*
De Tubicine,	*De Aucupe,*
De Cane et lanio,	*De Castore,*
De ægroto et medico,	*De Vaticinatore,*
De Asino et Lupo,	*De Aucupe et Merula,*
De pastore et mari,	*De Viatore et Ioue,*
De Vulpe et Leone,	*De Filio et Matre,*
De Gallis et Perdice,	*De Filio et Patre,*
De Vulpe et capite quodam,	*De Caluo quodam.*
De Carbonario et Fallone,	

Cette traduction est dédiée à Arnoult de Fovelle; elle a été à son tour traduite en français par Guillaume Tardif et imprimée pour la première fois, avec d'autres pièces, par Antoine Vérard, vers 1490, sous le titre : *Les Apologues & fables de Laurent Valle trãslatees de latin en français.*

Paris : *Bibl. Nat.*

❡ Alcabitii Ad Magisterivm ‖ iudiciorum aftrorum Ifa-goge : Commenta=‖rio Ioannis Saxonij declarata. ‖ *Pari-fiis.* ‖ ❡ Vænundatur a *Simone Colinæo* apud fcholas ‖ Decretorum. ‖ 1521. ‖

In-4º de 94 ff. chiffr.; sign. a-l par 8, m par 6; car. rom.; init. à fonds criblés. Sur le titre une figure sur bois représentant la sphère céleste que soutient une main, au feuillet 4 recto une autre figure sur bois : *Figura aspectuum.* Au verso du titre : ❡ *Libellvs Isagogicvs Abdi=‖laxi, ideft serui gloriofi dei ∣ qui dicitur Al=‖cabitius... interpretatus a Ioanne Hi‖fpalensi, fcriptumq; in eundẽ ‖ a Ioanne Saxoniẹ editũ ∣ ‖ vtili serie connexum ‖ incipiunt.* ‖ La souscription est placée à la suite du texte au feuillet 94 recto :

❡ *Excudebat Parisiis Simon Colinæus :* ‖ *Anno MDXXI altera die Iulij.* ‖

Le traducteur, Jean de Séville, qui vivait au XIIe siècle, a laissé un recueil des principaux ouvrages astronomiques en faveur de son temps, publié pour la première fois en 1548 par Joachim Heller; les annotations sont de Jean de Saxe (XIVe siècle). La première édition d'Alcabitius :

Introductorium ad scientiam judicialem Astronomiæ, est, d'après La Serna Santander, celle de Bologne, Matheus Moretus de Brixia, 1473, in-4º. Du Verdier en cite une traduction française : *Traicté d'Alcabice, touchant les coniunctions des planettes en chacun des 12. signes, & de*

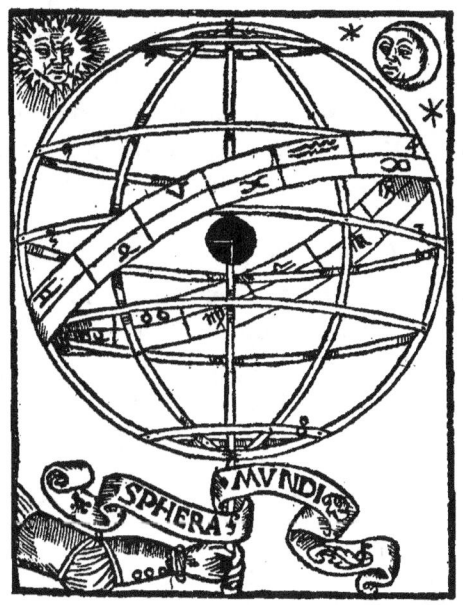

leurs pronostications & reuolution d'années, traduit par Oronce Finé. Impr. à Paris 8º.

Paris : *Bibl. Nat.* — Besançon. — Nantes. — Genève. — Londres : *Brit. Mus.*

Divi Alphonsi Romanorum et Hispaniarum regis astronomicæ tabulæ in propriam integritatem restitutæ. *Parisiis* apud *Simonem Colinæum*. 1521.

In-4º.

Alphonse X, roi de Léon et de Castille (1221-1284), surnommé l'Astronome ou le Savant, est l'auteur, ou plutôt l'instigateur de ces tables astronomiques empruntées à la science arabe, et connues sous le nom de *Tables Alphonsines*. La première impression datée de ces Tables célèbres fut, d'après Brunet, donnée par Ratdolt (Venise, 1483); nous n'avons pas rencontré l'édition de Colines qui ne nous est révélée que par la mention qu'en fait Hennings (*Bibliothecæ seu notitiæ librorum rariorum*, 1766, pars I, p. 58), reproduite par Panzer. Voir à l'année 1522 le pamphlet d'Albert Pigghe, contre Marc de Bénévent.

⁋ In Hoc Opere Continentvr To=‖tius Philofophiæ naturalis Paraphrafes : adiectis ad ‖ literam fcholijs declaratæ / & hoc or=‖dine digeftæ. ‖ ∴ ‖ ⁋ Introductio in libros Phyficorum. ‖ Paraphrafis octo phyficorum Ariftotelis. ‖ Duo dialogi ad phyficos libros introductorij. ‖ Paraphrafis quatuor de cœlo & mundo completorum. ‖ Paraphrafis / duorum de generatione & corruptione. ‖ Paraphrafis / quatuor Metheororum completorum. ‖ Introductio in libros de anima. ‖ Paraphrafis trium de anima completorum. ‖ Paraphrafis libri de fenfu & fenfato. ‖ Paraphrafis libri de memoria & reminifcentia. ‖ Paraphrafis libri de fomno & vigilia. ‖ Paraphrafis libri de longitudine & breuitate vitæ. ‖ Introductio Metaphyfica. ‖ Dialogi quatuor ad Methaphyficam [sic] introductorij. ‖ *Parifiis* ‖ Ex officina *Simonis Colinæi* apud fcholas Decretorum. ‖ 1521 ‖.

In-folio de 285 ff. chiffr. et 1 f. bl.; sign. a-z, A-M par 8, N par 6; car. rom.; annotat. margin.; init. sur bois à fonds criblés; sur le titre est placée la marque *aux Lapins* (page 15).

Le verso du titre et les feuillets 2 et 3 contiennent l'explication des titres courants, des distiques latins de Jean Le Pelletier, le prologue de Jacques Lefèvre d'Étaples, la dédicace et la *Figura Introductionis*. Le corps du volume se compose des 14 traités annoncés sur le titre, qui commencent respectivement aux feuillets 4, 7 (coté par erreur 6), 81, 109, 144, 160, 193, 196, 229, 238, 242, 251, 255 et 265. Au verso du feuillet 285 sont placés : ⁋ *Iudoci Clichtouei Neoportuenfis ad lectores* ‖ *exhortatorium carmen.* ‖ (5 distiques latins), le registre et la souscription :

⁋ *Impreffum eft hoc egregium opus, in celeberrima to=‖tius orbis Parifiorum Academia : per Simonem* ‖ *Colinæum, e regione fcholæ Decretorum* ‖ *habitātem, Anno Chrifti pijffimi fal=‖uatoris, entis entiū, summiq; boni,* ‖ *primo & vigefimo fupra fefqui=‖millefimū, Decimaocta=‖ua Septembris.* ‖ ∴ ‖

La première édition de ce recueil, avec les commentaires, a été donnée par Wolfgang Hopyl en 1501, une seconde édition qui a servi de copie pour la nôtre, a été donnée par Henri Estienne en 1510; il y a deux autres éditions antérieures sans les commentaires, Henri Estienne 1504 et 1512.

AMIENS. — AUCH. — NIMES. — ROUEN. — TROYES. — VERSAILLES. — M. Vander Haegen cite l'exemplaire de COPENHAGUE.

Iacobi Fabri Stapulensis Paraphras. Philosophiæ Naturalis et Metaphysicæ Aristotelis, cum scholiis Iudoci Clichtouei. *Parisiis,* apud *Simonem Colinæum,* 1521.

<small>In-8º; achevé d'imprimer *le 8 des nones de janvier* (1522, n. s.)
Édition citée par Panzer d'après Maittaire (I, p. 389) qui cite aussi l'édition in-folio (II, p. 611) dont celle-ci doit être une copie; M. Vander Haeghen ne l'a pas rencontrée et n'en fait pas mention.</small>

Divi Severi=‖ni Boetii Arithmetica, ‖ Dvobvs Discreta Libris : Adie=‖cto Commentario, Mysticam Nvme=‖ rorum applicationem perftringente, declarata. ‖ ⁋ Væ-nundatur apud *Simonem Coli=‖næum,* e regione fcholæ Decretorum. ‖

<small>In folio de 135 ff. chiffr. et 2 ff. non chiffr., sign. a-s par 6, t par 8, v-x par 6, y par 10; car. rom.; init. sur bois à fonds criblés; tableaux</small>

<small>de chiffres et figures arithmétiques et géométriques dans le texte ou dans les marges. Le titre est dans l'encadrement sur bois que nous avons reproduit page 7 et porte, comme le Galien de 1520, la marque *aux Lapins*.
Le verso du titre est blanc, les feuillets 2 et 3 contiennent une dédi-</small>

cace : ❧ *Girardvs Rvffvs Reverendo In* ‖ *Christo patri & domino D. Lavrentio Bartho*‖*lino præfuli meritiſſimo S.* ‖, sans date et la préface; les 2 livres de Boëce, accompagnés des commentaires de Rufus, imprimés en caractères plus fins commencent aux feuillets 4 et 70 verso, le feuillet 136 verso et le premier feuillet non coté contiennent les index des deux livres, le registre et la souscription suivante :

❧ *Excudebat Simon Colinæus, Pariſiis, Anno* $\frac{MDXXI}{1521}$ *Quinto* ‖ *Idus Iulias.* ‖

Le dernier feuillet est blanc au recto et porte au verso : ❧ *Iacobi Spifamei Lutetiani ad* ‖ *Lectorem paracleſis.* ‖, trois distiques latins, et ❧ *Cornelij Scepperei Neoportuenſis* ‖ *ad Lectorem Hendecaſyllabi.* ‖, dix vers latins.

Traité d'arithmétique par l'auteur du célèbre ouvrage *De consolatione philosophiæ*; la première édition du texte seul a été donnée en 1488 à Augsbourg par Ratdolt qui était venu s'y établir après avoir fait ses premiers essais à Venise; Jacques Lefèvre d'Etaples et Josse Clichtove ont écrit des commentaires sur l'arithmétique de Boëce que Colines a imprimés en 1522; on trouvera plus loin quelques autres écrits du même auteur.

Paris : *Bibl. Nat.; Bibl. Maʒarine; Bibl. Ste-Geneviève; Bib. Arsenal; Bibl. École Polytechnique.* — Amiens. — Béziers. — Bordeaux. — Chartres — Clermont-Ferrand. — Nimes. — Orléans. — Rouen. — Dresde. — Londres : *Brit. Mus.*

Hermanni ‖ Bvschii Pasiphili Decima=‖tionum Plautinarum pemptades ſiue quinariæ, opus me hercule quan=‖tiuis pretij, ac vtilitatis ‖ immenſæ. ‖ Proſtat hic libellus apud *Simonem Colinæum* e regione ſcholæ Decretorum ha=‖bitantem. ‖

In-4º de 36 ff. non chiffr., sign. a-c par 8, d par 4, car. rom.; init. sur bois à fonds criblés; annotations marginales, sur le titre est placée la marque *aux Lapins* (page 15).

Le verso du titre est occupé par une épître de l'imprimeur de la première édition à l'auteur des commentaires qui accompagnent le texte : ❧ *Ioannes Gymnicvs, Io=*‖*sepho Horlenio Svo S. D.* ‖. Le texte commence au feuillet suivant par ce titre de départ : ❧ *Collecti Sententiarvm* ‖ *floſculi ex Plauti poetæ latiniſſimi. XX.* ‖ *Comœdijs per Hermānum Buſchium* ‖ *Paſiphilum, cum plurimis alijs nō vtilius* ‖ *æſtimandis, per modum commentarioli* ‖ *adiunctis.* ‖; la souscription est placée au recto du dernier feuillet dont le verso est blanc :

❧ *Imprimebat Simon Colinæus, cui officina eſt* ‖ *pro ſcholis Decretorum, apud Pariſios. Anno* ‖ *1521. Die Decembris II.* ‖

La première édition des *Decimationes* est de Cologne, 1513, in-4º on trouvera à l'année 1531 une édition de Silius Italicus avec les arguments de Buschius, Panzer ne cite pas moins de seize ouvrages de cet auteur.

PARIS : Bibl. Nat.

(Josse CLICHTOVE.) Secvnda Emissio. ‖ ❡ Elucidatorium ecclefiafticum / ad officium ecclefiæ per=‖tinentia ‖ planius exponens : & quatuor libros complectens. ‖ Primus : hymnos de tempore & fanctis per totum anni fpacium / adiecta ‖ explanatione declarat. ‖ Secūdus / nōnulla cantica ecclefiaftica / antiphonas & refponforia : vna cū ‖ benedictionibus candelarū / cærei pafchalis & fontiū : familiariter explanat. ‖ Tertius : ea quæ ad miffæ pertinent officium / præfertim præfationes & ‖ facrum canonem breuiter explicat. ‖ Quartus / profas quæ in fancti altaris facrificio ante euangeliū dicuntur : ‖ tam de tempore q̄ fanctis facili annotatione dilucidat. ‖ ❡ Venale habetur hoc opus / viris fane ecclefiafticis q̄ vtiliffimū : *Parifijs* in ‖ officina *Henrici Stephani* chalcographi / e regione fcholæ Decretorum. ‖ apud quem & varia ab huius operis authore elaborata / nec minori digni-‖tate q̄ vtilitate volumina : facile reperias. ‖

In-folio de 285 ff. chiffr., 2 ff. non chiffr. et 1 f. bl., sign. a-z, A-N par 8; car. rom.; init. à fonds criblés; annotat. margin.

Le texte est précédé d'une épître dédicatoire (Paris, 1515) de Josse Clichtove *Ioani Goʒthon / de Zeleflhe fuperiore in Pannonia : ecclefiæ Laurienfis* ‖ *Epifcopo digniffimo / lociq̃ eiufdem Comiti perpetuo :*... qui lui avait conseillé d'entreprendre ce travail, et de la préface ❡ *Ad lectorem.* ‖ Le feuillet 285 verso et les 2 feuillets non cotés contiennent les *Indices*, la souscription et les errata :

❡ *Abfolvtvm Et Secvndo* ‖ *Emiſsvm Est Hoc Opvs (Cvi* ‖ *Non Pœnitenda / Quæ In* ‖ *priore defiderabātur editione :* ‖ *acceſſerūt) Parifiis / in Hen*‖*rici Stephani & eius fuc*‖*ceſſoris Simonis Co=*‖*linçi officina : quę* ‖ *eſt e regione* ‖ *fcholę De=*‖*cretorū* ‖ *fita.* ‖ *Anno Domini (quem decet* ‖ *hymnus et laus omnis)* ‖ *primo & vigeſimo* ‖ *fupra fefquimil=*‖*leſimū. Die* ‖ *vero Apri=*‖*lis vlti*‖*ma.* ‖ ♥ ‖

La première édition de l'*Elucidatorium* de Josse Clichtove a été donnée par Henri Ier Estienne en 1516, Jean Froben, à Bâle, en donna deux autres, en 1517 et en 1519, qui possèdent, de plus que la première, une dédicace à Christophe Utenheim. L'édition de 1521 contient des augmentations importantes, signalées dans la préface ad Lectorem, et deux indices seulement au lieu de quatre. Voir la Bibliotheca Belgica dans laquelle on trouvera la nomenclature de tous les passages nouveaux, et la liste des éditions postérieures.

PARIS : *Bibl. Nat.;* *Bibl. Mazarine.* — ALENÇON. — AMIENS. — BEAUNE. — CHARTRES. — MONTPELLIER. — TOURNAI. — M. Vander Haegen cite encore : GAND : *Bibl. Univ.* — MONS.

In Hoc Libro Contenta. ‖ ☾ Præcepta eloquentiæ Auguftini Dati : fami=‖liari commentario declarata. ‖ ☾ Regulæ elegantiarum Francifci Nigri : ad=‖iecta facili explanatione elucidatæ. ‖ ☾ Nomina dignitatum / magiftratuumq̃ vete=‖rum Romanorum : breui declaratione etiam ‖ explicata. ‖ Ex Secvnda Recognitione. ‖ *Parisiis* ‖ Ex officina *Simonis Colinæi* ‖ 1521 ‖.

In-4º de 90 ff. chiffr. et 6 ff. non cotés, sign. a-m par 8; car. rom.; annotat. margin.

Le verso du titre et le feuillet 2 portent l'épître dédicatoire : ☾ *Eximio & fpectabili viro Theobaldo Paruo / infigni do‖ctori Theologo / & gymnafij Cardinalis Monachi mo=‖deratori vigilātiffimo : Iudocus Clichtoueus Neopor=‖tuenfis...,* datée de Paris, *Ex Mufæo Cardinalis Monachi,* 1498, et la préface ☾ *Ad lectorem.* ‖, datée de Paris, 1520. Le corps du volume contient : 1º (ff. 3 recto à 76 verso) ☾ *Auguftini Dati Senonenfis / Ifagogicus libel=‖lus in eloquētię pręcepta : ad Andreā domi=‖ni Chriftophori filiū : cum familiari cōmen‖tario Iudoci Clichtouei Neoportuenfis.* ‖, cette partie est souvent appelée *Dathi elegantiæ;* 2º (ff. 77 recto à 85 verso) ☾ *Triginta regulæ elegantiarum Francifci* ‖ *Nigri / cum Iudoci Clichtouei Neoportu=‖enfis : cōmentario.* ‖; 3º (ff. 85 verso à 90 verso) ☾ *Nomina magiftratuum / dignitatūq3 veterū* ‖ *Romanorum : Iudoci Clichtouei Neopor‖tuenfis expofitione declarata.* ‖ Les 6 feuillets non cotés, dont le dernier est blanc au verso, sont consacrés à l'index alphabétique et à la souscription :

☾ *Expletum eft hoc opus et denuo efformatū / apud* ‖ *Parifios : in officina libraria Simonis Co=‖linçi / e regione fcholę decretorum.* ‖ *Anno ab incarnatione domini* ‖ *vicefimoprimo fupra mille=‖fimum & quingētefimū.* ‖ *die vero vicefima quar=‖ta Ianuarij.* ‖ ∴ ‖ (1522, n. s.).

M. Vander Haegen, qui décrit ce volume d'après l'exemplaire de Zurich, ajoute les renseignements suivants :

« Probablement la seconde édition. La première doit être d'une ex-
« trême rareté, car elle ne nous a été signalée par aucun conservateur
« de dépôt public. Ce n'est pas cependant une édition imaginaire.
« L'éditeur de la réimpression doit l'avoir eue en main, puisqu'il en a
« reproduit l'épître dédicatoire, y compris la date. D'après cette dédi-

« cace, elle était aussi composée de trois parties commentées par Josse
« Clichtove, et elle fut publiée par celui-ci pour les élèves du collège
« du cardinal le Moine ainsi que pour les étudiants de l'Université de
« Paris. L'éditeur du livre a tenu à donner une réimpression fidèle de
« l'édition de 1498, parce que tous les autres recueils similaires, publiés
« depuis, étaient encombrés d'accessoires qui ne servaient qu'à jeter la
« confusion dans l'esprit des élèves... »

La première édition datée des *Elegantiæ* de Datus est, d'après Brunet, celle de Ferrare, *Andreas [Gallus]*, 1471, in-4°. La bibliothèque Nationale possède un exemplaire de l'édition de Caen, *Michel Angier,* 1525, qui contient la traduction française des préceptes latins, par Guillaume Guéroult. On trouvera dans la *Bibliotheca belgica* la liste des éditions contenant les commentaires de Clichtove.

AUXERRE. — LE MANS. — NICE. — TROYES. — VERSAILLES. — ZURICH.

(Raymond JORDAN.) ☙ Idiota De ‖ Statv Religio=‖sorvm. ‖ ♠ ‖ ℭ Religiositas Cvstodiet ‖ & iuſtificabit Cor. Eccli. i. ‖ Vænit apud *Simonem Colinæum.* ‖

In-16 de 63 ff. non chiffr. et 1 f. bl., sign. a-h par 8; car. rom.; init. sur bois à fonds criblés.

Le verso du titre est blanc, les 5 feuillets suivants contiennent la dédicace : ℭ *Reverendo In Chri=‖ſto patri, & Domino D. Gviliel‖mo Briconneto, Melden=‖ſium præſuli optimo,... F. Hēricus Moyſſaict Benedicti=‖norum vltimus,...,* Paris, nones de janvier 1521, le prologue et l'index; à la suite du texte (ff. hiii recto et ss.) se trouvent un extrait de Maffei Vegio, *de perseverantia religionis,* une pièce de vers latins *in divum Germanum* et la souscription :

ℭ *Excudebat Simon Colinæus, Pariſijs,* ‖ *Anno. MDXXI. Die Februa=‖rij VIII.* ‖ (1522, n. s.)

L'auteur de ce petit traité est Raymond Jordan ou Jourdan, et le traducteur, Henri Moyffaict; l'ouvrage est divisé en trois parties : la première contient 32 contemplations ou chapitres... *per quas pure & ob Chriſtum ſolum* ‖ *religionem ingrediēs poteſt informari, qua=‖liter ſeipſum debeat gubernare.* ‖, la deuxième contient 27 contemplations... *per quas informatur religioſus quibus* ‖ *virtutibus debeat adornari.* ‖, la troisième, 20 contemplations... *per quas* ‖ *inſtruitur religioſus quibus vitijs in religione* ‖ *ſpecialius & facilius impugnatur...*

On trouvera en 1530 et 1535 les *Contemplationes idiotæ* du même auteur.

PARIS : *Bibl. Nat.* — AUTUN. — AVIGNON. — DOUAI. — LE MANS. — PAU.

Gvillermi De Mara Vtri=‖usq; cenſurę doctoris, ac Cōnſtantien‖ſis eccleſiæ Theſaurarij & cano=‖nici : de tribus fugiendis, ven=‖tre, pluma, & Venere, li=‖belli tres :

multis pro=‖batorū authorum ‖ fentētijs & ex=‖emplis re=‖ferti. ‖ ℭ Vænit *Parifijs* apud *Simonem Colinæum,* ‖ e regione fcholæ Decretorum. ‖

In-4º de 34 ff. chiffr., sign. a-c par 8, d par 4, e par 6; car. rom.; init. sur bois à fonds criblés, annotat. marginales; sur le titre est placée la marque *aux Lapins* (page 15).

La dédicace occupe le verso du titre : ℭ *Reverendissimo In Chri=‖fto patri, illuftriffimoqȝ Domino, D. Hadria‖no Gouffier, tituli fanctorū Marcellini & Petri,* ‖ *facrofanctæ Romanæ ecclefiæ prefbytero Car=‖dinali, atqȝ infignis ecclefiæ Conftantienfis Epi=‖fcopo meritiffimo : Guilliermus de Mara, vtriufqȝ* ‖ *cenfuræ doctor, ac eiufdem ecclefiæ thefaurarius* ‖ *& Canonicus : humillime fe commendat.* ‖ Les trois livres, (ff. 2, 15 verso et 21), sont terminés au feuillet 34 recto par la souscription :

ℭ *Excudebat Simon Colinæus.* ‖ *Anno. 1521. Die Iunij. 10.* ‖

Réimpression de l'édition donnée par Henri Estienne, vers 1512. Guillaume de Mare ou de la Mare, chanoine de Coutances et recteur de l'Université de Caen, explique son titre dans la dédicace... *per quod datur intelligi : ventri / hoc eft crapulæ & ebrietati : plumæ / id eft fomno / defidiæ atqȝ otio : Veneriqȝ / id eft libidini ac lubricitati addictos : nunqȝ veræ laudis & gloriæ culmen confequi poffe.* Brunet (III, 1389) cite quatre autres opuscules du même auteur, imprimés au commencement du xviᵉ siècle.

Paris : *Bibl. Ste-Geneviève.* — Besançon. — Bordeaux.

De Memora=‖bilibvs Et Claris Mvlie-‖ribvs : Aliqvot Di=‖versorvm Scri=‖ptorvm O=‖pera. ‖ *Parisiis.* ‖ Ex ædibus *Simonis Colinæi.* ‖ M D XXI. ‖

In-fº de 219 ff. chiffr., 2 ff. non chiffr. et 1 f. bl., sign. a-z par 8, A-E par 6, F par 8, il faut encore, pour que le volume soit complet 2 feuillets placés entre les cotes 176 et 177, et signés x.ix, et x.x; car rom.; init. sur bois à fonds criblés.

Le verso du titre est blanc, les feuillets 2 et 3 verso contiennent la dédicace de Jean Ravisius Textor à Jeanne de Vuignacourt, femme de Charles Guillard, datée du 8 des calendes de juillet 1521 ; au bas du feuillet 219 verso se trouve la souscription :

ℭ *Excvdebat Hoc Insigne De Claris* ‖ *mulieribus opus Simon Colinæus, in celeberrimo totius terra=‖rum orbis Parifienfi gymnafio, Anno a Chrifto nato,* ‖ *primo et vigefimo fupra fefquimillefi=‖mum Die Nouem=‖bris octa=‖uo.* ‖

Les deux derniers feuillets contiennent la table et l'index. Aux feuillets 2, 190 verso et 199 se trouvent trois grandes lettres initiales ornées d'un écusson aux armes de Vuignacourt et de Guillard : mi-parti au 1 [de gueules] à 2 bourdons [d'or] placés en chevron et accompagnés de 3 montagnes [d'argent], 2 et 1 (qui est *Guillard*); au 2 de... au chevron de... accompagné de 3 molettes, au chef [d'argent] chargé de 3 fleurdelys nourries [de gueules] posées en fasce (qui est de *Wignacourt*). Ce recueil, formé par Ravisius Textor (Jean Tixier, seigneur de Ravisy), contient les vies des femmes célèbres, il comprend :

1º ⁜ *Plvtarchi... De Virtutibvs* ‖ *Mulierum traductio, per Alamanum Ramutinū / ciuem Florentinum.* ‖ (ff. 3 à 14) ;

2º *Opvs Iacobi Philippi Bergomensis* ‖ *de claris mulieribus.* ‖ (ff. 14 à 160), imprimé pour la première fois à Ferrare, chez Laurent de Rubeis, en 1497 ;

3º *Divæ Cathari=*‖*næ Senenſis vita... per Ioannem Pinum Toloſanum edita.*‖, précédée d'une pièce de vers latins et d'une dédicace de l'auteur (ff. 160 à 176) ; cette vie de Catherine de Sienne par Jean de Pins, évêque de Rieux, avait été imprimée précédemment à Bologne, par Benoist Hector en 1505 ; elle a échappé, comme toutes les autres vies de saintes contenues dans ce recueil, aux recherches de Potthast ;

4º *Alivd De Illvstribvs Fœminis* ‖ *opuſculum, incerto authore.* ‖ (ff. 176 à 186) ;

5º ⁜ *Vita Monegundis.* ‖ (ff. 186 verso et 187) extraite ou imitée de Grégoire de Tours ;

6º *De Fœminis Qvæ Doctrina Ex=*‖*celluerunt : authore Baptiſta Fulgoſo.* ‖ (ff. 188 et 189 recto) ;

7º ⁜ *De Moribvs Mvliervm... ex commentarijs Raphaelis Volaterrani* (ff. 189 à 190), extrait de : *Raphaelis Volaterrani, commentariorum urbanorum libri xxxv*, Rome, 1506 ;

8º et 9º ⁜ *De Blancha Regis Caſtellæ Filia* ‖ *& Fancorum regina ; — De... D. Ioanna Francorū regina : Regalis collegij Nauarræ* ‖ *fundatrice.* ‖ (ff. 190 à 191) ;

10º ⁜ *Capita Qvædam De Claris Mvlie=*‖*ribus : authore Rauiſio Textore Niuernenſi.* ‖ (ff. 191 à 198) ;

11º ⁜ *Valerandi Varanii De Gestis Io=*‖*annæ virginis Franciæ, egregiæ bellatricis : Libri quatuor.* ‖ (ff. 199 à 214, sur deux colonnes), poème latin sur Jeanne d'Arc, déjà imprimé à Paris, sans date, par Jean de la Porte, au clos Bruneau ;

12º ⁜ *De Sancta Clotilde, Bvrgvndionvm* ‖ *regis filia, et Francorum regina.* ‖ (ff. 214 à 217) ;

13º ⁜ *De Sancta Genovefa.* ‖ (ff. 217 à 219), ces deux vies sont anonymes ;

14º Les 2 feuillets encartés contiennent des pièces relatives à Anne et à Charlotte de Bourbon, la dernière est signée de Ravisius Textor ; elles font partie intégrante du volume car elles sont annoncées dans la table.

Jean Tixier de Ravisy, né à Saint-Saulge, près de Nevers, mort le 3 décembre 1524 à Paris, est l'auteur de plusieurs autres traités : *Specimen epithetorum*, imprimé par Henri 1er Estienne pour Guillaume Chaudière en 1518 ; *De prosodia*, imprimé à la suite d'une édition postérieure du Specimen epithetorum et des *Épîtres morales* traduites en français par Antoine Tyron et imprimées pour la première fois à Anvers, chez Jean Waesberghe, 1563, in-8º; la première édition latine semble être celle de 1530.

PARIS : *Bibl. Nat.*; *Bibl. Mazarine*; *Bibl. Ste-Geneviève*; *Bibl. de l'Arsenal*. — AJACCIO. — AMIENS. — ANGERS. — BESANÇON. — BORDEAUX. — CHARTRES. — LE HAVRE. — LE MANS. — MONTPELLIER : *Bibl. Fac. de médecine*. — TOURS. — TROYES. — DRESDE.

Augvstini ‖ Ricij, de motu octauæ Sphæræ, Opus Mathe‖matica, atq̃ Philofophia plenum. Vbi ‖ tam antiquorū, q̃ iuniorū errores, ‖ luce clarius demōftrantur : In ‖ quo & q̃ plurima Platoni ‖ corū, & antiquæ magię ‖ (quā Cabalam He=‖bręi dicūt([*sic*] dogma‖ta videre licet ‖ intellectu ‖ fuauiffi‖ma ‖ ∴ ‖ Eiufdem de Aftronomiæ autoribus ‖ Epiftola. ‖ Imprimebat *Lvtetiæ* ‖ *Simon Colinæus*, ‖ 1521 ‖ Perlege prius q̃ iudices. ‖

In-4º de 51 ff. chiffr. et 1 f. non chiffr., sign. a-e par 8, f par 4, g par 8; car. rom.; annotations marginales; initiales sur bois.

Les pièces liminaires qui occupent le verso du titre et le feuillet 2 contiennent une épître d'Oronce Finé datée du collège de Navarre, le 8 des calendes d'avril 1521, des petites pièces de vers latins non signées et une épître d'Auguste Riccio à Damianus, philosophe et médecin du marquis de Montferrat, sans date. Le corps de l'ouvrage débute, au feuillet 3, par une dédicace adressée à Guillaume, marquis de Montferrat. Le volume ne contient pas la lettre sur l'Astronomie annoncée à la fin du titre, l'imprimeur s'en excuse dans un avis au lecteur placé au recto du feuillet non coté et précédant la souscription :

Parifijs, ex ędibus Simonis Colinęi, e regiõe fcho‖lę Decretorum fitis. Anno. 1521. Decimo Ca=‖len. Maias. ‖

PARIS : *Bibl. Nat.*; *Bibl. Ste-Geneviève*. — BORDEAUX. — ORLÉANS. — REIMS. — SAINT-BRIEUC. — LONDRES : *Brit. Mus.* — RIO DE JANEIRO.

Textvs De Sphæ-‖ra Ioannis De Sacrobosco : Introdvctoria Ad-‖ditione (quantum neceffarium eft) cōmentarioq̃, ad vtilitatem ftudentium ‖ philofophiæ Parifienfis Academiæ illuftratus. Cum compofitione Annu=‖li aftronomici Boneti Latenfis : Et Geometria Euclidis Megarenfis. ‖ *Parisiis*. ‖ ❡ Vænit apud *Simonem Colinæum*/ e regione fcholæ Decretorum. ‖ 1521 ‖.

In-4º de 35 ff. chiffr. et 1 f. bl., sign. a-b par 8, c-d par 6, e par 8;

Fac-similé réduit de la figure du titre du *Textus de Sphæra*.

car. rom.; fig. sur bois; annotat. margin.; tableaux de chiffres; init. à fonds criblés; le titre est orné d'une grande figure sur bois.

Le verso du titre et les feuillets 2 et 3 contiennent une *Epiſtola nuncupatoria :* ❧ *Iacobi Fabri Stapvlensis Commentarii :* ‖ *in Aſtronomicum Ioannis de Sacrobofco : ad fplendidum virum* ‖ *Carolum Borram thefaurarium regium.* ‖, un *Index commentarij* et une *Introductoria additio;* le texte occupe les feuillets 4 à 27, les feuillets 27 verso à 32 recto contiennent le traité de Bonetus : ❧ *Boneti de Latis Hebræi* ‖ *Medici* ‖ *Prouençalis Annuli Aſtronomici vtilitatum liber : ad Alexan=*‖ *drum fextum pontificem maximum* ‖; les derniers feuillets renferment : *Liber Primvs [-quartus] Geometriæ* ‖ *Euclidis : a Boetio in latinum tranſlatæ.* ‖ et la souscription suivante précédant l'errata :

❧ *Pariſiis* / *Ex Ædibvs Simo=*‖*nis Colinæi* / *e regione ſcholæ Decretorum po=*‖*ſitis : Anno a Chriſto nato* / *primo & vi=*‖*geſimo ſupra feſquimilleſimũ.* ‖ *Sexto Calendas* ‖ *Maias.* ‖

Première des éditions données par Simon de Colines. Le *Textus de sphæra*, qui a joui d'une faveur considérable, avait déjà été imprimé nombre de fois ; Brunet en cite huit éditions différentes au xve siècle, il donne celle de Ferrare, 1472, in-4°, comme la plus ancienne ; Wolfgang Hopyl, le prédécesseur de Henri Ier Estienne, en a donné une édition en 1494, Henri Estienne en a donné trois autres en 1507, 1511 et 1516, c'est à ces éditions que sont empruntées les figures, sauf toutefois celle du titre qui paraît ici pour la première fois, enfin Simon de Colines l'a imprimé en 1521, 1527, 1531, 1534 et 1538, ce qui fait 9 éditions consécutives, dans la même officine, en 45 ans. L'auteur est Jean de Sacrobosco, Sacrobusto ou Holywood, mathématicien anglais, qui vivait au xiiie siècle et fut professeur à l'Université de Paris. Le traité de la sphère a été traduit en français au xive siècle par Nicolas Oresme (*Paris, Simon du Bois*, vers 1525, in-4° goth.), et deux fois au xvie siècle par Martin de Perer (*Paris, Jean Loys*, 1546, in-8°) et par Guillaume des Bordes (*Paris, Jérôme de Marnef*, 1570, in-8°), cette dernière traduction a eu de fréquentes réimpressions.

PARIS : *Bibl. Nat.* — ANGERS. — BESANÇON. — TOURS.

Lvcii Ioan=‖nis Scoppæ Colle=‖ctanea in diuerfos autores : cum ‖ nonnullis alijs, tam ab an=‖tiquis q̄ recentiori=‖bus nondum in=‖tellectis. ‖ Væneunt apud *Simonem Colinæum* **pro ‖ Decretorum fcholis habitantem. ‖**

In-4° de 6 ff. lim., 53 ff. chiffr. et 1 f. non coté, sign. a par 6, b-g par 8, h par 6 ; init. sur bois à fonds criblés ; car. rom.; sommaires en marge.

Choix de passages des meilleurs classiques latins, commentés par L.-J. Scoppa, à l'âge de 13 ans ; une épître placée au commencement du volume et adressée par l'éditeur, Pierre Gillius, au cardinal Adrien

Boesius, évêque d'Albe, nous apprend qu'il a reçu les épreuves du volume, trois jours après avoir remis le manuscrit à l'imprimeur, la composition des pièces liminaires et l'impression ne durent pas prendre beaucoup plus de temps, car la préface est datée du 27 août 1521, et l'achevé d'imprimer du 31 août. Les pièces liminaires contiennent encore 4 distiques de Scoppa, un index alphabétique et une lettre de Jean Baptiste Petrutius ou Petrucius, archevêque de Tarente, à Scoppa... *iuueni exqui|| fitiffimo, & antiquitatis curiofif=||fimo*, datée de Naples, le 6 des calendes de juin 1507; la dédicace de l'auteur à Petrutius, du 10 des calendes de juin 1507, occupe le premier feuillet chiffré. Le volume se termine par 3 pièces de vers latins de l'archevêque de Tarente; le dernier feuillet, blanc au verso, contient au recto la souscription :

℄ *Excudebat Parifiis Simon Colineus*, || *Anno. 1521. Die Augufti vltima.* ||

Deuxième édition de ce recueil qui avait déjà été imprimé à Naples par Sigismond Mayr, en 1507, in-4°; Scoppa est aussi l'auteur d'une grammaire latine qu'il fit imprimer à Naples en 1508 alors qu'il n'avait que 18 ans.

PARIS : *Bibl. Nat.; Bibl. Ste-Geneviève; Bibl. Université.* — BESANÇON. — REIMS. — TROYES.

℄ Simeonis Metaphrastis : In || gefta Sancti Nicolai / cognomento mag=||ni / Myrenfis epifcopi : vera hifto||ria e græco in latinū ver||fa : Leonardo Iufti||niano / patritio Veneto : in||terpre||te. || *Parifiis*. || Vænit *Simoni Colinæo*. || 1521 ||.

In-4° de 19 ff. chiffr. et 1 f. bl., sign. a-b par 8, c par 4; car. rom.; init. sur bois à fonds criblés. Le titre est orné d'une figure sur bois représentant saint Nicolas et les enfants.

Au verso du titre et au feuillet suivant se trouve une épître de l'éditeur : ℄ *Petrvs Gillivs Albiensis,* || *omni nomine reuerendo Guilielmo Boiffeto Ci||ftercienfi abbati*: *S. D.* || datée de Paris, le dix des calendes de mai. La vie de saint Nicolas, adaptée par Léonard Justinianus, est divisée en 22 chapitres, elle occupe les feuillets 3 à 19 et se termine par la souscription :

℄ *Parifijs : ex ædibus Simonis Colinæi.* || *Anno. 1521. Die vero Maij XV.* ||

Le catalogue de la bibliothèque Nationale indique une autre édition sans nom ni date de l'adaptation de Justinianus, l'attribuant par erreur à Simon de Colines, il s'agit d'un fragment du second volume de l'édition Aldine des *Poëtæ Christiani veteres*, imprimée à Venise en 1502, dans laquelle cette vie de saint Nicolas paraît pour la première fois; au lieu de l'épître à Guillaume Boisset qui se trouve au commencement de notre volume, est placée une dédicace adressée à Laurent Justinianus par son frère Léonard.

Siméon Métaphraste, Siméon le Métaphraste ou Simon le Logothète était président du conseil privé à Constantinople, sous le règne de Léon le Philosophe (fin du ixe et premières années du xe siècle); il a composé une chronique des empereurs d'Orient pour faire suite à celle de Théophane dont la première partie seule, de Léon l'Arménien à

Nicéphore Phocas, nous a été conservée; Combéfis l'a publiée pour la première fois en 1685. Comme hagiographe il a recueilli, dit-on, plus de cent vies de saints, dont la plupart sont perdues, quelques-unes ont été réunies à Venise, en 1541, dans un volume intitulé *Paradisus*, deux cents environ se trouvent dans les *Acta sanctorum* des Bollandistes, encore n'est-on pas sûr qu'elles soient toutes son œuvre; on a même été jusqu'à nier qu'il ait jamais existé ou à faire de lui deux personnages différents, Siméon le Métaphraste et Simon le Logothète ayant vécu à deux siècles de distance.

Paris: *Bibl. Nat.*; *Bibl. Mazarine*. — Carcassonne. — Le Mans.

⁋ Lavrentii ‖ Vallensis, Patritii Ro=‖mani, Historiarvm ‖ Ferdinandi, Re=‖gis Arago=‖niæ : Libri ‖ Treis. ‖ ∴ ‖ *Parisiis* ‖ Ex ædibus *Simonis Colinæi.* ‖ 1521 ‖.

In-4º de 70 ff. chiffr. sign. a-h par 8, i par 6 ; car. rom.; initiales sur bois à fonds criblés. Sur le titre est placée la marque *aux Lapins* (page 15).

Le verso du titre est blanc, les feuillets 2 à 4 contiennent l'épître dédicatoire de l'éditeur : ⁋ *Petrvs Gillivs Albiensis,* ‖ *doctiſſimo viro D. Rogerio Barmæ, præſidi Pari=*‖*ſienſi quarto S. P. D.* ‖ datée de Paris, le 10 des calendes de juillet 1520. Le Prologue et les trois livres de Laurent Valla occupent les feuillets 5 à 70 recto, et se terminent par un errata de deux lignes ; le feuillet 70 verso porte la souscription :

Excudebat Simon Colinæus, Pariſiis e regione ‖ *ſcholæ Decretorum habitās. Anno MDXXI.* ‖ *ſeptimo idus Auguſti.* ‖

Seconde édition, la première avait été donnée à Rome en 1520, in-4º; réimprimé à Paris en 1528, in-fº, à Breslau en 1546, in-8º et à Francfort en 1603, in-fº. Laurent Valla, né à Plaisance en 1415 (alias à Rome en 1406), est l'auteur de quelques traductions du grec en latin et de plusieurs traités sur la langue latine que Simon de Colines a presque tous réimprimés. Il écrivit aussi un traité : *De Donatione Constantini* qui le fit chasser de Rome, où il avait reçu le titre de citoyen. Ses œuvres ont été réunies à Bâle, en 1540, en un recueil qui ne contient toutefois ni l'histoire de Ferdinand d'Aragon, ni la traduction d'Esope, que nous citons plus haut et qui a eu un nombre très considérable d'éditions.

Paris : *Bibl. Nat.; Bibl. Ste-Geneviève.* — Besançon. — Le Mans.

M D XXII

20 AVRIL 1522 — 4 AVRIL 1523 N. S.

☙ Hoc In Volvmine, ‖ Actuarii Græci Avthoris Me=‖dici preſtātiſſimi, digeſti sunt de vrinis libri se=‖ptem de Græco ſermone in Latinū conuerſi : in ‖ quibus omnia quę de vrinis dici poſſunt : ſiue ‖ practicā, ſiue Theoricam, ſiue cognitionē, ſiue ‖ prognoſtica quæſiueris : doctiſſime tractata cō‖tinentur. Vnde lector optime, ſi diligenter his ‖ libris inſuaueris : glumam paucam ex aliorū ‖ lectione, ex hac ipſa granum multum te colle=‖giſſe cognoueris. ‖ *Parisiis* ‖ Ex officina *Simonis Colinæi* ‖ 1522 ‖.

In 4º de 106 ff. chiffr., sign. a par 6, b-n par 8, o par 4; car. rom.; init. sur bois à fonds criblés.

Le verso du titre et les 2 feuillets suivants contiennnent la préface du traducteur : ☙ *Ambrosii Leonis* ‖ *Nolani In Actvarivm De* ‖ *Vrinis, ad Camillum filium præfatio.* ‖, sans date, et l'index. La traduction latine du traité d'Actuarius commence au feuillet 4 et se termine au feuillet 106 recto par la souscription :

Excvdebat Parisiis Hoc ‖ *Actuarij authoris Græci opus de vrinis Si=*‖*mon Colinæus Anno M.D.XXII.* ‖ *Menſe Nouembri.* ‖

Jean Actuarius, médecin grec de Constantinople au xiiiᵉ ou au xivᵉ siècle a laissé quelques traités de médecine dont le plus connu *De actionibus et affectibus spiritus animalis* a été imprimé avec le *De Urinis* à Paris, en 1556, pour Bernard Turrisan; on lui attribue la découverte des propriétés médicales de la manne, de la casse et du séné.

PARIS : *Bibl. Nat.* — NIMES. — WASHINGTON : *Bibl. médic. de l'armée et de la marine.*

❧ Decem libri ‖ Ethicorvm Aristote=‖lis ad Nicoma-chum, ex tradu=‖ctione Ioannis Argyro=‖pili Byzantij : cō=‖muni, fa=‖mi=‖liariq; Ia=‖cobi Fabri Sta=‖pulenſis commentario ‖ elucidati, & ſingulorum capi=‖tum argumentis prænotati ❦ ‖ ⁂ ‖ ❡ Adiectus Leonardi Are=‖tini de moribus Dialogus ad Galeotū, ‖ Dialogo paruorū moraliū Ari=‖ſtotelis ad Eudemium ‖ ferè reſpon=‖dens. ‖ *Parisiis.* ‖ ❡ Vænales habentur in offi-cina *Simonis Co=‖linæi* chalcographi, è regione ſcholæ ‖ Decretorum. ‖ M D XXII. ‖

In-8º de 349 ff. chiffr. et 1 f. bl., sign. a-z, A-V par 8, X par 6; car. rom.; init. sur bois à fonds criblés.

Le verso du titre et le feuillet 2 contiennent : ❡ *Iacobi Fabri Stapv=‖lenſis carmen ad Paulum Æmylium.* ‖; — ❡ *Iacobvs Stapvlensis, Reve=‖rendo patri Ioanni Rellico, Epiſcopo Andegaue=‖ſi, Confeſſori Regio.* ‖; les 10 livres à Nicomaque occupent les feuillets 3 à 335 verso, chaque chapitre du texte est suivi des notes de Lefèvre d'Étaples, en caractères plus fins. Le dialogue de Léonard Arétin, *de Moribus*, occupe la fin du volume; le feuillet 349 verso contient la souscription suivante qui précède cinq distiques latins de Jean Murmellius et un distique de Louis Bigus :

❡ *Hoc Insigne Ethicorvm Ari=‖ſtotelis opus, excudebat Simon Coli=‖næus : in celeberrimo totius orbis ‖ Pariſiēſi gymnaſio, è regione ‖ Decretorum ſcholæ. An=‖no a Christo na=‖to MDXXII ‖ Octaua die ‖ Apri=‖lis.* ‖ ❧ ‖.

Henri Estienne avait déjà donné de ces traductions une édition in-8º en 1514, Simon de Colines les a réimprimées dans le même format en 1530, et dans le format in-folio en 1526, 1535 et 1542, avec deux autres traductions des livres à Nicomaque et la version des *Magna moralia* de Georges Valla.

VERSAILLES.

Aristotelis ethica ex traductione Joannis Argyropyli, cum Jacobi Fabri commentario : ex officina *Simonis Colinæi*, 1522.

In-folio.

Ce sont les mêmes livres que les précédents, mais dans un autre format; nous les citons d'après la mention qu'en font Maittaire (II, 627) et, d'après lui, Panzer; Henri Estienne avait donné en 1504 et en 1510 deux éditions in-folio des livres à Nicomaque, de la traduction de Léonard Arétin.

In Hoc Libro ‖ Contenta. ‖ ⁋ Opvs Magnorum Moraliū Ari‖ſtotelis, duos libros cōplectēs : Gi=‖rardo Ruffo
Vaccariēſi interprete. ‖ ⁋ Eidem nouę traductioni è
græ=‖co in latinum, adiectus ad literam ‖ cōmentarius :
cum annotationibus ‖ obſcuros locos explanantibus. ‖
⁋ Altera eiuſdē operis magno=‖rum moralium interpretatio, per ‖ Georgium Vallam Placentinum ‖ iampridem elaborata : & breuiuſcu‖lis annotationibus explicata. ‖ *Parisiis*. ‖ Ex officina *Simonis Colinæi*. ‖
1522. ‖

In-folio de 114 ff. chiff., sign. a-n par 8, o par 10; car. rom.; init.
sur bois à fonds criblés; annotat. margin. Le titre est placé dans un
grand encadrement, gravé sur bois, qui paraît ici pour la première fois
et qui a été réservé par Simon de Colines pour orner les titres de ses
volumes de philosophie; il représente six philosophes, Aristote, Pythagore, Socrate, Platon, Cicéron et Sénèque, gravés à mi-corps, en haut
sont les armes de l'Université de Paris et en bas une nouvelle marque
aux Lapins sous une forme que l'on ne retrouve pas ailleurs, elle a été
reproduite par Silvestre sous le n° 433.
    Le feuillet 2 contient la dédicace : ⁋ *Clarissimo Viro, et Pari-
siensis* ‖ *ſenatus æquiſſimo præſidi, Carolo Guilliardo : Iudocus Clich-
to=‖ueus, profeſſorum Theologiæ minimus, felicitatem imprecatur.* ‖
(Paris, 1522) ; la première traduction des deux livres des *Magna Moralia*, précédée d'une épître dédicatoire : ⁋ *Girardvs Rvfvs Vacca-
riensis : Fran=‖cisco Bohero Tvronensi Decano, Do‖cto Ivxta Ac Probo
S. D.* ‖ et d'un tableau de concordance des *Magna Moralia* et des
Ethica, est accompagnée des commentaires et des notes de Josse Clichtove et terminée par un index (ff. 3 à 85 recto), la seconde traduction
est précédée de la dédicace : ⁋ *Georgius Valla Placentinus : cla-
riſſimo equiti aurato & vtroque* ‖ *iure conſulto, Iuſto Leliano, iuſto ſena-
tori Veronenſi : ſalutem di=‖cit æternam.* ‖ d'une épître : ⁋ *Iacobus
Faber Stapulenſis, Guillelmo Budeo, Secretario Re=‖gio : bonarum literarum ſtudijs addictiſſimo, S.* ‖ et du tableau de concordance, les
notes de Jacques Lefèvre d'Étaples sont placées en marge; le dernier
feuillet, qui est blanc au verso, porte au recto la souscription :
    ⁋ *Absolvtvm Est Hoc Opvs Magnorvm* ‖ *Moralium Ariſtotelis , in
duos diſtinctum libros : & gemi=‖na traductione latinitati redditum.
Priore quidem : Girar=‖di Ruffi Vaccarienſis. Poſteriore vero : Georgij
Vallę Pla=‖centini, cum commentario familiari ad priorem adiecto tra=‖
lationem : & annotatiūculis lateralibus ad poſteriorem Ab=‖ſolutum inquam & completū : apud Luteciam* [sic] *Pariſiorum,* ‖ *in officina libraria
Simonis Colinęi, è regione ſcholę* ‖ *Decretorum, conſiſtente. Anno ab*

ARISTOTELES
Nõ de virtute scire sat est: sed enitēdum est ipsam habere.

PYTHAGORAS
Stateram ne trãsgrediare. id est, virtutis mediũ ne transeas.

SOCRATES
Adolescentes speculum consulant: quo ad bonũ incitentur.

PLATO
Breues virtutis labores: eterna voluptas sequitur.

CICERO
Qui virtute præditi sunt: soli sunt diuites.

SENECA
Nunquã stygias fertur ad vmbras inclyta virtus.

IN HOC LIBRO CONTENTA.

OPVS Magnorum Moraliũ Aristotelis, duos libros cõplectēs: Girardo Ruffo Vaccariēsi interprete.

EIDEM nouę traductioni è græco in latinum, adiectus ad literam cõmentarius: cum annotationibus obscuros locos explanantibus.

ALTERA eiusdē operis magnorum moralium interpretatio, per Georgium Vallam Placentinum iampridem elaborata: & breuiusculis annotationibus explicata.

PARISIIS.
Ex officina Simonis Colinæi.
1 5 2 1.

incarnatio=‖ne domini virtutum & regis glorię vice=‖ſimo ſecundo ſupra milleſimum ‖ & quingenteſimum : die ‖ vero viceſima ſe=‖ptembris. ‖

La version de Georges Valla a été réimprimée par Colines à la suite des *Decem libri moralium* en 1526, 1535 et 1542.

AMIENS. — BORDEAUX. — TROYES.

❧ Divi Patris ‖ Benedicti Regvla : ‖ vtriuſqȝ teſtamenti ſenten=‖tiis approbata, ac ſan‖ctorū patrū ſcri=‖pturis elu=‖cidata. ‖ ∴ ‖ ❡ Vænalis habetur apud *Simonē* ‖ *Colinæum*, contra Decretorum ‖ ſcholas commorantem. ‖

In-8º de 38 ff. non chiffr., sign. a-d par 8, e par 6; car. rom.; init. sur bois à fonds criblés, manchettes.

Le verso du titre est blanc, le texte qui n'est précédé d'aucune pièce liminaire se termine au bas du verso du dernier feuillet par la souscription suivante :

❡ *Hanc Diui Benedicti Regulam im=‖preſſit Simon Colinæus Pariſijs, An=‖no. 1522: Die menſis Maij. 10.* ‖

Cette édition de la règle de saint Benoît est quelquefois attribuée à Clichtove.

PARIS: *Bibl. Nat.; Bibl. Maʒarine.* — DOUAI. — LE MANS. — TOURS.

(BIBLE IN-SEIZE.) ❧ Pavli Apo-‖ſtoli Epiſtolæ ‖ Ad Romanos ‖ Ad Corinthios II ‖ Ad Galatas ‖ Ad Epheſios ‖ Ad Philippenſes ‖ Ad Coloſſenſes ‖ Ad Theſſalonicenſes II ‖ Ad Timotheum II ‖ Ad Titum ‖ Ad Philomenem ‖ Ad Hebreos. ‖ ❧ Epiſtolæ ‖ Item Catholicæ ‖ Iacobi ‖ Petri II ‖ Ioannis III ‖ Iudæ. ‖ Ad Vetervm, Simvl Et ‖ emendatorum·codicum fidem. ‖

In-16 de 166 ff. chiffr., sign. a-x par 8; car. rom.; init. sur bois. Le verso du titre est blanc. Le dernier feuillet, blanc au verso, contient la souscription :

Pariſijs In Officina ‖ *Simōnis Colinæi è regione ſcho‖larum Decretorum commoran=‖tis. Anno a Christo nato,* ‖ *milleſimo quingenteſimo ſupra* ‖ *ſecundum & viceſimum Men‖ſe Martio.* ‖

Troisième partie, imprimée la première, du nouveau testament de 1522-1523. C'est le premier volume de l'édition in-16 de la Bible en latin donnée par Simon de Colines et composée de 9 ou 8 parties. Le format, 80 millimètres de hauteur sur 44 millimètres de largeur pour le texte, et la subdivision en petits volumes séparés avaient pour but d'en rendre le prix aussi bas que possible et de vulgariser le texte latin de la Bible qui, jusque-là, formant presque toujours de gros volumes coûteux était à la portée de peu de personnes. Le bas prix de cette petite édition nous est révélé par le Catalogue de 1546 : le nouveau testament valait 6 sols (2 parties), l'ancien testament (5 parties), 24 sols, et le psautier, 2 sols, on pouvait donc avoir les 8 volumes pour 32 sols; chacune des parties de l'ancien testament se vendait aussi séparément, ce qui explique pourquoi certains volumes ont été réimprimés plus fréquemment que d'autres. Il est aujourd'hui excessivement difficile de former des exemplaires de bonne date; les bibliographes citent ordinairement deux éditions, la première en 5 volumes, de 1525 à 1526, ou de 1526 à 1529, la seconde en 9 ou 10 volumes de 1527 à 1529, mais ces éditions n'existent pas, en réalité, en tant qu'éditions isolées, on pourrait en former 4 ou 5 avec des exemplaires portant des dates différentes, la première de 1522 à 1526, la dernière de 1537 à 1544. Nous connaissons en effet 50 volumes différents appartenant à cette Bible, 47 qui se trouvent dans des bibliothèques publiques, 3 cités par Maittaire que nous n'avons pas rencontrés, il est évident qu'il doit en exister encore d'autres. Le nouveau testament et les psaumes sont, naturellement, les volumes le plus souvent réimprimés de la collection et, autant que nous avons pu le vérifier, il s'agit bien de véritables réimpressions et non de simples changements de dates sur les titres ou dans les souscriptions; ces éditions sont généralement copiées l'une sur l'autre page pour page, il n'y a d'exceptions que pour le nouveau testament et les psaumes; la première édition du nouveau testament (1522-23) avait été donnée par le jeune Robert Estienne, qui en avait corrigé le texte en certains passages, la faculté de théologie s'en émut et s'en prit à l'éditeur comme à l'imprimeur, Colines s'empressa, dès 1524, de donner une nouvelle édition suivant cette fois le texte de saint Jérôme, qu'il reproduisit dans ses éditions successives; en 1532 cependant il donna une édition de la version d'Erasme. Les psaumes avaient été imprimés aussi en 1523 par les soins de Robert Estienne, en 1524 Colines en donna une autre édition revue par Lefèvre d'Étaples; il doit en exister aussi une édition, avec les accents, que nous n'avons pas rencontrée. Les grandes initiales à fonds criblés ne figurent que dans le nouveau testament de 1522-1523, sauf dans les évangiles, où elles sont remplacées, au début de la version de chacun des quatre évangélistes, par une petite figure sur bois représentant l'évangéliste avec ses attributs ordinaires; ces petites figures sont répétées dans toutes les éditions postérieures; les éditions du psautier possèdent une lettre initiale spéciale, un B, qui représente David jouant de la harpe.

Voici le tableau des dates que portent les exemplaires qui sont conservés dans les bibliothèques Nationale, Sainte-Geneviève et de l'Arsenal à Paris, dans celles d'Avignon, de Caen, de Carcassonne, de Lyon, du Mans, de Rennes, de Sens, de Valenciennes, de Verdun et de Versailles, dans la bibliothèque royale de Bruxelles, dans la bibliothèque du collège de la reine à Dublin, et au British Museum de Londres, nous y avons joint les cinq parties citées par Maittaire et Panzer (nouveau testament de 1529 et Pentateuque de 1530), et nous l'avons disposé de manière à indiquer quelles éditions l'on pourrait former avec des exemplaires portant les dates les plus voisines, tout en rappelant que ce tableau n'est certainement pas complet :

Evangelia.	1523									
Acta apostolorum.	1523	1524	1525	1528	1529	1531		1533	1535	1538 1541
Pauli epistolæ. . .	1522						1532			
Apocalypsis. . . .	1522	1524	1525	1528	1529	1531		1534	1535	1539 1544
Psalmi	1523	1524		1528					1535	1540
Pentateuchus . . .	1525	1527		1530			1532			1539
Libri regum . . .	1526	1529		1534						1540
Libri prophetar. .		1526		1531						1537
Libri Machabæor..	1524	1526		1531						1537
Libri Salomonis .	1526	1526		1527					1535	1539 1542

(On trouvera la description des épîtres de 1539 aux *Addenda*.)

Le British Museum possède trois exemplaires complets de la Bible, la bibliothèque Nationale et la bibliothèque Sainte-Geneviève en possèdent chacune un, mais aucun de ces cinq exemplaires n'est de bonne date.

PARIS : *Bibl. Ste-Geneviève*.

(BIBLE IN-SEIZE.) ❧ Apocalypsis || Beati Ioannis Theo=|| logi. || Ad Vetervm, Simvl Et || emendatorum codicum fidem. || *Parisiis* || Ex officina *Simonis Colinæi*. || 1522 ||.

In-16 de 31 ff. chiffr. et 1 f. non chiffr., sign. aa-dd par 8; car. rom.; init. sur bois à fonds criblés.

Le verso du titre est blanc, l'apocalypse de saint Jean occupe les feuillets chiffrés, le dernier feuillet, blanc au verso, contient au recto la souscription :

❧ *Absolvtvm* || *Est Hoc Sanctissi=||mum Iesv Christi falua=||toris noftri Teftamentum no=||uum, ad veterum & emendatorū || codicum fidem. Parifiis, in officina Simōnis Colinæi: Anno || à Natiuitate Christi Ie=||sv, tertio & vicefimo fupra fef=||quimillefimum. Sexto Calendas || Aprilis.* ||

L'Apocalypse, bien que portant sur le titre la date de 1522, a dû être imprimée après les évangiles et les actes des apôtres de 1523 car elle contient la souscription générale de l'édition.

PARIS : *Bibl. Ste-Geneviève*.

(Guillaume BRIÇONNET.) Alter Sermo Syno-||dalis R. in Christo patris D. || Gvillermi, Meldenfis Mi||niftri, habitus Meldis, ‖ anno 1520, Menſe ‖ Octobri. ‖ ∴ ‖ *Parisiis* ‖ In ædibus *Simonis Colinæi*. ‖ 1522 ‖.

In-4º de 16 ff. non chiffr., sign. a-d par 4; car. rom.; init. sur bois à fond criblé. Le verso du titre est blanc, il n'y a ni pièces liminaires ni souscription.

Henri Estienne avait imprimé en 1520 un premier sermon prononcé par Guillaume Briçonnet au synode de Meaux, en 1519, celui-ci est donc le second, *alter sermo*. C'est grâce à la protection de Jacques Lefèvre d'Etaples que Simon de Colines imprimait pour l'évêque de Meaux.

AUXERRE.

❦ Des. Erasmi ‖ Roterodami De Dvpli-‖ci Copia verborum ac rerum, com‖mentarij duo. ‖ Erasmi de ratione ſtudij, déq; pue‖ris inſtituendis commentariolus, ‖ ad Petrum Viterium Gallum. ‖ Erasmi de laudibus literariæ ſo=‖cietatis, Reipublicæ, ac magiſtra=‖tuum vrbis Argentinæ, Epiſtola ‖ planè Erasmica, hoc eſt, elegans, do‖cta, & mire candida. ‖ *Parisiis* ‖ Apud *Simonem Colinæum* ‖ 1522. ‖

In-8º de 151 ff. chiffr. et 11 ff. non chiffr., sign. a-t par 8, v par 10; car. rom.; init. sur bois à fonds criblés.

Le verso du titre est blanc; le premier traité d'Erasme se termine au feuillet 129 recto, nous n'avons pu vérifier s'il est précédé de pièces liminaires car l'exemplaire de la bibliothèque de Versailles, le seul que nous ayons pu rencontrer, est incomplet des feuillets 2, 3 et 4; mais il doit vraisemblablement y avoir les deux épîtres d'Erasme à Nesenus de Nastadt (1516) et à J. Colet (1512) qui se trouvent dans les éditions postérieures; le second traité occupe les feuillets 129 verso à 143 recto; le troisième traité, précédé d'une épître de Jacques Wimphelingius, de Selestadt (1er sept. 1514), à qui est adressée la dédicace, occupe les feuillets 143 verso à 150 recto; le verso de ce dernier feuillet et le feuillet 151 recto contiennent des pièces de vers d'Erasme à Sébastien Brandt et à Jean Sapidus, de Thomas Didymus à Erasme et la réponse d'Erasme au même. La fin du volume renferme un *Index Dictionvm* sur 2 colonnes, précédé d'un avis de Jean Froben au lecteur, de l'*Errata* et de la souscription :

Parisiis. Apud Simonem Coli=‖næum. Menſe Octobri. M.D.XXII. ‖

Le verso du dernier feuillet est blanc. La première édition a paru à Paris, en 1514, avec le *Moræ Encomium*, chez J. Bade van Aassche. Ce volume est le premier d'une longue série d'éditions et de rééditions des traités pédagogiques d'Erasme, en format in-8º, données par Simon de Colines, et devenues assez difficiles à rencontrer aujourd'hui, celui-ci a été réimprimé en 1528, 1530, 1534, 1536 et 1539 et est porté au prix de 4 sols dans le catalogue de 1546.

VERSAILLES.

(J. LEFÈVRE D'ÉTAPLES.) ✣ Commentarii ‖ Initiatorii In Qva-‖tvor Evan-‖gelia. ‖ In euangelium fecundum Matthæum. ‖ In euangelium fecundum Marcum. ‖ In euangelium fecundum Lucam. ‖ In euangelium fecundum Ioannem. ‖ V ‖ Pavlvs Ad Romanos ‖ Non enim erubefco euangelium Chri-‖sti. Virtus enim dei eft in fa=‖lutem omni credenti, ‖ Iudæo primū ‖ & Græ‖co. ‖ Iuftitia enim dei in ‖ eo reuelatur ex fide in fidem, ‖ ficut fcriptum eft, Iuftus au‖tem ex fide viuet. ‖ Cvm Privilegio ‖ Regis. ‖

In-fº de 6 ff. lim. et 377 ff. chiffr., sign. a par 6, b-o par 8, p par 6, q par 4, r-x par 8, y par 6, z par 4, aa-ll par 8, mm par 6, nn-zz, aaa-ddd par 8, car. rom.; init. sur bois à fonds criblés. Le titre est placé dans un grand encadrement gravé sur bois, figurant les attributs des quatre évangélistes, et signé de la croix de Lorraine, il n'a été utilisé pour aucun autre volume, nous en donnons la reproduction réduite.

Le verso du titre est blanc, les feuillets liminaires contiennent la préface : *Iacobi Fabri Stapvlensis Ad Christi=‖anos Lectores, In Seqvens ‖ Opvs Præfatio.* ‖ datée de Meaux, 1521, et la concordance : *Seqvitvr Concordia ‖ Qvatvor Evan=‖gelista=‖rvm.* ‖ dont les pages sont fermées par des bandes historiées non signées, sur bois. Le corps du volume contient le texte des quatre évangélistes (saint Mathieu, f. 1, saint Marc, f. 115 chiffré par erreur 215, saint Luc, f. 175, saint Jean, f. 159), accompagné des copieux commentaires de Jacques Lefèvre d'Etaples, imprimés en caractères plus fins. Au feuillet 182 verso est une figure sur bois, attribuée à Geofroy Tory. Au bas du dernier feuillet verso se trouve la souscription :

**MELDIS
IMPENSIS SIMONIS COLINAEI
ANNO SALVTIS HVMANAE M.D.XXII.
MENSE IVNIO.**

Volume rendu célèbre par son achevé d'imprimer daté de *Meaux*, qui a intrigué bien des bibliographes, il en est même qui l'ont cité

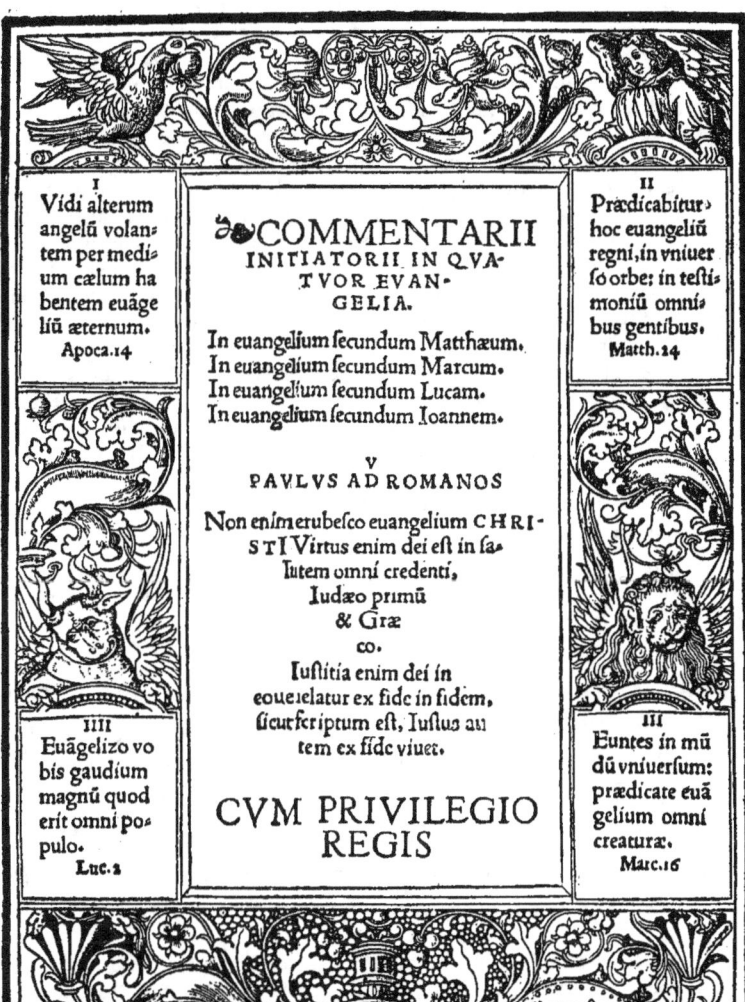

I
Vidi alterum angelū volantem per medium cælum habentem euāgeliū æternum.
Apoca.14

✥ COMMENTARII INITIATORII IN QVATVOR EVANGELIA.

In euangelium secundum Matthæum.
In euangelium secundum Marcum.
In euangelium secundum Lucam.
In euangelium secundum Ioannem.

V
PAVLVS AD ROMANOS

Non enim erubesco euangelium CHRISTI Virtus enim dei est in salutem omni credenti,
Iudæo primū
& Græ
co.
Iustitia enim dei in eo reuelatur ex fide in fidem, sicut scriptum est, Iustus autem ex fide viuet.

CVM PRIVILEGIO
REGIS

II
Prædicabitur hoc euangeliū regni, in vniuerso orbe: in testimoniū omnibus gentibus.
Matth.24

IIII
Euāgelizo vobis gaudium magnū quod erit omni populo.
Luc.2

III
Euntes in mūdū vniuersum: prædicate euāgelium omni creaturæ.
Marc.16

comme la première impression de Simon de Colines, imprimeur de Meaux venu, la même année, se fixer à Paris. Il est possible, comme le fait remarquer A. Bernard (*Geofroy Tory, peintre et graveur*, 2ᵉ éd., pp. 232 et ss.) que Jacques Lefèvre, alors en résidence auprès de Guillaume Briçonnet, évêque de Meaux, ait fait venir de Paris le petit matériel nécessaire à l'impression du volume, dont il voulait suivre de plus près l'exécution, il se sera adressé naturellement à Simon de Colines qui était son imprimeur habituel, comme l'avaient été ses prédécesseurs. On pourrait aussi supposer, surtout étant donnée la beauté de son exécution, que le volume a été fait à Paris et que, par un sentiment qui n'aurait rien de surprenant, Simon de Colines aura voulu flatter Guillaume Briçonnet, son protecteur, en datant l'achevé d'imprimer de Meaux au lieu de le dater de Paris. En tous cas nous n'avons rencontré aucun autre volume avec le nom de Colines et l'indication de la ville de Meaux ; les *Commentarii* sont probablement le seul volume de cette époque portant le nom de la ville de Meaux, car Deschamps (*Dictionnaire de Géographie ancienne et moderne à l'usage du Libraire et de l'Amateur de Livres*, col. 829) fait remonter le fonctionnement de la première presse locale aux dernières années du xviiᵉ siècle. On trouvera dans l'ouvrage d'Auguste Bernard sur Geofroy Tory une description détaillée des *Commentarii*.

Il y a eu des éditions postérieures qui n'ont pas été données par Simon de Colines.

Paris : *Bibl. Nat.; Bibl. Mazarine.* — Amiens. — Bordeaux. — Bourges. — Chartres. — Lyon. — Troyes. — Cambridge : *Queen's Coll. libr.* — Genève. — Londres : *Brit. Mus.* — Tournai.

(J. Lefèvre d'Étaples et Josse Clichtove.) ❦ In Hoc Libro Contenta ‖ ❡ Epitome, Compendiosaqve Introdvctio In Li‖bros Arithmeticos diui Seuerini Boetij : adiecto familiari commentario di=‖lucidata. ‖ ❡ Praxis numerandi, certis quibufdam regulis conftricta. ‖ Editio Secvnda. ‖ *Parisiis* ‖ ❡ Vænalis apud *Simonem Colinæum*, contra Decretorum fcholas. ‖ 1522 ‖.

In folio de 48 ff. chiffr., sign. a-f par 8; car. rom.; tableaux de chiffres; annotat. margin.; petites figures dans les marges, initiales sur bois à fonds criblés.

L'*Epitome* occupe les feuillets 2 verso à 33 recto, il est précédé de deux dédicaces, la première de Jacques Lefèvre auteur du texte... *Domi=‖no Ioanni Stephano Ferrerio*, sans date, la seconde du commentateur Josse Clichtove... *Ioanni* ‖ *Molinari*..., datée de 1503; les feuillets 33 verso à 44 contiennent le *Praxis numerandi* de Josse Clichtove, précédé d'une dédicace à Philippe Præpositus, datée de Paris, collège du Cardinal

Le Moine, 1503; à la suite (feuillets 45 à 48 recto) : *Opvscvlvm De praxi numerorum, quod Algorismvm vocant.* ||, index, erratum et souscription :
 ℭ *Impreffit Simon Colinæus, in Parifienfi Academia, contra Decretorum* || *fcholas, Anno domini 1522. Die Iunij 12.* ||
Le verso du dernier feuillet est blanc.

Les trois traités avaient été imprimés deux fois par Henri Estienne, d'abord en 1503, *In hoc libro contenta Epitome...* etc., édition dans laquelle ils sont suivis de 3 autres traités de Charles de Bouvelles, puis en 1510; il en existe une édition sans nom ni date, vers 1507. Les dédicaces de Clichtove sont datées pour la première fois dans l'édition de Colines, qui n'est cependant que la réimpression de celle de 1510; Foppens, dans sa *Bibliotheca Belgica*, cite une édition donnée par Henri Estienne, en 1517, qui n'existe probablement pas, on ne connaît aucune autre édition postérieure.

Cet opuscule est relié le plus souvent à la suite du Boëce que nous avons décrit à l'année 1521.

PARIS : *Bibl. Nat.* — BORDEAUX. — CHARTRES. — CLERMONT-FERRAND. — LIMOGES. — RENNES. — et d'après M. Vander Haegen : BALE. — COPENHAGUE. — OXFORD : *Bibl. Bodl.* — WOLFENBUTTEL.

❧ Compen=||diaria Dialecti=||ces Ratio : Avto||re Philippo || Melan=||chto=||ne. || .·. || *Parisiis* In Ædibvs || *Simonis Colinæi,* Anno || M D XXII. || Mense Iulio. ||

In-8º de 43 ff. chiffr. et 1 f. (bl.?), sign. a-e par 8, f par 4; car. rom.; init. sur bois à fonds criblés; annotat. marg. Le titre est placé dans un encadrement sur bois à fonds criblés, orné, dans la partie inférieure, de l'écusson soutenu par deux lapins et portant les initiales de Simon de Colines, S. D. C., qui a été reproduit par Silvestre comme marque typographique (II, 622); ce cadre a été exécuté par Geofroy Tory, dont il porte la signature (la croix de Lorraine), il a toujours été réservé par Colines pour les titres des ouvrages pédagogiques et c'est sur ce volume que nous le rencontrons pour la première fois; nous en donnons la reproduction à la page 46.

Le verso du titre est blanc; le feuillet 2 contient la préface : *D. Ioanni Svertfeger, Iv=||ris Consvlto, Philip=||pvs Melanch=||thon. S.* || (Wittemberg, mars 1520); le corps de l'ouvrage, divisé en 4 livres, occupe les autres feuillets, et se termine par la souscription :
Parisiis Per Simonem || *Colinæum, menfe Iulio Anni* || *M. D. Secundi & vi=||cefimi.* ||

Réimprimé en 1532; il existe peut-être aussi sous la date de 1522 une édition des *Institutiones rhetoricæ* de Melanchthon, ce doit être la même que celle que nous décrivons à l'année 1523, avec une modification dans la date du titre.

PARIS : *Bibl. Université.*

Contenta In Hoc Volvmine. ‖ Pimander : ‖ Mercurij Trif-
megifti liber de fapientia et po=‖teftate dei. ‖ Afclepius : ‖
Eiufdem Mercurij Lazarelo Septempedano. ‖ Petri Por-
tæ Monfterolenfis dodecaftichon ad ‖ Lectorem. ‖

>Accipe de fuperis dantem documenta libellum :
>   Sume Hermen, prifca relligione virum.
>Hermen, Thraicius quem non æquauerit Orpheus :
>   Et quem non proles Calliopea Linus.
>Zamolxin fuperat cum Cecropio Eumolpo
>   Quos diuiniloquos fama vetufta probat.
>Vtilis hic liber eft, mundi fugientibus vmbram :
>   Vera quibus lucis lumina pura placent.
>Hic quid fit difces fapientia, fumma poteftas :
>   Hic poteris fummi difcere velle dei.
>Infuper inuenies plenum Cratera liquore
>   Nectareo : minimi quæ tibi lector emes.

Vale. ‖

>In-4º de 82 ff. chiffr., sign. a-h par 8, i-l par 6 ; car. rom.; petites
>init. sur bois à fonds criblés.
>   Au verso du titre est placée la dédicace : *Sacro Antisti Gvillermo* ‖
>*Briconneto Episcopo Lodo*‖*viensi, Iacobvs Faber S.* ‖ non datée. Le pre-
>mier traité précédé de l'*Argumentum* de Marsile Ficin, le traducteur,
>occupe les feuillets 2 à 37; le deuxième traité traduit par Lucius Apu-
>leius occupe les feuillets 38 à 60 recto; le reste du volume contient le
>Crater Hermetis de Ludovic Lazarelus, rédigé moitié en vers et moitié
>en prose, à la suite est la souscription :
>   ☾ *Crateris Hermetis, adiecti Pimandro & Afcle=*‖*pio Merċurij Trif-*
>*megifti : Finis. Parisijs in* ‖ *officina Simonis Colinæi, e regione fcho=*‖
>*larum Decretorum habitantis. Anno*‖*domini omnium faluatoris fe=*‖*cundo*
>*& vicefimo fupra* ‖ *fefquimillefimum.* ‖ *Quinto die* ‖ *Mensis* ‖ *Maij.* ‖
>   Réimpression de l'édition donnée par Henri Estienne en 1505.
>   PARIS : *Bibl. Ste-Geneviève*. — BESANÇON. — BORDEAUX. — MOULINS. —
>   TOURS. — TROYES.

❧ Adversvs Novam ‖ Marci Beneventani Astrono=‖miā,
Quæ pofitionem Alphonfinam, ac Recētiorum ‖ omniū,
de motu octaui orbis multis modis deprava=‖uit, &
fecū pugnantem fecit : Alberti Pighii ‖ Campensis apologia, In qua, tota ferme Al=‖phonfina pofitio, hactenus

a pauciſſimis recte intelle=‖cta, a Pvrbachio etiam in multis perperā ex=‖plicata, mathematice demonſtrata eſt. ‖ Brevis & luculenta Alphonſinæ poſi=‖tionis per eundem. ‖ Eivsdem, quo poſſit ingenio Alphonſinarum ‖ tabularum abacus referri ad eclipticā mobilem octa=‖uæ sphæræ, a puncto vernalis æquinoctij facto suppu‖tationis initio, Thebitianarum tabularum inſtar, suc‖cincta explanatio. ‖ ❧ Apud *Simonem Colinæum* exponi=‖tur vænum, pro Decretorum ſcholis. ‖

In-4º de 6 ff. lim. et 70 ff. chiffr., sign. A par 6, a-h par 8, i par 6; car. rom.; figures astronomiques et géométriques; init. sur bois.

Les feuillets liminaires contiennent le titre, blanc au verso, et la dédicace : ❧ *Albertvs Pighivs Campensis,* ‖ *Auguſtino Nypho Sueſſano, Philoſophorū ęta=*‖*tis noſtræ principi S. D.* ‖ (5 des nones de Mai 1522), le sixième feuillet ne porte que 3 lignes de texte au recto. L'Apologie occupe les feuillets 1 à 61, elle est adressée au moine Marc de Bénévent, ironiquement qualifié : *phœnix mathematicorum,* qui s'était permis de ne pas suivre à la lettre les enseignements des tables Alphonsines, l'auteur réfute aussi les *Theoricæ novæ planetarum...* de Georges Purbach (ou Peurbach) qui dataient de plus d'un demi-siècle mais dont une nouvelle édition venait d'être donnée par Jacques Lefèvre d'Etaples, avec les commentaires de François Campuanus de Manfredonia (*Paris, au lys d'or* [Jean Petit], *1515 in-folio*); la seconde partie de l'ouvrage occupe les derniers feuillets et se termine par la souscription :

❧ *Excudebat Pariſijs* Simon Colinæus *hunc* ‖ *Alberti Pighii Campenſis libel=*‖*lum, omnibus mathematicarum diſciplina=*‖*rum ſtudioſis admodum vtilem. Anno a* ‖ *Chriſto nato 1522. Ter=*‖*tia die Menſis Maij.* ‖ ❧ ‖.

Albert Pigghe est l'auteur de plusieurs traités d'astronomie, de pamphlets contre les Luthériens et d'un opuscule sur le concile de Ratisbonne; Henri Estienne a imprimé en 1518 : *A. Pighii Campensis adversus prognosticatorum vulgus...* Gassendi a écrit la vie de Peurbach avec celle de Tycho-Brahé.

PARIS : *Bibl. Nat.* — ORLÉANS. — REIMS. — BRUXELLES.

M D XXIII

5 avril 1523 — 26 mars 1524 n. s.

(Bible In-Seize.) Evangelivm ‖ Iesv Christi ‖ Secundum Matthæum ‖ Secundum Marcum ‖ Secundum Lucam ‖ Secundum Ioannem. ‖ Ad Vetervm, Simvl Et ‖ emendatorum codicum fidem. ‖ *Parisiis* ‖ Apud *Simonem Colinæum.* ‖ 1523 ‖.

In-16 de 111 ff. chiffr. et un feuillet non chiffr.; car. rom.; init. sur bois. Le verso du titre est blanc, la première lettre initiale de chaque partie est précédée d'une petite figure sur bois représentant l'évangéliste avec ses attributs. Le dernier feuillet, blanc au verso, porte au recto la souscription :

Impressvm Parisiis, In ‖ *officina Simonis Colinæi, a=*‖*pud fcholas Decreto=*‖*rū. Anno Chri*‖*sti, XXIII* ‖ *fupra* ‖ *fef=*‖*quimillefimum.* ‖

Bien qu'imprimé le troisième, ce volume constitue la première partie du nouveau testament de 1522-1523 ; dans les éditions postérieures (1524, 1525, 1528, etc.) les évangiles sont suivis des actes des Apôtres.

Paris : *Bibl. Ste-Geneviève.*

(Bible In-Seize.) ❦ Acta Apo-‖stolorvm. ‖ Ad Vetervm, Simvl Et ‖ emendatorum codicum fidem. ‖ *Parisiis* ‖ Apud *Simonem Colinæum.* ‖ 1523 ‖.

In-16 de 64 ff. chiffr., sign. a-h par 8; car. rom.; init. sur bois à fonds criblés. Le verso du titre et celui du dernier feuillet sont blancs, il n'y a pas de souscription.

Troisième partie du nouveau testament de 1522-1523 ; dans l'édition de 1524 et les éditions suivantes les actes des Apôtres ne forment plus une partie séparée et sont placés à la suite des évangiles. La revision du texte de ces quatre parties est due à Robert Estienne.

  Paris : *Bibl. Ste-Geneviève*; *Bibl. Société de l'Histoire du protestantisme français.*

(Bible In-Seize). Liber Psalmorvm. ‖ *Parisiis* ‖ Apvd *Simonem Colinævm.* ‖ M. D. XXIII. ‖

  In-16 de 135 ff. non chiffr., 1 f. bl. et 4 ff. non chiffr., sign. a-r par 8, s par 4; car. rom.

  Les 150 psaumes sont suivis des Cantiques *trium puerorum;* — *Esaiæ;* — *Eȝechiæ regis;* — *Annæ. Primi Regum ij;* — *Mariæ sororis Moisi;* — *Abachuc iii;* — *Moisi Deutero. xxxii;* — *beatissimę Marię;* — *Zachariæ;* — *Simeonis.* Les quatre derniers feuillets contiennent : ❧ *Index* ‖ *Psalterii David,* ‖ *iuxta pfalmorum numerum. Cui ; canticorum index fubiungitur.* ‖, le verso du dernier feuillet est blanc. La souscription se trouve au bas du feuillet [r vij] verso :

  ☞ *Impressum Parisijs, in officina* ‖ *Simonis Colinæi. Anno* ‖ *domini M. D. XXIII.* ‖

  L'édition suivante, de 1524, a été revue par Lefèvre d'Etaples.

  Paris : *Bibl. Nat.* (ex. incomplet du titre). — Valenciennes.

❧ Ioannis ‖ Brvcherii Tre=‖cenſis Adagiorū, ad ſtu=‖dioſæ iuuentutis vtilita=‖tem, ex Eraſmicis Chi=‖liadibus excerptorū E=‖pitome. ‖ Fac & ſpera. Deus facien=‖tes adiuuat. ‖ *Parisiis* ‖ Apud *Simonē Colinæū.* ‖ 1523 ‖.

  In-8º de 373 ff. chiffr., 22 ff. non chiffr. et 1 f. bl., sign. a-z, aa-zz, aaa-ccc par 8, ddd par 4; car. rom.; init. sur bois à fonds criblés; le titre est placé dans l'encadrement *aux Lapins* (page 48).

  Le verso du titre et le feuillet 2 contiennent l'épître dédicatoire : ❧ *Prvdentis-*‖*simis Reipvblicæ Di=*‖*vi Florentini Mo=*‖*deratoribvs, Io=*‖*annes Brv=*‖*cherivs* ‖ *Tre=*‖*censis Salvtem.* ‖ (sans date); les adages choisis d'Erasme, expliqués par Brucherius, occupent les feuillets 3 à 373 recto, et sont terminés par une pièce de 27 vers latins : *Thomas Belinævs* ‖ *Ioanni Brucherio fuo.* ‖ Les feuillets non chiffrés contiennent deux index : ❧ *Index Loco-*‖*rvm Et Materiarvm.* ‖ et ❧ *Index Pro-*‖*verbiorvm In Hac Epi=*‖*thome Contentorvm.* ‖, imprimés sur 2 colonnes et suivis de la souscription :

  Formvlis Excvdebat Simon ‖ *Colinævs, Anno* ‖ *M. D. XXIII. Mense No=*‖*vembri.* ‖

  Paris : *Bibl. Nat.* — Abbeville. — Dijon. — Evreux. — Louviers. — Tours. — Troyes. — Versailles. — Londres : *Brit. Mus.*

🙐 L. Campestri ‖ Theologi Heptacolon ‖ in summam scripturæ sacrilegæ ‖ Martini Lvthe=‖ri in Apologia ‖ eius contē=‖tam. ‖ Prodeunt tibi Candide lector hac fœtura ‖ Heptacolon Summæ Lutherianæ. ‖ Dicealogia rationum Heptacoli. ‖ Apologia in capita rerum Lutheri. ‖ Elenchus miraculorum pugnæ. ‖ Reliqua mox vises deo fauente. ‖ *Parisiis* ‖ In ædibus *Simonis Colinæi.* ‖ 1523 ‖.

In-4º de 32 ff. non chiffr., sign. a-h par 4; car. rom.; init. sur bois; annotations marginales.

Au verso du titre: ℭ *Author deum gloriosum contestatur.* ‖, l'*Heptacolon* et le *Dicealogia rationum Heptacoli* occupent le reste du volume qui se termine par ℭ *Peroratio anthoris* [sic] *ad literatam* ‖ *Sodalitiem Lutetiæ.* ‖; les autres parties de l'ouvrage qui sont annoncées sur le titre se trouveront dans le volume suivant, à la fin duquel est placé un errata se rapportant à l'*Heptacolon*.

Paris : *Bibl. Ste-Geneviève*. — Chartres.

🙐 L. Campestri The-‖ologi Apologia in Martinū Lutherum ‖ Hæreseos Acephalorum, ac Sacri=‖legorū antesignanum : qua stri‖ctim huiusce factionis lo=‖ci insigniores expē=‖duntur, qui ‖ subjudiciū‖tur. ‖ 🙐 ‖.

1 De primatu Petri apostoli.   11 De summo Pontificio.
2 De apice Romanæ ecclesie.   12 De ecclesia Solymorum.
3 De arbitrij libertate.   13 De fide & operibus.
4 De venijs Apostolicis.   14 De pompa clericali.
5 De animorum purgatione.   15 De libertate Christiana.
6 De religione auctaria.   16 De euchariftiæ mysterio
7 De consilijs atq; decretis.   17 De Euangelij gratia.
8 De ditione ecclesiastica   18 De pōtificio & imperio.
9 De nomine Cephas.   19 De Luthero Aborigine.
10 De gloria Rome Christianæ   20 De satellitio Lutheri.

Parisiis ‖ In ædibus *Simonis Colinæi.* ‖ 1523 ‖.

In-4º de 32 ff. chiffr. et 2 ff. non cotés, sign. aa-hh par 4; car. rom.; annotat. marg.; init. sur bois à fonds criblés.

Le verso du titre est blanc, le feuillet 2 contient l'épître dédicatoire:

⊄ *Ampliſſimo viro D. Ioanni Seluę Cu=‖riæ parlamēteæ Parryſiorū primo præ=‖ſidi, & reliquis eiuſdem Senatorij ordi=‖nis optimatibus L. Cāpeſter Theol. S.* ‖, signée : *Parrhisijs,* ‖ *ex prelis Colinæis.* ‖, sans date. L'apologie occupe les feuillets 3 à 32, l'auteur s'excuse, au début, d'avoir pris la peine de réfuter les assertions de Luther, si peu sérieuses que la Faculté de théologie de Paris avait jugé inutile de s'en occuper : c'eût été jeter des perles à un pourceau ou chanter des odes à un âne ; le traité n'est pas divisé par chapitres comme pourrait l'indiquer la forme du titre. Les 2 feuillets non chiffrés contiennent une liste d'ouvrages que Simon de Colines promettait au public, on verra par leur énumération qu'il n'a pas mis tous ses projets à exécution :

Hypothipoſes legis Euangelicæ. — *Sodalitium apoſtolorū Petri & Pauli.* — *Expunctiones captiuitatis Babylonicæ.* — *Retaliationis abrogationis miſſæ.* — *Racemationes Babylonicæ vineæ...* — *De ſacroſancta maieſtate Chriſtianiſmi.* — *Panegyricon de laude ſacrarū literarum.* — *Parallela duplicis literaturæ.* — *Parænesis de Eruditione literaria.* — *Cōmentarij in vtrunqȝ teſtamentum.* — ⊄ *Inter hæc, varij argumenti opellæ, tum Ludicræ, tum Theoreticæ, quas indies* [sic] *parere literas facimus.*

A la suite viennent l'⊄ *Errata Heptacoli*, qui se rapporte à l'ouvrage mentionné ci-dessus, et l'⊄ *Errata Apologiæ.*

L. Campester est probablement l'auteur de l'*Oratio laudatoria pro Francisco Valesio,...* qui existe à la Bibliothèque nationale et que Brunet cite au mot Campestrus.

Paris : *Bibl. Nat.; Bibl. Ste-Geneviève.* — Chartres.

Græca Theodori Gazæ traductio in Ciceronis de senectute dialogum ; ejusdem versio in somnium Scipionis. *Lutetiæ*, apud *Sim. Colinæum*, 1523.

In-12 (in-8º ?).

Cité par Brunet (II, col. 26) ; il est à peu près évident qu'il s'agit de l'édition de 1528 car ce n'est qu'à partir de cette année que nous rencontrerons des volumes imprimés en caractères grecs par Simon de Colines et il n'est pas probable qu'il soit resté quatre ans sans faire usage de son grec, s'il le possédait déjà en 1523.

(Josse Clichtove.) ⊄ De Bello Et Pace ‖ opuſculū, Chriſtianos prin=‖cipes ad ſedandos bel=‖lorū tumultus ‖ & pacē ‖ cō=‖ponendam exhortans. ‖ *Parisiis* ‖ Ex officina *Simonis Colinæi.* ‖ 1523 ‖.

In-4º de 50 ff. chiffr., 1 f. non coté et 1 f. bl., sign. a-e par 8, f par 4, g par 8 ; car. rom. ; annotations marginales ; initiales sur bois à fonds criblés.

Le verso du titre et le feuillet 2 contiennent la préface ℂ *In Opvscvlvm De Bel=‖lo & pace : Iudoci Clichtouei... ad principes Chriſtianos præfatio.* ‖, sans date; les feuillets 3 à 49 renferment le corps de l'ouvrage qui se termine par la souscription :

ℂ *Abſolutum eſt hoc, de bello et pace opuſculum,* ‖ *apud florentiſſimam Pariſiorum academiam :* ‖ *in officina libraria Simonis Colinæi, e re=‖gione ſcholæ Decretorum ſita. An=‖no domini (qui author pacis* ‖ *eſt & amator quinim=‖mo & pax noſtra) viceſimo ter=‖tio, ſupra* ‖ *mille=‖ſimum &* ‖ *quingenteſimū :* ‖ *die vero tertia Auguſti.* ‖

Le feuillet 50 porte une pièce de vers latins extraite des Sylves de Mantuan : ℂ *Commoda Pacis, Et* ‖ *belli incōmoda : ex Baptiſtæ Man=‖tuani Syluis deprompta.* ‖; le feuillet suivant contient l'index.

M. Vander Haegen donne les titres des principaux chapitres de cet opuscule qu'il compare au *Querela pacis* d'Erasme; il n'en existe pas d'autre édition.

Paris : *Bibl. Nat.; Bibl. Ste-Geneviève.* — Besançon. — Carcassonne. — Dijon. — Le Mans. — Bruxelles. — Dresde. — Liège. — Londres : *Brit. Mus.* — M. Vander Haegen cite encore : Bologne. — Copenhague. — Gand. — Munich. — Oxford : *Bibl. Bodl.* — Stuttgart. — Vienne (Autriche).

(Josse Clichtove.) ℂ De Veneratio-‖ne ſanctorum, opuſculum : duos libros cō=‖plectens. ‖ ℂ Primus, honorandos eſſe ab eccleſia san-‖ctos : & ſedulo a nobis orandos, oſtendit. ‖ ℂ Secundus, rationes eorum : qui contendūt ‖ non eſſe venerandos, nec orandos a nobis ‖ ſanctos, diſſoluit. ‖ *Pariſiis* ‖ Ex officina *Simonis Colinæi.* ‖ 1523 ‖.

In-4° de 96 ff. chiffr. et 2 ff. non chiffr.; sign. a-k par 8, l par 6, m par 4; car. rom.; annotat. margin. Il existe deux sortes d'exemplaires, dans les uns le titre est placé entre deux bordures horizontales, historiées, gravées sur bois, et le mot *Secundus* n'est pas précédé de la rubrique ℂ; dans les autres, comme dans l'exemplaire de la bibliothèque Nationale, ces bordures n'existent pas et la rubrique ℂ est placée avant le mot *Secundus*.

Le verso du titre est blanc, les feuillets (2) et 3 contiennent la dédicace à l'évêque de Tournai : ℂ *Reverendo In Christo* ‖ *patri ac domino Ludouico Guilliardo...*, les feuillets chiffrés contiennent le traité sur la vénération due aux saints écrit, dans le but de réfuter les doctrines de Luther, par Josse Clichtove dont le nom se trouve au titre de départ : ℂ *De Veneratione San=‖ctorum, opuſculum...* ‖ *per Iudocum Clichtoueum Neoportuēſem,* ‖ *doctorem theologum, elaboratum...*, à la fin est placée la souscription :

ℂ *Completū eſt & in lucē æditū hoc opuſculum de* ‖ *veneratione ſanctorū, in duos libros diductū : Pa=‖riſijs, ın officina libraria Simonis*

Colinẹi, e regio=‖ne fcholæ Decretorum. Anno ab incarnatione do=‖mini (qui fanctus eft fanctorũ : & omniũ etiam fan=‖ctorum glorificator) vice-fimo tertio, fupra millefi=‖mũ & quingentefimũ : die vero tertia Septembris. ‖

Les deux derniers feuillets contiennent l'index, le dernier est blanc au verso.

Edition originale, on trouvera dans la *Bibliotheca Belgica* la liste des principaux chapitres qui composent ce volume, ainsi que la description des deux éditions postérieures imprimées à Cologne par Pierre Quentell, en 1525 in-4º et en 1527 in-8º, qui sont copiées sur celle de Colines.

PARIS : *Bibl. Nat.; Bibl. Maȝarine.* — AMIENS. — AVIGNON. — DIJON. — LE HAVRE. — LE MANS. — MARSEILLE. — REIMS. — BRUXELLES. — DRESDE. — LONDRES : *Brit. Mus.* — M. Vander Haeghen cite encore : FRIBOURG-EN-BRISGAU. — LA HAYE. — OXFORD : *Bibl. Bodl.* — VIENNE (Autriche).

(Jean COLET, Guillaume LILY et ERASME.) De octo orationis partium constructione libellus. *Parisiis*, ex ædibus *Simonis Colinæi*, 1523.

In-8º. Achevé d'imprimer au mois de *septembre*. Cité par Panzer d'après Maittaire, II, p. 643.

Traité de Guillaume Lily publié par Colet et revu par Erasme. Colines en a donné des réimpressions en 1526, 1527, 1530, 1532, 1535, 1542 et 1544, les dernières avec le commentaire de Rabirius; il a donné aussi, en 1539, une édition du traité de Donat, dont le titre est à peu près semblable : *De octo partibus orationis libellus.*

Rvdimen-‖ta Despavterii ‖ fecundo ædita in treis par=‖tes diuifa, puerisvtiliffima [*sic*] ‖ & omnino neceffaria : quic‖quid in iuuenum introdu‖ctorio cõtinetur, multo fi=‖gnificantius & verius com‖plectentia : adiectis multis‖ fcitu digniffimis, cũ quæ=‖ftiunculis de Pœnitentia. ‖ *Parisiis* ‖ Apud *Simonẽ Colinæũ.* ‖ 1523 ‖.

In-8º de 32 ff. chiffr., sign. a-d par 8; car. rom.; init. sur bois à fonds criblés, le titre est placé dans l'encadrement *aux Lapins* que nous reproduisons à la page suivante et qui a paru pour la première fois sur le titre du Melanchthon de 1522.

Le verso du titre est blanc, le feuillet 2 contient la préface : ℭ *Defpauterius M. Ioanni Vinea=‖no Vvormholtenfi Compa‖tri fuo chariffimo S.* ‖ datée du 4 des ides de décembre 1514; les Rudiments occupent les feuillets 3 à 29 recto, ils sont suivis des questions sur la pénitence,

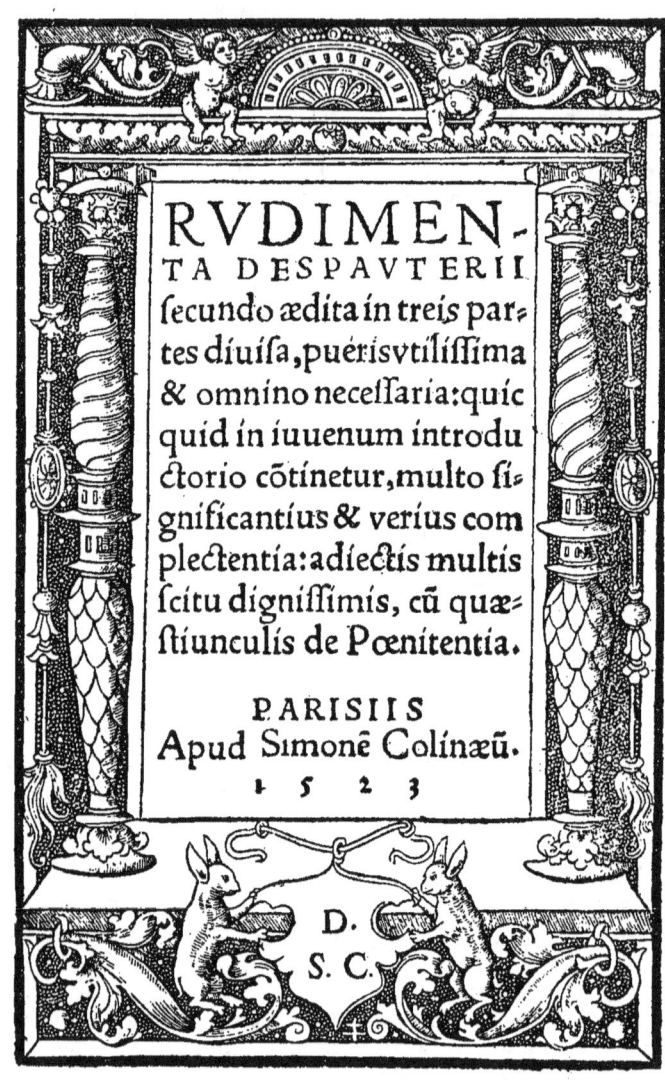

Encadrement *aux Lapins*.

feuillet 29 recto à la fin, et se terminent au bas du verso du dernier feuillet par la souscription :

☞ *In ædibus Simonis Colinæi, Duodecimo* ‖ *Caleñ. Septembris. Anno M.D.XXIII.* ‖

Despautère, dans la dédicace, explique qu'il a remanié lui même sa grammaire qui était jugée trop difficile pour les enfants, il l'a divisée en trois parties et rédigée sous forme de dialogue : *Partes grāmaticę quot* ‖ *fūt? Quatuor. Quæ?* ‖ *Litera, vt a : Syllaba,* ‖ *vt pa : Dictio, vt pa=*‖*ter : Oro* [oratio], *vt pater no=*‖*ster. Quid eſt litera?* ‖ *Minima pars vocis cō*‖*poſitæ, quæ ſcribi po=*‖*teſt indiuidua. Quot ſūt literæ? Vigintiduę.* ‖ *Quæ? A, b, c,...* etc.

Les questions sur la pénitence sont destinées à familiariser l'enfant avec le latin, tout en lui donnant des préceptes de morale *citra quæ vana sunt omnia*, elles sont suivies des commandements de Dieu mis en vers latins par Alde Manuce. Ces rudiments qui ont eu de nombreuses éditions au XVIe siècle ont été réimprimés par Simon de Colines en 1538.

PARIS : *Collection particulière.*

❧ Enchi-‖ridion Militis ‖ Chriſtiani, ſaluberri=‖mis præceptis refertū, ‖ authore Deſ. Eraſmo ‖ Roterodamo. ‖ *Pariſiis* ‖ Apud *S. Colinæum.* ‖ 1523 ‖.

In-8º de 111 ff. chiffr. et 1 f. bl., sign. a-o par 8, car. rom.; init. sur bois à fonds criblés. Le titre, dont le verso est blanc, est placé dans l'encadrement *aux Lapins* (page précédente).

Les feuillets 2 à 16 contiennent l'épître dédicatoire : ❧ *Reverendo* ‖ *In Christo Patri Ac D. D.* ‖ *Paulo Volzio religioſiſſimo Abbati mona=*‖*ſterij, quod vulgo dicitur Curia Hugonis,* ‖ *Des. Eraſmus Roterodamus S.* ‖ datée de 1518, et *Libellvs Loquitvr.* ‖ (trois distiques latins); le corps de l'ouvrage est terminé par la souscription suivante :

Pariſiis, ‖ *In Ædibus Simonis Colinæi. Pridie* ‖ *Calendas Maij. M. D. XXIII.* ‖

Réimprimé en 1529. *L'Enchiridion militis christiani* avait paru pour la première fois dans un recueil d'opuscules d'Erasme, *Lucubratiunculæ*, Anvers, Th. Martin, 1503, in-4º. La première traduction française est celle de Louis de Berquin, imprimée à Anvers chez Martin Lempereur en 1529, in-8º goth.

PARIS : *Bibl. Arsenal.* — AMIENS. — NANTES. — TOURS.

❧ Parabo‖læ Sive Similia ‖ D. Erasmi Rotero=‖dami poſtremū ab auto=‖re recognita, cū acceſſio=‖ne nōnulla, adiectis ali=‖quot vocularum obſcu=‖rarū interpretationibus. ‖ *Pariſiis* ‖ Apud *Simonē Colinæū* ‖ 1523 ‖.

In-8º de 103 ff. chiffr. et 1 f. bl., sign. a-n par 8; car. rom.; init.

sur bois à fonds criblés; le titre est placé dans l'encadrement *aux Lapins* (page 48).

Le verso du titre et les feuillets 2 et 3 contiennent l'épître dédicatoire : ❧ *Erasmvs* || *Roterodamvs, Viro* || *Cvm Primis Ervdi=*||*to Petro Ægidio celebratif=*||*fimæ ciuitatis Antuuer=*||*pienfis, ab actis,* || *S. D.* ||, datée de Bâle, ides d'octobre 1514. Le corps du volume est divisé en cinq parties : *Ex Plvtarchi Moralibvs.* || (ff. 4 à 51 verso); — *Ex Seneca.*|| (ff. 51 verso à 58 recto); — *Ex Lvciano, Xeno=*||*phonte Ac De=*||*mosthene.* || (f. 58);— *Ex Aristotele, Plinio,* || *Theophrasto.* || (ff. 58 verso à 100 recto, coté par erreur 110); — *Vocvlarvm Qvarvndam* || *Expositio* || (ff. 100 verso à la fin); au bas du dernier feuillet est la souscription :

Parisiis Impressvm Apvd || *Simonem Colinæum Pridie Calend.* || *Iulij. M. D. XXIII.* ||

Réimprimé en 1529 et 1540.

PARIS : *Bibl. Arsenal.* — AMIENS. — CARCASSONNE. — REIMS.

❧ D. Eras-||mi Roterodami || opus de confcribendis || epiftolis, quod quidā || & mēdofum, & muti=||lum ædiderāt, recogni=||tum ab autore, & locu||pletatum. || *Parisiis* || Apud *Simonē Colinēū.* || 1523 ||.

In-8° de 223 ff. chiffr. et 1 f. bl., sign. a par 8, b par 4, c-z, A-E par 8, F par 4; car. rom.; annotat. margin.; le titre est placé dans l'encadrement *aux Lapins* (page 48).

Le verso du titre et le feuillet 2 contiennent la préface : *Erasmvs Roterodamvs* || *Nicolao Beraldo S. P.* || (Bâle, le 8 des calendes de juin 1522); à la fin du volume est placée la souscription :

Parisiis In Ædibvs Simo=||*nis Colinæi, menfe Iunio, Anno à* || *Christo nato millefimo* || *quingentefimo fupra ter=*||*tium & vicefimum.* ||

Le manuscrit de ce traité sur l'art épistolaire avait été dérobé à Erasme et publié sans son consentement, la première édition revue par l'auteur est de Bâle, 1522; Simon de Colines l'a réimprimé en 1527, 1530, 1533 et 1539.

AMIENS. — VESOUL.

❧ Galeni || De Temperamentis || Libri Tres. || De Inæqvali Intem||perie Liber Vnvs. || Thoma Linacro Anglo || Interprete. || ❧ Cvm Privilegio. ||

In-f° de 6 ff. lim., 33 ff. chiffr., et 1 f. (blanc?), sign. ā par 6, A-C par 8, D par 10; car. rom., init. sur bois à fonds criblés. Le verso du titre est blanc, les autres feuillets liminaires contiennent : ❧ *Sanctissimo Domino* || *Nostro Papæ Leoni Decimo, Thomas* || *Linacer Medicorvm Minimvs S. D.*|| daté de Londres, nones de septembre 1521, et l'*Index.*

Les deux traités de Galien, traduits par le médecin anglais Thomas Linacre occupent les feuillets chiffrés (*De Temperamentis,* ff. 1 à 29; *de inæquali Intemperie,* ff. 30 à la fin) et se terminent au verso du dernier feuillet par l'errata et la souscription :

Impreſſa ſunt hæc duo De temperamentis & Inæquali in=∥temperie Galeni opuſcula, in officina Simonis Colinæi : ∥ *Anno M. D. XXIII.* ∥

PARIS: *Bibl. Nat.* — AVIGNON. — BORDEAUX. — BOURGES. — LUXEMBOURG : *Bibl. Athénée.*

ꝗ Galeni ∥ De Differentiis Fe-∥brivm Libri Dvo, Lav∥rentio Lavrentia-∥no Florentino In-∥terprete. ∥ *Parisiis* ∥ Ex officina *Simonis Colinæi.* ∥ M. D. XXIII. ∥

> In-folio de 28 ff. chiffr., sign. a-c par 8, d par 4; car. rom., annotat. margin.; init. sur bois à fonds criblés; marque *aux Lapins* sur le titre (page 15).
> Le texte est précédé d'une épître adressée au traducteur : ꝗ *Cæsar Optatvs Neapo-∥litanvs Lavrentio Lavrentiano Flo=∥rentino S. D.* ∥ (Venise, calendes de juin 1500), placée au verso du titre. Les 3 derniers feuillets comprennent l'*Index Capitvm,* l'ꝗ *Index Annotatorvm...,* et la souscription :
> *Impressvm Est Hoc Galeni De Differentiis* ∥ *febrium opuſculum Pariſiis, in officina Simonis Colinæi, è regione* ∥ *ſcholarū decretorum cōmorantis : Anno M.D.XXIII. Menſe Ianuario.* ∥ (1524, n. s.)
> Réimprimé en 1535.

AVIGNON. — BORDEAUX. — TROYES. — LUXEMBOURG : *Bibl. Athénée.*

(J. LEFÈVRE D'ÉTAPLES.) ¶ Les choſes cōtenues en ∥ ce preſent liure. ∥ ¶ Vne epiſtre exhortatoire. ∥ La S. Euangile ſelon S. Matthieu. b.i. ∥ La S. Euangile ſelon S. Marc. i.ii. ∥ La S. Euangile ſelon S. Luc. n.vi. ∥ La S. Euangile ſelon S. Jehan. x.ii. ∥ ¶ Aucunes annotations C.i. ∥ Christvs dicit ∥ Marci XVI. ∥ Prædicate Euangelium omni crea=∥turæ. Qui crediderit, & ba=∥ptiſatus fuerit : ſal=∥uus erit. ∥ Cum priuilegio. ∥

> 2 parties in-8º; car. goth.; init. sur bois. PREMIÈRE PARTIE : 223 ff. non chiffr. et 1 f. bl., sign. a-z, ꝯ, A-B par 8, C par 4. Le verso du titre est blanc, les autres feuillets du cahier a contiennent l'épître exhortatoire et un faux titre pour les évangiles qui se terminent au feuillet [B. viij.] verso par la souscription :
> ¶ *Jmprime en la maiſon Simon de Coli=∥nes Libraire iure en luni-*

uerſite de Paris / ‖ demourāt en la rue ſainct Jehan de Beau‖uais / deuāt les eſcholles de Decret. Lan de ‖ grace Mil cinq cens xxiii. le viii iour du ‖ moys de Juing. ‖

Deuxième Partie : 12 ff. non chiffr., clxiiii et lxiii ff. chiffr., 1 f. bl., xxix ff. chiffr. et 1 f. (bl. ?) sign. a-y, aa-hh, aaa-ccc par 8, ddd par 6. Le titre et les feuillets liminaires, qui doivent contenir l'épître exhortatoire, manquent à l'exemplaire que nous avons vu ; la première série de chiffres renferme les épîtres de saint Paul et catholiques, elle est terminée par une première souscription :

☜ Jmprime en la maiſon Simon de Coli=‖nes / demourāt a Paris en la rue ſaīct Jehā ‖ de Beauuais. Lan de grace Mil cinq cens ‖ xxiii, le xvii. iour du moys Doctobre. ‖

La seconde série possède un nouueau titre, blanc au verso : *Les actes des apo‖ſtres / eſcriptz par ſainct ‖ Luc euangeliſte. ‖ Cum priuilegio. ‖*, elle est terminée par une souscription datée du 31 octobre ; la troisième série contient : *Lapocalypſe de ‖ ſainct Jehan apoſtre. ‖* et la souscription :

☜ *Ceſte ſeconde partie du nouueau teſta=‖ment / contenāt Les epiſtres S. Pol / ‖ Les epiſtres catholiques / Les actes des ‖ apoſtres / et Lapocalypſe de S. Jehan ‖ leuangeliſte : fut acheuee de imprimer ‖ en la maiſon Simon de Colines Librai‖re iure en luniuerſite de Paris / demou=‖rant en la rue S. Jehan de Beauuais / ‖ deuant les eſcolles de Decret. Lan de gra‖ce / Mil cinq cens xxiii le sixieſme iour ‖ du moys de Nouembre. ‖*

Il faut encore, d'après Brunet, 34 feuillets non chiffrés contenant les tables des évangiles.

La traduction française de la Bible, par Jacques Lefèvre d'Etaples, devait former 8 volumes, mais le parlement en arrêta la publication par un arrêt du 28 août 1525 qui prêtait à l'épître exhortatoire des tendances luthériennes ; trois volumes seuls avaient paru, le nouveau Testament et les psaumes. Jacques Lefèvre acheva sa publication à Bâle et à Anvers. Toutes ces parties détachées de la Bible, devenues à peu près introuvables, ont été réunies pour la première fois en 1530, en un volume, imprimé à Anvers, chez Martin Lempereur, connu sous le nom de *Bible de Lempereur* et souvent réimprimé. Cette traduction, qui est la première version complète de l'Écriture sainte en français, a servi de base à celle d'Olivetan et a été modifiée plus tard par les docteurs de Louvain.

Les deux parties ont été réimprimées deux fois, par Simon de Colines ou pour lui, en 1524.

C'est la première impression française de Simon de Colines, Henri Estienne n'avait donné, avant lui, en français, que deux éditions de la Géométrie de Charles de Bouvelles, on ne trouvera que très peu de livres imprimés en français par Colines, presque tous dans les dernières années de sa carrière.

Paris : *Bibl. Nat.* (ex. incomplet du titre et des derniers feuillets de la 2e partie) ; *Bibl. Arsenal* (la 1re partie seulement).

(J. Lefèvre d'Etaples.) ❡ Les chofes con-„tenues en ce prefent liure. ‖ Vne epiftre comment on doibt prier Dieu. ‖ Le pfaultier de Dauid. ‖ Pour trouuer les fept pfeaulmes accouftu=‖mez / qui a deuotion de les dire. ‖ Argument brief fur chafcun pfeaulme ‖ pour Chreftiennement prier ⁊ entendre ‖ aucunement ce que on prie. ‖ Cum priuilegio. ‖

In-8º de 150 ff. non chiffr., sign. A par 4, a-r par 8, s par 10; car. goth., impression en rouge et en noir.

Le verso du titre est blanc, les 2 feuillets suivants contiennent : ❡ *A tous Chreftiens ⁊ Chre=‖ftiennes falut ⁊ gloire en Jefuchrift.* . (le dernier feuillet liminaire est blanc?).

Le psautier occupe les feuillets a.i. à [r.v.], la première lettre initiale, B, est gravée sur bois et représente le roi David jouant de la harpe. La fin du volume comprend : *Il eft a noter que en ‖ ce prefent pfaultier ou il y a do‖minus en latin/...;* — ❡ *Senfuyt largument fur chafcun pfeaulme / pour Chreftiennement ‖ pryer et entendre.* ‖ Le dernier feuillet, blanc au verso, porte au recto la souscription :

❡ *Jmprime en la maifon Simon de Coli=‖nes Libraire iure demourāt en luniuerfite ‖ de Paris / en la rue fainct Iehan de Beau-‚uais / deuāt les efcolles de Decret. Lan de ‖ grace Mil cinq cens xxiiii. le xvi. iour du ‖ moys de Feburier.* ‖ (1524, n. s.).

C'est la première édition de la traduction française des psaumes de David par Jacques Lefèvre d'Etaples, qui était destinée à faire partie de l'édition in-8º de la Bible en français; elle a été réimprimée par Simon de Colines en 1525. Voyez, sur ce volume, la note de l'article précédent.

Paris : *Bibl. Ste-Geneviève.* — Troyes.

☛ Institv-‖tiones Rheto-‖ricæ, longè aliter tracta‖tæ quàm antea, Philip=‖pi Melanchthon. ‖ *Parisiis* ‖ Apud *Simonem Colinæū.* ‖ 1523 ‖.

In-8º de 30 ff. non chiffr., sign. A-C par 8, D par 6; car. rom.; init. sur bois à fonds criblés; annotat. margin. Le titre est placé dans l'encadrement *aux Lapins* (page 48).

Au verso du titre est la dédicace : *Philippvs Melanch-‖thon Iohanni Isle=‖ben Sal.* ‖ (sans date); le volume est terminé par la souscription suivante :

Impreffæ Parifijs, apud Simonem Coli=‖næum, in vico S. Ioānis Bellouacenfis, ‖ *è regione fcholarum Decretorum cō=‖morantem. Anno à*

Christo na=‖to, Millefimo quingentefimo XXIII.‖ Decimofexto Calendas Martij.‖

Réimprimé par Simon de Colines en 1528, 1531 et 1533.

PARIS : *Bibl. Université* (ex. incomplet). — BORDEAUX. — PAU.

Officiariũ curatoꝝ infignis ecclefie Eduẽfi. Sane ‖ perq; necefſarium ac vtile omnibus curatis ac pref=‖byteris opus. Quippe cum fingula curatorum offi=‖cia fic ordine clare / abfoluteq; complectitur : vt nichil ‖ in eo aut defit aut fuperfit : fic vt nouellos curatos ex=‖ercitatiſſimos facile reddat : et que doctiſſimi ac peri=‖tiſſimi pluribus libris fcripferunt / hoc vno opufculo ‖ habeant. Vos igitur curati / curatorumq; vicarij / im=‖mo facerdotes vniuerfi hunc librũ vobis familiariſſi‖mum habetote : vt de animabus a deo vobis commiſ‖fis / debitam illi tandem rationem reddatis. ‖

In-4° de 8 ff. non chiffr., 117 ff. chiffr. par erreur de 1 à cxvi, le chiffre cxv étant répété deux fois, et 1 f. non chiffr., sign. a, a-o par 8, p par 6; car. goth.; plain chant; impression en rouge et en noir.

Les feuillets liminaires contiennent, au verso du titre : *Speculum facerdotu miſſam celebrare volentium...*, aux 6 feuillets suivants, le Calendrier et au 8ᵉ feuillet le *De compoto* ‖ : les feuillets chiffrés et le recto du dernier feuillet contiennent le corps de l'ouvrage rédigé en latin et en français, le dernier feuillet porte, au verso : *Hec fequentia in hoc opufculo continẽtur...* et la souscription :

¶ *Manuale continens ecclefie facramenta : et modu ‖ adminiftrandi ea / fecundum vfum diocefis. Eduẽn.‖ exaratũ Parrhifijs arte ⁊ impreffione Simonis Co‖linei : finit feliciter. Anno dñi millefimo CCCCC.‖ xxiij. menfe Aprili.‖*

La partie liturgique pure est seule rédigée en latin, tout ce qui s'adresse directement aux fidèles est en français, ce sont : *De facramento euchariftie* ‖ *Bonnes gens q p deuocion aues acõpaigne ñre ‖ feigneur...*; — ¶ *Sermo feu exhortatio que folet fieri tali die ‖ in pluribus diocefibus.‖ Bõnes gẽs voˢ deuez fcauoir q aulcũs momẽt le iour ‖ duy le dimẽche es rameaulx des palmes...*; — à l'office de Pâques, *Bonnes gẽs voˢ debuez ⁊ eftes tenˢ auiourdhuy ‖ de receuoir en faicte eglife le fainct facremẽt de ‖ lautel...*; — la *Confeſſio generalis* ‖, les *Monitiones fiende diebus dñicis* ‖, les *Recommandationes ‖ fiende diebus dñicis* ‖, les *Orationes communes* ‖ et les questions du prêtre aux mariés pendant la célébration de la messe de mariage.

L'exécution de ce volume et le repérage des parties rouges et noires sont irréprochables. Réimpression de l'édition donnée par Henri Estienne en 1503, la première connue de ce manuel. Voyez : M. Pellechet, *Notes sur les livres liturgiques des diocèses d'Autun, Châlon et Macon.* Paris, 1883, in-4°.

Autun : *Bibl. de l'Evêché.* — Beaune.

Sallustius de conjuratione Catilinæ ; de bello Jugurthino et oratio contra Ciceronem et Ciceronis contra Catilinam cum Orationibus quibusdam et Histor. Sallustii. *Parisiis* Excudebat *Simon Colinæus*, MDXXIII.

> In-8°.
> Achevé d'imprimer le *8 des calendes de juillet.* Cité par Panzer d'après Maittaire (II, p. 638), et par Brunet (V, col. 35). Réimprimé en 1530, 1536 et 1543.

Sancta || Admodvm Ac Re=||ligiofa pietate refertiffi=|| ma expofitio in quīqua=||gefimū pfalmum, cuius || principium, Miferere || mei deus, fecundum ma=||gnā mifericordiā tuam. || *Parisiis.* || Apud *Simonem Colinæū* || 1523 ||.

> In-8° de 32 ff. non chiffr., sign. a-d par 8; car. rom.; init. sur bois à fond criblé; le titre est dans l'encadrement *aux Lapins* (page 48).
> Le texte débute au haut du deuxième feuillet, sans titre de départ, et se termine au bas du dernier feuillet par la souscription :
> ☙ *Impreffum eft hoc opufculum in ædibus Si=||monis Colinęi, Parifiis ante fcholas Decreto=||rum commorantis : Anno Domini noftri Ie=||fu Chrifti omniū redēptoris 1523.* || *Pridie nonas Decembris.* ||
> Il n'y a aucune pièce liminaire, l'encadrement placé sur le titre indique que cette petite plaquette était destinée aux enfants, c'est ce qui explique pourquoi elle a à peu près disparu.

Amiens.

Gotofredi || Torini Biturci, in filiā charifs. Vir=||guncularum elegantifs. Epi=||taphia & Dialogi. || In Eādem etiam quatuor & || viginti Difticha vnū & eun=||dem fenfum copia verborū, || & ingenij fœcunditate pul=||chre repetentia. ||

> In-4° de 8 ff., sign. a ; car. rom.; le titre est entouré d'un encadrement gravé au trait qui figure encore sur les titres des heures de 1524 et

sur ceux de quelques autres volumes donnés par Geofroy Tory; au dernier feuillet est placée la souscription :

Impreſſum Parrhiſijs e regione ſcholæ Decretorū ‖ *Anno do. M. D. XXIII. Die XV menſis Febr.* ‖ (1524, n. s.)

Le nom de Simon de Colines, comme on le voit, n'est pas mentionné dans la souscription, mais l'adresse : *e regione scholæ Decretorum*, les rapports qui existaient entre Colines et Tory et les caractères ne laissent pas de doute sur la provenance du volume. Après la souscription est placée la marque de Geofroy Tory, *au Pot Cassé*, qui paraît ici pour la première fois, elle est gravée sous une forme que l'on ne trouve plus ailleurs, et a été adoptée à cette époque par Tory, comme symbole du deuil où l'avait plongé la mort prématurée de sa fille. Le volume se compose uniquement de pièces de vers de Tory : au verso du titre est la dédicace : *Philiberto Baboo, Viro nobili, apprime ſtudioſo, literarum,* ‖ *& literatorum amantiſs. dicati* ‖ *moduli,* suivi de *Torinus, Ad librum* ‖ — *Agnes Torina, virguncularum modeſtiſſima,* ‖ *ſuaviſſimaq; de tumulo viatorem alloquitur.* ‖ — *Pater et Filia Collocutores.* ‖ — *Disticha duodecim vrnæ faciebus* ‖ *ſeparatim inſcribenda.* ‖ — *Monitor & Agnes, Collocutores.* ‖ — *Diſticha de lauro propè tumulum & vrnam* ‖ *Agnetis in tabellis ſcriptis pēdentia.* ‖ — *Monitor & virginitas collocutores.* ‖ — *Genius et Viator Collocutores.* ‖

Auguste Bernard (*Geofroy Tory*, 2ᵉ édition, Paris, Tross, 1565, pages 14 et ss.) a réimprimé toutes les pièces contenues dans le volume. L'exemplaire de la Bibliothèque nationale est celui qui a passé chez Techener, chez le marquis de Morante et chez Ambr. Firmin-Didot, il passe pour être le seul connu, cette plaquette a été sans doute tirée à très petit nombre pour les familiers de Tory seulement.

PARIS : *Bibl. Nat.*

M D XXIV

27 MARS 1524 — 15 AVRIL 1525 N. S.

Apuleius. *Parisiis, S. Colinæus,* 1524

   Nous n'avons pas rencontré ce volume, il est cité dans les *Annales de l'imprimerie des Estienne,* (2ᵉ édit., p. 151, col. I); A.-A. Renouard pense que c'est cette édition qui aura été annoncée par Fabricius, dans sa Bibliothèque latine, comme imprimée, en 1524, par Robert Estienne qui n'exerca qu'en 1526, Maittaire, et après lui Ernesti, dans la nouvelle édition qu'il a donnée de la Bibliothèque latine, déclarèrent imaginaire le volume attribué à Robert Estienne, il est cependant encore mentionné par Graesse, *Trésor de livres rares et précieux* (I, 171, col. 2). Panzer prête aussi à Robert Iᵉʳ Estienne une édition du *De deo Socratis* d'Apulée, en 1525, qui est due à Robert III Estienne en 1625.

   Nous ne connaissons, de Simon de Colines, qu'une édition des métamorphoses de 1536.

Contenta Hoc Volvmine. ‖ Problematum Ariſtotelis ſectiones duæ de quadraginta : Theo=‖doro Gaza interprete. ‖ Problematum Alexandri Aphrodiſiei libri duo : eodem Theo=‖doro interprete. ‖ Index in Vtrivsqve Sectiones Et Proble‖mata. ‖ *Parisiis* ‖ Ex officina *Simonis Colinæi.* ‖ 1524 ‖.

   In-folio de 37 ff. non chiffr., 1 f. bl., 123 ff. chiffr. et 1 f. bl., sign. a-d par 8, e par 4, A-O par 8, P-Q par 6; car. rom.; init. sur bois à fonds criblés, annotations marginales.

   Le verso du titre est blanc, les feuillets liminaires contiennent un *Index In Problemata* ‖ *Aristotelis, Triplici Nvmero Compo=‖sitvs...,* et un *Errata* de 8 lignes ; le corps de l'ouvrage se compose des Problèmes d'Aristote (feuillets 1 à 93 recto) et de la préface de Théodore Gaza au pape Nicolas V, suivie des problèmes d'Alexandre Aphrodisée (feuillets 93 verso à la fin).

Ce volume n'a pas de souscription ; on le trouve ordinairement relié avec l'*Historia Animalium*, il forme cependant un tout à part.

Paris : *Bibl. Nat.; Bibl. Arsenal.* — Chartres. — Douai. — Le Havre. — Nantes. — Tours. — Luxembourg : *Bibl. de l'Athénée.*

In Hoc Volvmine Hæc ‖ Continentvr. ‖ Ariſtotelis ‖ De hiſtoria animalium libri IX. ‖ De partibus animalium & earum cauſis libri IIII. ‖ De generatione animalium libri V. ‖ Theodoro Gaza interprete. ‖ De communi animalium greſſu liber I. ‖ De communi animalium motu liber I. ‖ Petro Alcyonio Interprete. ‖ Indices in Præfatorvm Opervm Singvla. ‖

In-f⁰ de 288 ff. chiffr. et non chiffr.; car. rom.; init. sur bois à fonds criblés; annotat. marg. Le volume est divisé en 3 parties qui se décomposent ainsi :

1° 46 ff. non chiffr., 101 ff. chiffr. et 1 f. bl., sign. Aa-Ee par 8, Ff par 5, a-l par 8, m par 6, n par 8, contenant le titre, blanc au verso, la dédicace de Théodore Gaza au pape Sixte IV, l'index sur deux colonnes et la traduction en latin des 9 livres du *De historia animalium.*

2° 14 ff. non chiffr. et 42 ff. chiffr., sign. ++ par 8, aa par 6, bb-ee par 8, ff par 10, contenant l'index (sur 2 colonnes) et la traduction latine du *De partibus animalium.*

3° 13 ff. non chiffr., 1 f. bl. et 53 ff. chiffr., 3 ff. non chiffr., 13 ff. chiffr. et 1 f. bl., sign. +++ par 6, aaa-hhh, aaaa par 8, bbbb par 6, contenant les deux derniers traités traduits par Pierre Alcyonius, précédés chacun d'un index sur deux colonnes, et terminés par la souscription :

Hos de Historia, Partibvs, Generatione, ‖ *communi greſſu & motu animalium libros Ariſtotelis emiſit* ‖ *ex officina ſua Simon Colinæus, Anno M. D. XXIIII.* ‖

Réimprimé en 1528 et 1533 ; Panzer cite, d'après Maittaire, une première édition donnée par Colines en 1522, nous pensons qu'il a fait confusion avec celle-ci, car il serait étonnant qu'un aussi gros volume ait été épuisé et réimprimé au bout de deux ans, malgré toute la vogue d'Aristote, et qu'aucun exemplaire de 1522 ne se trouve dans les bibliothèques dont nous avons consulté les catalogues, tandis que nous en trouvons dix de 1524. L'édition originale de la traduction latine de Théodore Gaza a été imprimée à Venise chez J. de Colonia et Math. de

Gherretzen en 1476; dans l'édition donnée par Alde l'ancien en 1513 la dédicace, qui paraît pour la première fois, est adressée au pape Nicolas V.

Paris : *Bibl. Nat.* — Abbeville. — Amiens. — Chartres. — Montpellier. — Nantes. — Pau. — Tours. — Versailles. — Londres : *Brit. Mus.* — Luxembourg : *Bibl. de l'Athénée.*

⁜ Epitome Iodoci Ba-‖dii Ascensii In Sex Latinæ Lingvæ ‖ elegantiarum libros Lavrentii Vallæ. ‖ Et fubinde non contemnendæ explanationes. Anto=‖nij item Mancinelli lima fuis locis appofita. ‖ *Parisiis* ‖ Ex officina *Simonis Colinæi* ‖ 1524 ‖.

In-4º de 69 ff. chiffr. et 1 f. bl.; sign. a-q par 4, r par 6; car. rom.; init. sur bois à fonds criblés; chiffres romains et arabes en marge. L'épitome de Josse Bade Van Aassche, accompagné du traité de Valla *De reciprocatione sui & suus*, avec les notes d'Antoine Mancinellus, se termine par la souscription suivante :

Epitomem Ascensianam In Sex ‖ *Laurentij Vallæ elegantiarum libros. in e=*‖*iufdem de reciprocatione fui & fuus opufcu=*‖*lum, imprimebat Simon Colinęus, Anno à na*‖*tiuitate Chrifti M. D. XXIIII. V. Idus Mar*‖*tias. Vbi aduertendum vnicuiqʒ epitome du=*‖*plicem numerum in margine exteriori effe adie*‖*ctum. quorum alter, iuxta codices Laurentij* ‖ *ex officina noftra emiffos. quoto cuiufque libri* ‖ *capiti refpondeat epitome, indicat. alter autem* ‖ *idem : fed iuxta aliorum emiffionem.* ‖

L'édition des *Elegantiæ* de Valla à laquelle il est fait allusion dans la souscription est sans doute celle qui a été donnée par Henri Estienne, en 1520, car Simon de Colines pouvait employer, en parlant d'elle, l'expression *ex officina nostra*.

Réimprimé en 1529 par Simon de Colines qui a donné de nombreuses éditions des *Elegantiæ*, parmi lesquelles celles de 1532, 1535, 1538, 1540 et 1544 contiennent l'épitome de Josse Bade.

Orléans.

(Bible In-Seize) ⁜ Sanctvm ‖ Iesv Christi Evan=‖gelivm‖ Secundum Matthæum ‖ Secundum Marcum ‖ Secundum Lucam ‖ Secundum Ioannem. ‖ ⁜ Acta Apo‖stolorvm. ‖ *Parisiis* ‖ Apud *Simonem Colinæum.* ‖ 1524 ‖.

In-16 de 280 ff. chiffr., sign. a-z, &, aa-ll par 8; car. rom. Au verso du titre : *Hieronymvs In Ca=*‖*talogo fcriptorum Ec=*‖*clefiafticorum.*‖; le verso du dernier feuillet est blanc.

La seconde partie du nouveau testament a pour titre :

❦ Pauli Apo=‖stoli Epistolæ ‖ Ad Romanos ‖ Ad Corinthios II ‖ Ad Galatas ‖ Ad Ephefios ‖ Ad Philippenfes‖ Ad Coloffenfes ‖ Ad Theffalonicenfes II ‖ Ad Timotheum II ‖ Ad Titum ‖ Ad Philemonem ‖ Ad Hebræos.‖
❦ Epistolæ ‖ Catholicæ ‖ Iacobi ‖ Petri II ‖ Ioannis III ‖ Iudæ. ‖ ❦ Apocalypsis ‖ Beati Ioannis. ‖

In-16 de 204 ff. chiffr. et 23 ff. non chiffr., sign. A-Z, Aa-Ee par 8, Ff par 4; car. rom.; init. sur bois à fonds criblés; notes marginales. Le verso du titre est blanc, les feuillets 2 et 3 contiennent *Hieronymus In Cata=‖logo Scriptorum Eccle=‖fiafticorum.* ‖ Le premier feuillet non chiffré, blanc au verso, contient la souscription :

☙ *Absolutum Est Hoc* ‖ *fanctiffimũ Iesv Chrifti* ‖ *faluatoris noftri Teftamẽtum no‖uum, Parifiis, in officina Si=‖monis Colinæi : Anno à Natiuita‖te eiufdem Chrifti Iesv,* ‖ *quarto & vicefimo fupra fefqui=‖millefimum. X. Cal. Maii.* ‖

Les autres feuillets contiennent : *Index Epi‖ftolarvm Et Evange-‖liorum quæ è veteri & nouo tefta‖mento excerpta...*; le verso du dernier feuillet est blanc. Ces deux parties imprimées en 1522-23 l'ont été encore en 1525, 1528, 1529, 1531, 1533-34, 1535, 1538-39 et 1541-44.

Paris : *Bibl. Nat.* — Rennes.

(Bible In-Seize.) Psaltcrium ‖ David, Argvmentis ‖ fronti cuiuflibet pfalmi ‖ adiectis, Hebrai=‖ca & Chal=‖daica ‖ multis in locis tralatione illuftratum. ‖ *Parisiis* ‖ Apud *Simonem Colinæum.* ‖ 1524 ‖.

In-16 de 10 ff. non chiffr., 305 ff. chiffr. et 3 ff. non chiffr., sign. + par 10, a-z, &, A-O par 8, P par 4; car. rom.; impression en rouge et en noir; une lettre initiale sur bois représente David jouant de la harpe.

Le verso du titre est blanc, les feuillets liminaires contiennent : *Egregio Viro D. Ioan=‖ni à Selua fenatus Parifienfis pri=‖mario præfidi, Iacobus Faber gra‖tiam & pacem à Domino noftro Iesv* ‖ *Christo exoptat.* ‖ (Meaux, cal. de mai 1524); — *Adnotatiuncvla Ad* ‖ *nonnulla in fequeti opere intel=‖ligenda, neceffaria.* ‖, le dernier feuillet liminaire est blanc.

Les feuillets chiffrés contiennent le *Psalterivm* ‖ *David Avctvm* ‖; l'❦ *Index Psal=‖terii* occupe le verso du feuillet 305, les deux feuillets suivants et le recto du dernier feuillet.

Dibdin, *Ædes Althorpianæ*, I, 97, cite un exemplaire de ces psaumes imprimé sur peau de vélin.

Sens.

(BIBLE IN-SEIZE.) 🙣 Libri Pro‖phetarvm. ‖
  ❡ Efaias   Abdias
   Hieremias Ionas
   Baruch   Micheas
   Ezechiel   Naum
   Daniel   Abacuc
         Sophonias
  ❡ Ofee   Aggæus
   Ioel   Zacharias
   Amos   Malachias
    Machabæorum libri II ‖
Parisiis ‖ Ex officina *Simonis Colinæi* ‖ 1524 ‖.

<small>In-16 de 537 ff. chiffr. et 1 f. non coté, sign. a-vvv, car. rom. Les prophètes commencent aux ff. 2, 92, 207 verso, 221 verso, 317 verso, 357, 376, 387, 389, 392 verso, 401, 404 verso, 408 verso, 413, 416 verso, 432 verso et 437 verso, la fin du volume contient les Machabées et la souscription :
 Imprimebat Simon Co-‖linævs, Anno M D ‖ XXIIII. Calcvlo ‖ Romano. ‖ VI. Cal. ‖ Fe=‖brvarii. ‖
 Réimprimé, en 2 parties, en 1526, 1531 et 1537.
  CAEN. — LE MANS (ex. incomplet.) — LONDRES : *Brit. Mus.*</small>

(BIBLE IN-SEIZE.) 🙣 Proverbia ‖ Salomonis. ‖ Ecclefiaftes. ‖ Cantica canticorum. ‖ Liber Sapientiæ. ‖ Ecclefiafticus. ‖ *Parisiis* ‖ Ex officina *Simonis Colinæi.* ‖ 1524 ‖.

<small>In-16 de 168 ff. chiffr., sign. a-x par 8; car. rom. La préface de saint Jérôme occupe le verso du titre et le feuillet 2; les différentes parties commencent aux feuillets 3, 42 verso, 56 verso, 63 verso et 92; il n'y a pas de souscription. Réimprimé en 1526, 1527, 1535, 1539 et 1542.
  LE MANS. — BRUXELLES. — LONDRES : *Brit. Mus.*</small>

M. Tvllii ‖ Ciceronis Rhe‖toricorvm Li=‖bri Qvatvor ‖ Ad Herennivm. ‖ Item M. Tullij Cicero=‖nis de Inuentione li=‖bri duo. ‖ *Parisiis* ‖ Apud *Simonē Colinæū.* ‖ 1524 ‖

<small>In-8º de 175 ff. chiffr. (et 1 f. bl.?), sign. a-y par 8; car. rom.; init.</small>

sur bois à fonds criblés; annotat. marg.; le titre, dont le verso est blanc, est placé dans l'encadrement *aux Lapins* (page 48).

Les quatres livres à Herennius occupent les feuillets 2 à 88, les deux livres *de arte rhetorica* ou *de inventione* occupent le reste du volume et se terminent par la souscription, placée au verso du dernier feuillet :

M. Tvllii Ciceronis Rhe=||toricorvm De In=||ventione, || Finis. || Pridiæ [sic] *Nonas Martii.* || (1525, n. s.)

Réimprimé en 1529, 1534, 1536, 1539, 1541 et 1545.

ALENÇON. — BORDEAUX.

¶ Marci || Tvllii Cicero=||nis Officiorū libri tres. || De amicitia & feneçtute dia||logi finguli. || Paradoxa, & Somnium Sci=||pionis. || Cum annotationibus Erasmi || Roterodami. || *Parisiis* || Apud *Simonem Colinæum* || 1524 ||.

In-8º de 20 ff. non chiffr., 167 ff. chiffr. et 1 f. bl., sign. a par 8, b par 4, c-z, & par 8; car. rom.; annotat. margin.; le titre, dont le verso est blanc, est placé dans l'encadrement *aux Lapins* (page 48).

Les feuillets non chiffrés contiennent la dédicace : ¶ *Erasmvs Ro||.terodamvs Ornatissi-||mo Iacobo Tutori, inclytæ ciuitatis* || *Antuuerpienfis penfionario S. D.* || datée de Louvain, le 4 des ides de septembre 1519, les notes d'Erasme et la dédicace de la première édition adressée déjà à Jacques Tutor et datée de Paris, le 4 des calendes de mai 1498. Les traités annoncés sur le titre commencent aux feuillets 1, 102, 127 et 149 verso; au bas du dernier feuillet est placée la souscription :

In Ædibvs Simonis Co=||linæi, Anno A Chri=||sti Nativitate, || M.D. XXIIII. Nonis || Avgvsti. ||

Réimprimé en 1528, 1530, 1533, 1541 et 1543.

TROYES.

¶ Antilvthervs || Ivdoci Clichtovei Neo-||portvensis, Doctoris Theologi, Tres Li=||bros Complectens. || ¶ Primus, contra effrenem viuendi licentiam, quam falfo liberta=||tem Chriftianam ac euangelicam nominat Lutherus : oftendit || ecclefiam fanctā & eius præfides, conftituendarum fanctionum || (quæ obligent populum Chriftianum : & tranfgreffores, pecca=||ti mortalis reos effe definiant) poteftatem habere. || ¶ Secundus, contra abrogationem miffæ, quam inducere molitur || Lutherus : demonftrat diftinctos officiorum gradus ac ordines ǁ effe in ecclefia, non omnes itidem Chriftianos effe facerdotes, & ǁ fanctiffimum euchariftiæ facramētum quod in miffa confecra=ǁtur : effe verum facrificium. ǁ ⁋ Tertius, contra eneruationem votorum monafticorum, quam ǁ inuehere cōtendit Lutherus : declarat religiofum vota, etiam ǁ perpetua atq; pro toto vitæ curriculo recte fieri, idq; viuendi in monaftica difciplina inftitutum : fummopere effe commendan=ǁdum. ǁ *Parisiis.* ǁ Ex officina *Simonis Colinæi.* ǁ 1524 ǁ Cum priuilegio. ǁ

In-folio de 181 ff. chiffr. et 9 ff. non chiffr., sign. a-z par 8, & par 6; car. rom.; annotat. margin. Au verso du titre est le privilège, les feuillets 2 et 3 contiennent : ❧ *Splendidissimo Viro, Paǁrisiensisqve Senatvs Gravissimo Præ=ǁsidi, Carolo Gvilliardo : Iudocus Clichtoueus ǁ Neoportuenfis, theologiæ profeffor...*, Paris, 1524; le traité de Clichtove est terminé, au recto du feuillet 181, par la souscription :

Expletvm Est Hoc Opvs Contra ǁ Lutherum, in tres libros diffectum : atq; prælo ǁ excufum, apud florentiffimum Parifiorum ǁ gymnafium : in officina Simonis Colinæi : ǁ é regione fcholæ Decretorum collocata, ǁ vbi & venale habetur. Anno ab in=ǁcarnatione domini (qui obedien=ǁtiæ, pietatis, & religionis ǁ eft amator) vicefimo quarto, ǁ fupra millefimum & ǁ quingentefimum : ǁ die vero decima ǁ tertia Octo=ǁbris. ǁ

Le verso du feuillet 181 et les feuillets non chiffrés contiennent les index et le registre, le verso du dernier feuillet est blanc.

Divisé en trois livres dans lesquels Clichtove défend, contre Calvin, les commandements de l'Église, la messe et les vœux monastiques.

PARIS : *Bibl. Nat.; Bibl. Arsenal.* — AMIENS. — AUCH. — AVIGNON. — BEAUNE. — DOLE. — EPINAL. — LYON. — ORLÉANS. — RENNES. — TOURS. — TROYES. — VITRÉ. — DUBLIN : *Coll. de la Trinité.* — FLORENCE : *Bibl. Nat.* — GENÈVE. — LONDRES : *Brit. Mus.* — M. Vander Haeghen cite encore : COPENHAGUE. — FRIBOURG-EN-BRISGAU. — LOUVAIN. — MUNICH. — OXFORD : *Bibl. Bodl.* — STRASBOURG.

❧ Des. Eras. ǁ Rot. Breviores ǁ aliquot Epiftolæ, ftudi=ǁofis iuuenibus admodū ǁ vtiles. ǁ *Parisiis.* ǁ Apud *Simonem Colinæū* ǁ 1524 ǁ.

In-8º de 144 ff. chiffr., sign. a-f par 8; car. rom.; init. sur bois à fonds criblés; le titre est placé dans l'encadrement *aux Lapins* (p. 48).

Le verso du titre est blanc, les feuillets 2 à 5 renferment la dédicace : *Erasmvs Roterodamvs Be=ǁato Rhenano Sletstaǁdiēnsi S. D.* ǁ (Louvain, le 6 des cal. de juin); le volume se termine par la souscription :

Imprimebat Simon Coli=ǁnævs Anno M. D. XXIII. ǁ X. Cal. Maii.ǁ

Réimprimé par Simon de Colines en 1531; c'est un recueil de

lettres d'Erasme aux principaux savants, publié par Béatus Rhénanus. Le premier recueil de lettres d'Erasme a été donné à Bâle chez Froben, en 1514, et après des augmentations successives il a été complété, en 1802, par un grand nombre de lettres inédites.

PARIS : *Bibl. Nat.; Bibl. Arsenal.* — AMIENS. — AVIGNON. — MARSEILLE. — NIORT.

ꝓ Aphoris-‖mi Hippocratis, Ni-‖colao Leoniceno Vi‖centino Interpre-‖te. ‖ Eivsdem Præsagia, Gv‖lielmo Copo Bafilienfi inter-‖prete. ‖ *Parisiis* ‖ Ex officina *Simonis Colinæi.* ‖ 1524 ‖.

In-16 de 63 ff. chiffr. et 1 f. bl.; sign. a-h par 8; car. rom.; init. sur bois à fonds criblés. Le verso du titre est blanc, les aphorismes commencent au feuillet 2 et les présages au feuillet 41, ils ne sont accompagnés d'aucune pièce, la souscription se trouve au verso du feuillet 63 :

Excvdebat Svis Typis ‖ *Simon Colinævs Pa=*‖*risiis, A Christi So=*‖*livs Veri Medici Na*‖*tivitate M. D. XXIIII.* ‖ *VII. Idvs Ivnias.* ‖

Réimprimé en 1532 et 1539, la première traduction française est celle de Jean Bresche, de Tours, imprimée chez J. Kerver en 1550.

CHAUMONT. — LONDRES : *Brit. Mus.*

ꝓ Hippocra-‖tes De Natvra Hv‖mana, Andrea Brentio Pata‖uino interprete. ‖ *Parisiis* ‖ Ex officina *Simonis Colinæi.* ‖ M. D. XXIIII. ‖

In-16 de 4 ff. non chiffr., 119 ff. chiffr. et 1 f. bl., sign. A-P par 8, Q par 4; car. rom.; init. sur bois à fonds criblés.

Le premier cahier est signé aux quatre derniers feuillets, les trois premiers étant blancs et le quatrième contenant le titre; le traité d'Hippocrate occupe les ff. 1 à 12, le reste du volume contient : ꝓ *Hippocra*‖*tis Coi, De Ratione* ‖ *victus in morbis acutis liber* ‖ *primus, Gulielmo Copo Bafi*‖*lienfi interprete.* ‖ (ff. 13 à 55 recto) et ꝓ *Galeni Ars* ‖ *Medicinalis, Inter=*‖*prete Nicolao Leoniceno* ‖ (ff. 55 verso à 118).

Les deux derniers traités ont paru avant le premier comme l'indique un avis *Ad lectorem* placé au feuillet 119; l'imprimeur s'excuse de donner un volume commençant au feuillet 13 et à la signature C, il promet de le compléter sous peu. On trouvera à l'année 1539 deux recueils de traités d'Hippocrate, l'un contenant les trois traités ci-dessus, des mêmes traducteurs, et l'autre, une traduction différente du *de Natura humana* et du *de Ratione victus.*

L'exemplaire du British Museum est incomplet des feuillets blancs que nous avons trouvés dans celui de M. Eugène Paillet.

LONDRES : *Brit. Mus.*

Horæ, in laudem beatifs. femper ‖ virginis Mariæ fecundum con‖fuetudinem curiæ Romanæ. vbi or=‖thographia, puncta & accentus fuis ‖ locis habentur.‖*Parisiis.* Apud *Simonem Colinæum.* M. D. XXIIII. ‖

In-8º de 152 ff. non chiffr., sign. A-T par 8; car. rom.; sauf le privilège qui est en goth.; impression en rouge et en noir; figures et encadrements sur bois; sur le titre est placée la marque *aux Lapins* (p. 15).

Au verso du titre : *Almanach pro annis vigintinouem.* ‖ contenant la table de Pâques, les 8 feuillets suivants portent, le ☞ *Privilege du Roy noftre fire,* accordé le 23 septembre 1524 à *Geufroy* Tory; et le calendrier précédé de quelques observations, le reste du volume contient le texte des Heures terminé par la souscription :

Excvdebat Simon Coli=‖næus Parisiis E Regio=‖ne Scholarvm Decre-‖torvm : Anno A Chri=‖sti Iesv Natiuitate M. ‖ *D. XXV. XVII. Cal. Febr.* ‖

Toutes les pages, sauf celles du privilège et de la souscription, sont placées dans un encadrement sur bois; celui du titre, seul, n'est pas répété, les autres, au nombre de 16, sont reproduits alternativement et occupent le recto et le verso du même feuillet, ils sont presque tous signés de la croix de Lorraine ou portent, dans des cartouches, le nom ou l'une des devises de Tory. Quelques-uns des cadres de cette suite, qui est un des chefs-d'œuvre de Tory, ont été reproduits pour l'illustration d'ouvrages modernes; Colines les a employés aussi, en variant la disposition des pièces, pour orner les titres de ses éditions in-4º, ce qui fait croire qu'ils étaient sa propriété. Il y a en outre 13 grandes gravures au trait, dont 12 signées de la croix de Lorraine; elles occupent les deux tiers des pages, à l'intérieur des encadrements.

Nous empruntons à A. Bernard le titre de ces Heures, l'exemplaire de la bibliothèque de l'Arsenal n'ayant pas été retrouvé; il existe d'autres exemplaires avec des titres différents et le nom de Tory, on les trouvera à l'année 1525. Colines a encore imprimé pour Tory trois livres d'heures en 1527 et 1543. Voyez, A. Bernard, *Geofroy Tory, peintre et graveur,* 2ᵉ édit., pp. 147 et ss.

Paris : *Bibl. Arsenal.*

(J. Lefèvre d'Étaples.) ❧ Les chofes cōtenues en ‖ prefent liure : ‖ ❧ Vne epiftre exhortatoire. ‖ La S. Euangile felon S. Matthieu. ‖ La S. Euangile felon S. Marc. ‖ La S. Euangile felon S. Luc. ‖ La S. Euangile felon S. Jehan. ‖ Chriftvs dicit ‖ Marci XVI. ‖ Prædicate Euangelium omni crea=‖turæ. Qui crediderit, & ba=‖ptifatus fuerit : fal=‖uus erit. ‖ Cum priuilegio. ‖

2 parties in-8º; car. goth.; init. sur bois. Première Partie : 8 ff. non

chiffr., ccvii ff. chiffr. et 1 f. bl., sign. a-z, ꝯ, A-C par 8. Les feuillets liminaires contiennent l'☙ *Epiſtre exhortatoire.* ‖; les évangiles occupent le reste du volume, à la fin duquel est la souscription :

☙ *Jmprime en la maiſon Simon de Coli=‖nes Libraire iure en luni- uerſite de Paris / ‖ demourāt en la rue ſainct Jehan de Beau‖uais / deuāt les eſcholes de Decret. Lan de ‖ grace Mil cinq cens xxiiii. le vij iour du ‖ moys Dauril.* ‖

Deuxième Partie :

☙ Le contenu en ceſte ſe=‖conde partie du nouueau teſtament. ‖ ☙ Vne epiſtre exhortatoire. ‖ ☙ Les Epiſtres S. Pol xiiii ‖ ☙ Les Epiſtres Catholiques. vii. ‖ ☙ Les actes des apoſtres. i. ‖ ☙ Lapocalypſe S. Iehan. i. ‖ ii. Timoth. iii. ‖ Omnis ſcriptura diuinitus inſpirata/‖vtilis eſt ad docēdum / ad arguen=‖dum / ad corripiēdum / ad eru=‖diēdum in iuſtitia : vt ‖ perfectus ſit ho‖mo dei ad ‖ omne ‖ opus bonum inſtructus. ‖ Cum priuilegio. ‖

12 ff. non chiffr., clxiiii et xcii ff. chiffr., sign. A-y, aa-ll par 8, mm par 4, et 2 ff. ni chiffr. ni sign. Le verso du titre est blanc, les feuillets liminaires contiennent l'☙ *Epiſtre exhortatoire.* ‖; la première série de chiffres renferme les épîtres de saint Paul et catholiques, la seconde série possède un nouveau titre, blanc au verso : *Les actes des apo‖ſtres / eſcriptz par ſainct ‖ Luc euangeliſte.* ‖ *Cum priuilegio.* ‖, elle contient aussi : *Lapocalypſe de ‖ ſainct Jehan apoſtre.* ‖ et la souscription :

☙ *Ceſte ſeconde partie du nouueau teſta=‖ment / contenāt Les epiſtres S. Pol / Les ‖ epiſtres catholiques / Les actes des apo=‖ſtres et Lapoca- lypſe de S. Jehan leuan‖geliſte : fut acheuee de imprimer en la ‖ maiſon Simon de Colines Libraire iu=‖re en luniuerſite de Paris / demourāt en ‖ en* [sic] *la rue S. Jehan de Beauuais / deuāt ‖ les eſcolles de Decret. Lā de grace/ Mil‖ cinq cēs xxiiii le dixieſme iour du mois ‖ de Januier.* ‖ (1525, n. s.)

Les deux feuillets de la fin contiennent l'errata : ☙ *Senſuyuent aucunes faultes ‖ commiſes en imprimant... Aux epiſtres S. Pol ꝯ Catholiques... Aux Actes... En lapocalypſe.* ‖

Copie de l'édition de 1523, réimprimée en cette même année.

Paris : <u>Bibl. Société de l'Histoire du protestantisme français</u>; Bibl. Mazarine (première partie seulement, ex. incomplet du titre).

(J. Lefèvre d'Etaples.) Les choſes con=‖tenues en ce nouueau Te=‖ſtament ‖ La S. Euangile ſelon S. Mat- thieu ‖ La S. Euangile ſelon S. Marc ‖ La S. Euangile ſelon S. Luc ‖ La S. Euangile ſelon S. Jean ‖ Chriſt

dit en Marc. XVI. ‖ ℭ Prefchez leuangile a toute crea-
ture. ‖ Qui croira ⁊ fera baptife / il fera fauue. ‖ ℭ Imprime a *Paris* / par *Simon de Co=*‖*lines* : lan Mil cinq
cens vingt ‖ ⁊ quattre ‖ ℭ Cum Priui=‖legio ‖.

2 parties in-8º, car. goth.; init. sur bois. Première Partie : 2 ff. ni
chiffr. ni sign., ccvii ff. chiffr. et 1 f. bl., sign. b-z, ⁊, aa-cc par 8. Le
titre est suivi d'un feuillet blanc qui forme encart avec lui ; les évangiles
commencent aux feuillets i, lx, xcvii et cix, à la fin est la souscription :
ℭ *Imprime lan de grace Mil cinq cēs* ‖ *xxiiii. le xii. iour du moys
Doctobre.* ‖

Deuxième Partie :

ℭ Le contenu en ‖ cefte feconde partie du nouueau ‖
Teftament. ‖ ℭ Les Epiftres S. Paul xiiij ‖ ℭ Les Epiftres
Catholiques vij ‖ ℭ Les Actes des Apoftres j ‖ ℭ Lapocalypfe S. Jehan j ‖ ij. Timot. iij. ‖ ℭ Toute Efcripture
diuinement infpi=‖ree / eft vtile a enfeigner / a reprendre /
a cor‖riger / a inftruire en juftice : affin q̄ lhome ‖ de Dieu
foit parfaict ⁊ inftruict a toute ‖ bōne œuure. ‖ ℭ Im-
prime·a *Paris* par *Simon de Co=*‖*lines* : lan Mil cinq cens
vingt ‖ ⁊ quattre. ‖ Cum Priui=‖legio. ‖

2 ff. ni chiffr. ni sign., clxiiii, lxiiii, xxix ff. chiffr., 1 f. bl. et 18 ff.
non chiffr., sign. B par 4, C-x, yC, AA-HH, aaa-ccc par 8, ddd par 4,
A par 8, B par 10. Le titre, blanc au verso, est suivi d'un feuillet blanc
qui forme encart avec lui ; la première série de chiffres contient les
épîtres de saint Paul et catholiques, la seconde série, avec un nouveau
titre contient : *Les actes* ‖ *Des apoftres / efcriptz par fainct Luc* ‖ *euan-
gelifte.* ‖, la troisième série, ⚜ *Lapocalypfe De fainct* ‖ *Jehan apoftre.* ‖
et les feuillets non chiffrés de la fin, ⚜ *Table pour trouuer les Epi=*‖
ftres ⁊ Euangiles des dimèches ‖ *et feftes De lan / a lufage de Me=*‖*aulx /
Paris et Rome.* ‖, le verso du dernier feuillet est blanc.

Copie de l'édition précédente, dans laquelle on a supprimé les
épîtres exhortatoires ainsi que la mention qui en était faite sur les
titres. Cette édition n'a pas été imprimée par Colines, les caractères
gothiques, les initiales sur bois, la grande lettre L, ornée d'une tête,
qui figure sur le titre des actes des Apôtres, et les rubriques ⚜ et ❀
n'ont point de ressemblance avec ceux qu'employait Simon de Colines,
nous les avons retrouvés identiques dans des volumes imprimés pour
différents libraires parisiens par Antoine Couteau. On remarquera que
les premiers cahiers des deux parties sont signés de la lettre B, il
manque donc deux cahiers A ; ces cahiers, contenant les épîtres exhorta-

toires, se trouvent dans des exemplaires de la même édition sur les titres desquels les épîtres sont annoncées et le nom d'imprimeur supprimé : PREMIÈRE PARTIE : ☾ *Les chofes contenues* ‖ *en ce prefent liure* ‖ ✿ *Vne epiftre exhortatoire.* ‖ *La S. Euāgile felō S. Matthieu.* ‖ *La S. Euangile felon S. Marc.* ‖ *La S. Euangile felō S. Luc.* ‖ *La S. Euangile felon S. Jehan.* ‖ *Christvs Dicit* ‖ *Marci xvi.* ‖ *Predicate euangelium omni crea-*‖*ture. Qui crediderit : et ba=*‖*ptifatus fuerit : fal=*‖*uus erit.* ‖ — DEUXIÈME PARTIE : ☾ *Le contenu en cefte fe=*‖*conde partie du nouueau* ‖ *teftament.* ‖ ✿ *Vne epiftre exhortatoire.* ‖ ☾ *Les epiftres S. Pol xiiii.* ‖ ☾ *Les epiftres Catholiq̄s vii.* ‖ ☾ *Les actes des Apoftres. i.* ‖ *Lapocalypfe S. Jehan. i.* ‖ *ii. Timoth. iii.* ‖ *Omnis fcriptura diuinitus infpi=*‖*rata / vtilis eft ad docendum /* ‖ *ad arguēdum / ad corri=*‖*piendū / ad erudien=*‖*dum in iuftitia :* ‖ *vt perfectus* ‖ *fit homo* ‖ *dei ad oīne opus bonū inftructus.* ‖, le titre de cette seconde partie est dans un cadre de plusieurs pièces qui n'a pas servi à Simon de Colines. Aura-t-il cédé son privilège en se réservant un certain nombre d'exemplaires de cette nouvelle édition, ou aura-t-on usé de son nom pour pouvoir mettre la mention : *Cum privilegio* sur les exemplaires auxquels les épîtres exhortatoires, censurées par la faculté de théologie, ont été enlevées ?

LONDRES : *Brit. Mus.* — TOURNAI.

✿ Confes-‖sionale Richar‖di, feu paftoralis decalo‖gus, curatis neceffario ‖ requifitus : auctus & re=‖cognitus. cū indice ma=‖teriarum notabilium. ‖ *Parisiis* ‖ Apud *Simonē Colinæū.* ‖ 1524 ‖.

In-8º de 112 ff. chiffr., 7 ff. non chiffr. et 1 f. bl., sign. a-f par 8, g par 4, h-p par 8, q par 4; init. à fonds criblés. Le titre est placé dans l'encadrement *aux Lapins* (page 48); au verso est l'*Argvmentum Hvivs*‖*Opvscvli.* ‖; les feuillets suivants contiennent : *Petrvs Floridvs Avmevil*‖*leus, vigilantibus beninolifque* [sic] *dominici* ‖ *gregis moderatoribus felicitatem.* ‖ (Paris, cal. de mai 1510), l'auteur de cette préface était cousin de Pierre Richard; — *Reverendo In Christo Pa=*‖*tri D. Adriano Gouffierio diuina dei pro=*‖*uidentia Cōftantienfi epifcopo, Petrus Ri*‖*chardus theologorum Parifień. minimus* ‖ *S. D.* ‖ (sans date); viennent ensuite : *Legis Divinæ Commenda=*‖*tio...,* et dix *Mendata* terminés par la liste des cas réservés au pape, aux évêques et aux abbés; au bas du feuillet 112 recto est la souscription :

Imprimebat fuis typis Simon Coli=‖*næus anno ab incarnatione domini=*‖*ca M. D. XXIIII. Mense Iunio.* ‖

Le reste du volume contient l'*index*. Édition très peu soignée qui doit être copiée sur l'édition originale parue probablement en 1510, date de la préface, la revision a dû être faite en 1513, il est en effet question d'événements qui se sont produits dans le cours de cette année (f. 25 verso).

PARIS : *Bibl. Nat.* — REIMS. — TROYES.

M D XXV

16 AVRIL 1525 — 31 MARS 1526 N. S.

(BIBLE IN-SEIZE.) ❦ Sanctvm ‖ Iesv ‖ Christi Evan=‖gelivm ‖ Secundum Matthæum ‖ Secundum Marcum ‖ Secundum Lucam ‖ Secundum Ioannem. ‖ ❦ Acta Apo‖stolorvm. ‖ *Parisiis* ‖ Apud *Simonem Colinæum* ‖ 1525 ‖.

    2 tomes in-16. Le premier contient 272 ff., sign. a-z, &, aa-kk par 8. Au verso du titre : *Hieronymvs In Ca=‖talogo fcriptorum Ec=‖clefiafticorum.* ‖; les Evangiles commencent respectivement aux feuillets 2, 63, 100 verso et 164 verso, les actes des Apôtres au feuillet 211 verso.
    La seconde partie du nouveau testament a pour titre :

❦ Pavli Apo-‖stoli Epistolæ ‖ Ad Romanos ‖ Ad Corinthios II ‖ Ad Galatas ‖ Ad Ephefios ‖ Ad Philippenfes ‖ Ad Coloffenfes ‖ Ad Theffalonicenfes II ‖ Ad Timótheum II ‖ Ad Titum ‖ Ad Philemonem ‖ Ad Hebræos. ‖ ❦ Epistolæ ‖ Catholicæ ‖ Iacôbi ‖ Petri II ‖ Ioannis III ‖ Iudæ. ‖ ❦ Apocalypsis ‖ Beati Ioannis. ‖

    200 ff. chiffr. et 24 ff. non chiffr. Les épîtres de saint Paul commencent au feuillet 4 après le catalogue de saint Jérôme, les épîtres catholiques au feuillet 142 verso et l'apocalypse de saint Jean au feuillet 172; au bas du feuillet 200 est la souscription :
    ❡ *Absolvtvm Est Hoc* ‖ *fanctiffimū Iesv Christi* ‖ *faluatoris noftri Teftamentū no=‖uum Parisiis, in officina Si=‖mônis Colinæi : Anno à*

Natiuita‖te eiufdem Christi Iesv, ‖ quinto & vicefimo fupra fefqui=‖mille-fimum, XIII Cal. Ivlii. ‖

Les feuillets non chiffrés contiennent l'*Index*, le dernier, blanc au recto, porte au verso une citation de Josué. Réimpression de l'édition de 1524 réimprimée encore sept fois en 1528, 1529, 1531, 1532, 1533, 1535 et 1538.

DUBLIN : *Coll. de la Trinité.* — LONDRES : *Brit. Mus.*

(BIBLE IN-SEIZE.) ❦ Pentatev‖chvs Moysi, ‖ Genesis ‖ Exodus ‖ Leuiticus ‖ Numeri ‖ Deuteronomium. ‖ ❦ Josve‖ Liber Iudicum ‖ Ruth. ‖ *Parisiis* ‖ In officina *Simonis Colinæi.* ‖ 1525 ‖.

In-16 de 14 ff. non chiffr. et 458 ff. chiffr., sign. a-z, &, aa-yy par 8, zz par 4, aaa-mmm par 8, nnn par 4 ; car. rom. Le verso du titre est blanc, les premiers feuillets non chiffrés contiennent *Hieronymvs Pav-‖lino.* ‖ ; au bas du dernier feuillet, blanc au verso, est placée la date à laquelle l'impression a été achevée : *Pridie Idus Augusti.* ‖

Réimprimé en 1527, 1530, 1532 et 1539.

PARIS : *Bibl. Ste-Geneviève.* — LE MANS. — SENS. — LONDRES : *Brit. Mus.*

Petri Brissoti ‖ Doctoris Parifienfis Me=‖dici philofophiq̃ præftantiffimi apo=‖logetica difceptatio, qua docetur ‖ per quæ loca fanguis mitti ‖ debeat in vifcerū in=‖flammationi=‖bus, prę=‖fertim in pleuritide. ‖ *Parisiis* ‖ Ex officina *Simonis Colinæi.* ‖ M. D. XXV. ‖

In-4º de 67 ff. non chiffr. et 1 f. (bl. ?), sign. a-i par 8, k par 6 ; car. rom. ; init. sur bois à fonds criblés.

Le verso du titre est blanc, les 2 feuillets suivants contiennent la dédicace de l'éditeur : *Serenissimo Sacratissi=‖moq; principi Alfonfo, Cardinali Lu‖fitanæ, Antonius Luceus Eborenfis ‖ perpetuam felicitatem exoptat.* ‖ (Paris, calendes de juin 1525), et un avertissement au lecteur. Le corps de l'ouvrage occupe le reste du volume.

Il y a eu trois éditions de ce traité imprimées à Bâle en 1528, 1529 et 1530, une autre à Paris en 1622.

Pierre Brissot, médecin français qui pratiquait à Evora, en Portugal, mourut en 1522. Antoine Luceus nous apprend dans la préface et dans l'avertissement que la mort surprit Brissot au moment où il allait publier ce traité en réponse aux violentes attaques dont il était l'objet pour avoir saigné un pleurétique, avec succès d'ailleurs, du côté atteint par le mal au lieu de le saigner du côté opposé. La querelle s'est continuée, après Brissot, entre Léonard Fuchs, Jérémie Thriver, André Thurin et Mathieu Curtius qui ont échangé une série de traités sur ce sujet, le dernier semble être la réponse d'André Thurin à Mathieu Curtius, imprimée à Bologne en 1543.

PARIS : *Bibl. Nat.; Bibl. Ste-Geneviève; Bibl. Arsenal.* — CHARTRES. — REIMS. — TROYES.

Ciceronis Orationes. *Parisiis*, apud *Simonem Colinæum*, 1525.

3 vol. in-8°.

Copie de l'édition aldine de 1518-1519 réimprimée par Simon de Colines en 1532, nous avons pu nous en assurer par l'examen du second volume qui se trouve seul à la bibliothèque Nationale. Un exemplaire de cette édition a passé dans les ventes Colbert, comte d'Hoym, Solar et J. Techener, il était, comme celui de la bibliothèque Nationale, complété avec un ou deux volumes de l'édition de 1532;

DEUXIÈME VOLUME :

M. T. Cicero=‖nis Orationvm ‖ Volumen Secvn‖dum. ‖ Parisiis ‖ Apud *Simonem Colinæum*. ‖ 1525. ‖

In-8° de 5 ff. non chiffr. et 275 ff. chiffr., sign. aa-zz, AA-NN par 8; car. rom. Les feuillets non chiffrés contiennent le titre, blanc au verso, et une épître à Pierre Bembo, les feuillets chiffrés contiennent 20 oraisons terminées par la souscription suivante qui précède l'index :

Finis Secvndi Volvminis Mense ‖ *Septembri. M. D. XXV.* ‖

PARIS : *Bibl. Nat.*

Qverimo-‖nia Pacis Vndi‖qve Profliga‖tæ, Avthore ‖ Des. Erasmo. ‖ *Parisiis* ‖ Apud *Simonē Colinæū*. ‖ 1525 ‖.

In-8° de 24 ff. chiffr., sign. a-c par 8; car. rom.; init. sur bois à fonds criblés; annotations marginales.

Le titre est placé dans l'encadrement *aux Lapins* (page 48), il est blanc au verso; le feuillet 2 contient la dédicace : *Clarissimo Præsvli Traie=‖ctensi Philippo, Erasmvs* ‖ *Roterodamvs S. D.* ‖; il n'y a pas de souscription.

Réimprimé par Simon de Colines en 1530. La première édition est celle de Bâle, in-8°, 1516; en 1518 deux recueils d'opuscules d'Erasme, l'un imprimé à Bâle, l'autre à Venise par Alde Manuce, commencent par le *Querimonia* ou *Quærela pacis*; il y a eu une traduction française anonyme imprimée vers 1527, in-8° gothique, sans nom de lieu, mais, selon Du Verdier, à Lyon.

PARIS : *Bibl. Arsenal.* — CHARTRES.

Bellvm || Per Desyde=||rium Erafmū Ro=||terodamum. ||
Parisiis || Apud *Simonē Colinæū.* || 1525 ||.

> In-8º de 23 ff. chiffr., et 1 f. bl., sign. a-c par 8; car. rom.; init. sur bois à fonds criblés; annotations marginales.
>
> Le titre, dont le verso est blanc, est placé dans l'encadrement *aux Lapins* (page 48); le verso du feuillet 23 est blanc, il n'y a pas de souscription.
>
> Réimprimé par Simon de Colines en 1530.
>
> PARIS : *Bibl. Arsenal.* — REIMS. — LA HAYE. — TOURNAI.

Orontii Finei nova totius Galliæ descriptio (gallice) ædita in tabulā sex circiter chartarum magnitudine, apud *Simonem Colinæum*, 1525.

> Ainsi cité par Brunet (II, 1261), d'après Gesner, par La Croix du Maine et par Panzer. Cette carte de France a dû être souvent imprimée, on en cite une édition donnée en 1557 par Alain de Matonière, voici comment elle est mentionnée dans le catalogue des œuvres d'Oronce Finé placé à la suite de sa traduction des éléments d'Euclide, édition de 1544 : *Chorographia Galliarum feu Charta Gallicana, fæpius impreffa. — Defcriptio vniverfi orbis fub gemina cordis humani figura, & vnico papyri folio comprehenfa. — Eiufdem Orbis amplior defignatio... dudum coextenfa, fæpiufque impreffa. — Chorographia. — Planifphærium geographicum...* Simon de Colines a imprimé un grand nombre des œuvres de Finé pour lesquelles il a fait graver un cadre et une initiale ornée, que nous reproduisons plus loin, et des bandeaux aux initiales O F, il est possible que quelques-unes de ces cartes soient aussi sorties de son imprimerie.

Heures, a la louange de la Vierge Marie, || felon lufage de Rome. Efquelles font cōtenues || les quatre Paffions, Le feruice commun pour le || temps dapres Pafques, & pour le Carefme, Le || feruice de Laduēt, Et dudit Aduent iufques a la || Purification noftre Dame. || Pareillemēt, les heures de la Croix, & du Sainct || esperit. Les fept Pfeaumes. Vefpres, Vigiles, & || Commendaces des Trefpaffez, auec raifonnable || nombre Doraifons, & fuffrages des fainctz et || fainctes. A la fin font les heures de la Cōception || noftre Dame. et le Symbole de Athanaſe. ‖ Le tout au long, ſans y rien requerir, eſt tres cor=‖rect en bōne orthographie de poinctz, daccēs, & diphthongues ſituez aux lieux a ce requis. ‖ Et ſont a vendre, par Maiſtre Geofroy Tory de ‖ Bourges, libraire demorāt a Paris ſus Petit pōt, ‖ ioignant lhoſtel Dieu, a lenſeigne du Pot caſſe. ‖ Menti Bonæ Devs ‖ Occvrrit. ‖

In-4º de 152 ff. non chiffr., sign. A-T par 8; car. rom.; impression en rouge et en noir; figures et encadrements sur bois; au bas du titre est placée la marque de Geofroy Tory *au Pot cassé* reproduite par Aug. Bernard sous le nº 3.

C'est la même édition que celle que nous avons décrite à l'année 1524 avec un titre latin et le nom de Colines. Le titre n'a pas d'encadrement et est imprimé avec les mêmes caractères que le texte, le seul mot *Marie* est en capitales; l'ordre des pièces liminaires a été modifié, le privilège, imprimé en caractères romains, occupe le verso du titre et le recto du feuillet suivant et est entouré d'encadrements, la table de Pâques suit le privilège et précède immédiatement le calendrier; la pièce inférieure du cadre de la page [A.vij.], qui était dans le mauvais sens, a été retournée, le chiffre 10 est effacé dans le cadre de la page B.iij., ces modifications n'indiquent pas absolument la réimpression des pages comme le dit Aug. Bernard (*Geofroy Tory, peintre et graveur,...* 2ᵉ édit., pp. 153 et ss.), elles ont pu être faites pendant le tirage et se rencontrer dans des exemplaires avec le titre latin; enfin la souscription primitive est remplacée par celle-ci, dans laquelle ne figure plus le nom de Simon de Colines :

Ces preſentes heures a luſage de Rome furēt ‖ acheuees de imprimer le Mardy dixſeptieſme ‖ iour de Ianuier Mil cinq cens vingtcinq : pour ‖ Maiſtre Geofroy Tory de Bourges, Libraire de‖morant a Paris ſus Petit pont, ioignant lhoſtel ‖ Dieu, a lenſeigne du Pot caſſe. ‖

Au-dessous de la souscription est placée la marque du *Pot cassé* plus grande que celle du titre (Aug. Bernard, nº 5), cette dernière page n'a pas d'encadrement.

La date du mardi 17 janvier 1525 est postérieure d'un jour à celle des Heures dont la souscription est en latin et datée du 17 des calendes de février, ce qui correspond au 16 janvier; de plus, comme le fait remarquer Aug. Bernard, la date a été calculée selon l'usage de Rome, et correspond par conséquent à l'année 1525 et non à l'année 1526 (n. s.), en effet le jour de Pâques tombant le 16 avril en 1525 et le 1ᵉʳ avril en 1526, ces deux années n'étant pas bissextiles le 17 janvier fut un mardi en 1525 et un lundi en 1526. On connait trois exemplaires de ces Heures sur peau de vélin, ils ont passé dans des ventes publiques; celui de Sauvageot est actuellement à la bibliothèque Nationale.

Paris : *Bibl. Nat.* (peau de vélin). — Chantilly : *Bibl. du Musée Condé.*

☛ Libellvs ‖ Hippocratis De Fla=‖tibvs, Lascare Inter‖ prete. ‖ *Parisiis* ‖ In ædibus *Simonis Colinæi.* ‖ 1525.‖

> In-16 de 11 ff. chiffr. et 1 f. bl., sign. a par 8, b par 4. Il n'y a ni pièce liminaire ni souscription, cette plaquette est destinée à faire suite aux deux traités d'Hippocrate imprimés en 1524, et forme, avec eux, un petit volume de poche.
>
> PARIS : *Bibl. Nat.*

Horæ in laudem beatifs. femper ‖ Virginis Mariæ fecun-‖ dum con‖fuetudinem curiæ Romanæ. Vbi or=‖thográ-phia, punɗa & accentus fuis ‖ locis habentur. ‖ *Parisiis*, apud Magiftrum *Go=‖tofredum Torinū* Bituricum. Ad in=‖figne, vafis effraɗi, in via Iacobæa. ‖ Gallice ‖ Au pot caffe, en la rue fainɗ Iaques. ‖

> In-8° de 152 ff. non chiffr., sign. A-T par 8; car. rom.; impression en rouge et en noir; figures et encadrements sur bois; sur le titre la marque du *Pot cassé* de Geofroy Tory, reproduite par Aug. Bernard sous le n° 3, accompagnée des devises *Menti Bonæ Devs Occvrit* et *Non Plvs;* la souscription placée au verso du dernier feuillet est naturellement la même que celle des exemplaires au nom de Colines :
>
> *Excvdebat Simon Coli=‖nævs Parisiis E Regio=‖ne Scholarvm Decre=‖torvm : Anno A Chri=‖sti Iesv Nativitate M.‖D.XXV. XVII. Cal. Febr.* ‖
>
> C'est le même volume que celui que nous avons décrit à l'année 1524; la seule différence consiste dans la modification du nom et de la marque et la suppression de la date sur le titre ; les feuillets modifiés dans les exemplaires dont le titre est en français ne l'ont pas été dans ceux-ci.
>
> PARIS : *Collect. de feu M. le baron J. de Rothschild.*

(J. LEFÈVRE D'ÉTAPLES.) ❡ Les chofes con=‖tenues en ce prefent liure. ‖ Vne epiftre comment on doibt prier Dieu. ‖ Vne table pour facilement trouuer les ‖ pfeaulmes. ‖ Le pfaultier de Dauid. ‖ Argument brief fur chafcun pfeaulme ‖ pour Chreftiennement prier et entendre ‖ aucunement ce que on prie. ‖ Vne exhortation en la fin. ‖ Cum priuilegio. ‖

> In-8° de 6 ff. non chiffr., 132 ff. chiffr. et 18 ff. non chiffr., sign. A-T par 8, V par 4; car. gothiques; impression en rouge et en noir.

Le verso du titre est blanc, les 2 feuillets liminaires contiennent l'épître : ☾ *A tous Chreſtiẽs ⁊ Chrc=||ſtiennes ſalut et gloire en Ieſuchriſt.* ||
et la ☾ *Table pour trouuer les pſaulmes | se=||lon les nombres d'iceulx.* ||;
les feuillets chiffrés renferment *Le Pſaultier de Dauid.* || dont la première lettre initiale, B, est gravée sur bois et représente David jouant de la harpe; les feuillets non chiffrés de la fin terminent le volume :
☾ *Sensuyt largument ſur* || *chaſcun pſeaulme | pour Chreſtiennement* || *prier et entendre* || ; — *Exhortation finale.* || et la souscription :

☾ *Imprime en la maiſon Simon de Co=||lines Libraire iure | demourant en luniuerſi=||te de Paris | en la rue ſainct Jehan de Beau||uais deuant les eſcolles de Decret. Lan de* || *grace Mil cinq cens xxv. le xvii. iour du moys de Feburier.* || (1526, n. s.)

Seconde édition de la traduction française des psaumes de David par Jacques Lefèvre d'Etaples, elle est copiée sur celle de 1523.

PARIS : *Bibl. Arsenal.*

M D XXVI

1ᵉʳ AVRIL 1526 — 20 AVRIL 1527 N. S.

Aphthonii Sophi‖stæ Præclarissimi Rhe=‖torica Progymna=‖smata. ‖ *Parisiis* ‖ Ex officina *Simonis Colinæi.* ‖ M. D. XXVI. ‖

In-4º de 26 ff. chiffr., sign. A-B par 8, C par 4, D par 6; car. rom.; annotat. margin.; init. sur bois à fonds criblés.

Le verso du titre contient un avertissement *Ad Lectorem.* ‖, le feuillet 2, une préface : *Benignvs Martinvs Ioanni* ‖ *Seriæ Svo S. P. D.* ‖, datée du collège de Lisieux, des calendes de juin 1526. Le corps de l'ouvrage occupe le reste du volume, le nom du traducteur, Jean-Marie Cataneus, est indiqué dans le titre de départ; le bas du dernier feuillet, blanc au verso, contient la souscription :

Excvdebat Simon Colinævs ‖ *Qvarto Calendas Ivniis.* ‖

Ce volume qui, par son format, ne se rattache pas à la collection de livres pédagogiques donnée par Simon de Colines, est imprimé avec les anciens caractères de Henri Estienne et en tout semblable au Datus de 1521. Réimprimé en 1539, 1541 et 1543.

TOURS.

In Hoc Libro ‖ Contenta. ‖ Politicorum libri Octo. ‖ Commentarij. ‖ Œconomicorum Duo. ‖ Commentarij. ‖ Hecatonomiarum Septem. ‖ Œconomiarum publ. Vnus. ‖ Explanationes Leonar=‖di in œconomica. Duo. ‖ *Parisiis* ‖ Ex officina *Simonis Colinæi.* ‖ 1526. ‖

In folio de 6 ff. non chiffr., 193 ff. chiffr. et 1 f. bl., sign. A, a-z par 6, & par 8; car. rom.; annotations marginales; le titre est placé dans le grand encadrement sur bois réservé aux ouvrages de philosophie (page 31).

Le verso du titre est blanc, les 5 feuillets suivants contiennent : *Ad Reverend. In Christo Patrem D. Gvilliermvm* || *Briconnetvm Espiscopvm Lodovensem Iacobi Fa*||*bri Stap. In Polit. Et Œcon. Aristot. Recogni=*||*tionem Præfatio.* || (1505), la table et l'index; les deux premières parties annoncées sur le titre (ff. 2 à 135, 136 à 145) sont précédées de prologues de Léonard Arétin, la troisième partie (ff. 146 à 182), est dédiée par Jacques Lefèvre à Jean de Ganay (1505), les deux dernières (ff. 182 verso à 188 recto, 188 verso à 193) terminent le volume avec 3 distiques latins de Béatus Rhénanus et la souscription :
Absolvit Simon Colinævs Anno || *M. D. XXVI. Pridie Calen. Maii.*||

Copié sur l'édition de 1511 de Henri Estienne, qui était elle-même une copie améliorée de l'édition de 1506 du même imprimeur. La traduction est de Léonard Arétin, les premiers commentaires sont de Jacques Lefèvre d'Etaples et les deux derniers d'Arétin. Colines a réimprimé les politiques d'Aristote en 1543.

PARIS : *Bibl. Nat.* — AMIENS. — AVIGNON. — BORDEAUX. — ÉPINAL. — LAVAL. — MONTPELLIER : *Bibl. Fac. de Médecine.* — TOURS. — GAND.

Contenta || Decem librorum Moraliū Ari=||ſtotelis, tres conuerſiones : Pri=||ma Argyropyli Byzantij, ſecunda || Leonardi Aretini, tertia vero Anti||qua, per capita & numeros con=||ciliatæ : cōmuni familiariq; com=||mentario ad Argyropilū adiecto. || I. Fab. introductio in Ethicen. || Magna moralia Ariſto. Geor=||gio Valla interprete. || Leonardi Aretini dialogus de || moribus.|| Index in Ethicen. Item in Ma=||gna moralia. || *Parisiis* || Ex officina *Simonis Colinæi.* || 1526 ||.

In-folio de 140 et 83 ff. chiffr., plus 1 f. bl., sign. a-q par 8, r par 6, s par 4, A-K par 8, L par 6; car. rom.; annotat. margin.; init. sur bois à fonds criblés ; le titre est placé dans l'encadrement réservé aux ouvrages de philosophie (page 31).

La dédicace : *Iacobvs Stapvlensis, Reverendo Patri Ioanni* || *Rellico, Epiſcopo Andegauenſi confeſſori Regio.* || est placée au verso du titre; la première traduction des six livres d'Aristote occupe les feuillets 2 à 104, elle est accompagnée des commentaires de Jacques Lefèvre d'Etaples, et suivie (f. 105 recto) de 35 vers latins de Baptiste Mantuan : *Virtutis querimonia;* les feuillets 105 verso à 115 recto contiennent l'*Introductio moralis in Ethicen*, précédée de la dédicace de Lefèvre à Germain de Ganay, et terminée par une *Peroratio;* les ff. 115 verso à 136 contiennent un tableau de la concordance des 10 livres des éthiques avec les 2 livres des morales, et la traduction latine de ces deux livres dédiée par Jacques Lefèvre à Guillaume Budée; le dialogue d'Arétin occupe les feuillets 137 à 140. La deuxième série de chiffres contient les deux autres traductions latines des éthiques, celle de Georges Valla (ff. 1 à 41 recto) et celle d'un auteur inconnu (ff. 41 verso à 83 recto), le feuillet 83 verso contient : *Indices operum hic contentorum.* ‖ et la souscription :

€ *Omnia vno volumine comprehenſa & accuratiſſime recognita : quo ad* ‖ *beate viuendũ nullum defit ſtudioſis præſidium, nullum enim vtilius* ‖ *ſtudium exiſtimauit Socrates, & vniuerſa vere philoſophan-*‖*tium ſchola : eo in quo ad probitatem incitamur, & ad* ‖ *virtutum accendimur amorem. Et abſoluta* ‖ *ſunt impenſis, ſumptibus & diligentia* ‖ *Simonis Colinæi : in almo Pa=*‖*riſienſium ſtudio. Anno* ‖ *ab incarnatione* ‖ *domini vir*‖*=tutum.* ‖ *1528. die 3 Menſis Iulij.* ‖

Comme on le voit par la souscription, ce volume commencé en 1526 n'a été achevé d'imprimer qu'au mois de juillet 1528, mais la date du titre a été modifiée pendant le tirage et presque tous les exemplaires portent 1527.

Cinquième édition dans la même officine, la première est de Jean Hygman et Wolfgang Hopyl, 1497, les trois suivantes, *ex secunda*, *ex tertia* et *ex quarta recognitione*, sont de Henri Estienne, 1505, 1510 et 1516; Simon de Colines qui a copié page pour page ces dernières éditions, en a encore donné deux en 1535 et en 1542, il avait déjà publié en 1522 la traduction des *Magna moralia* par Georges Valla, jointe à une autre traduction récente par Girard Rufus, et, en 1522 aussi, la traduction des livres à Nicomaque par J. Argyropilus avec le dialogue de Léonard Arétin.

AMIENS.

(BIBLE IN-SEIZE.) Contenta ‖ Libri Regvm IIII ‖ Libri Paralipoménon II ‖ Liber Eſdræ IIII ‖ Libri Tobiæ ‖ Liber Iudith ‖ Liber Eſther ‖ Liber Iob. ‖ *Parisiis* ‖ Ex officina *Simonis Colinæi* ‖ 1526 ‖.

In-16 de 5 ff. non chiffr. et 611 ff. chiffr., sign. a-z, &, aa-zz, aaa-zzz, aaaa-gggg par 8, car. rom.; init. sur bois.

Les feuillets non chiffrés contiennent le titre et la préface de saint Jérôme, les différents livres commencent aux feuillets 1, 243, 366 verso, 493, 512, 538, 565; au bas du dernier feuillet, blanc au verso, est placée cette souscription :

Absolvtvm Calend. ‖ *Febr. M. D. XXVI.* ‖ (1527, n. s.)

Première édition du livre des Rois réimprimé en 1529, en 1534 et en 1540.

PARIS : *Bibl. Ste-Geneviève.* — SENS. — LONDRES : *Brit. Mus.* — VALENCIENNES (ex. incomplet).

(BIBLE IN-SEIZE.) ᙚ Libri Pro-‖phetarvm.‖

    ❧ Eſaias.   Abdias.
        Hieremias.   Ionas.
        Baruch.   Micheas.
        Ezechiel.   Naum.
        Daniel.   Abacuc.
                           Sophonias.
    ❧ Oſee.   Aggæus.
        Ioel.   Zacharias.
        Amos.   Malachias.

Parisiis ‖ Ex officina *Simonis Colinæi* ‖ 1526 ‖.

    In-16 de 436 ff. chiffr. sign., a-z, &, aa-zz, &&, aaa-fff, par 8, ggg par 4; car. rom.

    Le verso du titre est blanc, les différents prophètes commencent aux feuillets 2, 92, 208, 222, 317 verso, 357, 376, 387, 389, 392 verso, 400 verso, 404, 408, 412 verso, 416 et 432; il n'y a pas de souscription.

    Réimprimé en 1531 et 1537, les prophètes et les Machabées étaient réunis dans l'édition de 1524.

LONDRES : *Brit. Mus.*

(BIBLE IN-SEIZE.) ᙚ Machabæ‖orvm Libri Dvo ‖ *Parisiis* ‖ Apud *Simonem Colinæum* ‖ 1526 ‖.

    In-16 de 100 ff. chiffr., sign. a-m par 8, n par 4; car. rom.; init. sur bois à fonds criblés.

    Les livres des Machabées se terminent par la souscription suivante placée au recto du dernier feuillet dont le verso est blanc :

    Imprimebat Simon Co-‖*linævs, Anno M. D.* ‖ *XXVI. IX Calend.* ‖ *Decembris* ‖.

    Réimprimé en 1531 et 1537.

LONDRES : *Brit. Mus.*

(BIBLE IN-SEIZE.) Libri Salomonis ‖ Prouerbia, ‖ Eccleſiaſtes, ‖ Canticum Canticorum. ‖ ❧ Liber Sapientiæ. ‖ ❧ Eccleſiaſticus. ‖ *Parisiis* ‖ Ex officina *Simonis Colinæi.* ‖ 1526 ‖.

    In-16 de 168 ff. chiffr., sign. a-x par 8; car. rom. La préface de saint Jérôme occupe le verso du titre et le feuillet 2; les différentes parties commencent aux feuillets 3, 42 verso, 56 verso, 63 verso et 92 ; le verso du dernier feuillet est blanc, il n'y a pas de souscription. Copie de l'édition de 1524 ; réimprimé en 1527, 1535, 1539 et 1542.

PARIS : *Bibl. Nat.* — VALENCIENNES.

❧ Propvgna=‖cvlvm Ecclesiæ, Adver-‖svs Lvtheranos : Per Ivdocvm Clich-‖toueum Neoportuenfem, doctorem theologum, elaboratum : ‖ & tres libros continens. ‖ ⁋ Primus, ritum antiquum celebrandæ miffæ, ab ec-clefia infti=‖tutum defendit : contra nouam eiufdem myfterij agendi for=‖mulam, a Luthero recens intro-ductam. ‖ ⁋ Secundus, facerdotum continentiam, cœli-batumq̃ ab ecclefia ‖ indictum approbat : contra eos qui viris ecclefiafticis connu=‖bia laxis habenis permit-tunt. ‖ ⁋ Tertius, ieiuniorum obferuantiam, abftinen-tiamq̃ ciborum ‖ ecclefiaftica lege inductam, commen-dat : contra nonnullos, & ‖ ipfa ieiunia & ciborum delectum impie damnantes. ‖ *Parisiis.* ‖ Ex officina *Simonis Colinæi.* ‖ 1526 ‖ Cum priuilegio. ‖

In folio de 197 ff. chiffr., 12 ff. non chiffr. et 1 f. bl., sign. a-z, &, A par 8, B par 10 ; car. rom., sauf la dernière ligne du titre et le pri-vilège qui sont en gothiques ; init. à fonds criblés ; annotat. margin.

Au verso du titre est placé le privilège, en français, accordé pour 2 ans à Simon de Colines le 1er décembre 1525, les feuillets 2 et 3 con-tiennent la dédicace datée de Chartres, 1526 : ❧ *Reverendo In Chris-to* ‖ *Patri Et Domino D. Lvdovico Gvilliar-*‖*do, Epifcopo Carnotenfi digniffimo : Iudocus Clichtoueus, Neo*‖*portuenfis, theologię profeffor licet immeritus : perpetuam in do=*‖*mino felicitatem exoptat.* ‖ ; les trois livres, divisés en 33, 34 et 35 chapitres occupent les feuillets 4 à 197 recto : le verso du feuillet 197 et les feuillets non chiffrés contiennent :
⁋ *Index Eorvm Qvæ In Hoc Trifido Ope=*‖*re pertractantur : in fingulis libris per capitum ordinem re=*‖*cta ferie collectus.* ‖ *Index Alphabeticus* ‖, et le registre précédé de la souscription :

⁋ *Absolvtvm Est Hoc Propvgnacvlvm Ec=*‖*clefiæ contra Lutheranos, in tres libros diductum : atque in lu=*‖*cem prolatum, apud celeberrimam Parifiorum Academiam :* ‖ *in officina Simonis Colinæi, ad infigne folis aurei, e re=*‖*gione collegij Beluacenfis, fita : vbi & venale pro=*‖*ponitur. Anno ab incarnatione domini (qui* ‖ *veræ pietatis, fanctimoniæ & abfti-nen=*‖*tię eft approbator) vicefimofexto,* ‖ *fupra millefimum & quin=*‖*gen-tefimum : die vero* ‖ *decimaoctaua* ‖ *Maij.* ‖

En cette même année le *Propugnaculum* a été réimprimé deux fois de suite à Cologne, chez Pierre Quentell, et chez Hiéron Alopecius (Fuchs) pour Godefroy Hittorp. M. Vander Haegen énumère les principaux chapitres des trois livres et nous apprend qu'Erasme, attaqué directement par Clichtove, répliqua par un pamphlet : *Dilvtio eorum quę Iudocus Clichtoueus fcripfit aduerfus declamationem fuaforiam matrimonij...* (Bâle), 1532.

Ce volume est le premier qui porte la nouvelle adresse de Colines, *au Soleil d'or*, rue saint-Jean de Beauvais, le dernier volume portant l'adresse *aux environs de l'école de droit*, est le psautier daté du 17 février 1525 (1526 nouveau style), Colines aura donc déménagé entre le 17 février et le 18 mai.

Paris : *Bibl. Arsenal.* — Amiens. — Beaune. — Chartres. — Dole. — Le Mans. — Montauban : *Bibl. Fac. théol. protestante.* — Orléans. — Troyes. — Vitré. — Bruxelles. — Genève. — La Haye. — M. Vander Haegen cite aussi : Amsterdam. — Anvers. — Berlin. — Bonn. — Cambridge : *Bibl. Univ.* — Harlem. — Louvain. — Munster : *Bibl. Paul.* — Oxford : *Bibl. Bodl.* — Wolfenbuttel.

(Josse Clichtove et J. Lefèvre d'Etaples.) **In Hoc Opvscv=‖lo contentæ introductiones ‖ In terminos. ‖ In artium diuifionem. ‖ In fuppofitiones. ‖ In prædicabilia. ‖ In diuifiones. ‖ In prædicamenta. ‖ In librum de enunciatione. ‖ In primum priorum. ‖ In fecundum priorum. ‖ In libros pofteriorum. ‖ In locos dialecticos. ‖ In fallacias. ‖ In obligationes. ‖ In infolubilia. ‖** *Parisiis* **‖ Apud Simonem Colinæum ‖ 1526 ‖.**

In-8º de 170 ff. chiffr. et 6 ff. non chiffr.; car. rom.; init. sur bois à fonds criblés; le titre, dont le verso est blanc, est placé dans l'encadrement *aux Lapins* (page 48).

Le feuillet 2 contient la dédicace : *Ivdocvs Clichtovevs... adolefcentibus bonarum ‖ artium ftudiofis.* ‖, le corps de l'ouvrage occupe les autres feuillets chiffrés, chacune des parties commence respectivement aux feuillets 3, 12 verso, 24, 43, 47 verso, 51, 67, 99 verso, 114, 127 verso, 134, 147, 156 verso et 162; au bas du feuillet 170 verso sont placées l'☙ *Operis peroratio.* ‖, l'explication des titres courants et la souscription :

Pressit Svis Typis Nitidissimis Si=‖mon Colinæus in officina fua, aureo fole infi=‖gnita : eregione [sic] *collegij Bellouacenfis.* ‖ *Pridie Calen. Novemb. 1526.* ‖

Les feuillets non chiffrés contiennent l'index, le dernier est blanc au verso.

Les deux premiers traités, introduction à la Logique d'Aristote, sont de Clichtove et ont été imprimés pour la première fois, à Paris, chez Guyot Marchant en 1500, in-4º, les autres *Introductiones* sont de Jacques

Lefèvre avec commentaires de Clichtove, la première édition est celle de Jean Hygman et Wolfgang Hopyl qui parut en 1503, Henri 1er Estienne les a réunis et réimprimés en 1505, en 1513, en 1517 et en 1520, il existe aussi une édition de Jean Knoblouch, Strasbourg, 1516; Simon de Colines, outre cette édition de 1526, en a donné trois autres en 1530, 1533 et 1535, il a imprimé aussi le premier traité de Clichtove seul, avec les commentaires de Jean Cæscerius, sous le titre de *Fundamentum logicæ*, en 1540 et 1544. Tous ces volumes dont la vogue était considérable au xvie siècle ont eu de nombreuses réimpressions; on en trouvera la description dans la *Bibliotheca Belgica*.

PARIS : *Bibl. Nat.* — CARCASSONNE. — DOUAI. — SENS. — TOURS. — VERDUN. — M. Vander Hâegen cite l'exemplaire de BONN.

De Sacramento ‖ Evcharistiæ Contra Oeco‖lampadium, opufculū : per Iudocum Clich‖toueum Neoportuenſem, doctorem theo=‖logum Pariſienſem, elaboratum : duos li=‖bros complectens. ‖ ¶ Primus, multiplici authoritate & ratione ‖ comprobat : ſub forma panis & vini in eu=‖chariſtia, verum Chriſti corpus & ſangui=‖nem, re ipſa contineri. ‖ ¶ Secundus, rationes Oecolampadij, conten=‖dentes in pane & vino confecrato figuram ‖ tantum eſſe & repræſentationem corporis ‖ & ſanguinis Chriſti : diſſoluit. ‖ Cum Priuilegio. ‖ *Pariſiis* ‖ Ex officina *Simonis Colinæi.* ‖ 1526 ‖.

In-4° de 165 ff. chiffr., 16 ff. non chiffr. et 1 f. blanc, sign. a-y par 8, z par 6; car. rom.; les mots *Cum Priuilegio*, sur le titre, sont seuls en car. goth.; init. sur bois à fonds criblés.

Le verso du titre est blanc, les feuillets 2 et 3 contiennent l'épître dédicatoire : ¶ *Reverendo In Christo Pa=‖tri ac domino, domino Ludouico Guilliardo, inſi=‖gnis eccleſiæ Carnotenſis epiſcopo digniſſimo : Iu=‖docus Clichtoueus, facræ theologiæ profeſſor, li=‖cet immeritus : perpetuam exoptat ſalutem.* ‖; le corps de l'ouvrage, divisé en 2 livres de 22 chapitres chacun, occupe les feuillets 4 à 165, les 16 feuillets non cotés contiennent la table, l'index et le registre précédé de la souscription :

¶ *Expletvm Est Hoc Opvs Biſi=‖dum, de ſacramento euchariſtię contra Oeco‖lampadium, atq̃ in luce æditum, apud ‖ celeberrimā Pariſiorum academiā : ‖ in officina Simonis Colinæi, ‖ ad inſigne ſolis aurei, è re‖gione collegij Bello=‖uacenſis, ſita : vbi ‖ & venale pro=‖ponitur. ‖ An=‖no ab incarna‖tione domini (qui ‖ panis eſt vitæ) viceſimo ſe=‖xto, ſupra milleſimū & quingen=‖teſimum : die vero nona Martij.* ‖ (1527, n. s.)

Réfutation des théories de Jean Œcolampade sur le sacrement de l'Eucharistie, elle a été réimprimée l'année suivante à Cologne, chez Pierre Quentell; on trouvera dans la *Bibliotheca Belgica* les titres des chapitres les plus importants de cet ouvrage.

Paris : *Bibl. Nat.; Bibl. Mazarine; Bibl. Ste-Geneviève.* — Amiens. — Chaumont. — Reims : *Bibl. de l'Archevêché.* — Versailles. — Bruxelles.

(Jean Colet, Guillaume Lily et Erasme.) De octo orationis partium constructione libellus. *Parisiis*, apud *Simonem Colinæum*, 1526.

In-8°.
Cité par Panzer d'après Maittaire (II, 682); déjà imprimé en 1523 par Simon de Colines qui en donna six autres éditions en 1527, 1530, 1532, 1535, 1542 et 1544.

Enchiridi-‖on Locorvm Commv=‖nium aduerfus Lutheranos, Io‖anne Eckio authore. In quo de=‖terminatur primo De ecclefia ‖ &c. fecundo De Concilijs &c. ‖ tertio De Primatu &c. ‖ Ephef. 6. ‖ In omnibus fumentes fcutum fidei ‖ in quo poffitis omnia tela nequif=‖fimi ignea extinguere. ‖ *Parisiis* ‖ Apud *Simonem Colinæum* ‖ M. D. XXVI. ‖

In-16 de 94 ff. chiffr., sign. a-l par 8, m par 6; car. rom.; initiales sur bois.
Le verso du titre est blanc, les feuillets 2 à 5 contiennent : *Tabellæ Capitvm Lo*=‖*corvm Commv*=‖*nivm.* ‖; — *Ioannes Romberch Kyr*=‖*fpeñ. prædicator, omnium theolo*=‖*gizantium minimus, Ioanni Bram*‖*bach, Iuris Cæfarei Baccalaureo* ‖ *ftudiofiffimo fuo tàquam fratri & amico fingulariffimo S. D.* ‖; — *Invictissimo Principi* ‖ *& domino, domino Henrico octa*=‖*uo, Angliæ regi, & Hyberniæ do*=‖*mino fidei catholicę defenfori, do*‖*mino fuo clementiffimo, Ioannes* ‖ *Ecki⁰ paratiffima offert obfequia.* ‖ (Ingolstadt, calendes de février 1525). Le corps de l'ouvrage est divisé en 27 chapitres qui occupent les feuillets 6 à 93, le dernier feuillet contient au recto un avis *Ad Lectorem.* ‖ et porte au verso la souscription :
Excvdebat Svis Typis ‖ *Simon Colinæus in officina fua* ‖ *fub fole aureo vici fancti* ‖ *Ioãnis Bellouacenfis,* ‖ *ad fextũ Calen*=‖*das Augufti* ‖ *1526.* ‖
Réimprimé dès l'année suivante, la première édition fut d'après Graesse, *Trésor*, II, 460, donnée à Landshut en 1525, Jean Eck ou d'Ech a écrit une quantité d'ouvrages de polémique religieuse qui, réunis

en 1530-1535 ne forment pas moins de 5 volumes in-folio, on y remarque un catalogue des hérésies de Luther qui se montent au nombre de 404.

Angers.

※● Erasmi Ro-‖terodami De Ratione ‖ ſtudij, ac legendi, interpretandiq; au=‖thores, libellus aureus. ‖ Officiorum diſcipulorum ex Quintiliano. ‖ Qui primo legendi, ex eodem. ‖ Eraſmi concio de puero Ieſv in ſchola ‖ Coletica Londini inſtituta, pronuncianda. ‖ Eiuſdem, expoſtulatio Ieſv ad mortales. ‖ Eiuſdem, carmina ſcholaria. ‖ *Parisiis* ‖ Ex officina *Simonis Colinæi.* ‖ M. D. XXVI. ‖

In-8º de 32 ff. chiffr., sign. A-D par 8; car. rom.; init. sur bois à fonds criblés :

Le verso du titre est blanc, le feuillet suivant renferme la dédicace : *Erasmvs Roterodamvs Pe=‖tro Viterio, Libera=‖livm Disciplina=‖rvm Profes=‖sori Eximio ‖ S. D. ‖* (sans date), le reste du volume contient : *De Ratione Stvdii.* ‖; — *De Ratione Institv=‖endi diſcipulos.* ‖ (ff. 3 à 15); — ※● *Concio De Pvero Iesv...* (ff. 16 à 29 recto); — ※● *Des. Erasmi ‖ Roterodami, Vtrivs=‖que linguæ doctiſſimi, Expoſtu=‖latio Iesv cum homine ‖ ſuapte culpa pereunte.* ‖; — *Epitaphivm Scvrrv=‖læ temulenti, Scazon.* ‖ (ff. 29 verso à 32 recto). La souscription suivante est placée à la fin de l'épitaphe :

Excvdebat Simon Coli=‖næus, xvii. Calendas Iulij. ‖ *M. D. XXVI.*‖ Le verso du dernier feuillet est blanc.

Conseils sur la méthode à suivre pour enseigner les belles lettres aux enfants et sur les auteurs anciens à leur faire lire; le discours sur l'enfant Jésus avait été composé par Erasme pour être prononcé par un des jeunes élèves du collège fondé par Jean Colet à Londres, la première édition est de 1514.

Orléans. — Reims — Rouen.

※● Commenta‖rivs Erasmi Ro-‖terod. in Nucem Oui=‖dij, ad Ioānem Morum ‖ Thomæ Mori filium. ‖ Eiuſdem commentarius in ‖ duos hymnos Prudētij, ‖ ad Margaretā Roperā ‖ Thomæ Mori filiam. ‖ *Parisiis* ‖ Apud *Simonem Colinæū* ‖ 1526 ‖.

In-8º de (60?) ff. chiffr., sign. a-g par 8, h par 4 (?); car. rom.; init. sur bois; le titre est placé dans l'encadrement *aux Lapins* (p. 48).

Le verso du titre est blanc, les feuillets 2 et 3 contiennent la dédicace : *Erasmvs Roterodamvs Opti=||mæ Spei Adolescenti Ioan||ni Moro S. D. ||*, et un avertissement *De Titvlo. ||*; le texte d'Ovide accompagné des commentaires d'Erasme en caractères plus fins occupe les feuillets 4 à 27; le commentaire sur les deux hymnes de Prudence occupe probablement les 3 feuillets suivants qui ont été coupés dans le seul exemplaire que nous ayons vu, celui de la bibliothèque d'Angers, il doit être précédé de la dédicace à Marguerite Roper datée du jour de Noël 1524.

Réimprimé en 1533 et 1539.

ANGERS.

Ioannis Fer-||nelii Ambianatis Mo=||nalofphærium, partibus conftans || quatuor. || Prima, generalis horarij & ftructu=||ram, & vfum, in exquifitā mona=||lofphærij cognitionem præmittit. || Secunda, mobilium folemnitatum, || criticorúmq; dierū rationes, mul=||ta breuitate complectitur. || Tertia, quafcūq; ex motu primi mo=||bilis deprōptas vtilitates elargitur. || Quarta, geometricā praxin breuiuf=||culis demōftrationibus dilucidat. || Hæc fanè cūcta excutit mona=||lofphærium : quorū capita fub=||fequentes facies oftentant. || *Parisiis* || In ædibus *Simonis Colinæi.* || 1526 ||.

In-folio de 6 ff. non chiffr. et 36 ff. chiffr., sign. a-g par 6; car. rom.; init. sur bois à fonds criblés; annotations marginales; le titre est placé dans le grand encadrement gravé sur bois, réservé aux ouvrages scientifiques, qui avait paru pour la première fois, en cette même année 1526, sur l'Arithmétique de Jean Martin Siliceus et dont on trouvera la reproduction à la page 90.

Les feuillets liminaires contiennent, outre le titre blanc au verso : *Index Propositionvm. ||; — Ioannis Le Lievr, Ad || lectorem carmen. ||* (9 distiques latins); — *Errata. ||; — Index. ||; — Nvmeris Omnibvs Absolvtissimo Viro, Ac Sa=||cræ Theologiæ doctori celeberrimo M. Iacobo de Gouea, Ioannes Fernelius Ambianas S. ||* (Paris, collège Sainte-Barbe, cal. de février 1526); — *Dyonisii Armenavlt Discipvli Senonen=||fis ad præceptoris librum heptafticon. ||* (7 distiques latins). Le corps de l'ouvrage occupe les feuillets chiffrés et se termine au bas du feuillet 36 recto par la souscription :

Excvdebat Simon Colinævs Anno Vir=||ginei Partvs M. D. XXVII. Nonis Martii. ||

Le verso du feuillet 36 contient encore 10 distiques latins : *Ad omnimoda virtute præditos iuuenes, Ioannem Ximenez, || Emmanuelē de*

Tieues, cæterofqʒ condiſcipulos, Ioannis Baptiſtę || *Luſitani exhortatio.* ||, et un distique : *Ad Invidvm.* ||

Jean Fernel qui n'embrassa qu'assez tard l'étude de la médecine dans laquelle il devait se rendre célèbre était âgé de 24 ans lorsqu'il composa ce volume, il écrivit deux autres traités de cosmographie que Simon de Colines imprima en 1527 et 1528; on trouvera à l'année 1542 son traité *De naturali medicina.*

Paris : *Bibl. Ste-Geneviève; Bibl. Maʒarine.* — Angers. — Chartres. — Clermont-Ferrand. — Douai. — Le Mans. — Limoges. — Montpellier : *Bibl. Fac. de Médecine.* — Rennes. — Tours. — Genève. — Londres : *Brit. Mus.*

Galeni de nervis compendium; Ant. Fortolo interprete. *Paris, Colin,* 1526.

In-8°.

Ainsi cité dans le catalogue des ouvrages de médecine de la bibliothèque Nationale. S'agit-il d'une édition de Colines? Nous n'avons pu le vérifier car ce volume n'a pas été retrouvé, il n'a sans doute pas été vu par les savants rédacteurs du catalogue qui ont toujours très exactement cité les titres et les suscriptions; ou bien il faut lire *Colines* au lieu de *Colin*, ou bien le nom de l'imprimeur est exact et la date alors doit être erronée.

In hoc libro contenta. || ❡ Opus tripartitum magiſtri Ioannis Gerson : con=||tinens inſtructiones curatorum. || ❡ Opuſculum eiuſdem authoris, de ſeptem ſacramen=||tis eccleſiæ : & arte audiendi confeſſiones. || ❡ Documenta quædam fidei & morum : gallico ſer=||mone compoſita. || Pro dioceſi Carnotenſi. ||

In-4° de 62 ff. chiffr. et 2 ff. non chiffr., sign. a-h par 8; car. rom. pour le latin et goth. pour le français.; init. sur bois à fonds criblés. La première et la derrière ligne du titre sont en caractères gothiques.

Le verso du titre est blanc; les feuillets 2 à 4 recto contiennent un mandement de l'évêque de Chartres (Louis Guillard), daté du 4 octobre 1526, ordonnant à tous les curés du diocèse de se procurer un exemplaire de ce volume, et d'en lire un chapitre, à la première messe, les dimanches et les jours de fête (latin et français). L'*Opus tripartitum* occupe les feuillets 4 verso à 46 recto *(Prologue; — des commandements de Dieu; — de confeſſion; — de ſcauoir bien mourir)*, chaque chapitre est suivi de sa traduction en français. Viennent ensuite : *Opuſculum : ſeptem eccle=||ſiæ ſacramenta & artem audiendi confeſſiones, breuiter* || *declarans, omnibus eccleſiaſticis & preſertim curam ani=||marum habentibus perneceſſarium : tripartito operi ve=||nerabilis cancellarij Pariſiēſis, domini Ioannis de Ger=||ſon, confociandum.* || en latin (feuillets 46 verso à 58); — *Le liuret de Iefus : lequel* ‖ *contient la doctrine neceffaire a tous chreftiens.* ‖ (feuillets 59 à 62 recto), les pièces, en prose et en vers, contenues sous ce titre sont : *La faincte oraifon : faicte par noftre feigneur Jefus.* ‖; — ℭ *La falutation angelique.* ‖; — *Le credo / ou sont les douze articles de la foy catholique.* ‖; — ℭ *Les dix commandemens* ‖ *de la loy.* ‖; — ℭ *Les commandemens de* ‖ *saincte eglise.* ‖; — ℭ *Les douze articles de la foy : comprins au grant Credo* ‖ *et au petit deffufdict...*; — ℭ *Les dix commandemens de la loy : plus au long* ‖ *que par cy deuant.* ‖; — ℭ *Les œuures de mifericorde.* ‖; — ℭ *S'enfuyuët les troys veritez : copofees par maiftre Jehan Gerfon...;* — ℭ *Carmina triuialia, quibus poteft vnufquifq3 fidelis chriftianus orare : & a quiete furgëdo & ad quietë* ‖ *eundo...;* — au bas se trouve un quatrain français et ces mots : ℭ *Cy finent aucuns briefz enfeignemens en francoys* ‖ *appartenans a la foy z bonnes meurs.* ‖ Les derniers feuillets contiennent la table et la souscription :

ℭ *Abfolutum eft hoc opufculum, & prælo excufum : Pa=*‖*rifiis, in officina Simonis Colinæi, fub fole aureo, e re=*‖*gione collegij Bellouacenfis. Anno domini millefimo,* ‖ *quingentefimo, vicefimofexto : vicefima die Martij.* ‖ (1527, n. s.)

Le verso du dernier feuillet est blanc.

Le traité de Gerson avait été déjà fréquemment imprimé en latin et en français. Le nombre des éditions françaises de l'Opus tripartitum : Livre de trois parties, ou Instruction des curés pour instruire le simple peuple, s'explique, comme le remarque M. Émile Picot *(Cat. de la bibl. de feu M. le baron James de Rothschild, nº 46)*, par les hautes recommandations des évêques qui en ordonnaient l'acquisition au clergé de leurs diocèses et aux fidèles. L'évêque de Paris, en 1506, l'évêque du Mans, l'évêque de Chartres, en 1526, ont rendu des mandements en ce sens; d'autres sans doute auront fait de même, car on cite des éditions de Chambéry *(vers 1484, in-4º goth.)*, de Lyon *(Pierre Maréchal, 1490, et Olivier Arnoullet, 1525, in-4º goth.)*, de La Réole *(J. Maurus, 1500, in-4º goth.)* et de Poitiers, *(Eng. de Marnef, vers 1516, in-4º goth.)*. A Paris, l'Opus tripartitum avait été imprimé par Nicolas Hygman pour *Simon Vostre*, sans date, et pour *Nicolas de la Barre*, 1521. Le livret de Jésus a été réimprimé avec l'Opus tripartitum par *Yolande Bonhomme* en 1538, ce titre a été souvent donné à des recueils de prières dont la composition n'est sans doute pas toujours identique.

PARIS : *Bibl. Nat.*

(Louis GUILLARD.) ❧ Constitvtiones ‖ Synodales Diocesis Carnoten=‖tenfis [sic] : per Reuerendum in Chrifto patrem & ‖ dominum, dominū Ludouicum, Epifco=‖pum Carnotēfem, ordinatæ : promul=‖gatæq3 Carnoti, anno domini vi=‖cefimo sexto supra millefimū ‖ & quingentefimum, feria ‖ quarta poſt feſtum ‖ ſancti Lucę, in ſua ‖ ſynodo gene=‖rali. ‖

In-4º de xliij ff. chiffr. et 1 f. bl., sign. a-e par 8, f par 4; car. rom. pour le texte, car. goth. pour les titres courants et les sous-titres; init. sur bois à fonds criblés.

Le verso du titre est blanc, les 2 feuillets suivants contiennent : *In Slatvta Seqventia* ‖ *Præfatio.* ‖; — ❧ *Titulorum in hoc libro* ‖ *contentorum : index.* ‖; le reste du volume renferme le corps de l'ouvrage à la suite duquel est placée la souscription :

❧ *Statutorum synodaliũ diocefis Car=‖notenſis, finis. Pariſiis, in officina Si=‖monis Colinæi, ſub ſole aureo, e re=‖gione collegij Beluacẽſis : anno domi=‖ni milleſimo, quingẽteſimo, viceſimo* ‖ *ſexto, quarta Octobris.* ‖

Réimprimé en 1530. Simon de Colines, son prédécesseur Henri Estienne et ses successeurs, les Chaudière, ont imprimé un certain nombre de volumes à l'usage du diocèse de Chartres, ils l'ont dû sans doute à la protection de Clichtove qui avait été le précepteur de Louis Guillard, alors que, encore enfant, celui-ci était déjà désigné comme évêque de Chartres, et c'est probablement Clichtove lui-même qui a soigné ces éditions; nous avons déjà vu que, grâce à la protection de Jacques Lefèvre, Simon de Colines imprimait aussi pour l'évêque de Meaux.

PARIS : *Bibl. Nat.; Bibl. Mazarine.* — VERSAILLES.

❧ Hermo-‖genis Rheto=‖ris, ad artem oratoriã ‖ pręexercitamenta, du=‖ctu & inuerſione Pri=‖ſciani, inter literaturæ ‖ candidatos principis. ‖ *Parisiis* ‖ In officina *Simonis Colinæi* ‖ 1526 ‖.

In-8º de 15 ff. chiffr. et 1 f. bl., sign. a-b par 8; car. rom.; init. sur bois à fonds criblés; le titre est placé dans l'encadrement *aux Lapins* (page 48).

Le verso du titre est blanc, les feuillets 2 et 3 contiennent la préface : *Hilarivs Cortæsivs Nev‖ſter, Oliuario Aquario, homine palladio* ‖ *maxime, & Placidæ ſedis, apud Athenas* ‖ *Pariſias, Gymnaſiarchæ ſolertiſſimo, S.* ‖ (le 4 des calendes d'octobre). Les Præexercitamenta occupent les feuillets 4 à 14 recto, le verso de ce dernier feuillet et le recto du feuillet 15 contiennent les deux pièces suivantes : *Hilarivs Cortæsivs Nev=‖ſter, ad Franciſcum Grolierium Lugdunẽ=‖ſem è generoſa, nec minus magnifica Gro‖liæriorum familia.* ‖ (17 distiques latins); — *Eivsdem, Ad Svos, Apvd Se=‖dem Placidam Claſſicos Aduleſcentes.* ‖ (5 distiques latins).

Réimprimé en 1535.

BORDEAUX. — TROYES.

Ioannis ‖ Lagreni Labi=‖nenſis rudimenta grã=‖ma-tices, omnia quę in=‖ſtituendis pueris vſui ‖ eſſe poſſunt, multo a=‖pertius & clarius atq̧ ‖ alij libelli, vulgo Do=‖ minvs Qvæ ‖ Pars inſcripti, com=‖plectentia. ‖ *Parisiis.* ‖ Ex officina *Simonis Colinæi.* ‖ 1526 ‖.

In-8º de 12 ff. non chiffr., sign. a par 8, b par 4; car. rom.; init. sur bois à fonds criblés; le titre est placé dans l'encadrement *aux Lapins* (page 48).

Les rudiments de Lagrenus sont divisés en chapitres : *de Nomine; de Verbo; de Adverbio; de Participio; de Conjunctione; de Præpositione; de Interjectione; Conjugatio Verborum; Modus examinandi; de Apposito et Supposito; de Relativo et Antecedente; de Demonstrato et Demonstrativo;* la table se trouve au verso du titre et la souscription au recto du dernier feuillet qui est blanc au verso :

Parisiis, In Officina ‖ *Simonis Colinæi, Anno* ‖ *M.D.XXVI. Menſe* ‖ *Nouembri.* ‖

Réimprimé en 1531 et 1539.

Paris : *Bibl. Nat.; Bibl. Maʒarine.*

Arithmeti‖ca Ioannis Martini ‖ Silicei, theoricen praxin'que ‖ luculenter complexa, innume=‖ris mendarum offucijs à Tho=‖ma Rhæto, haud ita pridem, ‖ accuratiſſime vindicata. quod ‖ te collatio huius æditionis cum ‖ priore palàm doctura eſt. ‖ ❦ ‖ *Parisiis* ‖ Apud *Simonem Colinæum* ‖ 1526 ‖.

In-folio de 63 ff. chiffr. et 1 f. bl., sign. A-B par 8, C-K par 6; car. rom.; init. sur bois à fonds criblés; annotat. margin.; tableaux de chiffres et figures géométriques. Le titre est placé dans un grand encadrement à fond criblé, gravé sur bois, avec huit personnages allégoriques à mi-corps : l'Astronomie, Ptolémée, la Musique, Orphée, la Géométrie, Euclide, l'Arithmétique, Al Korismi; il est orné des armes de France et de celles du dauphin, on en trouvera la reproduction à la page suivante; Simon de Colines l'a employé pour ses ouvrages scientifiques avec deux autres cadres qu'il a fait exécuter plus tard et que nous reproduisons plus loin.

Le verso du titre est blanc, le feuillet 2 recto contient la préface : *Stvdioso Lectori Salvtem, Thomas Æglol=‖phides Rhætus.* ‖ (Paris, ides d'août 1526); le corps de l'ouvrage est divisé en 2 parties, l'*Arithmetica theorica* (ff. 2 verso à 24) divisée en 3 livres, et l'*Arithmetica practica* (ff. 25 à 63 recto) divisée en 5 livres, chacune de ces parties est précédée

ARITHMETICA IOANNIS MARTINI

Silicei, theoricen praxin'que luculenter complexa, innumeris mendarum offucijs à Thoma Rhæto, haud ita pridem, accuratissime vindicata. quod te collatio huius æditionis cum priore palàm doctura est.

PARISIIS
Apud Simonem Colinæum
1 5 2 6

d'une dédicace de l'auteur... *nobiliſſimo domino Alphonſo Manrrique, Pacēſi epiſcopo digniſſimo*. Au bas du feuillet 63 recto est placé l'errata précédé de la souscription :

Ex Officina Simonis Colinæi Svb Sole Avreo, ‖ vici ſancti Ioannis Bellouacenſis, menſe Septembri M. D. XXVI. ‖

Le verso de ce feuillet contient : *Arithmetices Ad Svi Stvdiosos ‖ Parænesis. ‖*, pièce de 19 distiques latins, *autore Iacobo Rogerio Neruio*.

Dans la dédicace Rhætus qualifie Simon de Colines : *literarum puriorum vindex assertorque vivacissimus*.

PARIS : *Bibl. Nat.; Bibl. Mazarine*. — AMIENS. — ANGERS. — DIJON. — DOUAI. — LIMOGES. — RENNES. — ROUEN. — TOURS. — TROYES.

❧ Francisci ‖ Sarzosi Cel-‖lani Aragonei, In ‖ æquatorem planetarum, li=‖bri duo. ‖ Prior, fabricam æquatoris cō=‖plectitur. Poſterior, vſum ‖ atqʒ vtilitatem, hoc eſt veros ‖ motus, ac paſſiones in zodia‖ci decurſu cōtingentes, æqua‖toris miniſterio inueſtigare ‖ docet. ‖ *Parisiis* ‖ Apud *Simonem Colinæū* ‖ 1526 ‖.

In-folio de 41 ff. chiffr. et 1 f. non chiffr., sign. a-g par 6; car. rom.; annotations marginales; initiales sur bois à fonds criblés, grandes figures dans le texte se dépliant, figures et tableaux de chiffres dans les marges.

Le verso du titre est blanc, le feuillet 2 contient la préface : *Ad Magnificentissimvm Dominvm Ioannem ‖ à Nuça, Aragoniæ proregem, Franciſci Sarzoſi Cellani in æqua=‖torem planetarum, Præfatio. ‖* (sans date). Le corps du volume occupe les feuillets 3 à 31, la première partie (ff. 3 à 20) contient toutes les figures, les dix feuillets suivants (32 à 41) renferment de grands tableaux de chiffres. Le dernier feuillet, qui est blanc au verso, contient au recto la souscription suivante, placée entre deux errata :

Pressit Simon Colinævs In Ædibvs ‖ ſuis ſole aureo inſignitis, vici ſancti Ioannis Bellouacen=‖ſis XII Calendas Decembres M. D. XXVI.‖

PARIS : *Bibl. Éc. des Ponts et Chaussées*. — ANGERS. — AUXERRE. — CLERMONT-FERRAND. — DOUAI. — LE MANS. — LOUVIERS. — MONTPELLIER : *Bibl. Fac. de Médecine*. — RENNES. — TOURS. — GENÈVE. — LONDRES : *Brit. Mus.*

Richardus de S. Victore. De potestate ligandi atque solvendi. *Parisiis*, apud *Simonem Colinæum*, M D XXVI.

In-16, achevé d'imprimer le *10 des calendes de décembre*.

Cité par Panzer, d'après Maittaire, II, p. 207; réimprimé par Colines en 1534.

Virgilivs ‖ *Parisiis* ‖ Apud *Simonem Colinæū* ‖ 1526 ‖.

In-8º de 316 ff. chiffr., sign. a-z, A-Q par 8, R par 4; car. rom.; init. sur bois à fonds criblés; le titre est placé dans l'encadrement *aux Lapins* (page 48).

Au verso du titre se trouve la dédicace d'Alde à Pierre Bembo : *Aldvs P. M. Petrvm B. Compatrem A Se=‖cretis Leonis X. Pont. Max.* ‖ *Salvere Ivbet.* ‖; les Bucoliques occupent les feuillets 2 à 17, les Géorgiques, les feuillets 18 à 58 et l'Enéide, les feuillets 59 à 243, le verso de ce dernier feuillet est blanc; le reste du volume contient : ❦ *Maphæi Vegii* ‖ *Lavdensis Liber.* ‖; les opuscules, *Copa, Rosæ, Culex, Diræ ad Battarum, Moretum, Ciris ad Masselam.* ‖ et les pièces suivantes : *Incerti Avthoris* ‖ *Ætna.* ‖; — *In Mecænatis Obitvm.* ‖; — *Incerti Avthoris* ‖ *Imago In Vnda.* ‖; — *Diversa* ‖ *Annis Glacie Con=‖cretvs.* ‖; — *Epigrammata.* ‖; — *Argvmenta In Bvcolica, Geor=‖gica, Et Æneida Virgilii.* ‖; — *Diversorvm Qvorvndam* ‖ *In Virgilivm Epita=‖phia.* ‖; au bas du dernier feuillet, dont le verso est blanc, est placée la souscription :

Svis Typis Excvdebat Simon ‖ *Colinævs Anno M. D. XXVI.* ‖ *Octavo Calen. Maii.* ‖

La préface d'Alde à Pierre Bembo qui se trouve au verso du titre a paru pour la première fois dans l'édition aldine de 1514; c'est sans doute le texte de cette édition qui aura été suivi. Colines a réimprimé les œuvres de Virgile en 1531, 1538 et 1542, il a en outre donné une édition interlignée qui ne porte pas de date.

Rouen. — Londres : *Brit. Mus.*

M D XXVII

21 AVRIL 1527 — 11 AVRIL 1528 N. S.

Pauli Æginetæ ‖ Præcepta Salvbria Gviliel=‖mo Cŏpo Baſileienſi interprete. ‖ *Parisiis* ‖ Apud *Simonem Coli-næum* ‖ 1527 ‖.

In-4º de 46 ff. non chiffr., sign. A par 4, B-E par 8, F par 4, G par 6; car. rom.; init. sur bois à fonds criblés; sur le titre est placée la marque du *Temps* nº 2 (page 108).

Le verso du titre est blanc, les 4 feuillets suivants contiennent : *Svmma Capitvm.* ‖, et *Ad Reverendvm In Christo Pa=*‖*trem, dominum Germanum de Ganay Caduri=*‖*cenſem epiſcopum, Guilielmi Copi Baſi-leienſis in* ‖ *Pauli Æginetæ ſalubria præcepta præfatio,* ‖ (Paris, 14 des calendes d'avril 1510); les préceptes de Paul d'Egine sont terminés au recto du dernier feuillet, dont le verso est blanc, par la souscription :

☽ *Pariſiis ex officina libraria Simonis Colinæi* ‖ *Anno Christi Sal-uatoris M.D.*‖*XXVII. Menſe Iulio.* ‖

Henri Estienne en avait donné une édition en 1510.

NIMES. — PAU. — WASHINGTON : *Bibl. médic. de l'armée et de la marine.*

Contenta ‖ Decem librorum Moraliũ A=‖riſtotelis, tres conuerſiones : Pri=‖ma Argyropili Byzantij, ſecunda ‖ Leonardi Aretini, tertia vero An‖tiqua, per capita & numeros con=‖ciliatæ : cōmuni, familiariq; com=‖men-tario ad Argyropilũ adiecto. ‖ I. Fab. introductio in Ethicen. ‖ Magna moralia Ariſto. Geor=‖gio Valla in-terprete. ‖ Leonardi Aretini dialogus de ‖ moribus. ‖ Index in Ethicen. Item in Ma=‖gna moralia. ‖ *Pariſiis* ‖ Ex officina *Simonis Colinæi.* ‖ 1527 ‖.

In-folio de 140 et 83 ff. chiffr., plus un f. bl., sign. a-q par 8, r par 6, s par 4, A-K par 8, L par 6; car. rom.; annotat. margin.; init. sur bois à fonds criblés; le titre est placé dans l'encadrement réservé aux ouvrages de philosophie (page 31). Souscription :

    ❡ *Omnia vno volumine comprehenfa & accuratiffime recognita : quo ad* || *beate viuendũ nullum defit ftudiofis præfidium, nullum enim vtilius*|| *ftudium exiftimauit Socrates, & vniuerfa vere philofophan=*||*tium fchola : eo in quo ad probitatem incitamur, & ad* || *virtutum accendimur amorem. Et abfoluta* || *funt impenfis, fumptibus & diligentia* || *Simonis Colinæi : in almo Pa=*||*rifienfium ftudio. Anno* || *ab incarnatione* || *domini vir=*||*tutum.* || *1528. die 3 Menfis Iulij.* ||

    C'est l'édition de 1526 dont la date est changée sur le titre.

Paris : *Bibl. Mazarine.* — Troyes.

(Bible In-Seize.) ❦ Pentatev=||chvs Moysi, || Genesis || Exodus || Leuiticus || Numeri || Deuteronomium. || ❦ Josve || Liber Iudicum || Ruth. || *Parisiis* || In officina *Simonis Colinæi.* || 1527 ||.

    In-16 de 9 ff. non chiffr. et 439 ff. chiffr., le dernier coté 493 par erreur, sign. a-z, &, A-V, aaa-mmm par 8; car. rom. Les feuillets non chiffrés contiennent l'épître de saint Jérôme; au dernier feuillet est la date à laquelle l'impression a été achevée : *III Nonas Augusti.*
    Copie de l'édition de 1525 réimprimée en 1530, 1532 et 1539.

Londres : *Brit. Mus.*

(Bible In-Seize.) Libri Salomonis || Prouerbia, || Ecclefiaftes, || Canticum Canticorum. || ❡ Liber Sapientiæ. || ❡ Ecclefiafticus. || *Parisiis* || Ex officina *Simonis Colinæi.* || 1527 ||.

    In-16 de 159 ff. chiffr. et 1 f. bl., sign. a-v par 8; car. rom. La préface de saint Jérôme occupe le verso du titre et le feuillet 2; les différentes parties commencent aux feuillets 3, 39 verso, 54 verso, 60 verso et 87.
    Copie des éditions de 1524 et 1526; réimprimé en 1535, 1539 et 1542.

Londres : *Brit. Mus.*

(Jean Colet, Guillaume Lily et Erasme.) ❦ De Octo || Orationis Par=||tium conftructione libel=||lus, tum elegans in pri-||mis, tum dilucida breui=||tate copiofiffimus. || Cum ad ea quæ in hoc li=||bello continentur

perbre=‖ui acceſſione. ‖ *Parisiis* ‖ Apud *Simonē Coli-*
næum ‖ 1527 ‖.

In-8º de 28 ff. chiffr., sign. a-c par 8, d par 4; car. rom.; init. sur
bois à fonds criblés. Le titre, dont le verso est blanc, est placé dans
l'encadrement *aux Lapins* (page 48).

Les feuillets chiffrés 2 et 3 contiennent deux préfaces : *Ioannes Co-*
letvs Decanvs San=‖cti Pauli, Gulielmo Lilio ad Diuum Paulum ‖ *ludi*
moderatori primario Sal. D. ‖ (1521) et *Erasmvs Roterodamvs Candi-‖*
dis Lectoribrs [sic] *Sal. D.* ‖ (Bâle, le 3 des calendes d'août 1515). Le
corps de l'ouvrage, rédigé par Jean Colet sur un premier travail de
Guillaume Lily occupe les feuillets 4 à 24, il traite de la construction
grammaticale du verbe, du participe, du nom, du pronom, de l'adverbe,
de la conjonction, de la préposition et de l'interjection, à la suite (ff. 24
à 28) sont placées les augmentations qu'y a apportées Erasme : *Ac-*
cessio Ad ‖ *Ea Qvæ Continentvr* ‖ *in libello de Cōſtruɑione oɑo par-*
tium ‖ *orationis.* ‖ et la souscription :

Parisiis ‖ *In ædibus Simonis Colinæi* ‖ *Anno* ‖ *M. D. XXVII.* ‖

La première édition, imprimée à Londres par Richard Pynson en
1513, in-4º, ne portait, comme celle-ci, aucun nom d'auteur, et l'on crut
généralement que ce petit traité était l'œuvre d'Erasme, cela donna à
Colet l'idée de prier Erasme de revoir son travail et la première édition
de cette collaboration fut donnée à Bâle en 1515; il y a eu de très
nombreuses réimpressions au xvıᵉ siècle, Colines en a donné sept en
1523, 1526, 1527, 1532, 1535, 1542 et 1544.

PARIS: *Bibl. Arsenal.* — BORDEAUX. — CHARTRES. — TOURS.

Enchiridi-‖on Locorvm Commv‖nium aduerſus Lutheranos, Io=‖anne Eckio authore. In quo de=‖termi-
natur primo De eccleſia ‖ &c. ſecundo De concilijs &c. ‖
tertio De Primatu &c. ‖ Epheſ. 6. ‖ In omnibus ſumentes
ſcutum fidei, ‖ in quo poſſitis omnia tela nequiſ=‖ſimi
ignea extinguere. ‖ *Parisiis* ‖ Apud *Simonem Colinæum.* ‖
M. D. XXVII. ‖

In-16 de 88 ff. chiffr., sign. a-l par 8; car. rom.; init. sur bois à
fonds criblés.

La table des chapitres est placée au verso du titre, les feuillets 2 à
4 contiennent les deux préfaces de Jean Romberch à Jean Brambach
et de Jean Eck à Henri VIII qui se trouvaient déjà dans l'édition de 1526;
le corps du volume occupe les feuillets 5 à 87, le feuillet 88 porte au
recto l'avertissement au lecteur et au verso la sonscription :

Excvdebat Svis Typis ‖ *Simon Colineus in officina ſua,* ‖ *ſub ſole*

aureo, vici fancti ‖ *Ioannis Bellouacen=*‖*fis, ad decimum=*‖*tertiũ Calen=*‖ *das Maij.* ‖ *1527* ‖.
Copie de l'édition de 1526.

Paris : *Bibl. Ste-Geneviève*.

D. Eras-‖mi Roterodami ‖ opus de cõfcribẽdis epi=‖ ftolis, quod quidam & ‖ mẽdofum, & mutilum ‖ ædiderant, recognitum ‖ ab authore, & locuple=‖tatum. ‖ *Parisiis* ‖ Apud *Simonẽ Colinæũ.* ‖ 1527 ‖.

In-8º de 182 ff. chiffr. et 2 ff. bl., sign. a-z par 8; car. rom.; annotat. margin.; init. sur bois à fonds criblés; le titre est placé dans l'encadrement *aux Lapins* (page 48).

Le verso du titre et le feuillet 2 contiennent la préface : *Erasmvs Roterodamvs Nico=*‖*lao Beraldo S. P.* ‖ (Bâle, le 8 des calendes de juin 1522); à la fin du volume est placée la souscription :

Parisiis In Ædibvs Simo=‖*nis Colinæi, menfe Aprili, Anno* ‖ *à Christo nato mil*‖*lefimo quin=*‖*gen=*‖*tefimo fupra* ‖ *feptimum & vicefimum.* ‖

Simon de Colines qui avait déjà imprimé ce petit traité en 1523 l'a réimprimé en 1530, 1533, 1536 et 1539.

Angers. — Bordeaux. — Reims.

Familiarium Colloquiorum Des. Erasmi Rot. Opus, ab authore diligenter recognitum, emendatum, et locupletatum : adiectis aliquot novis. *Lutetiæ*, apud *Simonem Colinæum*, 1527.

In-16. Souscription datée des *ides de février 1526* (1527, n. s.).

Cité par Panzer d'après Maittaire, II, 679. Brunet (II, 1041) indique la date de la souscription, nous en copions le titre dans le *Catalogue de la Bibliothèque d'un amateur* (III, p. 321), A.-A. Renouard le fait suivre de cette note :

« Au rapport d'Erasme cette édition fut imprimée à vingt-quatre
« mille exemplaires, et néanmoins elle est maintenant si rare, que,
« quoique je l'aye beaucoup cherchée, je n'ai jamais pu réussir à en
« voir au delà de deux exemplaires : celui-ci, qui n'a que la moitié du
« frontispice, et un autre qui n'en avoit point du tout, et qui est main-
« tenant en Angleterre. C'est un in-12 long et étroit, bien imprimé, en
« belles lettres rondes. Il n'est pas à la Bibliothèque du Roi. »

Les Colloques avaient déjà été imprimés plusieurs fois lorsqu'en 1524 Erasme en donna chez Froben une édition refondue, sur laquelle celle-ci a du être copiée. La disparition d'un si grand nombre d'exemplaires tient sans doute aux persécutions auxquelles les Colloques ont été en but de la part de la faculté de Théologie qui en interdit la lecture pour cause d'hérésie, par un arrêt du 26 mai 1526, et les dénonça au Parlement et à l'Université. Il y a un nombre considérable de réimpressions.

On trouvera dans la description des éditions sans date celle d'un exemplaire qui ne porte ni nom ni date mais qui sort évidemment des presses de Simon de Colines et qui appartient sans doute à notre édition; peut-être même le nom et la date n'ont-ils été donnés par les bibliographes que d'après les indications fournies par Erasme dans une de ses lettres; l'absence de nom s'expliquerait facilement par le récent arrêt de la faculté de Théologie.

Iacobi Fabri Stapvlensis Intro=‖ductio in Ethicen Aristotelis : ad studiosum virū Ger=‖manum de Ganay, decanum Bellouacensem, & consi=‖liarium regium ‖.

In-8º de 20 ff. chiffr., sign. a-b par 8, c par 4; car. rom.; init. sur bois à fonds criblés.

Cette petite plaquette ne possède pas de titre, elle débute par le titre de départ ci-dessus qui est celui de la dédicace de Jacques Lefèvre d'Etaples à Germain de Ganay occupant le recto du premier feuillet qui est chiffré 1 et signé a.j.; le reste du volume contient l'*Introductio in Ethicen* terminée par la souscription :

☙ *Præsens Artificialis Introductio In* ‖ *decem libros morales Aristo=*‖ *telis : feliciter suum* ‖ *finem assecu=*‖*ta est.* ‖ *In alma Parisiorum academia* ‖ *1527* ‖.

A la suite est placée la pièce de vers de Baptiste Mantuan : *Virtutis Querimonia*.

Le nom de Simon de Colines ne figure nulle part, mais ce sont ses caractères et ses initiales ornées, la composition est en tout semblable à celle des deux volumes de scholies de Jean Arboreus imprimés en 1528, à la suite desquels nous avons trouvé cette petite plaquette reliée dans un exemplaire de la bibliothèque Nationale; elle n'est peut-être qu'un fragment d'une édition in-8º des Morales d'Aristote qui aurait accompagné l'édition in-folio de 1526-1528. Simon de Colines a réimprimé isolément l'introduction de Jacques Lefèvre d'Etaples aux livres des éthiques d'Aristote en 1528, 1532, 1537 et 1547, éditions dans lesquelles elle est accompagnée des commentaires de Josse Clichtove.

Paris : *Bibl. Nat.*

❧ Ioannis Fer-‖nelii Ambianatis Cosmo‖theoria, libros duos complexa. ‖ Prior, mūdi totius & formam & com‖positionem : eius subinde partium ‖ (quæ elementa & cælestia sunt cor=‖pora) situs & magnitudines : orbiū ‖

tandem motus quofuis folerter re=‖ferat. ‖ Pofterior,
ex motibus, fiderū loca & ‖ paffiones difquirit : interfperfis do=‖cumentis haud pœnitendū additum ‖ ad
aftronomicas tabulas fuppeditā‖tibus. Hæcq; feiunctim
tandem ex=‖peditè præbet Planethodium. ‖ Cuiq; capiti,
perbreuia, demon=‖ftrationum loco, adiecta funt ‖ fcholia. ‖ *Parisiis* ‖ In ædibus *Simonis Colinæi.* ‖ 1527 ‖.

In-folio de 6 ff. non chiffr., et 46 ff. chiffr., sign. A-H par 6, I par 4 (le f. I.iiij. signé par erreur I.ij.); car. rom.; init. sur bois à fonds criblés; annotations marginales; figures astronomiques. Le titre est placé dans l'encadrement réservé aux ouvrages scientifiques que nous reproduisons à la page 90.

Les feuillets liminaires contiennent, outre le titre, dont le verso est blanc, la table des chapitres, une pièce de 7 distiques latins : *Honorati de Boyffi Exhor=‖tatorium carmen.* ‖ ; — *Abecedarivs Index Eorvm Qvæ Passim Svp=‖peditat Cosmotheoria...* et la dédicace : ❧ *Præpotenti Ac Serenissimo* ‖ *Lvsitanæ Regi Ioanni Tertio, Ioannes* ‖ *Fernelivs Ambianas, Salvtem.* ‖ (Paris, nones de février 1528 [*sic*]). Le corps de l'ouvrage occupe les feuillets chiffrés et se termine au feuillet 46 recto par la souscription :

Excvdebat Simon Colinævs Parisiis An=‖no Christi, cælorum & fiderum conditoris ‖ *M.D. XXVII. ad Calendas* ‖ *Februarij.* ‖ (1528, n. s.)

A la suite est placé l'errata, le verso du dernier feuillet contient encore une pièce de 13 distiques latins : *Vraniæ Qvæstvs, Per Dyonisivm* ‖ *Armenault Senonenfem.* ‖

Il y a des exemplaires de cette même édition qui portent, sur le titre, la date de 1528 ; Simon de Colines avait imprimé l'année précédente un ouvrage de cosmographie de Fernel *Monalosphærion...*, il donna l'année suivante son traité *De proportionibus* et, en 1542, le *De Naturali parte Medicinæ.*

CLERMONT-FERRAND. — MONTPELLIER : Bibl. Fac. de Médecine. — LONDRES : Brit. Mus.

Horæ In Lavdem ‖ Beatiss. Virg. ‖ Mariæ Ad Vsvm ‖ Romanvm ‖ Venales extant *Parrhisijs* ad infigne ‖ vafis effracti. ‖ Menti Bonæ Devs ‖ Occvrrit. ‖

In-8º de 184 ff. non chiffr., sign. A-Z par 8; car. rom.; initiales, figures et encadrements sur bois; impression en rouge et noir; sur le titre et au verso du dernier feuillet est placée la marque du *Pot Cassé* de Geofroy Tory, dans deux dimensions différentes.

Le privilège occupe le verso du titre et les 2 feuillets suivants, Aug.

Bernard (*Geofroy Tory, peintre et graveur*, pp. 158 et ss.) le reproduit en partie, il est accordé à Tory et daté du 12 septembre 1526; les feuillets Aiiij à Cij contiennent l'*Almanach pro annis vigintisex*... et la table de Pâques, les Heures occupent le reste du volume et débutent par : ℭ *Initium sancti euangelij se-‖cundum Ioannem. Goria ti=‖bi domine.* ‖ elles se terminent par la souscription suivante qui occupe le verso du dernier feuillet :

ℭ *Huiusmodi Horæ, nuper absoluebantur à ‖ prælo Colinæo, die vicesimaprima Octobris ‖ Anno domini 1527, pro magistro Goto=‖fredo Torino Biturigico Bibliopola, ad insi=‖gne vasis effracti, Parrhisijs commorāte, vbi ‖ venales beniuolis ōnibus amicabiliter extāt.* ‖

Toutes les pages sont placées dans des encadrements, au nombre de 32, qui se répètent toutes les 2 feuilles et qui sont beaucoup plus fins que ceux des Heures de 1524-1525, il y a en outre 16 compositions au trait; Geofroy Tory a fait exécuter la même année une édition in-4° de ses Heures chez Simon du Bois avec des encadrements dans un genre tout à fait différent, l'exécution typographique est très inférieure à celle de l'édition de Colines.

PARIS : *Bibl. Nat.* (peau de vélin); *Bibl. Arsenal* (peau de vélin, incomplet du titre et du dernier feuillet). — CHANTILLY : *Bibl. du Musée Condé.*

⁂ Fratris ‖ Baptistæ Man‖tuani Elegia de morte ‖ contemnenda, mille a=‖liâs emendata erratis : ‖ nūc autē trecentis, con‖tinuo, ac vigili labore ‖ Andreæ Tornati Tre‖censis, familiarem huic ‖ promittentis explana=‖tionem. ‖ *Parrhisiis* ‖ Apud *Simonē Colinæum* ‖ 1527 ‖.

In-8° de 8 ff. chiffr., sign. a; car. rom.; init. sur bois à fonds criblés ; le titre est placé dans l'encadrement *aux Lapins* (page 48).

Le verso du titre est blanc, le feuillet 2 contient la dédicace : *Viro Veneranda In Primis Se=‖neaute, fidissimo Regię maiestatis Secretario,‖ Domino Ioanni de Vignolles, Andreas Torna=‖tus Trecensis Salutem.* ‖ (sans date), et *Ad Evndem Commendati=‖tium epigramma, iuxta æditionem lite‖rarum sui cognominis.* ‖, pièce de 4 distiques latins dont les premières lettres de chaque vers forment *Vignoles* en acrostiches; le feuillet 3 contient : *Cenomani Collegii Procvra=‖torem vigilantissimū, magistrum Renatum ‖ à Campis, Nicolaus à Planca qua potest im‖pertit salute.* ‖ (sans date); — *Svo In Vtraqve Grammatice ‖ præceptori (vt par est) abundāti, Iuliani Pel‖litarij Cenomani epigramma.* ‖ (4 distiques latins); — *De Andrea Tornato Bonarvm ‖ litterarum præceptore, Renati Aruncij Ceno=‖mani censura epigrammatica.* ‖ (4 distiques latins signés de la devise de l'auteur : *Non amandum incognitum*); le poème de Baptiste Mantuan, qui se compose de 143 distiques latins, et qui avait paru pour la première fois à Leipsick, en 1504, occupe les 5 autres feuillets et se termine par la souscription suivante :

Excvdebat Svis Typis Si=‖mon Colinævs Hoc Cor=‖pvs, Ipsivs Ani-mam In ‖ Tempore Epe‖ctans. ‖

BESANÇON.

☞ Textvs De Sphæra Ioan-‖nis De Sacrobosco : Intro-dvctoria Additione ‖ (quantum neceffarium eft) commen-tarioqȝ, ad vtilitatem ftudentiū phi=‖lofophiæ Parifienfis Academiæ illuftratus. Cum cōpofitione Annuli ‖ aftro-nomici Boneti Latenfis : Et Geometria Euclidis Mega-renfis. ‖ *Parisiis.* ‖ Vænit apud *Simonem Colinæum.* ‖ 1527 ‖.

In-folio de 35 ff. chiffr. et 1 f. bl., sign. a-b par 8, c-d par 6, e par 8; car. rom.; fig. sur bois; annotat. margin.; tableaux de chiffres; init. à fonds criblés; le titre est orné d'une grande figure sur bois.

Le traité *de Sphæra* occupe les feuillets 4 à 27, il est précédé d'une *Epistola nuncupatoria* de Jacques Lefèvre d'Étaples à Charles Borra, sans date, d'un *Index commentarij*, sur 2 colonnes et d'une *Introductoria additio*, le traité de Bonetus commence au feuillet 27 verso, et la tra-duction des quatre livres d'Euclide au feuillet 32 recto, au verso du feuillet 35 est placée la souscription :

☙ *Parisiis, Ex Ædibvs Simonis Coli-‖næi, Anno à Chrifto nato, vigefimofeptimo fupra ‖ fefquimillefimum. XII Calendas ‖ Septembres.* ‖

Seconde édition donnée par Simon de Colines : elle est copiée page pour page sur l'édition de 1521 avec seulement quelques différences typographiques et la modification de quelques petites figures sur bois; la grande figure du titre est nouvelle, celle de l'édition de 1521 que nous reproduisons plus haut (page 23) est placée au verso du feuillet 3 où elle remplace une autre figure qui se trouvait déjà dans les éditions de Henri Estienne.

Réimprimé par Simon de Colines en 1531, 1534 et 1538.

PARIS : *Bibl. Nat.; Bibl. Ste-Geneviève.* — BORDEAUX. — LA ROCHELLE. — RENNES. — LONDRES : *Brit. Mus.*

☞ C. Svetonii ‖ Tranqvilli Dvodecim Cæsa=‖res, Ex Erasmi Recognitione. ‖ *Parisiis* ‖ Apud *Simonem Coli-næum* ‖ 1527 ‖.

2 parties in-8º : PREMIÈRE PARTIE : 215 ff. chiffr., 16 ff. non chiffr. et 1 f. bl., sign. a-z, &, A-E par 8; car. rom.; init. sur bois à fonds

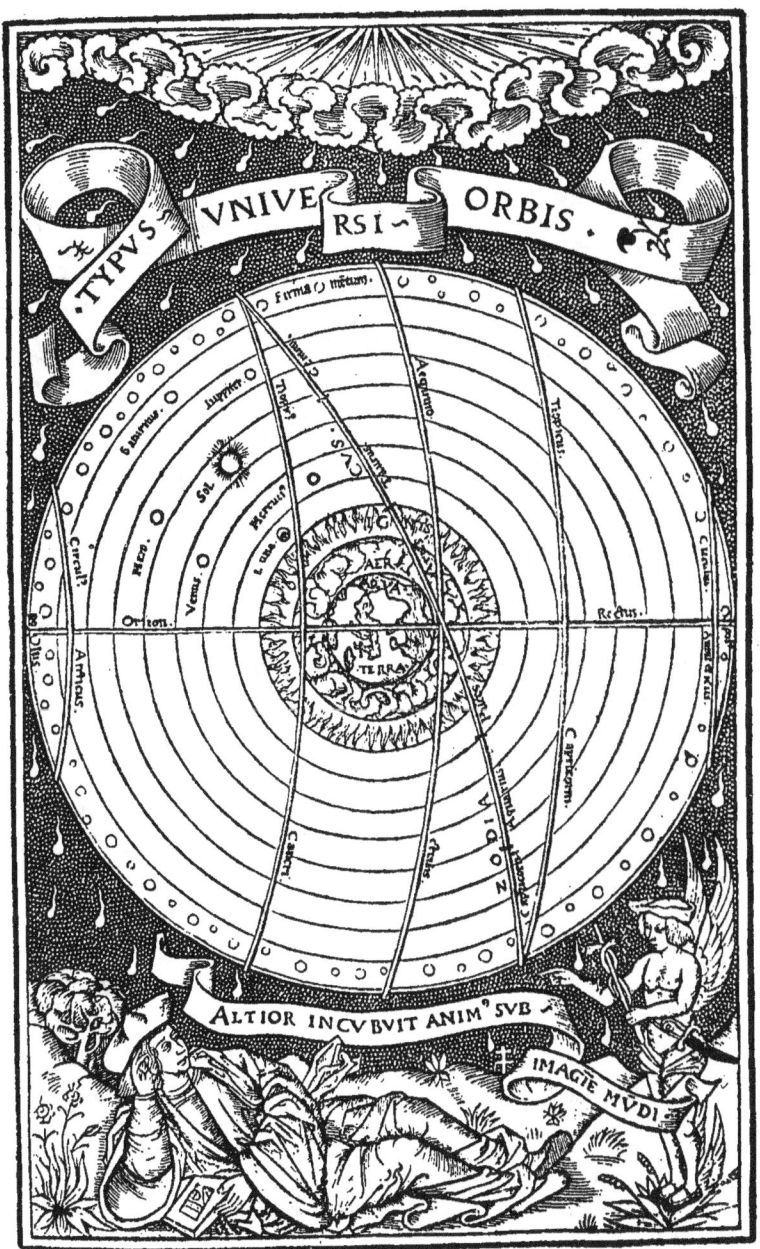

Fac-similé réduit de la figure du titre du *Textus de Sphæra*.

criblés; annotations marginales; sur le titre est placée la marque *aux Lapins* (page 15).

Les 8 premiers feuillets contiennent le titre ci-dessus et la dédicace d'Erasme datée d'Anvers, nones de juin 1517 : *Illvstrissimis Saxoniæ ‖ Dvcibvs, Federico Sacri Impe‖rii Electori &c. Eivsqve Pa‖trveli Georgio, Erasmvs Ro=‖terodamvs S. D. ‖* et la vie de Suétone; les feuillets 8 a 215 contiennent les vies des douze Césars; les feuillets non chiffrés de la fin renferment : ❦ *Annotata ‖ In C. Svetonivm Tran-‖qvillvm, Per Des. Erasmvm ‖ Roterodamvm. ‖* sur deux colonnes; — ❦ *Græci Ver-‖svs Ac Dictiones In ‖ Latinvm Per Io. Bap. ‖ Egnatiū Venetū tralatæ, vt ‖ iunioribus consulatur. ‖* et la souscription :

Emissvm Est Hoc C. Svetonii ‖ Tranqvilli, viri vel omnium calculis inter ‖ historiographos primates habendi, ‖ et memoria haudquaquam pœ=‖nitendæ duodecim Cæsa=‖rum monimētum, ‖ ex officina ‖ Simo=‖nis ‖ Colinæi ‖ Parrhisiensis ‖ typographi. An=‖no M. D. XXVII se=‖xto Calend. Augusti. ‖

Deuxième Partie :

❦ Ioannis Ba‖ptistæ Egnatii Vene=‖ti, In C. Svetonivm Tran=‖qvillvm Annotationes. ‖ Des. Eras. Rot. Loca Resti=‖tvta in Suetonio. ‖ Epitome Assis Budaici, Cv=‖ius ope, loca nonnulla Suetonij perperam ‖ exposita & satis abstrusa, intellectui ma=‖nifesta patebunt. ‖

24 ff. non chiffr., sign. a-c par 8; car. rom.; init. sur bois à fonds criblés.

Le verso du titre est blanc, le feuillet suivant contient un avertissement : *Egnativs Lectori. ‖*, les 3 parties occupent les autres feuillets et se terminent par : *Tetrastica De Cæsari=‖bus post Tranquillum. ‖*, le verso du dernier feuillet est blanc.

Simon de Colines a réimprimé les vies de Suétone avec les notes d'Erasme et la seconde partie d'Egnatius en 1535 et 1543.

Auxerre. — Laval. — Verdun. — Versailles. — Gottingue. — Londres : Brit. Mus.

❦ Valerivs ‖ Maximvs. ‖ Addito Indice Perbrevi, Cev ‖ Ad Omneis Historias Asy=‖lo Tvtissimo. ‖ *Parisiis ‖ Apud Simonem Colinæum. ‖* 1527 ‖.

In-8º de 235 ff. chiffr. et 9 ff. non chiffr., sign. a-z, &, A-E par 8, F par 4, G par 8; car. rom.; init. sur bois à fond criblé; sur le titre est placée la marque *aux Lapins* (page 15).

Le verso du titre et les feuillets 2 et 3 contiennent : *Compendiosa Vita Vale=‖rii Maximi. ‖* et *Valerii Maximi Libro=‖rvm Novem Capita. ‖*;

les 9 livres de Valère Maxime occupent les feuillets 4 à 233 et sont suivis, feuillets 234 et 235, de l'epitome du dixième livre retrouvé dans Titus Probus et que l'on ne rencontre pas dans les éditions aldines de 1502 et de 1514. Les 9 derniers feuillets contiennent un index sur 2 colonnes; il n'y a pas de souscription.

Réimprimé par Colines en 1531, 1533, 1535 et 1543. La première traduction française des histoires de Valère le Grand fut commencée par Simon de Hesdin, au xiv° siècle, terminée par Nicolas de Gonnesse et imprimée d'abord sans lieu, nom ni date, in-folio goth., puis à Lyon chez Mathieu Husz en 1485 et 1489, in-4° goth. et à Paris chez Ant. Vérard, en 1500, in-folio goth., il y eut deux autres traductions au xvi° siècle, celle de Guillaume Michel de Tours faite sur l'abrégé de Robert du Val (de Valle) : *Le Floralier... du grand Valere*, Paris, Antoine Couteau pour Pierre Le Brodeux, 1525, in-4° goth. et celle de Jean Le Blond, Paris, L'Angelier, 1548, in-folio.

ANGERS.

Valerii ‖ Probi Grammati‖ci de fcripturis anti=‖quis compen‖diofum o=‖opufcu‖lū [*sic*]. ‖ 🙶 ‖ *Parisiis* ‖ Apud *Simonem Colinæum*. ‖ 1527 ‖.

In-8° de 27 ff. non chiffr. et 1 f. bl., sign. a-c par 8, d par 4; car. rom.; init. sur bois à fond criblé.

Le verso du titre et le feuillet suivant contiennent un avis au lecteur et la *Præfatio Avthoris*. ‖; la souscription est placée au bas du verso du dernier feuillet :

Exaratvm Hoc Valerii Pro‖bi grammatici fatis (vt conftat) antiqui ‖ & fide non indigni quantulũquun-‖que opufculum, per Simonem ‖ Colinæum chalcogra‖phum. Anno a ‖ Chrifto ‖ nato ‖ M.D.XXVII. ‖ menfe Iunio. ‖

Réimprimé par Colines en 1534 et 1543. La première édition est de 1486. Geofroy Tory en a fait imprimer une chez Enguilbert, Jean et Geofroy de Marnef, vers 1510.

ANGERS. — DIJON.

Lavrentii Vallæ ‖ Elegantiarvm Libri Sex, Denvo Reco‖gniti, cum eiufdem de reciprocis pronominibus libello. ‖ *Parisiis* ‖ Ex officina cusoria *Simonis Colinæi*. ‖ 1527 ‖.

In-4° de 14 ff. non chiffr., 215 ff. chiffr. et 1 f. bl., sign. A par 8, B par 6, a-z, aa-dd par 8; car. rom.; init. sur bois à fonds criblés; annotations marginales. Sur le titre parait pour la première fois la marque du *Temps*, adoptée par Simon de Colines à partir de cette époque, elle

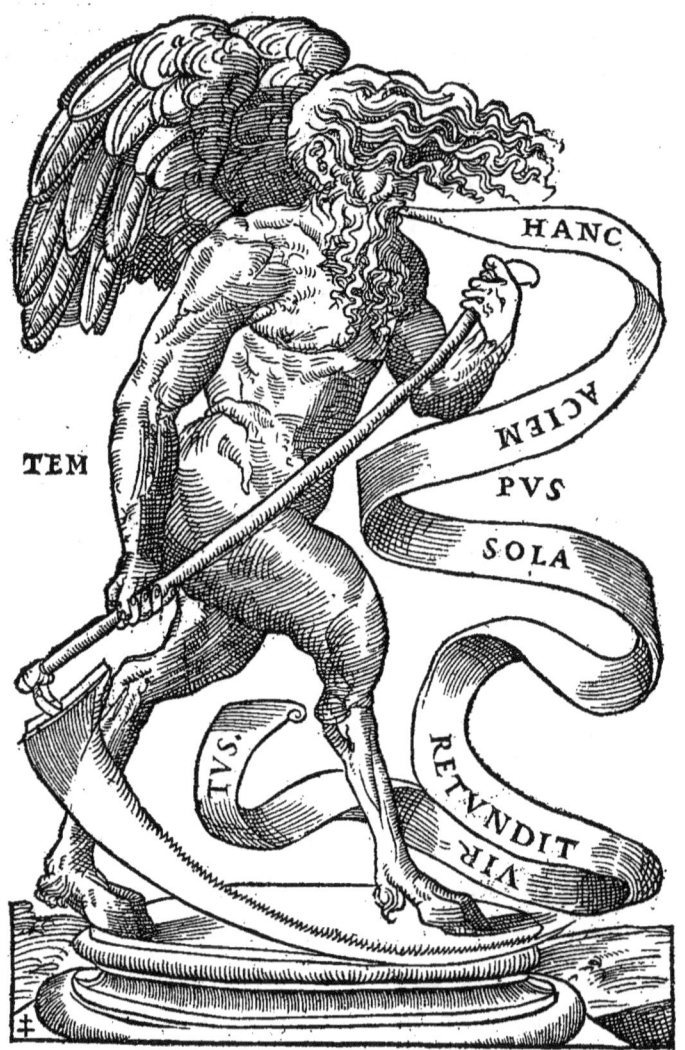

Marque du *Temps* nº 1

fut dessinée par Geofroy Tory et gravée dans cinq dimensions différentes avec de légères modifications; celle-ci est la plus grande, et porte la devise : *Hanc Aciem Sola Retvndit Virtvs* avec le mot *Tempvs*, la croix de Lorraine se trouve dans le bas, à gauche; nous la reproduisons ci-contre.

Le verso du titre est blanc, les autres feuillets non chiffrés contiennent : ℭ *Index Eorvm Qvæ Hoc In* ‖ *libro fcitu digna videbantur, cuius primus nu=*‖*merus librum, alter libri caput indicat.* ‖, sur 2 colonnes, un errata, 2 distiques latins : *Pogii Florentini In Lavrentivm* ‖ *Vallam Epigramma.* ‖, 2 autres distiques latins : *Petri Egidii Antverpiensis Pro* ‖ *Lavrentio Valla Epigramma.* ‖ et la dédicace : *Lavrentivs Vallensis Ioanni* ‖ *Tortellio Aretino cubiculario Apoftolico the*‖*ologorum facundiffimo S.* ‖ Les six livres de Valla dont chaque chapitre est précédé d'un commentaire en caractères plus fins occupent, avec leurs préfaces, les feuillets 1 à 203; le reste du volume contient le traité *de Reciprocatione Sui et Suus*, dédié à Jean Tortellius et suivi de la souscription :

Hos Lingvæ Latinæ Ele=‖*gantiarum libros, præclara Vallæ monimen=*‖*ta, fuis typis, fummo nifu, veterùmque* ‖ *exemplarium accurata collatione, ex=*‖*cudebat Simon Colinæus an=*‖*no à Christo* ‖ *nato 1527. Men=*‖ *fi vero No=*‖*uem=*‖*bri.* ‖

La première édition du célèbre traité de Laurent Valla est de Rome, 1471 in-folio, il y en a une autre de la même année imprimée à Venise par Nicolas Jenson, les réimpressions du texte entier des six livres ou de leur abrégé se sont succédé pendant la fin du xve et tout le xvie siècle. Simon de Colines, pour sa part, a donné, outre celle-ci, des éditions en 1528, 1530, 1532, 1533, 1536, 1538, 1540, 1543 et 1544; il a de plus réimprimé l'épitome des six livres par Josse Bade que nous avons décrit à l'année 1524 et que nous retrouverons en 1529.

NIORT. — ORLÉANS.

🙠 Ioannis ‖ Lodovici Vivis ‖ Valentini ‖ Introdu&tio ad fapiētiam. ‖ Satellitium fiue Symbola. ‖ Epiftolę duæ de ratione ftu‖dij puerilis. ‖ Tria capita addita initio ‖ Suetonij Tranquilli. ‖ *Parisiis* ‖ Apud *Simonē Colinæum* ‖ 1527 ‖.

In-8º de 64 ff. chiffr., sign. a-h par 8; car. rom.; init. sur bois à fonds criblés; le titre est placé dans l'encadrement *aux Lapins* (p. 48).

Le verso du titre est blanc, l'*Introductio ad Sapientiam* occupe les feuillets 2 à 29, elle est datée de Bruges, 1524; le *Satellitium* occupe les feuillets 30 à 48 recto, c'est un recueil de sentences accompagnées de commentaires et précédé d'une dédicace : *Ioannes Lodovicvs Vives D. Ma=*‖*riæ Cambriæ Principi, Henrici Octaui Angliæ* ‖ *Regis filiæ S.* ‖, datée de Bruges, calendes de juillet, 1524; les deux lettres *Ioan.*

Lodo. Vives Dominæ Ca=‖therinæ Reginæ Angliæ, patronæ vnicæ S. ‖ (Oxford, nones d'octobre 1523) et *Ioan. Lodovi. Vives Carolo ‖ Montioio Gulielmi filio S. D.* ‖ (Londres, 1523) occupent les feuillets 48 verso à 62 recto, le volume se termine par les trois chapitres additionels à Suétone : *De Gente Ivlia, — Cæsarvm Familia, — Ortvs Cæsaris Et Edvcatio*, qui sont précédés d'une dédicace : *Vives Rvffaldo Svo S.* ‖ datée de Louvain, 1521 ; le verso du dernier feuillet est blanc, il n'y a pas de souscription.

PARIS : *Bibl. Nat.; Musée Pédagogique*. — BOULOGNE. — TROYES.

Maittaire et Panzer citent encore pour l'année 1527 : *Déclamation contenant la manière de bien instruire les enfants, dès leur commencement, avec un petit traité de la civilité puérile. Le tout translaté nouvellement de latin en français par Pierre Saliat. Paris, Simon de Colines, 1527, in-8º* ; il s'agit, comme le fait remarquer Brunet, V, 74, de l'édition que nous décrivons à l'année 1537, qui est la première de cette traduction.

M D XXVIII

12 AVRIL 1528 — 27 MARS 1529 N. S.

Vtilia Admodvm ‖ Ad Prædicamenta Ari=‖stotelis Scholia, A Ioanne ‖ Arboreo Lavdvnensi, Ex Erv=‖ditis Avthoribvs Selecta. ‖ *Parisiis* ‖ Apud *Simonem Coli-næum.* ‖ 1528 ‖.

In-8º de 62 ff. chiffr., 1 f. non chiffr. et 1 f. (bl.?), sign. a-h par 8; car. rom.; init. sur bois à fonds criblés; le titre porte la marque du *Temps* dans sa seconde dimension, c'est la plus connue et la plus fréquemment employée par Simon de Colines, elle porte la devise *Hanc Aciem Sola Retvndit Virtvs* et le mot *Tempvs* sur le socle, la croix de Lorraine est placée entre les jambes du Temps, cette marque est donnée par Silvestre, *Marques Typographiques,* sous le numéro 80, nous la reproduisons à la page suivante.

Le verso du titre et le feuillet suivant contiennent la préface : *Vnico Philosophorvm Phœnici, Et* ‖ *fanctioribus facri eloquij ftudijs addictiffi-mo, Ioannes* ‖ *Arboreus Laudunas.* ‖ (sans date). Les scholies de Jean Arboreus occupent tous les feuillets chiffrés; le feuillet non chiffré qui suit contient au recto : *Vtilivm Admodvm Ad Prædica=‖menta Aristotelis Scholio=‖rvm, A Ioanne Arboreo* ‖ *Lavdvnensi, Ex Erv=‖ditis Av-thori=‖bvs Selecto=‖rvm, Finis.* ‖ *Anno Sa=‖lvtis* ‖ *Hv=‖manæ* ‖ *1528.* ‖ *Mense No=‖vembri.* ‖; au verso de ce feuillet se trouvent deux pièces de vers : *Ad Candidvm Et Benevolvm Le=‖ctorem Tetraftichon.* ‖ et *Ad Evndem Distichon.* ‖

Réimprimé par Simon de Colines en 1538.

PARIS : *Bibl. Nat.* — ABBEVILLE.

Scholia Ioannis || Arborei Lavdvnensis In || Porphyrivm De Qvinqve Voci=||bvs, Ex Aristotele, Boetio, Am=||monio, Iacobo Fabro, Et Aliis || Ervditis Avthoribvs Collecta. || *Parisiis* || Apud *Simonem Colinæum.* || 1528 ||.

In-8º de 44 ff. chiffr. (le dernier coté 43 par erreur), sign. a-e par 8, f par 4; car. rom.; init. sur bois à fonds criblés; sur le titre est placée la marque du *Temps* nº 2 que nous reproduisons ici.

Marque du *Temps* nº 2

Le verso du titre est blanc, le feuillet 2 contient la dédicace : *Doctissimo Viro Sacriqve Eloqvii* || *cultori diligentiſſimo, Henrico Senaulio decano Ro=*||*ſetenſi, Ioannes Arborei S. D.* || (sans date). Les scholies occupent les feuillets 3 à 43 et se terminent par un errata; le dernier feuillet contient au recto une pièce de 7 distiques latins : *Caroli Gervaisii Campani, Do=*||*ctiſſimo viro Nicolao Gouget in commendatio=*||*nem Ioannis Arborei præceptoris ſui diligen=*||*tiſſimi Carmen.* ||, le verso de ce feuillet est blanc, il n'y a pas de souscription.

Les auteurs dans lesquels Arboreus a puisé ses scholies sont, outre ceux qui se trouvent mentionnés sur le titre, Rodolphe Agricola et Josse Clichtove.

Réimprimé par Simon de Colines en 1533, 1537 et 1543.

Paris : *Bibl. Nat.*

(ARISTOTE.) In Hoc Opere Con=‖tinentvr Totivs Philoso=‖ phiæ Naturalis Paraphrafes A ‖ Francisco Vatablo ‖ Recognitæ. ‖ Introductio in libros Phyſicorum. ‖ Octo Phyſicorum Ariſtotelis, paraphraſis. ‖ Quatuor de cęlo & mundo cōpletorū, paraphraſis. ‖ Duorū de Generatiōe & Corruptiōe, paraphraſis. ‖ Quatuor Meteororum cōpletorum, paraphraſis. ‖ Introductio in libros de Anima. ‖ Trium de Anima completorum, paraphraſis. ‖ Libri de Senſu & Senſato, paraphraſis. ‖ Libri de Somno & Vigilia, paraphraſis. ‖ Libri de inſomnijs, paraphraſis. ‖ Libri de diuinatione per ſomnum, paraphraſis. ‖ Libri de Lōgitudine & Breuitate vitę, paraphraſis. ‖ Dialogi inſuper ad Phyſicorum tum faciliū tum ‖ difficilium intelligentiam introductorij : duo. ‖ Introductio Metaphyſica. ‖ Dialogi quatuor ad Methaphyſicorum intelligen=‖tiam introductorij. ‖ *Parisiis* ‖ Apud *Simonem Colinæum.* ‖ 1528 ‖.

In-8º de 356 ff. mal chiffrés jusqu'à 357, la cote 266 étant sautée, sign. a-z, A-X par 8, Y par 4; car. rom.; annotat. margin.; init. sur bois à fonds criblés; figures dans le texte et dans les marges.

Le verso du titre contient : ☾ *Antonij Carpentarij Inſulenſis* ‖ *ad lectores carmen.* ‖ et : ☾ *Iacobi Fabri Stapulēſis, philoſophiæ Paraphraſes, ad* ‖ *digniſſimum patrem Ambroſium Camberacum, Pari=*‖*ſienſis ſtudij Cancellarium.* ‖ Les 8 livres des physiques occupent les feuillets 2 à 90 recto, la *Figura introductionis* est placée au verso du feuillet 3, les trois traités suivants occupent les feuillets 90 verso à 195, l'*Introductio de anima* et les traités qui s'y rattachent, les feuillets 196 à 309 recto et la métaphysique, précédée de la dédicace de J. Lefèvre à Germain de Ganay, les feuillets 309 recto à 356 (pour 355), le verso de l'avant dernier feuillet et le recto du dernier contiennent : ☾ *Ivdochi Clichtovei Neoportvensis* ‖ *ad lectores exhortatorium carmen.* ‖ (5 distiques latins); — *Marivs Æqvicolvs Oliveta=*‖*nus D. Franc. Soderino. S. R. Eccle=*‖*ſiæ Cardinali Vulterrano S.* ‖ (Paris, ides de décembre 1504) et la souscription suivante :

☾ *Impreſſvm In Alma Pariſiorvm* ‖ *academia : per Simonem Colinæum, in vico* ‖ *ſancti Ioannis Bellouacenſis ſub ſigno* ‖ *Solis aurei, Anno Chriſti pijſſi=*‖*mi ſaluatoris, entis entium,* ‖ *ſummiq; boni. 1528.* ‖ *Menſe Se=*‖*ptem=*‖*bri.* ‖

Le verso du dernier feuillet est blanc. Simon de Colines avait déjà imprimé en 1521 et réimprima en 1531 les paraphrases de Jacques

Lefèvre d'Etaples avec des commentaires de Josse Clichtove, il imprima encore en 1528 des paraphrases sur les mêmes livres d'Aristote par Themistius et en 1530 celles de Nicolas Léonique Thomé.

PARIS : *Bibl. Nat.* — CAMBRAI. — MONTPELLIER. — DUBLIN : *Coll. de la Trinité.* — LONDRES : *Brit. Mus.*

(ARISTOTE.) Themistii Evphiadæ In Libros ‖ Qvindecim Aristotelis, ‖ Commentaria ‖ In octo de aufcultatione naturali. ‖ In tres de anima. ‖ In vnum de memoria & reminifcentia. ‖ In vnum de fomno & vigilia. ‖ In vnum de infomnijs. ‖ In vnum de diuinatione in fomno. ‖ Hermolao Barbaro interprete. ‖ Ad hæc, Alexandri Aphrodifienfis in libros ‖ de anima, commentaria. ‖ Hieronymo Donato interprete. ‖ *Parisiis* ‖ Apud *Simonem Colinæum.* ‖ 1528 ‖.

In folio de 152 ff. chiffr., sign. a-z, A par 6, B par 8; car. rom.; init. sur bois à fonds criblés; sur le titre est placée la marque du *Temps* n° 2 (page 108).

Le verso du titre est blanc, le feuillet suivant contient une épître du traducteur : ✠ *Hermolai Barbari In Commentaria Physi=‖ces Themiſtij, Præfatio ad Antonium Galatheum.* ‖ datée de Venise, 1480, le commentaire de Themistius occupe les feuillets 2 à 129, il est terminé par deux distiques latins : *Epitaphivm Hermolai Barbari.* ‖, le commentaire d'Alexandre Aphrodisée occupe les feuillets 130 à 152, il est précédé d'une préface de Donat : ✠ *Hieronymi Donati Patritii Veneti In In-‖terpretationem Alexandri Aphrodifei Præfatio.* ‖, et terminé par une pièce de vers latins : *Lectori decaſtichon.* ‖ et la souscription :

Ex Chalcographia Simonis Co-‖linæi, Ad Tertivm Idvs ‖ Febrvarii M. D. XXIX. ‖ (1530, n. s.)

La première édition est de Trévise, 1481, la date de 1528 aura sans doute été mise sur le titre de la nôtre pour en faire une suite aux commentaires de François Vatable qui avaient été achevés d'imprimer dix-sept mois auparavant.

PARIS : *Bibl. Maʒarine.* — BORDEAUX. — CHARTRES. — LE HAVRE. — MONTPELLIER : *Bibl. Fac. de Médecine.* — TOULOUSE. — VERSAILLES.

(BIBLE IN-SEIZE.) Sanctum Iesu Christi Evangelium secundum Matthæum, secundum Marcum, secundum Lucam, secundum Ioannem. Acta Apostolorum. *Parisiis, S. Colinæus,* 1528.

2 tomes in-16. La première partie contient 264 ff., sign. a-z, &, aa-ii

par 8; car. rom.; init. sur bois. Au verso du titre doit se trouver, comme dans les autres éditions : *Hieronymus in Catalogo fcriptorum Ecclefiafticorum*; nous n'avons vu de cette édition qu'un seul exemplaire, dont le premier tome n'a pas de titre mais dont le second bien complet donne la date, c'est celui qui est conservé à la bibliothèque de Sens.

La seconde partie du nouveau testament a pour titre :

Pavli Apo-‖stoli Epistolæ ‖ Ad Romanos ‖ Ad Corinthios.II ‖ Ad Galatas ‖ Ad Ephefios ‖ Ad Philippenfes ‖ Ad Coloffenfes ‖ Ad Theffalonicenfes II ‖ Ad Timotheum II ‖ Ad Titum ‖ Ad Philemonem ‖ Ad Hebræos. ‖ Epistolæ ‖ Catholicæ ‖ Iacôbi ‖ Petri II ‖ Ioannis III ‖ Iudæ. ‖ Apocalypsis ‖ Beati Ioannis. ‖

193 ff. chiffr. et 17 ff. non chiffr., sign. A-Z, Aa-Cc, Dd. car. rom.

Le verso du titre est blanc, les épîtres de saint Paul commencent au feuillet 4 après le catalogue de saint Jérôme, les épîtres catholiques au feuillet 137 et l'apocalypse de saint Jean au feuillet 164; au bas du feuillet 193 verso est la souscription :

☙ *Absolvtvm Est Hoc* ‖ *fanctiffimum Iesv Christi* ‖ *faluatoris noftri Teftamentū no=*‖*uum Parisiis, in officina Si=*‖*mónis Colinęi : Anno à Natiuita=*‖*te eiufdem Christi Iesv,* ‖ *octauo & vicefimo fupra fefqui=*‖*millefimum, pridie Cal. Maii.* ‖

Les feuillets non chiffrés contiennent l'*Index* et la citation de Josué. Réimpression des éditions de 1524 et de 1525 réimprimées encore six fois en 1529, 1531, 1532, 1533, 1535 et 1538.

SENS.

(BIBLE IN-SEIZE.) Liber Psal=‖morvm. ‖ *Parisiis* ‖ Apud *Simonem Colinæum.* ‖ M. D. XXVIII. ‖

In-16 de 140 ff. chiffr. et 4 ff. non chiffr., sign. a-s par 8; car. rom.; impression en rouge et en noir; une lettre initiale sur bois représente David jouant de la harpe.

Le verso du titre est blanc, les feuillets chiffrés contiennent les psaumes qui sont terminés par la souscription suivante :

☙ *Impreſſum Pariſijs in officina* ‖ *Simonis Colinæi, Anno* ‖ *domini M. D.* ‖ *XXVIII.* ‖ *Menfe Iulio.* ‖

Les feuillets non chiffrés de la fin contiennent la table. Les psaumes, déjà imprimés par Simon de Colines en 1523 et 1524, l'ont encore été en 1533, 1535 et 1540.

LONDRES : *Brit. Mus.*

Ioannis Brvche=‖rii Trecenſis Commen=‖tarij in ſeptem Sapientum Græcię Apo=‖phthegmata, Auſonianis conſcripta ver=‖ſibus. ‖ Eivsdem Brvcherii. Tetrasti=‖cha parabolica, cum nonnullis alijs ipſius ‖ poematijs. ‖ Fac & ſpera. Deus facientes adiuuat. ‖ *Parisiis* ‖ Ex officina *Simonis Colinæi.* ‖ 1528 ‖.

In-8º de 67 ff. chiffr. et 1 f. (bl.?), sign. a-i par 8; car. rom.; init. sur bois à fonds criblés; sur le titre est placée la marque du *Temps* n° 2 (page 108).

Le verso du titre et le feuillet 2 contiennent la dédicace, datée de Bar-sur-Seine, le 3 des ides de novembre 1527 : *Reverendissimo In Christo Pa‖tri, Lingonvm Episcopo, At-‖qve Eidem In Gallia Dvci Pa‖ri Illvstrissimo, Michaeli* ‖ *Bovdeto, Ioannes Brvcherivs* ‖ *Trecensis S. P. D.* ‖ Les commentaires sur les Dits des sept Sages occupent les feuillets 3 à 56, le reste du volume contient les divers poëmes de Brucherius, parmi lesquels nous citerons : *Tetrasticha Parabolica.* ‖ ; — *Eivsdem Ioannis Brvche=‖rii ad ſtudioſam iuuentutem Roſa.* ‖ ; — ℭ *Lepidiſſima fabula : quæ formi=‖carum & cicadarū exemplo hor‖tatur iuuenes ad laborem capeſ=‖ſendum. Sumpta autem eſt ex* ‖ *Aphthonij exercitamentis.* ‖ ; — ℭ *Eiuſdem Brucherij tetraſtichon* ‖ *de muliere Tornacēſi, quę anno* ‖ *ſalutis 1517 reperta fuit in Cam=‖pania Gallicana ſexum mentita* ‖ *virilē duas duxiſſe vxores : eáſq3* ‖ *ſimulato mēbro virili ſtupraſſe.* ‖

Réimprimé par Colines en 1534. Brucherius est l'auteur d'un choix des adages d'Erasme que nous avons cité à l'année 1523.

AMIENS. — ORLÉANS.

Pavli Cerrati Al-‖bensis Pompeiani De Vir-‖ginitate Libri III. ‖ *Parisiis* ‖ Apud *Simonem Colinæum* ‖ 1528 ‖.

In-8º de 28 ff., sign. a-c par 8, d par 4; car. ital.; initiales sur bois à fonds criblés; sur le titre est placée la marque du *Temps* n° 2 (p. 108).

Le verso du titre est blanc, le poëme, écrit en vers hexamètres, occupe tout le volume et se termine par ces mots : *Finis.* ‖ *Lavs Et Gloria Omnipo-‖tenti Trino Et Vni Deo.* ‖ *Et Intemeratæ Virg. Dei* ‖ *Domini Nostri Iesv Chri‖sti Matri Mariæ.* ‖ suivis d'un errata.

Imprimé avec le beau caractère italique dont la gravure est attribuée à Simon de Colines et que nous rencontrons pour la première fois en 1528. Les poésies de Paul Cerrato d'Alba ont été recueillies par Joseph Vernazza et réunies en un volume imprimé à Vercelli en 1778.

PARIS : *Bibl. Nat.; Bibl. Maʒarine.* — LILLE. — REIMS.

🙣 Marci Tvl‖lii Ciceronis Officio=‖rum libri tres. ‖ De amicitia & feneƈtute dialogi finguli. ‖ Paradoxa, & Somnium Scipionis. ‖ Cū annotationibus Erasmi Roterodami. ‖ *Parisiis* ‖ Apud *Simonem Colinæum.* ‖ 1528. ‖

In-8º de 20 ff. non chiffr. et 164 ff. chiffr., sign. a par 8, b par 4, c-z par 8, & par 4; car. rom.; init. sur bois à fonds criblés; annotat. margin.; sur le titre, dont le verso est blanc, est placée la marque du *Temps* nº 2 (page 108).

Les feuillets non chiffrés contiennent les deux dédicaces d'Erasme et ses notes, à la fin du volume est la souscription :

In Ædibvs Simonis ‖ *Colinæi, Anno A* ‖ *Christi Nati=*‖*vitate M. D.* ‖ *XXVIII Men=*‖*se Avgv*‖*sto.* ‖

Copie de l'édition de 1524; réimprimé en 1530, 1533, 1538, 1541 et 1543.

Pau.

🙣 Græca ‖ Theodori Ga‖zæ Tradvctio In ‖ Ciceronis De Senectvte ‖ Dialogvm. ‖ Eiufdem verfio in fomnium Sci=‖pionis. ‖ *Parisiis* ‖ Apud *Simonem Colinæum.* ‖ 1528 ‖.

In-8º de 32 ff. chiffr. et 8 ff. non chiffr., sign. α-ε par 8; car. grecs; annotat. margin.; sur le titre, dont le verso est blanc, est placée la marque du *Temps* nº 2 (page 108). Les feuillets 2 à 3 recto contiennent : ✠ Μαρκου Τυλλιου ✠ ‖ Κικερωνος Ρω=‖μαιου, Κατων ‖ Η Περι Γη=‖ρως. ‖ Ερμηνεια Θεοδωρου. ‖, la traduction grecque du *de Senectute* occupe les feuillets 3 verso à 32 recto, celle du Songe de Scipion occupe le reste du volume et se termine, au bas du dernier feuillet recto, par la souscription :

Εν λευκετία τῶν Παρησίων παρὰ Σί=‖μωνι τῳ Κολιναίῳ. Ετει τῆς σω‖τηριας ἡμῶν αφκη. Μηνὶ ‖ Ιουλιῳ. ‖

Le verso du dernier feuillet contient la même marque que le titre avec la devise : Καλὸν τὸ καιροῦ παντὸς ἐιδέναι ‖ μέτρον. ‖

C'est en cette année 1528, et peut-être dans ce volume même, que nous trouvons pour la première fois le beau caractère grec dont le dessin et la gravure sont attribués à Simon de Colines.

Paris : *Bibl. Nat.* — Angers. — Limoges.

🙣 Colloqviorvm Fa‖miliarvm Incerto Avtho=‖re libellus Grȩce & Latine, non pueris ‖ modo fed quibufuis, in cotidiano col=‖loquio, græcum affeƈtantibus fermo=‖

nem, impendio futurus vtilis. || *Parisiis* || Apud *Simonem Colinæum.* || 1528 ||.

In-4º de 8 ff., sign. A; car. rom. et grecs; init. sur bois; sur le titre est placée la marque du *Temps* nº 2 (page 108):

Le verso du titre et le recto du 2º feuillet contiennent l'avertissement de l'auteur; le texte grec et le texte latin en regard occupent tout le volume à la fin duquel est la grande marque du *Temps* (page 104).

Voici quel est le début de ces colloques familiers : *Ante lucem euigilaui de fomno, furrexi* || *de lecto, fedi, accepi focculos,* || *caligas, calceaui me, popofci aquam ad facie,* || *lauo primo manus, deinde faciem la*||*ui. exterfi. depofui mitram. Accepi* || *tunicam ad corpus. præcinxi me. vnxi* || *caput meum & pectinaui. feci circa* || *collum pallam. indui me fuper aliam* || *albam, fupra induo penulam. proceffi de* || *cubiculo cum pædagogo & cum nutrice* || *falutare patrem & matrem, ambos falu*||*taui, & deofculatus fum. & fic defcendi de* || *domo. profififcor ad fcholam. introiui.* || *dixi. Salue magifter, & ipfe deofcula*||*tus eft, & refalutauit. tradit mihi puer meus* || *tabellas, thecam, ftilum...*

Réimprimé par Simon de Colines en 1532.

ANGERS.

De Recta Lati=||ni Græciqve Sermonis || Pronvntiatione Des. || Erasmi Roterodami || Dialogvs. || Eiufdem Dialogus cui titulus, Cicero=||nianvs, fiue, De optimo genere dicen=||di. Cum alijs nonnullis, quorum nihil non || eft nouum. || *Parisiis* || Ex officina *Simonis Colinæi.* || 1528 ||.

In-8º de 173 ff. chiffr. et 1 f. (bl.?), sign. a-x par 8, y par 6; car. rom.; le titre, blanc au verso, porte la marque du *Temps* nº 2 (p. 108).

Les feuillets 2 et 3 contiennent la dédicace : *Generosissimo Adolescen=||ti Maximiliano A Bvrgvn*||*dia Des. Erasmvs Rot. S. D.* || (Bâle, 1528), qui précède le premier dialogue (ff. 4 à 83); une autre dédicace : *Des. Erasmvs Rot. Orna=||tissimo Viro Ioan=||ni Vlatteno S. D.* || (Bâle, le 2 des ides de février 1528) précède le second dialogue (ff. 84 à 163 recto). Le volume se termine par une série de pièces en vers et en prose sur la mort de Jean Froben par Erasme et Hilaire Bertulphe, sur Amerbache par Erasme, sur la mort de Martin Dorpius par Erasme, Jacques Volcardus, Conrard Goclenius, François Craveneldus, M. Allardus, Adrien Barland et Germain de Brie, et sur la mort de Volcardus qui succomba peu après avoir écrit l'épitaphe de Dorpius.

Dans le second de ces deux dialogues Erasme met en parallèle Guillaume Budée et le libraire Josse Bade Van Aassche, sous les noms de Nosoponus et de Bulephorus, et comme il donne raison à ce dernier en prouvant que Cicéron n'est pas le seul auteur latin dont le style mérite d'être imité, il souleva contre lui tous les Cicéroniens, et particulièrement ceux d'Italie. Il y eut au moins trois autres éditions en cette année, imprimées à Bâle chez Froben, à Paris chez Robert Estienne et à Lyon chez Sébastien Gryphe.

PARIS : *Bibl. Nat.* — AMIENS. — LE MANS. — MARSEILLE. — ROUEN. — BRUXELLES. — LONDRES : *Brit. Mus.* — TOURNAI.

༺ Des. Erasmi ‖ Roterodami De Dvpli-‖ci Copia Verborvm Ac Re=‖rvm, Commentarii Dvo. ‖ Erasmi de ratione ſtudij, deque ‖ pueris inſtituēdis comentariolus, ‖ ad Petrum Viterium Gallum. ‖ Erasmi de laudibus literariæ fo=‖cietatis, Reipublicæ, ac magiſtra=‖tuum vrbis Argentinæ, Epiſtola ‖ planè Eraſmica, hoc eſt, elegans, ‖ docta, & mire candida. ‖ *Parisiis* ‖ Apud *Simonem Colinæum.* ‖ 1528. ‖

In-8º de 137 ff. chiffr. et 23 ff. non chiffr., sign. a-v par 8; car. rom.; init. sur bois; annotations marginales.

Le verso du titre est blanc; le premier traité est précédé (ff. 2 et 3) de deux épîtres d'Erasme : ༺ *Erasmvs Rote=‖rodamvs Gvilielmo ‖ Neseno Nastadiensi ‖ Svo S. D. ‖* (Anvers, nones de septembre 1516) et *Des. Erasmvs Rote=‖rodamvs Cole‖to, decano ſancti Pauli, apud Londinū S. D. ‖* (3 des calendes de mai 1512); le second traité (ff. 118 verso à 137) est daté de Bâle, calendes d'octobre 1514. Les derniers feuillets contiennent un avis au lecteur, des scholies par Chr. Hegendorph, des pièces de vers d'Erasme à Sébastien Brandt, à Jacques Sapidus et à Dydimus, de Dydimus à Erasme, la traduction des citations grecques, l'index et les tables.

Simon de Colines avait déjà imprimé ces traités en 1522, il en a donné de nouvelles éditions en 1530, 1534, 1536 et 1539.

AIX. — AUXERRE.

༺ Moralis Ia‖cobi Fabri Stapvlen=‖ſis In Ethicen introductio, Iu=‖doci Clichtouei Neoportuen=‖ſis familiari commentario elu=‖cidata. ‖ *Parisiis* ‖ In ædibus *Simonis Colinæi.* ‖ 1528 ‖.

In folio de 56 ff. chiffr. et 2 ff. non chiffr., sign. A-E par 8, F-H par 6; car. rom.; init. sur bois à fonds criblés; le titre est placé dans l'encadrement réservé aux ouvrages de philosophie (page 31) et porte de plus la marque du *Temps* nº 2 (page 108).

Le verso du titre est blanc, le feuillet 2, coté 3 par erreur, contient :

Ivdocvs Clichtovevs Neopor-‖tvensis Petro Briconeto Magnifico Eqvi-‖ti aurato, confiliario regio & exquæftori generali Franciæ viro ‖ ampliffimo & ornatiffimo S. ‖ (sans date) et : *In Svam Introdvctionem Iacobi Fabri* ‖ *Stapvlensis, Præfatio.* ‖; le corps de l'ouvrage occupe les feuillets 3 à 55 et se termine par la souscription :

Has Pervtiles In Ethicen Introdvctiones Qvan=‖ta potuit quum arte tum diligentia excuffit Simon Colinæus in ‖ florenti Parifiorum Academia, Anno à Chri=‖sto nato 1528. menfe ‖ Augufto. ‖

Le feuillet 56 et les deux feuillets non chiffrés contiennent la pièce de vers de Baptiste Mantuan *Virtutis Querimonia*, et l'index : *Index Admodvm Facilis, Quo Possis* ‖ *Totivs Hvivsce Introdvctionis Adipem Frvga=*‖*liorem, necnon hiftoriarum omnium à commentatore expreffarum* ‖ *flofculos decerpere.* ‖, le verso du dernier feuillet est blanc.

La première édition de cette introduction de J. Lefèvre d'Étaples aux dix livres des éthiques d'Aristote, avec un commentaire de Clichtove, a été donnée par Wolfgang Hopyl et Henri Estienne, en 1502, sous un titre un peu différent : *Artificialis introductio per modū Epitomatis in decē libros Ethicorū Ariftotelis adiectis elucidata cōmentariis;* Henri Estienne en a donné de nouvelles éditions en 1506, 1512 et 1517, Simon de Colines, qui avait déjà imprimé en 1527 le texte seul de Jacques Lefèvre, l'a réimprimé 5 fois avec les commentaires de Clichtove en 1528, 1532, 1537 et 1545; M. Vander Haeghen, qui ne cite pas notre édition de 1528, indique encore les suivantes : Venise, Jacq. Pentius, 1506, Strasbourg, Jean Groninger, 1511, Paris, Poncet le Preux, 1514, Fribourg-en-Brisgau, Jean Faber Emmeus, 1542 et Rennes, Marie Robin veuve de Jacques Berthelot, 1542.

PARIS : *Bibl. Mazarine.* — AMIENS. — DIEPPE. — DOLE. — MOULINS. — TOURS. — VERSAILLES.

Ioannis Fer-‖nelii Ambianatis Cosmo‖theoria, libros duos complexa. ‖ Prior, mūdi totius & formam & com‖ pofitionem : eius fubinde partium ‖ (quæ elementa & cæleftia funt cor=‖pora) fitus & màgnitudines : orbiū ‖ tandem motus quofuis folerter re=‖ferat. ‖ Pofterior, ex motibus, fiderū loca & ‖ paffiones difquirit : interfperfis do=‖cumentis haud pœnitendū aditum [*sic*] ‖ ad aftronomicas tabulas fuppeditā‖tibus. Hæcq; feiunctim tandem ex=‖peditè præbet Planethodium. ‖ Cuiq; capiti, perbreuia, demon=‖ftrationum loco, adiecta funt ‖ fcholia. ‖ *Parisiis* ‖ In ædibus *Simonis Colinæi.* ‖ 1528 ‖.

In folio de 6 ff. non chiffr., et 46 ff. chiffr., sign. A-H par 6, I par 4 (le f. I.iiij sign. par erreur I.ij.); car. rom.; init. sur bois à fonds criblés;

annotations marginales; figures astronomiques. Le titre est placé dans l'encadrement que nous reproduisons à la page 90.

Souscription :

Excvdebat Simon Colinævs Parisiis An=‖no Christi, cælorum & fiderum conditoris ‖ M. D. XXVII. ad Calendas ‖ Februarij. ‖ (1528, n. s.)

C'est la même édition que celle décrite à l'année 1527, le titre aura été seul réimprimé pour en modifier la date.

PARIS : *Bibl. Maʒarine.; Bibl. Fac. de Médecine.* — CHARTRES. — MONTPELLIER : *Bibl. Fac. de Médecine.* — RENNES.

▓● Ioannis Fer‖nelii Ambianatis ‖ de proportionibus Libri duo. ‖ Prior, qui de fimplici proportio=‖ne eft, & magnitudinum & nu=‖merorum tum fimplicium tum ‖ fractorum rationes edocet. ‖ Pofterior, ipfas proportiones cō=‖parat : earumq̃, rationes colligit. ‖ *Parisiis* ‖ Ex ædibus *Simonis Colinæi* ‖ 1528 ‖.

In folio de 4 ff. non chiffr. et 24 ff. chiffr., sign. A par 4, B-E par 6; car. rom.; init. sur bois à fonds criblés; annotat. margin.; le titre est placé dans l'encadrement sur bois que nous reproduisons à la page 90.

Le verso du titre est blanc, les feuillets liminaires contiennent un index sur 2 colonnes, un errata, une pièce de 5 distiques latins : *Ioannis Baptistæ Lvsitani Ad Ema=‖nuelem de Tieues, Elegiacum carmen.* ‖ et la dédicace : *Ervditorvm Virorvm Patrono Favto=‖rique ſtudiofiſſimo M. Martino Dolet, Ioannes Fernelius Ambianas S.* ‖ (datée de Paris, collège Sainte-Barbe, calendes de novembre 1528). Les deux livres de Fernel occupent tous les feuillets chiffrés, il n'y a pas de souscription.

PARIS : *Bibl. Fac. de Médecine.* — ANGERS. — AUCH. — CLERMONT-FERRAND. — LE MANS. — MONTPELLIER : *Bibl. Fac. de Médecine.* — RENNES. — GENÈVE. — LONDRES : *Brit. Mus.*

▓● Clavdii Galeni Per‖gameni, Secvndvm Hippocratem ‖ medicorum facile principis opus de vfu partium cor=‖poris humani, magna cura ad exemplaris Græci veri=‖tatem caftigatum, vniuerfo hominum generi appri=‖me neceffarium, Nicolao Regio Calabro interprete. ‖ *Parisiis* ‖ Ex officina *Simonis Colinæi.* ‖ 1528 ‖.

In-4° de 16 ff. non chiffr. et 484 pages, sign. α-β, a-z, A-F par 8, G par 6, H par 4; car. rom.; annotat. magin.; init. sur bois à fonds criblés; sur le titre est placée la marque du *Temps* n° 2 (page 108).

Les feuillets liminaires contiennent, outre le titre dont le verso est blanc, une préface : ✠ *Candido Lectori.* ‖, 3 pièces de 2 distiques latins : *Hectoris Mamurræ Canuſini de Gale=‖no medicorum alpha, elogium.* ‖; — *Sulpitij Euagrij Aureliani in operis ‖ huius encomion, carmen.* ‖; — *Pauli Agrippæ Romani in cynicum ‖ Hermomaſtigem tetraſtichon.* ‖, une pièce de 4 distiques latins : *Ianus Matthias Caietanus in eundem.* ‖ et l'index sur 2 colonnes.

La traduction latine des 17 livres du célèbre traité de Galien *De usu partium* occupe tous les feuillets chiffrés et se termine, sans souscription, par le mot Τέλος.

PARIS : *Bibl. Mazarine; Bibl. Fac. de Médecine; Bibl. Université.* — LE MANS. — LIMOGES. — LONDRES : *Brit. Mus.* — WASHINGTON : *Bibl. médic. de l'armée et de la marine.*

❧ Clavdii Galeni ‖ Pergameni De Ele‖mentis Ex Hippocratis ‖ Sententia Libri Dvo, ‖ Gvinterio Ioanne An=‖dernaco Interprete. ‖ *Parisiis* ‖ Apud *Simonem Colinæum* ‖ 1528 ‖.

In-8° de 39 ff. chiffr. et 1 f. non chiffr., sign. a-e par 8; car. rom.; init. sur bois à fonds criblés; sur le titre est placée la marque du *Temps* n° 2 (page 108).

Les 4 premiers feuillets contiennent la préface du traducteur à Jean Oliverius, abbé de Saint-Marc de Soissons, et le sommaire; le volume se termine par un errata, il n'y a pas de souscription.

Edition originale peu connue de cette traduction, Simon de Colines l'a réimprimée en 1541.

CLERMONT-FERRAND. — TROYES. — LONDRES : *Brit. Mus.*

❧ Clavdii Galeni ‖ Pergameni Intro-‖dvctio Sev Medicvs. ‖ De Sectis Ad Medicinæ ‖ Candidatos Opvscvlvm. ‖ Gvinterio Ioanne An-‖dernaco Interprete. ‖ *Parisiis* ‖ Apud *Simonem Colinæum.* ‖ 1528 ‖.

In-8° de 8 ff. non chiffr. et 64 ff. chiffr.; car. rom.; initiales sur bois à fonds criblés; sur le titre est placée la marque du *Temps* n° 2 (page 108).

Les feuillets liminaires contiennent, outre le titre dont le verso est blanc, une pièce de 15 vers grecs : Μοῦσαι Γουίντεριω πρὸς ‖ Ἰάνου Ὀλιβέριον. ‖, la dédicace : *Reverendo In Christo ‖ Patri Ioanni Oliuerio, Abbati ſancti ‖ Marci apud Sueſſonieſes, Guinterius ‖ Ioannes Andernacus S. D.* ‖ (Paris, le 6 des calendes d'octobre) et l'index. Le premier traité occupe les feuillets 1 à 47, le 48° feuillet est blanc; le second traité, terminé par un errata, occupe les feuillets 49 à 64, ce dernier feuillet est blanc au verso.

Henri Ier Estienne avait imprimé en 1518 une autre traduction du traité *de Sectis* écrite par Georges Valla.

AMIENS. — BOURGES. — SENS. — LONDRES : *Brit. Mus.*

❦ Clavdii Ga-‖leni Pergameni Defi=‖nitiones Medicæ, Iona ‖ Philologo Interprete. ‖ *Parisiis* ‖ Apud *Simonem Colinæum*. ‖ 1528 ‖.

In-8º de 32 ff. chiffr. et 4 ff. non chiffr., sign. a-d par 8, e par 4; car. rom.; init. sur bois à fonds criblés; sur le titre est placée la marque du *Temps* nº 2 (page 108).

Le verso du titre et les feuillets 2 et 3 contiennent : *Qniphativs* [sic] *Lectori S.* ‖ et *Præfatio.* ‖ Le corps de l'ouvrage occupe les feuillets 4 à 32 recto, ce dernier blanc au verso, les feuillets non chiffrés renferment : *Vocvlarvm A Galeno Hoc Libel*‖*lo definitarū index.* ‖, il n'y a pas de souscription.

PARIS : *Bibl. Nat.* — BORDEAUX. — BOURGES. — TROYES. — LONDRES : *Brit. Mus.*

❦ Clavdii Galeni ‖ Pergameni De Arte Cv‖rativa Ad Glavconem Li=‖bri Dvo, Nicolao Leoni=‖ceno Interprete ‖ *Parisiis* ‖ Apud *Simonem Colinæum* ‖ 1528 ‖.

In-8º de 55 ff. chiffr., 1 f. bl., 15 ff. non chiffr. et 1 f. bl., sign, a-i par 8; car. rom.; init. sur bois à fonds criblés; sur le titre est placée la marque du *Temps* nº 2 (page 108).

Le verso du titre est blanc, les deux livres, d'une impression compacte et sans aucun alinéa occupent les feuillets 2 à 27 et 28 à 55, les 15 feuillets non chiffrés contiennent un index.

Simon de Colines imprima en 1538 une traduction du même traité par Martin Acakia, il y en eut encore deux autres au xvie siècle, celle de Jean Gonthier, imprimée avec le texte grec par Wechel en 1536, in-8º, et celle de Jean-Baptiste Montanus imprimée à Lyon, chez Jean Frellon en 1556, in-16; nous devons mentionner aussi les commentaires sur le premier livre à Glaucon traduits du grec par Augustin Gadaldini, Venise, les Junte, 1554, in-8º, et la traduction française du second livre par Guillaume Chrestien, Paris, Chaudière, 1549, in-8º.

PARIS : *Bibl. Nat.* — AGEN. — BORDEAUX.

❦ Clavdii Ga‖leni Pergameni De Motv ‖ muſculorum libri duo, Nicolao Leoni=‖ceno interprete. ‖ Item libellus eiuſdē authoris, cui titulus ‖ eſt : Quos oportet purgare, & qualibus ‖ medicamentis purgantibus, & quando. ‖ *Parisiis* ‖ Apud *Simonem Colinæum* ‖ 1528 ‖ a.ij. ‖.

In-8º de 8 ff. non chiffr., 39 ff. chiffr. et 1 f. bl., sign. a-f par 8; car. rom.; init. sur bois à fonds criblés; annotations marginales; sur le titre est placée la marque du *Temps* nº 2 (page 108).

Le premier feuillet est blanc et porte seulement la signature a.j., le deuxième feuillet contient le titre qui est signé a.ij., il est blanc au verso, les 6 autres feuillets non chiffrés renferment la dédicace : *Gvinterivs Ioannes Anderna=‖cus Iacobo Syluio ſuo S.* ‖, l'index et un avertissement de Thomas Linacre : *Linacrvs Lectori S. D.* ‖ Le premier traité occupe les feuillets 1 à 29, le second se termine au feuillet 39 recto par la souscription :

Pressit Simon Colinævs ‖ *non minore labore quàm vigilātia* ‖ *(nam & mutili erant hi libri, &* ‖ *à fide greçanica prorſus diſſo=‖ni) Anno à Christo* ‖ *nato 1528, ſexto* ‖ *Idus Ianua=‖rias.* ‖

La première édition du traité *de Motu musculorum* traduit par Léonicénus est de 1522, elle a été réimprimée en 1549 avec les annotations de Jacques Sylvius; une traduction française de Jehan Canappe a été imprimée à Lyon, chez Estienne Dolet, en 1541. Le second traité : *Quos oportet purgare*, traduit aussi par Jean Gonthier, se trouve encore dans le recueil : *Galeni opera diversa* imprimé par Simon de Colines en 1536.

AMIENS. — BORDEAUX. — BOURGES. — TROYES. — GAND : *Bibl. Univ.* — LONDRES : *Brit. Mus.*

Clavdii Ga-‖leni Pergameni ‖ De differentijs morborum liber I. ‖ De cauſis morborum liber I. ‖ *Parisiis* ‖ Apud *Simonem Colinæum.* ‖ 1528 ‖.

In-8º de 36 ff. chiffr. et 4 ff. non chiffr., sign. a-d par 8, e-f par 4; car. rom.; init. sur bois à fonds criblés; sur le titre, qui est blanc au verso, est placée la marque du *Temps* nº 2 (page 108).

Le premier livre commence au feuillet 2, le second occupe les feuillets 20 à 36, ce dernier blanc au verso; les feuillets non chiffrés contiennent : *Index In Libros De Differen‖tijs & de cauſis morborum numero triplici di=‖ſtinctis...* imprimé sur 2 colonnes, il n'y a pas de souscription.

Le nom du traducteur, Thomas Léonicénus, est donné dans le titre de départ de chaque livre. On trouve ordinairement ce petit volume relié avec le suivant dont il forme, en réalité, la première partie.

PARIS : *Bibl. Mazarine.* — SENS. — TOURS. — LONDRES : *Brit. Mus.*

🙠 Clavdii Ga-‖leni Pergameni ‖ De differentijs fympto-matum liber I. ‖ De caufis fymptomatum libri III. ‖ Interprete Thoma Linacro. ‖ *Parisiis* ‖ Apud *Simonem Colinæum.* ‖ 1528 ‖.

In-8º de 95 ff. chiffr., 1 f. bl. et 8 ff. non chiffr., sign. a-n par 8; car. rom.; init. sur bois à fonds criblés; sur le titre, qui est blanc au verso, est placée la marque du *Temps* nº 2 (page 108).

Le feuillet 2 contient un avis *Stvdioso Lectori* ‖, le premier traité occupe les feuillets 3 à 19, le second les feuillets 20 à 95 recto, le feuillet 95 verso contient la souscription :

Impressvm Pàrisiis In ‖ *Ædibvs Simonis Co=*‖*linæi. Anno Chri*‖*sti Millesimo* ‖ *Qvingente=*‖*simo Vi=*‖*gesi=*‖*mo* ‖ *Octa=*‖*vo, Mense* ‖ *Novem=*‖*bri.* ‖

Les feuillets non chiffrés contiennent : *Eorvm Qvæ Passim Reqvirenda* ‖ *funt in libris de differentijs & caufis fymptoma=*‖*tum index...* imprimé sur 2 colonnes, le verso du dernier feuillet est blanc.

Le traité *de Symptomatis* et le traité *de Morbis* que nous citons plus haut avaient été déjà traduits par Guillaume Copus et imprimés à Paris chez Josse Bade van Aassche en 1523, in-folio, il y en eut encore deux autres traductions dues à François Vallerole, Lyon, Sébastien Gryphe, 1540, in-4º, et à Léonard Fuchs, Paris, Jacques du Puys, 1553, in-folio; enfin Jacques Sylvius les a traduits à son tour et disposés en six tableaux synoptiques imprimés par Simon de Colines en 1535.

SAINT-BRIEUC. — TOURS. — TROYES. — LONDRES : *Brit. Mus.*

🙠 Galeni Per=‖gameni De Natvrali=‖bus facultatibus libri tres. ‖ De pulfuum vfu liber vnus. ‖ Item & quædam Pauli Æginetæ, ‖ de diebus criticis. ‖ Thoma Linacro Anglo interprete. ‖ *Parisiis* ‖ Apud *Simonem Colinæum* ‖ 1528 ‖.

In-8º de 8 ff. non chiffr., 91 ff. chiffr. et 1 f. non chiffr., sign. a-m par 8, n par 4; car. rom.; sur le titre est placée la marque du *Temps* nº 2 (page 108).

Les feuillets non chiffrés contiennent au verso du titre un avertissement de J. Andernacus (Jean Gonthier) au lecteur, un index et la dédicace de Thomas Linacre à l'archevêque de Canterbury. Les deux traités de Galien commencent aux feuillets 1 et 77, celui de Paul d'Egine au feuillet 88 verso, il occupe le reste du volume à la fin duquel est placée la souscription suivante :

Hos Qvatvor Galeni Pervti=‖*les libellos nunquàm prius in Gallia vi*‖*fos, & ftylo elimatiore à Guinterio Io*‖*anne Andernaco perpolitos,*

ex=‖cufit Simon Colinæus : Anno ‖ falutis humanæ millefimo ‖ quingentefimo vicefimo ‖ octauo, menfe ‖ vero Decē=‖bri. ‖

La souscription indique quatre petits traités de Galien, il faut entendre par là ou bien les trois livres des Facultés naturelles et le livre
des Pulsations, ou bien trois des autres petits volumes de Galien imprimés cette même année par Simon de Colines et qui auraient paru
en même temps que celui-ci. Simon de Colines a imprimé séparément
le traité des pulsations en 1529, 1531 et 1532.

AMIENS. — BORDEAUX. — NIORT. — TROYES. — LONDRES : *Brit. Mus.* —
WASHINGTON : *Bibl. médic. de l'armée et de la marine.*

Cl. Galeni Per=‖gameni Libri Tres. ‖ Primus, de facul-
tatū naturaliū fubftantia. ‖ Secundus, ꝗ animi mores,
corporis tempe‖raturam fequuntur. ‖ Tertius, de propriorum animi cuiusꝗ affe‖ctuum agnitione & remedio. ‖ Guinterio Ioanne Andernaco interprete. ‖ *Parisiis* ‖ Apud *Simonem Colinæum.* ‖ 1528 ‖.

In-8° de 8 ff. non chiffr. et deux séries de ff. chiffr., la première de
4 ff. chiffrés 1 à 4, la seconde de 40 ff. chiffrés 1 à 39, le 20° feuillet
étant blanc et ne comptant pas dans les chiffres, sign. a, c, d, f, g par 8,
b, e, h par 4; car. rom.; init. sur bois à fonds criblés ; sur le titre est
placée la marque du *Temps* n° 2 (page 108).

Les feuillets liminaires contiennent le titre, blanc au verso, l'avertissement du traducteur au lecteur, sa dédicace à Antoine de la Marck,
comte de Beaulieu, qu'il appelle son Mécène et qui est écrite chez Jean
Tagault, chez lequel Gonthier était venu habiter à Paris, enfin l'index
et l'errata. Le premier des trois livres de Galien occupe les feuillets
chiffrés de la première série, le second livre les feuillets 1 à 19 de la
seconde série, et le troisième, séparé du second par un feuillet blanc,
le reste du volume. Il n'y a pas de souscription.

PARIS : *Bibl. Nat.* — BORDEAUX. — LAVAL. — LONDRES : *Brit. Mus.*
Wolfenbüttel (115.7 Med (2))

Panzer cite, d'après Maittaire, II, page 703, un autre traité de Galien
imprimé par Simon de Colines en 1528 : *Cl. Galenus De Semine, Joanne
Guinterio Andernaco interprete*, on en trouvera la description à l'année
1533, l'édition de 1528 n'existe probablement pas car la préface de Jean
Gonthier qui est datée de 1533, n'indique en aucune façon qu'il y ait
eu une précédente édition.

Hadrianus T T. ‖ S. Chrysogoni, S. R. E. Presb. ‖
Cardinal. Botoien. De fermone Lati=‖no, & modis Latine loquendi. ‖ Eivsdem Venatio Ad Asca=‖nivm Car-

dinalem. || Item, Iter Ivlii II. Pont. Rom. || *Parisiis* || Apud *Simonem Colinæum.* || 1528 ||.

In-8° de 8 ff. non chiffr. et 248 ff. chiffr., sign. a-z, aa-ii par 8; car. rom.; init. sur bois à fonds criblés; sur le titre est placée la marque du *Temps* n° 2 (page 108).

Les feuillets non chiffrés contiennent l'index sur 2 colonnes, le texte est précédé d'une préface : ☙ *Hadrianvs* || *Cardinalis Sancti Chry=*||*sogoni Carolo Principi* || *Hispaniarvm Salvtem.* ||, sans date, dans laquelle l'auteur se plaint qu'on ne parle plus le latin; le traité *de Sermone latino et modis latine loquendi* occupe les feuillets 1 à 238 recto, les feuillets 238 verso à 245 recto contiennent : ☙ *Hadriani Car=*||*dinalis S. Chrysogoni Ad* || *Ascanivm Card. S. Viti, Vi=*||*cecancellarivm, Venatio.* ||, petit poëme latin très peu connu sur la chasse au sanglier, et les feuillets 245 à 248 recto : *Iter Ivlii II Pon=*||*tificis Ro. Per Hadrianvm* || *Cardinalem Sancti Chry=*||*sogoni.* ||, poëme latin sur une campagne du pape Jules II; le verso du dernier feuillet est blanc, il n'y a pas de souscription.

Il existe une édition antérieure de ce volume imprimée à Cologne chez H. Alopicius en 1524, Simon de Colines l'a réimprimé en 1534, il y a encore d'autres éditions, Cologne, J. Gymnicus 1533 et Lyon 1581 et 1596.

PARIS : *Bibl. Nat.* — CARPENTRAS.

☙ Herodoti Hali=||carnassei De Genere, Vi=||taqve Homeri Libellvs, A || Conrado Heresbachio La=|| tinitate Donatvs. || *Parisiis* || Ex officina *Simonis Colinæi.* || 1528 ||.

In-8° de 16 ff. chiffr., sign. a-b par 8; car. rom. et grecs; init. sur bois à fonds criblés; annotat. margin.; sur le titre est placée la marque du *Temps* n° 2 (page 108).

Le verso du titre est blanc, le feuillet 2 contient la dédicace : *Omnibvs Nobilitatis* || *virtutûmq; ornamentis cumulatiſs. viro* || *D. Ioanni Gograuio, principis Cliuenſis* || *conſiliario, Conradus Hereſbachius, S.* || (nones de novembre 1526). Le volume contient un historique, puis le texte grec de cette petite pièce attribuée à Hérodote, accompagné de la traduction en latin et de commentaires; il se termine au recto du feuillet 16 par les mots : *Vitæ Homeri per Herodotum traditæ,* || *interprete Conrado Hereſba=*||*chio, Finis.* ||, il n'y a pas d'autre souscription.

La première traduction latine est celle de Laurent Valla revue plus tard par Henri II Estienne.

ORLÉANS. — LE MANS.

Q. Horatii ‖ Flacci Odarvm Sive ‖ Carminvm Libri Qvatvor. ‖ Epodon liber vnus. ‖ Cum annotatiunculis in margine adiectis, quæ ‖ breuis commentarij vice effe poffint. ‖ Nicolai Perotti libellus non infrugifer de metris ‖ Odarum Horatianarum. ‖ *Parisiis* ‖ Apud *Simonem Colinæum.* ‖ 1528 ‖.

In-8° de 96 ff. chiffr., sign. *a-m* par 8; car. ital.; annotations marginales en car. rom.; initiales sur bois à fonds criblés; sur le titre est placée la marque du *Temps* n° 2 (page 108).

Le verso du titre est blanc, les 2 feuillets suivants contiennent la vie d'Horace par Pierre Crinitus, les odes occupent les feuillets 4 à 74, les épodes, les feuillets 75 à 88, le *carmen sæculare*, les feuillets 89 et 90 recto, le reste du volume contient le traité de Nicolas Pérot : *Nicolai Peroti Siponti-‖ni Præsvlis Libellvs,* ‖ *De Metris Odarvm Horatianarvm.* ‖ dédié à Cœlius son frère.

BORDEAUX. — BOURGES. — VERSAILLES. — LONDRES : *Brit. Mus.*

Q. Horatii Flacci ‖ Epistolarvm Libri Dvo. ‖ Sermonum fiue Satyrarum libri duo ad Mecœ-‖natem. ‖ Ars poetica. ‖ Cum annotatiunculis in margine adiectis, quæ breuis ‖ commentarij vice effe poffint. ‖ *Parisiis* ‖ Apud *Simonem Colinæum* ‖ 1528 ‖.

In-8° de 75 ff. chiffr. et 1 f. (bl.?), sign. A-I par 8; car. ital.; annotations marginales en car. rom.; initiales sur bois à fonds criblés; sur le titre est placée la marque du *Temps* n° 2 (page 108).

Le verso du titre est blanc, les feuillets 2 à 28 contiennent les épîtres, les feuillets 29 à 66, les satyres, les feuillets 67 à 75 recto, l'art poétique; la souscription suivante est placée au verso du feuillet 75 :

Excvdebat Svis Ty-‖pis Simon Colinævs ‖ *In Alma Parisiorvm* ‖ *Academia, Svb Sole* ‖ *Avreo, Vici Divi Io-‖annis Bellovacensis.* ‖ *Anno Salvtis M. D.* ‖ *XXVIII. Mense Octob.* ‖

Ce volume complète le précédent, le texte suivi est celui des éditions aldines. Simon de Colines a réimprimé les œuvres d'Horace en 1531, 1533, 1539, 1540 et 1543.

BORDEAUX. — BOURGES. — VERSAILLES. — LONDRES : *Brit. Mus.*

Divi Ioan=‖nis Chrysostomi Li‖ber cōtra gētiles, Babylæ An‖tiocheni epifcopi ac martyris ‖ vitam continens, per Germa‖num Brixium Altiffiodorē-‖fem,

Canonicū Parifienſem ‖ latinus factus. ‖ Contra Ioannis Œcolampadij ‖ tranflationem. ‖ 🙢 ‖ *Parisiis* ‖ Apud *Simonem Colinæum.* ‖ 1528. ‖

In-4º de 4 ff. lim., 5o ff. chiffr. et 18 ff. non chiffr., sign. a-h, A-D; car. rom.; init. sur bois à fonds criblés, le titre est placé dans un encadrement emprunté aux *Heures* de 1524-1525.

Le verso du titre est blanc, les 3 feuillets suivants contiennent la dédicace : *Germanvs Brixivs Altis=‖siodorensis Francisco Tvrnonio ‖ Archiepiſcopo Biturigi Aquitaniæ Primati ‖*, datée du 14 des calendes d'avril 1528; le verso du dernier feuillet porte la grande marque du *Temps* (page 104). Les feuillets non chiffrés contiennent : ❦ *Germanvs Brixivs ‖ Lectori. ‖*; — ❦ *Insignivm Ioan=‖nis Œcolampadij Erratorvm ‖ in Chriſoſtomi Babyla admiſſorum elenchus. ‖*; — *Sequuntur errata typographorum indiligentia in ‖ hoc opere admiſſa. ‖*; — *Germanvs Brixivs Iacobo Ti=‖ſano & Petro Daneſio ſuis S. D. ‖*; le dernier feuillet est blanc, il n'y a pas de souscription.

PARIS : *Bibl. Nat.* (2 ex. sur peau de vélin); *Bibl. Arsenal; Collection de feu M. le baron J. de Rothschild* (peau de vélin). — CHARTRES. — LEIPZIG : *Bibl. Univ.* (peau de vélin).

Ivnii Ivvenalis ‖ Aqvinatis Satyræ ‖ Decem Et Sex. ‖ Cum annotatiunculis in margine adiectis, quæ ‖ breuis commentarij vice eſſe poſſint. ‖ *Parisiis* ‖ Apud *Simonem Colinæum.* ‖ 1528 ‖.

In-8º de 68 ff. chiffr., sign. *a-h* par 8, *i* par 4; car. ital. et car. rom. pour les notes margin.; sur le titre est placée la marque du *Temps* nº 2 (page 108).

La vie de Juvénal occupe le verso du titre, les commentaires placés en marge qui accompagnent le texte sont ceux de Cœlius Curio.

Réimprimé par Simon de Colines en 1535 et 1542.

PARIS : *Bibl. Nat.* — ORLÉANS. — SAINT-BRIEUC.

Almanach pour l'an bissextil 1528, par B. Le Sourt. *Paris, Simon de Colines*, 1528.

Cet almanach n'est connu que par la mention qu'en fait La Croix du Maine (éd. Rigoley de Juvigny, I, 96).

M. Annæi Lvcani Ci=‖vilis Belli Libri X. ‖ *Parisiis* ‖ Apud *Simonem Colinæum* ‖ 1528 ‖.

In-8º de 156 ff. chiffr., sign. *a-t* par 8, *v* par 4; car. ital.; init. sur

bois à fonds criblés; sur le titre est placée la marque du *Temps* n° 2 (page 108).

Les dix livres de Lucain commencent aux feuillets 2, 15, 28 verso, 43, 58 verso, 73 verso, 89, 105 verso, 121 verso et 142 verso, à la suite du dixième livre on trouve : *Svlpitii Carmina Velvt Sv-‖perioribvs Annectenda.* ‖; — *Eivsdem Svlpitii Qvere-‖la De Interitv Poetæ ‖ Opere Nondvm Perfecto.* ‖; — *Hexastichon* ‖; — *Lvcani Vita Ex ‖ Clarissimis Avthoribvs.* ‖; — *Epitaphivm Lvcani.* ‖ (3 distiques latins); le verso du dernier feuillet est blanc, il n'y a pas de souscription.

Le texte est celui de l'édition donnée à Venise chez Simon Bevilaqua, en 1493, par Jean Sulpitius de Véroli et de l'édition aldine de 1502, mais revu depuis par Martin Besard; il a été réimprimé par Simon de Colines en 1537 et en 1543.

PARIS : *Bibl. Ste-Geneviève* (ex. incomplet du titre). — MOULINS. — TROYES. — LONDRES : *Brit. Mus.*

Salmonii Macri=‖ni Ivliodvnenis [sic] Car-‖minvm Libellvs. ‖ *Parisiis* ‖ Apud *Simonem Colinæum* ‖ 1528 ‖.

In-8° de 15 ff. non chiffr. et 1 f. bl. sign. *a-b* par 8; car. ital.; sur le titre est placée la marque du *Temps* n° 2 (page 108).

Au verso du titre : *Honorato Sabavdiano ‖ Villariorvm Comiti ‖ Hendecasyllabi.* ‖ (17 vers). Ce petit recueil est formé de 22 pièces de Macrin, toutes relatives à ses amours avec Gillonoes ou Gellonis (Borsa, Helenne Boursault), qui allait devenir sa femme, il aura sans doute été publié à l'occasion de leur mariage car le volume se termine par une épithalame composée par François Quiritius : *Francisci Qviritii Epi=‖thalamivm In Nvptiis ‖ Salmonii Et Gillonoes.* ‖; Helenne Boursault mourut en 1550, Macrin publia un recueil de poésies sur sa mort.

On trouvera à l'année 1530 un autre recueil de pièces volantes de Macrin imprimé par Simon de Colines.

PARIS : *Bib. Nat.* — BESANÇON. — BORDEAUX. — BRUXELLES. — LONDRES : *Brit. Mus.*

Gvlielmi ‖ Manderston Compendio=‖sa Dialectices Epitome, Ab Av=‖thore recens emendata, & innumeris quibus vn=‖dique ſcatebat mendis, liberata. ‖ Item et eiuſdem quæſtio de futuro ‖ contingenti. ‖ *Parisiis* ‖ Apud *Simonem Colinæum.* ‖ 1528 ‖.

In-8° de 143 ff. chiffr. et 1 f. bl., sign. a-f par 8; car. rom.; init. sur bois à fonds criblés; sur le titre est placée la marque du *Temps* n° 2 (page 108).

Le verso du titre est blanc, le feuillet 2 contient la préface datée du 14 des calendes de décembre 1520 : ❦ *Gvlielmvs Man=‖derston Medicinæ Professor ‖ perquam Reuerendo in Chrifto patri, & domino ‖ domino Andreæ Formam Sanɖi Andreæ Archi=‖præfuli, & Scotiæ Primati Necnon facrofanɖę fe=‖dis apoftolicę à latere per totam Scotiam Legato, ‖ fuoque Mœcenati S. P. D. ‖*; la dialectique occupe les feuillets 3 à 127, les feuillets 128 à 142 contiennent le chapitre *de Futuro contingenti* qui commence par un long titre de départ et se termine par la souscription :

Imprimebat Svis Typis ‖ Simón Colinævs ‖ Anno M. D. XXVIII. ‖ Mense Iv=‖lio. ‖

Le dernier feuillet, blanc au verso, contient au recto : *Lvdovici Vassei Campani Ad ‖ eximiæ virtutis fautorem, dominum Defideriū ‖ Cottinetum figilliferum, canonicumq3 Catha‖launenfem Epigramma in commendationem ‖ Logicæ perfcrutationis. ‖*, ce sont 6 distiques latins signés de la devise *Lavs Perennis Altissimo* et dont les premières et dernières lettres de chaque vers donnent en acrostiche les mots : *Scotica stravit Italvs arva.*

BORDEAUX.

❦ M. V. Martialis ‖ Epigrammaton Li-‖bri XIIII. ‖ *Parisiis ‖ Apud Simonem Colinæum. ‖* 1528. ‖

In-8º de 204 ff. chiffr., sign. *a-ʒ*, A-B par 8, C par 4; car. ital.; sur le titre est placée la marque du *Temps* nº 2 (page 108).

Le verso du titre est blanc, le feuillet suivant contient : *Plinivs Ivnior, Cor=‖nelio Prisco S. ‖*, en caractères romains; les épigrammes de Martial occupent le reste du volume, le dernier feuillet est blanc au verso, il n'y a pas de souscription.

Simon de Colines a réimprimé les épigrammes en 1533, 1539, 1540 et 1544, cette dernière édition contient, de plus que les précédentes, l'explication des locutions grecques employées par Martial.

PARIS : *Bibl. Arsenal.* — ROUEN. — LONDRES : *Brit. Mus.*

❦ Institvtio=‖nes Rhetoricæ, Lon=‖gè aliter traɖatæ quàm antea, ‖ Philippi Melanchthonis. ‖ *Parisiis ‖ Apud Simonem Colinæum. ‖* 1528 ‖.

In-8º de 27 ff. chiffr. et 1 f. non chiffr., sign. a-c par 8, d par 4; car. rom.; annotat. margin.; init. sur bois à fonds criblés; sur le titre est placée la marque du *Temps* nº 2 (page 108).

Le verso du titre contient la dédicace de Melanchthon à Jean Isleben, le corps de l'ouvrage occupe tous les feuillets chiffrés, la souscription suivante est placée au recto du dernier feuillet dont le verso est blanc

Impreffæ Parifijs, Apud Simonem Colinæū, ‖ in vico Sanɖi Ioannis

Bellouacenfis ſub ſi=‖gno Solis aurei commorantem. Anno à ‖ Christo nato, Milleſimo quingenteſi=‖mo xxviij. menſe Septembri. ‖

Copie de l'édition de 1523, Simon de Colines l'a réimprimée encore deux fois en 1531 et 1533.

TROYES.

Avli Persii Flacci ‖ Satyræ Sex. ‖ Cum annotatiunculis in margine adiectis, quæ bre-‖uis commentarij vice eſſe poſſint. ‖ *Parisiis* ‖ Apud *Simonem Colinæum* ‖ 1528 ‖.

In-8º de 13 ff. chiffr. et 1 f. bl., sign. *a* par 8, *b* par 6; car ital. et car. rom. pour les notes margin.; sur le titre est placée la marque du *Temps* nº 2 (page 108).

Le verso du titre contient la vie de Perse, les satyres occupent tout le volume, elles commencent respectivement aux feuillets 2, 4 verso, 6, 8, 9 et 12 et sont accompagnées des commentaires de Cœlius Curio placés dans les marges.

Les satyres de Perse, qu'on trouve ordinairement jointes à celles de Juvénal, ont été réimprimées par Simon de Colines en 1335, 1542 et 1544.

PARIS : *Bibl. Nat.* — BORDEAUX. — CAMBRAI. — LE MANS. — ORLÉANS.

Σοφοκλεους τραγωδίαι επτά. ‖ Sophoclis tragœdiæ septem. ‖

Τα των τραγωδιων ονόματα.	Tragœdiarum nomina.
αἴας μαστιχοφορος.	Aiax flagellifer.
ἡλεκτρα.	Electra.
οἰδιπους τυραννος.	Œdipus tyrannus.
ἀντιγόνη.	Antigone.
οιδιπους ὑπἰ κολωνῷ.	Œdipus colonêus.
τραχινιαι.	Trachiniæ.
φιλοκτήτης.	Philoctetes.

In-8º de 208 ff. non chiffr., sign. α-ω, αα-ββ par 8; car. grecs.

Le verso du titre est blanc, le feuillet suivant contient : Επιγραμματα εἰς Σοφοκλέα. ‖ par Simonide, Eructos et Dioscoride. Les huit tragédies de Sophocle occupent le reste du volume jusqu'au 7ᵉ feuillet du cahier αα au bas duquel est placée la souscription :

Ετυπώθη ἕν λευκετία των παρησίων πα-‖ρά Σίμωνι τῷ Κολιναίῳ δεκεμ-βριου μηνὸς ἕκτῃ ‖ ὑπἰ δεκα, ἔτει ἀπὸ τῆς θεογονιας ογθοῳ καὶ ‖ εικοστῷ πρὸς τοῖς χιλίοις καὶ πεντακοσίοις. ‖

Le feuillet suivant est blanc; le dernier cahier qui ne se trouve pas dans tous les exemplaires contient un errata, un extrait de Suidas, en grec, et 3 pièces de vers grecs sur Sophocle, la dernière de Jean Lascaris. Le texte est celui de l'édition originale donnée par Alde l'Ancien en 1502.

Paris : *Bibl. Nat.* — Amiens. — Besançon. — Bordeaux. — Limoges. — Londres : *Brit. Mus.*

Georgii Trapezuntii dialectica cum scholiis B. Latomi et Ioannis Neomagi. *Parisiis,* in officina *Simonis Colinæi,* 1528.

In-8º, achevé d'imprimer le *14 des calendes de septembre.*
Cité par Maittaire (I, 435) et par Panzer. La dialectique de Georges de Trébizonde a été réimprimée par Simon de Colines en 1532, 1534, 1536, 1539 et 1544, ces éditions sont précédées d'une dédicace de leur éditeur, Jacques Lefèvre d'Etaples.

Lavren‖tii Vallæ Ele=‖gātiarum adeps, ex eius ‖ de lingu‖ latina libris, ‖ per Bonum Accurſium ‖ Piſanū ſtudioſiſſime col‖lectus, & iamprimū mul‖tis mendis bona fide li=‖beratus. ‖ *Parisiis* ‖ Apud *Simonem Colinæum* a 1528 ‖.

In-8º de 80 ff. chiffr. et 8 ff. non chiffr., sign. a-l par 8; car. rom.; init. sur bois à fonds criblés; le titre est placé dans l'encadrement *aux Lapins* (page 48).
Le verso du titre est blanc, le feuillet suivant contient au recto un avertissement de l'éditeur au lecteur dans lequel il est dit que les titres donnés aux chapitres par Bonus Accursius ont été remplacés par ceux du texte même de Valla; au verso de ce feuillet est placée la dédicace : *Bonvs Accvrsivs Pisanvs, Ma-*‖*gnifico equiti aurato, ac primo ducali ſe=*‖*cretario ſapientiſſ. Ciccho Simonetæ S.* ‖, sans date; le volume est divisé en deux parties, la première, feuillets 3 à 41 recto, contient les extraits de Valla, la seconde, feuillet 41 verso à la fin, est un choix de préceptes de Valla classés par ordre alphabétique, elle est terminée par la souscription :
Pressit Simon Colinæ=‖*vs Anno M. D. XXVIII.* ‖ *Mense Febrv=*‖ *ario.* ‖ (1529, n. s.)
Les feuillets non chiffrés contiennent l'index sur deux colonnes. Ces extraits des six livres de Valla par Bonus Accursius (Buonaccorso), ont été réimprimés en 1530 et plusieurs fois encore par Simon de Colines qui avait déjà donné en 1524 les extraits choisis par Josse Bade van Aassche et en 1527 le texte même de Valla.

Chartres. — Epernay. — Londres : *Brit. Mus.*

M D XXIX

28 mars 1529 — 15 avril 1530 n. s.

Rodol-‖phi Agricolæ ‖ Phrifij, de inuentione ‖ dialectica libri tres, ‖ cum fcholijs Io‖annis Mat‖thæi ‖ Phriffe-mij. ‖ ☙ ‖ *Parisiis* ‖ Apud *Simonem Colinæum.* ‖ 1529 ‖.

In-4° de 9 ff. non chiffr., 433 pages, 1 page et 6 ff. non chiffr., sign. a-z, A-F par 8; car. rom. pour le texte et ital. pour les commentaires; init. sur bois à fonds criblés; le titre est placé dans un encadrement formé de 4 pièces empruntées aux cadres des Heures de 1524-1525, on y trouve l'initiale couronnée de François Ier, la croix de Lorraine et la devise de Geofroy Tory.

Le verso du titre est blanc, les feuillets liminaires contiennent la dédicace du commentateur : *Hvmanissimo Ac Integerrimo Vi-‖ro domino Matthiæ Wagener, ædis D. Antonij apud Coloniam ‖ Aggrippinam præceptori digniffimo, Ioannes Matthæus Phriffe-‖mius S. D. ‖* datée de Cologne, nones d'août 1523, un avertissement du même au lecteur, l'*Argvmentvm Operis.* ‖, une épître adressée par Rodolphe Agricola à Pline, accompagnée de scholies, et 5 distiques latins. Le texte occupe les pages cotées, chaque chapitre est suivi des copieux commentaires de Phrissemius; au bas de la dernière page est placée la souscription :

Excvdebat Simon Colinævs In Sva ‖ *officina. anno falutis humanæ M. D. XXIX. pridie Non. Iunias.* ‖

Les feuillets non chiffrés qui terminent le volume contiennent un index sur 2 colonnes.

Simon de Colines a réimprimé les trois livres de la dialectique de Rodolphe Agricola (Roelof Huysmann) en 1538 et en 1542, et, en ces mêmes années, deux abrégés dûs l'un à Jean Visorius (1538) et l'autre à Barthélemy Latomus (1542); une édition de Cologne, 1539, in-4°, passe pour offrir un texte meilleur que celui des éditions antérieures. Agricola est considéré comme un précurseur de la renaissance des lettres en Allemagne.

PARIS : *Bibl. Nat.* — AUCH. — LE MANS. — ROUEN.

☙ Caroli Im‖peratoris Il-‖livs Magni, Et ‖ D. Albini, De Rheto=‖rica & Virtutibus di=‖fputatio, per Menra=‖ dum Moltherum re=‖ftituta. ‖ *Parisiis* ‖ Apud *Simonē Colinæū* ‖ 1529 ‖.

In-8° de 48 ff. chiffr., sign. a-f par 8; car. rom.; annotat. margin.; init. sur bois à fonds criblés; le titre est placé dans un cadre gravé sur bois et signé de la croix de Lorraine, connu sous le nom d'encadrement au *Soleil*, qui parait pour la première fois en 1529 et dont nous donnons la reproduction plus loin (page 141).

Le verso du titre est blanc, le corps de l'ouvrage est précédé d'une épître dédicatoire de l'éditeur : ☙ *Menradvs Molthervs* ‖ *Ioanni Pinitiano S. D.* ‖, qui est datée du 10 des calendes de mai 1529 et qui occupe les feuillets 2 à 4; le volume se termine par le mot *Finis*, il n'y a pas de souscription.

L'auteur de cet ouvrage sur la rhétorique est le célèbre Alcuin qui avait latinisé son nom selon l'habitude du temps et se nommait, dans ses écrits, Flaccus Albinus, le D qui précède *Albinus* sur le titre est une abréviation de *Divus*. Les interlocuteurs de ce dialogue sont Alcuin et Charlemagne.

PARIS : *Bibl. Mazarine.* — CHATEAUDUN. — LAVAL.

(BIBLE IN-SEIZE.) Sanctum Jesu Christi Evangelium et Pauli apostoli epistolæ, latine. *Parisiis,* apud *Simonem Colinæum,* 1529.

2 parties in-16.

Cette édition du nouveau Testament est citée par Maittaire, *Historia Typographorum;* Simon de Colines qui avait imprimé le nouveau Testament l'année précédente, pour la quatrième fois, le réimprima dès 1531 et quatre fois encore; l'édition de 1529, si elle existe réellement, doit être une copie des éditions antérieures.

(BIBLE IN-SEIZE.) Contenta. ‖ Libri Regum IIII ‖ Libri Paralipoménon II ‖ Libri Efdræ IIII ‖ Liber Tobiæ ‖

Liber Iudith ‖ Liber Efther ‖ Liber Iob. ‖ *Parisiis* ‖ Ex officina *Simonis Colinæi* ‖ 1529 ‖.

In-16 de 5 ff. non chiffr. et 587 ff. chiffr., sign. a-z, &, aa-zz, &&, aaa-zzz, &&&, aaaa-bbbb par 8; car. rom.; init. sur bois.
Les feuillets non chiffrés contiennent le titre et la préface de saint Jérôme, les différents livres commencent aux feuillets 1, 230, 350, 471 verso, 490, 515 verso, 542; au bas du dernier feuillet, blanc au verso, est placée cette souscription :
Absolvtvm XI. Calend. ‖ *Maii. M. D. XXIX.* ‖
Copie de l'édition de 1526, réimprimée en 1534 et en 1540.

PARIS : *Bibl. Ste-Geneviève.* — LONDRES : *Brit. Mus.*

Catvllvs. ‖ Tibvllvs. ‖ Propertivs. ‖ *Parisiis* ‖ Apud *Simonem Colinæum* ‖ 1529 ‖.

In-8º de 167 ff. chiffr. et 1 f. bl., sign. *a-x* par 8; car. ital.; init. sur bois à fonds criblés; sur le titre est placée la marque du *Temps* nº 2 (page 108).
Le verso du titre est blanc; la vie de chacun des trois poètes, extraite de Crinitus, précède ses œuvres; le texte de Catulle occupe les feuillets 2 à 48, celui de Tibulle occupe les feuillets 49 à 88, il est suivi de deux pièces : *Epitaphion Tibvlli.* ‖ et *Ovidii Epistola De Mor-*‖*te Tibvlli.* ‖, le texte de Properce occupe les feuillets 89 à 167, il n'y a pas de souscription.
Le texte suivi est celui de l'édition aldine de 1502; Simon de Colines a réimprimé les œuvres de Catulle, Tibulle et Properce en 1533, en 1534 et en 1543.

PARIS : *Bibl. Nat.* — BOURGES. — LYON. — MOULINS. — LONDRES : *Brit. Mus.*

Compen=‖divm Gram‖maticæ Græcæ Iacobi Cepo-‖rini, iam tertium de integro ‖ ab authore caftigatum. ‖ *Parisiis.* ‖ Apud *Simonem Colinæum.* ‖ 1529 ‖.

In-8º de 60 ff. non chiffr., sign. A-G par 8, H par 4; car. ital. et grecs; annotat. margin.; init. sur bois à fonds criblés; le titre est placé dans l'encadrement au *Soleil* (page 141).
Le verso du titre est blanc, la grammaire grecque est divisée en trois parties, la première partie traite *de Spiritibus, de Articulo, de Nomine,* la seconde *de Verbo,* la troisième *de Pronomine, de Adverbio, de Præpositione, de Constructione, de Accentibus et obiter de quantitate vocalium* α, ι, υ, et *de Inclinativis,* le verso du dernier feuillet est blanc, il n'y a ni pièces liminaires ni souscription.
La grammaire grecque de Jacques Ceporinus, dont le nom allemand

est Wiesendanger, a eu un assez grand nombre d'éditions, Bâle, 1522, 1528, 1532, Zurich, 1526, Cologne, 1534, etc., elle est ordinairement accompagnée du poëme d'Hésiode Ἔργα καὶ Ἡμέραι dont Ceporinus a écrit des commentaires qui ne se trouvent cependant pas dans l'édition sans date de Simon de Colines.

PARIS : *Bibl. Nat.* — MONTBRISON. — TOURS. — TROYES.

❧● M. Tvllii Cice=‖ronis Rhetorico-‖rum libri quatuor ad Herennium. ‖ Item M. Tullij Ciceronis de Inuentio=‖ne libri duo. ‖ *Parisiis* ‖ Apud *Simonem Colinæum.*‖ 1529 ‖.

In-8° de 156 ff. chiffr., sign. a-t par 8, v par 4; car. rom.; annotat. marg.; init. sur bois à fonds criblés; sur le titre est placée la marque du *Temps* n° 2 (page 108).

Le verso du titre est blanc, le volume ne contient aucune pièce liminaire, les quatre livres à Herennius occupent les feuillets 2 à 78, les deux livres *de Arte Rhetorica* ou *de Inventione* occupent les feuillets 79 à 156 et se terminent par cette souscription :

M. Tvllii Ciceronis Rhe=‖toricorvm De In=‖ventione, ‖ *Finis.* ‖ *Tertio Idvs Martii.* ‖ *M. D. XXIX.* ‖ (1530, n. s.)

Ces deux traités de Cicéron qui avaient été déjà imprimés par Simon de Colines en 1524 ont été réimprimés encore trois fois en 1536, en 1539 et en 1545.

LAVAL.

❧● M. Tvllii Cice=‖ronis De Oratore Li=‖bri Tres, A Philip‖po Melanchthone ‖ fcholijs ac notulis qui=‖bufdam illu=‖ftrati. ‖ *Parisijs* apud *Simonem Colinæum,* ‖ menfe Decembri. M. D. XXIX. ‖

In-8° de 8 ff. non chiffr. et 152 ff. chiffr., sign. A, a-t par 8; car. rom.; annotat. margin.; sur le titre, qui est blanc au verso, est placée la marque du *Temps* n° 2 (page 108).

Les feuillets liminaires contiennent : *Philippvs Melanchthon* ‖ *Lectori.* ‖ et *Argvmentvm* ‖ *Eivsdem In Lib. I* [II et III]. ‖; le reste du volume contient le texte de Cicéron terminé au recto du dernier feuillet par la souscription :

Parisiis Ex Officina Lvdo=‖vici Blavblomii Ganda=‖vi, Impensis Simonis Co=‖linæi, Anno Salv=‖tis. M. D. XXIX. ‖

Réimprimé par Simon de Colines avec les notes de Philippe Melanchthon en 1534, en 1537 et en 1543.

A partir de cette année 1529 l'atelier de Simon de Colines ne pouvant plus suffire à la fabrication des nombreux volumes qu'il éditait, nous verrons souvent dans les souscriptions le nom d'un autre imprimeur, Louis Blaublom, de Gand, qui se nomme aussi Cyanius ou Cyaneus (*bluet*, traduction latine de son nom) et quelquefois simplement Ludovicus Gandavus, les volumes sortis des presses de Blaublom sont en tous points semblables à ceux qui sont imprimés par Simon de Colines, et l'exécution typographique en est aussi soignée.

CLERMONT-FERRAND. — VERDUN.

☙ Compendivm Ve=‖ritatvm Ad Fidem Pertinenti=‖um, contra erroneas Lutheranorum affertiones : ex dictis & actis ‖ in concilio prouinciali Senonenfi, apud Parifios celebrato, anno ‖ millefimo quingentefimo vigefimooctauo. per Iudocū Clichto=‖ueum Neoportuenfem, doctorem theologum Parifienfem, & ca‖nonicum Carnotenfem : elaboratum, ac in lucem emiffum. ‖ *Parisiis* ‖ Ex officina *Simonis Colinæi.* ‖ 1529 ‖.

In-folio de 6 ff. non chiffr., 145 ff. chiffr. et 5 ff. non chiffr., sign. a par 6, b-t par 8, v par 6; car. rom.; annotat. margin.; init. sur bois à fonds criblés.

Les 6 premiers feuillets non chiffrés comprennent le titre, la dédicace de Clichtove à François Ier, datée de Chartres, 1529, l'index des chapitres et la préface; le corps de l'ouvrage occupe tous les feuillets chiffrés et se termine par la souscription suivante :

☾ *Compendij veritatum ad fidem pertinentium, & contra ve=‖fanas Lutheranorū affertiones difcuffarū : adiutore deo, finis.* ‖ *Quod quidem in lucem emiffum eft, & prelo excufum : apud* ‖ *Lutetiam Parifiorum, in officina Simonis Colinęi : ad infigne* ‖ *folis aurei, e regione collegij Bellouacenfis, confiftente : vbi &* ‖ *hoc opus, venale comperitur. Anno falutis humanę vicefimo* ‖ *nono, fupra millefimum & quingentefimum : die vero quar=‖ta menfis Septembris.* ‖

Le verso du feuillet 145 et les feuillets non cotés de la fin, dont le dernier est blanc au verso, contiennent l'index des matières classées par ordre alphabétique.

M. Vander Haegen cite dans sa *Bibliotheca Belgica* les titres des principaux chapitres du volume, on trouvera plus loin (page 13?) le recueil des décrets du concile de Sens, publiés probablement aussi par Clichtove qui y prit part, le privilège accordé pour ce dernier volume se rapporte aussi au *Compendium.*

PARIS : *Bibl. Nat.; Bibl. Maʒarine.* — CHAUMONT. — DIJON. — TOURS. — TROYES. — M. Vander Haegen cite encore : CAMBRIDGE : *Bibl. Univ.* — COPENHAGUE. — FRIBOURG-EN-BRISGAU. — GOTTINGUE. — LA HAYE. — LOUVAIN. — MUNSTER : *Bibl. Paul.*

(Simon DE COLINES et J. LEFÈVRE D'ÉTAPLES.) ☞ Grammato-‖graphia Ad Prompte Cito-‖qve Discendam Gramma‖ticen, tăbulas tum generâles, tum ‖ fpeciâles côntinens. ‖ Vide în=‖di‖cem in ‖ calce ŏperis. ‖

 Rêgia Calliope iŭuenes hoc trâmite duci
  Perfăcile ad puri grămmata fontis auet.

Parisiis ‖ Apud *Simônem Colinâeum.* ‖ 1529 ‖.

In-4° de 57 ff. chiffr., 3 et 14 ff. non chiffr., sign. A-N par 4, O par 6, P par 2, a-b par 4, c par 6; car. rom.; impression en rouge et noir.

Le verso du titre est blanc, le feuillet 2 contient au recto une préface de Simon de Colines : ☞ *Simon Colinævs Omni-‖bvs Cito Et Facile Discendæ* ‖ *grammăticæ cŭpidis S.* ‖, le corps de l'ouvrage commence au verso du feuillet 2 et occupe tous les feuillets chiffrés, il est divisé en douze chapitres ou tables dont voici les titres : ☞ *I. Tabvla Generalis, Vtilis Ad* ‖ *Prompte Citoqve Discendam Grammaticen.* ‖ ☜ *Articulórum...;* — ☞ *II. Tabvla Generalis* : ☜ *De Verbis in or,* ‖... — ☞ *III. Tabvla. Quæ eft fpeciális. Declinatiōnum nōminum;* — ☞ *IIII. Tabvla Specialis quæ eft coniugatiōnum verbôrum...;* — ☞ *V. Tabvla quæ eft têrtia fpeciális nôminū Anomalôrum,* ‖...; — ☞ *VI. Tabvla. Quæ eft quarta fpeciális Gĕnerum partium* ‖ *declinabĭlium;* — ☞ *VII. Tabvla quæ eft quinta fpeciális verbôrum irregulárium;* ☞ *VIII. Tabvla quæ eft fexta fpeciális, Syntáxeos...;* — ☞ *IX. Tabvla quæ eft féptima fpeciális, Quantitátis fy̆lla=‖bârum...;* — ☞ *X. Tabvla De orthogrăphia quæ eft oɔtáua fpeciális...;* — ☞ *XI. Tabvla De Accĕntu & Pŭɔtis quæ eft nona fpeciális...;* — ☞ *XII. Tabvla Quæ eft dĕcima fpeciális De Metris, & Fi=‖gŭris grammaticálibus.* ‖; tous les chapitres sont dédiés à Madeleine de France. A la fin est la souscription :

Ex officina Simônis Colinâei, Anno ‖ *M. D. XXIX. Menfe Oɔɔtóbri.* ‖

Le premier feuillet non chiffré contient au recto deux pièces de vers latins : *Ioánnis Larchĕrij Campáni ad iŭuenes* ‖ *Epigrámma.* ‖ et *Thomas Chalcŏgraphus Ad leɔtôres.* ‖, il est blanc au verso, les deux feuillets suivants contiennent l'index, sur 2 colonnes, et un petit errata. On trouve encore dans quelques exemplaires, 14 feuillets contenant un supplément : ☞ *Clavis Tesserarvm* ‖ *Grammatogrăphiæ.* ‖ divisé en 3 parties et terminé par ces mots : *Tertii Actvs Et Vlti=‖mi Clavis Tessera=‖rvm Finis.* ‖ *1530* ‖, il aura été imprimé après la mise en vente de la *Grammatographia,* c'est ce qui explique pourquoi il manque le plus souvent.

On a souvent attribué ce petit traité à Simon de Colines, d'après les termes de sa préface, mais les catalogues de 1546 et 1548 nous donnent le nom de l'auteur, Jacques Lefèvre d'Étaples, et lui attribuent aussi des petits opuscules grammaticaux, destinés à l'éducation de Madeleine de France et du duc d'Angoulême, comme le *Vocabulaire du Psaultier* que nous citons plus loin (p. 146); ces opuscules, dont nous n'avons pas trouvé trace, avaient été imprimés par Colines, ce sont eux que l'imprimeur a remaniés, sans doute, et dont il a disposé les enseignements en forme de tableaux; on trouvera la préface de Colines dans la partie biographique.

Réimprimé en 1533.

Paris : *Bibl. Nat.; Bibl. Mazarine; Bibl. Société de l'Histoire du protestantisme français*. — Amiens. — Clermont-Ferrand. — Évreux. — Rouen.

Richardi Croci Cantabrigiensis, ad Cantabrigienses Oratio, qua eos ad Græcitatis studium accendit. *Parisiis, anno M. D. XXIX, apud Simonem Colinæum impressa.*

In-4°.

C'est le premier des deux discours de Richard Croke imprimés par Simon de Colines en 1520; il est cité par Maittaire (I, p. 317) et d'après lui par plusieurs bibliographes, Panzer, en reproduisant l'indication de Maittaire ajoute : *Editio dubia, pertinet fortasse ad annum 1520.*

Decreta Pro-‖vincialis Concilii Senonensis : ‖ celebrati sub Reuerendiſſimo domino, Antonio a Prato : tituli ‖ ſanctæ Anaſtaſię preſbytero Cardinali, Senonenſi archi-epiſco=‖po, Galliarum & Germanię primate, necnon Albigienſi epiſco=‖po, Franciæ Cancellario. Anno domini Milleſimo, quingente=‖ſimo, viceſimooctauo. ‖ *Parisiis* ‖ Ex officina *Simonis Colinæi.* ‖ 1529 ‖ Cvm Privilegio ‖.

In-folio de 35 ff. chiffr. et 1 f. bl., sign. a-c par 8, d-e par 6; car. rom.; init. sur bois à fonds criblés; sur le titre sont les armoiries d'Antoine du Prat, gravées au trait, surmontées du chapeau de cardinal.

Le verso du titre contient, en caractères gothiques, le privilège français, accordé le 16 septembre 1529 à Guillaume Danont (Dauoust) et à Simon de Colines pour le recueil des décrets du concile provincial de Sens qu'*ilz ont redige & faict rediger par eſcript,* et pour le volume de Clichtove que nous avons décrit plus haut : *Compendium veritatum ad fidem pertinentium contra erroneas lutheranorum assertiones ex dictis & actis in concilio provinciali Senonensi;* le feuillet 2 contient le mandement d'Antoine du Prat ordonnant l'ouverture du concile (Paris, 20 février 1528), le reste du volume comprend : *Præfatio;* — Generale Decretvm, Continens ‖ hæreſum quæ nūc pullulant ſpecies...; — l'*Index decretorum fidei* et les *Decreta fidei* au nombre de seize; —

☽ *Annotationes aliquot errorum, iam olim damnatorum, & nunc* || *repul-lulantium : paucis conſtrictæ.* ||; — ☽ *Ad Principes Chriſtianos exhortatio : vt elaborent pro hæ=*||*reticis exterminandis.* ||; — ♃ *Index Materiarvm, In Seqventibvs Mo=*||*rum decretis...*; — *Decreta Morum;* — ☽ *Concilij poſtrema concluſio.* ||; la souscription suivante termine le volume au feuillet 35 verso :

☽ *Actorum & decretorum prouincialis concilij Senonenſis : in=*||*choati anno milleſimo quingenteſimo vigeſimoſeptimo, &* || *conſummati anno milleſimo quingenteſimo vigeſimoocta=*||*uo : finis. Quæ ædita fuerũt in lucem & impreſſa apud Lute=*||*tiam Pariſiorum, in officina Simonis Co-linæi, ad ſignum ſo=*||*lis aurei : e regione collegij Bellouacēſis. Anno ab incarnatio=*||*ne domini, milleſimo quingenteſimo vigeſimonono : die ve=*||*ro vigeſima ſeptima menſis Septembris.* ||

Une seconde édition du recueil des décrets du concile de ~~Trente~~ a été imprimée par Simon de Colines en 1532. [de Sens]

Paris : *Bibl. Nat; Bibl. Maʒarine; Bibl. Ste-Geneviève*. — Bordeaux. — Bourges. — Marseille. — Reims. — Saintes. — Troyes. — Tournai.

❧ Para-||bolæ Sive Simi-||lia D. Eraſmi Roterodami poſtre-||mum ab authore recognita, cum || acceſſione nonnulla, adiectis ali-||quot vocularum obſcurarum in-||terpretationibus. || *Pariſiis* || Apud *Simonem Coli-næum.* || 1529. ||

In-8° de 100 ff. chiffr., sign. a-m par 8, n par 4; car. rom.; init. sur bois à fonds criblés; sur le titre est placée la marque du *Temps* n° 2 (page 108).

Le verso du titre et les feuillets 2 et 3 contiennent l'épitre dédicatoire : ❧ *Erasmvs* || *Petro Ægidio celebratiſſi=*||*mæ ciuitatis Antuer=*||*pienſis, ab actis,* || *S. D.* || datée de Bâle, ides d'octobre 1514. Les cinq parties : *Ex Plutarchi Moralibus, ex Seneca, ex Luciano, Xenophonte ac Demosthene, ex Aristotele, Plinio, Theophrasto, Vocularum quarundam expositio,* commencent respectivement aux feuillets 4, 50, 57 et 97 verso; au bas du dernier feuillet est placée la souscription :

Pariſiis Impreſſvm Apvd || *Simonem Colinævm Pridie Calend.* || *Iulij. M. D. XXIX.* ||

Cette édition est copiée sur celle de 1523 et a été réimprimée par Simon de Colines en 1540.

Nimes. — Rennes. — Sens. — Tours.

❧ Enrichi=||dion Militis || Christiani, ſaluberri||mis præceptis refer=||tum, authore Deſ. || Eraſ. Roterodamo, ‖ cum marginarijs an‖notatiunculis. ‖ *Parisiis* ‖ Apud *Simonē Colinæū* ‖ 1529. ‖

In-8º de 107 ff. chiffr. et 1 f. bl., sign. a-n par 8, o par 4; car. rom.; init. sur bois à fonds criblés; annotat. margin. Le titre est placé dans l'encadrement *au Soleil* que nous reproduisons à la page 141.

Les feuillets 2 à 15 contiennent l'épître dédicatoire d'Erasme à Paul Volzius datée de 1518, le reste du volume contient le corps de l'ouvrage, qui est terminé par la souscription suivante :

Excuſſum anno à ſalute noſtra 1529 ‖ *viceſimaſexta Octobris.* ‖
Copie de l'édition de 1523.

AMIENS. — NIMES. — TOURS.

Clavdii Galeni ‖ Pergameni De Atra ‖ Bile, Liber. ‖ De Tvmoribvs Præter ‖ Natvram, Liber. ‖ Guinterio Ioanne Andernaco interprete. ‖ *Parisiis* ‖ Apud *Simonem Colinæum.* ‖ 1529 ‖.

In-8º de 4 ff. non chiffr , 27 ff. chiffr. et 1 f. bl., sign. a par 4, b-d par 8, e par 4; car. rom.; annotat. margin.; init. sur bois à fonds criblés; sur le titre est placée la marque du *Temps* nº 2 (page 108).

Le verso du titre est blanc, les autres feuillets non chiffrés contiennent : *Antonii Galli Medici In* ‖ *Lycambeos ſycophantas, trimetrum Iambicum.* ‖, 29 vers latins imprimés en caractères italiques et signés de la devise : τῷ θεῷ χαρίς, et la dédicace : *Illvstrissimo Principi Ro-*‖*berto A Marca, Eqviti Av-*‖*rato, Marscalo Franciæ,* ‖ *Comiti Apvd Brayne, Et* ‖ *Domino Floreing. &c. Gvin-*‖*terivs Ioannes Ander-*‖*nacvs S.* ‖ Le traité *de atra Bile* occupe les feuillets 1 à 16 recto, le traité *de Tumoribus præter naturam*, occupe les feuillets 16 verso à 27 recto, au verso de ce dernier feuillet se trouve encore un errata, il n'y a pas de souscription.

PARIS : *Bibl. Nat.; Bibl. Maʒarine; Bibl. Fac. de Médecine.* — BAYEUX. — CAMBRAI. — SENS. — LONDRES : *Brit. Mus.*

Γαληνοῦ Περὶ Τῶν ‖ σφυγμῶν εἰσαγομένοις. ‖ Galeni Liber ‖ de pulſibus introductorius. ‖ *Parisiis* ‖ Apud *Simonem Colinæum.* ‖ 1529 ‖.

In-8º de 20 ff. non chiffr., sign. A-B par 8, Γ par 4; car. grecs; init. sur bois à fond criblé; sur le titre est placée la marque du *Temps* nº 2 (page 108).

Le verso du titre et celui du dernier feuillet sont blancs, il n'y a pas de souscription; cette petite plaquette ne renferme que le texte grec du

livre préliminaire de Galien sur le pouls, Colines a donné encore en
1531 les commentaires latins des traités du pouls par Jean Gonthier et
en 1532 leur traduction latine par Hermann Cruserius.

Simon de Colines a imprimé quatre autres petits traités de Galien,
dans le texte grec, en format in-8°, l'un en 1530, les trois autres sans
date, mais probablement imprimés à la même époque et par les soins
du même éditeur, Jean Gonthier d'Andernach.

Paris : *Bibl. Nat.* — Bordeaux. — Reims.

🙵 Clavdii Galeni ‖ Pergameni De Diebvs De-‖cretoriis
Libri Tres. ‖ De morborū temporibus, liber vnus. ‖ De
generalibus morborum tempori=‖bus, alter. ‖ *Parisiis* ‖
Apud *Simonem Colinæum.* ‖ 1529 ‖.

In-8° de 8 ff. non chiffr., 87 ff. chiffr., 1 f. bl. et 4 ff. non chiffr.,
sign. a-m par 8, n par 4; car. rom.; init. sur bois à fonds criblés; sur
le titre est placée la marque du *Temps* n° 2 (page 108).

Les feuillets non chiffrés contiennent outre le titre dont le verso est
blanc, un avertissement *Candido Lectori S.* ‖ et l'errata. Les trois livres
du premier traité occupent les feuillets 1 à 66, le second traité les
feuillets 67 à 79, et le troisième les feuillets 80 à 87; les feuillets non
chiffrés de la fin contiennent l'index, le verso du dernier feuillet est
blanc, il n'y a pas de souscription.

Le traducteur dont le nom ne se trouve ni sur les titres de départ
ni dans l'avertissement qui n'est pas signé, doit être Jean Gonthier
d'Andernach, une traduction qui porte son nom et qui est probablement
la même a été imprimée par Guillaume Roville à Lyon, en 1550; il en
existe une autre de Jean Lalamantius imprimée aussi par Guillaume
Roville en 1559.

Paris : *Bibl. Nat.*; *Bibl. Fac. de Médecine.*

🙵 Hero-‖diani Historici ‖ Græci Libri Octo Ab ‖ Angelo
Politiano La-‖tinitate Donati. ‖ Quibus acceſſit in ſingulos libros Epitome ‖ Iacobi Omphalij Andernaci;
authoris vita : & de ‖ Romana hiſtoria quædam ſcitu
non indigna. ‖ *Parisiis* ‖ Apud *Simonem Colinæum.* ‖
1529 ‖.

In-8° de 16 ff. non chiffr. et 102 ff. chiffr., sign. *aa-bb*, *a-m* par 8,
n par 6; car. ital.; annotat. margin.; sur le titre est placée la marque
du *Temps* n° 2 (page 108).

Les 16 premiers feuillets contiennent la table, placée au verso du
titre, la dédicace du traducteur : *Angelvs Politianvs An-‖dreæ Magna-*

nimo Suo S. ‖ datée des nones de mai 1493, la préface, l'index, la vie d'Hérodien et quelques fragments suivis d'un abrégé des huit livres par Jacques Omphale. La traduction occupe tous les feuillets chiffrés, elle se termine par la souscription suivante qui se trouve au verso du dernier feuillet :

Parisiis, Ex Officina Lv-‖*dovici Blavblomii Gan-*‖*davi, Impensis Honestis-*‖*simi Viri Simonis Coli-*‖*næi, Anno Salvtis M. D.* ‖ *XXIX. Mense Novembri.* ‖

La traduction d'Ange Politien a dû paraître pour la première fois en 1493, année pendant laquelle il fut fait trois éditions datées, l'une imprimée à Rome (20 juin), les deux autres à Bologne (1er septembre et 1er octobre), une autre édition, sans lieu ni date, est considérée comme étant la première, elle aura donc été publiée entre les nones de mai (7 mai) 1493, date de la préface, et le 20 juin, date de l'édition de Rome; on retrouve cette traduction dans l'édition aldine de 1524 et elle a été réimprimée par Colines en 1539, elle passe pour être assez incorrecte et a été revisée plus tard par Henri Estienne.

TROYES. — BRUXELLES.

Græce ‖ Isocratis Ora-‖toris difertiffimi fermo admo-‖nitorius ad Demonicum, iuuen‖tutis generofæ moribus accom‖modandis idoneus. ‖ Eiufdem ad Nico-clem oratio, qui-‖bus melior euafurus fit prin-‖ceps atq̃ adeo omnes qui pu-‖blicis funguntur muneribus. ‖ Poftpofita Ottomari Lufcinij ‖ verfione. ‖ *Parisiis* ‖ Apud *Simonem Colinæum.* ‖ 1529 ‖.

In-8º de 40 ff. non chiffr., le dernier blanc, sign. A-B par 8, C par 4, D-E par 8, F par 4; car. ital. et grecs; init. sur bois à fonds criblés; le titre est placé dans le nouvel encadrement, dit encadrement *au Soleil*, qui est dû à Geofroy Tory dont il porte la croix de Lorraine, et qui paraît pour la première fois en 1529; il a été employé par Simon de Colines concurremment avec l'encadrement *aux Lapins*, que nous rencontrerons moins souvent, et a été, comme lui, réservé presque exclusivement aux ouvrages pédagogiques ou aux éditions de classiques destinées aux jeunes gens, le soleil rappelle la nouvelle enseigne de Simon de Colines; nous en donnons la reproduction ci-contre.

Le verso du titre est blanc; le volume est divisé en deux parties, la première (19 feuillets) contient le texte grec des deux traités d'Isocrate à Démonicus et à Nicoclès, la seconde partie contient leur traduction latine par Ottomarius Luscinius (Ottemar Nachtigall), l'auteur des *Musicæ Institutiones* et des *Ioci et Sales festivi.*

PARIS : *Bibl. Nat.*

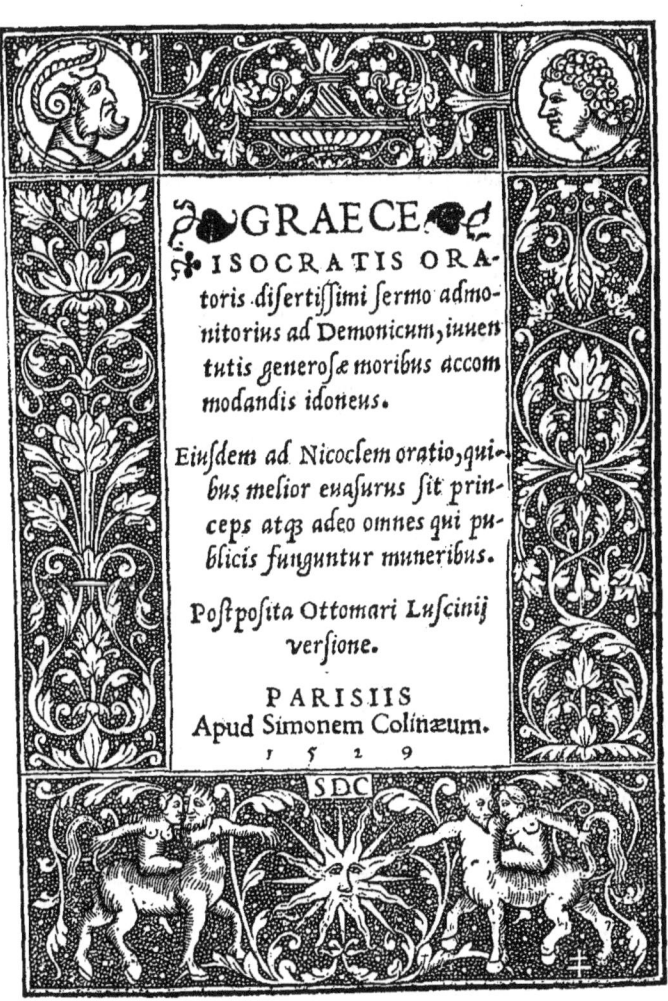

Encadrement *au Soleil*.

🙵 L. Cœlii ‖ Lactantii Fir‖miani liber de opificio ‖ dei feu formatione ho‖minis : Erafmi Rote=‖rodami fcholijs nouiffi‖me illuftratus : & accu=‖rate per eundem reco=‖gnitus. ‖ *Parisiis* ‖ Apud *Simonē Colinæū.* ‖ 1529 ‖.

In-8º de 36 ff. chiffr., sign. a-d par 8, e par 4; car. rom.; init. sur bois à fonds criblés; le titre est placé dans l'encadrement *au Soleil* (page 141).

Le verso du titre est blanc, le feuillet 2 contient la dédicace 🙵 *Des. Erasmvs Roterod.* ‖ *ornatiff. viro Tielmanno Grauio,* ‖ *fiue à Foffa, S. D.* ‖, datée de Bâle, le 10 des calendes de mars 1529; le reste du volume est occupé par le texte de Lactance dont chaque chapitre est accompagné du commentaire d'Erasme; il n'y a pas de souscription.

Erasme a suivi le texte de l'édition aldine de 1515, donnée par Jean Baptiste Egnatius, et l'a corrigé d'après un ancien manuscrit. Le catalogue de la bibliothèque de J. Techener (I, 1164) mentionne une édition de Simon de Colines sous la date de 1526, c'est évidemment une erreur, la préface dans laquelle Erasme envoie son travail, *aliquot dierum opella,* à Tielmann de Graves étant datée de 1529.

PARIS : *Bibl. Nat.* — AMIENS. — MONTBRISON.

P. Ovidii ‖ Nasonis. Meta-‖morphoseon Libri XV. ‖ *Parisiis* ‖ Apud *Simonem Colinæum.* ‖ 1529 ‖.

In-8º de 8 ff. non chiffr., 209 ff. chiffr. et 1 f. (bl.?), sign. ✶, a-ʒ, A-B par 8, C par 10; car. ital.

Les feuillets non chiffrés comprennent le titre, dont le verso est blanc, et : *P. Ovidii Nasonis Vita,* ‖ *Ex Eivs Ipsivs Libris* ‖ *Collecta.* ‖, recueil des passages dans lesquels Ovide parle de lui-même, et qui est ici beaucoup plus complet que dans l'édition aldine, les feuillets chiffrés contiennent les 15 livres des métamorphoses; il n'y a pas de souscription. Ce volume doit se joindre aux deux suivants, pour former l'édition complète des œuvres d'Ovide que Simon de Colines a réimprimées deux fois en 1536-1537 et en 1541.

PARIS : *Bibl. Ste-Geneviève; Bibl. Arsenal.* — AMIENS. — BOURGES. — DIJON. — MOULINS. — TOULOUSE. — TROYES. — GENÈVE.

P. Ovidii ‖ Nasonis Amatoria. ‖ Heroidum Epiftolæ. ‖ Auli Sabini, vt creditur, Epiftolæ tres. ‖ Elegiarum libri tres. ‖ De arte amandi, libri tres. ‖ De remedio amoris, libri tres. ‖ In Ibin. ‖ Ad Liuiam, de morte

Drusi. ǁ De Nuce. ǁ De medicamine faciei. ǁ Recens Accessere ǁ Fragmenta quædam ex Epigramma-ǁtis Nasonis. ǁ Carmen ad Pisonem incerti authoris, ele-ǁgentia tamen & eruditione iuxtà nobile. ǁ *Parisiis* ǁ Apud *Simonem Colinæum.* ǁ 1529 ǁ.

In-8º de 212 ff. chiffr., sign. A-Z, AA-CC par 8, DD par 4; car. ital.

Le verso du titre est blanc, les *Heroidum epistolæ* (ff. 2 à 72 recto) sont terminées par : *De Sapphvs Patria Et* ǁ *Moribvs Ex Svida.* ǁ, — *Antipater Sidomvs.* ǁ (1 distique latin), — *Avsonivs.* ǁ (1 distique latin et grec). — *Papinivs.* ǁ (1 distique latin), — *Horativs.* ǁ (2 vers latins); les *Auli Sabini epistolæ* (ff. 72 verso à 78 recto) sont précédées d'une notice sur Sabinus, les autres parties annoncées sur le titre commencent respectivement aux feuillets 78 verso, 124, 165, 179 verso, 191 et 199, le *de Medicamine faciei* (ff. 202 à 204 recto) est suivi de : *De Pvlice Elegeia, Qvam* ǁ *satis constat non esse Ouidij, nec cu-ǁiusquam eruditoris.* ǁ, — *De Philomela Ele-ǁgia. Nec Ea Qvi-ǁdem Ovidii.* ǁ (ff. 204 verso à 206 verso), les *Fragmenta* occupent les feuillets 206 verso à 207 et le *Carmen ad Pisonem incerti authoris* les feuillets 208 à 212; il n'y a pas de souscription.

Paris : *Bibl. Ste-Geneviève.* — Orléans. — Troyes. — Genève.

P. Ovidii ǁ Nasonis ǁ Fastorvm Lib. VI. ǁ Tristivm Lib. V. ǁ De Ponto Lib. IIII. ǁ *Parisiis* ǁ Apud *Simonem Colinæum.* ǁ 1529 ǁ.

In-8º de 210 ff. chiffr., sign. *aa-zz*, A*a*-B*b* par 8, C*c* par 10; car. ital.

Le verso du titre est blanc, les trois poëmes d'Ovide annoncés sur le titre ne sont accompagnés d'aucune pièce, ils commencent aux feuillets 2, 88 verso et 153; il n'y a pas de souscription. Le texte suivi dans ces trois volumes est celui de l'édition aldine revu et amélioré en certains passages.

Paris : *Bibl. Ste-Geneviève.* — Genève.

Stilvs ǁ ecclesiasticæ iurisdictionis ar=ǁchiepiscopalis, primatialis, atqʒ ǁ patriarchalis Biturensis. ǁ ℂ Væneunt *Bituris*, iuxta cœmiterium ǁ sancti Petri Puellarū, sub signo Lilij. ǁ ℂ Cum priuilegio. ǁ

In-8º de 57 ff. chiffr., 24 ff. non chiffr. et 1 f. bl., sign. a-f par 8, g par 10, A-C par 8; car. rom.; init. sur bois à fonds criblés; sur le titre sont placées les armes de François de Tournon, archevêque de Bourges, gravées au trait.

Le verso du titre est blanc, les 57 feuillets chiffrés contiennent le style de la juridiction ecclésiastique de l'archevêché de Bourges, terminé par un index qui occupe le verso du feuillet 57 et le recto du feuillet suivant, les derniers feuillets renferment : *Archiepiscopus Bituricensis* || *primas & metropolitanus,* || *ratione primatialis dignita*=||*tis hos habet suffraganeos.* || et la souscription :

℃ *Imprimebat Simon Co*=||*linæus Anno M. D.* || *xxix. xiiij Calen.* || *Aprilis.* ||

Ce volume aura été exécuté par Colines pour le compte d'un libraire de Bourges, probablement Barthélemy Bertault, il n'y avait pas encore d'imprimerie dans cette ville et la première presse n'y fut introduite que l'année suivante par Jean Garnier.

PARIS : *Bibl. Nat.*

Marci Teren=||tii Varronis Qvæ || fuperfunt ex libro quem de lingua || Latina ac verborum origine con=||fcripfit, fragmenta. || ꝓ Eiufdem de analogia libri tres : quos || nitori priftino reftituēdos curauit Mi-||chael Bentinus, multa veterum codi=||cum collatione. || ꝓ Poft-pofitis caftigationibus eiufdem, || ad Varronis intelligentiam || apprime confe=||rētibus. || ⚹ || *Parisiis* || Apud *Simonem Colinæum* || 1529 ||.

In-8º de 102 ff. chiffr., 13 ff. non chiffr. et 1 f. (bl.?), sign. a-n par 8, o par 4 et p par 8; car. rom.; init. sur bois à fonds criblés.

Le verso du titre contient un avertissement au lecteur, le premier traité occupe les feuillets 2 à 60, le second se termine au feuillet 102 verso par la souscription :

Excvsa Hæc Fragmenta, || *Ad Vetervm Exactio*=||*rumque codicum fidem Pari*=||*fijs, apud Simonē Co*=||*linæum, fub fo*||*lis aura*||*ti* || *figno* || *habitantem, e* || *regione gymnafij Bel*||*louaci. M. D. XXIX.* ||

Les 13 feuillets non chiffrés qui terminent le volume contiennent les *Castigationes* de Michel Bentinus et l'index.

PARIS : *Bibl. Nat.* — RENNES. — TROYES. — BRUXELLES. — LONDRES : *Brit. Mus.*

Epitome Iodoci Badii A=||scensii In Sex Latinæ Lingvæ || elegantiarum libros Lavrentii Vallæ. || Et fubinde non contemnendæ explanationes. || Antonij itē Mancinelli lima fuis locis appofita. ‖ *Parisiis* ‖ Ex officina *Simonis Colinæi* ‖ 1529 ‖.

In-4º de 67 ff. chiffr. et 1 f. (bl.?), sign. a-h par 8, i par 4; car. rom.; init. sur bois à fonds criblés; sur le titre est placée la marque du *Temps* nº 2 (page 108).

L'abrégé des six livres de Valla par Josse Bade van Aassche, occupe les feuillets 2 à 63 recto, celui du traité *De reciprocatione sui & suus*, avec les notes d'Antoine Mancinellus, et l'épilogue de Josse Bade occupent le reste du volume qui se termine par la souscription :

Epitomen Ascensianam In Sex ‖ *Laurentij Vallæ elegantiarum libros, & in eiufdem de* ‖ *reciprocatione fui & fuus opufculū imprimebat Simon* ‖ *Colinæus, Anno à Nativitate Christi M. D. XXIX.* ‖ *XIII. Calend. Martias. Vbi aduertendum, vnicuiq; epi=*‖*tome duplicem numerum in margine exteriori effe ad=*‖*iectum. quorum alter, iuxta codices Laurentij ex officina* ‖ *noftra emiffos. quoto cuiufq; libri capiti refpondeat epi=*‖*tome, indicat. alter autem idem : fed iuxta aliorum emiffionem.* ‖

Copie de l'édition imprimée par Simon de Colines en 1524.

LE MANS. — LYON. — SAINT-BRIEUC. — VERDUN. — GAND.

Marci Hieronymi Vidæ Scachorum liber. Antonii Thylesii Cosentini Araneola et Cicindela. *Parisiis*, apud *Simonem Colinæum*, 1529.

In-8º de 15 ff. chiffr. et 1 f. bl., sign. *a-b* par 8; car. ital.

Les feuillets 2 à 13 contiennent le poème de Vida sur le jeu d'échecs : ❦ *Marci Hierony-*‖*mi Vidæ Scachorvm* ‖ *Liber.* ‖ composé de 742 vers alexandrins, les deux derniers feuillets contiennent deux petits poëmes d'Antoine Thylesius : *Antonii Thylesii* ‖ *Cosentini* ‖ *Araneola.*‖, 61 vers alexandrins sur les ruses de l'araignée, et *Cicindela.* ‖, le ver luisant, 28 vers alexandrins; au bas du feuillet 15 est placée la souscription :

Parisiis, Ex Officina Lv-‖*dovici Blavblomii. Im-*‖*pensis Simonis Coli-*‖*næi, Anno Salv-*‖*tis M. D. XXIX.* ‖

Nous ne connaissons de ce petit volume qu'un seul exemplaire qui est conservé à la bibliothèque de Laval, et auquel manque le titre. Le poëme de Vida sur le jeu d'échecs a été fréquemment réimprimé et les anciennes éditions sont toutes fort rares; il en existe plusieurs traductions ou imitations en français; celles de Vasquin Philieul et de M. D. C. ont été réimprimées en 1862 chez J. Gay d'après les deux seuls exemplaires qui en sont connus, une autre se trouve dans les œuvres de Louis des Masures.

LAVAL (exemplaire incomplet du titre).

8● Vocabvlaire | du Pſaultier. || *Parisiis* || Apud *Simonem Colinæum* || 1529 ||.

In-8º de 59 ff. non chiffr. et 1 f. (bl.?), sign. a-g par 8, h par 4; car. rom.; impression en rouge et noir.

Le verso du titre contient : ℂ *Tessera Verborvm,* | *Vocabulario præuia.* , le vocabulaire occupe tout le volume, il débute par ce titre de départ : *Vocabvlarivm* || *Pſaltĕrij pro ingĕnuę indolis a=*||*doleſcĕnte D. Angoliſmĕnſi, & ||ſoróre eius D. Magdalĕna modeſtiſſima* || *adoleſcĕntula, liberis rĕgijs, ac dĕnique* || *pro cunctis rúdibus, primum in gram=*||*măticis initiándis.* || et se termine au bas du dernier feuillet par ces mots : *Vocabvlarii In Psalmos* || *ſinis, Gratiæ deo.* ||

C'est un vocabulaire latin-français des mots contenus dans les psaumes, classés par ordre alphabétique dans chaque psaume : une première colonne contient une initiale en rouge indiquant le genre ou la nature du mot, dans une seconde colonne le mot latin et, en regard, la traduction française, une troisième et une quatrième colonne indiquent les terminaisons des cas ou des personnes.

Aucun nom d'auteur ne paraît dans ce petit volume, cependant la dédicace à Madeleine de France et à son frère le duc d'Angoulême, âgés alors de 9 et de 7 ans, la notation des longues et des brèves, l'impression en deux couleurs, qu'on ne retrouve pour aucun autre ouvrage de ce genre, l'absence même du nom d'auteur, lui donnent tant de points de ressemblance avec la *Grammalographia* que nous sommes bien tenté d'attribuer aussi la paternité du *Vocabvlaire* à Lefèvre d'Étaples, qui était précepteur des enfants de France, et à Simon de Colines; les catalogues de 1546 et de 1548 citent le volume sans donner le nom de l'auteur.

Du Verdier, *Bibliothèque Française*, éd. de 1585, page 1190, cite ce petit volume comme imprimé par *François* de Colines; c'est cette erreur qui, reproduite par Maittaire, Panzer et plusieurs bibliographes, a fait croire à l'existence d'un autre Colines qu'on a supposé être le frère de Simon. Rigoley de Juvigny, dans son édition de du Verdier, a corrigé la faute sans en faire l'objet d'aucune remarque.

Paris : *Bibl. Ste-Geneviève.*

M D XXX

16 AVRIL 1530 — 8 AVRIL 1531 N. S.

Joannis Arborei Introductio in Dialectica elementa. *Parisiis*, apud *Simonem Colinæum*, 1530.

> In-8º; achevé d'imprimer au mois de *septembre*.
>
> Cité par Panzer d'après Maittaire, I, p. 65; il y a peut-être confusion avec l'édition de 1533 que ces deux auteurs ne citent pas et dont l'achevé d'imprimer est aussi du mois de septembre, Simon de Colines en a donné encore deux autres éditions en 1536 et en 1543.

Aristotelis Rhe=‖toricorum ad Theodecten, Georgio Trape=‖zuntio interprete, libri III. ‖ Eivsdem Rhetorices Ad ‖ Alexandrum, à Francifco Philelpho in lati‖num verfæ liber I. ‖ Nunc recēs ad græcam veritatem recogniti. ‖ *Parisijs* apud *Simonem Colinæum*. ‖ 1530. ‖

> In-8º de 183 ff. chiffr. et 1 f. (bl.?). sign. *a-ʒ* par 8; car. ital.; sur le titre est placée la marque du *Temps* nº 2 (page 108).
>
> Le verso du titre et les 2 feuillets suivants contiennent la table des chapitres et la dédicace de Georges de Trébizonde : *Georgii Trapeʒvntii ‖ ad Papæ Thefaurarium prologus in tres ‖ Rhetoricorum Ariftotelis libros ad Theo-‖decten, à fe tralatos.* ‖ (sans date), les trois livres à Théodecte occupent les feuillets 4 à 123, ce dernier blanc au verso; le livre à Alexandre occupe le reste du volume, il est précédé (ff. 127 à 183 recto) de la préface du traducteur François Philelphe : *Francisci*

Philelphi || *præfatio in Ariſtotelis rhetoricam ad Ale-*||*xandrum regem.* ||
(sans date); le volume se termine au recto du feuillet 183, dont le verso est blanc, par la souscription :
Pariſijs apud Simonem Colineum. || *M. D. XXX.* ||

Ces deux traductions des livres de rhétorique d'Aristote datent du xve siècle, elles se trouvaient déjà dans la traduction du recueil des Rhéteurs grecs imprimée par André d'Asola en 1523, Simon de Colines les a réimprimées en 1540.

PARIS : *Bibl. Maʒarine.* — TOURS.

Decem libri Ethi||corvm Aristotelis ad Ni=||comachū, ex traductione Io=||annis Argyropili Byzā=||tij : communi, fa=||miliariq; Ia=||cobi || Fabri Stapu||lenſis cōmentario || elucidati, & ſingulorum || capitum argumētis prænotati || 🍎 || ❦ Adiectvs Leonardi Are||tini de moribus Dialogus ad Galeotū, || Dialogo paruorum moralium || Ariſtotelis ad Eudemium || fere reſpon=||dens. || *Pariſiis.* || Apud *Simonem Colinæum.* || 1530 ||.

In-8° de 335 ff. chiffr. et 1 f. bl., sign. a-z, A-T par 8; car. rom.; init. sur bois à fonds criblés.

Le verso du titre et le feuillet 2 contiennent : ❦ *Iacobi Fabri Stapv=*||*lenſis carmen ad Paulum Æmilium.* || (23 vers latins), et la dédicace : ❦ *Iacobvs Stapvlensis, Reverendo* || *patri Ioanni Rellico, Epiſcopo An-degauenſi, Confeſſo=*||*ri Regio.* || non datée; les 10 livres à Nicomaque occupent les feuillets 3 à 322 recto, chaque chapitre du texte est suivi des notes de Lefèvre, imprimées en caractères plus fins. Le dialogue d'Arétin, *De moribus,* occupe la fin du volume qui est terminé par la souscription :

❦ *Hoc Inſigne Ethicorvm* || *Ariſtotelis opus, excudebat Simon Coli=*||*næus : in celeberrima Pariſienſi aca=*||*demia è regione gymnaſij* || *Bello-uaci, Anno a* || *Christo* || *nato* || *M. D. XXX.* ||.

Copie de l'édition de 1522, on retrouve encore cette traduction et les dialogues d'Arétin dans les trois éditions in-folio des Morales d'Aristote imprimées par Simon de Colines en 1526, 1535 et 1542.

PARIS : *Bibl. Nat.* — TOURS.

Aristotelis logicorum libri recogniti, Boetio Severino interprete, et paraphrases in eosdem, cum adiectis adnotationibus, ordinatore Jacobo Fabro Stapulensi. *Parisiis*, apud *Simonem Colinæum*, 1530.

<small>In-folio.
Cité par Panzer; il est évident qu'il s'agit de l'édition de 1531, dont il existe peut-être des exemplaires avec la date de 1530, Simon de Colines n'aura certainement pas fait deux réimpressions consécutives de ce gros volume.</small>

Aristotelis ‖ Starigitæ Parva Qvæ Vo=‖cant Natvralia. ‖ De Senfu & fenfili. ‖ De Memoria & reminifcentia. ‖ De Somno & vigilia. ‖ De Infomnijs. ‖ De Diuinatione per fomnia. ‖ De Animalium motione. ‖ De Animalium inceffu. ‖ De Extenfione & breuitate vitæ. ‖ De Iuuentute & Senectute, Morte & Vita, ‖ & de Spiratione. ‖ Omnia in latinum conuerfa, & antiquorum more expli=‖cata a Nicolao Leonico Thomæo. ‖ Eiufdem opufcula nuper in lucem edita. ‖ Item eiufdem dialogi, quotquot extant. ‖ *Parisijs* apud *Simonem Colinæum*. ‖ M. D. XXX. ‖

<small>In-folio de 8 ff. non chiffr., 373 pages, 1 page et 1 f. bl., sign. aa, a-y par 8, z, & par 6; car. rom.; init. sur bois à fonds criblés; annotat. margin.; sur le titre est placée la marque du *Temps* n° 2 (page 108).
Le verso du titre est blanc, les 5 feuillets suivants contiennent : *Ioannes Montifdocca Hifpalenfis Scholafticis Patauinis S.* ‖ (Padoue, calendes d'octobre 1522), *Index Alphabe-‖ticus...* sur 3 colonnes, et la dédicace : *Nicolavs Leonicvs Tho=‖mæus R. Paceo potentiffimi Regis* ‖ *Britanniæ à fecretis pri=‖mario S.* ‖ (sans date). Le corps du volume comprend *N. Leonici Prœmivm* ‖ *In Parva Natvr. Aristo.* ‖ (ff. 1 à 10), suivi des traités d'Aristote accompagnés de commentaires et précédés de dédicaces *Alexandro Capellæ, Lucæ Bonfio, Stephano Saulio, Reginaldo Polo britanno, Danieli Renerio patricio veneto, Antonio Amulio patricio veneto, Petro Bembo*; à la suite du dernier traité est placée la souscription :
Parisiis Ex Chalcographia Lvdc=‖vici Cyanii Gandavi, Impensis ‖ *Simonis Colinæi.* ‖ *MDXXX.* ‖
Les dialogues et les opuscules de Nicolas Léonique Thomé qui sont annoncés sur le titre se trouvent contenus dans deux autres volumes parus la même année et formant un tout à part, nous les décrivons plus bas au nom de leur auteur.
C'est la quatrième interprétation donnée par Colines de ces traités</small>

d'Aristote, nous avons déjà vu celle de Jacques Lefèvre d'Etaples et de Josse Clichtove en 1521, leur révision par François Vatable en 1528 et, en 1528 aussi, l'interprétation de Themistius.

PARIS : *Bibl. Nat.; Bibl. Mazarine*. — BESANÇON. — BORDEAUX. — DIJON. — MORLAIX : *Bibl. du Cercle littéraire*. — TROYES. — VERSAILLES. — LONDRES : *Brit. Mus.*

(BIBLE IN-SEIZE.) Pentateuchus Moysi, Genesis, Exodus, Leviticus, Numeri, Deuteronomium. Josue, Liber Iudicum, Ruth. *Parisiis*, apud *Simonem Colinæum,* 1530.

In-16.
Cette édition du Pentateuchus qui est citée par Maittaire, *Historia Typographorum*, doit être la copie exacte de celles de 1525 et de 1527, il y a encore deux réimpressions en 1532 et 1539.

Dvlcora‖tio Amarvlen-‖tiarum Erafmicę re=‖fponfionis ad Apo=‖logiā Fratris Lodo=‖uici Caruaiali, ab eo=‖dē Lodouico ædita. ‖ *Parisiis* ‖ Apud *Simonē Colinæum*. ‖ 1530 ‖.

In-8° de 94 ff. chiffr., sign. a-l par 8, m par 6; car. rom.; initiales sur bois à fonds criblés; le titre dont le verso est blanc, est placé dans l'encadrement au *Soleil* (page 141).
Les feuillets 2 à 6 contiennent l'épître dédicatoire : *Clarissimo Principi Lodovico* ‖ *Cordouæ Demarcho Comariēfi, Lodouicus Car*‖*uaialus, Bethicus, ordinis minorum, S. P. D.* ‖ (Cordoue, calendes de novembre 1529); le texte, imprimé en 2 caractères différents, occupe les autres feuillets chiffrés, il est précédé et suivi de deux petits avertissements au lecteur.
Louis Caravajal, moine observantin, avait écrit contre Erasme un pamphlet violent et l'accusait, entre autres choses, d'avoir voulu anéantir tous les ordres religieux et d'avoir été le principal instigateur du pillage de Rome par le cardinal de Bourbon.

PARIS : *Bibl. Nat*. — ABBEVILLE. — LE MANS. — TOURS. — TROYES.

Cicero de officiis cum annotationibus Erasmi et Phil. Melanchthonis. *Parisiis,* Apud *Simonem Colinæum*. 1530.

In-8°; achevé d'imprimer par Louis Blaublom au mois d'*août*.
Cité par Shweiger, *Handbuch der classischen Bibliographie*, II, 197; ces traités de Cicéron avaient déjà été imprimés par Simon de Colines en 1524 et 1528, et ont été réimprimés en 1533, 1538, 1541 et 1543.

Clavdii Clavdi=‖ani Alexandrini, Poe-‖tæ illuftrifs. quoquot noftra hac tempefta-‖te extant opufcula, ad feriem fubfequentem. ‖ De raptu Proferpinæ. Lib. III. ‖ In Ruffinum. Lib. II. ‖ De bello Gildonico. Lib. I. ‖ Epithalamium in nuptijs Honorij & Mariæ. ‖ Eiufdem Panegyrici. Lib. VII. ‖ In Eutropium. Lib. II. ‖ De Bello Getico. Lib. I. ‖ Eiufdem epigrammata quædam. ‖ Omnia hæc diligentiffime recognita, ad ve-‖terum exemplariorum fidem. ‖ *Parisiis* ‖ Apud *Simonem Cclinæum.* ‖ 1530 ‖.

> In-8º de 183 ff. chiffr., le dernier coté 185 par erreur, les chiffres sautant de 176 à 179, et 1 f. bl., sign. a-z par 8; car. ital.
> Le verso du titre est blanc, le feuillet 2 contient au recto un avertissement de l'imprimeur au lecteur : Studiofo Lectori Colinæus S. ‖, les feuillets 2 verso et 3 recto contiennent : *Ex libro Qvinto Petri Cri-‖niti de poëtis latinis, Cl. Claudiani vita.* ‖; le reste du volume contient les poésies a nnoncées sur le titre, précédées preque toutes d'une préface en vers de Claudien; l'épithalame de l'empereur Honorius, précédé d'une note de Despautère, est divisé en deux parties : ☙ *Cl. Clavdiani Epitha=‖lamivm In Nvptiis Ho-‖norii Avg. et Mariæ.* ‖ et ☙ *Clavdii Clavdiani Liber ‖ de Nvptiis Honorii Et ‖ Mariæ.* ‖ avec une préface en vers ; les panégyriques comprennent 8 livres au lieu de 7, entre le 6ᵉ et le 7ᵉ sont intercalés les 2 livres sur Eutrope (ff. 100 à 110); le poëme *de Bello getico* traite de la victoire de Stilicon sur Alaric, il précède les épigrammes, au nombre de 43, au milieu desquelles est intercalé le petit poëme de Claudien : *Gigantomachia*, elles sont terminées par *Epithalamivm Palladii ‖ Et Serenæ.* ‖. Le verso du feuillet 183 (chiffré 185) contient la souscription :
> *Parisiis In Ædibvs ‖ Simonis Colinæi ‖ Mense Maio ‖ M. D. XXX.* ‖
> Dans son avertissement au lecteur Simon de Colines nous apprend qu'il a corrigé les précédentes éditions de Claudien à l'aide de plusieurs anciens manuscrits.
> PARIS : *Bibl. Nat.* — BESANÇON. — LYON. — MONTAUBAN : *Bibl. Fac. de Théologie protestante.* — ORLÉANS. — TROYES. — BRUGES. — LONDRES : *Brit. Mus.*

(Josse CLICHTOVE et J. LEFÈVRE D'ETAPLES.) In Hoc Opvsc v=‖lo contentæ introductiones ‖ In terminos ‖ In artium diuifionem. ‖ In fuppofitiones. ‖ In prædicabilia. ‖ In diuifiones. ‖ In prædicamenta. ‖ In librum de enuntiatione. ‖ In primum priorum. ‖ In fecundum priorum. ‖

In libros posteriorum. ‖ In locos dialecticos. ‖ In fallacias. ‖ In obligationes. ‖ In infolubilia. ‖ *Parisiis* ‖ Apud
Simonem Colinæum ‖ 1530 ‖.

In-8º de 232 ff. chiffr. et 8 ff. non chiffr.; car. rom.; init. sur bois à
fonds criblés; le titre est placé dans l'encadrement *aux Lapins* (p. 48).

Le verso du titre et le feuillet 2 contiennent la dédicace de Clichtove;
le corps de l'ouvrage occupe les autres feuillets chiffrés, chacune des
parties commence respectivement aux feuillets 3, 16, 31, 56, 62, 67,
89, 133 verso, 154 verso, 174, 182 verso, 200, 212 verso et 220 verso,
la dernière est terminée par l' ℭ *Operis peroratio.* ‖, l'explication des
titres courants et la souscription :

Pressit Svis Typis Nitidissimis ‖ *Simon Colinæus in officina fua,
aureo fole* ‖ *infignita : eregione* [sic] *collegij Bellouacēfis.* ‖ *Pridie
Calen. Octob. M. D. XXX.* ‖

Les feuillets non chiffrés contiennent l'index. Nous empruntons la
description de ce volume à la *Bibliotheca Belgica*, c'est une réimpression de l'édition de 1526, dont une copie avait été faite à Paris, sans
nom d'imprimeur, en 1528, Simon de Colines a encore imprimé ces
traités en 1533 et en 1535.

Mende. — M. Vander Haegen cite l'exemplaire de Budapesth : *Bibl. Univ.*

(Jean Colet, Guillaume Lily et Erasme.) Joannis Coleti
Libellus de octo partibus orationis. *Parisiis,* apud
Simonem Colinæum, 1530.

In-8º.

Cité par Panzer d'après le catalogue de la bibliothèque Pinelli,
III, 236; Simon de Colines a donné des éditions de ce petit traité en
1523, 1526, 1527, 1532, 1535, 1542 et 1544.

De Syllabarvm Qvantita‖te, Regvlæ Speciales Qvas
Despav-‖terius in carmen non redegit. Authore Matu-
rino ‖ Corderio, Grammatices profeffore. ‖ *Parisiis* ‖
Ex officina *Simonis Colinæi.* ‖ 1530. ‖

In-4º de 31 ff. chiffr. et 1 f. (bl.?), sign. a-h par 4; car. rom.; init.
sur bois à fonds criblés; le titre, dont le verso est blanc, porte la grande
marque du *Temps* (page 104).

Les règles de quantité sont rédigées en vers latins, entre les vers,
et en caractères beaucoup plus petits, sont placés les exemples; ce petit
opuscule a été écrit par Mathurin Cordier pour compléter l'*Ars versificatoria* de Despautère.

Dijon.

Bellvm Per ‖ Desyderivm E=‖rafmum Roteroda=‖mum. ‖ *Parisiis* ‖ Apud *Simonē Colinæum.* ‖ 1530 ‖.

> In-8º de 23 ff. chiffr., et 1 f. bl., sign. a-c par 8; car. rom.; init. sur bois à fonds criblés; le titre, dont le verso est blanc, est placé dans l'encadrement *aux Lapins* (page 48); il n'y a pas de souscription.
> Copie de l'édition de 1525.

Londres: *Brit. Mus.*

Qverimonia ‖ Pacis Vndiqve ‖ Profligatæ, Av‖thore Desyde=‖rio Erasmo. ‖ *Parisiis* ‖ Apud *Simonē Colinæum.* ‖ 1530 ‖.

> In-8º de 24 ff. chiffr., sign. A-C par 8; car. rom.; init. sur bois à fond criblé; annotat. margin.; le titre est placé dans l'encadrement *aux Lapins* (page 48); il n'y a pas de souscription.
> Copie de l'édition de 1525.

Chartres. — Londres : *Brit. Mus.*

D. Erasmi Roterodami opus de conscribendis epistolis, quod quidam & mendosum, & mutilum ædiderant, recognitum ab authore, & locupletatum. *Parisiis,* apud *Simonem Colinæum.* 1530.

> In-8º.
> Souscription :
> *Ex officina Blavblomii Gandavi impensis Simonis Colinæi, anno Domini M. D. XXX.*
> Cette édition dont nous copions le titre et la souscription dans le *Catalogue de la Bibliothèque d'un Amateur,* III, 332, est probablement semblable à celle de 1527; M. Vander Haegen nous a signalé l'existence d'un exemplaire à la bibliothèque de Rotterdam. Simon de Colines en a donné des réimpressions en 1533, 1536 et 1539.

Rotterdam.

D. Eras. Roteroda-‖mi De Dvplici Copia, Ver-‖borum ac rerum cōmentarij duo : adiectis ad mar‖ginem Christophori Hegendorphini scoliis. ‖ Eiufdem de ratione ftudij, deque pueris inftituendis ‖ commentariolus, ad Petrum Viteriū Gallum. ‖ Item eiufdem de laudibus literariæ focietatis, Rei‖publicæ, ac Magiftra-

tuum vrbis Argentinæ, ‖ epiſtola plane Eraſmica, hoc
eſt, elegans, doɛta, ‖ & mire candida. ‖ *Parisiis* apud
Simonem Colinæum. ‖ 1530. ‖

In-8º de 137 ff. chiffr. et 23 ff. non chiffr., sign. *a-v* par 8; car. ital.;
init. sur bois; annotat. margin. en car. rom.; sur le titre est placée la
marque du *Temps* nº 2 (page 108).

Le verso du titre est blanc; le premier traité est précédé, aux feuillets
2 et 3, de deux épîtres d'Erasme : *Erasmvs Rote=‖rodamvs Gvilielmo ‖
Neseno Nastadiensi ‖ Svo S. D.* ‖ (Anvers, nones de septembre 1516)
et *Des. Erasmvs Ro=‖terodamvs Co=‖leto, decano ſanɛti Pauli, apud
Lōdinū S. D.* ‖ (3 des calendes de mai 1512); le second traité, daté
de Bâle, calendes d'octobre 1514, occupe les feuillets 118 verso à 137.
Les feuillets non chiffrés de la fin contiennent un avis au lecteur, des
scholies par Chr. Hegendorph, des pièces de vers d'Erasme à Sébastien
Brandt, à Jacques Sapidus, de Didymus à Erasme et d'Erasme à Didymus, la traduction des citations grecques, l'index et les tables.

Simon de Colines avait déjà imprimé ces traités en 1522 et 1528, il
en a donné de nouvelles éditions en 1534, 1536 et 1539.

Clermont-Ferrand.

L. Fene=‖stellæ De Ma-‖giſtratibvs, Sa=‖cerdotijsq̃
Romanorum li=‖bellus, iam primum nitori ‖ reſtitutus. ‖
Pomponij Læti itidem de ma‖giſtratibus & ſacerdotijs,
& ‖ præterea de diuerſis legibus ‖ Romanorum. ‖ *Parisiis* ‖ Apud *Simonem Colinæum* ‖ 1530 ‖.

In-8º de 62 ff. chiffr. et 2 ff. non chiffr., sign. a-h par 8; car. rom.;
init. sur bois à fonds criblés; annotat. margin.; le titre, dont le verso
est blanc, est placé dans l'encadrement *au Soleil* (page 141).

Le premier traité occupe les feuillets 2 à 43 recto, son auteur est
un chanoine de Florence, André-Dominique Fiocchi ou Fiocco, qui
vivait au xvᵉ siècle et qui avait latinisé son nom en celui de Lucius
Fenestella, le second traité occupe les feuillets 43 à 62 recto, il est de
Jules Sanseverino qui avait adopté aussi un pseudonyme latin et écrivait sous le nom de Pomponius Lætus; le verso du dernier feuillet et
les 2 feuillets non chiffrés qui suivent contiennent : *Brevis Index
Dignita-‖tvm Omnivm Ac Magiſtra=‖tuum, necnon & ſacerdotiorum
quę in toto* ‖ *Feneſtella & Pōponio reperiri poſſunt...*; il n'y a pas de
souscription.

Simon de Colines a donné de ces deux traités trois autres éditions
en 1535, 1539 et 1542; ils ont été très fréquemment imprimés au xvᵉ
et au xviᵉ siècle.

Paris : *Bibl. Nat.* — Abbeville. — Toulouse. — Londres : *Brit. Mus.*

¶ Clavdii Galeni ‖ Pergameni De Evchymia ‖ Et Caco-chymia, Sev De Bo-‖nis Malisqve Svccis Ge-‖nerandis. ‖ Ioanne Guinterio Andernaco in=‖terprete. ‖ Adiectus eſt Pſellij Commenta=‖rius de victus ratione. ‖ *Pari-siis*. ‖ Apud *Simonem Colinæum.* ‖ 1530 ‖.

In-8º de 46 ff. chiffr. et 2 ff. bl., sign. a-f par 8; car. rom.; init. sur bois à fonds criblés; annotat. margin. en car. ital.

Le verso du titre et le feuillet 2 contiennent la dédicace du traducteur : ¶ *Ioannes Gvinterivs An-‖dernacvs Gvlielmo Lan-‖gæo Claris-simo Optima‖ti Salvtem.* ‖, les feuillets 3 à 29 recto contiennent le traité de Galien, et le reste du volume le commentaire de Psellius traduit par Georges Valla, il n'y a pas de souscription.

Une autre traduction du traité de Galien par Sébastien Scrofa a été imprimée à Paris, chez Chr. Wechel, en 1546.

BOURGES. — MONTPELLIER : *Fac. de Médecine.* — TOURS. — LONDRES : *Brit. Mus.*

¶ Clavdii ‖ Galeni De Alimento=‖rvm Facvltatibvs ‖ Libri III ‖ Ioachino Martinio Gan=‖davo Interprete. ‖ *Parisiis* ‖ Apud *Simonem Colinæum* ‖ 1530. ‖

In-8º de 4 ff. non chiffr. et 110 ff. chiffr., sign. A par 4, a-n par 8, o par 6; car. rom.; init. sur bois à fonds criblés; sur le titre est placée la marque du *Temps* nº 2 (page 108).

Les feuillets non chiffrés contiennent, outre le titre dont le verso est blanc, la table des chapitres, un avis au lecteur et l'errata. La traduction, dédiée à Jacques Sadolet, évêque de Carpentras, occupe tous les feuillets chiffrés, le dernier est blanc au verso.

Une autre traduction par Martin Grégorius a été imprimée à Lyon chez Guillaume Roville en 1555; il y a deux traductions françaises, l'une de Jean Massé, Paris, V. Gaulterot ou P. Drouart, 1552, in-16, l'autre de J. de Starach, Paris, Vincent Sertenas, 1553, in-8º.

PARIS : *Bibl. Nat.* — BORDEAUX. — GAND : *Bibl. Univ.* — LONDRES : *Brit. Mus.* — WASHINGTON : *Bibl. médic. de l'armée et de la marine.*

¶ Γαληνου Πε-‖ρι Ευποριστων ‖ Βιβλιον. ‖ Galeni de facilibus paratu remedijs liber. ‖ ἐν λευκετίᾳ τῶν παρρισίων ‖ παρά Σιμωνι τῳ Κωλιναίῳ. ‖ αφλ [1530] ‖.

In-8º de 27 ff. non chiffr. et 1 f. bl., sign. α-γ par 8, δ par 4; car. grecs; sur le titre est placée la marque du *Temps* nº 2 (page 108).

Le verso du titre et celui du 27º feuillet sont blancs; le volume contient le texte grec du traité de Galien, seule la première ligne : *Deeſt principium*, et le titre d'un supplément qui occupe le 26ᵉ feuillet et le recto du 27ᵉ : *Qvæ Seqvvntur, Non* ‖ *Svnt Galeni.* ‖, sont en latin.

Jean Gonthier, qui est probablement l'éditeur de ce petit volume, en a donné une traduction latine imprimée chez Wechel en 1543.

PARIS : *Bibl. Nat.; Bibl. Mazarine*. — BORDEAUX. — DIJON.

Clavdii Galeni ‖ Pergameni De Simplicivm Me=‖ dicamentorvm Facvltatibvs ‖ Libri Vndecim, Theodo- ri=‖co Gerardo Gaydano ‖ Interprete. ‖ *Parisiis* ‖ Apud *Simonem Colinæum.* ‖ 1530. ‖

In-folio de 5 ff. non chiffr., (1 f. bl.?), 265 pages chiffr., 1 page et 1 f. bl., sign. A par 6, a-q par 8, r par 6; car. rom.; initiales sur bois à fonds criblés; sur le titre est placée la grande marque du *Temps* (page 104).

Les feuillets non chiffrés contiennent, outre le titre dont le verso est blanc : *Illvstrissimo Viro, Domino Ioanni* ‖ *Ab Hangesto, Episcopo Et Comiti Noviodvnensi, Pa-*‖*tricioque Franciæ, Ioannes Sturmius S. P. D.* ‖ (Paris, calendes de septembre, 1530) et : *Simplic. Medicamen. Index Alphapab.* [sic] ‖ imprimé sur 2 colonnes en caractères italiques. Les onze livres de Galien occupent toutes les pages chiffrées et sont terminées par cette souscription :

Excvdebat Lvtetiæ Lodovicvs Cya-‖*nivs Gandavvs Simoni Colinæo,* ‖ *Mense Avgvsto* ‖ *1530* ‖.

Il existe de ce traité trois anciennes traductions françaises par Jean Canappe, Lyon, Estienne Dolet, 1542, in-8º, par Jean Bresche de Tours, Tours, Rousset, 1545, in-8º et par Ervé Fayard, Limoges, de la Noalhe, 1548, in-8º.

Réimprimé par Simon de Colines en 1545.

PARIS : *Bibl. Fac. de Médecine; Bibl. Cour de Cassation.* — BORDEAUX. — LONDRES : *Brit. Mus.*

C. Galenii ‖ Pergameni Me-‖thodvs Medendi, Vel ‖ de morbis curandis li=‖bri quatuordecim. ‖ Thoma Linacro An=‖glo interprete. ‖ *Parisiis* ‖ Apud *Simonem Colinæum* ‖ 1530 ‖.

In-folio de 22 ff. non chiffr., 283 pages et 1 page bl., sign. A-B par 8, C par 6, a-r par 8, s par 6; car. rom.; annotat. margin.; init. sur bois à fonds criblés; le titre est placé dans un grand encadrement signé de la croix de Lorraine, et exécuté spécialement pour orner les ouvrages de médecine; il contient, dans des cartouches, les portraits d'Asclépiade,

C. GALENI
PERGAMENI ME-
THODVS MEDENDI, VEL
de morbis curandis li-
bri quatuordecim.

Thoma Linacro An-
glo interprete.

PARISIIS
Apud Simonem Colinæum
1530

de Dioscoride, d'Hippocrate, de Paul d'Egine, de Galien et d'Oribase, et deux grands sujets, Jésus guérissant le lépreux, et une leçon d'anatomie avec de nombreux personnages ; cet encadrement, que nous reproduisons ci-contre, n'a été employé que très rarement.

Les feuillets liminaires contiennent l'index, deux préfaces : *Gvlielmvs Bvdævs Thomæ Lvpse=∥to Anglo S. D.* ∥ (sans date), *Invictissimo... Henrico* ∥ *octauo Angliæ regi, domino Hyberniæ,... Tho∥mas Linacrus medicus suus S. P. D.* ∥ (sans date) et 5 distiques latins : *Iani Lascaris Epigramma,* ∥ *in Galeni commendationem.* ∥ Les 14 livres du traité de Galien, traduits par Thomas Linacre, occupent le reste du volume, il n'y a pas de souscription.

Simon de Colines a donné en 1534 un sommaire des 7 premiers livres par Antoine de Méry; la traduction de Linacre avait été déjà imprimée à Paris chez Claude Chevallon en 1526.

PARIS : *Bibl. Nat.; Bibl. Fac. de Médecine.* — BORDEAUX. — LISIEUX. — SENS. — GENÈVE.

Clavdii Galeni ∥ Pergameni De Sanitate Tven=∥da Libri Sex, Thoma Linacro ∥ Anglo Interprete, Ad ∥ Græcvm Exemplar ∥ Denvo Collati. ∥ *Parisiis* ∥ Apvd *Simonem Colinævm.* ∥ 1530 ∥.

In-folio de 8 ff. non chiffr., 61 ff. chiffr. et 1 f. bl., sign. ✶, A-G par 8, H par 4; car. rom.; init. sur bois bois à fonds criblés; sur le titre, dont le verso est blanc, est placée la grande marque du *Temps* (page 104).

Les pièces liminaires se composent de la préface de Thomas Linacre au roi d'Angleterre Henri VIII (Londres, le 16 des calendes de juillet 1517) d'un index et de l'avertissement : *Linacrvs Ad Lectorem.* La traduction des six livres de Galien occupe tous les feuillets chiffrés et se termine par la souscription :

Parisiis, Ex officina Lvdovici Blav=∥blomii Gandavi, Impensis Hone=∥ stissimi Viri Simonis Coli=∥næi, Anno Ab Orbe ∥ *Redempto M. D.* ∥ *XXX.* ∥

La traduction de Thomas Linacre avait été déjà imprimée à Paris par Guillaume Le Rouge en 1517, il y en a eu plusieurs éditions postérieures.

PARIS : *Bibl. Fac. de Médecine.* — BORDEAUX. — NANTES. — RENNES. — GENÈVE.

C. Galeni ∥ Pergameni De Com∥positione Medica∥mentorū κατὰ γένη, libri septem. ∥ Ioanne Guinterio

An=‖dernaco interprete. ‖ *Parisiis.* ‖ Apud *Simonem Colinæum* ‖ 1530 ‖.

In-folio de 14 ff. non chiffr., 219 pages chiffr. et 1 page bl., sign. A par 6, B, a-n par 8, o par 6; car. rom.; init. sur bois à fonds criblés; le titre est placé dans le grand encadrement réservé aux ouvrages de médecine que nous reproduisons à la page 157.

Les feuillets non chiffrés contiennent le privilège accordé pour 3 ans à Simon de Colines le 10 mars 1529 (1530, n. s.), placé au verso du titre et imprimé en caractères gothiques, la dédicace : ❧ *Christianissimo Galliarvm Regi* ‖ *Francisco Eivs Nominis Primo, Ioannes Gvinte-*‖ *rius Andernacus S.* ‖, un avis de Jean Tagault au lecteur, 3 pièces de vers latins d'Antoine Gallus, Ulrich Chælius et Christophe Heilman, un sommaire, l'errata et l'explication des mesures adoptées; les sept livres commençant aux pages 1, 27, 61, 86, 118, 153 et 181 occupent le corps du volume, il n'y a pas de souscription. L'exemplaire de dédicace, imprimé sur vélin, avec la dédicace manuscrite, se trouve à la bibliothèque Nationale, il est incomplet du titre.

PARIS : *Bibl. Nat.* (peau de vélin, inc. du titre); *Bibl. Fac. de Médecine.* — AMIENS. — BORDEAUX. — LYON. — ROUEN. — GENÈVE.

❧ Clavdii Galeni ‖ Pergameni De Crisibvs Libri ‖ Tres, Nicolao Leoniceno ‖ Interprete, Ad Græci ‖ Exemplaris Fidem ‖ Recogniti. ‖ *Parisiis* ‖ Apud *Simonem Colinæum.* ‖ 1530. ‖

In-folio de 65 pages chiffr., 1 page non chiffr. et 1 f. bl., sign. a-c par 8, d par 10; car. rom.; init. sur bois à fonds criblés; sur le titre, dont le verso est blanc, est placée la grande marque du *Temps* (page 104).

Les trois livres de Galien occupent tout le volume terminé par cette souscription :

Parisiis Ex Calchographia Lv-‖*dovici Blavblomii Gan-*‖*davi, Impensis Simo-*‖*nis Colinæi.* ‖ *1530.* ‖

Il y a une édition antérieure donnée à Paris chez Christien Wechel en 1528, in-8º; une autre traduction par Hippolyte Salvianus a été imprimée à Rouen en 1556 et 1558.

PARIS : *Bibl. Fac. de Médecine.* — AJACCIO. — BORDEAUX. BOURGES. — GENÈVE.

(Louis GUILLARD.) ❧ Constitvtiones ‖ Synodales Diocesis Carnotensis : ‖ per Reuerendum in Chriſto patrem & domi=‖num, Ludouicum, Epiſcopum ‖ Carnotenſem, ordinatæ : promulga=‖tæq Carnoti, anno domini vice=‖

fimo fexto fupra millefimū ‖ & quingentefimum, feria ‖ quarta poft feftum ‖ fancti Lucæ, in ‖ fua fynodo ‖ genera=‖li. ‖

In-4° de li ff. chiffr. et 1 f. bl., sign. a-f par 8, g par 4; car. rom. pour le texte, car. goth. pour les titres courants et les sous-titres; init. sur bois à fonds criblés.

Le verso du titre est blanc, les 2 feuillets suivants contiennent : ☙ *In Statvta Seqventia* ‖ *Præfatio.* ‖; — *Titulorum in hoc libro* ‖ *contentorum : index.* ‖; le reste du volume renferme les 19 chapitres de l'ouvrage à la suite desquels est placée la souscription :

☙ *Statutorum fynodaliū diocefis Carnotenfis, finis.* ‖ *Parifijs, in officina Simonis Colinæi, fub Sole* ‖ *aureo, e regione collegij Beluacen=‖fis : anno domini millefimo,* ‖ *quingentefimo, trice‖fimo, die vero deci‖maquinta O=‖ctobris.* ‖ ∴ ‖

Copie de l'édition de 1526.

PARIS : *Bibl. Ste-Geneviève.*

☙ Libellvs ‖ Sancti Ioan-‖nis Chrysostomi, ‖ quod Nemo lædi-‖tur nifi a feipfo. ‖ *Parisiis* ‖ Apud *Simonem Colinæum* ‖ 1530 ‖.

In-8° de 23 ff. chiffr. et 1 f. bl., sign. a-c par 8; car. rom.

Le verso du titre et celui du dernier feuillet sont blancs; le texte de saint Jean Chrysostome est précédé d'une préface et suivi d'une *Libelli Conclvsio.*

BRUXELLES.

☙ Ionæ ‖ Philologi Dialo=‖gi Aliqvot Lepidi Ac ‖ feftiui, in ftudiofæ iuuētutis informationē nunc ‖ primum & nati & æditi. ‖ ☙ Qvibvs Accessit Adv-‖lationis & Paupertatis dialogus pulcherrimus, ‖ quo iuuentus monetur, ne vel vlla neceffitudine ‖ deuicta, à bonis literis animum inflectat. ‖ *Parisiis* ‖ Apud *Simonem Colinæum.* ‖ 1530 ‖.

In-8° de 28 ff., sign. *a-c* par 8, *d* par 4; car. ital.; annotat. margin.; sur le titre est placée la marque du *Temps* n° 2 (page 108).

La table des dialogues se trouve au verso du titre, au bas du dernier feuillet verso est la souscription :

Excvsvm Parisiis Per Simo-‖nem Colinævm Mense Iv-‖nio M. D. XXX. ‖

Les dialogues de Jonas sont au nombre de douze, voici les sujets qu'ils traitent : *De Natalitiis, sive primo die anni; — de celebrandis Dionysiis, sive Baccanalibus festis; — de ratione studii et præceptoris officio; — de adventu fratris e patria; — de parentibus; — de episcopatu impartito juveni; — de commeatu impetrando; — de exomologesi, hoc est, modo confitendi; — de neglecta schola; — confabulatio servorum de suis heris; — de præceptore conveniendo, ac vitiis quibus est adolescentia opportuna; — Adulationis et Paupertatis dialogus.*

 Réimprimé par Simon de Colines en 1540; Jonas le Philologue a fait un abrégé de la rhétorique de Quintilien que l'on trouvera aux années 1531, 1534, 1536, 1539 et 1542.

Paris : Bibl. Nat.

(Raymond Jordan.) ❧ Contem=‖plationes Idiotæ. ‖ De amore diuino. ‖ De virgine Maria. ‖ De vera patientia. ‖ De continuo conflictu carnis & ‖ animæ. ‖ De innocentia perdita. ‖ De morte. ‖ *Parisiis* ‖ Apud *Simonem Colinæum.* ‖ 1530 ‖.

 In-16 de 128 ff. chiffr., sign. a-q par 8; car. rom.; init. sur bois à fons criblés.

 Le verso du titre est blanc, le feuillet 2 contient une dédicace de l'éditeur, Jacques Lefèvre d'Étaples : *Reverendo In Christo* ‖ *patri & Dño, D. Michaeli Bricōneto* ‖ *Epiſcopo Nemauſenſi, Præſuli ſuo* ‖ *vnico, Iacob[9] Faber Stapulēſis S. D.* ‖ (sans date); les contemplations sont précédées chacune de la table des chapitres qu'elles renferment, elles commencent respectivement aux feuillets 3 (24 chapitres), 48 (6 chapitres), 59 verso (21 chapitres), 87 (6 chapitres), 96 (7 chapitres) et 105 verso (20 chapitres).

 Raymond Jordan ou Jourdain, prévôt d'Uzès et abbé de Chelles, qui vivait au xive siècle, avait reçu le surnom de *Idiota*, et signait ses ouvrages de la devise : *Idiota rapiunt cœlos.* Copie de l'édition donnée par Henri Ier Estienne en 1519, réimprimée par Simon de Colines en 1535.

Paris : Bibl. Arsenal. — Tournai.

❧ Ivstini Hi‖storici Claris-‖simi In Trogi Pom‖peij hiſtorias libri qua=‖dragintaquatuor, ſum=‖ma diligentia recogni=‖ti & illuſtrati. ‖ Quibus adiecimus, certo cō=‖ ſilio, Sex. Aureliū Victorem, ‖ qui Cæſarum vitas à D. Au=‖guſto ad Theodoſium uſqʒ ‖ hiſtoria proſequutus eſt. ‖ Cum Indice. ‖ *Parisiis* ‖ Apud *Simonem Colinæum* ‖ 1530 ‖.

 In-8° de 376 pages chiffr. et 2 ff. non chiffr., sign. a-z, A-B par 8,

C par 4; car. rom.; annotat. margin.; init. sur bois à fonds criblés; le titre est placé dans l'encadrement au *Soleil* (page 141).

Les 44 livres de Justin occupent les pages 3 à 324, le texte de Sexte-Aurèle, les pages 325 à 376, les feuillets non chiffrés de la fin contiennent la table; il n'y a pas de souscription.

Edition peu connue de Justin, Robert Estienne en a revisé plus tard le texte sur d'anciens manuscrits, et en a donné, en 1543, une édition qui est préférable à celle-ci; les vies des empereurs par Sexte-Aurèle ont été réimprimées chez Simon de Colines en 1531 et 1544.

BESANÇON. — BLOIS. — NANTES.

Salmonii Macri=‖ni Iuliodvnensis Car-‖minvm Libri Qvatvor ‖ Ad Hilermvm Bellaivm ‖ Cognomento Langivm. ‖ *Parisiis* ‖ Apud *Simonem Colinæum*. ‖ 1530 ‖.

In-8º de 76 ff. chiffr., sign. *a-i* par 8, *k* par 4; car. ital.; sur le titre est placée la marque du *Temps* nº 2 (page 108).

Les 4 livres de poésies détachées, dédiés à Guillaume du Bellay, seigneur de Langey, occupent tout le volume et commencent respectivement aux feuillets 2, 21, 38 et 58, le verso du titre et celui du dernier feuillet sont blancs; il n'y a pas de souscription.

Les pièces qui composent ce recueil, le second qu'imprima Simon de Colines, sont adressées pour le plus grand nombre à la femme du poète ou aux hommes marquants de son temps, Guillaume et Jean du Bellay, Henri VIII, Guillaume Budée, Jean Lascaris, Pierre Danès, dont Nicolas de Bourbon de Vandœuvre écrivait :

> *Ipse tibi Stephanus merito debere fatetur*
> *Omnia, pro oraclo te Colinæus habet,*

Thomas More, Gérard Rufus, Mellin de Saint-Gelais, François Ier, Antoine Papillon, Pierre Wittier, Guillaume Copus, Jean Robertet, Lazare de Baïf, Erasme, Philibert Babou, etc.

PARIS : *Bibl. Nat.; Bibl. Maʒarine*. — AMIENS. — BESANÇON. — ROUEN. TOURS. — BRUXELLES. — LONDRES : *Brit. Mus.*

Tabvlæ ‖ Ioannis Mvrmel=‖lii Rvremvndensis In ‖ Artis Componendorvm ‖ Versvvm Rvdimenta. ‖ *Parisiis* ‖ Apud *Simonem Colinæum*. ‖ 1530 ‖.

In-8º de 24 ff. non chiffr., sign. *a-c* par 8; car. ital.; sur le titre est placée la marque du *Temps* nº 2 (page 108).

Le verso du titre contient l'*Index Dvodecim Ta-‖bvlarvm Hvivs ‖ Libelli.* ‖; les 12 chapitres ou tableaux occupent le reste du volume et sont terminés, au verso du dernier feuillet, par la dédicace de l'éditeur : *Persevaldvs Bellvsge-‖nius, cæcus natus, Brugenſis, magiſtro Ioan-‖ni Lamberto, liberalium artiū apud inclytā ‖ Pariſiorum academiā profeſſori doctiſſimo, ‖ necnō collegij Geruaſiaci moderatori vigilā-‖tiſſimo, ad hæc burſario Regio longe meritiſ-‖ſimo, Salutem.* ‖ (Paris, collège Saint-Gervais, le 12 des calendes de juin 1530). Il n'y a pas de souscription.

Simon de Colines a réimprimé la prosodie de Murmellius en 1534, 1541 et 1543.

PARIS : *Bibl. Nat.; Bibl. Maʒarine.* — ANGERS.

Plvtar-‖chi Chæronen‖sis Apophthegmata ‖ Regum & Imperatorum, ‖ Eiuſdem Apophthegmata Laconica, ‖ Raphaële Regio interprete. ‖ Eiuſdem Plutarchi dialogus, fanè lepidiſſimus, ‖ quo diſceptatur, an brutis quoque animali-‖bus ratio infit, ‖ Ioanne Regio interprete. ‖ *Pariſijs* apud *Simonem Colinæum.* ‖ 1530 ‖.

In-8º de 103 ff. chiffr. et 1 f. bl., sign. *a-n* par 8; car. ital.

Le verso du titre et les feuillets 2 et 3 contiennent la dédicace : *Raphael Regivs Ioanni ‖ Lvdbrancio Posnanien-‖si Episcopo, Regis Poloniæ Consiliario Feli-‖citatem.* ‖ (Padoue, le 3 des calendes de septembre 1507). Les apophthegmes des rois et des empereurs occupent les feuillets 4 à 47, les apophthegmes des lacédémoniens, les feuillets 48 à 85 avec une dédicace de Raphaël Le Roy à Léonard Lorédan, doge de Venise, (Padoue, nones de mai 1507); à la suite sont placés : *Antiqva Lacædemo-‖niorvm Institvta.* ‖ (feuillets 85 verso à 189),... *Lacænarum apophthegmata, Ra-‖phaële Regio interprete.* ‖ (feuillets 90 à 92) et le dialogue de Plutarque précédé d'une dédicace de Jean le Roy... *Nico‖lao Franco Pontiſi-‖ci Tarvisino Le-‖gato Apostoli-‖co...* (Padoue, nones de mars 1488) et terminé au feuillet 103 recto par la souscription :

Parisiis Ex Officina ‖ Lvdovici Blavblo-‖mii Gandavi, Im-‖pensis Simonis ‖ Colinæi. ‖ MDXXX. ‖

On trouvera à l'année 1532 une édition des apophthegmes de Plutarque traduits par Erasme. D'après une indication donnée dans la *Bibliographie universelle* on mentionne quelquefois une édition de la traduction des *Politiques* de Plutarque par Geofroy Tory, comme ayant été imprimée en 1530 chez Simon de Colines, ce volume n'existe vraisemblablement pas, non plus que celui qui est indiqué, d'après du Verdier, comme imprimé la même année par Guillaume Boullé; la traduction des *Politiques* n'a été écrite par Tory qu'en 1532, comme le prouve la dédicace, et a été imprimée par lui et pour lui dans le cours de cette même année; voyez : Aug. Bernard, *Geofroy Tory peintre et graveur...* pages 142 et ss.

LAVAL. — LYON. — MONTAUBAN : *Bibl. Fac. théologie protestante.* TOULOUSE. — TROYES.

🙰 Veterinariæ ‖ Medicinæ Libri II ‖ Iohanne Rvellio Svessionensi ‖ Interprete. ‖ *Parisijs* apud *Simonem Colinæum*. ‖ 1530. ‖ Cvm Privilegio Regis Ad ‖ Qvinqviennivm. ‖

In-folio de 10 ff. non chiffr., 120 ff. chiffr. et 6 ff. non chiffr., sign. ✱ par 10, a-p par 8, A par 6; car. rom.; init. sur bois à fonds criblés; le titre est orné d'une grande gravure sur bois, que nous reproduisons ci-contre, représentant un chevalier.

Les feuillets liminaires contiennent, outre le titre dont le verso est blanc, la dédicace : 🙰 *Christianissimo* ‖ *Galliarvm Regi Francisco Eivs* ‖ *nominis primo Iohannes Ruellius S. D.* ‖ (Paris, le 8 des calendes d'avril 1528), une liste de dix-sept auteurs grecs qui ont écrit sur la médecine vétérinaire, 3 distiques latins : *Iani Lafcaris in Ruellium.* ‖ et 🙰 *Capitvm Rei Veterinariæ* ‖ *Index.* ‖ Les feuillets chiffrés contiennent le corps de l'ouvrage terminé, au feuillet 120 recto, par l'errata : *Erratorvm Recognitio.* ‖ imprimé en caractères italiques, et la souscription suivante :

Parisiis, Ex Chalcographia Lvdovici ‖ *Blavblomii Gandavi, Impen-*‖ *sis Simonis Colinæi.* ‖ *MDXXX.* ‖

Le verso du feuillet 120 est blanc; les 6 feuillets non chiffrés qui terminent le volume contiennent un avis de l'auteur au lecteur et une note *De affe, & partibus eius.* ‖; le privilège annoncé sur le titre n'est pas inséré dans le volume.

Ce livre est un des plus beaux de ceux qui ont été imprimés par Louis Blaublom pour Simon de Colines; on trouvera à l'année 1536 le traité *de Natura Stirpium* du même auteur.

Paris : *Bibl. Ste-Geneviève; Bibl. Fac. de Médecine.* — La Rochelle. — Nantes. — Reims. — Sens. — Troyes. — Valenciennes.

Salustius cum alphabetico flosculorum Salustianorum ab Huldericho Hutteno equite selectorum Indice. *Parisiis* apud *Simonem Colinæum*, 1530.

In-8º.

Cité par Maittaire (II. p. 739) et par Panzer; c'est sans doute sur cette édition qu'auront été faites celles de 1536 et de 1543 qui possèdent aussi l'index d'Ulrich Hutten.

Statii ‖ Sylvarvm Libri V. ‖ Thebaidos Libri XII. ‖ Achilleidos Libri II. ‖ *Parisiis* ‖ Apud *Simonem Colinæum*. ‖ 1530 ‖.

In-8º de 263 ff. chiffr. et 1 f. bl., sign. *a-ʒ*, A-K par 8; car. ital.;

sur le titre, dont le verso est blanc, est placée la marque du *Temps* n° 2 (page 108).

Les *Sylves* occupent les 74 premiers feuillets, la *Thébaide*, les feuillets 75 à 243 et l'*Achilléide* les feuillets 244 à 263, le volume est terminé par la souscription :

Parisiis In Ædibvs Simo-||*nis Colinæi M. D. XXX.* || *Mense Ivlio.* ||

Comme les édition aldines des poëmes de Stace, dont elle est la copie, notre édition doit être accompagnée du volume suivant qui en forme la seconde partie :

Orthographia || Et Flexvs Dictionvm || Græcarvm Omnivm A-||pvd Stativm Cvm Accen||tib. Et Generib. Ex Va-||riis Vtrivsqve Lingvæ || Avthoribvs. || *Parisiis* || Ex officina *Simonis Colinæi.* || 1530 ||.

In-8° de 36 ff. non chiffr., sign. *a-d* par 8, *e* par 4; car. ital. et grecs; impression sur 2 colonnes.

Le verso du titre et le recto du feuillet suivant contiennent la dédicace : ℣ *Aldvs Ro. Marco Mvsvro* || *Cretensi S. D.* ||, sans date, imprimée en caractères romains; les autres feuillets contiennent l'*Orthogra-*||*phia Dictionvm Græcarvm Apvd* || *Statium.* || terminé par ces mots : Τέλος ξὺν Θεῷ; cette seconde partie est l'œuvre d'Alde Manuce.

BOURGES. — DIEPPE. — NANCY. — ORLÉANS. — TROYES.
LONDRES : Brit. Mus.

Strozii Poetæ || Pater Et Filivs. || *Parisiis* || Ex officina *Simonis Colinæi.* || 1530 ||.

In-8° de 8 ff. non chiffr., 256 ff. chiffr., 3 ff. non chiffr. et 1 f. bl., sign. a-z, A-K par 8, L par 4; car. rom.; sur le titre est placée la marque du *Temps* n° 2 (page 108).

Les feuillets liminaires contiennent la dédicace *Aldvs Man. Rom. Divæ* || *Lvcretiæ Borgiæ* || *Dvci Ferrariæ* || *S. P. D.* ||, sans date, et l'index; les poésies d'Ercole Strozzi, qui précèdent celles de son père, occupent les 107 premiers feuillets et se composent de : *In Salvtationem Glorio-*||*sæ Virginis Dei Matris.* || (neuf odes); — *Prosevchon Liber.* || *Ad Gloriosam Virginem* ||; — *Venatio Ad Divam Lv-*||*cretiam Borgiam...*; — *Cæsaris Borgiæ Divis Epi*||*cedivm* || *Per Hercvlem Filivm.* ||; — *Borgeti Canis Epicedivm* ||; — *De Loco Vbi Maro Primvm* || *Lvsit, Ad Andiadas Nymphas.* ||; — un livre d'amours, un livre d'épigrammes et un poëme : *Hercvlis Stroʒæ Titi Fi-*||*lij Gigantomachia ad diuam Lucretiam Borgiam* || *Ferrariæ Ducem. quam inchoatam reliquit morte præuentis.* ||; et, à la suite : *Hercvlis Stroʒæ Epita-*||*phivm Per Aldvm* || *Romanvm.* ||, les poésies de Tito-Vespasiano Strozzi occupent les feuillets 108 à 254, elles comprennent six livres d'*Erotica*, quatre livres d'*Aeolosticha*, un livre de discours et un livre d'épitaphes, le volume se termine par : *Oratio Tvmvltvaria Ha-||bita à Cælio Calcagni=||no In Fvnere Hercvlis Stroʒæ.* ||, en prose; il n'y a pas de souscription.

Copie de l'édition aldine de 1513.

PARIS : *Bibl. Nat.* — BESANÇON. — BORDEAUX. — DIJON. — MONTAUBAN. — REIMS. — RENNES. — BRUXELLES.

Nicolai Leonici || Thomæi Opvscvla Nvper || In Lvcem Edita, || Scilicet || Paraphrasis In Commentariolvm Aristo=||telis De Animalivm Motione. || Paraphrasis In Eivsdem Philosophi Libel||lvm De Animalivm Ingressv. || Qvæstiones Qvædam Natvrales Cvm Ama||toriis Problematibvs XX. || Conversio Mechanicarvm Qvæstionvm A=||ristotelis Cvm Figvris Et Annotatio=||nibvs Qvibvsdam. || Proclii Lycii Explicatio Platonis Ex Ti=|| mæo, Vbi De Animorvm Generatione || Agitvr, In Latinvm Conversa, Cvm Nv=||merorvm Harmoniarvmqve Mvltiplici || Figvra. || *Parisiis* Apvd *Simonem Colinævm.* || 1530 ||.

In-folio de 126 pages chiffr. et 1 f. bl., sign. A-H par 8; car. rom.; init. sur bois à fonds criblés; annotat. margin.; figures géométriques; sur le titre, dont le verso est blanc, est placée la marque du *Temps* n° 2 (page 108).

La page (3) contient la dédicace : *Nicolavs Leonicvs Thomævs* || *Ioanni Bvrgarino S. D.* ||, sans date; les opuscules annoncés sur le titre occupent le reste du volume, les *Quæstiones amatoriæ* sont précédées d'une nouvelle dédicace : *Nicolavs Leonicvs Thomævs* || *S. Bonifacii Com. Lvdovico* || *Cano. Patavino S. D.* ||, datée de Padoue, le 7 des calendes d'octobre 1524; le volume est terminé par la souscription :

Excvdebat Simoni Colinæo Lodovicvs || *Cyanvs Gandavvs, MDXXX.* || *Mense Septembri.* ||

Ces opuscules, ainsi que les dialogues que nous décrivons plus bas, sont annoncés sur le titre de la traduction donnée par Nicolas Léonique Thomé des *Parva Naturalia* d'Aristote, imprimée en cette année par Simon de Colines. Les *Quæstiones amatoriæ* ont été traduites en français et imprimées à Lyon, chez Morice Roy et Louys Pesnot, en 1537, in-16 gothique, sous le titre : *Les pourquoy damours...* et en 1543, à Paris, chez Alain Lotrian, in-8°, avec d'autres petits traités sur le même sujet par Papillon, Marot et Sainte-Marthe sous un titre un peu différent:

Les questions problématiques du pourquoy damours... La Croix du Maine cite une autre édition imprimée par Nicolas de Bruges et il nomme François de la Coudraie, avocat au parlement de Rennes, comme l'auteur d'une traduction des *Pourquoy d'amour*, encore inédite en 1584, c'est cependant à François de la Coudraie que Brunet et Barbier attribuent la traduction imprimée en 1537 et 1543.

PARIS : *Bibl. Mazarine; Bibl. Ste-Geneviève*. — BORDEAUX. — LE MANS. REIMS. — VERSAILLES.

Nicolai Leonici ‖ Thomæi Dialogi Nunc Pri=‖mvm In Lvcem Editi. ‖ Trophonius : fiue de diuinatione. ‖ Bembus : fiue de animorum immortalitate. ‖ Aluerotus : fiue de tribus animorum vehiculis. ‖ Peripateticus : fiue de nominum inuentione. ‖ Sadoletus : fiue de precibus. ‖ Samutus : fiue de compefcendo luctu. ‖ Phœbus : fiue de ætatum moribus. ‖ Seuerinus : fiue de relatiuorum natura. ‖ Bonominus : fiue de alica. ‖ Sannutius : fiue de alica [*sic, au lieu de :* de ludo talario]. ‖ Rurfum Bembus : fiue de animorum effentia. ‖ *Parifijs* apud *Simonem Colinæum*. ‖ 1530 ‖.

In-folio de 83 pages chiffr., 1 page et 3 ff. non chiffr. et 1 f. bl., sign. AA-EE par 8, FF par 6; car. rom.; init. sur bois à fonds criblés; sur le titre, dont le verso est blanc, est placée la marque du *Temps* n° 2 (page 108).

Les 11 dialogues dont se compose le volume sont précédés (pages 3 et 4) d'une dédicace : *Nicolavs Leonicvs Raynol-‖do Polo S. D.* ‖ datée de Padoue, calendes de juin 1524, ils occupent tous les feuillets chiffrés et sont terminés par un errata : *Erratorum aliquot recognitio.* ‖, suivi de la souscription :

Parifiis, ex officina chalcographia Lodouici Cyanij, impenfis Simo=‖nis Colinæi, Anno Domini M D XXX, Menfe Nouembri. ‖

Après la souscription qui est imprimée en caractères italiques se trouve encore l'*Index Alphabe=‖ticus in opufcula & dialo=‖gos N. Leonici Thomæi.* ‖, imprimé sur 3 colonnes, cet index se rapporte aussi, comme on le voit, aux opuscules de Léonique Thomé que nous avons décrits plus haut; on doit donc réunir ces deux volumes et les joindre à la traduction des *Parva Naturalia* d'Aristote imprimée la même année, sur le titre de laquelle ils sont annoncés.

La première édition de ces dialogues a été imprimée à Venise par Thomas de Gregoriis en 1524, in-4°.

PARIS : *Bibl. Mazarine; Bibl. Ste-Geneviève*. — BORDEAUX. LE MANS. — REIMS. — VERSAILLES.

Ædiloqvivm ‖ ceu Disticha, parti‖bus Ædium Vrbanarum & ‖ rufticarum fuis quæcʒ locis ‖ adfcribenda. Item, ‖ Epitaphia feptem, de ‖ Amorum aliquot paffionibus ‖ Antiquo more, & fermone ve‖teri, vietocʒ confiɑ̃. ‖ Authore Gotofredo Torino, ‖ Biturigico. ‖ *Parisiis* ‖ Apud *Simonem Colinæum*. ‖ 1530. ‖ Cū Priuilegio ad Biennium. ‖

> In-8º de 23 ff. non chiffr. et 1 f. bl., sign. *a-c* par 8; car. ital.; figures sur bois; le titre est placé dans un encadrement emprunté aux Heures de 1527.
> Le verso du titre est blanc, le feuillet suivant contient : *Gotofredvs Torinvs Bi-‖turigicus Leɑ̃ori Leɑori candido S.* ‖, sans date, et deux pièces de vers latins : *Eufebius Probulinus ad Leɑ̃orem ‖ Candidum.* ‖; l'Ædiloquium occupe les 9 feuillets suivants; le douzième feuillet contient au recto : *Sententia in quaque Domo literis Maiufcu-‖lis fcribenda.* ‖ et, au verso, 4 distiques latins : *Torinvs Bitvrigicvs ‖ ad Leɑ̃orem Candidum.*‖; le reste du volume contient les *Epitaphia feptem*, en prose, chaque épitaphe est ornée d'une gravure sur bois représentant deux cœurs avec différents attributs, ces gravures, qui ne sont pas signées, doivent être de Geofroy Tory; le verso du dernier feuillet contient 8 distiques latins : *Ad Leɑ̃orem Candidum.* ‖ Le privilège annoncé sur le titre ne figure pas dans le volume, il se trouve dans un autre volume de Tory, imprimé par lui-même en 1531 : *Science pour senrichir honnestement... Leconomic Xenophon*, et sa durée est portée de deux ans à quatre ans. Voyez sur cet ouvrage : Aug. Bernard, *Geofroy Tory, peintre et graveur...*, pages 135 et ss.
>
> PARIS : *Bibl. Nat.; Bibl. Ste-Geneviève; Bibl. Arsenal* — BESANÇON. BORDEAUX. — LE MANS.

Lavren-‖tii Vallæ ‖ Romani De Dia-‖lectica Libri III. ‖ *Parisiis* ‖ Apud *Simonem Colinæum*. ‖ 1530. ‖

> In-4º de 4 ff. non chiffr., 79 ff. chiffr. et 1 f. bl., sign. ✱ par 4, *a-k* par 8; car. ital.; le titre est dans un encadrement sur bois, de quatre pièces, emprunté aux Heures de 1524-1525, la pièce du bas, représentant un dauphin, est signée de la croix de Lorraine; au milieu du titre, et dans l'intérieur de l'encadrement, est placée la marque du *Temps* nº 2 (page 108).
> Le verso du titre est blanc, les 3 feuillets non chiffrés qui suivent contiennent le *Syllabvs Rervm.* ‖, sur 2 colonnes, et le *Capitvm Syllabvs.*‖ à longues lignes; les 3 livres de la dialectique de Laurent Valla occupent le reste du volume et commencent respectivement aux feuillets 1, 34

et 59 verso ; au bas du verso du feuillet 79 est placée la souscription :
Lvtetiæ Parisiorvm Ex Of-‖*ficina Lvdovici Blavblo-*‖*mii Gandavi, Impensis* ‖ *Simonis Colinæi.* ‖ *An. M. D. XXX.* ‖

Paris : *Bibl. Nat.; Bibl. Maʒarine; Bibl. Ste-Geneviève; Bibl. Arsenal.*
Morlaix : *Bibl. Cercle littéraire.* — Sens.

Lavren-‖**tii Vallæ Ele**‖**gantiarvm Adeps,** ‖ **ex eius de lingua latina libris per Bo-**‖**num Accurſium Piſanū ſtudioſiſſime** ‖ **collectus, & denuo recognitus.** ‖ *Parisiis* ‖ Apud *Simonem Colinæum* ‖ 1530 ‖.

In-8º de 80 ff. chiffr. et 8 ff. non chiffr., sign. a-l par 8; car. rom.; init. sur bois à fonds criblés; annotat. margin.; sur le titre est placée la marque du *Temps* nº 2 (page 108).

Le verso du titre est blanc, le feuillet suivant contient au recto un avertissement de l'éditeur au lecteur et au verso la dédicace : *Bonvs Accvrsivs Pisa-*‖*nvs Magnifico Eqviti Av-*‖*rato, ac primo ducali ſecretario ſapientiſſ.* ‖ *Ciccho Simonetæ S.* ‖, sans date; le volume est divisé en deux parties, la première, feuillets 3 à 41 recto, contient les extraits de Valla, la seconde, feuillet 41 verso à la fin, est un choix de préceptes de Valla classés par ordre alphabétique, elle est terminée par la souscription :

Parisiis In Chalcographia ‖ *Gandavi, Impensis Si-*‖*monis Colinæi.* ‖ *1530* ‖.

Les feuillets non chiffrés contiennent l'index sur deux colonnes. Copie de l'édition de 1528 réimprimée en 1533.

Clermont-Ferrand.

M D XXXI

9 AVRIL 1531 — 30 MARS 1532 N. S.

Alphabetum græcum, cum Accentibus, Abbreviationibus et nonnullis aliis. *Parisiis,* ex officina *Simonis Colinæi,* M. D. XXXI.

In-8º.
Cité par Panzer d'après Maittaire, II, 761. Les nombreux petits alphabets grecs qui ont été imprimés au xvɪe siècle sont devenus aujourd'hui très difficiles à rencontrer, M. Omont en a fait une recherche spéciale dans nos bibliothèques publiques et en a donné une description très complète, il n'a réussi à voir ni cette édition ni aucune autre au nom de Simon de Colines qui en avait sans doute imprimé déjà comme spécimen de son nouveau caractère grec.

☙ Logica Aristo-‖telis Ex Tertia Re-‖cognitione. ‖ Libri Logicorum ad archetypos recogni=‖ti, cum nouis ad literam commentarijs : ad fe=‖lices primum Parifiorum & cōmuniter alio=‖rum ſtudiorum [sic] fucceſſus, in lucem prodeant, ‖ ferantque literis opem. Nunc ergo ô iuuenes ‖ ex Ariſtotelico opere ceu ex proprio fonte pu‖riſſimas haurite, delibatéq; aquas. peregrinas ‖ autē tanquam viles lacunas infalubréſq; Tri=‖nacriæ lacus, deuitate. Omne enim malum ſtu‖dijs inſeminatum ferè eſt : quod authorum li‖teris dimiſſis, ipſisq; authoribus : ad vana gloſ=‖ſemata ſeſe totos contulere. Et eos qui non eſ=‖ſent authores (ac ſi apes fucos ſequerētur) pro ‖ ducibus & delegerunt & ſecuti ſunt. Sed nunc ‖ melius ſtudiorum cōſulite rebus. Si autē dia=‖lecticam artem cum modeſtia ſuſcipitis : con=‖ſequens eſt, vt bonæ diſciplinæ redeant om=‖nes. Bonas autem diſciplinas morum probitas ‖ & vitæ decor concomitatur omnis, omnisq; ‖ virtus. quod ſummopere ſtudijs & optamus ‖ & imprecamur. ‖ *Parisiis* ‖ Ex officina *Simonis Colinæi.* ‖ 1531. ‖

In-folio de 271 ff. chiffr. et 1 f. bl., sign. a-z, A-L par 8; car. rom.; init. sur bois à fonds criblés; la première lettre ornée, Q, plus grande que les autres, représente un philosophe; figures dans le texte et dans les marges; le titre est placé dans l'encadrement des ouvrages philosophiques (page 31).

Cette édition est une copie fidèle de celle de 1520, elle contient la même préface de Jacques Lefèvre d'Etaples et les divisions du volume sont les mêmes, mais à la fin de la première partie (feuillet 71) il n'y a plus de souscription; la souscription finale est la suivante :

¶ *Secvndi Elenchorvm Sophisticorvm* ‖ *Ariſtotelis : & totius logices (quam & obſcurum nuncupauit or=‖ganum) Finis. Pariſis ex officina libraria Simonis Colinæi.* ‖ *Anno Christi ſaluatoris omnium M. D. XXXI.* ‖ *Menſe Auguſto.* ‖

Réimprimé en 1538 et en 1543. Panzer cite une édition du même ouvrage en 1530, ce qui pourrait laisser croire qu'il existe des exemplaires de notre édition portant sur le titre la date de 1530.

PARIS : *Bibl. Nat.* — AMIENS. — AVIGNON. — CLERMONT-FERRAND. ROUEN. — SAINT-BRIEUC. — VERDUN.

(ARISTOTE.) ¶ In Hoc Opere Continentvr Totivs ‖ Philoſophiæ naturalis paraphraſes, a Franciſco Vatablo, inſi-‖gni philoſopho, ac linguæ hebraicæ apud Pariſios profeſ-‖ſore regio, recognitæ, adiectis ad literā ſcholijs ‖ declaratæ, & hoc ordinæ [sic] digeſtæ. ‖ ¶ Introductio in libros Phyſicorum. ‖ Octo Phyſicorum Ariſtotelis, paraphraſis. ‖ Quatuor de cælo & mūdo completorum, paraphrafis. ‖ Duorū de generatione & corruptione, paraphrafis. ‖ Quatuor Meteororum completorum, paraphrafis. ‖ Introductio in libros de anima ‖ Trium de anima completorum, paraphrafis. ‖ Libri de fenfu & fenfato, paraphrafis. ‖ Libri de memoria & reminifcentia, paraphrafis. ‖ Libri de fomno & vigilia, paraphrafis. ‖ Libri de infomnijs, paraphrafis. ‖ Libri de diuinatione per fomnum, paraphrafis. ‖ Libri de longitudine & breuitate vitæ, paraphrafis. ‖ Dialogi infuper ad Phyficorū tū faciliū tum difficilium ‖ intelligentiam introductorij duo. ‖ Introductio Metaphyfica. ‖ Dialogi quatuor ad Methaphyficorum intelligentiam in-‖troductorij. ‖ *Parifijs* apud *Simonem Colinæum.* ‖ 1531 ‖.

In-folio de 310 ff. chiffr. jusqu'à 312 par erreur, les cotes 284 et 285 étant sautées, 1 f. non chiffr. et 1 f. bl.; sign. a-z, A-Q par 8; car. rom.; annotat. margin.; init. sur bois à fonds criblés; figures dans le texte et dans les marges; sur le titre est placée la marque du *Temps* n° 2 (page 108).

Le verso du titre contient l'explication des titres courants, et une pièce de 10 distiques latins : *Ioannis Pelletarij in naturalis Philofophiæ* ‖ *commendationem ad lectores carmen.* ‖ Les 8 livres des physiques occupent les feuillets 2 à 89 recto, précédés du prologue de Jacques Lefèvre et de la dédicace : ℭ *Ivdocvs Clichthovevs Neoportvensis,* ‖ *Ludouico Pinello, celeberrimo doctori Theologo,* ‖ *Cancellario Parifi-*‖*enfi,* la *Figura introductionis* est placée au bas du feuillet 3 verso, les trois traités suivants occupent les feuillets 89 verso à 179, l'*Introductio de anima* et les traités qui s'y rattachent, les feuillets 180 à 278 recto et la métaphysique, précédée de la dédicace de J. Lefèvre à Germain de Ganay, les feuillets 278 verso à 312 (pour 310), l'avant dernier feuillet contient : ℭ *Iudochi Clichtouei Neoportuenfis ad lectores exhor=*‖*tatorium carmen.* ‖ (5 distiques latins); — ℭ *Marius Æquicolus Oliuetanus D. Franc. Soderino. S. R. Ecclefiæ* ‖ *Cardinali Vulterrano S.* ‖ et la souscription suivante :

ℭ *Parisiis Apvd Simonem Colinævm* ‖ *An. M. D. XXXII. Ad Calcvlvm Ro=*‖*manvm. Mense Febrvario.* ‖

Le verso de ce feuillet porte la grande marque du *Temps* (page 104). Simon de Colines avait déjà donné, en 1521, une édition de ces paraphrases, avant la révision de François Vatable, et, en 1528, une autre édition revue par Vatable, mais sans les commentaires de Clichtove.

PARIS : *Bibl. Nat.; Bibl. Ste-Geneviève; Bibl. éc. des Ponts et Chaussées*. — AMIENS. — BAYEUX. — CHAUMONT. — M. Vander Haegen cite aussi : MUNICH.

Nicolai Barptho-‖lemæi Lochiensis ‖ Ennœæ. ‖ *Parisiis* ‖ Ex officina *Simonis Colinæi* ‖ 1531 ‖.

 In-8º de 20 ff. non chiffr., sign. A-B par 8, C par 4; car. ital.; sur le titre, dont le verso est blanc, est placée la marque du *Temps* nº 2 (page 108).

 Recueil de vers latins de Nicolas Barthélemy, prieur de Notre-Dame de Bonnes-Nouvelles à Orléans; les titres des pièces, toutes relatives à des sujets de piété, sont les suivants : *Ennœa de septem verbis domini in cruce; — Ennœa sumpto argumento ex nobili illo Esaiæ cantico, Quis est iste qui venit de Edom? Colloquuntur Nico[laus], Christus; — Ad Sospitalem Christum Ennœa; — Ennœa in Christi natalem; — Ode monocolos in virginem Mariam; — Pean in natalem gloriosissimæ virginis Mariæ; — Mettenœa ad animam; —* Ἐξομολόγησις.

 Ces poésies avaient été déjà publiées, avec d'autres pièces de Nicolas Barthélemy sur des sujets différents, dans un recueil sans date imprimé, d'après Brunet, vers 1520.

  Paris : *Bibl. Mazarine.* — Besançon. — Lyon. — Tours.

Nicolai Barpthole-‖mæi Lochiensis Chri‖stvs Xylonicvs. ‖ *Parisiis* ‖ Ex officina *Simonis Colinæi.* ‖ 1531 ‖.

 In-8º de 44 ff. non chiffr., sign. *a-e* par 8, *f* par 4; car. ital.; sur le titre, dont le verso est blanc, est placée la marque du *Temps* nº 2 (page 108).

 Tragédie en 4 actes et en vers latins par Nicolas Barthélemy; à la fin se trouve un avertissement : *Emericvs Troianvs* ‖ *Lectori S. D.* ‖ sur la facture des vers et leur sens.

 Guillaume Bossozel avait déjà imprimé le *Christus Xylonicus* en 1529; il y en eut plusieurs réimpressions, à Cologne en 1537 et 1541, à Bâle en 1537, et, à Bâle aussi, en 1540, dans un recueil de comédies et de tragédies latines.

  Paris : *Bibl. Mazarine.* — Besançon. — Lyon. — Tours.

Episto-‖læ Aliqvot Se=‖lectiores Basilii Ma=‖gni, antea non verfæ, per Iacobū ‖ Mycreū Rhetum e græca in lati=‖nam linguam tralatæ. ‖ *Parifijs* apud *Simonem Colinæum* ‖ 1531. ‖

 In-8º de 50 ff. chiffr., sign. a-e par 8, f par 10; car. rom.; init. sur bois à fonds criblés; sur le titre est placée la marque du *Temps* nº 2 (page 108).

 Le verso du titre et les 3 feuillets suivants contiennent l'épître dédicatoire de Jacques Mycreus à l'archevêque de Côme, les autres feuillets contiennent la traduction latine des épîtres de saint Basile précédée de sa vie d'après Suidas, le dernier feuillet, qui est blanc au verso, porte au recto la souscription :

Parisiis Apvd Simonem ‖ *Colinævm Anno Do=*‖*mini M. D. XXXI. VI.* ‖ *Calend. Ivnias.* ‖

LE MANS.

(BIBLE IN-SEIZE.) ❧ Sanctvm ‖ Iesv Christi Evan=‖gelivm ‖ Secundum Matthæum ‖ Secundum Marcum ‖ Secundum Lucam ‖ Secundum Ioannem. ‖ ❧ Acta Apo=‖stolorvm. ‖ *Parisiis* ‖ Ex officina *Simonis Colinæi.* ‖ 1531 ‖.

2 tomes in-16. La première partie contient 264 ff., sign. a-z, &, aa-ii par 8; car. rom.

Au verso du titre : *Hieronymvs In Ca=*‖*talogo...*; les évangiles commencent respectivement aux feuillets 2, 61, 97 verso et 160 et les actes des apôtres au feuillet 206.

La seconde partie du nouveau testament a pour titre :

(BIBLE IN-SEIZE.) Pavli Apo‖stoli Epistolæ ‖ Ad Romanos ‖ Ad Corinthios II ‖ Ad Galatas ‖ Ad Ephefios ‖ Ad Philippenfes ‖ Ad Coloffenfes ‖ Ad Theffalonicenfes II ‖ Ad Timotheum II ‖ Ad Titum ‖ Ad Philemonem ‖ Ad Hebræos. ‖ ❧ Epistolæ ‖ Catholicæ ‖ Iacobi ‖ Petri II ‖ Ioannis III ‖ Iudæ. ‖ ❧ Apocaly=‖psis Beati Ioan‖nis. ‖

193 ff. chiffr., 22 ff. non chiffr. et 1 f. bl.; sign. A-Z, Aa-Dd par 8; car. rom.

Le verso du titre est blanc, les épîtres de saint Paul commencent au feuillet 4 après le catalogue de saint Jérôme, les épîtres catholiques au feuillet 137 et l'apocalypse de saint Jean au feuillet 166; au bas du feuillet 193 verso est la souscription :

☾ *Absolvtvm Est Hoc* ‖ *fanctiffimum Iesv Christi* ‖ *faluatoris noftri Teftamentum* ‖ *nouum Parisiis, in officina* ‖ *Simônis Colinæi : Anno à Natiui*‖*tate eiufdem Christi Iesv,* ‖ *tricefimoprimo fupra fefquimil=*‖*lefimum. menfe Nouembri.* ‖

Les feuillets non chiffrés contiennent l'*Index* et la citation de Josué. Copie des éditions de 1524, 1525, 1528 et 1529 réimprimée encore en 1532, 1533, 1535 et 1538.

PARIS : *Bibl. Ste-Geneviève.* — La seconde partie à LONDRES : *Brit. Mus.*

(BIBLE IN-SEIZE.) ☙ Libri Pro-‖phetarvm. ‖

    ❡ Eſaias.   Abdias.
       Hieremias.   Ionas.
       Baruch.   Micheas.
       Ezechiel.   Naum.
       Daniel.   Abacuc.
                          Sophonias.
    ❡ Oſee.   Aggæus.
       Ioel.   Zacharias.
       Amos.   Malachias.

Parisiis ‖ Ex officina *Simonis Colinæi.* ‖ 1531 ‖.

In-16 de 436 ff. chiffr., sign. a-z, &, aa-zz, &&, aaa-fff par 8, ggg par 4; car. rom.

Le verso du titre est blanc, les différents prophètes commencent aux feuillets 2, 92, 208 verso, 222, 317 verso, 357, 376, 387, 389, 392 verso, 400 verso, 404, 408, 412 verso, 416 et 432; il n'y a pas de souscription.

Copie de l'édition de 1526 réimprimée en 1537.

        PARIS : *Bibl. Nat.; Bibl. Ste-Geneviève.*

(BIBLE IN-SEIZE.) ☙ Machabæ=‖orvm Libri Dvo. ‖ *Parisiis* ‖ Apud *Simonem Colinæum.* ‖ 1531 ‖.

In-16 de 100 ff. chiffr., sign. Aa-Mm par 8, Nn par 4; car. rom.; init. sur bois à fonds criblés.

Les livres des Machabées se terminent par la souscription suivante placée au recto du dernier feuillet dont le verso est blanc :

Imprimebat Simon Co=‖*linævs, Anno M. D.* ‖ *XXXI. Mense No*=‖*vembri.* ‖

Copie de l'édition de 1526 réimprimée en 1537.

        PARIS : *Bibl. Ste-Geneviève.* — LONDRES : *Brit. Mus.*

☙ Caroli Bovil=‖li Samarobrini, De ‖ Raptv Divi Pavli Libel=‖lus, auctus ab eius epiſtola, ad fratrē In=‖nocentium Guenottum in Cæleſtineſium ‖ monachorum ordine deo militantem. ‖ Eiuſdem de Prophetica viſione Liber. ‖ *Parisiis* ‖ Apud *Simonem Colinæum* ‖ 1531 ‖.

In-8º de 4 ff. non chiffr. et 46 ff. chiffr., sign. a-e par 8, f par 10;

car. rom.; init. sur bois à fonds criblés; sur le titre, dont le verso est blanc, est placée la marque du *Temps* n° 2 (page 108).

Les feuillets non chiffrés contiennent la table des chapitres des deux opuscules de Charles Boville ou Bouvelles, chanoine de Noyon; le premier, qui occupe les feuillets 1 à 22, est daté de Nevers, calendes d'août 1530, le second, qui occupe les feuillets 23 à 46 recto, est daté du 8 septembre de la même année; au bas du recto du feuillet 46, blanc au verso, est la souscription :

Parisiis ‖ *Anno Domini M.D.XXXI.* ‖ *Mense Ivnio.* ‖

PARIS : *Bibl. Ste-Geneviève.*

Diodori ‖ Sicvli Historici ‖ Clarissimi, Bibliothe-‖cæ, feu rerum antiquarum ‖ tum fabulofarum tum ve=‖rarum hiftoriæ, prio=‖res libri fex, ‖ Poggio Florentino Interprete. ‖ *Parisiis* ‖ Apud *Simonem Colinæum.* ‖ 1531. ‖

In-8° de 16 ff. non chiffr., 214 ff. chiffr. et 2 ff. bl., sign. *aa-bb, a-ʒ*, A-D par 8; car. ital.; init. sur bois à fonds criblés; sur le titre est placée la marque du *Temps* n° 2 (page 108).

Le verso du titre contient un extrait de Suidas, les autres feuillets liminaires sont occupés par la dédicace : ‖ *Poggivs Floren=‖tinvs Nicolao Qvin=‖to Pontifici Maximo S. D.* ‖, l'index des chapitres et l'index alphabétique, le dernier de ces feuillets, blanc au recto, porte au verso le sommaire du premier livre. Les six premiers livres de Diodore de Sicile occupent les feuillets chiffrés et se terminent par la souscription :

Parisiis Impensis Simonis ‖ *Colinæi MDXXXI.* ‖

Le verso du dernier feuillet porte la même marque du *Temps* que le titre.

Les éditions antérieures de la traduction latine du Pogge ne contiennent que cinq livres des histoires de Diodore de Sicile au lieu de six que contient celle-ci.

PARIS : *Bibl. Cour de Cassation.* — BESANÇON. — BORDEAUX. — CLERMONT-FERRAND. — QUIMPER. — SAINT-BRIEUC. — BRUXELLES.

Des. ‖ Eras. Rot. ‖ breuiores aliquot Epi=‖ftolæ, ftudiofis iuueni=‖bus admodum vtiles. ‖ *Parisiis* ‖ Apud *Simonem Colinæū.* ‖ 1531. ‖

In-8° de 130 ff. chiffr., sign. A-P par 8, Q par 10; car. rom.; init. sur bois à fonds criblés; le titre est placé dans l'encadrement *aux Lapins* (page 48).

Le verso du titre est blanc, le texte est précédé de la dédicace :

Erasmvs Roterodamvs || *Beato Rhenano Sle=*||*stadiensi S. D.* || (Louvain, le 6 des calendes de juin), et suivi de la souscription :
Parisiis Apvd Lodovicvm || *Cyanevm, Impensis Simonis* || *Colinæi Anno M. D. XXXI.* || *Calend. Martii.* ||
Le verso du dernier feuillet est blanc; copie de l'édition de 1524.

PARIS : *Bibl. Nat.* (ex. incomplet). — BESANÇON. ORLÉANS. — BRUXELLES.

De Civi=||litate Morvm || Pverilivm, Per Des. || Erasmvm Roteroda=||mum libellus nunc primum || & conditus & æditus. || *Parisiis* || Apud *Simonem Colinæum.* || 1531 ||.

In-8º de 15 ff. chiffr. et 1 f. (bl.?), sign. a-b par 8; car. rom.; init. sur bois à fonds criblés; sur le titre est placée la marque du *Temps* nº 2 (page 108).

Cet opuscule est adressé au petit-fils de la marquise de Wéere, la bienfaitrice d'Erasme, Adolphe de Bourgogne,... *puero Adolpho prin=*|| *cipis Verani filio* ||, la dédicace est datée de Fribourg-en-Brisgau, mars 1530; à la fin est placée la souscription :
Parisiis In Ædibvs Simo=||*nis Colinæi, Mense* || *Maio, Anno* || *M. D. XXXI.* ||

Erasme après quelques considérations générales sur la décence des vêtements, a divisé son ouvrage en chapitres traitant *de moribus in templo, de conviviis, de congressibus, de lusu, de cubiculo*; Simon de Colines en a donné de nouvelles éditions en 1535, 1537, 1539 et 1541 qui portent toutes, comme celle-ci, la mention : *nunc primum et conditus et æditus.*

AUXERRE.

Evtropii De || Gestis Romanorvm || Libri Decem. || *Parisiis* || Apud *Simonem Colinævm* || M.D.XXXI. ||

In-8º de 68 ff. chiffr., sign. aa-hh par 8, ii par 4; car. rom.; sur le titre est placée la marque du *Temps* nº 2 (page 108).

Le verso du titre contient la dédicace : *Evtropivs Valenti Maxi=*|| *mo Perpetvo Avgvsto.* ||; les dix livres d'Eutrope se terminent au recto du feuillet 68 qui est blanc au verso, il n'y a pas de souscription; ce volume a été imprimé pour faire suite aux histoires des empereurs romains de Sexte-Aurèle et doit être complété par les huit livres de Paul diacre; c'est ce qui explique pourquoi les signatures des feuilles de l'Eutrope sont doublées et celles des feuilles de Paul diacre triplées.
Réimprimé en 1539 et 1542.

PARIS : *Bibl. Cour de Cassation.* — AVIGNON. — BOURGES. — CLERMONT-FERRAND. — MARSEILLE. — NIORT. — LONDRES : *Brit. Mus.*

Cl. Gale=‖ni Pergameni ‖ De Conſtitutione Artis Me=‖ dicæ Liber, ‖ Iano Autoniaco Interprete. ‖ *Parisiis* ‖ Apud *Simonem Colinæum.* ‖ 1531 ‖.

In-8º de 3 ff. non chiffr., 1 f. bl., 27 ff. chiffr. et 1 f. bl., sign. aa par 4, A-C par 8, D par 4; car. rom.; init. sur bois à fonds criblés; sur le titre est placée la marque du *Temps* nº 2 (page 108).

Le verso du titre est blanc ainsi que celui du troisième feuillet le deuxième feuillet et le recto du troisième contiennent la dédicace du traducteur : *Ervditissimo Vi=‖ro Hvldricho Che=‖lio Phorcensi Physi=‖co Apvd Solodoren=‖ses, Ianvs Avto=‖niacvs S.* ‖ (sans date). A la suite du livre de Galien *de Constitutione artis medicæ,* on trouve encore : *Galeni De Præsagiis Ex ‖ Insomniis Libellvs, Eo=‖dem Iano Avtoniaco ‖ Interprete.* ‖, petit opuscule qui n'est pas annoncé sur le titre et qui occupe les feuillets 26 verso et 27; au bas du feuillet 27 verso est la souscription suivante :

Parisiis ‖ Anno Domini M. D. XXXI. ‖ Mense Maio. ‖

Une édition du texte grec du premier de ces deux traités, donnée par Jean Gonthier, a été imprimée par Simon de Colines, sans date, vers 1529; on a fait encore, dans le cours du xvıᵉ siècle, plusieurs traductions latines, ce sont celles de Victor Trincavelius, de Christophe Heyll, de Théodore Zuinggerus et de François Valleriole, ces trois dernières avec commentaires.

PARIS : *Bibl. Nat.* — BOURGES. — LE MANS. — NANTES.
WASHINGTON : *Bibl. médic. de l'armée et de la marine.*

Clavdii Galeni Perga=‖meni Commentariolvs De Pvl-‖sibvs Ad Medicinæ Candidatos. ‖ Ioanne Guinterio Andernaco interprete. ‖ *Parisiis* ‖ Ex officina *Simonis Colinæi.* ‖ 1531 ‖.

In-4º de 18 ff. chiffr., sign. a par 8, b par 10, c par 6; car. rom.; init. sur bois à fonds criblés; sur le titre est placée la grande marque du *Temps* (page 104).

Le verso du titre est blanc, le feuillet 2 contient la dédicace : *Ioannes Gvinterivs Anderna=‖cus, Ioanni Mileto Pariensi* [sic], *Medico Regio* ‖ *S.* ‖, sans date; la traductiou latine du traité de Galien occupe les feuillets 3 à 18 recto, le verso de ce dernier feuillet est blanc, il n'y a pas de souscription.

Simon de Colines avait déjà imprimé en 1529 le texte grec du livre préliminaire de Galien sur le pouls, il imprima encore en 1532 la traduction latine, par Hermann Cruserius, des 18 livres de Galien relatifs aux pulsations.

PARIS : *Bibl. Nat.* — BORDEAUX.

❦ Clavdii Galeni Perga=‖meni De Theriaca Ad Pisonem ‖ Liber. ‖ Ioanne Guinterio Andernaco interprete. ‖ *Parisiis* ‖ Apud *Simonem Colinæum.* ‖ 1531 ‖.

> In-4º de 4 ff. non chiffr. et 36 ff. chiffr., sign. a-e par 8; car. rom.; init. sur bois à fonds criblés; annotat. margin.; sur le titre est placée la grande marque du *Temps* (page 104).
>
> Le verso du titre est blanc, les autres feuillets non chiffrés contiennent la dédicace de Jean Gonthier : ❦ *Reverendo In Cristo* [sic] *Patri* ‖ *ac D. Iacobo Colino, Abbati Sancti Ambrosij* ‖ *apud Bituricenses, Ioannes Guinterius Ander=‖nacus S.* ‖ (sans date), et l'errata ; le traité de la thériaque de Galien occupe tous les feuillets chiffrés dont le dernier est blanc au verso, il n'y a pas de souscription.
>
> <small>PARIS : *Bibl. Nat.* — WASHINGTON : *Bibl. médic. de l'armée et de la marine.*</small>

❦ Galenvs In Librvm ‖ Hippocratis De Victvs Ratione In ‖ morbis acutis Commentarij quatuor. ‖ Ioanne Vasseo Meldensi interprete. ‖ *Parisiis* ‖ Apud *Simonem Colinæum.* ‖ 1531 ‖.

> In-folio de 10 ff. non chiffr., 90 pages chiffr. et 1 f. bl., sign. a par 6, b par 4, A-G par 8; car. rom.; init. sur bois à fonds criblés; sur le titre est placée la grande marque du *Temps* (page 104).
>
> Les feuillets liminaires contiennent, outre le titre dont le verso est blanc, la dédicace : *Viro In Re Medicinali Æqve Docto At=‖qve Perito Lvdovico Brallonio, Ioannes Vassevs.* ‖, sans date, l'index sur 2 colonnes et l'errata; les commentaires de Galien sur Hippocrate occupent le corps du volume, il n'y a pas de souscription.
>
> Simon de Colines en a donné, en 1542, une seconde édition revue et précédée d'une nouvelle dédicace.
>
> <small>PARIS : *Bibl. Fac. de Médecine.* — AJACCIO. — AMIENS. — BORDEAUX. NANTES. — RENNES. — LONDRES : *Brit. Mus.*</small>

❦ Clav-‖dii Galeni Per=‖gameni De Anatomi-‖cis Administrationibvs ‖ Libri Novem, ‖ Ioanne Guinterio Andernaco medico ‖ interprete. ‖ *Parisiis* ‖ Apud *Simonem Colinæum.* ‖ 1531. ‖

> In-folio de 6 ff. non chiffr., 127 pages mal chiffr. et 1 page bl., sign. A par 6, a-h par 8; car. rom.; init. sur bois à fonds criblés; le titre est placé dans l'encadrement destiné aux ouvrages de médecine que nous reproduisons page 157.
>
> Les feuillets liminaires contiennent, outre le titre, dont le verso est

blanc, la dédicace de Jean Gonthier d'Andernach à François Ier, datée du 15 des calendes de mars 1531, l'index, la table et l'errata; les pages cotées contiennent la traduction des 9 livres de Galien, il n'y a pas de souscription.

Réimprimé à Lyon par Guillaume Roville en 1551, in-16; une traduction française, de Jacques Dalechamps, a été publiée par Benoist Rigaud, à Lyon, en 1572, in-8º.

Paris : *Bibl. Fac. de Médecine.* — Bordeaux. — Bourges.
Rennes. — Genève.

Horativs. ‖ Nicolai Perotti libellus nō in-‖frugifer de metris Odarum ‖ Horatianarum. ‖ *Parisiis* ‖ Apud *Simonem Colinæum.* ‖ 1531 ‖.

In-16 de 176 ff. chiffr. 1 à 100 et 1 à 76, 1 f. non chiffr. et 3 ff. bl., sign. A-L par 8, M par 6, N par 4, a-k par 8; car. ital. Le titre est orné d'un encadrement gravé sur bois dont on trouvera la reproduction à l'année 1541; il a été employé par Simon de Colines pour orner une collection de classiques, de format in-16, qu'il avait sans doute projetée déjà en imprimant son Horace et qu'il ne continua que plusieurs années plus tard.

Le verso du titre est blanc, les 2 feuillets suivants contiennent la vie d'Horace par Pierre Crinitus, les odes occupent les feuillets 4 à 77 verso, les épodes, les feuillets 77 verso à 92 recto, le *carmen sæculare*, les feuillets 92 verso et 93, les feuillets 94 à 100 contiennent le traité de Nicolas Pérot : *Nicolai Peroti Sipontini* ‖ *Præsvlis Libellvs, De* ‖ *Metris Odarvm Ho-*‖*ratianarvm.* ‖ dédié à Cœlius Pérot, son frère, les feuillets 1 à 28 de la seconde série de chiffres contiennent les épîtres, les feuillets 29 à 67, les satyres, les feuillets 68 à 76, l'art poétique; le volume est terminé par la souscription suivante :

Excvdebat Svis Typis Si=‖*mon Colinævs In Alma* ‖ *Parisiorvm Academia,* ‖ *Svb Sole Avreo, Vici Di-*‖*vi Ioannis Bellovacen=*‖*sis, Anno Salvtis M. D.* ‖ *XXXI. Mense Martio.* ‖

Copie de l'édition de 1528, sans les commentaires, la division en deux parties est la même, mais il n'y a qu'un seul titre au lieu de deux; Simon de Colines a donné de nouvelles éditions des œuvres d'Horace en 1533, 1539, 1540 et 1543.

Versailles. — Dublin : *Bibl. du Coll. de la Trinité.*
Londres : *Brit. Mus.*

Ioannis La=‖greni Labinen=‖fis rudimenta grammatices, ‖ omnia quæ inftituendis pueris ‖ vfui effe poffunt, multo aper=‖tius & clarius atque alij libelli ‖

vulgo Dominvs Qvæ ‖ Pars infcripti, complectētia. ‖ *Parisiis.* ‖ Ex officina *Simonis Colinæi.* ‖ 1531. ‖

In-8º de 11 ff. non chiffr. et 1 f. bl., sign. a par 12; car. rom.; init. sur bois à fonds criblés; le titre est placé dans l'encadrement *aux Lapins* (page 48).
Le verso du titre est blanc, les rudiments de Lagrenus occupent tous les feuillets et se terminent par cette souscription :
Finis Libelli Vvlgo Inscri=‖pti, Dominus quæ pars. ‖ *Parisiis, In Officina* ‖ *Simonis Colinæi, Anno* ‖ *M. D. XXXI.* ‖
Copie de l'édition de 1526, réimprimée en 1539.

CLERMONT-FERRAND.

Institvtiones ‖ Rhetoricæ, Longe ‖ aliter tractatæ quàm antea, ‖ Philippi Melanchthonis. ‖ *Parisiis* ‖ Apud *Simonem Colinæum.* ‖ 1531. ‖

In-8º de 27 ff. chiffr. et 1 f. non chiffr., sign. a-c par 8, d par 4; car. rom.; annotat. margin.; init. sur bois à fonds criblés; sur le titre est placée la marque du *Temps* nº 2 (page 108).
Le verso du titre contient la dédicace : *Philippvs Me=‖lanchthon Ioanni* ‖ *Isleben Salvtem.* ‖ (sans date); le corps de l'ouvrage occupe tous les feuillets chiffrés, la souscription suivante est placée au recto du dernier feuillet dont le verso est blanc :
Parisiis ‖ *Apvd Simonem Colinævm.* ‖ *M. D. XXXI.* ‖
Copie des éditions de 1523 et de 1528, réimprimées encore en 1533.

PARIS : *Bibl. Ste-Geneviève.* — CLERMONT-FERRAND. — LAVAL. — TROYES.

Pavli Diaconi ‖ de Geftis Romanorum li=‖bri octo ad Eutropij hi=‖ftoriam additi. ‖ *Parrisiis* [sic] ‖ Apvd *Simonem Colinævm* ‖ M. D. XXXI. ‖

In-8º de 48 ff. chiffr., sign. aaa-fff par 8; car. rom.; sur le titre, dont le verso est blanc, est placée la marque du *Temps* nº 2 (page 108).
Les 8 livres de Paul diacre (Warnefrid) complètent les dix livres des histoires des empereurs romains d'Eutrope qui ont été imprimées la même année par Simon de Colines; le dernier livre est terminé par ces mots : *Pauli Vuarnefrid Lãgbardi, qui fuit filius* ‖ *Diaconi Foroiulienfis, librorũ quos* ‖ *ad Eutropij compendium addi=‖dit, vltimi finis.* ‖

PARIS : *Bibl. Nat.* — AMIENS. — AVIGNON. — BESANÇON. — BORDEAUX. CARCASSONNE. — CLERMONT-FERRAND. — NIORT.

Epitome ‖ Fabii Qvinti-‖liani nuper fūmo & in=‖ genio & diligentia col=‖lecta, qua poffit ftudio=‖fa iuuētus, quicquid eft ‖ Rhetoricę inftitutionis ‖ apud ipfum authorem, ‖ breuiore compendio & ‖ multo facilius adfequi. ‖ Authore Iona Philologo. ‖ *Parisiis* ‖ Apud *Simonem Colinæum.* ‖ 1531 ‖.

In-8° de 8 ff. non chiffr., 67 ff. chiffr., le dernier coté 65 par erreur et 1 f. bl., sign. a-i par 8, k par 4; car. rom.; annotat. margin.; init. sur bois à fonds criblés; le titre est placé dans l'encadrement *au Soleil* (page 141).

Les feuillets liminaires contiennent le titre, blanc au verso, la dédicace : *Ingenvo Ac Ivris Civi=‖lis prudētia ornatiffimo Siberto à Louuen=‖borch Iona Philologus S.* ‖, sans date, et l'index; l'abrégé de la rhétorique de Quintilien, par Jonas le Philologue, est terminé par un avis *Candido Lectori S.* ‖; il n'y a pas de souscription.

Simon de Colines, qui a aussi imprimé plusieurs fois le texte de Quintilien, a donné de cet abrégé 4 autres éditions en 1534, 1538, 1539 et 1542; Jonas le Philologue est l'auteur des *Dialogues* imprimés par Colines en 1530 et 1540.

PARIS : *Bibl. Nat.* — ANGERS. — BEAUNE. — LE MANS.

Regnerii Opvs=‖cvlvm De Nonnvllis ‖ Ivris Casibvs Nvperrime ‖ familiariter, ciuiliter, practicabiliterq; edi=‖tis in florentiffima vniuerfitate Parifienfi, ‖ & locis fuis optime pofitis, pro communi ‖ ftudentium leuamine, & fuorum laborum ‖ vtilitate : & hoc fuper titulis, Quib⁹ modis ‖ re contrahitur obl. De verb. obl. De ftipul. ‖ feruo. De duobus reis ftip. & mit. De inu=‖til. ftip. & De fideiussoribus. Pręterierā igi=‖tur ftudiofiffimis quo melius in epiftolæ ‖ calce diligererentur, Iuris fpecies, quas nos ‖ ignorare haud volo : quoniā has vtiles, has ‖ crebras ac pene quotidianas effe perfuade : ‖ vnde in Curia Centenaria, quod Parlamē=‖tum vocāt, exoriuntur controuerfiæ difce=‖ptationesq; perpetuæ. ‖ *Parisiis* ‖ Apud *Simonem Colinæum.* ‖ 1531. ‖

In-8° de 34 ff. non chiffr., sign. a-c par 8, d par 10; car. rom.; init. sur bois à fonds criblés.

Le verso du titre est blanc, le feuillet suivant contient la dédicace :

Andreas Regnerivs Ma‖*giſtro Claudoaldo Regnier fratri ſuo cha=*‖*riſ-ſimo, legumqʒ perito Salutem.* ‖, sans date, le reste du volume contient le petit traité d'André Régnier, avocat au parlement de Paris, rédigé dans la langue du barreau, en un latin facile mélangé de phrases et d'expressions françaises; le verso du dernier feuillet est blanc, il n'y a pas de souscription.

NIMES. — TROYES.

Textvs De Sphæra Ioannis De ‖ Sacrobosco : Intro-dvctoria Additione ‖ (quantum neceſſarium eſt) commen-tarioqʒ, ad vtilitatem ſtudentium Phi=‖loſophiæ Pariſien-ſis Academiæ illuſtratus. Cū compoſitione Annuli aſtro=‖ nomici Boneti Latenſis : Et Geometria Euclidis Mega-renſis. ‖ *Pariſiis.* ‖ Vænit apud *Simonem Colinæum.* ‖ 1531 ‖.

In-folio de 35 ff. chiffr. et 1 f. bl., sign. a-b par 8, c-d par 6, e par 8; car. rom.; fig. sur bois; annotat. margin.; tableaux de chiffres; init. à fonds criblés; le titre est orné d'une grande figure sur bois qui se trouvait déjà dans l'édition de 1527 et dont nous avons donné la repro-duction réduite à la page 100.

Le traité *de Sphæra* occupe les feuillets 4 à 27, il est précédé d'une *Epistola nuncupatoria* de Jacques Lefèvre d'Étaples à Charles Borra, sans date, d'un *Index commentarij*, sur 2 colonnes et d'une *Introductoria additio*, le traité de Bonetus commence au feuillet 27 verso, et la tra-duction des quatre livres d'Euclide au feuillet 32 recto, au verso du feuillet 35 est placée la souscription :

Pariſiis, Ex Ædibvs Simonis Colinæi, ‖ *Anno à Chriſto nato, trice-ſimo ſupra ſeſquimilleſimum,* ‖ *pridie Nonas Februarij.* ‖ (1532, n. s.)

Copie des éditions de 1521 et de 1527, il y a encore deux réimpres-sions en 1534 et en 1538.

PARIS : *Bibl. Université; Bibl. éc. des Ponts et Chaussées.* — AMIENS. AVIGNON. — NANCY. — VERSAILLES.

Historia De Vita ‖ Et Moribvs Impera=‖torum Roma-norum, excerpta ‖ ex libris Sexti Aurelij Victoris, ‖ a Cæſare Auguſto vſq; ad Theo‖doſium Imperatorem. ‖ *Pariſiis* ‖ Apvd *Simonem Colinævm* ‖ M.D.XXXI. ‖

In-8º de 28 ff. chiffr., sign. a-c par 8, d par 4; car. rom.; sur le titre, dont le verso est blanc, est placée la marque du *Temps* nº 2 (page 108).

Les vies des empereurs romains occupent tout le volume, le verso du dernier feuillet est blanc, il n'y a pas de souscription.

Simon de Colines a réimprimé les vies de Sexte-Aurèle en 1544, il les avait déjà données à la suite de Justin en 1530.

AMIENS. — AVIGNON. — BESANÇON. — BORDEAUX. — CLERMONT-FERRAND. — LAVAL. — NIORT. — TOULOUSE. — TOURS. — VERDUN. — BRUXELLES. — LONDRES : *Brit. Mus.*

Silii Italici Cla=‖rissimi Poetæ De Bello ‖ punico libri feptemdecim. ‖ Cvm Argvmentis Herman-‖ni Bufchij, & fcholijs in margine adiectis, quæ vice ‖ vberis commentarij effe poffunt. ‖ *Parisiis* ‖ Apud *Simonem Colinæum* ‖ 1531 ‖.

In-8º de 223 ff. chiffr. et 1 f. bl., sign. *a-z*, A-E par 8; car. ital.; annotat. margin.; sur le titre est placée la marque du *Temps* nº 2 (page 108).

Le verso du titre est blanc; les feuillets 2 à 4 contiennent : *Hermannvs Bvschivs Pasi‖philus Lectori.* ‖ (8 distiques latins); *Vita Silii Italici Per Evn-‖dem Hermannum Bufchium Pafiphilum breuiter ‖ collecta.* ‖; — *Ambrosii Nicandri Toleta=‖ni in fingulos libros catalepfes.*‖ les dix-sept livres du poëme de Silius Italicus, précédés chacun de l'argument en vers latins d'Hermann Busch, occupent le reste du volume terminé par la souscription :

Parisiis In Aedibvs Simonis ‖ *Colinæi Anno M. D. XXXI,* ‖ *Mense Novembri.* ‖

PARIS : *Bibl. Nat.; Bibl. Ste-Geneviève.* — ALENÇON. — AMIENS. — BESANÇON. — BOURGES. — CLERMONT-FERRAND. — LA ROCHELLE. — LYON. — NIORT. — ORLÉANS. — RENNES. — ROUEN. — TROYES. — LONDRES : *Brit. Mus.*

Terentiani ‖ Mavri Niliacæ Syenes Præsi-‖dis, De Literis, Syllabis, Pedibvs Et ‖ Metris, tractatus infignis fufpiciendus antiquitate eti=‖am reuerenda, Nicolao Briffæo Montiuillario com=‖mentatore & emendatore. ‖ Cvm Privilegio. ‖ *Parisiis* ‖ Apud *Simonem Colinæum* ‖ 1531 ‖.

In-4º de 10 ff. non chiffr., 117 ff. chiffr. et 1 f. bl.; car. rom. et ital.; sign. *a* par 8, ⁑ par 2, *b-p* par 8, *q* par 6; init. sur bois à fonds criblés; sur le titre est placée la marque du *Temps* nº 2 (page 108).

Les feuillets liminaires contiennent, outre le titre dont le verso est blanc : *Nicolavs Brissævs Mon-‖tivillarivs Gvilielmo Petit, Epi=‖fcopo Syluanectenfi, noxiarum Regis auriculario, vi‖ro frugi, atq;*

antiquum obtinenti S. ||, dédicace datée *ex musæo Beccordiano,* le lendemain des calendes d'octobre 1531; — *Eivsdem Nicolai Brissæi Ad Evn-*||*dem Carmen.* ||, avec les armoiries de Guillaume Petit, évêque de Senlis, gravées sur bois et signées de la croix de Lorraine; — *Nicolavs Brissævs Lectori.* ||; — *Errata.* ||; — *Lectori Ludouicus du Breul.*|| (un distique latin); — *Hubertus a Sufanna Lectori.* || (six vers latins). Le traité en vers latins de Terentianus Maurus, accompagné des commentaires de Nicolas Brissé, occupe tous les feuillets chiffrés, il commence par ces mots : *Ohe ftatim ne dicas, fed dura Lector, tandem dices eho* || *libelle.* || et est terminé par la souscription suivante :

Explicitus eft Terentianus cum commentarijs Nicolai || *Brissæi Môtiuillarij. Anno falutis millefimo quingen=*||*tefimo tricefimo primo menfe Octobri.* ||

A la suite sont encore placées quelques lignes au lecteur et cette sentence latine :

Pro captu lectoris habent fua fata libelli.

PARIS : *Bibl. Nat.; Bibl. Mazarine.* — AJACCIO. — AMIENS. — BESANÇON. — DIJON. — MONTAUBAN : *Bibl. Fac. de Théologie protestante.* — REIMS. — GENÈVE. — LONDRES : *Brit. Mus.*

Valerivs || Maximvs. || Addito Indice Perbrevi, Cev || Ad Omneis Historias Asy=||lo Tvtissimo. || *Parisiis* || Apud *Simonem Colinæum.* || 1531 ||.

In-8° de 235 ff. chiffr. et 9 ff. non chiffr., sign. a-z, &, A-E par 8, F par 4, G par 8; car. rom.; init. sur bois à fonds criblés; sur le titre est placée la marque du *Temps* n° 2 (page 108).

Le verso du titre et les feuillets 2 et 3 contiennent : *Compendiosa Vita Va=*||*lerii Maximi.* || et la table des chapitres; les 9 livres de Valère Maxime et l'épitome du dixième livre occupent les feuillets 4 à 235; les 9 derniers feuillets contiennent un index sur 2 colonnes; il n'y a pas de souscription.

Copie de l'édition de 1527 réimprimée par Simon de Colines en 1533, en 1535 et deux fois en 1543.

PARIS : *Bibl. Arsenal.* — BRUXELLES.

(Charles de VILLIERS.) Constitv=||tiones Synodales Ci=||vitatis Et Diocesis Belva=||cenfis, per Reuerendum in Chrifto patrē || & dominum, dominū Carolum de Vil=||lers [*sic*] Epifcopū Beluacēfem æditæ & pro=|| mulgatæ Beluaci Anno domini tricefi-||moprimo fupra millefimum & quingē=||tefimum, feria quarta ante feftum

Pen=‖tecoſtes in fua fynodo generali. ‖ *Parisiis* ‖ Apud *Simonem Colinæum.* ‖ 1531. ‖

In-4º de 3 ff. non chiffr., 1 f. bl., 43 ff. non chiffr. et 1 f. bl., sign. AA par 4, A-D par 8, E par 4; car. rom. pour le texte, car. goth. pour les titres; init. sur bois à fonds criblés; sur le titre, dont le verso est blanc, sont placées les armes de Charles de Villiers, gravées au trait.

Les feuillets liminaires contiennent un mandement, la table et l'ordre du Synode; le texte se termine au recto de l'avant-dernier feuillet par la souscription suivante :
Pariſijs ex officina chalcographica Ludoui=‖ci Cyanei, Anno domini ‖ M. D. XXXI. ‖

PARIS : *Bibl. Nat.; Bibl. Ste-Geneviève; Bibl. Arsenal.*

Virgilii opera. *Parisiis,* apud *Simonem Colinæum,* 1531.

In-16.

Nous n'avons pas rencontré cette édition qui est citée par Panzer et quelques bibliographes; Simon de Colines a donné deux autres éditions in-16 des œuvres de Virgile, en 1538 et en 1542, elles sont, comme les deux éditions in-8º, devenues très difficiles à trouver.

M D XXXII

31 mars 1532 — 22 avril 1533 n. s.

❧ Pavli Ægine‖tæ Opvs De Re Medica, Nvnc Pri=‖ mvm Integrvm Latinitate Donatvm, ‖ Per Ioannem Gvinterivm Andernacvm, Docto‖rem Medicvm. ‖ *Parisiis* ‖ Apud *Simonem Colinæum.* ‖ 1532 ‖ Cvm Privilegio Regio. ‖

> In-folio de 310 ff. chiffr. et non chiffr.; car. rom.; init. sur bois à fonds criblés; sur le titre est placée la grande marque du *Temps* (page 104).
> Le volume est ainsi divisé : 20 ff. non chiffr. sign. +A, +B par 8 et +C par 4 contiennent les pièces liminaires, un avis *Candido Lectori.*‖, la dédicace adressée par Jean Gonthier d'Andernach à Jean du Bellay, datée du mois d'octobre 1532, la table et les notes du 1ᵉʳ livre de Paul d'Égine; 47 pages, contenant le texte du premier livre, et 1 page blanche, signées Aa-Cc par 8; les six autres livres suivent avec une pagination et des signatures spéciales, précédés chacun de leur table et de leurs notes : 2ᵉ livre, 4 ff. non. chiffr., 39 pages et 1 page bl., sign. a-d; 3ᵉ livre, 4 ff. non chiffr., 127 pages et 1 page bl., sign. aa-ii; 4ᵉ livre, 4 ff. non chiffr. et 48 pages, sign. aaa-ddd; 5ᵉ livre, 4 ff. non chiffr. et 24 pages sign. A-B; 6ᵉ livre, 4 ff. non chiffr., 83 pages et 1 page bl., sign. AA-FF; 7ᵉ livre, 4 ff. non chiffr., 157 pages, 1 page bl. et 1 f. bl., sign. AAA-KKK; il n'y a pas de souscription.
> Première édition de la traduction latine des œuvres de Paul d'Égine par Jean Gonthier, elle a été réimprimée plusieurs fois avec des notes de Jacques Goupyl, de Jean-Baptiste Camotius, de Janus Cornarius

et de Jacques Dalechamps, Cornarius en a aussi donné une traduction latine qui a paru pour la première fois à Bâle, chez Hervagius, en 1556.

Paris : *Bibl. Nat.; Bibl. Maʒarine; Bibl. Ste-Geneviève; Bibl. Fac. de Médecine.* — Agen. — Amiens. — Bordeaux. — Laval. — Le Mans. — Limoges. — Nice. — Rochefort : *Bibl. de l'hôpital maritime.* — Toulon : *Bibl. de l'hôpital maritime.* — Troyes. — Versailles. — Washington : *Bibl. médic. de l'armée et de la marine.*

Ælianus, de re militari. *Parisiis,* apud *Simonem Colinæum,* 1532.

In-8º.

Cité par Panzer qui aura peut-être pris pour une édition de Simon de Colines un fragment du volume imprimé en 1532 par Michel de Vascosan : *Dictionum atticarum collectio...* contenant : *Ex scriptis Æliani libellus instruendarum acierum.*

Moralis Ia‖cobi Fabri Stapv-‖lenſis in Ethicen introductio, ‖ Iudoci Clichtouei Neoportuē-‖ſis familiari commentario elu-‖cidata. ‖ *Parisiis* ‖ In ædibus *Simonis Colinæi.* ‖ 1532 ‖.

In folio de 54 ff. chiffr. et 2 ff. non chiffr., sign. A-G par 8; car. rom.; init. sur bois à fonds criblés; le titre est placé dans l'encadrement réservé aux ouvrages de philosophie (page 31) et porte de plus la marque du *Temps* nº 2 (page 108).

Le texte est précédé de l'épitre dédicatoire : *Ivdocvs Clichtovevs Neopor=‖tvensis Petro Briconeto Magni=‖fico equiti aurato...* et de la préface : *In Svam Introdvctionem Iacobi ‖ Fabri Stapulenſis, præfatio. ‖,* il se termine, au feuillet 54 par la souscription :

Has Pervtiles In Ethicen Introdvctiones Qvan=‖ta potuit quum arte tum diligentia excuſit Simon Colinæus in ‖ florenti Pariſiorum Academia, Anno à Chri=‖sto nato 1533. menſe ‖ Ianuario. ‖

Le feuillet 54 verso et les deux feuillets non chiffrés contiennent la pièce de vers de Baptiste Mantuan *Virtutis Querimonia,* et l'index.

Copie de l'édition de 1528 réimprimée en 1537 et 1545; cette édition a été annoncée plusieurs fois sous la date de 1533, d'après des exemplaires auxquels les titres ont été enlevés, ce que nous avons trouvé fréquemment dans les volumes portant l'encadrement philosophique.

Paris : *Bibl. Nat.* — Lyon. — Saint-Brieuc. — Troyes. Limoges (ex. incomplet du titre).

(Bible In-Seize.) Pentatev=‖chvs Moysi. ‖ Genesis ‖ Exodus ‖ Leuiticus ‖ Numeri ‖ Deuteronomium. ‖

⁂ Iosve ‖ Liber Iudicum ‖ Ruth. ‖ *Parisiis* ‖ In officina *Simonis Colinæi*. ‖ 1532 ‖.

In-16 de 9 ff. non chiffr. et 439 ff. chiffr., sign. a-z, &, A-V, aaa-mmm par 8; car. rom.

Les feuillets non chiffrés contiennent l'épître de saint Jérôme; au bas du dernier feuillet est placée la date à laquelle l'impression a été achevée : *Finis*. ‖ *Idibvs Decembris.* ‖

Copie des éditions de 1525, 1527 et 1530; réimprimé en 1539.

CARCASSONNE. — LONDRES : *Brit. Mus.*

⁂ Roberti ‖ Britanni At=‖trebatenſis de par=‖ſimonia libel=‖lus. ‖ *Parisiis* ‖ Apud *Simonē Colinæum.* ‖ 1532 ‖.

In-8º de 20 ff. chiffr., sign. a-b par 8, c par 4; car. rom.; init. sur bois à fonds criblés, le titre est placé dans l'encadrement *au Soleil* (page 141).

Le verso du titre est blanc, le deuxième feuillet contient la dédicace : *Spectatissimo Et Claris=‖ſimo Abbati diui Vedaſti Attrebatenſis* ‖ *Robertus Britannus S. P. D.* ‖, sans date; le traité de Robert Britannus, d'Arras, se termine par la souscription :

An. Domini M. D. XXXII. ‖ *Mense Septembri.* ‖

Ce petit opuscule est écrit sous forme d'un dialogue dont les interlocuteurs sont Alcibiade et Socrate.

PARIS : *Bibl. Nat.; Bibl. Ste-Geneviève.* — REIMS.

⁂ Brevis Ad Sylla=‖barvm Qvantitatem ‖ necnō inſigniores aliquot figu=‖ras Isagoge, per Ioannem Bu=‖tinum nuper recognita. ‖ *Parisiis* ‖ Apvd *Simonem Colinævm* ‖ 1532 ‖.

In-8º de 41 ff. chiffr. et 3 ff. non chiffr., sign. a-e par 8, f par 4; car. rom.; init. sur bois à fonds criblés; sur le titre, dont le verso est blanc, est placée la marque du *Temps* nº 2 (page 108).

Les feuillets 2 et 3 recto contiennent l'avertissement : *Ioannes Bvtinvs* ‖ *Lectori beneuolo S.* ‖; à la fin de la prosodie se trouve une lettre de Butinus à François le Boulleur suivie de vers latins adressés par Guillaume de Montdragon (Monsdraconicus) à François de Harville; il n'y a pas de souscription.

PARIS : *Bibl. Nat.; Bibl. Mazarine.*

⁂ Tabla de Cebetes philoſopho the=‖bano ſacada de grieco en caſtellano ‖ por el doctor poblacion medico de ‖ la Chriſtianiſſima Reyna de Francia. ‖ *Parisiis* ‖ Apud *Simonem Colinæum.* ‖ 1532 ‖.

In-8º de 12 ff. non chiffr., sign. a par 8, b par 4; car. rom.; init. sur bois à fonds criblés; sur le titre, dont le verso est blanc, est placée la marque du *Temps* nº 2 (page 108).

La traduction espagnole de la Table de Cébès, écrite par le docteur Poblacion, occupe toute cette petite plaquette qui ne contient ni pièces liminaires ni souscription; le verso du dernier feuillet est blanc.

C'est le seul volume qui ait été imprimé dans cette langue par Simon de Colines. La *Table* de Cébès, philosophe thébain, a été imprimée fréquemment aux xvᵉ et xviᵉ siècles en grec ou en latin, il y en eut aussi deux traductions en français, celle de Geofroy Tory, Paris, Geofroy Tory et Jehan Petit, 1529, in-8º, et celle de Gilles Corrozet, en vers, Paris, Gilles Corrozet ou Denys Janot, 1543, in-8º; une traduction italienne par Coccio, Venise, Fr. Marcolini, 1530 et 1536, in-8º, est citée par Brunet.

Besançon.

M. T. Ci=‖ceronis Orati-‖onum volumen ‖ primum. ‖ *Parisiis* ‖ Apud *Simonē Colinæū.* ‖ 1532 ‖.

In-8º de 8 ff. non chiffr., 303 ff. chiffr. et 1 f. bl., sign. aa, a-z, A-P par 8; car. rom.; init. sur bois à fonds criblés; le titre, dont le verso est blanc, est placé dans l'encadrement *au Soleil* (page 141).

Les feuillets non chiffrés renferment une épître *Leoni X Pontifici Maximo,* sans date, les feuillets chiffrés contiennent 12 discours de Cicéron, le récit de sa mort donné par Tite Live et la table, au bas du feuillet 302 recto est placée la souscription :

Finis Primi Volvminis ‖ *Mense Martio. M.D.XXXII.* ‖

Paris : *Bibl. Nat.* — Le Havre.

M. T. Cicero=‖nis Oratio-‖num volumen ſe=‖cundum. ‖ *Parisiis* ‖ Apud *Simonē Colinæum.* ‖ 1532 ‖.

In-8º de 5 ff. non chiffr., 276 ff. chiffr. et 1 f. non chiffr., sign. aa-zz, AA-MM par 8; car. rom.; init. sur bois à fonds criblés; le titre, dont le verso est blanc, est placé dans l'encadrement *au Soleil* (page 141).

Les feuillets non chiffrés contiennent la dédicace *Petro Bembo,* sans date, le reste du volume se compose de 20 discours de Cicéron numérotés 13 à 32, et de la table; au bas du feuillet 276 est placée la souscription :

Finis Secvndi Volvminis, Mense ‖ *Ivlio* ‖ *M. D. XXXII.* ‖

Laval. — Le Havre.

M. T. Cice=‖ronis Oratio=‖num volumen ‖ tertium. ‖ *Parisiis* ‖ Apud *Simonē Colinæum.* ‖ 1532 ‖.

In-8º de 4 ff. non chiffr. et 276 ff. chiffr., sign. aaa-zzz, AAA-MMM par 8; car. rom.; init. sur bois à fonds criblés; le titre, dont le verso est blanc, est placé dans l'encadrement *au Soleil* (page 141).

Les feuillets liminaires renferment une épître *Iacobo Sadoleto,* sans date, les feuillets chiffrés contiennent 35 discours de Cicéron numérotés 33 à 67, le discours de Saluste contre Cicéron, la réponse de Cicéron et l'épître à Octavie; au bas du recto du feuillet 276 se trouve la souscription :

Parisiis Apvd Simonem Co=‖linævm An. M.D.XXXII. ‖ *Mense Octobri.* ‖

Ces trois volumes sont une réimpression de l'édition donnée par Simon de Colines en 1525 d'après l'édition aldine de 1518-1519; ils ont été réimprimés en 1543-1544.

PARIS : *Bibl. Nat.* — LE HAVRE. — SENS.

M. Tvllii ‖ Ciceronis Ad Ti=‖tvm Pomponivm Atti=‖cvm, ad M. Brutum, & ad Quintum fratrem, ‖ Epiſtolarū libri XX, diligentiſſime recogniti : ‖ Cum latina eorū interpretatione, quæ in ijs ‖ ipſis epiſtolis græce ſcripta funt : ne quid ‖ vel mediocriter græce doɕti deſiderent. ‖ *Parisiis* ‖ Apvd *Simonem Colinævm.* ‖ M D XXXII. Mense Ivnio. ‖

In-8º de 16 ff. non chiffr., 331 ff. chiffr. et 1 f. bl., sign. aa-bb, a-z, A-S par 8, T par 4; car. rom.; init. sur bois à fonds criblés; sur le titre est placée la marque du *Temps* nº 2 (page 108).

Les feuillets liminaires contiennent : *Aldvs Manvtivs Rom. Philippo* ‖ *Cyutano Moræ Pānonio à Secretis Regis, ac* ‖ *oratori apud Venetos, & com=‖patri obſer. S. P. D.* ‖ (Venise, le 5 des calendes de juin 1513); les épîtres de Cicéron occupent le corps du volume et se terminent par la souscription suivante :

Finis. Parisiis, Anno Domini ‖ *M. D. XXXII. Mense* ‖ *Maio.* ‖

Copie de l'édition aldine de 1513.

PARIS : *Bibl. Nat.* — AIX. — LAVAL.

(Jean COLET, Guillaume LILY et ERASME.) Libellus de octo partibus orationis. *Parisiis,* apud *Simonem Colinæum,* 1532.

In-8º. Cité par Panzer; Simon de Colines a donné des éditions de ce petit traité en 1523, 1526, 1527, 1530, 1535, 1542 et 1544.

❧ Colloqviorvm Fami=‖liarvm Incerto Avthore ‖ libellus Græce & Latine, non pueris modo fed quibufuis, ‖ in cotidiano colloquio, græcum affectantibus fermonem, ‖ impendio futurus vtilis. ‖ *Parisiis* ‖ Apud *Simonem Colinæum.* ‖ 1532 ‖.

> In-4º de 8 ff., sign. A; car. rom. et grecs; init. sur bois; sur le titre est placée la marque du *Temps* nº 2 (page 108).
> Copie fidèle de l'édition de 1528, le dernier feuillet au lieu d'être orné de la grande marque du *Temps* a été laissé blanc; il n'y a pas de souscription.

TROYES.

❧ Decreta Pro-‖vincialis Concilii Senonensis: ‖ celebrati fub Reuerendiffimo domino Antonio a Prato : tituli fan‖ctæ Anaftafiæ Prefbytero Cardinali, Senonenfi archiepifcopo, ‖ Galliarum & Germaniæ primate, necnon Albigienfi epifcopo, ‖ Franciæ Cancellario. Anno domini Millefimo, quingentefimo, ‖ vicefimooctauo. ‖ *Parisiis* ‖ Ex officina *Simonis Colinæi.* ‖ 1532 ‖ Cvm Privilegio ‖.

> In-folio de 35 ff. chiffr. et 1 f. bl., sign. a-c par 8, d-e par 6; car. rom. et goth.; init. sur bois à fonds criblés; sur le titre sont placées les armoiries d'Antoine du Prat, gravées au trait, surmontées du chapeau de cardinal.
> Le verso du titre contient le privilège, en français, accordé le 16 septembre 1529 à Guillaume Dauoust et à Simon de Colines. Souscription.
> ℭ *Actorum & decretorum prouincialis concilij Senonenfis : in=‖choati anno millefimo quingentefimo vigefimofeptimo & ‖ confumati anno millefimo quingentefimo vigefimoocta=‖uo : finis. Quæ ædita fuerūt in lucem & impreffa apud Lute=‖tiam Parifiorum, in officina Simonis Colinæi,* **ad fignum fo=‖lis aurei : e regione collegij Bellouacēfis. Anno ab incarnatione domini,** ‖ *millefimo quingentefimo trigefimofecundo : die vero decima=‖tertia menfis Martij.* ‖
> Copie de l'édition de 1529.

AMIENS. — CHAUMONT. — DIJON. — DOLE.

Apophthegmatvm ‖ Opvs Cvm Primis Frvgifervm, ‖ vigilanter ab ipfo recognitum autore, è Greco ‖ codice correctis aliquot locis in quibus inter=‖pres Diogenis Laërtij fefellerat, locupletatum ‖ infuper quum varijs per totum acceſſionibus, ‖ tum duobus libris in fine adiectis, per Des. ‖ Erasmvm Roterodamvm. ‖ *Parisiis* ‖ Apud *Simonem Colinæum.* ‖ 1532 ‖.

<small>In-8° de 8 ff. non chiffr., 364 ff. chiffr. et 20 ff. non chiffr., sign. +, a-z, A-Y par 8, Z par 4, aa-bb par 8, cc par 4; car. rom.; annotat. margin.; init. sur bois à fonds criblés; sur le titre est placée la marque du *Temps* n° 2 (page 108).

Le verso du titre est blanc, les feuillets liminaires contiennent : *Illvstrissimo Principi* ‖ *Ivniori Gvilhelmo, Dvci Cli‖uenſi, Iuliacenſi, Montenſi, Comiti Marchiæ &* ‖ *in Rauenſpurgo, &c. Des. Erasmvs Ro=‖terodamvs. S. D.* ‖ (Fribourg-en-Brisgau, le 4 des calendes de mars 1531). A la suite des 8 livres qui occupent tous les feuillets chiffrés se trouvent deux index alphabétiques, imprimés sur deux colonnes, *Index Personarvm* ‖ et *Index Senten=‖tiarvm* ‖, qui sont terminés par la date de l'impression :

M. D. XXXIII Mense Ianvario. ‖ (1534, n. s.)

Le verso du dernier feuillet est blanc.

Érasme a ajouté un grand nombre d'apophthegmes à ceux de Plutarque; la première édition, imprimée à Bâle en 1531, ne contenait que six livres au lieu de huit; il y a eu de très nombreuses réimpressions et plusieurs traductions françaises au xvi° siècle.

PARIS : *Bibl. Cour de Cassation.* — BESANÇON. — CHARTRES. — MOULINS. VERDUN. — BRUXELLES. — GAND : *Bibl. Univ.*</small>

❧ Brevissi=‖ma Maximeqve ‖ compendiaria cōficien=‖darum epiſtolarum for=‖mula, Per Eras. Ro=‖terodamvm. ‖ *Parisiis* ‖ Apud *Simonem Colinæum* ‖ 1532. ‖

<small>In-8° de 11 ff. non chiffr. et 1 f. bl., sign. a par 8, b par 4; car. rom.; init. sur bois à fonds criblés; le titre, dont le verso est blanc, est placé dans l'encadrement *au Soleil* (page 141).

Le corps de l'ouvrage est précédé d'une lettre d'Erasme à Pierre Paludanus et terminé par 2 distiques latins d'Hubert Sussaneau; le verso du feuillet 11 est blanc; il n'y a pas de souscription.

Réimprimé par Simon de Colines en 1543.

PARIS : *Bibl. Nat.* — CHARTRES. — CLERMONT-FERRAND.</small>

❧ Testamen=‖tum Novvm Per ‖ Deſ. Eraſmum nouiſſime ‖ recognitum, & cum varijs exemplaribus ‖ tam

Græcis quàm Latinis diligentiſſime ‖ collatum vna cum diſtichis ad ſingula ca=‖pita, quæ ipſorum ſummam argumenti vi=‖ce paucis complectuntur, præpoſitis. Scri=‖pturæ præterea cōcordātiis paſſim in mar‖ginibus illuſtratum. ‖ *Parisiis* ‖ Apud *Simonem Colinæum.* ‖ 1532 ‖.

In-16 de 16 ff. non chiffr., et 336 ff. chiffr., sign. A-B, a-z, aa-tt par 8; car. rom.; init. sur bois à fonds criblés; annotat. margin.

Les feuillets liminaires contiennent l'index; la lettre du pape Léon X à Érasme (10 septembre 1518), l'épitre d'Érasme au lecteur : ☙ *Des. Erasmi Ro-‖terodami Paraclesis,* ‖ *id eſt adhortatio ad chriſtianæ phi-loſophię* ‖ *ſtudium.* ‖, les tables des évangiles et l'extrait de saint Jérôme; les évangiles commencent aux feuillets 1, 41, 66 verso et 108 verso, les actes des apôtres au feuillet 140, les épîtres de saint Paul avec un faux titre paginé, au feuillet 182, les épîtres catholiques au feuillet 294 et l'apocalypse de saint Jean au feuillet 316; les feuillets 335 et 336 recto contiennent : ☙ *De Libris Vtri-‖vsqve Testamenti, Par=‖tim reiectis, aut nō ſine cōtradictione ad=‖miſſis, partim apocryphis ex Athanaſio,* ‖ *tametſi mihi ſuſpectus eſt titulus, Eraſm.* ‖ *Rot. interprete.* ‖, et la souscription :

Lvteciæ In Officina ‖ *Simonis Colinæi An=‖no M. D. XXXII. Menſe.‖ Febrvario.* ‖ (1533, n. s.)

Cette édition du nouveau Testament de la version d'Érasme, doit se joindre aux volumes de la Bible in-seize; elle n'a pas été réimprimée par Simon de Colines qui, dès l'année suivante, a donné une nouvelle édition de la version de Robert Estienne revue par Jacques Lefèvre d'Étaples.

PARIS : *Bibl. Nat.*

❦ Galeni Opera ‖ De Pvlsibvs Hermanno Crv‖serio Campensis Interprete ‖ Quæ in hoc opere continentur proxima pa=‖gina indicabit. ‖ *Parisiis* ‖ Apud *Simonem Colinæum* ‖ 1532 ‖.

In-folio de 8 ff. non chiffr., 147 pages chiffr., 1 page bl., 133 pages chiffr., 1 page non chiffr. et 1 f. bl., sign. ✱A, a-i par 8, k par 4, A-H par 8, I par 4; car. ital.; init. sur bois à fonds criblés.

Les feuillets liminaires renferment la table, imprimée en caractères romains, sur 2 colonnes, la préface et l'index. Les traités contenus dans la première série de feuillets chiffrés sont : *Ad Tirones liber I; de differentiis pulsuum libri IV; de dignoscendis pulsibus libri IV;* la seconde série contient : *De causis pulsuum libri IV; de præsagatione ex pulsibus libri IV; de usu pulsuum liber I;* le volume se termine par un errata ; il n'y a pas de souscription.

PARIS : Bibl. Nat. (peau de vélin). — ANGERS. — BOURGES. — MONTPELLIER : Bibl. Fac. de Médecine. — QUIMPER. — RENNES. — LONDRES : *Brit. Mus.*

Hippocratis Apho=‖rismi, Cvm Galeni Commentariis, Ni=‖colao Leoniceno Vicentino ‖ Interprete. ‖ Item eiufdem Hippocratis Prædictiones, cum Galeni etiam ‖ commentarijs, Laurentio Laurentiano interprete. ‖ Ad græcum codicem fumma diligentia recognita. ‖ *Parisiis*‖ Apvd *Simonem Colinævm.* ‖ 1532 ‖.

In-folio de 6 ff. lim., 174 pages chiffr. et 1 f. bl., sign. a par 6, b-m par 8; car. rom.; init. sur bois à fonds criblés; sur le titre est placée la grande marque du *Temps* (page 104).

Les feuillets liminaires contiennent : *Antonivs Albvs Petro Albo Theo=‖logo & Epifcopo S. P. D.* ‖, et l'index alphabétique imprimé sur 3 colonnes. La traduction latine des aphorismes d'Hippocrate occupe les pages 1 à 122 et celle des présages les pages 123 à 174; il n'y a pas de souscription.

Dans la dédicace à son oncle, Antoine Albus dit avoir revisé avec grand soin l'édition publiée quelques années auparavant par Simon de Colines (1524); nous en décrivons une autre, à l'année 1539, dont le traducteur est Hermann Cruserius.

AJACCIO. — ALENÇON. — AMIENS. — LISIEUX. — LONDRES : *Brit. Mus.*

Extraict Ov Recveil Des ‖ Ifles nouuellemēt trouuees en la grand mer Oce-‖ane ou temps du roy Defpaigne Fernād & Eliza‖beth fa femme, faict premierement en latin par ‖ Pierre Martyr de Millan, & depuis tranflate en ‖ languaige francoys. ‖ Item trois Narrations : dont la premiere eft de ‖ Cuba, & commence ou fueillet 132. ‖ La feconde, qui eft de la mer Oceane, commence ‖ ou fueillet 155. ‖ La tierce, qui eft de la prinfe de Tenuftitan, com‖mence ou fueillet 192. ‖ On les vend a *Paris,* rue fainct Iehan de Bau-‖uais, chez *Simon de Colines* au foleil d'or. ‖ Cum priuilegio. ‖

In-4º de 8 ff. non chiffr., 207 ff. chiffr. et 1 f. bl., sign. a-z, A-D par 8; car. ital.; annotations margin.; init. sur bois à fonds criblés.

Les feuillets non chiffrés contiennent une épître : ☛ *A Tresnoble Adolef=‖cent, monfeigneur Charles, duc Dangolef=‖me, tiers filz du roi trefchreftien Francoys ‖ premier de ce nom. ‖*, sans signature ni date; — *l'Indice Ov Regiftre ‖ de plufieurs chofes contenues ‖ es trois decades. ‖*; — *l'Indice... de plufieurs chofes côte‖nues es trois Narrations. ‖* Le corps du volume se compose d'abord des extraits des trois décades, puis des trois narrations précédées d'une dédicace... *a trefnoble adolefcète ma dame Mar=‖guerite de France, fille du trefchreftien roy ‖ de France Francois premier de ce nom. ‖* et se termine par la souscription suivante :

Imprime a Paris par Simon de Colines libraire iure de ‖ luniuerfite de Paris, Lan de grace Mil cinq cēs trente-‖deux le douziefme iour de Ianuier. ‖ (1533, n. s.)

Nous ne saurions mieux faire, pour analyser le contenu de ce volume, que de nous en référer à la savante notice que M. Émile Picot lui a consacrée dans le Catalogue des livres composant la bibliothèque de feu M. le baron James de Rothschild (II, 1955).

« Pierre Martyr d'Anghiera, établi en Espagne depuis 1487 et investi par les rois Catholiques de missions de confiance, publia en 1511, à Séville, un recueil contenant sa *Legatio Babylonica*, son *Oceani Decas*, ses *Poemata* et ses *Epigrammata* (Harrisse, *Biblioth. americ. vetust.*, n° 66). Ce recueil ne contenait encore que les neuf premiers livres de la Décade de l'Océan, plus un fragment *De superstitionibus insularium*, qui tenait lieu du dixième livre. En 1516, la première Décade, complète cette fois, fut imprimée à Alcala, par les soins d'Antoine de Nebrija, en même temps que la seconde et la troisième (Harrisse, n° 88). Les huit Décades réunies ne virent le jour qu'en 1530, après la mort de l'auteur (Harrisse, n° 160). Avant l'achèvement de son grand ouvrage, Pierre Martyr avait rédigé lui-même un abrégé de la quatrième Décade, abrégé qui fut publié par l'imprimeur *Adam Petri : De nuper sub D. Carolo repertis Insulis, simulque incolarum moribus, R. Petri Martyris Enchiridion, Dominæ Margaritæ, Divi Max. Cæs. filiæ, dicatum* (Basileæ, 1521, in-4° de 22 ff. non chiffr.).

« L'ouvrage français, qui fait l'objet de cet article, a été mal décrit par les bibliographes, qui n'y ont vu qu'une traduction de l'abrégé de 1521 (voy. Brunet, I, 294; Harrisse, n° 167); le contenu en est en réalité beaucoup plus important. La première partie (ff. 1-131) est un résumé assez étendu des trois premières Décades, fait sur l'édition de 1516. Le traducteur français, qui pourrait bien être Simon de Colines lui-même, a supprimé les dédicaces au cardinal Ascanio, au cardinal Louis d'Aragon, à Ignace Lopez, comte de Tendile, vice-roi de Grenade, et au pape Léon X, et les a remplacées par son épître au duc d'Angoulême. La seconde partie est formée des trois Narrations annoncées sur le titre.

« La première Narration, où est racontée la prise de possession de Cuba par Diego Velasquez et ses auxiliaires, Juan Grisalva, Alonso de Avila, Francisco Montijo, Pedro Alvaro, Hernando Cortés et autres

(1511-1518), est traduite de l'*Enchiridion* de Pierre Martyr. Le traducteur dit expressément, dans une épître « A tresnoble adolescente, ma dame Marguerite de France, fille du Treschrestien roy de France, François, premier de ce nom » (fol. 132), que « ce present livre a esté premiérement faict en langue latine par savant personnage, Pierre Martyr, protonotaire et conseiller au roy d'Espagne, et dédié au pape Leon dixiesme, et, après, imprimé a *Basle*, et l'impression latine dédiée a trespuissante dame Marguerite de Flandres, tante de l'empereur ». La traduction est maintenant dédiée à Marguerite de France, afin que, « se le latin a esté envoyé a une tresnoble Marguerite, le françois aussi ne change pas le nom ».

« La seconde Narration est la traduction abrégée de la pièce suivante : *Præclara Ferdinandi Cortesii de nova maris Oceani Hyspania Narratio, sacratissimo ac invictissimo Carolo Romanorum imperatori semper Augusto, Hispaniarum, etc., regi, anno Domini M. D. XX transmissa, in qua continentur plurima scitu et admiratione digna circa egregias earum provintiarum urbes, incolarum mores, puerorum sacrificia et religiosas personas, potissimumque de celebri civitate Temixtitan variisque illius mirabilibus quæ legentem mirifice delectabunt; per doctorem Petrum Sagvorgnanum* [sic], *Forojuliensem, reverendi D. Joan. de Revelles, episcopi Viennensis, secretarium, ex hyspano idiomate in latinum versa, anno Domini M. D. XXIIII, kl. Martii* (Norimbergæ, per Frid. Peypus Arthimesium, 1524, in-fol.). Voy. Harrisse, n° 125.

« La dernière Narration est un résumé de la troisième épître de Cortés : *Tertia Ferdinandi Cortesii, sac. Cæsar. et Cath. Majestatis in nova maris Oceani Hyspania generalis præfecti, præclara Narratio, in qua celebris civitatis Temixtitan expugnatio aliarumque provintiarum quæ defecerant recuperatio continetur, in quarum expugnatione recuperationeque præfectus una cum Hyspanis victorias æterna memoria dignas consequutus est, præterea in ea mare del Sur Cortesium detexisse recenset, quod nos Australe Indicum pelagus putamus, et alias innumeras provintias aurifodinis, unionibus variisque gemmarum generibus refertas, et postremo illis innotuisse in eis quoque aromatac* [sic] *contineri; per doctorem Petrum Savorgnanum Forojuliensem, reverendi in Christo patris domini Jo. de Revelles, episcopi Viennensis, secretarium, ex hyspano ydiomate in latinum versa* (Norembergæ, per Fœder. [Peypus] Arthemesium, 1524, in-fol.). Voy. Harrisse, n° 126. »

M. Émile Picot pense que le traducteur peut être Simon de Colines; nous avons déjà vu, en 1529, deux ouvrages, la *Grammatographia* et le *Vocabulaire du Psaultier*, anonymes comme celui-ci et dédiés, comme celui-ci aussi, au duc d'Angoulême et à l'une de ses sœurs, nous savons qu'ils sont de Jacques Lefèvre d'Étaples, précepteur des enfants de France, et que Simon de Colines a collaboré au moins à l'un des deux. On trouvera, parmi les livres non datés, une autre relation de voyage dont l'auteur est Ant. Pigafetta et le traducteur, J.-Ant. Fabre.

PARIS : *Bib. Nat.; Bibl. Arsenal; Bibl. du Ministère de la Marine; Bibl. du dépôt des Cartes.*

🙢 Elemen=‖torvm Rhe=‖torices Li=‖bri duo, ‖ Avthore Philip=‖po Melanchthone. ‖ *Parisiis* ‖ Apud *Simonē Colinæum.* ‖ 1532 ‖.

In-8º de 64 ff. chiffr. et 2 ff. non chiffr., sign. a.h par 8, i par 2; car. rom.; init. sur bois à fonds criblés; le titre est placé dans l'encadrement *au Soleil* (page 141).

Le verso du titre est blanc, les deux livres de rhétorique sont précédés de la dédicace de l'auteur : 🙢 *Philippvs Me=‖lancthon Stvdiosis Adolescentibis, Alber=‖to & Ioanni Reiffenstein, Guiel=‖mi filijs, S. D.* ‖ sans date, les 2 derniers feuillets contiennent l'*Index Rhetorices*, à 2 colonnes.

Simon de Colines a donné aussi plusieurs éditions des *Institutiones rhetoricæ* de Melanchthon.

PARIS : *Bibl. Ste-Geneviève.* — LE MANS.

🙢 Philip-‖pi Melanchtho-‖nis Dialectica ‖ Iam recens adaucta ab authore, et multo ‖ explicatius quàm antehac ‖ tractata. ‖ *Parisiis* ‖ Apud *Simonem Colinæum.* ‖ 1532. ‖

In-8º de 74 ff. chiffr., sign. A-H par 8, I par 10; car. rom.; init. sur bois à fonds criblés; sur le titre est la marque du *Temps* nº 2 (page 108).

Le verso du titre est blanc, le feuillet suivant contient la dédicace de Melanchthon à Guillaume Reiffenstein, datée de Wittemberg, calendes de juillet, le reste du volume est occupé par la dialectique.

Simon de Colines avait donné, en 1524, une première édition de ce traité avant la revision de l'auteur.

CLERMONT-FERRAND. — LE MANS.

T. Livii Patavini Con-‖ciones Cvm Argvmen=‖tis Et Annotationi=‖bus Ioachimi Perionij Benedicti-‖ni Cormœriaceni. ‖ His accessit index locupletissimus omnium‖ concionum simul & tabula insigniores ‖ conciones suo quāque generi subiectas ‖ complectens. ‖ *Parisiis* ‖ Apud *Simonem Colinæum* anno domini ‖ M. D. XXXII. mense Ianuario, ‖ ad Calculum Romanum. ‖

In-8º de 21 ff. non chiffr., 1 f. bl. et 544 pages; sign. aa-bb par 8, cc par 4, a-z, A-L par 8; car. rom.; annotat. margin.; sur le titre est placée la marque du *Temps* nº 2 (page 108).

Le verso du titre est blanc, les feuillets liminaires contiennent :

Reuerendo in Chriſto patri, D. Dionyſio ‖ *Briconneto epiſcopo Maclo-* ‖ *uiêſi, abbatiq̃* ‖ *Diui Pauli apud Cormœriacũ Ioachimus* ‖ *Perionius Cormœ-*‖*riacenus Lectori S. P. D.*‖ (Paris, collège de Montaigu, calendes de février 1532); — *Lectori.* ‖; — *Tabvla cōplectens cōcionũ, velut gene-* ‖ *ris* ‖ *diuiſionem in ſpecies, quarum ſuæ cuiq̃ ſed* ‖ *inſigniores partes ſubijciuntur.* ‖; deux index et l'errata. Les discours de Tite Live sont accompagnés des commentaires, imprimés en caractères plus fins que le texte, et des notes de Joachim Périon placées en marge; à la fin est la souscription :

Pariſiis ‖ *Apvd Simonem Colinævm.* ‖ *M. D. XXXII. Calcvlo Ro=*‖*mano, Menſe Ianvario.* ‖

Nous rencontrerons encore souvent des éditions données par ce savant commentateur.

PARIS : *Bibl. Nat.* — BORDEAUX. — LE HAVRE. — LE MANS. — REIMS. — SENS. — TOULOUSE. — VERDUN. — VERSAILLES. — DUBLIN : *Bibl. du Coll. de la Trinité.* — LONDRES : *Brit. Mus.*

❧ Georgii ‖ Trapezontii ‖ dialectica, hec continens ‖ De enuntiatione. ‖ De prædicabilibus. ‖ De prædicamēn-tis. ‖ De ſyllogiſmo categorico, & ‖ hypothetico. ‖ De enthymemate. ‖ De diffinitione ac diuiſione. ‖ De theſi. ‖ Et Hæc Omnia Vti=‖liter, elegāterq̃, & modo qui=‖dē perbreui ac introductorio. ‖ *Pariſiis* ‖ Apud *Simonem Colinæum.* ‖ 1532 ‖.

In-8º de 32 ff. chiffr., sign. A-D par 8; car. rom.; annotat. margin.; init. sur bois à fonds criblés; le titre est placé dans l'encadrement *aux Lapins* (page 48).

La dialectique est précédée d'une dédicace de l'éditeur : *Iacobvs Faber Fortv-*‖*nato Svo S.* ‖, datée de Paris, 1508, elle est terminée par cette souscription :

Pariſijs in officina Simonis Colinæi, III Noñ. ‖ *Februarij. Anno à natali Christi* ‖ *ſaluatoris M. D. XXXII.* ‖ (1533, n. s.)

Le verso du titre et celui du dernier feuillet sont blancs.

La dialectique de Georges de Trébizonde, qui a eu de fréquentes éditions, avait été déjà imprimée par Simon de Colines en 1528, elle a été réimprimée par lui en 1534, 1536, 1539 et 1544.

AMIENS. — CLERMONT-FERRAND.

❧ C. Valerii Flacci ‖ Argonavticon, Libri Octo, ‖ à Philippo Engentino emendati, & ad vetuſtiſſi=‖ma exem-plaria recogniti, adiectis præterea ſin‖gulorum librorum argumentis per eundem. ‖ *Parisiis* ‖ Apud *Simonem Colinæum.* ‖ 1532 ‖.

In-8º de 103 ff. chiffr. et 1 f. bl., sign. *a-n* par 8; car. ital.

Le verso du titre est blanc, le feuillet 2 contient la dédicace *Candissimo Ivveni Pav-‖lo Richart Hagenoenfi, Philippus Engen-‖tinus S. D.* ‖ (Fribourg, mai 1525); le reste du volume renferme les huit livres de Valerius Flaccus, chacun d'eux est précédé de l'argument en vers latins de Philippe Engentinus; il n'y a pas de souscription.

Copie de l'édition de Strasbourg, J. Knobloch, 1525, in-8º, elle est préférable à l'édition aldine de 1523.

BESANÇON. — BORDEAUX. — TROYES.

Lavren‖tii Vallæ De ‖ Lingvæ Latinæ Ele-‖gantia libri fex, iam nouiffime ‖ de integro bona fide emacu=‖lati. ‖ Eiufdem de Reciprocatione Sui ‖ & Suus libellus apprime vtilis. ‖ Vnà cum Epitomis Iodoci Badij ‖ Afcenfij, necnon Antonij Man‖cinelli Lima fuis quibufque ca=‖pitibus adiunctis. ‖ Cum indice ampliffimo. ‖ *Parisiis* ‖ Apud *Simonem Colinæum.* ‖ 1532 ‖.

In-4º de 14 ff. non chiffr., 249 ff. chiffr. et 1 f. bl., sign. A par 8, B par 6, a-z, aa-gg par 8, hh par 4, ii par 6; car. rom.; init. sur bois à fonds criblés; le titre est placé dans un encadrement formé de 4 pièces empruntées aux Heures de 1524-1525.

Les feuillets liminaires contiennent l'index, sur 2 colonnes, et la dédicace: ☙ *Lavrentivs Valla Ioanni Tor‖tellio Aretino, cubiculario Apostolico, theologorum ‖ facundiffimo S.* ‖, sans date, imprimée en caractères italiques; les six livres de Valla, accompagnés de l'épitome de Jossé Bade, occupent les feuillets 1 à 234, le traité *de reciprocatione sui et suus* occupe les feuillets 235 à la fin, il n'y a pas de souscription.

Ce volume réunit au texte de Valla, imprimé par Simon de Colines en 1528, l'épitome de Josse Bade van Aassche imprimé en 1524 et 1529; il a été réimprimé en 1535, 1538, 1540 et 1544.

BÉZIERS. — MEAUX. — NANCY. — PONTOISE. — SAINT-MALO. — TROYES.

Io. Ludovici Vivis de subventione pauperum Libri duo. *Parisiis,* apud *Simonem Colinæum,* 1532.

In-8º.

Cité par Panzer d'après Maittaire, II, page 778.

M D XXXIII

13 avril 1533 — 5 avril 1534 n. s.

❧ Ælii An‖tonii Nebrissensis ‖ Grammatici In Cosmographiæ ‖ libros introductorium, multo q̃ antea casti-
gatius. ‖ *Parisiis* ‖ Ex officina *Simonis Colinæi.*‖ 1533 ‖.

> In-8º de 15 ff. chiffr. et 1 f. bl., sign. A-b par 8; car. rom.; init. sur
> bois à fond criblé; sur le titre est placée la marque du *Temps* nº 2
> (page 108).
>
> Ce petit opuscule est divisé en 10 chapitres précédés d'une pièce de
> 6 distiques latins *Ad Lectorem.* ‖, placée au verso du titre et composée
> en caractères italiques; le dixième chapitre, qui occupe les feuillets 13
> verso à 15, a pour titre : *De vocabulis quibus Cofmographi vtun=‖tur.* ‖ i
> n'y a pas de souscription.
>
> Antoine de Lebrija ou Lebrixa est l'auteur de plusieurs traités de
> grammaire et d'histoire, les plus célèbres sont la première grammaire
> espagnole, imprimée à Salamanque en 1492, et un lexique latin-espa-
> gnol et espagnol-latin imprimé d'abord à Séville, puis à Paris, chez
> Regnault Chaudière, avec la traduction française des mots latins
>
> Paris : *Bibl. Nat.*; *Bibl. Maẓarine.* — Amiens. — Angers.
> Besançon. — Londres : *Brit. Mus.*
> St-Etienne (Rés 23712) cat. n: 11

❧ Scholia Io-‖annis Arborei Lav=‖dvnensis In Porphyrivm De ‖ quinq; vocibus, ex Ariftotele, Boëtio, Ammo=‖
nio, Iacobo Fabro, & alijs eruditis authoribus ‖ collecta,

ab aliquot nuper repurgata mendis, ‖ & opulentiffimè locupletata. ‖ *Parisiis* ‖ Apud *Simonem Colinæum.* ‖ 1533 ‖.

In-8º de 90 ff. chiffr., 1 f. non chiffr. et 1 f. bl. sign. a-l par 8, m par 4; car. rom.; init. sur bois à fonds criblés; sur le titre est placée la marque du *Temps* nº 2 (page 108).

Le verso du titre et le feuillet 2 contiennent la dédicace : *Doctissimo Viro Sacri-‖que eloquij cultori diligētiſſimo, Henrico Se-‖naulio, decano Roſetenſi, Ioannes Arboreus* ‖ *Salutem dicit.* ‖ (sans date). Les scholies occupent les feuillets 3 à 74 et se terminent par les trois pièces suivantes : Λοδουίκου Βασιλικου Κον‖σταντιναίου εἰς ἔπαινον Ἰωάννου Ἀρβορέου σο=‖φωτατου ἀνδρὸς ἐπιγραμμα. ‖ (6 distiques grecs), *Lvdovici Regii Constantiniensis* ‖ *in laudem Ioannis Arborei præceptoris ſui* ‖ *Epigramma.*‖ (27 distiques latins), *Aliud in laudem eiuſdem.* ‖ (13 vers latins) et la souscription suivante :

Parisiis Excvdebat Simon ‖ *Colinævs, Anno Domi-‖ni M. D. XXXIII. Men=‖se Octobri.* ‖

Cette édition est très supérieure à celle de 1528, elle a été réimprimée par Simon de Colines en 1537 et 1543.

TROYES.

Compendia‖ria Ioannis Arborei ‖ Laudunenſis in dialectica elementa intro-‖ductio, ab aliquot erratulis repurgata, & ‖ locupletius adaucta. ‖ *Parisiis* ‖ Apud *Simonem Colinæum.* ‖ 1533 ‖.

In-8º de 8 ff. non chiffr., 70 ff. chiffr. par erreur jusqu'à 90, les cotes 64 à 83 étant sautées, et 2 ff. bl., sign. *a*, b-k par 8; car. rom.; init. sur bois à fonds criblés; sur le titre est placée la marque du *Temps* nº 2 (page 108).

Le verso du titre est blanc, les feuillets liminaires contiennent la préface, imprimée en caractères italiques : *Ioannis Arborei Lavdv‖nenſis ad Adrianum Gemellium Archidiaco-‖num Laudunenſem, Theologum moribus &* ‖ *literis abſolutiſſimum, de philoſophiæ lau-‖dibus Oratio.* ‖ L'introduction aux éléments de dialectique de Jean Arboreus, divisée en 13 chapitres, se termine au verso du feuillet 90 par la souscription suivante :

Parisiis Excvdebat Simon‖*Colinævs Anno Domini*‖*M. D. XXXIII. Mense* ‖ *Septembri.* ‖

Ce doit être une copie améliorée de l'édition de 1530 ou d'éditions antérieures; Simon de Colines a imprimé deux fois encore cet ouvrage en 1536 et en 1543.

PARIS : *Bibl. Nat.*

> In Hoc Volvmine Hæc ‖ Continentvr. ‖ Aristotelis. ‖ De hiſtoria animalium libri IX. ‖ De partibus animalium & earum cauſis libri IIII. ‖ De generatione animalium libri V. ‖ Theodoro Gaza Interprete. ‖ De communi animalium greſſu liber I. ‖ De communi animalium motu liber I. ‖ Petro Alcyonio Interprete. ‖ Indices In Præfatorvm Opervm Singvla. ‖ *Parisiis.* ‖ Ex officina *Simonis Colinæi.* ‖ 1533 ‖.

In-f⁰ de 270 ff. chiffr. et non chiffr.; car. rom.; init. sur bois à fonds criblés; annotat. marg.; sur le titre est placée la grande marque du *Temps* (page 104).

Le volume est divisé en 3 parties qui se décomposent ainsi :

1⁰ 36 ff. non chiffr., 101 ff. chiffr. et 1 f. bl., sign. Aa-Dd par 8, Ee par 4, a-l par 8, m par 6, n par 8, contenant le titre, blanc au verso, la dédicace de Théodore Gaza au pape Sixte IV, l'index, sur deux colonnes, et la traduction en latin des neuf livres du *De historia animalium.*

2⁰ 10 ff. non chiffr. et 42 ff. chiffr., sign. aa par 10, bb-ee par 8, ff par 10, contenant l'index, sur deux colonnes, et la traduction du *De partibus animalium.*

3⁰ 10 ff. non chiffr., 53 ff. chiffr., 3 ff. non chiffr., 13 ff. chiffr. et 1 f. bl., sign. aaa par 10, bbb-hhh, aaaa par 8, bbbb par 6, contenant les deux derniers traités traduits par Pierre Alcyonius, précédés chacun d'un index sur deux colonnes, et terminés par la souscription :

Hos de Historia, Partibvs, Genera=‖tione, communi greſſu & motu animalium libros Ariſtotelis ‖ *emiſit ex officina ſua Simon Colinæus, Anno M. D. XXXIII.* ‖

Copie de l'édition de 1524; l'édition que nous avions annoncée comme imprimée en 1528 n'existe pas; les problèmes d'Aristote et d'Alexandre Aphrodisée, qui accompagnent ordinairement ce volume, ont été imprimés l'annés suivante.

BORDEAUX. — BOULOGNE-SUR-MER. — CLERMONT-FERRAND. — LE MANS. — NICE. — SENS.

> Cælii Avrelia=‖ni Methodici Sic=‖censis Liber Celervm ‖ Vel Acvtarvm Pas=‖ſionū, qua licuit diligentia recognitus, atq; ‖ nunc primum in lucem æditus. ‖ *Parisiis* ‖ Apud *Simonem Colinæum.* ‖ 1533. ‖

In-8⁰ de 131 ff. chiffr. et 1 f. bl., sign. a-q par 8, r par 4; car. rom.; init. sur bois à fonds criblés.

Le verso du titre est blanc, les feuillets 2 et 3 recto contiennent la dédicace du traducteur : ❦ *Excellentissimo* ‖ *viro Ioanni Brayllon Medicorum* ‖ *apud Luteciā facile principi, Ioan-*‖*nes Guinterius Andernacus, S.* ‖, Paris, calendes de septembre, 1533; le corps de l'ouvrage, divisé en trois livres précédés chacun de leur table, occupe les feuillets 4 à 131 recto; le verso du feuillet 131 est blanc, il n'y a pas de souscription.

Première édition; un autre traité du même auteur : *Tardarum passionum libri V* avait été donné à Bâle en 1529; ces deux ouvrages ont été réunis en 1567, et, depuis, assez souvent réimprimés

PARIS : *Bibl. Nat.; Bibl. Mazarine.* — DOLE. — REIMS. — SOISSONS. BRUXELLES. — LONDRES : *Brit. Mus.*

(BIBLE IN-SEIZE) ❦ Sanctvm ‖ Iesv Christi ‖ Evangelivm ‖ Secundum Matthæum ‖ Secundum Marcum ‖ Secundum Lucam ‖ Secundum Ioannem. ‖ ❦ Acta Apo-‖ stolorvm. ‖ *Parisiis* ‖ Ex officina *Simonis Colinæi.* ‖ 1533 ‖.

In-16 de 264 ff. chiffr., sign. a-z, &, aa-ii par 8; car. rom. Au verso du titre : *Hieronymvs In Ca=*‖*talogo scriptorum Eccle=*‖*siasticorum.* ‖; les évangiles commencent respectivement aux feuillets 2, 61, 97 verso et 160, les actes des apôtres au feuillet 206, le verso du dernier feuillet est blanc.

Nous n'avons vu aucun exemplaire des épîtres de saint Paul portant la date de 1533, cette seconde partie doit cependant exister. Copie des éditions de 1524, 1525, 1528, 1529 et 1531, il y a encore deux réimpressions en 1535 et 1538.

LONDRES : *Brit. Mus.*

Nicolai Borbonii Vandoperani Nugarum libri VIII. *Parisiis,* apud *Simonem Colinæum,* 1533.

Cette édition des poésies de Nicolas de Bourbon de Vandœuvre est citée par Ambr. Firmin-Didot dans son *Essai... sur l'histoire de la gravure sur bois* (col. 51), elle est ornée d'un portrait en buste de l'auteur; nous n'avons pu en voir aucun exemplaire mais, en la cherchant, nous avons rencontré deux autres éditions sous la même date, l'une de Paris : *Parisiis* ‖ *Apud Michaelem Vascosanum, uia ad diuum*‖ *Iacobum sub fontis signo.* ‖ *M. D. XXXIII.* ‖, l'autre de Bâle : *Basileæ Per And. Cratan*‖*drvm, Mense Septem*‖*bri, Anno M. D.* ‖ *XXXIII.* ‖, toutes deux in-8°. Simon de Colines a imprimé en 1539 un autre ouvrage du même auteur : *Tabellæ elementariæ, Pveris Ingenvis Pernecessariæ.*

🙰 Catonis || Disticha Moralia || Cvm Scholiis Desid. Eras. || Roterodami. || Reliqua in hoc opufculo cōtenta fe=||quens pagella indicabit. || *Parisiis* || Apud *Simonem Colinæum.* || 1533. ||

In-8º de 63 ff. chiffr. et 1 f. bl., sign. a-h par 8; car. rom. et ital.; init. sur bois à fonds criblés; sur le titre est placée la marque du *Temps* nº 2 (page 108).

Après la table qui occupe le verso du titre se trouve la dédicace : 🙰 *Erasmvs Roteroda-||mvs M. Ioanni Nevio Hon=||difcotano, Lilianorum apud incly=||tum Louanium Gymna||fiarchæ S.* ||, datée de Louvain, calendes d'août 1513 ; le volume contient différentes parties dont les titres sont les suivants : 🙰 *Libellvs Ele||gantissimvs Qvi In-||scribitvr Cato, De Præceptis* || *vitæ communis. Eras. Roterod. caftigatore & || interprete.* ||; — 🙰 *Dicta Sapientvm* || *E Græcis, Vt Habe-||bantur à nefcio quo Græculo* [sic] *vtcunque* || *collecta, vel confitta potius, Erafmo in-||terprete.* ||; — *Dicta Sapientvm Ex* || *Aufonio, carmine. Atque in his extrema* || *fententia ferè femper eft gemina & difti=||cho comprehenditur.* ||; — *Seqvvntvr Mimi Pv-||bliani, ab Erafmo caftigati & elucidati.* ||; — *Aliquot Sententiæ* || *infignes ex varijs collectæ* || *fcriptoribus.* ||; — *Erasmvs Roterodamvs* || *Lectori S. D.* ||; — 🙰 *Christiani Homi=||nis Institvtvm, Per* || *Erasmvm Roterodamvm.* ||; — 🙰 *Rodolphvs Agri-||cola Ioanni Agricolæ* || *Svo Fratri S. D.* ||; — 🙰 *Isocratis Ad De-||monicvm Parænesis, Per* || *Ervditissimvm Virvm Rodol=||phum Agricolam è Græco in Latinum fermonem* || *traducta.* ||; — *Des. Erasmvs Rote=||rodamus ftudiofis S.* || Au bas du recto du feuillet 63, blanc au verso, est placée la souscription :

Ex Officina Simo-||nis Colinæi. || *Anno M. D. XXXIII.* ||

Les mêmes distiques, édités par Charles Estienne, ont été réimprimés en 1538 par Simon de Colines pour le compte de François Estienne. Les impressions des différentes interprétations des distiques attribués à Caton, ordinairement accompagnés des *Dicta Sapientum*, ont été très fréquentes au xvɪᵉ siècle, la famille des Estienne, à elle seule, en a donné au moins 18 éditions.

LONDRES : *Brit. Mus.*

M. Tvllii Cicero=||nis De Natvra Deo=||rvm, Ad M. Brvtvm || Libri Tres. || *Parisiis* || Apvd *Simonem Colinævm* || **M. D. XXXIII.** ||

In-8º de 91 ff. chiffr. et 1 f. bl., sign. a-l par 8, m par 4; car. rom.; init. sur bois à fonds criblés; sur le titre, dont le verso est blanc, est placée la marque du *Temps* nº 2 (page 108).

Le texte de Cicéron qui n'est accompagné d'aucune pièce liminaire ni d'aucun commentaire occupe tout le volume, il n'y a pas de souscription.

Réimprimé par Simon de Colines en 1545.

PARIS : *Bibl. Nat.; Bibl. Arsenal.* — LAVAL.

M. Tvllii Cicero=‖nis Officia, Dili=‖genter Restitvta. ‖ Eiufdem de Amicitia & Senectute dialogi ‖ finguli : ‖ Item Paradoxa, & Somnium Scipionis : ‖ Cum annotationibus Erafmi Roterodami, ‖ & Philippi Melanchthonis. ‖ *Parifijs* apud *Simonem Colinæum.* ‖ 1533 ‖.

In-8º de 40 ff. non chiffr. et 164 ff. chiffr., sign. A-E, a-v par 8, x par 4; car. rom.; annotat. margin.; init. sur bois à fonds criblés; sur le titre, dont le verso est blanc, est placée la marque du *Temps* nº 2 (page 108).

Les feuillets non chiffrés contiennent deux dédicaces : *Erasmvs Roterodamvs Or=‖natiffimo viro M. Iacobo Tutori, Iuris ‖ vtriufque prudentiffimo S. D.* ‖ (Paris, le 4 des calendes de mai 1498), et *Erasmvs Roterodamvs Or=‖natissimo Iacobo Tvtori, ‖ Inclytæ Civitatis ‖ Antvverpiensis Pen=‖sionario S. D.* ‖ (Louvain, le 4 des ides de septembre 1519); à la suite sont les annotations d'Erasme et celles de Melanchthon sur les livres des Offices, le dernier feuillet non chiffré est blanc. Le corps du volume contient le texte de Cicéron accompagné de notes placées en marges, il se termine par la souscription :

In Ædibvs Simonis Coli=‖næi, Anno A Christi ‖ Nativitate M. D. ‖ XXXIII. Mense ‖ Avgvsto. ‖

Simon de Colines avait déjà imprimé en 1524 et 1528 ces traités de Cicéron avec les notes d'Erasme et, en 1530, avec les notes de Philippe Melanchthon jointes à celles d'Erasme, il les a réimprimés en 1538, 1541 et 1543.

LONDRES : *Brit. Mus.*

De Lavdibvs Tri‖um antiquorum patrum : Iofeph patriar=‖chæ, Dauid regis, & Tobiæ, trifidum opu=‖fculum : per Iudocum Clichtoueum, Neo=‖portuenfem, doctorem theologum Parifi‖enfem & canonicum Carnotenfem, elabo‖ratum : tres libros complectens. ‖ ¶ Primus, eximias Iofeph patriarchæ filij Ia=‖cob, virtutes cōmemorat : quibus à prima ‖ ætate, per totum vitæ fuæ decurfum, inter ‖ aduerfa & profpera, miri-

ficè refulſit. ‖ ❡ Secundus, egregia Dauid regis præ-
conia & ‖ laudes edifferit : ob infignē illius probitatē, ‖
cū in vita priuata, tum in regio faftigio, mi‖ro fplen-
dore micantē : meritó celebrādas. ‖ ❡ Tertius, præclaras
Tobiæ virtutes, commē‖datiſſimoſq; mores enarrat :
quibus à pue=‖ro ad extremā vſq; ætatē, inter varios
mor=‖talis vitæ fucceſſus : infigniter effloruit. ‖ *Parisiis* ‖
Apud *Simonem Colinæum.* ‖ 1533 ‖.

In-4º de 94 ff. chiffr., sign. a-l par 8, m par 6; car. rom.; annotat.
margin.; init. sur bois à fonds criblés.

Le verso du titre est blanc, les deux feuillets suivants contiennent
la dédicace : ❧ *Reverendo In Christo* ‖ *patri... Ludouico Guilliardo,* ‖
epiſcopo Carnotenſi digniſſimo : Iudocus Clichto-‖*ueus, Neoportuēſis :*
doɛor theologus... (Chartres, 1533); le reste du volume contient l'ouvrage de Clichtove qui est divisé en 3 livres renfermant chacun 15
chapitres; les feuillets 92 verso à 94 sont occupés par la table et la
souscription :

❡ *Emiſſum eſt hoc opuſculum, & in lucem æditum,* ‖ *apud Pariſios :*
in officina libraria Simonis Co=‖*linæi, è regione Collegij Bellouacenſis,*
ad ‖ *ſignum Solis aurei, habitantis. An-*‖*no ab incarnatione Domini,* ‖
milleſimo, quingenteſi-‖*mo, triceſimo ter-*‖*tio die vero pri-*‖*ma menſis* ‖
Iulij. ‖

On trouvera dans la *Bibliotheca Belgica* les titres des principaux
chapitres de ce volume qui n'a pas eu d'autre édition.

Paris : Bibl. Nat.; Bibl. Maẓarine; Bibl. Ste-Geneviève. — Auxerre. —
Chaumont. — Marseille. — Tours. — Troyes. — M. Vander Haegen cite aussi :
Bologne : *Bibl. Univ.* — Gottingue : *Bibl. Univ.* — Vienne (Autriche).

❧ Improbatio Qvo‖rvndam Articvlorvm ‖ Martini Lutheri, à veritate catholica diſſi=‖dentium : & in quodam
libello gallico, qui hic ‖ difcutitur, nō fatis exaɛè nec
reɛè im=‖pugnatorum. Elaborata per Iudocum Cli-‖
chtoueum Neoportuēſem : doɛorē theo=‖logum, & canonicum Carnotenfem. ‖ *Parisiis* ‖ Ex officina *Simonis*
Colinæi. ‖ 1533 ‖.

In-4º de 4 ff. non chiffr., 69 ff. chiffr. et 1 f. bl., sign. a-h par 8,
i par 4 et k par 6; car. rom.; init. sur bois à fonds criblés; annotat.
marginales.

Les feuillets liminaires contiennent, outre le titre, dont le verso

est blanc, la dédicace : ❡ *Reverendo In Christo* ǁ *patri ac domino,*
*domino Ludouico Guil=*ǁ*liardo, Epifcopo Carnotêfi digniffimo : Iu=*ǁ*docus*
*Clichtoueus, doctor theologus li=*ǁ*cet immeritus, & Canonicus Carno-*
tenfis : ǁ *perpetuam felicitatem exoptat.* ǁ, datée de Chartres, 1533, et
la table sommaire des chapitres; le corps de l'ouvrage, divisé en 15
chapitres, se termine par une nouvelle table et la souscription :

❡ *Impreffum eft hoc opufculum, in alma Parifiorũ* ǁ *academia : in*
*officina Simonis Colinæi. Anno do-*ǁ*mini millefimo, quingētefimo, trice-*
*fimotertio : no-*ǁ*na die Iunij.* ǁ

Clichtove réfute un ouvrage de Georges Halluin dans lequel l'auteur,
voulant combattre les hérésies de Luther, avait commis lui-même de
grosses erreurs. Voyez sur les deux ouvrages la *Bibliotheca Belgica.*

PARIS : *Bibl. Nat.*; *Bibl. Maʒarine*; *Bibl. Ste-Geneviève.* — MARSEILLE. —
DUBLIN : *Bibl. du coll. de la Trinité.* — LONDRES : *Brit. Mus.* — M. Vander
Haeghen cite encore : BERLIN. — BONN : *Bibl. Univ.* — CAMBRIDGE : *Bibl. Univ.*
— FRIBOURG-EN-BRISGAU : *Bibl. Univ.* — VIENNE (Autriche).

(JOSSE CLICHTOVE et J. LEFÈVRE D'ÉTAPLES.) ❦ In Hoc
O=ǁpvscvlo Contentæ ǁ Introdvctiones ǁ In terminos ǁ
In artium diuifionem. ǁ In suppofitiones. ǁ In prædicabilia. ǁ In diuifiones. ǁ In prædicamenta. ǁ In librum
de enuntiatione. ǁ In primum priorum. ǁ In fecundum
priorum. ǁ In libros pofteriorum. ǁ In locos dialecticos. ǁ In fallacias. ǁ In obligationes. ǁ In infolubilia. ǁ
Parisiis ǁ Apud *Simonem Colinæum.* ǁ 1533 ǁ.

In-8º de 232 ff. chiffr. et 8 ff. non chiffr., sign. a-z, A-G par 8; car.
rom.; init. sur bois à fonds criblés; le titre est placé dans l'encadrement *au Soleil* (page 141).

Le verso du titre est blanc, le feuillet 2 contient la dédicace de Clichtove; le corps de l'ouvrage occupe les autres feuillets chiffrés, chacune
des parties commence respectivement aux feuillets 3, 16, 30 verso, 56,
62, 67, 89, 133 verso, 154 verso, 174, 182 verso, 208, 212 verso et 220
verso, la dernière est terminée par l'❡ *Operis peroratio.* ǁ, l'explication
des titres courants et la souscription :

Pressit Svis Typis Nitidissimis ǁ *Simon Colinæus in officina fua,*
aureo fole ǁ *infignita : eregione* [sic] *collegij Bellouacēfis.* ǁ *Pridie*
Calen. Febr. M. D. XXXIII. ǁ (1534, n. s.)

Les feuillets non chiffrés contiennent l'index, le dernier est blanc
au verso. Réimpression des éditions de 1526 et de 1530. Simon de
Colines a encore imprimé ces traités en 1535 et celui de Clichtove,
seul, en 1540 et 1544.

LYON.

(Simon DE COLINES et J. LEFÈVRE D'ÉTAPLES.) ☙ Grammmato-‖graphia Ad Prompte Ci=‖toqve Discendam Gram-‖măticen, tăbulas tum generâles, tum ‖ fpeciâles côntinens. ‖ Vide în=‖di-‖cem in ‖ calce ŏperis. ‖

 Rêgia Calliope iŭuenes hoc trâmite duci
 Perfăcile ad puri grâmmata fontis auet.

Parisiis ‖ Apud *Simônem Colinâeum.* ‖ 1533 ‖.

In-4º de 57 ff. chiffr. et 3 ff. non chiffr., sign. A-N par 4, O par 6, P par 2, car. rom.; impression en rouge et noir.

Le verso du titre est blanc, le feuillet 2 contient au recto la préface de Simon de Colines : ☙ *Simon Colinævs Omni-‖bvs Cito Et Facile Discen=‖dæ grammăticæ cŭpidis S.* ‖, le corps de l'ouvrage commence au verso du feuillet 2, occupe tous les feuillets chiffrés, et se termine par la souscription :

 Ex officina Simônis Colinæi, Anno ‖ *M. D. XXXIII. Mense Iŭnio.* ‖

Copie de l'édition de 1529, les pièces contenues dans les feuillets non chiffrés ne sont pas disposées de la même façon, il y a d'abord l'index, imprimé sur 2 colonnes, puis les deux pièces de vers latins, dont la seconde ne porte plus de titre; le supplément : *Clavis Tesserarvm Grammatogrăphiæ* ne se trouve pas dans ceux des exemplaires que nous avons vus.

PARIS : *Bibl. Nat.* — ALBI. — AUXERRE. — BESANÇON. — CHARTRES. — LA ROCHELLE.

☙ Hilarii Cortæ=‖sii Nevstri, Civis Ebroici ‖ Volantillæ. ‖

 Creditur Orator Cortæfius, atq3 Poëta.
 Nec tamen id laudis vendicat ille fibi.
 Cedit enim multis, oleā, laurumq3, quibus fit
 Ingenio abfimilis, par animo, & ftudio.

Parisiis ‖ Apud *Simonem Colinęum* ‖ 1533 ‖.

In-8º de 40 ff. chiffr., sign. *a-e* par 8; car. ital.; init. sur bois à fonds criblés; annotat. margin.; sur le titre, et au dessus des deux distiques, est placée la marque du *Temps* nº 2 (page 108).

Le verso du titre et les feuillets 2 et 3 contiennent la dédicace : ☙ *Hilarivs Cor=‖tæsivs, Nevster, Civis* ‖ *Ebroicus, Generofiffimo adule=‖fcenti, expectationifque maxi=‖mæ, Domino Gabrieli* ‖ *Venatori, defignato apud* ‖ *fœlices Ebroicas Antiftiti, Salu=‖tem, bonamque optimæ indolis* ‖ *precationem.* ‖ datée : *Ex ædibus tuis, cornu ceruini, proximè* ‖ *famige-*

ratiſſimū literatæ Haricuriæ ‖ *Gymnaſiū, Nonis Iulii. 1533.* ‖ Les feuillets 4 à 35 contiennent le corps de l'ouvrage qui est un recueil de petites poésies latines réunies sous le titre de *Volantillæ*, les feuillets 36 à la fin sont occupés par une nouvelle dédicace : ❧ *Hilarivs Cortæsi=‖us Neuſter, humaniſſimo Patruo, & ami‖co perintegro Leodegario Cortæſio, Me‖dico percelebri, S.* ‖, datée des nones de juillet 1533 et précédant les épitaphes, en vers latins, de la reine Claude et de Louise de Savoie, par une pièce dédiée à Gabriel Le Veneur et par une épître *Ad Lectorem Can-‖didvm.* ‖; l'épitaphe de la reine Claude est ornée, dans la marge, d'une petite figure sur bois représentant une lampe, avec ces mots : *Lampas Aurea Claudia.*

Parmi les pièces qui composent ce recueil il en est une adressée à Geofroy Tory *Cortæsiani præceptoris*, qui débute ainsi :

> *Ædibus in Placidis monſtrabat Apollinis artem*
> *Torinus, ſub quo claſſicus vnus eram...*

Le poète explique dans l'épître au lecteur que *Placida Sedes* est le collège Du Plessis ; il qualifie Simon de Colines, dans la seconde dédicace : *Typographus accuratissimus.*

PARIS : *Bibl. Nat.; Bibl. Mazarine.* — CHARTRES. — CHATEAUROUX. REIMS. — VERNEUIL. — BRUXELLES.

❧ Bonæ Valetvdi=‖nis Conservandæ Præ-‖cepta Ad Magnificvm ‖ D. Georgivm Strvtiaden, ‖ Avthore Eobano Hesso. ‖ ❧ Medicinæ Laus ad Martinum Hunum. ‖ ❧ Cœna Baptiſtæ Fieræ de Herbarum vir-‖tutibus, & ea medicæ artis parte, quæ in ‖ victus ratione conſiſtit. ‖ ❧ Item Polybus de ſalubri victus ratione ‖ primatorum, Ioanne Guinterio Andernaco ‖ Medico interprete. ‖ ❧ Ariſtotelis problemata, quæ ad ſtirpium ge-‖nus & olearcea pertinent. ‖ *Parisiis* ‖ Apud *Simonem Colinæum.* ‖ 1533 ‖.

In-8° de 64 ff. chiffr., sign. *a-h* par 8; car. ital.; le verso du titre est blanc.

Recueil de petits poèmes sur la médecine; les préceptes d'Helius Eobanus, suivis de : ❧ *Medicinæ Enco=‖mion Ex Erasmo, Per Eo-‖banū Heſſum verſu redditū, ad Martinū Hunū.* ‖; — ❧ *Chorvs Nobilivm Medico‖rum in Muſæo Sturtiano.* ‖; — *Chorvs Mvsarvm.* ‖, occupent les feuillets 2 à 23 recto; les distiques de Fiera sur les vertus des plantes suivis de : ❧ *Strabii Galli Poe=‖tæ, Ad Grimaldvm Ab-‖batem, Hortulus amæniſſimus.* ‖, occupent les feuillets 23 verso à 55 recto, et la traduction de Polybe par Jean Gonthier, les feuillets 55 verso à 57, toutes ces pièces sont écrites en vers latins, le volume se termine (feuillets 58 à 64) par les problèmes d'Aristote relatifs aux plantes et aux huiles, en prose, et par la souscription :

Parisiis Ex Officina || *Simonis Colinæi. Anno M. D. XXXIII.* ||

La première partie de ce recueil avait déjà été publiée, sans nom d'éditeur, en 1531, in-8º, elle a été réimprimée à Francfort en 1551 et 1571 et à Paris en 1555 avec des commentaires par Jean Placotomus. La *Table* de Fiera, médecin de Mantoue, a été imprimée dans cette ville vers 1490 et plusieurs fois depuis; Simon de Colines a donné, en 1533, un autre petit recueil de poèmes latins sur la médecine par Q. Serenus Sammonicus et Q. Rhemnius Fannius; on le joint ordinairement à celui-ci.

PARIS : *Bibl. Nat.; Bibl. Mazarine.* — AUCH. — BORDEAUX. — CARCASSONNE. — SOISSONS. — BRUXELLES.

D. Era=||smi Rote=||rodami Opvs De || confcribendis epiftolis, quod || quidam & mendofum & mu=||tilum ediderant, recognitum || ab authore, & locupletatum. || *Parisiis* || Apud *Simonem Colinæum.* || 1533 ||.

In-8º de 182 ff. chiffr. et 2 ff. bl., sign. a-z par 8; car. rom.; annotat. margin.; init. sur bois à fonds criblés; le titre est placé dans l'encadrement *au Soleil* (page 141).

Le verso du titre et le feuillet 2 contiennent la préface : *Erasmvs Roterodamvs Nico=||lao Beraldo S.* ||, datée de Bâle le 8 des calendes de juin 1522; le texte commence au feuillet 3 et occupe tout le volume à la fin duquel est placée la souscription :

Parisiis Apvd Simonem Coli-||nævm M. D. XXXIII. ||

Copie des éditions de 1523, 1527 et 1530; Simon de Colines a encore imprimé ce volume en 1539.

PARIS : *Bibl. Nat.* — VENDOME. — GOUDA.

Commen=||tarivs Erasmi || Roterod. in Nucem Ouidij, || ad Ioannem Morum Tho-||mæ Mori filium. || Eivsdem Com-||mentarius in duos hymnos || Prudentij, ad Margaretam || Roperam Thomæ Mori fi=|| liam. || *Parisiis* || Apud *Simonem Colinæum.* || 1533 ||.

In-8º de 60 ff. chiffr., sign. A-G par 8, H par 4; car. ital.; init. sur bois à fonds criblés; le titre est placé dans l'encadrement *au Soleil* (page 141).

Le verso du titre est blanc, les feuillets 2 et 3 contiennent la dédicace : ◊ *Erasmvs Roterodamvs O=‖ptimæ Spei Adolescenti ‖ Ioanni Moro S. D. ‖*, et un avertissement *De Titvlo.* ‖; le texte d'Ovide accompagné des commentaires d'Erasme en caractères plus fins occupe les feuillets 4 à 30 recto; le premier commentaire sur l'hymne de Prudence *de natali puero Jesu*, précédé d'une dédicace : *Erasmvs Roteroda-‖mvs Castissimæ Pvellæ ‖ Margaretæ Roperæ S. D. ‖*, occupe les feuillets 31 à 46 recto, et le second commentaire, les feuillets 46 verso à 60 verso : ◊ *Erasmi Roteroda=‖mi Commentariolvs In ‖ Hymnvm Prvdentii De ‖ Epiphania Iesv Nati. ‖*

Copie de l'édition de 1526 réimprimée en 1539.

PARIS : *Bibl. Sté de l'histoire du protestantisme français.*

Ioannis ‖ Ferrarii Monta=‖ni adnotationes in quatuor ‖ inſtitutionum Iuſtinia=‖ni libros. ‖ *Parisiis* ‖ Apvd *Simonem Colinævm* ‖ 1533 ‖.

In-8º de 507 pages chiffr., 1 page et 14 ff. non chiffr., sign. a-z, A-K par 8, L par 4; car. rom.; annotat. margin.; init. sur bois à fonds criblés; sur le titre, dont le verso est blanc, est placée la marque du *Temps* nº 2 (page 108).

Les pages 3 à 10 contiennent l'épître dédicatoire : *Illvstris. Principi ‖ Philippo, Hessiæ Lant=‖grauio, Comiti in Catʒenelnpogen, in ‖ Dietʒ, Ziegenhain, & Nidda, per=‖petuo ſtudioſorum Mecœna=‖ti, Io. Ferrarius Mon=‖tanus Felici=‖tatem. ‖*, datée de Marbourg, calendes de mars 1532, les quatre livres des Instituts de Justinien, avec les notes de Jean Ferrari, occupent le corps du volume, terminé, au bas de la page 507, par la souscription :

Apvd Simonem Colinævm, ‖ Lvtetiæ Parisiorvm. ‖ MDXXXIII. ‖

Les pages non chiffrées contiennent : *Index Rervm ‖ ac vocū quę in hoc ope=‖re continentur. ‖*, imprimé sur 2 colonnes.

Il y avait déjà, à cette époque, un nombre considérable d'éditions des Instituts, données par de nombreux commentateurs, celle-ci semble peu connue.

SAINT-BRIEUC.

◊ Blondi Flavii For=‖liviensis, De Roma Trivm=‖phante Libri Decem, Priscorvm ‖ ſcriptorum lectoribus vtiliſſimi, ad totiuſq; Roma=‖næ antiquitatis cognitionem perneceſſarij. ‖ Omnia magis quàm antè caſtigata. ‖ *Parisiis* ‖ Apud *Simonem Colinæum,* Menſe Ianuario. ‖ 1533 ‖.

2 vol. in-8º; car. rom.; init. sur bois à fonds criblés; annotat. mar-

gin. Vol. I : 11 ff. non chiffr., 1 f. bl. et 156 ff. chiffr.; sign. *A par 8, *B par 4, A-T par 8, V par 4; sur le titre, dont le verso est blanc, est placée la marque du *Temps* n° 2 (page 108).

Les feuillets liminaires contiennent l'*Index Rervm Et Nominvm* || *Romanæ Antiqvitatis Qvatvor* || *primorum librorum Blondi de Roma triumphante.* ||, imprimé sur 2 colonnes; les quatre premiers livres occupent les feuillets chiffrés et sont terminés par la souscription :

Pariſijs per Simonem Colinæum pridie || *Kal. Ianuarij Anno. 1532.* || (1533, n. s.)

Vol. II : Titre : *Blondi Flavii Forli=*||*viensis De Roma Trivm=*||*phante Liber Quintus ad* || *decimum vſq; eiuſ=*||*dè argumenti* || *librum.* ||

10 ff. non chiffr. et 168 ff. chiffr., sign. ✱ par 10, a-x par 8; les feuillets liminaires contiennent l'index des six derniers livres qui occupent les feuillets chiffrés et se terminent sans souscription.

La première édition de cet ouvrage, qui a été écrit dans la première moitié du xv° siècle, ne porte ni nom ni date, mais elle a dû être imprimée à Mantoue, vers 1472, par les soins de Gaspard Blondus, fils de Flavius.

Amiens. — Auxerre. — Bordeaux. — Chaumont. — Clermont-Ferrand. — Marseille.

❧ Clavdii Ga=||leni Pergameni || Libri Dvo De Semine. || Ioanne Guinterio Andernaco || interprete. || Adiectæ funt ad calcem, Græci exem-||plaris caſtigationes aliquot. || *Parisiis* || Apud *Simonem Colinæum.* || 1533 ||.

In-8° de 4 ff. non chiffr., 123 pages chiffr., 1 page et 2 ff. non chiffr., sign. a par 4, b-i par 8; car. rom.; init. sur bois à fonds criblés; sur le titre est placée la marque du *Temps* n° 2 (page 108).

Le verso du titre est blanc, les 3 autres feuillets liminaires contiennent la dédicace imprimée en caractères italiques : ❧ *Ornatissimo* || *Viro Ioanni Mar-*||*tino Poblacio, Illuſtriſſimæ Franco-*||*rum Reginæ Leonoræ medico Pri-*||*mario, Ioannes Guinterius Ander-*||*nacus Salutem.*|| datée de Paris, le 6 des ides de mars 1533; la traduction des deux livres de Galien occupe les pages chiffrées, les feuillets non chiffrés de la fin contiennent la table des passages du texte grec qui ont semblé altérés dans le manuscrit original.

Maittaire et Panzer citent cette traduction sous la date de 1528 mais la préface, qui est datée de 1533, ne laisse pas croire qu'il y ait eu une édition antérieure.

Paris : Bibl. Nat. — Carcassonne. — Londres : Brit. Mus.

❧ Clavdii Galeni || Pergameni De Cavsis Respirationis || Libellvs. || De vſu reſpirationis liber vnus. || De ſpirandi difficultate libri tres. ‖ Ioanne Vaſſeo Meldenſi interprete. ‖ *Parisiis* ‖ Apud *Simonem Colinæum.* ‖ 1533 ‖.

<blockquote>
In-folio de 8 ff. non chiffr. et 76 pages chiffr. sign. ✠, a-d par 6, e par 8, f par 6; car. rom.; init. sur bois à fonds criblés, sur le titre est placée la grande marque du *Temps* (page 104).

Le verso du titre est blanc; les feuillets liminaires contiennent la dédicace : ✠ *Ioanni Rvellio Svessionensi, Viro In Re* ‖ *Medica præſ-tantiſſime, Ioannes Vaſſæus Meldenſis Salutem* ‖, datée du 9 des calendes d'août 1533, et l'index, imprimé sur 2 colonnes; les deux traités de Galien contenus dans ce volume commencent aux pages 4 et 15; il n'y a pas de souscription.

PARIS : *Bibl. Nat.; Bibl. Faculté de Médecine.* — AJACCIO. — BORDEAUX. — BOURGES. — LIMOGES. — RENNES. — LONDRES : *Brit. Mus.*
</blockquote>

✠ Clavdii Galeni ‖ Pergameni De Antidotis Libri Dvo, ‖ A Ioanne Gvinterio Andernaco Nvnc Pri-‖mum latinitate donati. ‖ Eiuſdem Galeni de remedijs paratu facilibus liber vnus, eodem Ioanne ‖ Guinterio Andernaco interprete. ‖ *Parisiis* ‖ Apud *Simonem Colinæum.*‖ 1533 ‖.

<blockquote>
In-folio de 7 ff. non chiffr., 91 pages chiffr. 3 à 93, 1 page et 1 f. bl.; sign. *a*, a-h par 6; car. rom.; init. sur bois à fonds criblés; sur le titre, dont le verso est blanc, est placée la grande marque du *Temps* (page 104).

Les feuillets non chiffrés contiennent la dédicace : ✠ *Serenissimo Danorvm Regi Electo Io=‖anni, Dvci Holſtatiæ, Ac Stormariæ, Ioannes Gvin=‖terivs Andernacvs S. P. D.* ‖, datée de Paris, calendes d'août, et imprimée en caractères italiques, plus un index sur 2 colonnes. La traduction latine des deux traités de Galien occupe les pages chiffrées, il n'y a pas de souscription.

Simon de Colines avait imprimé en 1530 le texte de grec du second de ces deux traités, le premier paraît ici pour la première fois.

PARIS : *Bibl. Faculté de Médecine.* — BORDEAUX. — LIMOGES. — NANTES. — NICE. — LONDRES : *Brit. Mus.*
</blockquote>

✠ Q. Horatii ‖ Flacci Odarvm Sive ‖ Carminvm Libri Qvatvor. ‖ Epodon liber vnus. ‖ Cum annotatiūculis q̃ antea auctioribus in margi-‖ne adiectis, quæ breuis cōmētarij vice eſſe poſſint. ‖ Nicolai Perotti libellus non infrugifer de metris ‖ Odarum Horatianarum. ‖ Parisiis ‖ Apud *Simonem Colinæum.* ‖ 1533 ‖.

In-8º de 96 ff. chiffr., sign. *a-m* par 8; car. ital.; annotat. margin.; sur le titre est placée la marque du *Temps* nº 2 (page 108).

Le verso du titre est blanc, les 2 feuillets suivants contiennent la vie d'Horace, par Pierre Critinus; les Odes occupent les feuillets 4 à 74, les épodes, les feuillets 75 à 89; le *Carmen sæculare* les feuillets 89 à 90 recto, le reste du volume contient le traité de Nicolas Pérot. Il n'y a pas de souscription.

PARIS : *Bibl. Nat.* — DOLE. — LE MANS. — LONDRES : *Brit. Mus.*

Q. Horatii ‖ Flacci Epiſtolarvm Li-‖bri Dvo. ‖ Ser-monum ſiue Satyrarum libri duo ad Mecœnatem. ‖ Ars poëtica, ad Piſones. ‖ Cum annotatiunculis quàm antea auctioribus in mar-‖gine adiectis, quæ breuis cōmētarij vice eſſe poſſint. ‖ *Parisiis* ‖ Apud *Simonem Colinæum* ‖ 1533 ‖.

In-8º de 75 ff. chiffr. et 1 f. (bl.?), sign. A-I par 8, K par 4; car. ital.; annotat. margin. en car. rom.; init. sur bois à fonds criblés; sur le titre est placée la marque du *Temps* nº 2 (page 108).

Le verso du titre est blanc, les feuillets 2 à 28 contiennent les épîtres, les feuillets 29 à 66, les satyres, les feuillets 67 à 75 recto, l'art poétique; la souscription suivante est placée au verso du feuillet 75 :

Excvdebat Simon Colinævs ‖ Parisiis Svb Sole Avreo, ‖ vici diui Ioannis Bel=‖louacenſis. Anno Sa-‖lutis M. D. XXXIII, ‖ XVI. Calend. ‖ Maias. ‖

Ce volume et le précédent sont la réimpression de l'édition de 1528 avec des notes plus copieuses; Simon de Colines a réimprimé les œuvres d'Horace en 1539, 1540 et 1543.

PARIS : *Bibl. Nat.* — DOLE. — LE MANS. — LONDRES : *Brit. Mus.*

M. V. Mar-‖tialis Epigram‖maton Libri XIIII, ‖ ſumma diligentia caſtigati. ‖ *Parisiis* ‖ Apud *Simonem Colinæum.* ‖ 1533. ‖

In-16 de 207 ff. chiffr. et 1 f. (bl.?), sign. *a-ʒ*, A-C par 8; car. ital.; init. sur bois à fonds criblés; le titre est placé dans le petit encadrement gravé sur bois dont nous donnons la reproduction plus loin, à l'année 1541.

Le verso du titre est blanc, le feuillet suivant contient : *Plinivs*

Ivnior, || *Cornelio Prisco* || *Salvtem.* ||, en caractères romains ; les épigrammes de Martial occupent le reste du volume, le feuillet 207 est blanc au verso, il n'y a pas de souscription.

Simon de Colines, qui avait déjà imprimé les épigrammes en 1528, les a réimprimées en 1539, 1540 et 1544.

LONDRES : *Brit. Mus.*

🙜 Institvtiones || Rhetoricæ, Longe || aliter tractatæ quàm antea, || Philippi Melanchthonis. || *Parisiis* || Apud *Simonem Colinæum.* || 1533. ||

In-8º de 27 ff. chiffr. et 1 f. non chiffr., sign. a-c par 8, d par 4 ; car. rom. ; annotat. margin. ; init. sur bois à fonds criblés ; sur le titre est placée la marque du *Temps* nº 2 (page 108).

Le verso du titre contient la dédicace : 🙜 *Philippvs Me-||lanchthon Ioanni || Isleben Salvtem.* ||, sans date, imprimée en caractères italiques ; le corps de l'ouvrage occupe tous les feuillets chiffrés, la souscription suivante est placée au recto du dernier feuillet dont le verso est blanc :
Parisiis || *Apvd Simonem Colinævm.* || *M. D. XXXIII.* ||

Copie des trois précédentes éditions données par Simon de Colines en 1523, 1528 et 1531.

BESANÇON. — CHATEAUROUX.

🙜 Oriba-||sii Medici Clarissi-||mi cōmentaria in Apho-rifmos Hip-||pocratis hactenus non vifa, Ioannis || Guin-terij Andernaci Doctoris Medi||ci induftria velut è profundiffimis te-||nebris eruta, & nunc primum in Me-|| dicinæ ftudioforum vtilitatem ædita. || *Parisiis* || Ex officina *Simonis Colinæi.* || 1533 ||.

In-8º de 116 ff. chiffr., sign. a-o par 8, p par 4 ; car. rom. ; sur le titre, dont le verso est blanc, est placée la marque du *Temps* nº 2 (page 108).

Les feuillets 2 à 6 contiennent les deux préfaces : 🙜 *Francisco A Vi=||comercato Medio=||lanēfi, Sereniffimæ Galliarum Re-||ginæ Leonoræ Medico clariffimo,* || *Ioannes Guinterius Andernacus,* || *Salutem.* ||, et 🙜 *Præfatio Oribasii* || *In Aphorismos Hip-||pocratis.* || ; le texte des commentaires d'Oribase, traduits par Jean Gonthier d'Andernach, occupe le reste du volume, le verso du dernier feuillet est blanc, il n'y a pas de souscription.

Simon de Colines avait déjà imprimé les aphorismes d'Hippocrate en 1524, puis, en 1532, avec les commentaires de Galien ; il en donna une nouvelle édition en 1539. Les commentaires d'Oribase, qui sont publiés ici pour la première fois, ont été imprimés la même année à Bâle par Cratandre.

Paris : *Bibl. Nat.*; *Bibl. Mazarine*; *Bibl. Arsenal.* — Avignon. — Bordeaux. — Dole. — Soissons. — Londres : *Brit. Mus.*

Qvintvs || Cvrtivs De Rebvs || Gestis Alexandri || Magni, Regis Ma=||cedonvm. || Cum annotationibus Des. || Erasmi Roterodami. || *Parisiis* || Apvd *Simonem Coli-nævm.* || 1533 ||.

In-8° de 6 ff. non chiffr., 354 pages chiffr. et 1 f. bl., sign. A par 6, a-x par 8, y par 10; car. rom.; init. sur bois à fonds criblés; sur le titre est placée la marque du *Temps* n° 2 (page 108).

Les feuillets non chiffrés contiennent, outre le titre dont le verso est blanc, la dédicace d'Erasme : *Clarissimo Principi Her-*||*nesto Bavariæ Dvci* || *Erasmvs Roterod.* || *S. P. D.* ||, datée de 1526, l'*Index Annotationvm* || *In Qvintvm Cvrtivm* || *Per Erasmvm Ro=*||*terodamvm.* || et l'épître : *Bartholomævs Mervla* || *Generoso Adolescenti* || *Francisco, Georgii* || *Cornelij equitis & Deceui=*||*ri clarissimi filio* || *S. P. D.* ||, datée de Venise, 1494. Les pages chiffrées contiennent les livres 3 à 10 de Quinte-Curce; il n'y a pas de souscription.

Erasme a suivi le texte de l'édition de Venise, Jean de Tridino, 1494, donnée par Barthélemy Merula dont on a reproduit l'épître dédicatoire. Simon de Colines en a donné une nouvelle édition en 1543.

Troyes. — Gand : *Bibl. Univ.* — Londres : *Brit. Mus.* — Manchester.

Q. Sereni Sammoni=||ci, De Medicina, Præce-||pta faluberrima, per D. Cæfarium, ab omni-||bus quibus fcatebant mendis, probè ac diligen-||ter emaculata. || Item Q. Rhemnii Fannii || Palæmonis, de ponderibus & menfuris, li-||ber vtiliffimus. || Ad Lectorem. ||

    Præfcripfit vitæ finem natura creatrix
      Vnicuiq3 fato, quem fuperare nequit.
    Sed medicûm præftans ars, naturæq3 miniftrûm
      Finem contingas, qua ratione, docet.

Parisiis || Apud *Simonem Colinæum.* || 1533 ||.

In-8° de 30 ff. chiffr. et 2 ff. bl., sign. *a-d* par 8; car. ital.; annotat. margin. en car. rom.

Le verso du titre contient : *Vita Sereni Sa=*||*monici.* ||; les préceptes de Serenus Sammonicus, écrits en vers latins et accompagnés de quelques notes de D. Cæsarius, occupent les feuillets 2 à 24 recto, le livre de Rhemnius Fannius, écrit aussi en vers latins, occupe les feuillets 24 verso à 27, les 3 derniers feuillets contiennent un index : ☙ *Seqvvntvr Ex Or=*‖*dine In Q. Sereni De Me-*‖*dicina Libros Contenta* ‖ *Capita Ad Nvmervm LXV.* ‖, et la souscription :

Parifijs Apud Simonem Colinæum. ‖ *Anno M. D. XXXIII. Men-*‖*fe Augufto.* ‖

Le verso de ce dernier feuillet est blanc.

Ce petit opuscule de vers latins sur la médecine doit se joindre à celui que nous avons décrit, en cette même année, et qui contient les poésies d'Eobanus Hessus, de Baptiste Fiera et de Polybe; le premier éditeur du poème de Serenus est Sulpice de Véroli, auquel sont empruntées les quelques lignes placées en tête du volume sur la vie du poète; Q. Rhemnius Fannius est l'auteur d'un traité de grammaire.

PARIS : *Bibl. Nat.; Bibl. Maʒarine.* — BESANÇON. — BORDEAUX. — CARCASSONNE. — MONTPELLIER : *Bibl. Faculté de Médecine.* — NIORT. — LONDRES : *Brit. Mus.*

C. Ivlii Solini Po=‖lyhistor, Adiecto Ad ‖ Libri Calcem Indi=‖ce copiofiffimo. ‖ *Parisiis* ‖ Apvd *Simonem Colinævm* ‖ M DXXXIII. ‖

In-8º de 4 ff. non chiffr., 1 page non chiffr. et 183 pages chiffr., ce qui fait que les cotes impaires sont au verso et les cotes paires au recto des feuillets, et 12 ff. non chiffr., sign. *a-m*, A par 8, B par 4; car. ital. et rom.; init. sur bois à fond criblé; sur le titre, qui est blanc au verso, est placée la marque du *Temps* nº 2 (page 108).

Les feuillets liminaires contiennent : *Solini Vita Per Ioannem* ‖ *Camertem Edita.* ‖ et deux épîtres : *C. Ivlivs Solinvs Avtio* ‖ *Svo S. P. D.* ‖; le texte de Solin occupe les pages chiffrées, les feuillets de la fin renferment l'index, sur deux colonnes; il n'y a pas de souscription.

La première édition datée de la compilation de Solin, le *Singe de Pline*, est de Venise, Nicolas Janson, 1473, il y a eu de très nombreuses éditions au xvᵉ et au xviᵉ siècle.

PARIS : *Bibl. Nat.* — ABBEVILLE. — BORDEAUX. — LAVAL. — LE HAVRE. — BRUXELLES.

Valerius Maximus, addito Indice perbrevi, ceu ad omnes historias asylo tutissimo. *Parisiis,* apud *Simonem Colinæum,* 1533.

In-8º. Cité par Panzer et par Schweiger, ce volume est probablement la copie des éditions de 1527 et de 1531 que Simon de Colines a réimprimées encore en 1535 et deux fois en 1543.

Lavrentii Vallæ Elegantiarvm adeps, ex eius de lingua latina libris per Bonum Accursium Pisanum studiosissime collectus, & denuo recognitus. *Parisiis,* apud *Simonem Colinæum,* 1533.

In-8º.

Cette édition, qui est citée par Maittaire (II, p. 797) et par Panzer, doit être la copie de celle que Simon de Colines avait imprimée en 1528, puis en 1530, et qu'il a réimprimée en 1536 et en 1543.

(Claude Vieuxmont.) Paraenesis ‖ Sev Exhortatio Ad Pœ=‖nitentiam, ad quendam peccatorem : qui ‖ Primò differt pœnitentiam agere vfque in fe=‖nectutem : ‖ Secundò, non vult alienum reftituere : ‖ Tertiò, non vult inimico parcere : ‖ Quartò, non vult quędam peccata occulta cō=‖fiteri facerdoti : ‖ Quintò, dicit fe à deo induratum, ideoque non ‖ poffe declinare à malo & facere bonum : ‖ Sextò, defperat propter peccata fua mifericor=‖diam à deo confequi poffe. ‖ *Parisiis* ‖ Apud *Simonem Colinæum.* ‖ 1533 ‖ Cvm Privilegio Parla=‖menti Ad Biennivm. ‖

In-4º de 4 ff. lim. et 144 ff. chiffr., sign. ✱, A-Z, Aa-Nn par 4; car. rom.; init. sur bois à fonds criblés, annotat. margin. Le verso du titre contient un extrait du permis d'imprimer donné le 3 novembre 1533 par la faculté de Théologie, les autres feuillets liminaires sont occupés par la préface : *Clavdivs Viexmontivs* ‖ *Parifienfis lectori Salutem.* ‖ (Paris, du collège de Navarre, le 6 des ides de septembre 1533), et quelques remarques préliminaires de Claude Vieuxmont *de pœnitentia & partib[9] eius...* Le corps du volume contient un prologue, les six parties annoncées sur le titre, qui sont terminées chacune par une conclusion; la cinquième partie contient en outre un chapitre ℭ *De pœnis inferni.* ‖ et la sixième un chapitre ℭ *De gaudiis paradifi.* ‖, les feuillets 143 et 144 contiennent l'*Index Capitvm.* ‖ et la grande marque du *Temps* (page 104) au dessous de laquelle est la souscription :

Parisiis Excvdebat Si=‖mon Colinæus, Anno falutis fefqui=‖millefimo trigefimotertio, ‖ *Menfe Decembri.* ‖

Claude Vieuxmont est l'auteur d'un catéchisme et d'une méthode de confession qu'on trouvera aux années 1537, 1538 et 1542.

Paris : Bibl. Arsenal. — Evreux. — Tours. — Londres : Brit. Mus. — Tournai.

M D XXXIV

6 avril 1534 — 27 mars 1535 n. s.

※ Rodolphi ‖ Agricolæ Phrisii, De In=‖uentione dialectica libri tres, cum scholijs Io=‖annis Matthæi Phriſſemij. ‖ Loca item aliquot reſtituta. ‖ *Parisiis* ‖ Apud *Simonem Colinæum.* ‖ 1534 ‖.

In-4° de 12 ff. non chiffr., 505 pages chiffr., 1 page et 6 ff. non chiffr. (et 1 f. bl.?), sign. a-z, &, A-K par 8; car. rom. et ital.; annotat. margin.; init. sur bois à fonds criblés; sur le titre est placée la grande marque du *Temps* (page 104).

Les feuillets liminaires contiennent l'épitaphe d'Agricola, en 12 distiques latins, par Hermolaus Barbarus, placée au verso du titre, la dédicace du commentateur : ※ *Hvmanissimo Ac Integerrimo* ‖ *viro domino Matthiæ wagener, ædis D. Antonij apud* ‖ *Coloniam Aggrippinam præceptori digniſſimo, Ioannes* ‖ *Matthæus Phriſſemius S. D.* ‖ datée de Cologne, nones d'août 1523, un avertissement du même au lecteur, l'*Argvmentvm Operis.* ‖, une épître adressée par Rodolphe Agricola à Pline, accompagnée de scholies, et 5 distiques latins. Le texte occupe les pages cotées, chaque chapitre est suivi des copieux commentaires de Phrissemius; au bas de la dernière page est placée la souscription :

Excvdebat Simon Colinævs In Sva ‖ *officina, anno ſalutis humanæ M. D. XXXIIII.* ‖ *duodecimo Calend. Martias.* ‖

Les feuillets non chiffrés qui terminent le volume contiennent un index sur 2 colonnes : *Index Eorvm Qvæ In Agricola* ‖ *Habentvr.* ‖ et *Proverbia Sev Adagia Qvibvs* ‖ *Est Vsvs Rodolphvs.* ‖

Copie de l'édition de 1529 réimprimée par Simon de Colines en 1538 et en 1542.

Avignon. — Dijon. — Tours.

❧ Compendiosa Li=‖brorvm Rodolphi Agri-‖colæ De Inventione Dia=‖lectica Epitome. ‖ Per Iohannem Viforium Cœnomanum. ‖ *Parisiis* ‖ Apud *Simonem Colinæum.* ‖ 1534. ‖

In-8º de 46 ff. chiffr. et 1 f. bl., sign. a-f par 8; car. rom.; init. sur bois à fonds criblés, sur le titre est placée la marque du *Temps* nº 2 (page 108).

Le verso du titre porte une pièce de 10 distiques latins : *Ad Stvdiosam Ivven-‖tutem.* ‖, le corps du volume renferme l'épitome des trois livres d'Agricola, et le feuillet non chiffré de la fin contient les trois pièces suivantes écrites en vers latins : *In Ioannis Visorii Viri Do=‖ctiffimi laudem Epigramma.* ‖ (14 distiques); — ☙ *Petri Longolij Parifienfis ad præceptorem* ‖ *fuum Ioannem Viforium Epigramma.* ‖ (8 distiques); — ☙ *Petri Sagittarij Parifienfis ad præce-‖ptorem Epigramma.* ‖ (4 distiques); il n'y a pas de souscription.

Jean Visorius, du Mans, est l'auteur d'un petit traité de rhétorique, *Ad dialectices candidatos methodus,* qui a été imprimé en cette même année par Simon de Colines, et que nous décrivons plus loin (page 237); un autre abrégé des trois livres d'Agricola par Barthélemy Latomus a été imprimé, en 1542, par Simon de Colines.

PARIS : *Bibl. Maʒarine.* — AMIENS. — TROYES. — LONDRES : *Brit. Mus.*

Leonardi Aretini ‖ De Bello Italico ‖ aduerfus Gothos gefto hiftoria, ‖ nunc primum edita. ‖ *Parisiis* ‖ Apud *Simonem Colinæum.* ‖ 1534. ‖

In-8º de 207 pages chiffr. et 1 page bl., sign. a-n par 8; car. rom.; init. sur bois à fonds criblés.

Le verso du titre est blanc, les 4 livres de la guerre des Goths occupent tout le volume qui se termine par la souscription suivante :

Parifijs apud Simonem Colinæum, anno ‖ *Domini. M. CCCCC. XXXIIII.* ‖ *Menfe Septembri.* ‖

L'expression : *nunc primum edita* n'indique pas une édition originale, mais probablement une revision du texte des anciennes éditions sur un manuscrit original; l'histoire de la guerre contre les Goths composée par Léonard Arétin (Léonard Bruni, d'Arezzo), l'auteur de l'histoire de la République de Florence, a été imprimée pour la première fois en 1470, à Foligno, par Emilien Orsini et Jean Numeister, le compagnon de Gutenberg.

PARIS : *Bibl. Maʒarine; Bibl. Ste-Geneviève; Bibl. Cour de Cassation.* — BESANÇON. — BORDEAUX. — DIJON. — SENS. — TROYES. — VERDUN. — BRUXELLES.

※ Contenta Hoc Volvmine. ‖ Problematum Ariftotelis fectiones duæ de quadraginta : Theo=‖doro Gaza interprete. ‖ Problematum Alexandri Aphrodifiei libri duo : eodem Theo=‖doro interprete. ‖ Index in Vtrivsqve Sectiones Et ‖ Problemata. ‖ *Parisiis* ‖ Ex officina *Si=monis Colinæi.* ‖ 1534 ‖.

In-folio de 29 ff. non chiffr., 1 f. bl., 123 ff. chiffr. et 1 f. (bl.?) sign. a-b, par 8, c par 6, d, A-O par 8, P-Q par 6; car. rom.; annot. margin.; init. sur bois à fonds criblés; sur le titre est placée la grande marque du *Temps* (page 104).

Le verso du titre est blanc, les autres feuillets liminaires contiennent l'※ *Index In Problemata* ‖ *Aristotelis*..., et l'※ *Index In Alexandri* ‖ *Aphrodisiei Problemata*..., sur 2 colonnes; le corps du volume se compose des problèmes d'Aristote (feuillets 1 à 93 recto) et des problèmes d'Alexandre Aphrodisée (feuillets 94 à la fin), précédés au feuillet 93 recto, de la préface : ※ *Theodori Gazæ Thessalonicensis In Pro-‖blemata Alexandri Aphrodifiei, ad Nicolaum quintum pontificem* ‖ *maximum præfatio.* ‖, sans date; il n'y a pas de souscription.

Copie de l'édition de 1524.

PARIS : *Bibl. Mazarine; Bibl. Ste-Geneviève.* — ALBI. — BORDEAUX. — CLERMONT-FERRAND. — NANTES. — ORLÉANS. — TROYES.

※ Pavli Belmisseri ‖ Pontremulani Artium & Medicinæ docto=‖ris equitis & poëtæ laureati opera poëtica. ‖

In-4º de 4 ff. non chiffr., 108 ff. chiffr., 3 ff. non chiffr. et 1 f. (bl.?), sign. *a* par 4, *b-o* par 8, *p-q* par 4; car. ital., init. sur bois à fonds criblés.

Le premier feuillet ne contient au recto qu'une grande gravure sur bois, signée de la croix de Lorraine, représentant le poète entre François Iᵉʳ et le pape Clément VII; cette gravure, si elle est de Geofroy Tory, doit être une des dernières qu'il ait exécutées; au verso du feuillet on trouve d'abord : *Tria Disticha Effigiebvs* ‖ *tribus correfpondentia.* ‖, puis le titre ci-dessus, et enfin le privilège accordé par le pape Clément VII; les autres feuillets liminaires contiennent l'épître dédicatoire : ※ *Christianissimo Gal-‖liarum Regi Francifco Paulus Belmiffe-‖rus Pontremulanus Salutem.* ‖, cette dédicace n'a pas de date, mais elle a été écrite chez Simon de Colines : *Parifiis ex ædibus Sim. Colinæi;* à la suite est la table : *Contenta Hoc Libro In* ‖ *feptem partes diuifo.* ‖ Les feuillets chiffrés contiennent les œuvres de Belmisserus ainsi composées : feuillets 1 à 18 recto, huit églogues; feuillet 18 recto et verso, *Christianissimo Gallia-‖rumRegi Francifco Paulus Belmifferus Pon-‖tremulanus S. P. D.* ‖, sans date, en prose, et : *Ad Clementem*

Septimvm || *Pontificem Maximum Paulus Belmiſſerus* || *Pontremulanus Physicus Bononienſis.* ||, trois distiques latins; feuillets 19 à 42, *Heptados*, 2 livres; feuillets 43 à 65 recto, *Sylvarum liber*, contenant 15 pièces; feuillets 65 recto à 86 recto, *Elegiæ*, au nombre de 30; feuillets 86 recto à 99 recto, *Epigrammaton Liber;* feuillets 99 verso à 107 recto, *Disticha in astronomia;* feuillets 107 verso et 108 recto, *Conclvsiones Coram Cle*||*mente per authorem Bononiæ diſpu-*||*tatæ, Anno 1532. Iudoco ſan-*||*ƈti Iuſti abbati dicatæ.* ||; au bas du feuillet 108 recto est la souscription suivante :

Finis Concluſionum atque omnium operum || *poeticorum Pauli Belmiſſeri Pontremu-*||*lani, Anno ab vrbe* [sic] *redempto M. D.* || *XXXIIII.*||

Le verso du feuillet 108 porte la même gravure sur bois que le premier feuillet, la fin du volume contient : *Hendecaſyllabi ad libellum.* || *et Recognitio Erratorvm.* ||

Ce livre ne porte pas de nom d'imprimeur, mais comme la dédicace est écrite chez Simon de Colines et comme le volume est certainement imprimé avec son caractère italique, nous n'hésitons pas à le lui attribuer, ce qu'ont fait, d'ailleurs, presque tous les bibliographes qui l'ont cité. On trouvera plus loin, parmi les éditions sans date, une petite plaquette contenant quelques poésies du même auteur et qui a probablement été imprimée à la même époque.

PARIS : *Bibl. Ste-Geneviève.*

(BIBLE IN-SEIZE.) Contenta. || Libri Regum IIII || Libri Paralipoménon II || Libri Eſdræ IIII || Liber Tobiæ || Liber Iudith || Liber Eſther || Liber Iob. || *Parisiis* || Ex officina *Simonis Colinæi* || 1534 ||.

In-16 de 583 ff. chiffr. et 1 f. bl., sign. a-z, &&, aa-zz, &, aaa-zzz, &&&, aaaa par 8; car. rom.; init. sur bois à fonds criblés.

Le verso du titre est blanc, les différents livres commencent aux feuillets 2, 231, 349, 470 verso, 488, 513, 539, ils sont précédés chacun de la préface de saint Jérôme; au bas du dernier feuillet, est placée cette souscription :

Absolvtvm XIIII Octo=||*bris. M. D. XXXIIII.* ||

Copie des éditions données en 1526 et en 1529; ce volume a été réimprimé en 1540.

PARIS : *Bibl. Nat.* — LONDRES : *Brit. Mus.*

Ioannis Brv=||cherii Trecensis Com=||mentarij in ſeptem Sapientum Græciæ || Apophthegmata, Auſonianis conſcripta || verſibus. || Eivsdem Brvcherii Tetrasti=||

cha parabolica, cum nonnullis alijs ipfius ‖ poematijs. ‖ Fac, & fpera. Deus facientes adiuuat. ‖ *Parisiis* ‖ Ex officina *Simonis Colinæi*. ‖ 1534 ‖.

In-8º de 67 ff. chiffr. et 1 f. (bl. ?), sign. a-i par 8 ; car. rom. ; init. sur bois à fonds criblés ; sur le titre est placée la marque du *Temps* nº 2 (page 108).

Le verso du titre est blanc, le feuillet 2 contient la dédicace de l'auteur à Michel Boudet, évêque de Langres, datée de Bar-sur-Seine, le 3 des ides de novembre 1527. Les commentaires en vers latins sur les Dits des sept Sages de la Grèce occupent les feuillets 3 à 56, le reste du volume contient une série de petits poèmes latins de Jean Brucherius qui se trouvaient déjà dans l'édition de 1528 et dont nous avons énuméré les principaux ; il n'y a pas de souscription.

Copie fidèle de l'édition de 1528.

BORDEAUX. — ORLÉANS. — TROYES.

Catvllvs. ‖ Tibvllvs. ‖ Propertivs. ‖ Multis in locis reftituti. ‖ *Parisiis* ‖ Apud *Simonem Colinæum*. ‖ 1534. ‖

In-8º de 160 ff. chiffr. par erreur jusqu'à 168, les cotes 81 à 88 étant sautées, sign. *a-u* par 8 ; car. ital. ; init. sur bois à fonds criblés ; sur le titre est placée la marque du *Temps* nº 2 (page 108).

Le verso du titre est blanc ; la vie de chacun des trois poëtes, extraite de Crinitus, précède ses œuvres ; le texte de Catulle occupe les feuillets 2 à 47 recto, celui de Tibulle occupe les feuillets 47 verso à 93, et celui de Properce, les feuillets 94 à la fin, il n'y a pas de souscription.

Le texte de l'édition de 1529 a été revisé et amélioré, Maittaire et Panzer citent une édition antérieure, de 1533, dont nous n'avons pas trouvé trace et qui est problablement celle-ci, Simon de Colines en a donné une autre, de petit format, en 1543.

PARIS : *Bibl. Nat.* — MELUN. — GENÈVE. — LONDRES : *Brit. Mus.*

M. T. Ciceronis Ora=‖tio Pro M. Cælio, Com=‖mentariis Ioannis Ti=‖flini enarrata. ‖ *Parisiis* ‖ Apud *Simonem Colinæum* ‖ 1534. ‖

In-8º de 175 pp. chiffr. depuis la p. 9, et d'une p. non chiffr., sign. A-L par 8 ; car. rom. ; init sur bois à fonds criblés ; sur le titre est placée la marque du *Temps* nº 2 (page 108).

Les 8 premières pages contiennent le titre, dont le verso est blanc, la dédicace : *Ioannes Tislinvs Claris.* ‖ *V. D. Iacobo Et Gvlielmo* ‖ *A*

Savigny S. P. D. ||, datée de Paris, collège d'Harcourt, le 8 des calendes de juin 1534, et l'*Argvmentvm Orationis.* ||; le reste du volume est occupé par le texte de Cicéron accompagné des commentaires imprimés en caractères plus fins; il n'y a pas de souscription.

Paris : *Bibl. Maʒarine.*

M. Tullii Ciceronis Rhetorica et de Inventione. *Parisiis,* apud *Simonem Colinæum,* 1534.

In-8°; souscription datée des *calendes de mai.*

Cette édition est citée par Maittaire, II, p. 808, et, d'après lui, par Panzer; ces deux traités de Cicéron qui avaient été déjà imprimés en 1524 et 1529 l'ont encore été quatre fois en 1536, 1539, 1541 et 1545.

M. T. Ciceronis || Pro Lege Manilia Ora=||tio, Explicata Scholiis Ia=||cobi Omphalij Andernaci : in quibus præ=||ter alia quædam annotatu digniffima vti=||liffimaq3, artificium quoq3 oftenditur. || *Parisiis* || Apud *Simonem Colinæum* || 1534 ||.

In-8° de 4 ff. non chiffr. et 52 ff. chiffr., sign. a par 4, b-g par 8, h par 4; car. rom.; init. sur bois à fonds criblés; sur le titre est placée la marque du *Temps* n° 2 (page 108).

Le verso du titre et les 3 feuillets suivants contiennent l'épître dédicatoire imprimée en caractères italiques : *Ornatissimo Ac Iv=||ris prudēt. viro Haioni Hermano Phry=||fio, Cæf. Maieſt. Conf. apud Traiecten-||fes, Iacobus Omphalius Andernacus S.* ||, datée de Paris, calendes d'avril, et l'*Argvmentvm Orationis.* ||, le reste du volume est occupé par le texte de Cicéron accompagné des commentaires imprimés en caractères plus fins; il n'y a pas de souscription.

On trouvera, à l'année 1535, des commentaires sur le discours de Cicéron pour Cecinna et, en 1536 et 1537, deux petits traités sur l'art de parler, par Jacques Omphale. Simon de Colines a donné en 1540 une autre édition du discours de Cicéron en faveur de la loi Manilia avec des commentaires de Pierre le Pelletier.

Paris : *Bibl. Maʒarine.* — Angers.

M. Tvllii Cicero||nis De Oratore Li=||bri Tres, A Philip=||po Melanchthone || fcholijs ac notulis qui=||bufdam illu=||ſtrati. || *Parisiis* || Apvd *Simonem Colinævm* || 1534 ||.

In-8° de 8 ff. non chiffr. et 152 ff. chiffr., sign. A, a-t par 8; car.

rom.; annotat. margin.; sur le titre, qui est blanc au verso, est placée la marque du *Temps* n° 2 (page 108).

Les feuillets liminaires renferment l'avis de Melanchthon au lecteur et son argument, le reste du volume contient le texte de Cicéron terminé au recto du dernier feuillet, dont le verso est blanc, par la souscription suivante :

Parisiis Ex Officina Si=‖*monis Colinæi, Anno* ‖ *Salutis. M. D. XXXIII.* ‖

Copie de l'édition de 1529 réimprimée par Simon de Colines en 1537 et en 1543.

MARSEILLE. — TOURS. — LONDRES : *Brit. Mus.*

(Josse CLICHTOVE.) De Doctrina moriendi opusculum necessaria ad mortem fœliciter oppetendum præparamenta declarans : & quo modo in ejus agone variis antiqui hostis insultibus sit resistendum, edocens. *Parisiis,* ex officina *Simonis Colinæi,* 1534.

In-16 de 156 ff. chiffr. et 4 ff. non chiffr.; car. rom.; annotat. marginales.

Les feuillets 2 recto à 6 verso renferment l'épître dédicatoire, adressée à Jean comte de Henneberg, datée de Paris, 1520; les feuillets non chiffrés de la fin contiennent l'index, la figure sur bois représentant la mort, que nous reproduisons, en réduction, à la page 4, avec l'inscription : *Memor esto iudicij mei,* trois distiques latins et la souscription :

ℭ *Absolvtvm Est* ‖ *hoc de doctrina moriendi opu=*‖*sculum & in lucem prola=*‖*tum, Parisijs, in officina li*‖*braria Simonis Colinęi,* ‖ *Anno ab incarnatione domini* ‖... *trigesi=*‖*moquarto su=*‖*pra sesqui=*‖*millesi=*‖*mũ,* ‖ *septimo* ‖ *Calend. Februarij.* ‖ (1535, n. s.)

Copie de l'édition de 1520.

Nous empruntons la description de ce volume à la *Bibliotheca Belgica,* M. Vander Haegen n'en a rencontré qu'un seul exemplaire, celui de la bibliothèque royale de Bruxelles, auquel il manque le feuillet de titre; nous n'en avons pas trouvé d'autre.

BRUXELLES.

Des. Erasmi Roterodami de duplici copia verborum ac rerum, commentarii duo. Erasmi de ratione studii, deque pueris instituendis commentariolus, ad Petrum Viterium gallum. Erasmi de laudibus literariæ societatis, Reipublicæ, ac magistratuum urbis Argentinæ, epistola plane erasmica, hoc est, elegans, docta, et mire candida. *Parisiis,* apud *Simonem Colinæum,* 1534.

In-8º.
Édition citée par Maittaire (II, p. 812) et par Panzer; elle doit être copiée sur la précédente de 1530 et a été réimprimée par Simon de Colines en 1536 et en 1539.

Evsebivs ❧ ‖ De Evangelica Præpa-‖ratione à Georgio Trapezuntio è Græco in ‖ Latinum traductus, opus cuique fi-‖deli non folum vtile, uerum-‖etiam iucundum & ‖ perneceffarium, ‖ fummaque ‖ diligentia ‖ emēda-‖tum. ‖ *Parisiis.* ‖ Ex officina *Antonii Augerelli* fub figno D. Iacobi, ‖ uia ad S. Iacobum. ‖ 1534. ‖ Vænit *Antonio Augerello, & Simoni Colinæo.* ‖

In-4º de 202 ff. chiffr. et 2 ff. non chiffr., sign. a-z, A-Z, AA-CC par 4, DD par 6, EE par 2; car. rom.; init. sur bois à fonds criblés.
Le verso du titre est blanc, le feuillet suivant contient la préface, non datée : *Ad Sanctiss. Papam Nicolavm. V.* ‖ *Georgii Trapezuntii in traductionē Eufebii Pamphili, de* ‖ *Præparatione Euangelica Præfatio.* ‖ La traduction latine des 14 livres d'Eusèbe Pamphile, évêque de Césarée, par Georges de Trébizonde, occupe les feuillets 3 à 199 recto, elle est suivie de 5 distiques latins de Hieronymus Bononius, les feuillets 199 verso à 202 recto contiennent un index et la souscription :
Parisiis Apud Antonium Augerellum & ‖ *Simonem Colinæum.* ‖
Le feuillet 202 verso est blanc, les 2 feuillets non chiffrés de la fin contiennent une dédicace, non datée : *Ioanni Rvssæo Vtrivs-*‖*que iuris doctori Diui Martini* ‖ *Turon. Canonico S.* ‖
La première édition de cette traduction, entreprise sur l'ordre du pape Nicolas V, est celle qui fut imprimée à Venise, en 1470, par Nicolas Janson; la nôtre aura sans doute été exécutée à frais communs entre Antoine Augerellus, ou Augurellus, et Simon de Colines.

PARIS : *Bibl. Nat.* — GENÈVE.

Orontii ‖ Finei Delphinatis, Re-‖gii Mathematicarvm ‖ Professoris : ‖ Qvadrans ‖ Astrolabicvs, Omni-‖bus Europæ regionibus inferuiēs : ‖ Ex recenti & emēdata ipfius Au=‖thoris recognitione in ampliorē, ‖ ac longè fideliorem reda&tus de=‖fcriptionem. ‖ 🙢 ‖ *Parisiis.* ‖ Apud *Simonem Colinæum.* ‖ 1534. ‖ 🙢 ‖

 In-folio de 18 ff. chiffr., sign. a-c par 6; car. rom.; annotat. margin.; tableaux de chiffres; init. sur bois à fonds criblés; le titre est placé dans l'encadrement à personnages, réservé aux ouvrages scientifiques, que nous reproduisons à la page 90.

 Le verso du titre est blanc, le feuillet 2 recto contient la dédicace : 🙢 *Integerrimo Viro Lvdovico* ‖ *Laſſereo, Regalis collegij Nauarræ prouiſori vigilātiſſimo, Com=‖patri & amico admodum obſeruando, Orontivs Fineus* ‖ *Delphinas, Regius Mathematicarum interpres S. P. D.* ‖, datée de Paris, 1534, les feuillets 2 verso et 3 contiennent l'index; le texte se termine au recto du feuillet 18 dont le verso est blanc, il n'y a pas de souscription.

 La première édition de ce petit traité sur l'Astrolabe est de 1527, elle était déjà dédiée à Louis de Lasséré, celle-ci en est une nouvelle rédaction simplifiée et abrégée. Simon de Colines avait déjà imprimé, en 1525, la carte de France d'Oronce Finé, il a donné, dans la suite, toute une série d'éditions des œuvres de cet auteur dont notre volume est le premier. Maittaire et Panzer attribuent à Colines l'impression d'un volume de Finé : *Protomathesis,* daté de 1532 et ne portant pas de nom d'imprimeur, mais dont la disposition typographique est assez semblable à celle des éditions de Colines. C'est un gros volume in-folio n'ayant pas de nom sur le titre et à la fin duquel se trouve cette souscription : ...*Impensis Gerardi Morrhij, et Ioannis Petri. Anno* ‖ *M. D. XXXII.* ‖ 🙢 *Vænundatur autem in eodem uico Sorbonico, & Iacobæo* ‖ *apud eundem Ioannem Petrum, ſub inſigni D. Barbaræ.* ‖; il est divisé en quatre parties comprenant, outre l'index, la préface et les pièces liminaires, des traités sur l'arithmétique pratique, la géométrie, la cosmographie et les horloges; ce volume ne se trouve pas mentionné dans la liste des œuvres de Finé porté au catalogue officinal de 1546, c'est pourquoi nous ne l'admettons pas parmi les éditions de Colines.

 PARIS : *Bibl. Nat.; Bibl. Ste-Geneviève; Bibl. du dépôt des Cartes de la Marine; Bibl. école Polytechnique.* — LIMOGES. — MARSEILLE. — NANCY. — LONDRES : *Brit. Mus.*

🙢 Perioche ‖ Septem Librorvm ‖ primorum Methodi Galeni, ‖ cum quibuſdam tum ab eo=‖dē, tum alijs authoribus tra=‖duƈtis (vt vocant) receptio=‖nibus, per Antonium de Me=‖ry Medicum. ‖ *Parisiis* ‖ Apud *Simonem Colinæum* ‖ 1534 ‖.

 In-16 de 100 ff. chiffr. et 4 ff. non chiffr., sign. a-n par 8; car. rom.; annotat. margin.; init. sur bois à fonds criblés.

 Le verso du titre et les feuillets 2 et 3 contiennent la dédicace adressée par Antoine de Méry à Rodrigue-Ferdinand d'Almanda, ambassadeur du roi de Portugal, datée de Paris, 1534; les autres feuillets chiffrés renferment le résumé des 7 premiers livres de la thérapeutique de Galien, les feuillets non chiffrés de la fin, dont le dernier est blanc au verso, contiennent la table.

Simon de Colines avait imprimé déjà, en 1530, les quatorze livres de la traduction latine, par Thomas Linacre, du traité de Galien : *Methodus Medendi.*

PARIS : *Bibl. Nat.* — AVIGNON.

Clavdii Galeni Per=‖gameni De Hippocratis Et Platonis Pla=‖citis Opvs Ervditvm, Et Philoso=‖phiis & Medicis vtiliſſimum, nouem libris (quorum ‖ primus defideratur) comprehenſum, nunc ‖ primum latinitate donatum, ‖ Ioanne Gvinterio Andernaco Interprete. ‖ *Parisiis* ‖ Apud *Simonem Colinæum* ‖ 1534 ‖.

In-folio de 6 ff. non chiffr., 158 pages chiffr. et 1 f. bl., sign. A par 6, a-k par 8; car. rom.; init. sur bois à fonds criblés; sur le titre est placée la grande marque du *Temps* (page 104).

Les feuillets liminaires contiennent un avertissement du traducteur *Candido Lectori,* la dédicace : *Eminentissimo Medico, Michaeli‖Amyco, Parisiensi, Ioannes Gvinte-‖rivs Andernacvs S. D.* ‖, datée de Paris, nones de mars 1534, et l'index imprimé sur 3 colonnes; la traduction latine du traité de Galien occupe les pages chiffrées et se termine par cette souscription :

Finis. ‖ *M. D. XXXIIII.* ‖

Édition originale de la première traduction latine de ce traité; nous citons plus bas d'autres commentaires de Galien sur Hippocrate, imprimés dans la même année.

PARIS : *Bibl. Nat.; Bibl. Fac. de Médecine.* — ANGERS. BORDEAUX. — BOURGES. — LYON.

Varia Clavdii ‖ Galeni Pergameni Medicorvm ‖ Principis Opera, ‖ Ioanne Gvinterio partim diligentiſſime recognita : quo=‖rum nomina fequens pagella indicabit. ‖ *Parisiis* ‖ Apud *Simonem Colinæum.* ‖ 1534 ‖.

In-folio de 5 ff. non chiffr., 1 f. bl., 329 pages chiffr. et 1 page bl., sign. A par 6, A-V par 8, X par 6; car. rom.; init. sur bois à fonds criblés; sur le titre est placée la grande marque du *Temps* (page 104).

Le verso du titre porte la table des traités qui composent le volume; les autres feuillets liminaires contiennent la préface de Jean Gonthier d'Andernach à Rodrigue Manrrique, un avis au lecteur et un index, les 20 traités de Galien réunis ici sont les suivants : *De facultatum naturalium; quod animi mores, corporis temperaturam sequuntur; de propriorum animi cujusque affectuum agnitione et remedio; de sectis; de elementis, secundum Hippocratis sententiam; in Hippocratis librum de natura hominis commentarii duo; de constitutione artis medicæ; de præsagiis ex insomniis; de optima corporis humani constitutione; de bono corporis habitu; de plenitudine; de atra bile; de tumoribus præter naturam; de diebus decretoriis, nunc ab interprete asserti; de morborum temporibus; de totius morbi temporibus; de theriaca; de pulsibus introductio; introductio seu medicus Galeno inscriptus.* On trouvera deux recueils de ce genre en 1536 et 1546.

Paris : *Bibl. Nat.; Bibl. Fac. de Médecine.* — Aix. — Angers. — Bordeaux. — Bourges. — Montpellier : *Bibl. Fac. de Médecine.* — Nantes.

Hadrianus T. T. ‖ S. Chrysogoni, S. R. E. Presb. ‖ Cardinal. Botoien. De fermone Latino, ‖ & modis Latine loquendi. ‖ Eivsdem Venatio Ad Asca=‖nivm Cardinalem. ‖ Item Iter Ivlii II. Pont. Rom. ‖ *Parisiis* ‖ Apud *Simonem Colinæum.* ‖ 1534 ‖.

In-8º de 8 ff. non chiffr., 223 ff. chiffr. et 1 f. bl., sign. a-z, aa-ff par 8; car. rom.; init. sur bois à fonds criblés; annotat. margin.; sur le titre est placée la marque du *Temps* nº 2 (page 108).

Le verso du titre est blanc, les feuillets non chiffrés contiennent l'index, sur 2 colonnes; le traité *de Sermone latino et modis latine loquendi* occupe les feuillets 1 à 214 recto, les feuillets 214 verso à 221 recto contiennent le petit poème latin sur la chasse au sanglier, et les feuillets 221 recto à la fin le poème latin sur la campagne du pape Jules II; il n'y a pas de souscription.

Copie de l'édition de 1528.

Paris : *Bibl. Nat.; Bibl. Arsenal.* — Ajaccio. — Dijon. — Dole. — Le Mans. — Lille. — Limoges. — Montauban : *Bibl. Fac. de Théologie protestante.* — Nantes. — Bruxelles. — Gand : *Bibl. Univ.*

Hippocratis Coi ‖ Liber Primvs Et Tertivs De Morbis ‖ Epidemiis, Id Est, Vvlgaribvs, Cvm Commen-‖tariis Galeni, Hermanno Crvserio Campen‖si Interprete. ‖ *Parisiis* ‖ Ex Officina *Simonis Colinæi.* ‖ 1534 ‖.

In-folio de 4 ff. non chiffr., 64 et 68 pages chiffr., sign. *a* par 4, *b-e*, A-C par 8, D par 4; car. rom. et ital.; sur le titre est placée la grande marque du *Temps* (page 104).

Les feuillets liminaires contiennent, outre le titre qui est blanc au verso, la dédicace de Cruserius, datée de Paris, calendes d'avril, et la table imprimée sur 2 colonnes; les deux séries de feuillets chiffrés contiennent les 3 commentaires de Galien sur chacun des deux livres d'Hippocrate; il n'y a pas de souscription.

Nous avons vu plus haut les commentaires de Galien sur la thérapeutique d'Hippocrate, imprimés en cette même année.

AJACCIO. — BORDEAUX.

Hippocratis de natura humana et victûs ratione, cum commentariis Galeni, latinè, Hermanno Cruserio Campensi interprete. *Parisiis,* apud *Simonem Colinæum,* 1534.

In-16.

Cité par Maittaire (II, p. 803) et par Panzer. Simon de Colines avait déjà donné, en 1524, une traduction du même ouvrage par André Brentius, il a réimprimé les deux traductions en 1539.

Tabvlæ ‖ Ioannis Mvrmel=‖lii Rvremvndensis In ‖ Artis Componendorvm ‖ Versvvm Rvdimenta. ‖ *Parisiis* ‖ Væneunt apud *Simonem Colinæum.* ‖ 1534 ‖.

In-8º de 24 ff. non chiffr., sign. *a-c* par 8; car. ital.; sur le titre est placée la marque du *Temps* nº 2 (page 108).

Le verso du titre contient l'*Index Dvodecim Ta-‖bvlarvm Hvivs ‖ Libelli.* ‖; les 12 chapitres ou tableaux occupent le reste du volume, la dédicace de Persevaldus Bellusgenius qui se trouvait dans l'édition de 1530 est supprimée; il n'y a pas de souscription.

Copie de l'édition de 1530 réimprimée en 1541 et 1543.

CHATEAUROUX. — LYON.

Natvræ Ver-‖borum quamemen-‖datifs. infertis vulga=‖ribus exemplorū in-‖terpretationibus, ad ‖ puerorū vtilitatem. ‖ ∴ ‖ *Parisiis* ‖ Apud *Simonem Colinæum* ‖ 1534 ‖.

In-8º de 8 ff. non chiffr., sign. a; car rom. pour le latin et ital. pour le français; init. sur bois à fonds criblés; le titre est placé dans l'encadrement aux *Lapins* (page 48).

Le texte commence au verso du titre pas ces mots : *Divisio*

Verborvm. ǁ et se termine au bas du dernier feuillet par ceux-ci : *Ie viens du champ, ie reuiens de leglife, de la ville.* ǁ *Finis.* ǁ; il n'y a pas de souscription.

Cette petite plaquette ne porte aucun nom d'auteur; elle est peut-être de Charles Estienne qui a publié plus tard, chez François Estienne, Simon de Colines ou Robert Estienne, une série de petits opuscules sur la grammaire que nous rencontrerons plus loin, l'un deux : *Naturæ Verborum ex Prisciano*, traite le même sujet, mais le texte en est rédigé sous forme de dialogue.

Clermont-Ferrand.

(Nouveau Testament.) Η Καινη Διαθηκη. ǁ Εν λευκετία των παρησίων, παρὰ Σί=ǁμωνι τῷ Κολιναίῳ, δεκεμβρίου μένὸς ǁ δευτερᾷ φθίνοντος, ἔτει ἀπὸ τῆς θεο=ǁγονίας α. φ. λ. δ. [1534] ǁ.

In-8º de 2 ff. non chiffr., 414 ff. chiffr. et 2 ff. bl. non chiffr., le premier après les actes des apôtres, le second à la fin du volume, sign. a-z, A-Z, AA-II par 8, KK par 10; car. grecs; sur le titre est placée la marque du *Temps* nº 2 (page 108).

Le verso du titre et le recto du feuillet suivant contiennent : Πιναξ των Δ. Ευαγγε=ǁλιων. ǁ et ...των Επιστολων ǁ Καθολικων. ǁ; les évangiles et les actes des apôtres occupent les feuillets 1 à 233, les épîtres de saint Paul, les épîtres catholiques et l'apocalypse de saint Jean, les feuillets 234 à 397 recto; le reste du volume contient la vie des évangélistes par Sophronius et saint Dorothée et le sommaire des épîtres par Maxime de Tyr.

Paris : *Bibl. Nat.; Bibl. Ste-Geneviève; Bibl. Arsenal.* — Abbeville. — Bordeaux. — Chateauroux. — Dole. — La Rochelle. — Le Mans. — Reims. — Troyes. — Londres : *Brit. Mus.* — Dublin : *Bibl. du Coll. de la Trinité.*

Epitome ǁ Fabii Qvin-ǁtiliani nuper fummo & ǁ ingenio & diligētia col-ǁlecta, qua poffit ftudio-ǁfa iuuētus, quicquid eft ǁ Rhetoricæ inftitutionis ǁ apud ipfum authorem, ǁ breuiore compendio & ǁ multo facilius adfequi. ǁ Authore Iona Philologo. ǁ *Parisiis* ǁ Apud *Simonem Colinæum.* ǁ 1534 ǁ.

In-8º de 8 ff. non chiffr., 67 ff. chiffr. et 1 f. bl., sign. a-i par 8, k par 4; car. rom.; annotat. margin.; init. sur bois à fonds criblés; le titre est placé dans l'encadrement *au Soleil* (page 141).

Les feuillets liminaires contiennent le titre, blanc au verso, la dédicace : *Ingenvo Ac Ivris Civi-ǁlis prudentia ornatiffimo Siberto à Louuē=ǁborch Iona Philologus S.* ǁ, sans date, et l'index; l'abrégé de la rhétorique de Quintilien, par Jonas le Philologue, est terminé par un avis *Candido Lectori S.* ‖; il n'y a pas de souscription.

Copie de l'édition de 1531, réimprimée en 1536, 1539 et 1542.

BESANÇON.

※ Rhasis Philo=‖sophi Tractatvs No=‖nvs Ad Regem Almansorem, ‖ de curatione morborū particularium : opu=‖fculum huic fæculo accomodatiffimum. ‖ *Parisiis* ‖ Apud *Simonem Colinæum.* ‖ 1534 ‖.

In-8º de 56 ff. chiffr., sign. a-g par 8; car rom.; init. sur bois à fonds criblés; sur le titre, dont le verso est blanc, est placée la marque du *Temps* nº 2 (page 108).

La traduction anonyme du traité de Rhazis occupe tout le volume et n'est précédée d'aucune pièce, elle se termine, au verso du dernier feuillet, par : *Elenchvs Brevis Morbo‖rum, quorum figna, caufas, & curationes, hoc ‖ libello explicantur.* ‖; il n'y a pas de souscription.

PARIS : *Bibl. Nat.; Bibl. Maʒarine.* — BORDEAUX. — CARCASSONNE. — DOLE. — MONTPELLIER : *Bibl. Fac. de Médecine.* — REIMS. — SENS. — WASHINGTON : *Bibl. médic. de l'armée et de la marine.*

※ Petri Ros=‖seti Poetæ Lav-‖rcati Christvs, Nvnc Pri‖mum in lucem æditus. ‖ *Parisiis* ‖ Apud *Simonem Colinæum.* ‖ 1534 ‖.

In-8º de 51 ff. chiffr. et 1 f. bl., sign., *a-f* par 8, *g* par 4; car. ital.; annotat. margin.; init. sur bois à fonds criblés; sur le titre, dont le verso est blanc, est placée la marque du *Temps* nº 2 (page 108).

Le feuillet 2 contient une épître : ※ *Christianissimo ‖ Francorvm Regi Fanci-‖fco Hubertus Suffanæus Sueffionenfis beati-‖tudinem optat.* ‖, datée de Paris, 1534; le poème latin, divisé en 3 livres, occupe les feuillets 3 à 51, il se termine par un avertissement de l'éditeur et la souscription :

Excvdebat Parisiis Simon ‖ Colinæus, anno ab orbe per Christvm ‖ redempto M. D. XXXIIII, menfe Iunio. ‖

Le verso du dernier feuillet contient encore 3 pièces de vers latins de Pascasius Sylvanus à Jean Godon, d'Hubert Sussaneau à André Morel et de Jean Manicurtius à François Margatius.

Hubert Sussaneau a publié ce poëme, qui était resté inédit, après la mort de son auteur; Simon de Colines en a donné une nouvelle édition en 1543.

PARIS : *Bibl. Nat.; Bibl. Maʒarine.* — AUXERRE. — LAVAL. LYON. — VERSAILLES. — LONDRES : *Brit. Mus.*

🕮 Textvs De Sphæra Ioannis De ‖ Sacrobosco : Intro-dvctoria Additione (Qvan-‖tum neceſſarium eſt) commentarioque, ad vtilitatem ſtudentium Philoſophiæ ‖ Pariſienſis Academiæ illuſtratus. Cum compoſitione Annuli aſtronomici Bo-‖neti Latenſis : Et Geometria Euclidis Megarenſis. ‖ *Parisiis* ‖ Vænit apud *Simonem Colinæum.* ‖ 1534 ‖.

    In-folio de 35 ff. chiffr. et 1 f. bl., sign. a-b par 8, c-d par 6, e par 8; car. rom.; fig. sur bois; annotat. margin.; tableaux de chiffres; init. à fonds criblés; le titre est orné d'une grande figure sur bois qui se trouvait déjà dans les éditions de 1527 et de 1531 et dont nous avons donné la reproduction réduite à la page 101.

    Le traité *de Sphæra* occupe les feuillets 4 à 27, il est précédé d'une *Epistola nuncupatoria* de Jacques Lefèvre d'Étaples à Charles Borra, sans date, d'un *Index commentarij*, sur 2 colonnes et d'une *Introductoria additio*, le traité de Bonetus commence au feuillet 27 verso, et la traduction des quatre livres d'Euclide au feuillet 32 recto, au verso du feuillet 35 est placée la souscription :

    ☙ *Parisiis, Ex Ædibvs Simonis Colinæi,* ‖ *Anno à Chriſto nato, triceſimoquarto ſupra ſeſquimilleſimum,* ‖ *ſeptimo Idus Nouembris.* ‖

    Copie des trois éditions données par Simon de Colines en 1521, 1527 et 1531 ; réimprimé en 1538.

    Paris : *Bibl. Nat.; Bibl. Maʒarine; Bibl. Ste-Geneviève; Bibl. Arsenal; Bibl. Université.* — Boulogne-sur-Mer. — Chartres. — Le Mans. — Louviers. — Nancy. — Rouen. — Sens. — Vannes. — Londres : *Brit. Mus.*

🕮 Iac. Sadoleti ‖ De Liberis Recte ‖ Inſtitvendis, ‖ Liber. ‖ *Parisiis* ‖ Apud *Simonem Colinæum.* ‖ 1534. ‖

    In-8º de 52 ff. chiffr., sign. A-F par 8, G par 4; car. rom.; init. sur bois à fonds criblés; sur le titre, dont le verso est blanc, est placée la marque du *Temps* nº 2 (page 108).

    Le traité de Sadolet, adressé à Guillaume du Bellay de Langey, occupe tout le volume, il est composé en forme de dialogue entre deux interlocuteurs, Jacques et Paul; le verso du dernier feuillet est blanc, il n'y a pas de souscription.

    La première édition avait été donnée à Lyon, par Sébastien Gryphe, en 1533, nous retrouverons, à l'année 1537, une traduction ou une imitation de ce traité par Pierre Saliat : *Declamation côtenant La Maniere De Bien Inſtrvire Les Enfans.*

    Amiens. — Bayeux. — Besançon.

Richardi a Sancto Victore libellus de potestate ligandi atque solvendi, sive de clavibus. *Parisiis,* apud *Simonem Colinæum,* 1534.

> In-16.
> Ce volume qui est cité par Maittaire (II, p. 800) est porté sous la cote D. 5719 au *Catalogue de la Bibliothèque du Roi.* Simon de Colines en avait déjà donné une édition en 1526.

Stirpivm ‖ Differentiæ ‖ ex Diofcoride fecun=‖dum locos cōmunes, ‖ opus ad ipfarum plan‖tarum cognitionē ad=‖modum conducibile. ‖ Authore Benedicto Tex‖tore Segufiano. ‖ *₊* ‖ *Parisiis* ‖ Apud *Simonem Colinæū.* ‖ 1534 ‖.

> In-16 de 103 ff. chiffr. et 1 f. bl., sign. a-n par 8; car. rom.; init. sur bois à fond criblé; le titre est placé dans l'encadrement sur bois que nous reproduisons à l'année 1541.
> Le verso du titre est blanc, les feuillets 2 et 3 contiennent la préface *Benedictvs* ‖ *Textor Segvsia=*‖*nvs Candido Lecto=*‖*ri falutem dicit.* ‖ (Paris, de la maison de Jean Tagault, ides de juin 1534), les feuillets 4 à 8 contiennent : *Ex Marcelli Ver=*‖*gilii Commentariis* ‖ *in ipfum Diofcoridem, ad eorum* ‖ *quæ hic tractantur dilucidiorem* ‖ *intelligentiam.* ‖; — *De Qvibvsdam Plan=*‖*tæ partibus, ex eodem.* ‖ ; — *De lis Ad Qvæ Hic* ‖ *fit collatio.* ‖; — *Plantarvm* ‖ *Differentiæ... Loci Commvnes.* ‖; les feuillets 9 à 103 contiennent le corps de l'ouvrage qui se termine par un erratum, il n'y a pas de souscription.
> PARIS : *Bibl. Ste-Geneviève.* — AVIGNON. — BORDEAUX.

Georgii Trapezuntii dialectica hæc continens : de enuntiatione, de prædicabilibus, de prædicamento, de syllogismo categorico ac hypothetico, de enthymemate, de diffinitione ac divisione, de thesi. *Parisiis,* apud *Simonem Colinæum,* 1534.

> In-8º; achevé d'imprimer le *six des calendes de juillet.*
> Cité par Maittaire, II, p. 807 et par Panzer; c'est probablement une copie des éditions de 1528 et de 1532; réimprimé par Simon de Colines en 1536, 1539 et 1544.

Ioannis Visorii ‖ Cœnomani Ingenio=‖sa, Nec Minvs Elegans ‖ Ad Dialectices ‖ Candidatos ‖ Metho=‖

dvs. ‖ ∴ ‖ *Parisiis* ‖ Apud *Simonem Colinæum*. ‖ 1534. ‖

In-8º de 31 ff. chiffr. et 1 f. non chiffr., sign. A-D par 8; car. rom.; init. sur bois à fonds criblés; sur le titre est placée la marque du *Temps* nº 2 (page 108).

Le verso du titre et les feuillets 2 et 3 contiennent 6 distiques latins *Lectori*. ‖; et ꝫ *Reverendo In Chri-‖sto patri domino Ioanni Equino Pie-‖tatis apud Cœnomanos Abbati cogna-‖to ſuo, Ioannes Viſorius Cœnomanus,* ‖ *S. D.* ‖, dédicace datée de Paris, collège de Bourgogne; le corps de l'ouvrage occupe les feuillets 4 à 31 recto; il est terminé par 2 distiques latins, l'un de Pierre de Longueil, l'autre de Pierre Sagittarius, tous deux élèves de Visorius, et par l'*Index Capitvm*; il n'y a pas de souscription.

Simon de Colines imprima aussi, en cette même année, l'abrégé de la rhétorique d'Agricola par Visorius, que nous décrivons plus haut.

AMIENS. — LONDRES : *Brit. Mus.*

M D XXXV

28 mars 1535 — 15 avril 1536 n. s.

Contenta || Decem librorum Moraliū Ari=||ſtotelis, tres conuerſiones : Prima || Argyropyli Byzātij, ſecunda Leo=||nardi Aretini, tertia vero Antiqua, || per capita & numeros conciliatæ : || communi familiarique com-mēta=||rio ad Argyropilum adiecto. || I. Fab. intro-ductio in Ethicen. || Magna moralia Ariſtot. Geor=||gio Valla interprete. || Leonardi Aretini dialogus de || moribus. || Index in Ethicen. Item in Ma=||gna moralia.|| *Parisiis* || Ex officina *Simonis Colinæi.* || 1535 ||.

In folio de 140 et 83 ff. chiffr., plus un f. bl., sign. a-q par 8, r par 6, s par 4, A-I par 8, K-L par 6; car. rom.; annotat. margin.; init. sur bois à fonds criblés ; le titre est placé dans l'encadrement réservé aux ouvrages de philosophie (page 31).

Souscription :

☛ *Omnia vno volumine comprehenſa & accuratiſſime recognita : quo ad* || *beate viuendū nullum defit ſtudioſis præſidium. nullum enim vtilius* || *ſtudium exiſtimauit Socrates, & vniuerſa vere philoſophan-*||*tium ſchola : eo in quo ad probitatem incitamur, & ad* || *virtutum accēdimur amorem. Et abſoluta ſunt* || *impenſis, ſumptibus & diligentia Simo-*||*nis Colinæi : in almo Pariſienſi-*||*um ſtudio. Anno ab incar-*||*natione domini virtu-*|| *tum, 1535. Calen-*||*dis Octobri-*||*bus.* ||

Copie textuelle de l'édition de 1526-1528, elle a été réimprimée en 1542.

Paris : *Bibl. Nat.; Bibl. Cour de Cassation.* — Douai. — Limoges. Lisieux. — Louviers. — Nice. — Niort. — Londres : *Brit. Mus.*

☙ In Politica Ari‖ſtotelis, introductio Iacobi Fa=‖bri Stapulenſis : adiecto com=‖mentario declarata per Iudo=‖cum Clichtoueum Neopor=‖tuenſem. ‖ Item, Œconomicon Xenophon=‖tis : à Raphaele Volaterrano ‖ traductum. ‖ *Parisiis* ‖ Ex officina *Simonis Colinæi*. ‖ 1535. ‖

> In-folio de 38 ff. chiffr., sign. A-D par 8, E par 6; car. rom.; annotat. margin.; le titre est placé dans l'encadrement réservé aux ouvrages de philosophie (page 31).
> Le premier traité, précédé de la dédidace de l'éditeur : ☙ *Clarissimo Viro, Et Æqvissi=‖mo Parisiensis Senatvs Præsidi, Ca-‖rolo Guilliardo Iudocus Clichtoueus Neoportuenſis promptiſſimum offert ‖ obſequinm.* ‖ datée de Paris, 1516, et d'une lettre de Volgatius Pratensis à Jean Solidus, occupe les feuillets 2 à 22, le second traité ☙ *Oeconomicvm Xenophontis : Ra=‖phaele Volaterrano Interprete, La-‖tinitate Donatvm.* ‖ est terminé par la souscription :
> ❡ *Œconomici Xenophontis Finis. Parisiis :* ‖ *Calendis Iulijs : anno domini trigeſimoquinto, ſupra milleſimum &* ‖ *quingenteſimum. ex officina Simonis Colinæi è regione collegij* ‖ *Bellouacenſis.* ‖
> Après la souscription on trouve encore une pièce de 6 distiques latins : ❡ *Michaelis Pontani, Sameracenſis : ad lectores duodeca ſtichum carmen.* ‖
> Henri Estienne a donné ces deux traités en 1508 et en 1512 sans les commentaires de Clichtove et, en 1516, une nouvelle édition avec les commentaires, c'est sur cette dernière que la nôtre a été copiée.
> PARIS : *Bibl. Nat.* — BESANÇON. — BOULOGNE-SUR-MER. — MONTPELLIER : *Bibl. Fac. de Médecine.* — NICE. — VERSAILLES. — M. Vander Haegen cite l'exemplaire de GAND : *Bibl. Univ.*

(BIBLE IN-SEIZE.) ☙ Sanctvm ‖ Iesv Christi ‖ Evangelivm ‖ Secundum Matthæum ‖ Secundum Marcum ‖ Secundum Lucam ‖ Secundum Ioannem. ‖ ☙ Acta Apo=‖stolorvm. ‖ *Parisiis* ‖ Ex officina *Simonis Colinæi.* ‖ 1535 ‖.

> 2 tomes in-16. La première partie contient 264 ff., sign. a-z, &, aa-ii par 8; car. rom.
> Au verso du titre est l'extrait de saint Jérôme; les évangiles commencent respectivement aux feuillets 2, 61, 97 verso et 160 et les actes des apôtres au feuillet 206.
> La seconde partie du nouveau testament a pour titre :

(BIBLE IN-SEIZE.) ❦ Pavli Apo=‖stoli Epistolæ ‖ Ad Romanos ‖ Ad Corinthios II ‖ Ad Galatas ‖ Ad Ephefios ‖ Ad Philippenfes ‖ Ad Coloffenfes ‖ Ad Theffalonicenfes II ‖ Ad Timotheum II ‖ Ad Titum ‖ Ad Philemonem ‖ Ad Hebræos. ‖ ❦ Epistolæ ‖ Catholicæ. ‖ Iacôbi ‖ Petri II ‖ Ioannis III ‖ Iudæ. ‖ ❦ Apocaly=‖psis Beati Ioan=‖nis. ‖

> 193 ff. chiffr. et 23 ff. non chiffr., sign. A-Z, Aa-Dd par 8; car. rom.
>
> Le verso du titre est blanc, les épîtres de saint Paul commencent au feuillet 4 après le catalogue de saint Jérôme, les épîtres catholiques au feuillet 137 et l'apocalypse de saint Jean au feuillet 166; la souscription suivante est placée au bas du feuillet 193 verso :
>
> ❧ *Absolvtvm Est Hoc ‖ fanctiffimum Iesv Chri=‖sti faluatoris noftri Teftamẽ=‖tum nouum Parisiis, in ‖ officina Simônis Colinæi : An=‖no à natiuitate eiufdem Chri=‖sti Iesv, tricefimoquinto ‖ fupra fefquimillefimum, men=‖fe Aprili. ‖*
>
> Les feuillets non chiffrés contiennent l'*Index* et la citation de Josué. Copie des éditions de 1524, 1525, 1528, 1529, 1531 et 1533; il y a une dernière édition de 1538-1539.
>
> LONDRES : *Brit. Mus.*

(BIBLE IN-SEIZE.) ❦ Liber ‖ Psalmo=‖rvm. ‖ *Parisiis* ‖ Ex officina *Simonis Colinæi.* ‖ 1535 ‖.

> In-16 de 140 ff. chiffr. et 4 ff. non chiffr., sign. a-s par 8; car. rom.; impression en rouge et en noir; une lettre initiale sur bois représente David jouant de la harpe.
>
> Le verso du titre est blanc, les feuillets chiffrés contiennent les psaumes qui sont terminés par la souscription :
>
> ❧ *Impressvm Parisiis, ‖ in officina Simonis Colinẹi An=‖no dñi Millefimo quingẽ=‖tefimo trigefimoquin=‖to, Menfe ‖ Maio. ‖ ·.· ‖*
>
> Les feuillets non chiffrés de la fin contiennent la table. Les psaumes, déjà imprimés par Simon de Colines en 1523, 1524 et 1528, l'ont encore été en 1540.
>
> LONDRES : *Brit. Mus.*

(BIBLE IN-SEIZE.) ❦ Libri Sa=‖lomonis. ‖ Prouerbia, ‖ Ecclefiaftes, ‖ Canticum canticorum. ‖ ❧ Liber Sapientiæ ‖ ❧ Ecclefiafticus. ‖ *Parisiis* ‖ Ex officina *Simonis Colinæi.* ‖ 1535 ‖.

> In-16 de 159 ff. chiffr. et 1 f. bl., sign. a-v par 8; car. rom. La préface

de saint Jérôme occupe le verso du titre et le feuillet 2; les différentes parties commencent aux feuillets 3, 41, 54, 60 verso et 87; il n'y a pas de souscription. Copie des éditions de 1524, 1526 et 1527; réimprimé en 1539 et 1542.

LONDRES : *Brit. Mus.*

Ad Reverendissi=‖mvm Patrem, Ac Genera=‖lem Magiſtrum, Magiſtrum Ioannem de Fe=‖nario, & cæteros patres ac magiſtros ordi=‖nis Prædicatorum, ‖ Annotationes Fratris ‖ Ambroſij Catharini Politi Senenſis, eiuſdem ‖ ordinis, in excerpta quædam de commenta=‖rijs Reuerendiſſimi Cardinalis Caietani S. ‖ Xiſti, dogmata. ‖ *Parisiis* ‖ Apvd *Simonem Colinævm.* ‖ M. D. XXXV. ‖

In-8° de 14 ff. non chiffr. et 374 pages chiffr.; car. rom.; annotat. margin.; init. sur bois à fonds criblés; sur le titre est placée la marque du *Temps* n° 2 (page 108).

Les feuillets liminaires contiennent la dédicace : *Ad Reverendiss. Patrem ‖ ac Magiſtrum ord. Præd. Ioannem de Fe=‖nario, ac reliquos Patres & Magi=‖ſtros eiuſdem ord. Fratris Am=‖broſij Catharini Politi in ‖ adnotationes aduerſus ‖ Cardinalis Ca=‖ietani noua ‖ dogmata, ‖ præfatio. ‖*; l'avertissement : *Autor ad lectorem.* ‖ et l'index. Les pages chiffrées contiennent le corps de l'ouvrage qui est terminé par la souscription :

Pariſijs apud Simonem Colinæum, anno ‖ ſalutis M. D. XXXV. Menſe Aprili. ‖

Ambroise Catherin est l'auteur de nombreux traités de polémique religieuse, dans celui-ci il réfute certains dogmes mis en avant par le cardinal de Vio, dit Caietanus, dans ses commentaires sur la Bible.

PARIS : *Bibl. Maẓarine; Bibl. Arsenal.* — LE MANS.

M. Tvllii ‖ Ciceronis ‖ Brvtvs, ſeu ‖ De claris oratoribus, ‖ Liber. ‖ *Parisiis* ‖ Apud *Simonem Colinæum.* ‖ M.D.XXXV. ‖

In-8° de 109 pages chiffr., 1 page et 1 f. bl., sign. a-g par 8; car. rom.; init. sur bois à fond criblé, le titre est placé dans l'encadrement *au Soleil* (page 141).

Le verso du titre est blanc ainsi que celui du dernier feuillet; le texte de Cicéron occupe tout le volume, il n'y a pas de souscription.

PARIS : *Bibl. Nat.* — RENNES.

Marci Tvl=‖lii Ciceronis ‖ Partitiones Ora=‖toriæ. ‖ *Parisiis* ‖ Apud *Simonem Colinæum*. ‖ M.D.XXXV. ‖

In-8º de 45 pages chiffr., 1 page et 1 f. bl., sign. a-c par 8; car. rom.; le titre est placé dans l'encadrement *au Soleil* (page 141).

Le verso du titre est blanc; le texte de Cicéron occupe tout le volume, il n'y a pas de souscription.

ANGERS. — LONDRES : *Brit. Mus.*

M. Tvllii Cicero=‖nis, Academicarvm ‖ quæftionū libri, primus, & quar=‖tus : nam fecundus & ‖ tertius defide=‖rantur. ‖ *Parifijs*, apud *Simonem Colinæum*. ‖ 1535. ‖

In-8º de 50 ff. chiffr., sign. a-f par 8, g par 2; car. rom.; init. sur bois à fonds criblés; sur le titre est placée la marque du *Temps* nº 2 (page 108).

Le verso du titre est blanc ainsi que celui du dernier feuillet; le texte de Cicéron occupe tout le volume, il n'y a pas de souscription.

Les questions académiques se trouvent réimprimées dans le premier volume des *Opera philosophica* de 1545.

PARIS : *Bibl. Nat.* — LAVAL. — LYON.

Prolegomena in ‖ Nobilem Illam ‖ M. T. Ciceronis Pro A. Ce-‖cinna orationem de interdicto recupe‖ratorio, vnde vi, ad ampliff. virum ‖ Ioannem Dillierivm ‖ fummum fcholæ Tolofanæ antifti-‖tem, ac iuris vtriufque doctorem cla-‖riffimum. ‖ Iacobo Omphalio Iv-‖recons. Avctore. ‖ *Parisiis* ‖ Ex officina *Simonis Colinæi*. ‖ 1535 ‖.

In-8º de 88 ff. chiffr., sign. *a-l* par 8; car. ital.; init. sur bois à fond criblé.

Le verso du titre est blanc, les feuillets 2 à 5 contiennent la dédicace datée de Toulouse, le 4 des calendes de septembre 1535 : ❦ *Amplissimo* ‖ *Viro Ioanni Dillie-*‖*rio Svmmo Tolosanæ* ‖ *Scholæ Antistiti Et* ‖ *Ivreconsvl. Clariss.* ‖ *Iacobvs Omphalivs Iv-*‖*recon. S. P. D.* ‖, les feuillets 6 à 18 contiennent les prolégomènes : *Qvid Confe=*‖*rat Lectio Hvivs Ora-*‖*tionis M. T. Ciceronis* ‖ *Pro A. Cecinna.* ‖; — *Argvmentvm Orationis.* ‖; — *Cavsæ Genvs.* ‖; — *De Interdicto Vnde Vi.* ‖; — *De Cavsæ Constitvtione.* ‖; — *De Orationis Partibvs* ‖ *Et Genere Dicendi.* ‖; le reste du volume contient le texte de Cicéron accompagné, pour chaque période du discours, des scholies d'Omphale imprimées en caractères plus fins; le verso du dernier feuillet est blanc, il n'y a pas de souscription.

Nous avons décrit, à l'année 1534, une édition du discours prononcé par Cicéron en faveur de la loi Manilia, enrichie des commentaires de Jacques Omphale; on trouvera, en 1536 et 1537, ses deux petits traités d'éloquence : *Nomologia*, et *de Elocutionis imitatione*.

Paris : *Bibl. Mazarine*. — Agen. — Bordeaux.

M. Tullii Ciceronis topica, à Philippo Melanchthone et Boethio diligentissime enarrata. *Parisiis*, apud *Simonem Colinæum*, 1535.

In-8º.

Édition citée par Maittaire et par Panzer d'après le catalogue de la bibliothèque Pinelli (III, p. 18); nous ne connaissons pas d'autre édition de ce traité imprimée par Simon de Colines.

(Josse Clichtove et J. Lefèvre d'Etaples.) ☙ In Hoc O=‖pvscvlo Contentæ ‖ Introdvctiones ‖ In terminos. ‖ In artium diuifionem. ‖ In fuppofitiones. ‖ In prædicabilia. ‖ In diuifiones. ‖ In prædicamenta. ‖ In librum de enuntiatione. ‖ In primum priorum. ‖ In fecundum priorum. ‖ In libros pofteriorum. ‖ In locos dialecticos. ‖ In fallacias. ‖ In obligationes. ‖ In infolubilia. ‖ *Parisiis* ‖ Apud *Simonem Colinæum*. ‖ 1535 ‖.

In-8º de 232 ff. chiffr. et 16 ff. non chiffr., sign. a-z, A-G par 8; car. rom.; init. sur bois à fonds criblés; le titre est placé dans l'encadrement *aux Lapins* (page 48).

Le verso du titre est blanc, le feuillet 2 contient la dédicace de Clichtove; les différentes parties de l'ouvrage commencent aux feuillets 3, 16, 30 verso, 56, 62, 67, 89, 133 verso, 154 verso, 174, 182 verso, 200, 212 verso et 220 verso; à la suite se trouve l' ☙ *Operis peroratio*. ‖ et la souscription :

Pressit Svis Typis Nitidissimis ‖ *Simon Colinæus in officina fua, aureo fole* ‖ *infignita : eregione* [sic] *collegij Belloua=‖cenfis. Pridie Non. Octob.* ‖ *M. D. XXXV.* ‖

Copie des éditions de 1526, 1530 et 1533; Simon de Colines a encore imprimé le premier traité de Clichtove, seul, avec les commentaires de Jean Cæscerius, en 1540 et 1544, sous le titre : *Fundamentum logicæ*. Les *Introductiones in terminos*, qui avaient été imprimées, l'année précédente, à Paris par Michel de Vascosan pour Pierre Gaudoul, ont eu, en 1535, une autre édition, donnée à Lyon par les héritiers de Simon Vincent, qui les ont réimprimées en 1540; il y a encore 3 éditions données à Paris, par Prigent Calvarin en 1536, par Jean Petit en 1537 et par Poncet Le Preux, pour Thomas Anguelart, sans date.

AMIENS. — AVIGNON. — LYON. — DRESDE.

(Jean COLET, Guillaume LILY et ERASME.) De octo orationis partium constructione libellus, postposita ad ejus enodationem accessione perbrevi. *Parisiis,* apud *Simonem Colinæum,* 1535.

In-8º.

Cité par Maittaire (II, 833) et par Panzer; nous avons déjà mentionné les éditions de ce petit traité données par Simon de Colines en 1523, 1526, 1527, 1530 et 1532, il y en a encore deux en 1542 et en 1544; celle-ci possède probablement les commentaires de Junius Rabirius dont Robert Estienne avait déjà donné deux éditions en 1534 et qu'il a imprimés aussi en 1535.

Anto=‖nii Democharis ‖ Ressonei Pernecessarivm ‖ in octo libros Topicorum Ariftotelis Hypo-‖mnema, quo tota differendi ius in omne pro-‖blema ingeniofe demonftratur : cum recta ‖ contextus diftinctione, ad phrafim Græcam ‖ bona fide innumeris fordibus repurgati. ‖ *Parisiis,* ‖ Ex officina *Simonis Colinæi.* ‖ 1535 ‖.

In-4º de 4 ff. non chiffr. et 316 ff. chiffr., sign. ✶ par 4, a-ʒ, &, A-P par 8, Q par 4; car. rom. et ital.; annotat. margin.; init. sur bois à fonds criblés; le titre est placé dans un encadrement de 4 pièces, empruntées aux Heures de 1524-1525, la pièce du bas est signée de la Croix de Lorraine; au milieu du titre et dans l'intérieur du cadre se trouve aussi la marque du *Temps* nº 2 (page 108).

Le verso du titre contient deux pièces de vers latins : *Antonii Democharis Ad Gvilielmvm* ‖ *Hameliũ Ambianenfis ecclefiæ præfectum, fanguine & mori-*‖*bus nobilem, Epigramma.* ‖ (5 distiques), et *Eivsdem Ad Petrvm Billorevm Ca-*‖*nonicum Nouionenfem profefforē iuris pontificij ftudiofum.* ‖ (5 distiques), les autres feuillets liminaires comprennent la dédicace : Reverendissimo In ‖ Christo Patri Ac D. Domino Caro-‖lo Villerio Epifcopo Bellouaco, patricio Franciæ, & ‖ priuilegiorum almæ vniuerfitatis Parifienfis con-‖feruatori Antonius Demochares S. D. ‖, datée des calendes de janvier 1534, et suivie d'un avis *Candido Lectori.* ‖

Les *hypomnema*, ou annotations d'Antonius Demochares (Antoine de Mouchy) sur les 8 livres des topiques d'Aristote occupent tout le corps du volume et sont suivies d'un errata; le verso du dernier feuillet est blanc, il n'y a pas de souscription.

Paris : Bibl. Mazarine. — Troyes.

De civilitate morum puerilium, per Des. Erasmum Roterodamum libellus nunc primum & conditus & æditus. *Parisiis,* Apud *Simonem Colinæum,* 1535.

In-8º; souscription datée du mois de *janvier*.

Édition citée par Maittaire et par Panzer; Simon de Colines, qui avait déjà imprimé ce traité en 1531, en a donné de nouvelles éditions en 1537, 1539 et 1541.

L. Fenestel=‖læ De Magistra=‖tibvs, Sacerdotiis=‖que Romanorū libellus, iam ‖ primum nitori fuo reftitutus. ‖ Pomponij Læti itidem de ma=‖giftratibus & facerdotijs, & ‖ pręterea de diuerfis legib⁹ Ro‖manorum. ‖ *Parisiis* ‖ Apud *Simonem Colinæum.* ‖ 1535 ‖.

In-8º de 62 ff. chiffr. et 2 ff. non chiffr., sign. a-h par 8; car. rom.; init. sur bois à fonds criblés; annotat. margin.; le titre, dont le verso est blanc, est placé dans l'encadrement *au Soleil* (page 141).

L'ouvrage de Lucius Fenestella (André-Dominique Fiocchi) occupe les feuillets 2 à 43 recto, celui de Pomponius Lætus (Jules Sanseverino) les feuillets 43 verso à 61, les 2 feuillets suivants et le recto du 3º feuillet contiennent : *Brevis Index Dignita-*‖*tvm Omnivm Ac Magistra=*‖ *tuum, necnon & facerdotiorū quę in toto Fe*‖*neftella & Pomponio reperiri poffunt...,* imprimé sur 2 colonnes; le verso du dernier feuillet est blanc, il n'y a pas de souscription.

Copie de l'édition donnée par Simon de Colines en 1530 et réimprimée encore deux fois en 1539 et en 1542.

Paris : Bibl. Nat. — Beaune.

Orontii ‖ Finei Delphin. Regii ‖ Mathematicarvm ‖ Professoris : ‖ Arithmetica ‖ Practica, libris quatuor abfolu=‖ta, omnibus qui Mathematicas ‖ ipfas tractare volunt perutilis, ‖ admodumque neceffaria : Re=‖cens ab Authore caftigata, au=‖cta, & recognita, hoc eft, in na=‖tiuū fplēdorem (quem priorum ‖ imprefforum amiferat incuria) ‖ fumma fidelitate reftituta. ‖ *Parisiis* ‖ Ex officina *Simonis Colinæi.* ‖ 1535. ‖ Cum gratia & priuilegio Chri=‖ftianiffimi Francorum regis. ‖

In-folio de 66 ff. chiffr., sign. A-D par 8, E par 6, F-G par 8, H-I par 6; car. rom.; annotat. margin.; init. sur bois à fonds criblés; tableaux de chiffres; le titre est placé dans l'encadrement réservé aux ouvrages scientifiques que nous reproduisons à la page 90.

Le verso du titre est blanc, le feuillet suivant contient la dédicace : ❦ *Orontivs Finevs Delphinas Re=‖gius difciplinarum (quæ Mathematicæ vocantur) interpres,* ‖ *Candido, ac ftudiofo lectori S. P. D.* ‖ (Paris, 1535); *Tetraftichon Orontianum.* ‖; — *Index Capitvm,*...; les différents livres de l'arithmétique d'Oronce Finé commencent aux feuillets 3, 22 verso, 38 verso et 52 verso; à la suite du dernier livre et au bas du feuillet 65 recto se trouvent, après la devise de l'auteur, *Virescit Vvlnere Virtvs.* ‖, le registre et l'errata; les feuillets 65 verso et 66 recto contiennent : *In Orontivm Finevm Delphina=‖tem Regium Mathematicarum profefforem clariffimum,* ‖ *Ioannis Fofferij Matifcenfis,* ‖ *Panegyricvs.* ‖ (17 distiques latins) et *In Orontii Volumen* ‖ *Arithmeticum, Perrelli Carmen.* ‖ (7 vers latins); le verso du feuillet 66 est blanc, il n'y a pas de souscription.

L'Arithmétique d'Oronce Finé avait déjà paru dans le volume imprimé pour Gérard Morrhius et Jean Pierre, en 1532, sous le titre de *Protomathesis* (voyez page 230), elle en formait la première partie; le texte de notre édition a été revu par Oronce Finé qui l'a rendu, dit-il, à sa splendeur première; Simon de Colines l'a réimprimé en 1542 et en a donné une troisième édition, en 1544, sur une nouvelle rédaction mise en abrégé par l'auteur lui-même.

PARIS: *Bibl. Nat.; Bibl. Mazarine.* — CHARTRES. — DIJON. — LA ROCHELLE. — LE MANS. — MARSEILLE. — NIORT. — ROUEN. — SENS. — TROYES.

(J. P. FORESTI, de Bergame.) ❦ Svpplementvm ‖ Chronicorvm, Omnes Fere Histo=‖rias quæ ab orbe condito hactenus geftæ funt, iucunda admodum dicen=‖di breuitate complectens· [sic] Opus fanè quàm vtiliffimũ, & cuiufuis condi-‖tionis viro perneceffarium : primum quidam à venerando patre Iacobo ‖ Philippo Bergomate ordinem Eremitarum profeffo confcriptum, dein=‖de vero eruditorum quorundam diligentia, multis mendis, ac fuperfluis ‖ quibufdam rebus diligentiffime repurgatum, in ftudioforum omnium ‖ gratiam atque vtilitàtem. ‖ Cui infuper addita eft noftrorum temporum breuis quædam acceſſio, ‖ eorum annorū hiſtorias ac res tum priuatas tum externas cōplectens ‖ quæ ab anno. 1500. ad annum. 1535. tum hic, tum etiam alibi geſtæ ſunt. ‖ *Parisiis*, M.D.XXXV. ‖ Apud *Simonem Colinæum*, in vico D. Ioannis Bellouacenſis. ‖ Cum priuilegio. ‖

In-folio de 18 ff. non chiffr., 443 ff. chiffr. et 1 f. non chiffr., sign. a par 8, b par 10, a-z, A-Z, Aa-Gg par 8, Hh par 10; car. rom.; annotat. margin.; init. sur bois à fonds criblés; sur le titre est placée la grande marque du *Temps* (page 104).

Le privilège, en français, accordé pour 2 ans à Simon de Colines et à Galliot du Pré, le 17 juin 1535, est placé au verso du titre; les autres feuillets liminaires contiennent un avertissement ☞ *Lectori S.* ‖, un ❧ *Index Copiosissimvs Earvm Omnivm Re=‖rum quæ toto opere deſ-criptæ ſunt...* et une dédicace, adressée à Antoine du Bourg, qui n'est ni signée ni datée. La chronique de Philippe de Bergame forme 16 livres qui occupent les feuillets 1 à 429 et qui sont terminés par ces mots : *Hactenvs Doctor Excellentiss.* ‖ *uir pius ac religioſus, frater Iacobus Bergomàs, ordinem D. Aug. pro=‖feſſus : haud ſine maxima variarum rerum atq; literarum lectione, labo-‖re penè incredibili, induſtria multo maiore, omnia complexus eſt, quæ-‖cunq; ab antiquis hiſtoricis ab orbe cōdito, pontificum, imperatorum,* ‖ *regum, principum... uſq; ad ætatē. 1500. Cui deſcriptioni, (ne lector quidpiam præterea à* ‖ *nobis expoſtulare poſſet) curauimus addendā eorum annorum acceſ-‖ſionē qui a. 1500. ad hanc noſtram ætatem. 1535. deinde ſunt ſubſequuu‖ti. Quam acceſſionem proximus liber decimuſſeptimus* ‖ *complectitur.* ‖; le 17ᵉ livre qui est, comme on le voit, une continuation de la chronique, donnant en abrégé les principaux événements écoulés de 1500 à 1535, occupe le reste du volume, terminé, au bas du feuillet 443 verso, par la souscription :

Præſtantiſſimum hoc atque vtiliſſimū totius orbis Chronicorū opus : ea omnia quæ ‖ *ab ipſa mundi creatione ad annum vſq; 1535 peracta ſunt breui quodā ſtylo com-‖plectens excuſum eſt Pariſijs, opera ac prælo Iacobi Nyuerdi adſcriptitii* ‖ *bibliopolæ & chalcographi : ſumptib. vero ac diligentiſſ. cura, Simonis* ‖ *Colinæi, & Galeoti à Prato bibliopolarum Pariſien. Anno* ‖ *à Christo nato M. D. XXXV.* ‖ *pridie Calendas Auguſti.* ‖

Le dernier feuillet, blanc au recto, porte au verso la grande marque du *Temps;* la chronique est ornée de 2 grandes compositions sur bois, non signées, dont l'une, qui n'a certainement pas été éxécutée pour ce volume, représente la création d'Ève et l'autre, très bien dessinée, et dans le genre de Geofroy Tory, représente l'Annonciation, il y a en outre 11 médaillons figurant Jules César, saint Pierre, Pharamond, Clovis, saint Grégoire le Grand, Dagobert, Charlemagne, Godefroy de

Bouillon, saint Louis, Philippe le Bel et Charles VII, (c'est le même médaillon qui, répété deux fois, représente Jules César et Charles VII).

Cette édition de la chronique de Jacques-Philippe Foresti de Bergame est très recherchée pour son dernier chapitre qui résume les événements contemporains, mais pour le texte même de la chronique on reproche à ses éditeurs anonymes de l'avoir mutilé et on préfère les éditions antérieures; Clément, *Bibliothèque curieuse,* la trouve *furieusement tronquée.* Ce volume est le premier de ceux qui ont été faits à frais communs entre Galiot du Pré et Simon de Colines, c'est aussi le premier qui, exécuté pour Simon de Colines sans être imprimé par lui, ait été confié à un autre imprimeur que Louis Blaubloom. On cite quelquefois cette édition sous le seul nom de Jacques Nyverd, il est très possible que son nom et celui de Galiot du Pré aient été placés sur le titre d'une partie des exemplaires au lieu du nom de Colines. Il y a une traduction italienne de la chonique avec la continuation menée jusqu'en 1539, imprimée en cette année à Venise.

PARIS : *Bibl. Nat.* — BORDEAUX. — CHARTRES. — DOLE. — EVREUX. — LYON. — NIORT. — VERSAILLES. — VITRÉ.

Methodvs Sex Librorvm Galeni In ‖ Differentiis Et Cavsis Morborvm Et Symptomatvm, In Tabellas Sex ‖ ordine fuo coniecta paulo fufius, ne breuitas obfcura lectórem remoretur & fallat. ‖

In-folio plano de 6 feuilles ou placards non sign. et non chiffr., imprimés d'un seul côté; car. ital.

Le titre ci-dessus est le titre de départ de la première feuille, au bas de la sixième se trouve la souscription suivante, qui donne le nom de leur rédacteur :

Iacobvs Sylivivs philiatros, hæc in auditorum ‖ fuorũ, & cæterorũ ſtudioforũ gratiam magna religione colli-‖gebat. Imprimebat autẽ Simon Colinævs, Anno M. D. XXXV. ‖

Ces six placards étaient probablement destinés à être affichés à l'école de médecine où Jacques Sylvius professait; c'est le seul échantillon de ce genre d'impression qui nous ait été conservé de Simon de Colines. On a déjà vu, à l'année 1528, la traduction, par Thomas Linacre, des deux traités de Galien qui sont ici disposés en tableaux synoptiques : *De differentiis et causis morborum* et *De differentiis et causis symptomatum.*

PARIS : *Bibl. Nat.*

Clavdii Galeni ‖ Pergameni De Differentiis Febrivm ‖ Libri Dvo, Lavrentio Lavrentiano Floren-‖tino Interprete : Accvrate Per Simonem ‖ Thomam Recogniti,

Et Ex Fide Græci Exem-‖plaris Pene Alii Facti. ‖ *Parisiis* ‖ Ex officina *Simonis Colinæi.* ‖ 1535 ‖.

<small>In-folio de 26 ff. chiffr., sign. A-B par 8, C par 10; car. rom.; annotat. margin.; init. sur bois à fonds criblés; sur le titre est placée la grande marque du *Temps* (page 104).

Le texte est précédé d'une épître adressée au traducteur : ❧ *Cæsar Optatvs Neapolitanvs Lav=‖rentio Lavrentiano Florentino, S. D.* ‖, datée de Venise, 1500, placée au verso du titre. Le premier livre occupe les feuillets 2 à 11 recto, le 2ᵉ livre les feuillets 11 verso à 22 recto, le volume se termine par : *Index Capitvm...* à longues lignes, *Index Eo-rvm Qvæ His Dvobvs Libris* ‖ *Continentvr...* à 2 colonnes, l'errata et la souscription :

Excvdebat Simon Colinævs Parisiis ‖ *Anno M. D. XXXV.* ‖ *Menſe Ianuario.* ‖ (1536, n. s.)

Le verso du dernier feuillet est blanc.

La traduction de ce traité de Galien, par Laurentius Laurentianus, avait été imprimée une première fois par Simon de Colines, en 1523, avant la revision du texte par Simon Thomas.</small>

<small>AJACCIO. — LONDRES : Brit. Mus.</small>

❧ Clavdii Galeni ‖ Pergameni In Hippocratis Pror=‖rhetici Librvm Primvm Commentariorvm ‖ libri tres, nunc primum à Ioanne Vaffæo Meldenfi latinitate donati, ‖ ac in lucem æditi. ‖ *Parisiis* ‖ Ex officina *Simonis Colinæi.* ‖ 1535 ‖.

<small>In-folio de 4 ff. non chiffr., 63 pages chiffr. et 1 page bl., sign. a par 4, A-D par 8; car. rom.; init. sur bois à fonds criblés; sur le titre est placée la grande marque du *Temps* (page 104).

Le verso du titre est blanc, les autres feuillets liminaires contiennent la dédicace : ❧ *Reverendo Patri Ac Domino D. Io=‖anni Dubuxo Epiſcopo Meldenfi, Ioannes Vaſſæus Meldenſis S. P.* ‖, datée du 5 des ides de novembre 1535, un index, sur 2 colonnes, et un errata; le corps du volume contient les trois livres de la traduction latine des commentaires de Galien qui commencent respectivement aux pages 1, 19 et 39; il n'y a pas de souscription.</small>

<small>PARIS : Bibl. Fac. de Médecine. — AJACCIO. — RENNES.</small>

❧ Clavdii Galeni ‖ Pergameni De Compositione Medi=‖camentorvm Secvndvm Locos, Sev Qvæ Vni=‖cuique corporis parti conueniunt, libri decem, opus & eruditum & ‖ omnibus medicis neceffarium, nunc primum latinitate donatum, ac in ‖ lucem æditum, per Ioannem Guinterium Andernacum publicum fcho‖læ Medicorum Parifienfis profefforem. ‖ *Parisiis* ‖ Ex officina *Simonis Colinæi.* ‖ 1535 ‖.

<blockquote>
In-folio de 12 ff. lim., 303 pages chiffr. et 1 page bl., sign. ✲ par 8, ✲ par 4, a-t par 8; car. rom.; init. sur bois à fonds criblés; sur le titre, dont le verso est blanc, est placée la grande marque du *Temps* (p. 104).

Les feuillets liminaires contiennent la dédicace : ❦ *Reverendissimo In Christo Patri,* ‖ *Ioanni à Meitʒehufen Archiepifcopo Treuerenfi, principi Electo=‖ri, &c. Ioannes Guinterius Andernacus S. D.* ‖, datée de Paris, le 11 des calendes de mai 1535, l'index, sur 2 colonnes, un avertissement : *Candido Lectori.* ‖ et l'errata. Les dix livres de Galien commencent aux pages 1, 35, 64, 93, 127, 156, 189, 226, 259 et 290; il n'y a pas de souscription.

Jean Gonthier avait déjà donné une traduction des 7 livres de Galien : *De compositione medicamentorum* κατὰ γένη, imprimée par Simon de Colines en 1530.

PARIS : *Bibl. Fac. de Médecine.* — BORDEAUX. — LE MANS. — LYON. — ROUEN. — LONDRES : *Brit. Mus.*
</blockquote>

❦ Theodori Gazæ ‖ Theffalonicenfis liber de Menfibus ‖ atticis, Ioanne Perrello interprete. ‖ Eiufdem interpretis de ratione Lunæ, & ‖ Epactarum fecundum Gazam, cum ta‖bula perfecti ambitus annorum inter=‖ calarium. ‖ *Parisiis* ‖ Apud *Simonem Colinævm.* ‖ 1535 ‖.

<blockquote>
In-8º de 12 ff. non chiffr. et 52 ff. chiffr., sign. + par 8, A par 4, B-G par 8, H par 4; car. ital.; annotat. margin.; init. sur bois à fonds criblés; sur le titre est placée la marque du *Temps* nº 2 (page 108).

Le verso du titre est blanc; les feuillets liminaires contiennent les pièces suivantes : la dédicace du traducteur, datée de Paris, nones de juin 1535 : ❦ *Reverendissi=‖mo Patri, ac Domino D. Pe=‖tro Palmerio Vienneñ. Ar=‖chiepifcopo & Allobrogum ‖ totiusq; Galliæ primati ma=‖ximo Ioãnes Perrellus S. D.* ‖; — *Clavdii A' Rvpeforti ‖ Equitis Lugdunẽfis & Arbiffii Domi=‖ni in libri interpretifq; cõmendationẽ.* ‖, en vers latins, et *In Io. Perrelli interpretationẽ è Clau=‖dio Roffelleti Pardiani quondã Domini,* ‖ *Poetæ Lugdunenfis Pofthuno.* ‖, 2 distiques latins; — *Index Rervm Nota=‖bilivm hoc libello contentarvm.* ‖; — *Iac. Gallartii Divi Ania=‖ni Decani in Æg. Bovrdinvm & Iac. Calve=‖tvm, fvos.* ‖, en vers latins; — *Nomina auctorum hic citatorum.* ‖; — ☙ *Er-*
</blockquote>

rata. ‖ Le traité *de mensibus atticis* occupe les 43 premiers feuillets chiffrés, le traité *de ratione lunæ*... les feuillets 44 à 49, et la *Tabula circuitus annorum* les feuillets 49 verso à 52, le volume est terminé par la souscription suivante :

Parisiis in ædibus Simonis Colinæi anno ‖ *à Christo nato quingente-*‖*simo trigesi-*‖*simoquarto* [sic] *supra millesimum, tertio* ‖ *nonas Iunias*. ‖

Première traduction latine du traité de Théodore Gaza, *de mensibus atticis*, dont le texte grec avait paru pour la première fois, à Venise, à la suite des quatre livres de la grammaire du même auteur, dans l'édition aldine de 1495 ; Jean Perrellus y a ajouté un traité sur le cours de la lune et les jours intercalaires, une table des années bisextiles et deux index ; notre édition a été copiée, dès l'année suivante, à Bâle.

PARIS : *Bibl. Nat.; Bibl. Mazarine; Bibl. Ste-Geneviève*. — ANGERS. — CHARTRES. — LE MANS. — RENNES. — SENS. — TROYES.

Hermoge=‖mis [sic] Rhetoris, ‖ ad artem oratoriam ‖ præexercitamēta, du=‖ctu & inuersione Pri=‖sciani, inter literaturæ ‖ candidatos principis. ‖ *Parisiis* ‖ In officina *Simonis Colinæi* ‖ 1535. ‖

In-8º de 15 ff. chiffr. et 1 f. bl., sign. a-b par 8 ; car. rom.; init. sur bois à fonds criblés ; le titre, dont le verso est blanc, est placé dans l'encadrement *aux Lapins* (page 48).

Le traité d'Hermogène, est précédé de la dédicace d'Hilaire Cortæsius à Olivier Aquarius et suivi des deux pièces de vers latins du même auteur, adressées l'une à François Grolier l'autre à ses élèves du collège Du Plessis, qui se trouvaient déjà dans l'édition de 1526 ; il n'y a pas de souscription.

Les *Præexercitamenta*, imités de Priscien, sont divisés en 12 chapitres : *de fabula, de narratione, de usu, de sententia, de refutatione quam Græci anasceuen vocant, de loco communi, de laude, de comparatione, de allocutione, de descriptione, de positione, de legislatione*.

Copie de l'édition de 1526.

CHARTRES. — TOURS.

Rime Toscane D'Amo-‖mo Per Madama ‖ Charlotta ‖ D'Hisca. ‖ Stampato In *Parigi* Per *Simo-*‖*ne Colineo* il giorno X di Nouembre. ‖ L'Anno M. D. XXXV. ‖

In-8º de 68 ff. non chiffr., sign. *a* par 4, *b-i* par 8 ; car. ital.

Le titre, dont le verso est blanc, est suivi d'un feuillet blanc, viennent ensuite une dédicace non datée : *Al Reverendissimo Car-*

di-‖*nale Del Loreno* ‖ *Amomo, S.* ‖ et un sonnet : ✥ *Gabriello Symeoni* ‖ *A I Lettori.* ‖; le reste du volume contient les poésies d'Amomo, il n'y a pas de souscription.

C'est le seul volume imprimé en italien par Simon de Colines; on cite une édition de Venise, 1538, in-8º.

Paris : *Bibl. Arsenal*. — Besançon.

(Raymond Jordan.) ✥ Contem=‖plationes Idiotæ. ‖ De amore diuino. ‖ De virgine Maria. ‖ De vera patientia. ‖ De continuo conflictu carnis & ‖ animæ. ‖ De innocentia perdita. ‖ De morte. ‖ *Parisiis* ‖ Apud *Simonem Colinæum.* ‖ 1535 ‖.

In-16 de 128 ff. chiffr., sign. a-q par 8; car. rom.; init. sur bois à fonds criblés.

Le verso du titre est blanc, le feuillet 2 contient la dédicace de Jacques Lefèvre d'Étaples; le reste du volume renferme les contemplations de Raymond Jordan, chacune d'elles est précédée de la table des chapitres qu'elle renferme; il n'y a pas de souscription.

Copie de l'édition donnée par Simon de Colines en 1530; un exemplaire en est cité au *Catalogue de la Bibliothèque du Roi*, sous la cote D. 5719.

Lyon.

✥ Ivnii Ivvenalis ‖ Aqvinatis Satyræ De‖cem Et Sex. ‖ Cum annotatiunculis in margine adiectis, ‖ quæ breuis commentarii vice ‖ eſſe poſſint. ‖ *Parisiis* ‖ Apud *Simonem Colinæum.* ‖ 1535 ‖.

In-8º de 64 ff. chiffr., sign. *a-h* par 8; car. ital.; annotat. margin.; init. sur bois à fonds criblés; sur le titre est placée la marque du *Temps* nº 2 (page 108).

La vie de Juvénal occupe le verso du titre, les commentaires placés en marge qui accompagnent le texte sont ceux de Cœlius Curio; le verso du dernier feuillet est blanc; il n'y a pas de souscription.

Copie de l'édition de 1528 réimprimée par Simon de Colines en 1542.

Paris : *Bibl. Nat.* — Besançon. — Dole.

Naturæ adverbiorum. *Parisiis*, apud *Simonem Colinæum*, 1535.

In-8º

Cité par Maittaire (II, p. 834) et par Panzer. Cette plaquette est sans doute la première édition du traité de Charles Estienne que Simon de Colines a réimprimé en 1538, 1542 et 1544 et qui fait partie d'une série de petits opuscules grammaticaux.

Avli Persii Flacci ǁ Satyræ Sex. ǁ Cum annotatiunculis in margine adiectis, ǁ quæ breuis commentarii vice ǁ effe poffint. ǁ *Parisiis* ǁ Apud *Simonem Colinæum,* ǁ 1535 ǁ.

In-8° de 12 ff. chiffr., sign. A par 8, B par 4; car. ital.; annotat. margin.; sur le titre est placée la marque du *Temps* n° 2 (page 108).

Le verso du titre contient la vie de Perse, les satyres occupent tout le volume et sont accompagnées des commentaires de Cœlius Curio placés dans les marges; il n'y a pas de souscription.

Les satyres de Perse, qu'on trouve ordinairement jointes à celles de Juvénal, avaient été imprimées par Simon de Colines en 1528 et ont été réimprimées en 1544.

BESANÇON. — DOLE. — MONTBRISON. — TOURS.

Ioannis Mar=ǁtini Poblatii ǁ in figurā dierum criti-corū ǁ ad dominum Francifcum ǁ Lupeū Rinconum amico=ǁrum intimū, breuis ac fa=ǁmiliaris explanatio. ǁ *Parisiis* ǁ Apud *Simonem Colinæum.* ǁ 1535. ǁ

In-8° de 8 ff. non chiffr., sign. A; car rom.; init. sur bois à fonds criblés, sur le titre est placée la marque du *Temps* n° 2 (page 108).

Le texte occupe tout le volume, il n'y a pas de souscription. Jean-Martin Poblacion, médecin de la reine Eléonore, qu'il avait accompagnée en France, est l'auteur d'un petit traité sur l'astrolabe, publié par Henri Ier Estienne, sans date, et de la traduction, en espagnol, de la *Table* de Cébès, imprimée par Simon de Colines en 1532.

PARIS : *Bibl. Ste-Geneviève.*

Principia elementorum, juvenibus maxime accomoda; quibus Naturæ verborum subnectuntur. *Parisiis*, apud *Simonem Colinæum,* 1535.

In-8°

Cette petite plaquette, qui ne doit avoir que 8 feuillets, est probablement de Charles Estienne comme les *Naturæ adverbiorum*, on la retrouvera aux années 1540 et 1541; notre édition est citée par Maittaire (II, p. 834) et, d'après lui, par Panzer.

C. Svetonii Tran=‖qvilli Dvodecim Cæ=‖sares, Ex Erasmi Re=‖cognitione. ‖ *Parisiis* ‖ Apud *Simonem Colinæum* ‖ 1535 ‖.

<small>2 parties in-8º : Première Partie : 215 ff. chiffr., 16 ff. non chiffr. et 1 f. bl. sign. a-z, &, A-E par 8; car. rom.; init. sur bois à fonds criblés; annotations marginales; sur le titre, dont le verso est blanc, est placée la marque *aux Lapins* (page 15).

Les vies des empereurs romains de Suétone sont précédées de la dédicace, datée d'Anvers, nones de juin 1517, adressée par Érasme aux ducs Frédéric et Georges de Saxe, elles sont terminées par les notes d'Érasme et la traduction latine des passages grecs par Egnatius. A la fin est la souscription suivante :

Emissvm Est Hoc C. Svetonii ‖ *Tranquilli, viri vel omnium calculis inter* ‖ *hiſtoriographos primates habendi,* ‖ *et memorię haudquaquam pœ=‖nitendæ duodecim Cæſa=‖rum monimētum,* ‖ *ex officina* ‖ *Simo=‖nis* ‖ *Colinæi* ‖ *Parrhiſienſis* ‖ *typographi, An=‖no M. D. XXXV.* ‖ *XVI die Iulij.* ‖

Deuxième Partie :</small>

Ioannis Baptistæ ‖ Egnatii Veneti, In C. ‖ Svetonivm Tranqvil=‖lvm Annotationes. ‖ Des. Eras. Rot. Loca Resti=‖tuta in Suetonio. ‖ Epitome Assis Budaici, Cv-‖ ius ope, loca nōnulla Suetonij perperam ‖ expoſita, & ſatis abſtruſa, intellectui ma=‖nifeſta patebunt. ‖

<small>24 ff. non chiffr., sign. a-c par 8; car. rom.; init. sur bois à fonds criblés.

Le verso du titre est blanc, le feuillet suivant contient l'avertissement d'Egnatius au lecteur, daté de 1517, les trois parties annoncées sur le titre occupent les autres feuillets et sont terminées par des tétrastiques latins sur les six empereurs romains.

Copie de l'éditon de 1527 réimprimée en 1543.

Alençon. — Amiens. — Chartres. — Chaumont. — Epinal. — Troyes. — Bruxelles. — Gand : *Bibl. Univ.* — Londres : *Brit. Mus.*</small>

Valerivs ‖ Maximvs. ‖ Addito Indice Perbrevi, Cev ‖ Ad Omneis Historias Asy=‖lo Tvtissimo. ‖ *Parisiis* ‖ Apud *Simonem Colinæum.* ‖ 1535 ‖.

<small>In-8º de 235 ff. chiffr. et 9 ff. non chiffr., sign. a-z, &, A-E par 8, F par 4, G par 8; car. rom.; init. sur bois à fonds criblés; sur le titre est placée la marque du *Temps* nº 2 (page 108).

Le verso du titre et les feuillets 2 et 3 contiennent la vie de Valère</small>

Maxime et la table des chapitres; le volume se termine par l'#~ *Index Copiosis=‖simvs, Facili Contextv Omnivm Nomina De Qvi=‖bus paſſim in hac hiſtoria agitur.* ‖, sur 2 colonnes; il n'y a pas de souscription.

Copie des trois éditions précédentes de 1527, 1531 et 1533, Simon de Colines en donna encore deux, de formats différents, en 1543.

Tours. — Londres : *Brit. Mus.*

Laurentii Vallæ de linguæ latinæ Elegantia libri sex, jam novissime de integro bona fide emaculati. Ejusdem de Reciprocatione Sui & Suus libellus apprime utilis. Unà cum Epitomis Iodoci Badii Ascensii, necnon Antonii Mancinelli lima suis quibusque capitibus adjunctis. Cum indice amplissimo. *Parisiis,* Apud *Simonem Colinæum,* 1535.

In-4º de 12 ff. non chiffr., 249 ff. chiff. et 1 f. bl., sign. A par 8, B par 4, a-z, aa-gg par 8, hh par 4, ii par 6; car. rom.; annotat. margin.; init. sur bois à fonds criblés; le titre est placé dans un encadrement formé de 4 pièces empruntées aux Heures de 1524-1525.

Les feuillets liminaires contiennent l'index, sur 2 colonnes, et la dédicace : #~ *Lavrentivs Valla Ioanni Tor‖tellio Aretino, cubiculario Apoſtolico, theologorum ‖ facundiſſimo S.* ‖, sans date, imprimée en caractères italiques; les 6 livres de Valla occupent les feuillets 1 à 234, chacun d'eux est précédé de son épitome, le traité *de reciprocatione* occupe les feuillets 235 à 248 recto et se termine par la souscription :

Hos De Lingva Latina Ele-‖gantiarum libros, præclara Vallæ monimenta, ſuis ‖ typis, ſummo niſu, veterumque exemplarium accu-‖rata collatione, excudebat Simon Colinæus anno à ‖ Christo nato 1535, Menſe Martio. ‖

Le verso du feuillet 248 et le feuillet 249 contiennent l'épilogue de Josse Bade sur le traité *de reciprocatione.*

Le seul exemplaire que nous ayons vu, celui de la bibliothèque d'Auch, est mutilé, il ne reste du titre que quelques fragments de l'encadrement et, des premiers feuillets liminaires, que la moitié supérieure.

Copie de l'édition de 1532 réimprimée en 1538, 1540 et 1544.

Auch.

M D XXXVI

16 avril 1536 — 31 mars 1537 n. s.

Alexan-‖dri Aphrodisiei ‖ Commentaria In ‖ duodecim Ariſtotelis libros de ‖ prima Philoſophia, interprete ‖ Ioāne Geneſio Sepulueda Cor‖dubenſi, ad Clementem VII. ‖ Pont. Max. ‖ Quibus acceſſerūt, primum index ‖ alphabeticus præcipua quæq; in ‖ commentarijs cōtenta comple=‖ctens : deinde ad marginē paſſim ‖ ſcholia breuiſſima, enarrationū ‖ ſummā paucis elucidantia. ‖ *Pa-risiis* ‖ Apud *Simonem Colinæum.* ‖ M.D.XXXVI. ‖

In-folio de 10 ff. non chiff., 402 pp. et 1 f. bl., sign. Aa par 10, a-z, A pas 8, B par 10; car. rom.; init. sur bois à fonds criblés; annotat. margin.; le titre est placé dans l'encadrement réservé aux ouvrages de philosophie (page 31).

Les feuillets liminaires contiennent, outre le titre dont le verso est blanc, une épître : ☙ *Illvstrissimo Ac Generosissimo* ‖ *Principi Ioanni Ab Lvxembvrgo* ‖ *Antonius Erlautæus Marolienſis S.* ‖, sans date, 2 pièces de vers latins du même auteur, la préface : ☙ *Ad Clementem Septimvm Pont.* ‖ *Max. Ioannis Genesii Sepvlvedæ Cor-*‖*dubienſis Præfatio in Alexandri Aphrodiſiei commentaria de* ‖ *prima philoſophia, ab ipſo e græco in latinum* ‖ *ſermonem conuerſa.* ‖, sans date, (toutes ces pièces imprimées en caractères italiques) et l'index alphabétique sur 3 colonnes. Les commentaires d'Alexandre Aphrodisée sur les livres d'Aristote, traduits par Jean Sépulveda et accompagnés de notes placées dans la marge, occupent tout le volume qui se termine par la souscription :

Pariſijs, ex officina chalcographia Ludouici Cyanei, ſumptibus ho-‖

neſtiſſimi viri Simonis Colinæi, Anno Domini ‖ *M. D. XXXVI, menſe Aprili.* ‖

La première édition de cette traduction avait paru à Rome en 1526, in-folio; les œuvres de Sépulveda ont été réunies par Fr. Cerda y Rico, en 4 volumes in-4° imprimés à Madrid en 1780.

On trouvera dans Maittaire, *Historia typographorum*, une lettre intéressante de Sépulveda à Simon de Colines.

PARIS : *Bibl. Maʒarine; Bibl. Ste-Geneviève.* — ALENÇON. — BESANÇON. — BORDEAUX. — CHARTRES. — DOUAI. — NANTES. — NIORT. — TOURS. — VERSAILLES.

L. Apvlei Ma=‖davrensis Philo-‖ſophi Platonici metamorphoſeos, ‖ ſiue de aſino aureo libri vndecim, ‖ cū præfatione, & argumentis Phi‖lippi Beroaldi in ſingulos libros, ‖ & authoris vita. ‖ His acceſſit in calce difficilium ‖ quorunque verborum interpre-‖tatio, quæ breuis commentarii ‖ vice eſſe poterit. ‖ *Parisiis* ‖ Ex officina *Simonis Colinæi.* ‖ 1536 ‖.

In-8° de 8 ff. non chiffr., 159 ff. chiffr. et 25 ff. non chiffr., sign. *a-ʒ*, & par 8; car. ital.

Le verso du titre est blanc, les autres feuillets liminaires contiennent : *Philippi Beroaldi* ‖ *In L. Apuleium ad Lectorem Præfatio.* ‖; — *Vita Lvcii Apvlei Svm-*‖*matim Relata.* ‖; — *Scriptoris intentio atq; conſilium.* ‖, et l'argument du 1ᵉʳ livre ; les 11 livres des métamorphoses occupent tous les feuillets chiffrés, chacun d'eux est précédé de son argument par Philippe Béroalde; les feuillets non chiffrés de la fin contiennent : *Annotationes Qvædam* ‖ *perbreves in gratiam Apuleianæ dictio=*‖*nis elegantiæ ſtudioſorū collectæ, quibus* ‖ *breuiter difficilia quæq; quæ alioqui re-*‖*morari poſſent lectorē auidū explicātur.* ‖; il n'y a pas de souscription.

Simon de Colines avait déjà donné une édition des métamorphoses d'Apulée en 1524.

PARIS : *Bibl. Nat.* — AVIGNON. — BESANÇON. — TROYES.

Compendiaria ‖ Ioannis Arborei Lavdv-‖nenſis in dialectica elementa introductio, ab ‖ aliquot erratulis repurgata, & locupletius ‖ adaucta. ‖ *Parisiis* ‖ Apud *Simonem Colinæum.* ‖ 1536 ‖.

In-8° de 8 ff. non chiffr., 71 ff. mal chiffr., l'avant dernier coté 90 et le dernier 84, et 1 f. non chiffr., sign. *a*, b-k par 8; car. rom.; init. sur

bois à fonds criblés; sur le titre est placée la marque du *Temps* n° 2 (page 108).

Le verso du titre est blanc, les feuillets liminaires contiennent la préface, imprimée en caractères italiques : ❦ *Ioannis Arborei Lavdv-‖ nenfis ad Adrianum Gemellium Archidiaco-‖num Laudunenfem, Theologum moribus & li-‖teris abfolutiffimum, de philofophiæ laudibus ‖ Oratio.* ‖ L'introduction aux éléments de dialectique de Jean Arboreus, divisée en 13 chapitres, se termine au verso de l'avant-dernier feuillet chiffré par la souscription suivante :

Parisiis Excvdebat Simon ‖ Colinæus Anno Domini ‖ M. D. XXXVI. Mense. ‖ Ianvario. ‖

Les deux derniers feuillets ne portent qu'un titre courant, le premier avec le folio 84 et le deuxième sans folio.

Copie des éditions de 1530 et de 1533; réimprimé par Simon de Colines en 1543.

BORDEAUX. — TOURS. — TROYES.

Totius Philofo-‖phiæ Natvralis Epi‖tome, feu Enchiridion, ex vniuerfis Phy‖ficis Ariftotelis nunc primū decerptum. ‖ Simone Brofferio authore. ‖ Cui accefferunt, ab ipfius authoris manu ‖ primo veniēti, quædam lucubrationes, quæ ‖ vice commentariorum in re alioquin varia ‖ & difficili, effe poterunt, per Hieronymum ‖ Rupeum Metinenfem æditæ. ‖

καιρός.
Τὸ ῥόδον ἀκμάζει βαιὸν χρόνον, ἢν δὲ προσέλθῃ,
Ζητῶν εὑρήσεις ὀυ ῥόδον ἀλλὰ βάτον.

Parisiis ‖ Ex Officina *Simonis Colinæi.* ‖ 1536 ‖.

In-8° de 96 ff. chiffr. et 12 ff. non chiffr., sign. a-n par 8, o par 4; car. ital.; annotat. margin.; init. sur bois à fonds criblés.

Le verso du titre contient deux pièces de vers latins : *Hieronymi Rvpei Meti‖nenfis, ad Lectorem ‖ Distichon.* ‖ (1 distique) et : *Eiufdem ad eundem.* ‖ (2 distiques); les feuillets 2 à 11 renferment la dédicace de Rupeus, sans date : ❦ *Dignissimo At=‖qve Apvd Parisios Non Mi‖nus æquo, quam vigilāti Propræ‖tori Domino Ioanni Mo=‖rino, Hieronymus Rupeus Me-‖tinenfis S. D.* ‖, suivie de six pièces de vers latins du même auteur à Jean Morin, du premier jour des calendes d'octobre, au même, à Jacques-Louis Strebæus, au même, à Jean du Ruel et à son oncle, la dédicace de Brossier : ❦ *Simonis Brosse=‖rii Ad Optimvm Svvm Pa-‖truelem, doctorem Theologum ‖ Andream Broff. Môtaurenfium=‖que Auguftinorum Præf. Vigil.* ‖ Procemium. ‖, datée de 1536, et l'épître : ❦ *In Vniuersam Tracta=‖tionem Phyficam Arifto-‖*

telis... *collecta ex Ioanne Grammatico,* ‖ *per Hieronymum Rupeum Metinenſem.* ‖ L'épitome, accompagné des commentaires de Jérôme Rupeus, occupe les feuillets 11 à 93 recto, il est suivi (feuillets 94 à 96) des pièces suivantes : *Qvæ Vtilitas Natvralis Fa*‖*cultatis ex Themiſtio Euphrada viro inter Pe*‖*ripateticos et grauiſſimo, et eloquentiſſimo.* ‖ — *Ex Ciceronis Libro Primo* ‖ *de fini. bo. & mal. vbi L. Torquatus ex do=*‖*gmatis Epicuri, non tamen ſecus ipſe ſen=*‖*tiens ac ille, ſic refert, ad Cice. & Triarium* ‖ *ſocium loquens.* ‖; — Ιαχώβου Βαχαλαυρέου τοῖς τῶν φυσιχῶν ‖ λόγων ἐφιεμένοις, ἐπίγραμμα. ‖ (trois distiques); — *Petrvs Cvrtivs Lvgdv-*‖*nenſis ad D. Hieronymum Rupeum Meti-*‖*nēſem, huius libelli interpretē, decaſtichon.* ‖ — *Eivsdem, De Eodem, Ad Stv*‖*dioſam iuuentutem, Phaleucium.* ‖ (12 vers latins); — *Eorvm Qvi Svis Qvæstio-*‖*narijs, barbarie, ac nugis, rempublicam li-*‖*terariam hactenus cõſpur-carunt,* ‖ *exilium : per Hierony.* ‖ *Rup. Metin.* ‖ (3 distiques latins); — Φραγητίσηου τοῦ Βιλλανοβανοῦ Ὀραϋx ‖ ἔπος. ‖ (2 vers); les feuillets non chiffrés contiennent l'index : ☞ *Omnivm Qvæ* ‖ *Notanda Videntvr In* ‖ *hoc Enchiridio, copioſus index,*... et un long errata, le dernier feuillet est blanc au verso; il n'y a pas de souscription.

On trouvera à l'année 1537 des commentaires sur la philosophie morale par le même Jérôme Rupeus.

Paris : *Bibl. Nat.; Bibl. Maȝarine* — Bourges. — Clermont-Ferrand. — Montpellier. — Troyes. — Londres : *Brit. Mus.*

☞ M. Tvllii Cicero=‖nis Rhetoricorvm Li=‖bri Qvatvor Ad Herennivm. ‖ Item M. Tullij Ciceronis de In=‖uentione libri duo. ‖ *Parisiis* ‖ Apud *Simonem Colinæum.* ‖ 1536 ‖.

In-8º de 156 ff. chiffr., sign. a-t par 8, v par 4; car. rom.; annotat. marg.; init. sur bois à fonds criblés; sur le titre est placée la marque du *Temps* nº 2 (page 108).

Le verso du titre est blanc, le volume ne contient aucune pièce liminaire, les quatre livres à Herennius occupent les feuillets 2 à 78, les deux livres *de Arte Rhetorica* ou *de Inventione* occupent les feuillets 79 à 156, le volume est terminé par cette souscription :
M. Tvllii Ciceronis Rhe=‖*toricorvm De In=*‖*ventione,* ‖ *Finis.* ‖ *Calendis Maii.* ‖ *M. D. XXXVI.* ‖

Ces deux traités de Cicéron, qui avaient été déjà imprimés par Simon de Colines en 1524 et 1529, ont été réimprimés encore deux fois en 1539 et en 1545.

Laval.

Paronomasia, Et Discri=‖minale lexicon, quadrifidis pre-cipue differen=‖tijs nominum ſubſtantiuorum, adiecti-uorum, ‖ verborum ſimplicium, & compoſitorū diſtin=‖

&um : cum homomeria & abundantia verbo=‖rum, authore Ioanne Demaretho Ambianate. ‖ *Parisiis* ‖ Apud *Simonem Colinæum.* ‖ 1536. ‖

In-8º de 4 ff. non chiffr. et 136 ff. chiffr., sign. aa par 4, a-r par 8; car. rom.; init. sur bois à fonds criblés; sur le titre est placée la marque du *Temps* nº 2 (page 108).

Le verso du titre et les 2 feuillets suivants contiennent : *Salomon Rex, Filio* ‖ *chariſſimo ſapientiam.* ‖ *(Eccleſiaſt. chap.* vi.*);* — *Io. Tornemolanvs Gvliel.* ‖ *Tornemolano Carmen.* ‖ (3 distiques latins); — *Eiuſdem ad inuidum.* ‖ (3 distiques); — *Io. Demarethvs Can=*‖*dido lectori ſalutem.* ‖, sans date, et la table; le 4º feuillet liminaire est blanc. Le corps de l'ouvrage occupe les feuillets 1 à 136 recto, le verso du dernier feuillet est blanc; il n'y a pas de souscription.

Le lexique de Jean Desmarets, d'Amiens, n'est pas disposé seulement d'après l'ordre alphabétique des mots; il y a d'abord les substantifs classés d'après leur analogie et leur ordre alphabétique, puis les substantifs ayant de l'analogie sans que leur première lettre soit la même, ensuite les adjectifs, avec les mêmes distinctions, et les rapports existant entre certains adjectifs et certains substantifs, enfin les verbes simples comparés entre eux puis avec les substantifs, et les verbes composés. On trouvera, à l'année 1543, un autre traité de grammaire composé par le même auteur.

PARIS : *Bibl. Nat.; Bibl. Mazarine.*

Contextvs Pri-‖mæ partis Deſpauterianæ gram‖matices, multis ad rem facienti=‖bus verſiculis, gloſſematum vi=‖ce, locupletatus. ‖ *Parisiis* ‖ Apud *Simonem Colinæum.* ‖ 1536. ‖

In-8º de 44 ff. chiffr., sign. *a-e* par 8, *f* par 4; car. rom. et ital.; init. sur bois à fonds criblés; annotat. margin.; sur le titre est placée la marque du *Temps* nº 2 (page 108).

Le verso du titre contient une préface, non signée, de Simon de Colines : *Studioſo Lectori.* ‖ datée de 1536, le corps de l'ouvrage occupe tous les feuillets chiffrés à la fin desquels se trouvent 4 distiques latins : *De bello & pace Octoſtichon.* ‖; il n'y a pas de souscription.

Dans la préface, Simon de Colines émet le vœu que les commentaires de ce volume ne seront pas moins utiles aux étudiants que ceux qui ont été placés à la suite de l'*Ars versificatoria* de Despautère par Mathurin Cordier. C'est en 1536 que l'on rencontre pour la première fois, dans les parties imprimées en caractères italiques, la syllabe *ce* écrite *œ*; cette tentative d'abréviation, qui rend la lecture du texte assez difficile, a été rapidement abandonnée.

PARIS : *Bibl. Nat.*

👉 Des. Eras. Rotero=‖dami De Dvplici Copia, Ver=‖ borū ac rerū cōmētarij duo : adiectis ad mar=‖ginē Chriſtophori Hegēdorphini ſcholijs. ‖ Eiuſdē de ratione ſtudij, deq; pueris inſtituēdis ‖ comentariolus, ad Petrū Viteriū Gallum. ‖ Item eiuſdem de laudibus literariæ ſocietatis, reipublicæ, ac Magiſtratuum vrbis Argenti=‖ næ, epiſtola plane Eraſmica, hoc eſt elegans, docta & mire candida. ‖ *Pvrisiis* [sic] ‖ Apud *Simonem Coli-næum.* ‖ 1536 ‖.

In-8º de 136 ff. chiffr. et 20 ff. non chiffr., sign. a-t par 8, u par 4; car. rom.; init. sur bois à fonds criblés; annotat. margin.; sur le titre est placée la marque du *Temps* nº 2 (page 108).

Le verso du titre et le feuillet 2 contiennent l'épître dédicatoire d'Erasme : *Des. Erasmvs Roteroda-‖mvs Coleto, Deca-‖no ſancti Pauli, apud Londinum S. D.* ‖ (3 des calendes de mai 1512); le second traité, daté de Bâle, calendes d'octobre 1514, occupe les feuillets 118 verso à 128; les autres feuillets chiffrés renferment une lettre de Jacques Wimphelingius à Erasme (Strabourg, 1er septembre 1514), une lettre d'Erasme au même (Bâle, le 11 des calendes d'octobre), des pièces de vers d'Erasme à Sébastien Brandt et à Jacques Sapidus, de Didymus à Erasme et d'Erasme à Didymus et la traduction des citations grecques, les feuillets non chiffrés contiennent l'index, les tables et une pièce de 10 vers latins : *Iacobvs Mycillvs Ad* ‖ *Lectorem.* ‖, le verso du dernier feuillet est blanc, il n'y a pas de souscription.

Simon de Colines avait déjà imprimé ces traités en 1522, 1528, 1530 et 1534, il les a réimprimés en 1539.

ABBEVILLE. — ANVERS : *Musée Plantin.*

Orontij Finei Del‖phinatis, Regii ‖ Mathematicarum ‖ profeſſoris, ‖ In Sex Priores Libros ‖ geometricorum elementorum ‖ Euclidis Megarenſis De=‖monſtrationes. ‖ Quibus ipſius Euclidis textus græcus ſuis lo-‖cis inſertus eſt : vnà cum interpretatione ‖ latina Bartholamæi Zamberti Ve-‖neti, ad fidem geometricā per ‖ eundem Orontium ‖ recognita. ‖ 🜍 ‖ Cvm Privilegio ‖ Regis ad decennium, ‖ *Parisiis.* ‖ Apud *Simonem Colinæum.* ‖ 1536. ‖ Vireſcit vulnere virtus. ‖

In-folio de 4 ff. non chiffr., 174 pp. et 1 f. bl., sign. 👉 par 4, a-o par 6, p par 4; car. rom.; init. sur bois à fonds criblés; le titre est placé

Orontij Finei Del
PHINATIS, REGII
Mathematicarum
professoris,
IN SEX PRIORES LIBROS
geometricorum elementorum
Euclidis Megarensis De-
monstrationes.

Quibus ipsius Euclidis textus græcus, suis locis insertus est: vnà cum interpretatione
latina Bartholamæi Zamberti Veneti, ad fidem geometricã per
eundem Orontium
recognita.

CVM PRIVILEGIO
Regis ad decennium,

PARISIIS.
Apud Simonem Colinæum.
1 5 3 6.

Virescit vulnere virtus.

dans un nouvel encadrement gravé sur bois, orné, comme celui dont nous donnons la reproduction à la page 90, de figures allégoriques, la géométrie, l'astronomie, l'arithmétique et la musique; six dauphins et, dans la partie supérieure, une fleur de lys couronnée, rappellent le lieu de la naissance d'Oronce Finé et son titre de professeur royal; cet encadrement, que nous reproduisons à la page précédente, n'a pas été utilisé pour d'autres volumes que ceux de Finé.

Le verso du titre est blanc, les 3 feuillets suivants contiennent la dédicace, datée de Paris, 1536 : ❧ *Chriſtianiſſimo ac potentiſs.* || *Galliarvm Regi, Francisco* || *huius nominis primo, Orontius Fineus, Delphinas, S. D.* ||, la préface : ❧ *Ad Candidvm Qvenqve, Ac* || *ſtudioſum Lectorem.* ||, Paris, 1536, un distique latin : *Ad inuidum ex Martiali* || *diſtichon.* ||, l'index et le privilège, en français, accordé à Oronce Finé le 5 septembre 1536. Le corps de l'ouvrage occupe toutes les pages chiffrées, il comprend les définitions, les problèmes et les théorèmes posés par Euclide, dans le texte grec, avec la traduction latine de Barthélemy Zamberti, et les démonstrations de Finé, en latin seulement, les six livres commencent aux pages 1, 43, 58, 91, 107 et 135; au bas de la page 174, à la suite du texte, on trouve encore la devise de l'auteur : *Vireſcit vulnere virtus.* ||, l'errata et le registre.

La dédicace à François Ier est ornée d'une belle lettre initiale, D, à fond criblé, portant les armoiries écartelées de France et de Dauphiné et le nom *Orontivs*. Ce volume a été réimprimé par Simon de Colines en 1544.

PARIS : *Bibl. Nat.* (peau de vélin); *Bibl. Maʒarine*; *Bibl. Université*; *Bibl. du dépôt des Cartes de la Marine.* — ABBEVILLE. — AMIENS. — DIJON. — LE HAVRE. — LYON. — RODEZ. — TROYES. — LONDRES : *Brit. Mus.*

Inſtitutionum || Anatomicarum ſecundū Galeni ſen||tentiam ad candidatos Medicinæ, || libri quatuor per Ioānem, Guinte-||rium Andernacum Medicum. || *Parisiis* || Apud *Simonem Colinæum.* || 1536 ||.

In-8° de 7 ff. non chiffr., 1 f. bl. et 136 pp. chiffr., sign. A-I par 8, K par 4; car. ital; annotat. margin.; sur le titre est placée la marque du *Temps* n° 2 (page 108).

Les feuillets liminaires contiennent, outre le titre dont le verso est blanc, la préface : *Ad Clariſſimum* || *virum Dominum D. Nicolaum Que=*||*lam in regia præſidem, Ioannis Guin*||*terii Andernaei Medici in Anatomicas* || *inſtitutiones Præfatio.* ||, sans date; les quatre livres des institutions anatomiques de Galien, rédigés pour les étudiants en médecine par Jean Gonthier, occupent tout le volume, il n'y a pas de souscription.

PARIS : *Bibl. Nat.* — BOULOGNE-SUR-MER. — NANCY.

Claudij Galeni Pergameni opera di-‖versa Iam Primvm In Lvcem Ædita, ‖ Ioanne Guinterio Andernaco Medico Interprete, quorum catalogum verſa pagella in-‖ uenias. ‖ *Parisiis* ‖ Ex officina *Simonis Colinæi*. ‖ 1536 ‖.

> In-folio de 6 ff. non chiffr. et 172 pp. chiffr., sign. A par 6, a-k par 8, l par 6; car. rom.; annotat. margin.; init sur bois à fonds criblés; sur le titre est placée la grande marque du *Temps* (page 104).
>
> La liste des traités contenus dans le volume occupe le verso du titre, les 5 feuillets suivants contiennent la dédicace : *Clariſſimo, nobiliſſimoq;. viro, domino* ‖ *D. Nicolao Ab Hvy, Domino Apvd Vnderich Il=*‖*luſtriſſimi Lotaringiæ Principis Conſiliario, Ioannes Guinterius Andernacus Medicus S.* ‖, datée de Paris, décembre 1536, l'index, imprimé sur deux colonnes, un avertissement *Lectori.* ‖, et l'errata, le 6ᵉ feuillet est blanc. Le corps du volume contient les traités suivants : *De tremore, palpitatione, convulsione et rigore; de prænoscendo; de circuitibus; de typis commentarius; de præstantissima medicorum secta, ad Thrasybulum; de vulvæ confectione; de formatione fœtus; de medendi ratione per venæ sectionem; de sanguinis missione, ad Erasistratum; de hirudinibus, revulsione, cucurbitula et sacrificatione; an sanguis in arteriis secundum naturam contineatur; de purgantium medicamentorum facultate; quos purgare et qualibus in id efficacibus medicamentis, et quando oporteat; de venæ sectione, adversus Erasistrateos Romæ œgentes, liber Iosepho Tectandro, cracoviensi, interprete*, il n'y a pas de souscription.
>
> Simon de Colines avait déjà réuni en un volume, imprimé en 1534, une série de petits traités de Galien, on trouvera un autre recueil du même genre en 1546.

AJACCIO. — ANGERS. — BOURGES. — NANTES.

Nomologia, qua ‖ Eloqvendi Ac Dis‖ſerendi ratio ad uſum forenſem, civiliumque cau‖ſarum procurationem, pergrata ſtudiorum omni‖um utilitate, accomodatur. ‖ Avtore Iacobo Ompha-‖lio Ivreconsvlto. ‖ *Parisiis* ‖ Apud *Simonem Colinæum*. ‖ 1536 ‖.

> In-8º de 8 ff. non chiffr. et 128 ff. chiffr., sign. A, *a-q* par 8; car. ital.; init. sur bois à fonds criblés; sur le titre est placée la marque du *Temps* nº 2 (page 108).
>
> Les feuillets liminaires contiennent la dédicace : ☙ *Illvstrissimo Et* ‖ *Amplissimo Viro D. Ioan-*‖*ni Ab Angeſto, Præfuli & Comiti No*‖*uiodunenſi, Patritioque Franciæ,* ‖ *Iacobvs Omphalivs S. P. D.* ‖, datée

de Paris, calendes d'octobre 1536, l'❦ *Index Rervm* ‖ *Præcipvarvm*... imprimé sur 2 colonnes et l'*Errata*. ‖; les feuillets 1 à 121 contiennent le traité de Jacques Omphale, le feuillet 16 recto porte une figure schématique représentant les propriétés de toutes les vertus oratoires d'après Cicéron; le volume est terminé par : ❦ *Dialogvs Qvi* ‖ *Fatvm Inscribitvr.* ‖ *A. T. I. C. I. O.* ‖; le verso du dernier feuillet est blanc, il n'y a pas de souscription.

On trouvera, en 1537, un autre traité d'Omphale sur l'art de parler.

PARIS : *Bibl. Nat.* — ALENÇON. — AMIENS. — BESANÇON. — BORDEAUX. — SAINT-MALO. — VIENNE.

❦ P. Ovidii ❧ ‖ Nasonis Amatoria. ‖ Heroidum epiſtolæ. ‖ Auli Sabini, ut creditur, Epiſtolæ tres. ‖ Elegiarum libri tres. ‖ De arte amandi, libri tres. ‖ De remedio amoris, libri tres. ‖ In Ibin. ‖ Ad Liuiam, de morte Druſi. ‖ De Nuce. ‖ De medicamine faciei. ‖ Recens Accessere ‖ Fragmenta quædam ex Epigramma-‖tis Nasonis. ‖ Carmen ad Piſonem incerti authoris, elegantia ‖ tamen & eruditione iuxtà nobile. ‖ *Parisiis* ‖ Apud *Simonem Colinæum.* ‖ 1536 ‖.

In-8° de 200 ff. chiffr., sign. A-Z, AA-BB par 8; car. ital.

Le verso du titre est blanc, les parties annoncées sur le titre commencent respectivement aux feuillets 2, 68, 74, 116 verso, 154 verso, 168, 179, 187, 190, 194 verso et 196, il y a en outre quelques pièces qui se trouvaient déjà dans l'édition de 1529; le verso du dernier feuillet est blanc, il n'y a pas de souscription.

FLORENCE : *Bibl. Nat.*

❦ P. Ovidii ❧ ‖ Nasonis ‖ Fastorvm Lib. VI. ‖ Tristivm Lib. V. ‖ De Ponto Lib. IIII. ‖ *Parisiis* ‖ Apud *Simonem Colinæum.* ‖ 1536 ‖.

In-8° de 199 ff. chiffr. et 1 f. bl., sign. *aa-ʒʒ, &&,* Aa par 8; car. ital.

Le verso du titre est blanc, les trois poèmes d'Ovide annoncés sur le titre ne sont accompagnés d'aucune pièce, ils commencent aux feuillets 2, 83 verso et 144; le verso du dernier feuillet est blanc, il n'y a pas de souscription.

Ce volume et le précédent sont copiés sur l'édition de 1529; le volume des *Métamorphoses* qui les complète porte la date de 1537.

CHAUMONT.

Oratio Ioachimi ‖ Perronii Benedi=‖ctini Cormœriaceni de laudibus ‖ Dionyfii Briconeti Epifcopi Ma-‖clouiēfis, qui his paucis diebus ex=‖ceffit è vita. ‖ *Parisiis* ‖ Apud *Simonem Colinæum.* ‖ 1536 ‖.

In-8º de 16 ff. non chiffr., sign. a-b par 8; car. rom.; init. sur bois à fonds criblés; sur le titre est placée la marque du *Temps* nº 2 (page 108).

Le verso du titre contient la dédicace datée de Paris, collège Montaigu, le 12 des calendes d'avril 1536 : ✥ *Reverendo In Christo Pa‖tri Et Domino D. Francisco Bohe‖ro, Maclouienfi Epifcopo &c. Ioachimus Perronius ‖ Benedictinus Cormœriacenus. S. P. D.* ‖ Le panégyrique de Denys Briçonnet occupe le reste du volume; il n'y a pas de souscription.

SENS.

✥ Epitome ‖ Fabii Qvinti=‖liani nuper fummo & ingenio ‖ & diligentia collecta, qua pof=‖fit ftudiofa iuuentus, quicquid ‖ eft Rhetoricæ inftitutionis apud ‖ ipfum authorem, breuiore com=‖pendio & multo facilius adfequi ‖ Authore Iona Philologo. ‖ *Parisiis* ‖ Apud *Simonem Colinæum.* ‖ 1536 ‖.

In-8º de 8 ff. non chiffr., 67 ff. chiffr. et 1 f. bl., sign. a-i par 8, k par 4; car. rom.; annotat. margin.; init. sur bois à fonds criblés; le titre est placé dans l'encadrement *aux Lapins* (page 48).

Les feuillets liminaires contiennent le titre, blanc au verso, la dédicace: *Ingenvo Ac Ivris Civi=‖lis prudentia ornatiffimo Siberto à Louuē=‖borch Iona Philologus S.* ‖, sans date, et l'index, sur 2 colonnes; l'abrégé de la rhétorique de Quintilien est terminé par un avis *Candido Lectori S.* ‖; il n'y a pas de souscription.

Copie des éditions de 1531 et 1534, l'épitome de Quintilien a été réimprimé par Simon de Colines en 1539 et 1542.

LAVAL.

De Natura ftir-‖pivm Libri Tres, ‖ Ioanne Ruellio authore. ‖ Cum priuilegio ‖ Regis. ‖ *Parisiis* ‖ Ex officina *Simonis Colinæi.* ‖ 1536 ‖.

In-folio de 6 ff. non chiffr., 884 pp. chiffr. et 62 ff. non chiffr., sign. A par 6, a-y par 8, z par 10, aa-zz, aaa-iii, A-G par 8, H par 6; car. rom.; init. sur bois à fonds criblés; le titre est dans un grand encadre-

ment gravé sur bois, exécuté spécialement pour ce volume, le temps avec sa faux, placé dans la partie inférieure, rappelle la marque de Colines; nous en donnons la reproduction.

Les feuillets liminaires contiennent, outre le titre dont le verso est blanc, la dédicace de l'auteur, Jean Ruellius ou du Ruel, datée de Paris, le 4 des ides de juin 1536, et imprimée en caractères italiques : ⁂ *Chriſ-tianiſſimo Galliarum Regi* || *Francisco, Hvivs Nominis Primo, Ioannes* || *Ruellius S. D.* ||, et l'index, sur 2 colonnes : ⁂ *Trivm De Natvra Stirpivm Libro=*||*rum, capitū index...* Le corps du volume contient les trois livres commençant aux pages 1, 373 et 625; les feuillets non chiffrés de la fin sont occupés par un avertissement *Lectori.* || et un *Index copioſiſſimus in Ioannis Ruel-*||*lii De Natvra Stirpivm Libros Tres,* || *Vnivscvivsqve Herbæ, Plantæ, Avt Frvticis Natvram Ac Vi=*||*res medicas cōplectens, cum alijs vel ſcitu dignis, vel iucundis...*, imprimé sur 2 colonnes, et l'errata; il n'y a pas de souscription.

L'exécution de ce volume est de tout point parfaite, comme celle du traité de médecine vétérinaire, du même auteur, imprimé par Simon de Colines en 1530; cet ouvrage a été souvent réimprimé.

PARIS: *Bibl. Nat.* (peau de vélin); *Bibl. Ste-Geneviève; Bibl. Arsenal; Bibl. Fac. de Médecine; Bibl. Cour de Cassation; Bibl. école Polytechnique.* — AJACCIO. — AMIENS. — ANGERS. — CAEN. — DIJON. — DOLE. — LE MANS. — LIMOGES. — MARSEILLE. — NIMES. — ORLÉANS. — REIMS. — TROYES. — BRUXELLES.

C. Crispi Salvstii || Historiographi || Clarissimi || L. Sergij Catilinæ contra Romanum Se-||natū coniuratio, feu bellū Catilinariū. || Item Bellum Iugurthinum. || Quibus corollarij vice acceſſerūt, quæ || proxima pagella continentur. || *Parisiis.* || Apud *Simonem Colinæum.* || M. D. XXXVI. ||

In-8º de 8 ff. non chiffr., 283 pp. chiffr., 1 p. et 26 ff. non chiffr., sign. ✱, a-x par 8; car. rom.; annotat. margin.; sur le titre est placée la marque du *Temps* nº 2 (page 108).

Le verso du titre contient la table, les autres feuillets liminaires renferment les pièces suivantes : *Ex Libris Petri Cri=*||*niti De Historicis* || *ac oratoribus latinis, Sa=*||*luſtij vita.* ||; — *Iacobi Bononiensis In* || *Catilinam Salvstii* || *Annotativncvlæ.* ||; — *In Ivgvrtham Sa=*||*lvstii* ||; — *Rvrsvs Alia Salvst. Vi=*||*ta, Incerto Avthore.* ||; — *Fragmemtvm Orationis* || *Ciceronis Pro M. Cælio,* || *in quo mores Catilinæ tan=*||*quam penicillo expri=*||*muntur.* || Le volume contient, outre la Conjuration de Catilina (pp. 1 à 50) et la Guerre contre Jugurtha (pp. 50 à 148), le discours de Salluste à Cicéron et la réponse de Cicéron (pp. 148 à 159, mal cotée 160), les trois Catilinaires de Cicéron (pp. 160 à 216), le discours de Porcius Latro contre Catilina (pp. 217 à 245) et les fragments qui subsistent de la *Grande Histoire* de Salluste (pp. 246 à 283); la page et les feuillets non chiffrés de la fin contiennent : *C. Crispi Salvstii* ‖ *Flores, Selecti Per* ‖ *Hvlderichvm Hvt=*‖*tenvm Eqvitem.* ‖, imprimé sur 2 colonnes; le verso du dernier feuillet est blanc, il n'y a pas de souscription.

Simon de Colines avait déjà donné deux éditions de Salluste en 1523 et en 1530, il en donna une quatrième en 1543 et, en 1537, une traduction française du discours de Salluste contre Cicéron avec la réponse de Cicéron, par Pierre Saliat.

PARIS : *Bibl. Ste-Geneviève.* — AUTUN. — TOURS. — LONDRES : *Brit. Mus.*

Dictionarivm ‖ Ciceronianvm Avthore ‖ Huberto Suffanæo Sueffionenfi, ubi uno in ‖ confpectu pofitæ definitiones plurimæ, & ‖ uocabulorum multorum interpretationes ui-‖debuntur. ‖ Epigrammatum eiufdem libellus. ‖ *Parisiis* ‖ Apud *Simonem Colinæum.* ‖ 1536 ‖.

In-8º de 4 ff. non chiffr. et 80 ff. chiffr., sign. a par 4, b-l par 8, car. rom.; init. sur bois à fonds criblés; sur le titre est placée la marque du *Temps* nº 2 (page 108).

Le verso du titre contient 2 pièces de vers latins : *Ad Virginem Mariam,* ‖ *ut editionem profperet.* ‖ (3 distiques); — *Ad Francifcum Turnonium Cardinalem am-*‖*pliffimum, Enimondus Dauioletus Gratio-*‖*nopolitanus.* ‖ (3 distiques); les autres feuillets liminaires renferment deux épîtres : Reverendiss. In ‖ *Christo Patri Philippo* ‖ *Coffeio Epifcopo Conftantienfi Hubertus* ‖ *Suffanæus Sueffionenfis felicitatem.* ‖ et Ioanni Rvellio, Doctori ‖ *Theologo, & collegij Remenfis gymnafiar-*‖*chæ Hubertus Suffanæus Sueffionenfis falu*‖*tem afcribit.* ‖ Le dictionnaire occupe les feuillets 1 à 67, le feuillet 68 (mal coté) contient trois pièces de vers latins : *Ad Hvmaniffimvm Et* ‖ *Doctiffimvm Fratrem,* ‖ *Ludouicum Heriffæum, collegij* ‖ *Michaëli Gymnafiarcham* ‖ *apud Bituriges, Guliermus* ‖ *Heriffæus Capelleta=*‖*nus.*‖; — *Enimondvs Davioletvs* ‖ *Grationopolitanus Reuerend. domino,* ‖ *D. Laurentio Alemando, Epifcopo* ‖ *Grationopolitano.* ‖; — *Ad Librvm Anthonii* ‖ *Frachetij Epigramma.* ‖; le reste du volume contient le livre d'épigrammes de Sussaneau.

PARIS : *Bibl. Nat.* — BESANÇON. — BORDEAUX. — LA ROCHELLE. — SENS. — VERSAILLES. — LONDRES : *Brit. Mus.*

Georgii ‖ Trapezontii ‖ dialectica, hec continens ‖ De enunciatione. ‖ De prædicabilibus. ‖ De prædicamentis. ‖ De fyllogifmo categorico, & hypo‖thetico. ‖ De enthymemate || De diffinitione ac diuifione. || De thefi. || Et Hæc Omnia Vtili=||ter, eleganterqɜ, & modo quidem || perbreui ac introductorio. || *Parisiis.* || Apud *Simonem Colinæum.* || 1536 ||.

In-8º de 32 ff. chiffr., sign. A-D par 8; car. rom.; annotat. margin.; init. sur bois à fonds criblés; le titre est placé dans l'encadrement *aux Lapins* (page 48).

La dialectique est précédée de la dédicace de l'éditeur : *Iacobvs Faber Fortv=||nato Svo S.* ||, datée de Paris, 1508, elle est terminée par cette souscription :

Parisijs in officina Simonis Colinæi, III Noñ. || *Februarij, Anno à natali Christi* || *faluatoris M. D. XXXVI.* || (1537, n. s.)

Le verso du titre et celui du dernier feuillet sont blancs.

La dialectique de Georges de Trébizonde avait été déjà imprimée par Simon de Colines en 1528, 1532 et 1534, elle a été réimprimée par lui en 1539 et 1544.

ANGERS. — BESANÇON. — LE HAVRE.

Laurētii Vallæ e||legantiarvm Adeps, || Ex Eivs De Lingva Latina || libris per Bonum Accurfium Pifanum ftu=|| diofiffime collectus, & denuo recognitus. || *Parisiis* || Apud *Simonem Colinæum.* || 1536. ||

In-8º de 69 ff. chiffr. et 7 ff. non chiffr., sign. a-i par 8, k par 4; car. rom; init. sur bois à fonds criblés; annotat. margin.

Le verso du titre est blanc, le feuillet suivant contient au recto l'avertissement de l'éditeur au lecteur et au verso la dédicace : *Bonvs Accvrsivs Pisa=||nvs Magnifico Eqviti Av=||rato, ac primo ducali fecreta=||rio fapientiff. Ciccho Si=||monetæ S.* ||, sans date; la première partie occupe les feuillets 3 à 35, la seconde, les feuillets 36 à la fin; les feuillets non chiffrés contiennent l'index sur deux colonnes; il n'y a pas de souscription.

Copie des éditions de 1528, 1530 et 1533.

CHARTRES.

M D XXXVII

1ᵉʳ AVRIL 1537 — 20 AVRIL 1538 N. S.

Scholia Ioannis ‖ Arborei Lavdv-‖nensis In Porphyrivm de quinque vocibus, ‖ ex Ariſtotele, Boëtio, Ammonio, Iacobo Fa-‖bro, & alijs eruditis authoribus collecta, ab ‖ aliquot nuper repurgata mendis, & opu-‖ lentiſſimè locupletata. ‖ *Parisiis* ‖ Apud *Simonem Colinæum.* ‖ 1537 ‖.

In-8º de 96 ff. chiffr., sign. a-m par 8; car. rom.; initiales sur bois à fonds criblés; sur le titre est placée la marque du *Temps* nº 2 (page 108).

Le verso du titre et le feuillet 2 contiennent la dédicace : *Doctissimo Viro Sa=‖criœ eloquij cultori diligētiſſimo, Hen=‖rico Senaulio, Decano Roſetenſi, Ioānes* ‖ *Arboreus Salutem dicit.* ‖ (sans date). A la fin du volume sont placées les trois pièces de vers grecs et latins de Louis Le Roy qui se trouvaient déjà dans l'édition de 1533, et la souscription :

Parisiis Excvdebat Si=‖mon Colinævs, Anno Domini MD‖ XXXVII. Mense Decembri. ‖

Simon de Colines avait donné une première édition des scholies de Jean Arboreus en 1528, et les avait réimprimées avec de nombreuses augmentations en 1533, c'est sur cette dernière édition que la nôtre a été copiée; il y en a une quatrième en 1543. Les auteurs dont les noms ne sont pas mentionnés sur le titre sont Rodolphe Agricola et Josse Clichtove.

TROYES.

Commentarij Ioannis Arborei ‖ Lavdvnensis, Doctoris Theologi, ‖ in Ecclefiaften, ad illuftriffimū Principem Henricvm, Gal=‖liæ Delphinatem. ‖ ❧ Eivsdem Commentarii In Canti=‖cum Canticorum, ad nobiliffimum, ac reuerendiffimum Cardina=‖lem Ludouicum Borbonium. ‖ *Parisiis* ‖ Ex officina *Simonis Colinæi*. ‖ 1537. ‖

> In-folio de 93 ff. chiffr. et 1 f. bl., sign. *a-p* par 6, *q* par 4; car. ital.; init. sur bois à fonds criblés; annotat. margin.; sur le titre est placée la grande marque du *Temps* (page 104).
> Le verso du titre est blanc, les commentaires de Jean Arboreus sur l'Ecclésiaste et sur le Cantique des cantiques sont précédés de la dédicace : *Generofiffimo Principi Henrico*, ‖ *Galliæ Delphinati, Ioannes Arbo=‖reus, doctor Theologus Parifienfis, perpetuam felicitatem exoptat.* ‖, sans date, le volume est terminé au recto du dernier feuillet, dont le verso est blanc, par la souscription suivante :
> *Commentariorvm In Ecclesiasten* ‖ *Et In Canticvm Canticorvm, Ioannis* ‖ *Arborei Laudunenfis, Doctoris Theologi, finis. Parifiis* ‖ *ex officina Simonis Colinæi. Anno a Chri=‖fto nato, Millefimo Quingen=‖tefimo Tricefimo* ‖ *feptimo.* ‖ *Menfe Nouembri.* ‖
> Arboreus a écrit aussi des commentaires sur les Proverbes de Salomon, imprimés en 1549 chez Jean de Roigny, à Paris.

PARIS : *Bibl. Nat.; Bibl. Mazarine.* — AMIENS. — DOLE. — TOURS.

❧ Logica Aristo‖telis Ex Tertia ‖ Recognitione. ‖ Libri Logicorum ad archetypos recogniti, ‖ cum nouis ad literam commentarijs : ad felices ‖ primum Parifiorum & communiter aliorum ‖ ftudiorum [*sic*] fucceffus, in lucem prodeāt, ferant=‖que literis opem. Nunc ergo ô iuuenes ex Ari‖ftotelico opere ceu ex proprio fonte puriffimas ‖ haurite, delibatéq; aquas : peregrinas autem ‖ tāquam viles lacunas infalubréfq; Trinacriæ ‖ lacus, deuitate. Omne enim malum ftudijs in=‖feminatum ferè eft : quod authorum literis di=‖miffis, ipfisque authoribus : ad vana gloffemata ‖ fefe totos cōtulere. Et eos qui non effent autho=‖res (ac fi apes fucos fequerētur) pro ducibus & ‖ delegerunt & fecuti funt. Sed nunc melius ftu=‖diorum confulite rebus. Si autem dialecticam ‖ artem cum modeftia fufcipitis : confequens

eſt, ‖ vt bonæ diſciplinæ redeant omnes. Bonas au=‖tem
diſciplinas morum probitas & vitæ decor ‖ concomitatur omnis, omniſque virtus. quod ‖ ſūmopere ſtudijs
& optamus, & imprecamur. ‖ *Parisiis* ‖ Ex officina
Simonis Colinæi. ‖ 1537. ‖

In-folio de 271 ff. chiffr. et 1 f. bl., sign. a-z, A-L par 8; car. rom.;
init. sur bois à fonds criblés; la première lettre ornée, Q, plus grande
que les autres, représente un philosophe; figures dans le texte et
dans les marges; le titre est placé dans l'encadrement des ouvrages
philosophiques (page 31).

Copie des éditions de 1520 et 1531, elle contient la même préface de
Jacques Lefèvre d'Etaples; les divisions du volume sont les mêmes; à
la fin se trouve la souscription suivante :

☙ *Secvndi Elenchorvm Sophisticorvm ‖ Ariſtotelis : & totius logices
(quam & obſcurum nuncupauit orga-‖num) Finis. Pariſiis ex officina
libraria Simonis Colinæi. An-‖no Christi ſaluatoris omnium M. D.
XXXVII. ‖ Menſe Octobri.* ‖

Réimprimé en 1543.

PARIS : *Bibl. Nat.* — BORDEAUX. — CARCASSONNE. — VERSAILLES.

☙ Moralis Iacobi ‖ Fabri Stapvlensis ‖ in Ethicen introductio, Iudoci Clich-‖touei Neoportuenſis familiari
com-‖mentario elucidata. ‖ *Parisiis* ‖ In ædibus *Simonis Colinæi.* ‖ 1537 ‖.

In folio de 54 ff. chiffr. et 2 ff. non chiffr., sign. *a*-g par 8; car. rom.;
init. sur bois à fonds criblés; annotat. margin.; le titre est placé dans
l'encadrement réservé aux ouvrages de philosophie (page 31) et porte
aussi la marque du *Temps* n° 2 (page 108).

Le texte est précédé de l'épître dédicatoire : *Ivdocvs Clichtovevs
Neoportvensis ‖ Petro Briconeto magnifico equiti aurato...* et de la préface : *In ſuam introductionem Iacobi ‖ Fabri Stapvlensis, Præfatio.* ‖,
il se termine, au feuillet 54, par la souscription :

*Has Pervtiles In Ethicen Introdvctiones ‖ Qvanta Potuit Cvm Arte
Tvm Diligentia ‖ excuſſit Simon Colinæus in florenti Pariſiorum Academia. ‖ Anno à Christo nato 1537. ‖ menſe Maio.* ‖

Le feuillet 54 verso et les deux feuillets non chiffrés contiennent la
pièce de vers de Baptiste Mantuan *Virtutis Querimonia*, et l'index.

Copie des éditions de 1528 et de 1532; réimprimé encore une fois
par Simon de Colines en 1545.

PARIS : *Bibl. Nat.* — CAMBRAI. — LIMOGES. — LONDRES : *Brit. Mus.* — M.
Vander Haegen cite aussi : FRIBOURG-EN-BRISGAU : *Bibl. Univ.* — LA HAYE.

(BIBLE IN-SEIZE.) ꙮ Libri Pro=‖phetarvm. ‖

❡ Efaias.	Abdias.
Hieremias.	Ionas.
Baruch.	Micheas.
Ezechiel.	Naum.
Daniel.	Abacuc.
	Sophonias.
❡ Ofee.	Aggæus.
Ioel.	Zacharias.
Amos.	Malachias.

Parisiis ‖ Ex officina *Simonis Colinæi*. ‖ 1537 ‖.

> In-16 de 415 ff. chiffr. et 1 f. bl., sign. a-z, &, aa-zz, &&, aaa-ddd par 8; car. rom.
> Le verso du titre est blanc, les différents prophètes commencent aux feuillets 2, 87 verso, 198, 211, 301 verso, 339, 351 verso, 365, 369 verso, 373, 380 verso, 384, 388, 392, 396 et 411 verso; il n'y a pas de souscription.
> Copie des éditions de 1526 et 1531.

LONDRES : Brit. Mus.

(BIBLE IN-SEIZE.) ꙮ Machabæ=‖orvm Libri Dvo. ‖ *Parisiis.* ‖ Apud *Simonem Colinæum.* ‖ 1537 ‖.

> In-16 de 96 ff. chiffr., sign. Aa-Mm par 8; car. rom.; init. sur bois à fonds criblés.
> Les livres des Machabées se terminent par la souscription suivante, placée au recto du dernier feuillet dont le verso est blanc :
> *Excvdebat Simon Coli=‖nævs, Parisiis, An=‖no M. D. XXXVII. Mense A=‖prili.* ‖
> Copie des éditions de 1526 et de 1531.

PARIS : Bibl. Nat. — LONDRES : Brit. Mus.

Dialectica Ioan-‖nis Cæsarii, No=‖uiffimè iam ab ipfo autore dili=‖gēter recognita, & acceffione lo=‖cupletata, capitibufq; diftincta, ‖ miro compēdio omnia ferè eius ‖ artis præcepta complectens. ‖ *Parisiis* ‖ Apud *Simonem Colinæum.* ‖ 1537. ‖

> In-8° de 135 ff. chiffr. et 1 f. bl., sign. a-r par 8; car. rom.; init. sur

bois à fonds criblés; sur le titre est placée la marque du *Temps* n° 2 (page 108).

Le verso du titre est blanc, les feuillets 2 et 3 contiennent la dédicace, datée de Cologne, ides de juin 1532 : ☙ *Viro Magnani=*‖*mo Ivxtaqve Egregie* ‖ *Docto Vvilhelmo Riffen=*‖*ſtein, Quæſtori & Côſiliario generoſi & il=*‖*luſtris comitis à Stolberga & Vuernigero=*‖*da, amico ſuo optimo & patrono plurimû* ‖ *obſeruando, Ioannes Cæſarius S. D.* ‖, et les feuillets 4, 5 et 6, la *Præfatio operis;* le corps de l'ouvrage, divisé en 10 chapitres et terminé par une *peroratio*, occupe le reste du volume; au verso du feuillet 135 est la souscription :

Parisiis, In Officina Simonis ‖ *Colinæi, anno ſupra milleſimum quingente=*‖*ſimo trigeſimo ſeptimo, tertio Calendas Fe=*‖*bruarias.*‖ (1538, n. s.)

Simon de Colines a réimprimé la dialectique de Jean Cæsarius en 1540 et a donné, en 1538 et en 1542, le traité de rhétorique du même auteur.

PARIS : *Bibl. Nat.* — AUXERRE. — AVIGNON. — TROYES.

Mar. Tull. Cice-‖ronis De Finibvs ‖ bonorū & malorum libri quin=‖que, cum breuibus annotatio=‖nibus Petri Ioānis Oliuarij Va‖lentini, viri in philoſophia cum ‖ primis eruditi. ‖ *Parisiis* ‖ Apud *Simonem Colinæum.* ‖ 1537 ‖.

In-8° de 128 ff. chiffr., sign. *a*-q par 8; car. rom.; init. sur bois à fonds criblés; sur le titre, dont le verso est blanc, est placée la marque du *Temps* n° 2 (page 108).

Les feuillets 2 à 4 contiennent la dédicace, datée de Paris, nones de septembre 1536 : ☙ *Petrvs Ioannes Olivari-*‖*us Valentinus inſigni probitate ac eruditione* ‖ *uiro, Gualtero Bochlero Anglo, S. P. D.* ‖ et la préface : ☙ *Petri Ioannis Olivarii* ‖ *Valentini in quinque libros Ciæronis* [sic] *de finibus* ‖ *bonorum & malorum, Præfatio.* ‖; les 5 livres de Cicéron, précédés chacun d'un sommaire et suivis des notes de Jean Olivier, commencent respectivement aux feuillets 5, 25, 59, 79 et 100 verso; la souscription suivante est placée au bas du recto du dernier feuillet dont le verso est blanc :

Parisiis, Ex Officina Simonis ‖ *Colinæi, anno à partu virgineo ſupra milleſi*‖*mum quingenteſimo trigeſimoſeptimo, Ca=*‖*lend. April.* ‖

Ce traité de Cicéron a été réimprimé dans le premier volume des *Opera philosophica* de 1545.

PARIS : *Bibl. Nat.* — LYON. — NICE.

Mar. Tull. Cice-‖ronis De Orato=‖re Dialogi tres, à Philippo Melāchtho‖ne noua ac locupletiore quàm antea ‖

vnquam locorum infigniū enarratio-‖ne illuftrati. ‖
Parisiis ‖ Ex officina *Simonis Colinæi.* ‖ 1537. ‖

In-8º de 24 ff. non chiffr. et 152 ff. chiffr., sign. *a-c*, a-t par 8;
car. rom. et ital.; init. sur bois à fonds criblés; sur le titre, qui est
blanc au verso, est placée la marque du *Temps* nº 2 (page 108).

Les feuillets liminaires renferment les notes de Melanchthon, imprimées en caractères italiques, le reste du volume contient le texte de Cicéron terminé, au recto du dernier feuillet, dont le verso est blanc, par la souscription suivante :

Parisiis Ex Officina Si=‖monis Colinæi, Anno ‖ *Salvtis. M. D. XXXVII.* ‖

Copie très augmentée des éditions de 1529 et de 1534; réimprimé par Simon de Colines en 1543.

BORDEAUX. — LAVAL.

De Syllabarvm ‖ quantitate, regulæ fpeciales, quas ‖
Defpauterius in carmen nō redegit. ‖ Authore Maturino Corderio, Gram‖matices profeffore. ‖ *Parisiis* ‖
Ex officina *Simonis Colinæi.* ‖ 1537 ‖.

In-8º de 31 ff. chiffr. et 1 f. bl., sign. A-D par 8; car. rom.; init. sur bois à fonds criblés; sur le titre, dont le verso est blanc, est placée la marque du *Temps* nº 2 (page 108).

La prosodie de Mathurin Cordier, qui est destinée à compléter celle de Despautère, est rédigée, comme elle, en vers latins; le verso du feuillet 31 est blanc, il n'y a pas de souscription.

Réimprimé par Simon de Colines en 1543, il y a eu de nombreuses éditions de ce petit traité, comme de tous les ouvrages de Mathurin Cordier destinés aux écoliers.

BORDEAUX.

Pedanij Dioscori‖dis Anarzabei De ‖ Medica Materia
Libri Sex, ‖ Ioanne Ruellio Sueffionenfi interprete,
nunc ‖ primum ab ipfo Ruellio recogniti, & fuo nito=‖
ri reftituti. ‖ *Parisiis* ‖ Apud *Simonem Colinæum.* ‖
1537 ‖.

In-8º de 20 ff. non chiffr., 248 ff. chiffr. et 20 ff. non chiffr., sign.
Aa-Bb par 8, Cc par 4, *a-ʒ*, & par 8, A-H par 6, I, *aa-bb* par 8, *cc* par 4;
car. ital.; init. sur bois à fonds criblés; sur le titre est placée la marque du *Temps* nº 2 (page 108).

Les feuillets liminaires contiennent deux pièces de vers latins : *E-*

pitaphivm Ioannis Rvellii || Dionyſio Carronio authore. || et Nænia in obitu Ruellij. ||, la préface : Dionyſii Carro=||nii Ad Reverendiſſi||mum illuſtrumqȝ Cardinalē Frāciſcum || Turonium in Dioſcoridem præfatio. ||, et l'index : ℂ Variæ aliquot in Dioſcoride lectiones... Les six livres de Dioscoride occupent le corps du volume, ils sont terminés, aux feuillets non chiffrés, par : ❧ Notha Et Dioscoridi Fal-||ſo adſcripta...; il n'y a pas de souscription.

Les six livres de Dioscoride avaient été déjà traduits de grec en latin par Pierre de Padoue et Marcello Vergilio; la traduction de Jean Ruellius, ou du Ruel, a été imprimée très fréquemment avec des commentaires de différents auteurs, notre édition, que Ruellius avait préparée lui-même, a été publiée, après sa mort, par les soins de Denys Carron.

PARIS : *Bibl. Nat.; Bibl. Ste-Geneviève; Bibl. Fac. de Médecine.* — AJACCIO. — MONTAUBAN. — MONTBRISON. — TOURS. — TROYES.

❧ De Civilitate || Morvm Pverilivm, Per || Des. Erasmvm Roteroda=||mum libellus nunc primum & conditus || & æditus. || *Parisiis* || Apud *Simonem Colinæum.* || 1537 ||.

In-8º de 16 ff. chiffr., sign. a-b par 8; car. rom.; init. sur bois à fonds criblés; sur le titre est placée la marque du *Temps* nº 2 (page 108).

Le verso du titre est blanc, le petit traité d'Érasme, précédé de la dédicace à Adolphe de Bourgogne, datée de Fribourg-en-Brisgau, mars 1530, occupe toute la plaquette; à la fin est placée la souscription :

Parisiis In Ædibvs Simonis || *Colinæi, Mense Febrvario,* || *Anno M. D. XXXVII.* || (1538, n. s.)

Copie des éditions de 1531 et 1535, Simon de Colines en a donné de nouvelles éditions en 1539 et 1541.

BESANÇON. — CHARTRES. — LIÈGE : *Bibl. Univ.*

(Charles ESTIENNE.) Naturæ prono-||minvm In Advlescentv-||lorum gratiam, ex Priſciano collectæ. || *Parisiis* || Apud *Franciſcum Stephanum.* || 1537 ||.

In-8º de 11 ff. chiffr. et 1 f. bl., sign. A par 8, B par 4; sur le titre est placée la marque de François Estienne, premier du nom, (Silvestre, *Marques typographiques* nº 439), un cep de vigne dans un vase à trois pieds, posé sur un socle qui porte la devise : Πλεον ἐλαίου ἢ οἴνου, *plus olei quam vini.*

Le verso du titre est blanc; le texte est rédigé en forme de dialogue dont les personnages sont Charles et Henri (Estienne); il n'y a pas de souscription.

Ce petit volume est le premier d'une série d'opuscules écrits par Charles Estienne pour l'éducation de son neveu, alors âgé de 9 ans, qui devait être l'illustre Henri II; ils ont été imprimés pour François Estienne, tantôt par son beau-père Simon de Colines et tantôt par son frère Robert, père de Henri.

Notre petite plaquette ne porte pas de nom d'imprimeur, mais elle est sortie de l'atelier de Colines; on en retrouvera une nouvelle édition à l'année 1540.

VERSAILLES.

(Charles ESTIENNE.) Naturæ participorum, ex Prisciano, in gratiam adolescentulorum. *Parisiis*, excudebat *Simon Colinæus*, sumptibus *Francisci Stephani*, 1537.

In-8º.

Cité dans les *Annales de l'imprimerie des Estienne*, p. 97; réimprimé par Simon de Colines dès l'année suivante et en 1540.

Froffardi, nobi-‖lissimi Scriptoris ‖ Gallici, Historiarvm Opvs ‖ Omne, Iamprimvm Et Brevi=‖ter Collectvm Et Latino ‖ Sermone Redditvm. ‖ *Parisiis* ‖ Ex officina *Simonis Colinæi*. ‖ 1537. ‖

In-8º de 16 ff. non chiffr., 115 ff. chiffr. et 1 f. non chiffr., sign. A-B, a-o par 8, p par 4; car. rom.; init. sur bois à fonds criblés; sur le titre, dont le verso est blanc, est placée la marque du *Temps* nº 2 (page 108).

Les feuillets liminaires contiennent la préface, datée de Paris, le 12 juillet 1537 : *Ad Reuerendif-‖simvm In Christo ‖ Patrem Ac Dominvm, D. Io=‖annem Bellaium, Epifcopum Parifien-‖fem, & S. Rom. Ecclef. Cardinalem, in ‖ hiftoriam Froffardi, Ioannis Sleidani, ‖ præfatio. ‖ et l'Index eorū, quæ ‖ Svnt In Historia Fros-‖sardi, Memorabilia. ‖* La chronique de Froissard, mise en abrégé et traduite de français en latin par Jean Sleidan, occupe tous les feuillets chiffrés; le dernier feuillet, qui est blanc au verso, contient au recto l'errata : ❦ *Pavcvla Qvædam Errata, ‖ quæ inter legendum fefellerunt. ‖*

C'est l'édition originale de cette traduction qui a été plusieurs fois réimprimée.

PARIS : *Bibl. Nat.; Bibl. Ste-Geneviève; Bibl. Arsenal.* — ABBEVILLE. — AUXERRE. — BESANÇON. — BOURGES. — CHARTRES. — TROYES.

M. Annæi Lucani civilis belli libri X. *Parisiis*, apud *Simonem Colinæum*, 1537.

In-8º

Edition citée par Brunet (II, 1199) et par Schweiger (II, 562); c'est probablement la copie de celle que Simon de Colines avait imprimée en 1543, sur le texte de Jean Sulpitius de Véroli revu par Martin Besardus.

La Maniere de || Tovrner Tovtes Especes || de noms Latins, en noſtre langue francoyſe. || ❦ A Lvtilite De Iev-||nes enfans, eſtudians es bonnes lettres. || *Parisiis* || Apud *Franciſcum Stephanum.* || 1537 ||.

<blockquote>
In-8° de 11 ff. chiffr. et 1 f. bl., sign. a par 4, b par 8; car. ital.; init. sur bois à fonds criblés; sur le titre est placée la marque *au Cep* de François Estienne.

Le verso du titre est blanc, il n'y a pas de souscription. Ce petit traité, qui est peut-être aussi de Charles Estienne, doit se joindre à la collection d'opuscules grammaticaux que François Estienne a publiée. Bien qu'elle ne porte pas de nom d'imprimeur, nous pouvons sans hésiter attribuer cette plaquette à Simon de Colines.

Réimprimé par Simon de Colines en 1540 et par Robert Estienne en 1547.
</blockquote>

VERSAILLES.

De elocu-||tionis Imita=||tione Ac Appa=||ratv Liber Vnvs. || Avct. Iac. Ompha-||lio Ivrecons. || Ad Cardinalem || Bellaivm Episco. || Pariſienſem. || *Parisiis* || Apud *Simonem Colinæum.* || 1537 ||.

<blockquote>
In-8° de 8 ff. non chiffr., 239 pp. chiffr., 1 p. bl. et 8 ff. non chiffr., sign. a, a-q par 8; car. ital.; annotat. margin.; init. sur bois à fonds criblés; le titre est placé dans un encadrement au trait, gravé sur bois, emprunté aux Heures de 1527.

Le verso du titre est blanc, les autres feuillets liminaires contiennent la dédicace, datée de Paris, calendes de mars 1537 : *Ampliſſ. viro D.* || *Io. Bellaio Cardi=*||*nali Et Episcopo Parisi-*||*ensi, Ia. Omphalivs Ivris-*|| *consvltvs S. D.* ||; le livre de Jacques Omphale occupe toutes les pages cotées, les feuillets non chiffrés de la fin, dont le dernier est blanc au verso, contiennent l'index : ❦ *Loci Ac Capita Rervm,* || *quæ in hoc libro explicantur.* || et l'errata; il n'y a pas de souscription.

Simon de Colines avait donné, l'année précédente, le traité de Jacques Omphale : *Nomologia.*
</blockquote>

PARIS : *Bibl. Nat.; Bibl. Arsenal.* — ANGOULÊME. — BEAUNE. — BOURG. — SAINT-MALO. — SENS. — TROYES. — BRUXELLES.

P. Ovidii Nasonis metamorphoseon libri XV. *Parisiis,* apud *Simonem Colinæum,* 1537.

<blockquote>
In-8°.

Ce volume des *Métamorphoses* forme, avec les deux volumes de 1536, la deuxième édition des œuvres d'Ovide imprimée par Simon de Colines qui en a donné une troisième en 1546.
</blockquote>

Commentario-‖rvm Philosophiæ ‖ Moralis Libri Tres. ‖ Quibus præmiſſus eſt alius ‖ Progymnaſmatum libellus. ‖ Authore Hieronymo Rupeo M. Caſtellano. ‖ *Parisiis* ‖ Apud *Franciſcum Stephanum.* ‖ 1537 ‖.

In-8º de 68 ff. chiffr., sign. *a-h* par 8, *i* par 4, car. ital.; annotat. margin.; init. sur bois à fonds criblés; sur le titre est placée la marque au *Cep* de François Estienne, au dessous de laquelle est la devise :

Πάντων λυσχέρεσατον ού πᾶσιν ἀρέσχειν.

Le verso du titre est blanc, les feuillets 2 à 5 contiennent une pièce de vers latins : ❧ *Orontii Finei* ‖ *Delphinatis Regii Ma-*‖*thematici octoſtichon ad Philoſophiæ can-*‖*didatum.* ‖ et la dédicace, datée de Paris, septembre 1537 : ❧ *Ad Illvstrissi=*‖*mvm Heroa Clarissi-*‖*mæque Vrſinorum familiæ vnicum lu-*‖*men D. Ioannem Iuuenalem Vrſinũ Mœ=*‖ *cænatem ſuum clemẽtiſſimum Hieronymi* ‖ *Rupei metinenſis Epiſtola nuncupatoria.* ‖; le *proœmium*, le *progymnasmatum libellus*, les trois livres sur la philosophie morale et l'erratum occupent les feuillets 6 à 65, ils sont suivis de pièces en vers latins adressées par Rupeus à Jean d'Hangest, François Vatable, Jean Juvénal des Ursins, Jacques Capel, Jean Basadona, ambassadeur de Venise, Michel de L'Hôpital, Martin Olabeus et Mathieu Quadrigarius, de : *Carmina Theognidis con-*‖*uerſa in Zoïlos, & latina facta per* ‖ *Hieronymum Rupeum M.* ‖ en grec et en latin, et de la souscription :

Impreſſum Pariſiis typis & characteribus ‖ *Simonis Colinæi.* ‖

Le verso du dernier feuillet est blanc.

Jérôme Rupeus a édité et commenté l'abrégé des livres de philosophie naturelle d'Aristote par Simon Brossier que Simon de Colines a imprimé en 1536.

PARIS : *Bibl. Nat.* — BESANÇON. — MARSEILLE. — TROYES.

La touche naif-‖ve, Povr Esprov=‖uer lamy, & le flateur, inuẽtee par ‖ Plutarque, taillee par Eraſme, & ‖ miſe a luſage Francois, par noble ‖ hõme frere Antoine du Saix, com‖mendeur de Bourg. Auec lart, de ‖ ſoy ayder, & par bon moyen faire ‖ ſon proffict de ſes ennemys. ‖ 1537. ‖ Quoy quil aduienne. ‖ On les vend a *Paris* chez *Simon de* ‖ *Colines,* au Soleil dor, rue S. Iehan ‖ de Beauluais. ‖

In-4º de 66 ff. chiffr., sign. a-g par 8, h par 4, i par 6; car. rom.; init. sur bois à fonds criblés; le titre est placé dans un encadrement. gravé sur bois, qui se retrouve dans les Heures de 1543, la pièce inférieure est celle que nous reproduisons, en réduction, à la première page de la bibliographie; trois autres pages du volume (feuillets 2, 8 et 54 recto) sont placées dans des cadres, différents tous trois, formés de pièces empruntées aux Heures de 1524-1525.

Le verso du titre est blanc, les feuillets 2 à 7 contiennent la dédicace : *Au Roy tref-‖chrestien, Fran-‖cois premier, & fouuerain en toute ‖ maiefte, Frere Antoine du Saix, cō-‖mēdeur de Bourg, fon trefhūble fub‖ieĉt, et trefobeyffant orateur, fuffi-‖fance & contentemēt au monde, & ‖ au ciel le principal lieu des efleuʒ.* ‖, sans date, signée de la devise : *Quoy quil aduienne*, et imprimée en caractères italiques; le premier traité : *Par quel moyē ‖ Lon Pevlt Con=‖gnoiftre, & difcerner vng fla=‖teur dauec vng amy:...* occupe les feuillets 8 à 53 recto, il est suivi de 5 distiques latins : *F. Antonius Saxanus ad Leĉtorem.* ‖; le verso du feuillet 53 est blanc; le reste du volume contient le *Traiĉte finguli‖er, Riche En Sen=‖tences, eleguant en termes, ‖ & proffitable a lire, de lutili=‖te, quon peult tyrer des enne=‖myʒ:...*; le verso du dernier feuillet est blanc, il n'y a pas de souscription.

La *touche naïve* a été imprimée plusieurs fois, à Paris chez Denys Janot, 1537, in-8°, chez sa veuve, 1545, in 16, à Lyon chez Olivier Arnoullet, sans date, in-8° goth., et sans lieu ni date, in-8°.

PARIS : *Bibl. Arsenal.* — SAINT-CYR : *Bibl. éc. spéciale militaire.*

(Antoine DU SAIX.) Petitz fratras ‖ Dvng Appren=‖tis, furnommé Lefperon=‖nier de difcipline. ‖ 🖐 ‖ ✶● ◡✦ ‖ 1537. ‖ On les vend a *Paris* chez *Si=‖mon de Colines*, au Soleil dor, ‖ rue S. Iehan de Beauluais. ‖

In-4° de 40 ff. chiffr., sign. A-E par 8; car. rom.; init sur bois à fonds criblés; le titre est placé dans un encadrement formé de quatre pièces empruntées aux Heures de 1524-1525, la pièce du bas porte la croix de Lorraine.

Le verso du titre contient, en guise de préface, une pièce de l'auteur sur son livre :

> ☞ *Menuʒ fatras dung apprentis*
> *(Qui de baftir a bon courage)*
> *Lefquelʒ feruiront dappentis*
> *Au pied de quelque grant ouurage.*
> *Faifant muraille & feneftrage*
> *Ieunes maffons fe font ouuriers.*
> *Ainfi ne courant fans oultrage*
> *Leuurons deuiennent bons leuuriers.*

signée de sa devise, *Quoy quil aduienne*; le volume est un recueil de pièces de vers français et latins, ces dernières au nombre de huit seulement; il n'y a pas de souscription.

Les pièces constituant le recueil sont adressées à différents personnages de l'époque, parmi lesquels plusieurs membres de la famille d'Antoine du Saix, François I*er* et *fon fleuron de trefheureux efpoir, môfeigneur le Daulphin;* les deux plus importantes sont : *Lalphabete de Margve=‖ rite du Saix religieufe a Marcigny.* ‖ et *De Fev Messire Benoist ‖ Fabri docteur es Droiz, Lieutenant au pa=‖is de Brejfe.* ‖; la dernière pièce du recueil suffira à donner une idée générale du genre et du style de toutes ces poésies :

> *Mon amy Monfieur du Vernay*
> *Voicy vng epitaphe en vers,*
> *Que vous ay promis, mais vers nay*
> *Dignes pour luy, qui gift en vers*
> *Conuerty en cendre & en vers.*
> *Dictes pourtant, quil vous en semble :*
> *Soit à Lyon, Bourg ou Anuers,*
> *Dieu nous doint toufiours viure enfemble.*
>   *Quoy quil aduienne.*

Le nom de l'auteur ne parait nulle part, mais son surnom et sa devise suffisent à le désigner.

Denys Janot a donné une seconde édition, in-8º, des *petits fatras*, en 1537, sa veuve en a donné une troisième en 1545, in-16, il y en a encore deux, l'une, in-8º, sans lieu ni date, l'autre, in-8º goth., à Lyon, chez Olivier Arnoullet. Antoine du Saix est l'auteur de trois autres recueils de vers français : *Le blason de Brou*, Lyon, Claude Nourry, vers 1531; *L'Esperon de discipline*, sans nom, 1532; Denys Janot, 1538 et 1539; *Marquetis de pièces diverses*, Lyon, Jean d'Ogerolles, 1559; il a écrit aussi une *Oraison funèbre de Marguerite* publiée en latin en 1542, et en français en 1542 et en 1555.

PARIS : *Bibl. Nat.* — SAINT-CYR : *Bibl. éc. spéciale militaire.*

Declamation cō‖tenant La Maniere ‖ De Bien Instrvire Les En=‖fans, des leur commencement. ‖ Auec ung petit traicte de la ciuilité puerile. ‖ Le tout tranflaté nouuellement de Latin en ‖ Francois, par Pierre Saliat. ‖ On les vend a *Paris,* en la maifon de *Simon ‖ de Colines,* demourant au Soleil d'or, rue ‖ S. Iehan de Beauluais. M. D. XXXVII. ‖

In-8º de 6 ff. non chiffr., 73 ff. chiffr. et 1 f. bl., sign. *a*, b-k par 8; car. rom.; init. sur bois à fonds criblés; sur le titre est placée la marque du *Temps* nº 2 (page 108).

Le *Dovble Dv Privilege.* ‖ accordé pour 3 ans à Pierre Saliat et à Simon de Colines, le 5 mai 1537, occupe le verso du titre, les autres feuillets liminaires contiennent : *A discrete et pru‖dente Personne Monsei=‖gneur M. Ian Iacques de Mesmes Docteur es ‖ droiaz, Côseiller du Roy nostre Sire, & Lieu-‖tenant Ciuil de la uille & preuosté de Paris, ‖ Pierre Saliat son humble seruiteur S.* ‖, sans date. — ☙ *Ianvs Ferona Ipsivs ‖ Saliati Amicvs Integer‖rimus, quum audisset recitari hoc in=‖ terpretamentum vernaculum, lusit hos ‖ versus qui sequuntur ferè ex tempore, ‖ veluti huiusce declamationis argumen‖tum.* ‖ (un distique grec); — *Idem sic vertebat latinê,* ‖; — *Idem.* ‖ *Les ditz uers se rendoient ainsi en Francois.* ‖, toutes ces pièces sont imprimées en caractères italiques, le verso du sixième feuillet liminaire est blanc. Les deux petits traités occupent tous les feuillets chiffrés qui sont terminés par la souscription :

Imprime à Paris par Simon de Colines l'an ‖ M. D. xxxvij. le deu-xiesme iour d'Aoust. ‖

Brunet (V, col. 75) pense, avec raison, que le premier de ces deux traités est une traduction du *de liberis recte instituendis* de Jacques Sadolet, que Simon de Colines avait imprimé en 1534, et que le second est une traduction du *de civilitate morum puerilium* d'Erasme imprimé également par Colines en 1531 et plusieurs fois depuis; il y a, d'après Du Verdier, une autre édition donnée à Lyon, par Olivier Arnoullet, 1538, in-16, sous le titre : *L'Entrée de Ieunesse en la maison d'Honneur, déclamation, contenant la manière de bien instruire les enfans dès leur commencement.* Pierre Saliat est l'auteur de plusieurs traductions du latin en français parmi lesquelles celle des discours de Salluste que nous citons à l'article suivant.

PARIS : *Bibl. Mazarine.* — BORDEAUX. — CHANTILLY : *Bibl. du Musée Condé.* — LONDRES : *Brit. Mus.*

☙ Loraison Qve ‖ Feit Crispe Salvste Con-‖tre Mar. Tul. Ciceron. ‖ Plus l'oraison de Mar. Tul. Ciceron responsiue a ‖ celle de Saluste. ‖ Auec deux aultres oraisons dudict Crispe Saluste ‖ a Iules Cesar, affin de redresser la Republique ‖ Romaine. ‖ Le tout translaté nouuellement de Latin ‖ en Francoys, par Pierre Saliat. ‖ *Parisiis* ‖ Apud *Simonem Colinæum.* ‖ 1537 ‖.

In-8º de 27 ff. chiffr. et 1 f. bl., sign. *a-c* par 8, *d* par 4; car. ital.; init. sur bois à fonds criblés.

Le verso du titre porte le privilège accordé pour un an à Simon de Colines, le 17 mai 1537, les feuillets 2 à 6 recto contiennent un prologue exhortatif : *Avx Lectevrs.* ‖; l' ☙ *Oraison De ‖ Crispe Salvste Contre ‖ Marc Tul. Ciceron.* ‖ occupe les feuillets 6 verso à 8 et l' ☙ *Oraison Re=‖sponsive De Mar. T. Cice-‖ron Contre Crispe Saluste.* ‖ occupe les feuillets 9 à 14 recto; le reste du volume contient la traduction des deux discours adressés par Salluste à Jules César; au verso du feuillet 27 se trouve encore un erratum pour un seul mot, il n'y a pas de souscription.

Une autre traduction de ces discours, par Richard le Blanc, a été imprimée, à Paris, chez Jean Ruelle, en 1545.

BORDEAUX. — LE HAVRE. — LONDRES : *Brit. Mus.*

Syruporum vni-‖versa Ratio, Ad Ga-‖leni cenfuram diligenter ‖ expolita. ‖ Cui, poft integrā de concoctione difceptationem, ‖ præfcripta eft uera purgandi methodus, cum ex-‖pofitione aphorifmi : Concocta medicari.‖ Michaële Villanouano authore. ‖

Πρὸς τὸν φιλίατρον.
Εὔροα ποιήσων τατεσωματα, τατε πεπάνων
Ὠμὰ χυμῶν, ταύτης δογματα ἴθι βίβλου

Parisiis ‖ Ex officina *Simonis Colinæi.* ‖ 1537 ‖.

In-8º de 70 ff. chiffr., 1 f. non chiffr. et 1 f. bl., sign. a-i par 8; car. rom.; init. sur bois à fonds criblés.

Le verso du titre est blanc, les deux feuillets suivants contiennent un avertissement *Ad Lectores.* ‖ et une préface : ☛ *In Syrvporvm Vsvm* ‖ *Præfativncvla.* ‖; le corps de l'ouvrage occupe les autres feuillets chiffrés le feuillet non chiffré de la fin contient au recto l'errata en 4 lignes, il est blanc au verso.

Michel Villanovanus est Michel Servet, né à Villanova, en Aragon, il écrivit ce traité pour répondre aux attaques dirigées contre lui par Symphorien Champier dans un livre, publié à Lyon, chez Jean Crespin, en 1532 : *Castigationes seu emendationes pharmacopolarum sive apothecariorum ac arabum medicorum Mesue, Serapionis, Rasis, Alpharabii, et aliorum juniorum medicorum... in quas quid quid apud Arabes erratum fuerit summa cum diligentia congestum est.*

PARIS : *Bibl. Nat.* — CARCASSONNE. — LE MANS. — SENS.

☛ Catechismvs, ‖ Sev Christiana ‖ Institvtio : ‖ Vbi Chriftiana veritas validiffi-‖mis argumentis aftruitur, & pro=‖phetarum vaticinijs alijſq3 facris ‖ authoritatibus comprobatur : ‖ Per F. Claudium Viexmon=‖tium : Parifienfem, ordinis ‖ Fontebraldenfis. ‖ Cvm Privilegio ‖ Curiæ Parlamenti, in bien=‖nium. ‖ *Parisiis* ‖ Apud *Simônem Colinæum.* ‖ 1537 ‖.

In-16 de 159 ff. chiffr. et 1 f. bl., sign. a-v par 8; car. rom.; init. sur bois à fonds criblés; annotations marginales.

Le verso du titre et les 4 feuillets suivants contiennent : ✠ *Extractvm A Re=‖gistro Facvltatis ‖ Theologiæ in vniuer=‖ſitate Pariſien=‖ ſi. ‖*; — ✠ *Extraict Des Re-‖giſtres de Parlement.* ‖, privilège accordé le 23 novembre 1536, pour 2 ans, à Simon de *Colynes;* — ✠ *Revereno ‖ Patri Epiſcopo : F. Claudius ‖ Viexmontius, ſalutem.* ‖, dédicace datée de Paris, couvent des Filles-Dieu, le 3 des calendes de septembre 1536. Le catéchisme de Claude Vieuxmont occupe les autres feuillets chiffrés et se termine par la souscription :

Parisiis In Sva Offici‖na libraria abſoluit Simo Coli=‖næus anno à partu Virgineo mil=‖leſimo quingenteſimo ſupra trige‖ſimum ſeptimū, decimoquinto Ca‖lendas Martias. ‖

Claude Vieuxmont est l'auteur d'une exhortation à la pénitence que nous citons à l'année 1533 et d'une méthode de confession imprimée par Simon de Colines en 1538 et en 1542.

ABBEVILLE. — LE MANS. — SENS.

M D XXXVIII

21 avril 1538 — 5 avril 1539 n. s.

Rodolphi A-‖gricolæ Phri-‖fij, de inuentione dialectica ‖ libri tres, cum fcholijs Ioan=‖nis Matthæi Phriffemij. ‖ *Parisiis* ‖ Apud *Simonem Colinæum.* ‖ 1538 ‖.

In-4º de 9 ff. non chiffr., 445 pages chiffr., 1 page et 6 ff. non chiffr., sign. a-z, A-F par 8, G par 6; car. rom. et ital.; annotat. margin.; init. sur bois à fonds criblés; le titre est placé dans un encadrement formé de 4 pièces empruntées aux Heures de 1524-1525, la pièce du bas est signée de la croix de Lorraine; 5 rubriques ⚜, formant fleuron, sont disposées sur le titre en guise de marque typographique.

Les feuillets liminaires contiennent l'épitaphe d'Agricola, en 12 distiques latins, par Hermolaus Barbarus, placée au verso du titre, la dédicace du commentateur : ❦ *Hvmanissimo Ac Integerrimo* ‖ *Viro Domino Matthiæ Wagener,* ‖ *ædis D. Antonij apud Coloniam Aggrippinam præce-*‖*ptori digniffimo, Ioannes Matthæus* ‖ *Phriffemius S. D.* ‖ datée de Cologne, nones d'août 1523, et quelques pièces qui étaient déjà dans l'édition de 1529. Le texte, suivi des commentaires de Phrissemius, occupe les pages cotées, au bas de la dernière est placée la souscription :

Excvdebat Simon Colinævs In ‖ *fua officina, anno falutis humanæ M. D. XXXVIII.* ‖ *Calendis. Augufti.* ‖

La page et les feuillets non chiffrés qui terminent le volume contiennent l'index sur 2 colonnes et la liste des adages.

Copie des éditions de 1529 et de 1534 réimprimées par Simon de Colines en 1542.

Auxerre. — Chartres. — Le Puy. — Marseille. — Tours.

※ Vtilia Admodvm ‖ Ad Prædicamenta Aristo-‖telis fcholia, à Ioanne Arboreo Laudunenfi, ex eru-‖ditis authoribus felecta & nuper commodè locu-‖pleta. ‖ *Parisiis* ‖ Apud *Simonem Colinæum.* ‖ 1538. ‖

In-8º de 92 ff. chiffr., sign. a-l par 8, m par 4; car. rom.; init. sur bois à fonds criblés; sur le titre est placée la marque du *Temps* nº 2 (page 108).

Le verso du titre est blanc, les feuillets 2 et 3 contiennent la préface : ※ *Vnico Philosophorvm* ‖ *phœnici, viro fanctioribus facri eloquij ftudijs ad-*‖*dictiffimo Iacobo Fabro Stapulenfi, Ioānes Arbo-*‖*reus Laudunas S.* ‖ (sans date). Les scholies occupent tout le volume et se terminent par ces mots :

...Finis. ‖ *Anno Salutis humanæ, 1538. Menfe Nouembri.* ‖ Copie de l'édition de 1528.

PARIS : *Bibl. Maʒarine.* — TOURS.

(BIBLE IN-SEIZE.) Sāctum Ie-‖sv Christi Ev=‖angelivm ‖ Secundum Matthæum ‖ Secundum Marcum ‖ Secun-dum Lucam ‖ Secundum Ioannem. ‖ ※ Acta Apostolo-‖rvm. ‖ *Parisiis* ‖ Ex officina *Simonis Colinæi.* ‖ 1538. ‖

In-16 de 264 ff. chiffr., sign. a-z, &, aa-ii par 8; car. rom.

Au verso du titre est l'extrait de saint Jérôme; les évangiles commencent respectivement aux feuillets 2, 61, 97 verso et 160 et les actes des apôtres au feuillet 206.

La seconde partie qui complète cette édition du nouveau testament porte la date de 1539, ou en trouvera la description à cette année, les épîtres de saint Paul imprimées en 1538, que nous citons plus loin, sont de format in-8º et ne rentrent pas dans la série des volumes de la Bible in-16.

VERSAILLES.

※ Ad Chri‖stianissimvm ‖ Galliarum Regem Francif-cum ‖ primum, Monodiæ Illuftriū ali=‖quot perfonarum veteris atque ‖ noui teftorum (vt fanctorum ‖ catalogo impinguntur) autore ‖ Francifco Bonado Santonenfi, ‖ à facris mufis Angeriæ pref=‖bytero, in libros tres ad diuini ‖ Ternionis prognofim triptitæ. ‖ Reliqua fequës pagina indicat. || *Parisiis* || Apud *Simonem Colinæum.* || 1538 ||.

In-16 de 100 ff. chiffr., sign. *a-m* par 8, *n* par 4; car. ital.; le titre est placé dans le petit encadrement reproduit plus loin (page 347).

Le verso du titre porte l'indication des pièces qui suivent les Monodies et deux préceptes tirés de saint Grégoire et de l'Ecclésiastique, les feuillets 2 à 8 recto contiennent la dédicace datée d'Angers, ides de mai 1537 : ❦ *Christia=||nissimo Regi Fran||cisco Galliarvm Prin=||cipi Auguftiffimo, Francifcus Bona=||dus Santonenfis Aquitanus ab An=||geria pandoream felicitatem D.* || et l'index, le feuillet 8 verso est blanc, les Monodies occupent les feuillets 9 à 96 recto; ces petites pièces de vers latins, chacune sur un personnage différent de l'ancien ou du nouveau testament, sont au nombre de 96 dans le premier livre (ff. 9 à 42 verso), de 81 dans le second livre (ff. 42 verso à 75) et de 37 dans le troisième livre (ff. 76 à 96 recto); le reste du volume contient les pièces suivantes : *Ioannis Piscinarii* || *Grauiani decaftichon.* ||; — ❦ *Qverela Et* || *Solamen Chriftianissi=||mi Galliarum Regis Francifci primi, fu=||per lamentabili domini Delphini mor=||te, per Francifcũ Bonadum...;* — *Nænia Francisci Bona=||di fuper funere D. Guilielmi Paftoris Angeriæ* || *primi Confulis.* ||; — *G. Pastoris Epitaphivm.* ||; — *Eivsdem Ad Iesvm Chri||ftum crucifixũ fupplex cõmēdatio.* ||; il n'y a pas de souscription.

François Bonadus est l'auteur de plusieurs recueils de vers latins dont Brunet (I, 1083 et 1084) cite les principaux.

PARIS : *Bibl. Maʒarine.* — TROYES.

Rheto||rica Ioannis Cæsa-||rij in feptem libros fiue tractatus || digefta, uniuerfam fere eius artis || uim compendio complectens dili-||genter recognita. || ❦ ❦ || ❦ || *Parisiis* || Apud *Simonem Colinæum.* || 1538 ||.

In-8° de 60 ff. chiffr., sign. *a-g* par 8, *h* par 4; car. ital.; init. sur bois à fonds criblés; le titre est placé dans l'encadrement *aux Lapins* (page 48).

Le verso du titre contient : *Avtorvm, Ex Qvibvs Hoc* || *opufculum collectum atque conflatum eft, no-||mina hæc ferè funt.* ||, les 2 feuillets suivants renferment la dédicace, datée de Cologne, août 1534 : *Genero-||sis Atqve Optimæ* || *fpei adolefcētibus Ioanni à Vueda,* || *& Antonio à Scauenburgo comiti=||bus, fuis quidem fautoribus chariffi||mis Ioannes Cæfarius S. D.* ||; les 7 livres de rhétorique occupent le reste du volume, au bas du dernier feuillet verso est la souscription :

Parifiis apud Simonem Colinæum. 16. || *kalen. Aprilis Anno. 1538.*||

La rhétorique de Jean Cæsarius a été réimprimée en 1542 par Simon de Colines qui a donné deux éditions de la dialectique du même auteur en 1537 et 1540.

PARIS : *Bibl. Nat.; Bibl. Maʒarine.* — ALENÇON. — TROYES.

Catonis Disticha || De Moribvs. || Adiecta, in adolefcen-
tulorum gratiam, || Latina & Gallica interpretatione :
vnà cū || accentibus, ad prolationem. || Epitome D.
Erafmi Rot. in fingula difticha. || Dicta Sapientum ||
Græciæ : alijs fententijs explicata : & || vulgaribus ver-
fibus reddita : vt à pueris facilius condifcantur. || *Pa-
risiis* || Apud *Francifcum Stephanum,* In || claufo Bru-
nello fub Scuto Franciæ. || 1538 ||.

In-8º de 56 ff. chiffr., sign. a-g par 8; car. rom.

Au verso du titre est placée la dédicace de Charles Estienne à Étienne de la Rivière; le reste du volume contient seulement la *Præfatio Catonis* et les quatre livres des distiques, de la traduction latine d'Érasme avec la traduction française de certaines locutions latines; il se termine par ces mots : *Hæc in gratiam Riuerij fui, curfim obibat Car. Steph.* || suivis de la souscription :

Imprimebat Francifco Steph. priuigno Simon || *Colinæus. Anno M. D. XXXVIII. Quinto* || *Idus Octobris.* ||

Le verso du dernier feuillet est blanc, les Dits des sept Sages se trouvent dans le volume suivant qu'on doit joindre à celui-ci.

Charles Estienne explique, dans la préface à son ami Étienne de la Rivière, les raisons pour lesquelles il s'est pas contenté de publier la traduction française de Mathurin Cordier, que Robert Estienne, à qui elle est dédiée, avait déjà publiée en 1533, 1534 et 1536; notre édition a été réimprimée 2 fois pour le compte de François Estienne, en 1541 par Simon de Colines et en 1547 par Robert Estienne. Une édition de Robert Estienne datée de 1538 comme la nôtre est citée dans les *Annales de l'imprimerie des Estienne* (p. 47). Simon de Colines avait déjà donné, en 1533, les distiques de Caton avec la version latine d'Érasme.

VERNEUIL.

Dicta Sapientvm || Græciæ : alijs fentenfijs explicata : ||
& vulgaribus verfibus reddita : vt || à pueris facilius
condifcantur. || *Parisiis* || Apud *Francifcum Stephanum,*
In || claufo Brunello fub Scuto Frāciæ. || 1538 ||.

In-8º de 20 ff. chiffr., sign. a-b par 8, c par 4; car. rom.; sur le titre est placée la marque *au Cep* de François Estienne.

Au verso du titre est la dédicace de Charles Estienne à Étienne de la Rivière, sans date, les Dits des sept Sages traduits en latins et en vers français par Charles Estienne sont terminés par la souscription :

Imprimebat Simon Co=||linævs Pro Franci=||sco Stephano Priui=||gno Svo, Parisiis, || *Postridie Nonas* || *Octob. 1538* ||.

Ce volume fait la suite au précédent, sur le titre duquel il est annoncé, et dont il ne doit pas être séparé.
Réimprimé pour François Estienne en 1541 et 1542.

VERNEUIL.

M. T. Ciceronis orationum volumen primum. *Parisiis, apud Simonem Colinæum,* 1538.

Édition citée par Maittaire (III, p. 289), qui n'indique pas le format et ne mentionne pas les deux autres volumes des discours de Cicéron qui doivent compléter celui-ci. Nous avons déjà vu les trois volumes de format in-8º, en 1525 et en 1532; nous les retrouverons, de format in-16, en 1543-44.

Cicero, officia diligenter restituta. Ejusdem de amicitia et senectute dialogi. Item paradoxa et somnium Scipionis cum annotationibus Erasmi Roterodami et Phil. Melanchthonis. Item annotationibus Barth. Latomi in paradoxa. *Parisiis,* apud *Simonem Colinæum,* 1538.

In-8º de 8 ff. non chiffr. et 180 ff. chiffr.
Cette édition est citée par Schweiger, elle contient de plus que la précédente de 1533, la quatrième donnée par Simon de Colines, les notes de Barthélemy Latomus que nous retrouverons dans les éditions de 1541 et de 1543.

Rudimenta Despauterii, tertio ædita, in tres partes divisa, pueris omnino necessaria, cum quæstiunculis de Pœnitentia, cum accentibus, in quorum notis quid observatum sit tertia pagina tibi planum faciet. *Parisiis, apud Simonem Colinæum,* 1538.

In-8º.
La date de cette édition, citée au *Catalogue* de 1546, est donnée par Maittaire (III, 295). Simon de Colines avait imprimé une première fois les rudiments de Despautère en 1523.

(Charles ESTIENNE.) Naturę verborū ‖ ex Priſciano. ‖ *Parisiis* ‖ Apud *Franciſcum Stephanum.* ‖ 1538 ‖.

In-8º de 12 ff. non chiffr., sign. a par 8, b par 4; car. rom.; sur le titre est placée la marque *au Cep* de François Estienne.
Le texte, rédigé sous forme de dialogue, commence au verso du

titre et se termine au verso du dernier feuillet par la souscription :
Imprimebat Francifco Stepha=||*no priuigno, Simon Colinæus, Anno do.* || *M. D. XXXVIII. Pridie Cal. Augufti.* ||

Réimprimé par Simon de Colines en 1540, par Robert Ier Estienne en 1546 et par Robert II en 1577 et 1580.

VERSAILLES.

(Charles ESTIENNE.) Naturæ infiniti-||uorum, Gerundiorum, & || Supinorum. || Ex Prisciani Et Aliorvm || bonorum authorum fententia. || *Parisiis* || Apud *Francifcum Stephanum.* || 1538 ||.

In-8º de 8 ff. non chiffr., sign. a; car. rom. et ital.; sur le titre est placée la marque *au Cep* de François Estienne.

Le texte, rédigé sous forme de dialogue, prend fin au bas du recto du dernier feuillet, dont le verso est blanc, par la souscription :
Imprimebat Francifco Stepha=||*no priuigno, Simon Colinæus, Anno do.* || *M. D. XXXVIII. Pridie Cal. Augufti.* ||

Réimprimé par Simon de Colines en 1540.

VERSAILLES.

(Charles ESTIENNE.) Naturæ partici-||piorvm, Ex Priscia=||no, In Gratiam Adole=||scentvlorvm. || *Parisiis* || Apud *Francifcum Stephanum.* || 1538 ||.

In-8º de 11 ff. non chiffr. et 1 f. bl.; sign. a par 8, b par 4; car. rom.; sur le titre est placée la marque *au Cep* de François Estienne.

Le verso du titre est blanc, le texte, rédigé sous forme de dialogue, est terminé par cette souscription :
Excvdebat Simon Coli=||*næus Parifijs, fumptibus Francifci Ste=*|| *phani, in claufo Brunello, fub* || *fcuto Franciæ* || *agentis.* ||

Simon de Colines qui avait déjà imprimé ce petit traité en 1537 en a donné une troisième édition en 1540.

VERSAILLES.

(Charles ESTIENNE.) Naturæ aduer-||biorvm, Ex Prisciani || Sentential. || In gratiam adolefcentulorum. || *Parisiis* || Apud *Francifcum Stephanum.* || 1538 ||.

In-8º de 16 ff. non chiffr., sign. a-b par 8; car. rom. et ital.; sur le titre est placée la marque *au Cep* de François Estienne.

Cet opuscule n'a pas de souscription, il est imprimé par Colines; François Estienne a donné encore en 1538 trois petits traités de cette collection dont il a confié l'impression à son frère Robert; comme on doit le plus souvent les rencontrer joints aux précédents nous en donnons la description :

1° *Naturæ præpo-*||*fitionū ex Pri-*||*fciano.* || (Marque *au Cep.) Parisiis.* || *Apud Francifcum Stephanum.* || *M.D.XXXVIII.* ||

In-8° de 32 et 7 pp. chiffr. et 1 p. bl., sign. A-B par 8, A par 4; car. rom. et ital.; souscription : *Imprimebat Francifco Stephano fratri* || *Robertus Stephanus, Ann. M. D.* || *XXXVIII. X. Cal. Mart.* ||; la seconde série de chiffres contient *Naturæ interie-*||*ctionum.* ||

2° *Naturæ coniun-*||*ctionum ex Pri*||*fciano.* || (Marque *au Cep.) Parisiis.* || *Apud Francifcum Stephanum.* || *M.D.XXXVIII.* ||

In-8° de 15 pp. chiffr. et 1 p. bl., sign. A; car. rom. et ital.; souscription : *Imprimebat Francifco Stephano fratri* || *Robertus Stephanus, Ann. M. D.* || *XXXVIII. XII. Cal. Mart.* ||

3° *Naturæ nomi-*||*nvm, Ex Prisciano* || *præcipue collectæ* || *In adolefcentulorum gratiam.* || (Marque *au Cep.) Parisiis.* || *Apud Francifcum Stephanum.* || *M.D.XXXVIII.* ||

In-8° de 23 pp. chiffr. et 1 p. bl., sign. A par 8, B par 4; car. rom.; souscription : *Imprimebat Francifco Stephano fratri* || *Robertus Stephanus, Ann. M. D.* || *XXXVIII. XV. Cal. Mart.* ||

Ces trois parties se trouvent à la bibliothèque de Versailles réunies dans le même recueil que les quatre parties imprimées par Colines et que les *Naturæ pronominum* portant la date de 1537 qui complètent la collection.

Les *Naturæ aduerbiorum*, déjà imprimées en 1535, ont été réimprimées en 1540 et 1542.

VERSAILLES.

(Charles ESTIENNE.) Sylua. || Frutetum. || Collis. || Cvm Privilegio. || *Parisiis* || Apud *Francifcum Stephanum.* || 1538 ||.

In-8° de 56 ff. chiffr. et 8 ff. non chiffr.; sign. a-h par 8; car. rom.; sur le titre est placée la marque *au Cep* de François Estienne.

Le verso du titre contient le privilège accordé pour 2 ans, le 7 juin 1538, à François Estienne, et le feuillet suivant, la préface : *C. Stephanus,* || *Adolescentvlis Bo=*||*narum literarum fiudiofis S.* ||, les trois petits traités commencent aux feuillets 3, 29 verso et 41 verso, les feuillets non chiffrés de la fin contiennent les index, imprimés sur 2 colonnes : *Index latinarum* || *Dictionvm, Qvæ In Hoc Libello Passim Expositæ* || *funt :*... et *Index gallicarum* || *Dictionvm.* ||, ce dernier en caractères italiques.

Le volume n'ayant pas de souscription le nom de Colines qui l'a imprimé ne figure nulle part; on joint ordinairement à ces trois traités trois autres petits traités de Charles Estienne *Arbustum, Fonticulus* et *Spinetum*, imprimés la même année pour François Estienne, en un volume qui ne contient pas de nom d'imprimeur et qui a été imprimé par Robert, en voici la description :

Arbuftum. || *Fonticulus.* || *Spinetum.* || (Marque *au Cep.) Cvm Privi-*

legio. ‖ *Parisiis.* ‖ *Apud Francifcum Stephanum.* ‖ *M. D. XXXVIII.* ‖
In-8º de 38 pp. chiffr., 1 p. et 1 f. non chiffr., sign. A-B par 8, C par 4, car. rom.; au verso du titre est placé le privilège accordé pour deux ans à François Estienne, le 15 février 1538; la page 2 contient la préface de Charles Estienne précédant le premier traité, le second traité commence à la page 28 et le troisième à la page 35; à la fin du volume est l'*Index Dictionvm Hvivs Libelli,*... Un troisième volume contenant trois autres traités de Charles Estienne, *Pratum, Lacus* et *Arundinetum* a été imprimé par Colines en 1543.

Paris : *Bibl. Maɀarine; Bibl. Ste-Geneviève; Bibl. Arsenal.* — Abbeville. — Amiens. — Chartres. — Douai. — Montpellier : *Bibl. Fac. de Médecine.* — Nimes. — Orléans. — Troyes. — Bruxelles. — Londres : *Brit. Mus.* — Tournai. — Zurich.

⁂ Divi Pav‖li Apostoli ‖ Epistolæ, Bre=‖uiffimis & facillimis fcho‖lijs per Ioannē Gagnęiū ‖ Parifinum Theologum ‖ Chriftianiffimi Francorū ‖ regis Ecclefiaften & do=‖ctorem illuftratæ. ‖ *Parisiis* ‖ Apud *Simonē Colinæū,* ‖ & *Galliotum à Prato.* ‖ 1538 ‖ Cum priuilegio ad triennium. ‖

In-16 de 8 ff. non chiffr., 161 ff. mal chiffr., l'avant dernier coté 164 et le dernier 167, et 1 f. bl., sign. A, a-t par 8, v par 10; car. rom.; init. sur bois à fonds criblés; le titre est placé dans le petit encadrement que nous reproduisons à la page 347.

Le verso du titre est blanc, les feuillets liminaires contiennent la dédicace, non datée : ⁂ *Illvstrissimo* ‖ *Principi Et Reveren-*‖*dissimo Domino D.* ‖ *Ioanni à Lotharingia facrofan-*‖*ctæ Romanæ ecclefiæ TT.* ‖ *Sācti Onofrij Cardinali di-*‖*gnifs. Ioānes Gagnæius* ‖ *Theologus fa-*‖*lutem in* ‖ *Chrifto.* ‖ et l'*Argvmentvm In Epistolam* ‖ *ad Romanos.* ‖ Les épîtres de saint Paul occupent tous les feuillets chiffrés, chacune d'elles est précédée d'un argument et accompagnée des scholies de Jean de Gaigny, placées en manchettes occupant une, deux ou trois marges et imprimées en caractères plus fin que le texte, avec quelques mots en gothique; au verso du dernier feuillet est la souscription :

Parisiis Apvd Simonem ‖ *Colinævm Et Galiotvm A* ‖ *Prato Anno Domini Mil=*‖*lesimo Qvingentesi=*‖*mo XXXVIII Men=*‖*se Martio.* ‖

Simon de Colines a donné deux autres éditions des épîtres de saint Paul commentées par Jean de Gaigny, premier aumônier du roi, l'une en 1539, l'autre en 1543 avec les épîtres catholiques et l'apocalypse de saint Jean commentées.

Lyon. — Nantes.

⁂ Claudij Galeni Per-‖gameni De Ratione Cv=‖randi ad Glauconem libri duo, interprete ‖ Martino Acakia

Catalaunenſi, doctore me=∥dico. ∥ ☙ Eivsdem Interpretis In ∥ eoſdem libros Commentarij. ∥ *Parisiis* ∥ Apud *Simonem Colinæum.* ∥ 1538. ∥

In-4º de 8 ff. non chiffr., 303 pp. chiffr. et 1 p. bl., sign. A, a-t par 8; car. rom. et ital.; init. sur bois à fonds criblés; annotat. margin.; sur le titre est placée la marque du *Temps* nº 2 (page 108).

Les feuillets liminaires contiennnent : Εἰς τόυ γαληνοῦ τόν πρὸς γλαυκωνα θεραπευθικῶν ∥ ἐζηγηθήν, Ιακώβου Τουσάνου. ∥ (2 distiques grecs), *Anthonii Galli Doctoris* ∥ *Medici ad Martinum Acakiam decaſtichon.* ∥ (5 distiques latins), un avertissement : *Martinvs Acakia Lectori.* ∥ et l'index, les pages chiffrées contiennent la traduction du traité de Galien, imprimée en caractères romains et accompagnée des commentaires en caractères italiques; il n'y a pas de souscription.

Simon de Colines avait déjà donné, en 1528, une traduction latine de ces deux livres pas Nicolas Léonicenus.

Paris : *Bibl. Nat.* — Angers. — Bordeaux. — Limoges. — Tours.

☙ Textvs De Sphæra Ioan=∥nis De Sacrobosco : Introdvctoria Ad=∥ditione (quantum neceſſarium eſt) commentarioq; ad vtilitatem ∥ ſtudentium Philoſophiæ Pariſienſis Academiæ illuſtratus. Cum ∥ compoſitione Annuli aſtronomici Boneti Latenſis : Et Geome=∥tria Euclidis Megarenſis. ∥ *Parisiis* ∥ Vænit apud *Simonem Colinæum.* ∥ 1538 ∥.

In-folio de 35 ff. chiffr. et 1 f. bl., sign. a-b par 8, c-d par 6, e par 8; car. rom.; fig. sur bois; annotat. margin.; tableaux de chiffres; init. à fonds criblés; le titre est orné d'une grande figure sur bois qui se trouvait déjà dans les éditions de 1527, de 1531 et de 1534 et dont nous avons donné la reproduction réduite à la page 101.

Le traité *de Sphæra* occupe les feuillets 4 à 27, il est précédé d'une *Epistola nuncupatoria* de Jacques Lefèvre d'Étaples à Charles Borra, sans date, d'un *Index commentarij*, sur 2 colonnes et d'une *Introductoria additio*, le traité de Bonetus commence au feuillet 27 verso, et la traduction des quatre livres d'Euclide au feuillet 32 verso, au verso du feuillet 35 est placée la souscription :

☙ *Parisiis Ex Ædibvs Simonis Coli=∥næi, Anno a Chriſto nato, triceſimooctauo ſu-∥pra ſeſquimilleſimum, tertio* ∥ *Idus Martias.* ∥

Copie des quatre éditions données par Simon de Colines en 1521, 1527, 1531 et 1534.

Paris : *Bibl. Maẓarine; Bibl. Ste-Geneviève; Bibl. du dépôt des Cartes de la Marine.* — Avignon. — Auxerre. — Dijon. — Douai. — Le Havre. — Montpellier : *Bibl. Fac. de Médecine.* — Nimes. — Troyes. — Londres : *Brit. Mus.*

Huberti Suffanęi ‖ Legvm Et Medi=‖cinæ Doctoris Ludorum ‖ libri nunc recens con=‖diti atq; æditi. ‖ *Parisiis* ‖ Apud *Simonem Colinæum.* ‖ 1538. ‖

In 8º de 84 ff. chiffr., sign. a-k par 8, 1 par 4; car. ital.; init. sur bois à fonds criblés.

Le verso du titre est blanc, les feuillets 2 à 47 contiennent les *Ludi*, petites pièces en vers latins, parmi lesquelles il en est une adressée à Rabelais, une autre à Simon de Colines; le feuillet 48 recto, qui n'est pas coté, porte un second titre : *Enodatio aliquot* ‖ *vocabularum, quæ in alijs Di=*‖*ctionarijs non reperiuntur,* ‖ *aut fi forte paucula, aliter* ‖ *explicantur, Ex colle=*‖*ctaneis P. H. Suf=*‖*fanæi.* ‖, cette seconde partie occupe les feuillets 48 verso à 77, elle est précédée d'une dédicace : *P. H. Suffanæus æquiffimo* ‖ *apud Parifiorū Luteciam* ‖ *Proprætori Ioanni* ‖ *Morino S. P. D.* ‖, sans date, le volume est terminé par un poème latin en vers hexamètres : *Perona obfeffa.* ‖ et un errata; il n'y a pas de souscription.

Hubert Sussaneau avait publié en 1536, chez Simon de Colines, son *Dictionarium Ciceronianum* suivi d'un recueil d'épigrammes, nous avons déjà vu, et nous rencontrerons encore souvent le nom de ce grammairien et de ce poète fécond, qui était aussi un jurisconsulte et un médecin. On trouvera dans la partie biographique, les quelques vers latins qu'il adresse à Colines.

Paris : *Bibl. Nat.; Bibl. Maʒarine; Bibl. Ste-Geneviève; Bibl. Université.* — Besançon. — Lyon. — Bruxelles. — Gand : *Bibl. Univ.* — Londres : *Brit. Mus.*

Laurentij Val‖læ De Lingvæ ‖ Latinæ Elegantia Libri ‖ fex, jam nouiffime de inte=‖gro bona fide emaculati. ‖ Eiufdē de Reciprocatione Sui & ‖ Suus libellus apprime vtilis. ‖ Vnà cum Epitomis Iodoci Ba=‖dij Afcenfij, necnon Anto=‖nij Mancinelli lima fuis qui=‖bufque capitibus adiunctis. ‖ Cum indice ampliffimo. ‖ *Parisiis* ‖ Apud *Simonem Colinæum.* ‖ 1538 ‖.

In-4º de 14 ff. non chiffr., 249 ff. chiff. et 1 f. bl., sign. A par 8, B par 6, a-z, aa-gg par 8, hh par 4, ii par 6; car. rom.; annotat. margin.; init. sur bois à fonds criblés; le titre est placé dans un encadrement formé de 4 pièces empruntées aux Heures de 1524-1525, la pièce du bas est signée de la croix de Lorraine.

Les feuillets liminaires contiennent l'index, sur 2 colonnes, et la dédicace : ❦ *Lavrentivs Valla Ioanni Tor-*‖*tellio Aretino, cubiculario Apoftolico, theologorum* ‖ *facundiffimo S.* ‖, sans date, imprimée en caractères italiques; les 6 livres de Valla occupent les feuillets 1 à 234, chacun d'eux est précédé de son épitome, le traité *de reciprocatione* occupe les feuillets 235 à 248 recto et se termine par la souscription :

Hos Lingvæ Latinæ Ele-||gantiarum libros, præclara Vallæ monimenta, ſuis || typis, ſummo niſu, veterumque exemplarium accu-||rata collatione, excudebat Simon Colinæus anno à || Christo nato 1538, Menſe Februario. || (1539, n. s.)

Le verso du feuillet 248 et le feuillet 249 contiennent l'épilogue de Josse Bade sur le traité *de reciprocatione.*

Copie des 2 éditions précédentes de 1532 et de 1535, Simon de Colines en a donné 2 autres avec des notes de Jean Théodoricus, en 1540 et en 1544.

Paris : Bibl. Arsenal. — Beaune. — Coutances. — Epernay. — Marseille. — Neufchateau. — Versailles.

(Claude Vieuxmont.) Methodus confeſſionis, || Compendiaria. || In gratiam puerorum. || *Parisiis* || Apud *Franciſcum Stephanum,* in clauſo || Brunello, ſub ſcuto Franciæ. || 1538 ||.

In-4° de 23 ff. chiffr. et 1 f. bl., sign. a-f par 4; car. rom. et ital.; init. sur bois à fonds criblés; annotat. margin.; sur le titre est placée la marque *au Cep* de François Estienne.

Le verso du titre contient un avis au lecteur daté de Paris, couvent des Filles-Dieu, le 4 des ides de mars 1538 : ❧ *Clavdivs Viexmontivs, Pari-||ſienſis, ordinis Fontiſebraldi, Lectori Salutem.* ||, la méthode pour se confesser, avec de nombreuses notes en petits caractères placées entre les lignes, occupe tous les feuillets chiffrés, elle est terminée par 2 pièces de vers latins : ❧ *Christi In Crvce Pen=||dentis Ad Christia-||nvm Exhor-||tatio.* ||; ❧ *Christiani Ad Christvm* || *Responsio.* || et la souscription :

☜ *Excudebat Simon Colinæus impenſis* || *Franciſci Stephani anno ſalutis ſeſ=||quimilleſimo trigeſimo octa=||uo, duodecimo Kalend.* || *Aprilis.*||

Réimprimé par Simon de Colines pour François Estienne en 1542.

Amiens. — Valence.

❧ Virgilivs || *Parisiis.* || Apud *Simonem Colinæum.* || 1538. ||

In-16 de 235 ff. chiffr. et 1 f. (bl.?), sign. a-z, A-F par 8, G par 4; car. ital.; le titre est placé dans le petit encadrement que nous reproduisons plus loin (page 347).

Le verso du titre porte 2 pièces de vers latins : *Hvbertvs Svssanævs Presv||larvm Classicvs, Ad Lectorem.* || (3 distiques) et *Carolvs Demoilainvs Ro||censis.* || (1 distique), le feuillet 2 contient la dédicace d'Alde à Pierre Bembo : *Aldvs P. M. Petrvm B. Compa=||trem A Secretis*

Leonis X. || *Pont. Max. Salvere Ivbet.* ||, sans date; les Bucoliques occupent les feuillets 3 à 18 recto, les Géorgiques, les feuillets 18 verso à 57 et l'Enéide, les feuillets 58 à la fin; il n'y a pas de souscription.

Simon de Colines avait déjà donné, en 1526, les œuvres de Virgile, suivies de pièces qui ne se trouvent plus ici, il en a donné deux autres éditions, l'une en 1542, l'autre sans date.

Dublin : *Bibl. du Coll. de la Trinité.* — Londres : *Brit. Mus.*

Ioan. Vvlteii || Rhemi Inscriptionvm || Libri Dvo. || Ad Ægidivm Bohervm || Archid. Rhem. et Auen. || Ad Barpt. Castellanvm || Nicœum Xeniorum libellus. || Apvd *Sim. Colinævm.* || 1538. ||

In-16 de 48 ff. chiffr. et 4 ff. non chiffr., sign. A-F par 8, G par 4; car. ital.; sur le titre paraît pour la première fois la troisième marque

Marque du *Temps* n° 3.

du *Temps* employée par Simon de Colines, elle est un peu plus petite que la précédente et a été utilisée ordinairement pour les volumes de format in-8°, Silvestre, *Marques typographiques,* la reproduit sous le numéro 432.

Le verso du titre et le feuillet 2 contiennent la dédicace datée de Paris, ides de décembre 1538 : *Ægid. Bohero Archid.* || *Rhemenfi & Auenion. Ioan.* || *Vulteius. S. P. D.* ||, les *Inscriptiones* occupent les feuillets 3 à 35, le premier livre est suivi d'une pièce de vers latins : *Ad Vvlteivm Carolvs* || *Fontanus Parifienfis.* ||, et le second d'une autre pièce : *Honorato Veracio* || *Henr. Laberius de Vulteio.* ||; les *Xeniæ* (étrennes) occupent les feuillets 36 à 48 recto, elles sont précédées d'un nouveau titre : *Ioan. Vvlteii* || *Rhemis Xeniorvm* || *Liber.* || *Ad Barpt. Castel=*||*lanum Nicæum.* || *Nolit Velit* || *Invidia.* || et accompagnées des pièces suivantes : *Macrinvs Ad Vulteium.* ||; — *Ioan. Vvlteivs* || *Barpt. Castellano* || *S. P. D.* ||; — *Ægid. Boheri Mecœ=*||*natis refponfio.* ||; — *Lodoicvs Molinævs* || *Rupefortenfis candido lectori.* ||; — *Ad Io. Venellvm, Metens.* || *Archid. de Vvlteio Laberius.* || Le verso du feuillet 48 est blanc, les feuillets non chiffrés contiennent l'index, une nouvelle pièce : *Perardvs Rvcianvs* || *Ad Vulteium Rhemen.* ||, l'errata et la souscription :

Excvdebat Colinævs || *in ædibus fuis id. Decemb.* || *1538.* || *Nolit Velit* || *Invidia.* ||

Les *Xeniæ* ou étrennes contenues dans ce recueil sont différentes de celles que Jean Vulteius, dont le nom français est Jean Faciot, Jean Voulté ou Jean Voûté, avait déjà publiées à Lyon en 1537, dans un recueil contenant aussi quatre livres d'épigrammes; voyez Brunet, V, 1390.

BESANÇON. — CHAUMONT. — LYON. — BRUXELLES.

Io. Vul-||teii Rhemensis || hendecafyllaborū Libri qua=|| tuor. || Ad Poetas Gallicos Libri duo. || Ad Francifcum Boherum Epifc. || Maclouienfem item Libri duo. || *Parisiis* || Apud *Simônem Colinæum.* || 1538. ||

In-16 de 106 ff. chiffr. et 6 ff. non chiffr., sign. A-O par 8; car. ital., le titre est placé dans le petit encadrement que nous reproduisons plus loin (page 347).

Le verso du titre contient une pièce de 18 vers latins : *Salmonii Macrini Iv*||*liodunen. Cubicularij Regij hendecafilla=*||*bi, ad Vulteium Rhemum poetam.* || accompagnée de la devise : *Nolit velit invidia;* les poésies de Jean Faciot sont adressées à différents personnages du temps, parmi lesquels Jean Grolier, Jean de Dampierre, Macrin, Denys Briçonnet, Marguerite de Valois, Denys de Lérins, Antoine du Moulin, Joachim Périon, elles occupent tous les feuillets chiffrés, et sont accompagnées et suivies de pièces de vers de Jean de Dampierre, de Germain de Brie, de Jean Gasnier, de Christ. Richer, de Boyssoneus, jurisconsulte toulousain, de Hubert Sussaneau et de Georges de Scève; le verso du 2º feuillet non chiffré et les 4 feuillets suivants, dont le dernier est blanc au verso, contiennent la table, il n'y a pas de souscription.

BESANÇON. — LYON. — REIMS. — BRUXELLES.

M D XXXIX

6 AVRIL 1539 — 27 MARS 1540 N. S.

Vita beatiffimi patris, ‖ D. Petri Cælestini Qvinti, ‖ Pontificis Maximi, Ordinis Cæleftinorum infti-‖tutoris eximii, qui fummo tandem Pontificatui re-‖nunciauit. ‖ Confcripta primum à doctiffimo theologo, Cardinale Cameracenfi impri=‖mis reuerendo, Domino Petro ab Aliaco, Nauarrici gymnafij quondam ‖ archididafcalo, necnon Caroli quinti Cæleftinorum Parifienfium fundatoris ‖ confeffario digniffimo. Poftremo autem locupletata & limatiori ftylo dona‖ta à Religofo fratre Dionyfio Fabro, Cæleftinorum eorundem Priore ‖ meritiffimo. ‖ *Parisiis* ‖ Apud *Francifcum Stephanum.* ‖ 1539 ‖.

In-4º de 6 ff. non chiffr. et 108 ff. mal chiffr., le dernier coté 104, sign. A par 6, A-C par 4, D-P par 8; car. rom.; annotat. margin.; sur le titre est placée la marque au *Cep* de François Estienne.

Les feuillets liminaires contiennent la table, 6 distiques latins : *Pio lectori.* ‖, l'index des chapitres, la préface, 15 distiques latins : *Ad facrum Cæleftinorum ordinem cuiufdam* ‖ *deuoti cœnobitæ, eiufdem ordinis.* ‖ et le portrait du pape Célestin V, gravé sur bois; la vie de Célestin V, écrite par Pierre d'Ailly et revue par Denys Lefèvre, occupe les feuillets 1 à 78 recto, le reste du volume contient: *Carmen Sapphicvm*‖ *& Adonicum cuiufdam Cæleftini* ‖ *de miraculis eiufdem fancti* ‖ *Petri Cęleftini.* ‖, la copie des pièces relatives à l'élection de Célestin V, à sa canonisation, à la translation de son corps, et à une apparition du saint;

il y a encore un index sur 2 colonnes, plusieurs pièces de vers et de prose non signées et l'errata; le portrait de Célestin V, qui se trouve déjà deux fois dans le volume est reproduit encore au verso du dernier feuillet, il n'y a pas de souscription.

Le nom de Colines ne figure nulle part, mais les caractères sont les siens et la disposition typographique, celle de ses premières éditions.

PARIS : *Bibl. Nat.; Bibl. Mazarine.* — AMIENS. — CAEN. — CAMBRAI. — CHARTRES. — SENS. — TOURS. — VERSAILLES. — BRUXELLES. — LONDRES : *Brit. Mus.*

✸ Aphthonij So-‖phistæ Præcla-‖rissimi Rhetorica ‖ Progymnasmata. ‖ *Parisiis* ‖ Apud *Simonem Colinæum.* ‖ 1539 ‖.

In-8º de 23 ff. chiffr. et 1 f. bl., sign. a-c par 8; car. ital.; annotat. margin.; init. sur bois à fonds criblés; sur le titre est placée la marque du *Temps* nº 2 (page 108).

Le verso du titre contient un avertissement au lecteur, le feuillet 2, une préface : *Benignvs Martinvs* ‖ *Ioanni Serræ Svo S. P. D.* ‖, datée du collège de Lisieux, des calendes de juin 1526. Le corps de l'ouvrage occupe le reste du volume, le nom du traducteur, Jean-Marie Cataneus, est indiqué dans le titre de départ; il n'y a pas de souscription.

Copie de l'édition de 1526 réimprimée en 1541 et en 1543.

PARIS : *Bibl. Nat.* — ALENÇON. SENS.

(BIBLE IN-SEIZE.) ✸ Pavli Apo‖stoli Epistolæ ‖ Ad Romanos ‖ Ad Corinthios II ‖ Ad Galatas ‖ Ad Ephefios ‖ Ad Philippenfes ‖ Ad Coloffenfes ‖ Ad Theffalonicenfes II ‖ Ad Timotheum II ‖ Ad Titum ‖ Ad Philemonem ‖ Ad Hebræos. ‖ ✸ Epistolæ ‖ Catholicæ ‖ Iacôbi ‖ Petri II ‖ Ioannis III ‖ Iudæ. ‖ ✸ Apocaly=‖psis Beati Ioan=‖nis. ‖

In-16 de 193 ff. chiffr. et 23 ff. non chiffr., sign. A-Z, Aa-Dd par 8; car. rom.

Le verso du titre est blanc, les épîtres de saint Paul commencent au feuillet 4 après le catalogue de saint Jérôme, les épîtres catholiques au feuillet 137 et l'apocalypse de saint Jean au feuillet 166; la souscription suivante est placée au bas du feuillet 193 verso :

☙ *Absolvtvm Est Hoc* ‖ *fanctiffimum Iesv Chri=*‖*sti faluatoris noftri Tefta=*‖*mentum nouū Parisiis,* ‖ *in officina Simônis Colinæi :* ‖ *Anno à natiuitate eiufdem* ‖ *Christi Iesv, tricefimo*‖*nono fupra fefquimillefimū,* ‖ *menfe Martio.* ‖

Les feuillets non chiffrés contiennent l'*Index* et la citation de Josué.

Seconde partie du nouveau testament, la première partie porte la date de 1538.

Copie des éditions de 1524, 1525, 1528, 1529 et 1533, réimprimé en 1541-1544; Simon de Colines a imprimé en 1539 une édition in-8º des épîtres de saint Paul avec les commentaires de Jean de Gaigny, nous la décrivons plus bas.

VERSAILLES.

(BIBLE IN-SEIZE.) ❧ Pentatev=‖chvs Moysi. ‖ Genefis ‖ Exodus ‖ Leuiticus ‖ Numeri ‖ Deuteronomium. ‖ ❧ Iosve ‖ Liber Iudicum ‖ Ruth. ‖ *Parisiis* ‖ In officina *Simonis Colinæi.* ‖ 1539 ‖.

In-16 de 8 ff. non chiffr., 439 ff. chiffr. et 1 f. bl., sign. a-z, &, A-V, aaa-mmm par 8; car. rom.; annotat. margin.

Les feuillets non chiffrés contiennent l'épitre de saint Jérôme, les différentes parties commencent respectivement aux feuillets 2, 90, 162 verso, 212 verso, 283 verso, 345, 389 et 433 verso; au bas du dernier feuillet est placée la date à laquelle l'impression a été achevée : *Finis.* ‖ *Kalen. Ivlii.* ‖

Copie des éditions de 1525, 1527, 1530 et 1532.

PARIS : *Bibl. Nat.; Bibl. Ste-Geneviève.* — CAMBRAI. — LONDRES : *Brit. Mus.*

(BIBLE IN-SEIZE.) ❧ Libri Sa=‖lomonis. ‖ Prouerbia, ‖ Ecclefiaftes, ‖ Canticum canticorum. ‖ ❧ Liber Sapientiæ ‖ ❧ Ecclefiafticus. ‖ *Parisiis* ‖ Ex officina *Simonis Colinæi.* ‖ 1539 ‖.

In-16 de 159 ff. chiffr. et 1 f. bl., sign. a-v par 8; car. rom.

La préface de saint Jérôme occupe le verso du titre et le feuillet 2; les différentes parties commencent aux feuillets 3, 41, 54, 60 verso et 87; il n'y a pas de souscription.

Copie des éditions de 1524, 1526, 1527 et 1535; Simon de Colines en a donné une dernière édition en 1542.

PARIS : *Bibl. Ste-Geneviève.* — LONDRES : *Brit. Mus.*

Tabellæ elemen-‖tariæ, Pveris Inge-‖nvis Pernecessariæ. ‖ Nicolao Borbonio Vandoperano ‖ Lingone Poeta autore. ‖ *Parisiis* ‖ Apud *Simonem Colinæum.* ‖ 1539 ‖.

In-8º de 56 ff. chiffr., sign. a-g par 8; car. rom. et ital.; init. sur

bois à fonds criblés; sur le titre est placée la marque du *Temps* n° 2 (page 108).

Le verso du titre contient une pièce de vers latins : *Nicol. Borbonivs* ‖ *Hasce Tabellas* ‖ *Svas Alloqvi-*‖*tvr.* ‖, signée de la devise Εἰς καλὸν. Σὺν θεῷ τω ἀγαθῷ; le feuillet suivant contient la préface : *Nicolaus Borbo-*‖*nivs Vandope-*‖*ranvs Lingonen.* ‖ *Christiano Le-*‖*ctori.* ‖, terminée par un distique. Les tablettes occupent les feuillets 3 à 48 recto, elles se composent d'une grammaire et d'une série de petits traités, tant en vers qu'en prose : *de cruce ac morte domini Christi*, avec de nombreuses notes (en vers), *consecrandi mensam formulæ* (en vers), *summa utriusque instrumenti, hoc est veteris ac novi testamenti...* κεφάλαιον (en prose), *hæc sunt præcepta seu* παραγγέλματα *quædam quæ olim mihi, admodum puerulo, Joannes Borbonius, avus meus, optimus senex, inculcare sedulo numquam desinebat* (vers et prose), *in obitum Germani Brixii* (en vers); les feuillets 48 verso à 53 contiennent des *Carmina varia... in studiosorum adulescentulorum gratiam*, les feuillets 54 à 56 recto, *N. Borbonius Vandop. D. L.* ‖ *Rubellæ, puellæ lectissimæ S. D.* ‖ (en prose), une épigramme grecque sur l'amour avec une double traduction latine, et l'errata; le verso du dernier feuillet contient le portrait de l'auteur, *anno ætatis xxxii, 1535*, gravé sur bois, accompagné d'un distique grec, de sa traduction latine, et de la devise : Δόξα τω θεῷ, και χάρις; ce portrait, qui est différent de celui des éditions des *Nugæ* de 1533, a été gravé par Holbein, voyez : A. Firmin Didot, *Essais sur l'histoire de la gravure sur bois*, col. 50 et ss.

Parmi les pièces réunies sous le titre de *Carmina varia*, la suivante est adressée à Simon de Colines :

Si mea prodierint in lucem carmina, prælo
Cufa tuo, & formis, O Colinæe, tuis :
Illa ego non dubitem Cupreffo dicere digna
Carmina, non dubitem dicere digna Cedro.

Il y a une autre édition, imprimée à Lyon chez les Frellon sous la même date, qui est moins complète que celle-ci et lui est probablement antérieure.

PARIS : *Bibl. Nat.* — REIMS. — GAND : *Bibl. Univ.*

(Jean BOUCHET.) Les triūphes ‖ de la Noble et amoureufe Da=‖me /ȼ lart de honneftement ‖ aymer/ Compofe par ‖ le Trauerfeur des ‖ Voyes peril=‖leuses. ‖ Nouuellement imprime ‖ a *Paris.* ‖ M. D. xxxix. ‖ ℂ On les vend au palais en la gallerie ‖ par ou on va a la Chancellerie / par ‖ *Symon colinet.* ‖

In-8° de 12 ff. non chiffr. et cccxc ff. chiffr., sign. ā par 12, A-V par 8, x par 4, y-z, AA-zz, ɛɛ, ¶¶, aa par 8; car. goth.; annotat. margin. en caractères romains, le titre seul est imprimé en rouge et noir.

Le dernier feuillet porte la souscription :

ℭ *Cy prent fin le traicte des Trium=∥phes de la noble Dame / et lart de ∥ hōneſtement aymer : Compoſe par ∥ le trauerſeur des voyes perilleuſes ∥ Et nouuellement imprime a Paris ∥ le ſixieſme iour de Juing Mil cinq ∥ cens. xxxix. par Eſtienne caueil=∥ler / imprimeur. ∥*

Édition imprimée par Etienne Caveiller et partagée entre plusieurs libraires de Paris, on en connait des exemplaires aux noms de Oudin Petit, Denys Janot, Vincent Sertenas et Jean Longis.

Les quelques éditions qui portent le nom de Symon Colinet ou Collinet, libraire au palais, sont généralement attribuées à Simon de Colines, l'identité des deux personnages nous semble bien douteuse, la marque de Colinet est reproduite à la page suivante.

PARIS : *Bibl. Arsenal.*

M. Tullij Cice=∥ronis Rhetoricorvm ∥ Libri Qvatvor Ad Herennivm. ∥ Item M. Tullij Ciceronis de Inuen=∥tione libri duo. ∥ *Parisiis* ∥ Ex officina *Simonis Colinæi.* ∥ 1539. ∥

In-8º de 156 ff. chiffr., sign. a-t par 8, v par 4; car. rom.; annotat. marg.; init. sur bois à fonds criblés; sur le titre est placée la marque du *Temps* nº 3 (page 298).

Le verso du titre est blanc, le volume ne contient aucune pièce liminaire, les quatre livres à Herennius occupent les feuillets 2 à 78, les deux livres *de Arte Rhetorica* ou *de Inventione* occupent les feuillets 79 à 156, le volume est terminé par cette souscription :

M. Tvllii Ciceronis Rhe=∥toricorvm De In=∥ventione, Finis. ∥ Nonis Martii. ∥ M. D. XXXIX. ∥

Ces deux traités de Cicéron, qui avaient été déjà imprimés par Simon de Colines en 1524, 1529 et 1536 ont été réimprimés en 1541 et 1545.

PARIS : *Bibl. Nat.* — AUCH. — MOULINS. — LONDRES : *Brit. Mus.*

ℭ Cronicque et hi=∥ſtoire Faicte et compoſee par feu meſſire Philippe ∥ de Commines Cheualier / ſeigneur Dargenton ∥ contenant les choſes aduenues. Durant le re=∥gne du Roy Loys vnzieſme / tant en Fran=∥ce / Bourgongne / Flandres / Arthois / ∥ Angleterre que Eſ-paigne / et ∥ lieux circonuoiſins. Nouuel=∥lement reueue et corrigee ∥ Auec pluſieurs notables ∥ mis au marge. Jm∥prime en Mars ∥ Lan mil cinq ∥ cens trente ∥ et neuf. ‖ M. D. xxxix. ‖ ☾ On les vend a *Paris* au Palais en la gallerie ‖ par ou on va a la Chancellerie par *Symō Collinet*. ‖

2 parties in-8º; car. goth.; annotat. margin. Première Partie : 8 ff. non chiffr., cc.lxviii ff. chiffr. et 1 f. bl.; le titre est imprimé en rouge et noir, il est blanc au verso; les feuillets liminaires contiennent la table des 2 parties; la chronique de Louis XI occupe tous les feuillets chiffrés et se termine, au recto du dernier feuillet, par la souscription :

☾ *Fin de Lhyſtoire ȝ Cronicque du feu* ‖ *roy Loys vnȝieſme de ce nom. Faict | et* ‖ *cōpoſee par feu meſſire Philippe de Com*‖*mines che-*

Marque de Symon Colinet ou Collinet.

uallier | ſeigneur Dargenton. ‖ *Et fut acheuee de imprimer le ſeptieſme* ‖ *iour de Mars. Lan mil cinq cens trente ȝ* ‖ *neuf.* ‖

Le verso de ce feuillet porte la marque de Symon Collinet, que nous reproduisons.

Deuxième Partie : 6 ff. non chiffr., cxxvii ff. chiffr., 1 f. contenant la marque de Symon Collinet et 1 f. bl.; le titre, imprimé en rouge et noir, est le suivant : ☾ *Cronicques du* ‖ *Roy Charles huytieſme de ce nom que Dieu* ‖ *abſoulle contenant la verite des faictȝ et geſtes* ‖ *dignes de memoire dudict ſeigneur | quil feiſt* ‖ *en ſon voyage de Naples | et de la conqueſte* ‖ *dudict royaulme de Naples ȝ pays adia*‖*cent. Et de ſon triumphant et victori*‖*eulx retour en ſon royaulme de* ‖ *France | compile et mis par eſ=*‖*cript en forme de memoires* ‖ *par meſſire Phelippes de* ‖ *Commines cheualier* ‖ *ſeigneur Dargēton* ‖ *et chambellan or=*‖*dinaire* dudict fei‖gneur auec ‖ la ta=‖ble recollectiue annotations et cotations du conte=‖nu audict liure/lefquelles au parauant auoyent ‖ eftees obmifes.‖ Md. xxxix. ‖ [☾ On les vend a Paris / au Palais en la galerie / p ‖ Symon Collinet p ou on va a la Chancellerie. ‖]? Les feuillets liminaires contiennent la table; à la fin de la chronique de Charles VIII, qui occupe tous les feuillets chiffrés, est la souscription :

Fin des Cronicques du vaillant et ma=‖gnanime Le roy Charles huy-tiefme... et furent acheuees dimprimer le Ven=‖dredy. iiii. iour de Apuril ‖ Lan mil cinq cens ‖ trente et neuf. ‖

On trouve des exemplaires de cette édition, qui ne porte pas de nom d'imprimeur, avec les noms de différents libraires parisiens : Arnoul Langelier, Estienne Hervault, Alain Lotrian, Félix Guybert, Galliot du Pré, Jehan Petit et François Regnault; rappelons ici que nous doutons que Symon Collinet soit la même personne que Simon de Colines.

Nous n'avons pas vu d'exemplaire au nom de Symon Collinet, nous en donnons la description d'après le *Répertoire général et méthodique de la librairie Morgand et Fatout*, numéro 3773 (année 1882), et d'après la *Bibliotheca Belgica*, dans laquelle M. Vander Haegen décrit un volume de la même édition au nom de Félix Guybert; la marque de Symon Collinet, dont nous n'avons jamais vu l'original, est reproduite ici d'après Silvestre, *Marques typographiques*, n° 524. Le *Supplément du Manuel du libraire* cite une édition de 1538 qui est évidemment celle-ci.

Ælii Donati eruditissimi Grammatici, de octo partibus orationis libellus : cum accentibus, in quibus quid simus sequuti, secunda libelli pagina te docebit. *Parisiis,* apud *Simonem Colinæum,* 1539.

In-8°.

Le titre de ce Donat est ainsi cité dans le *Catalogue* de 1546; Maittaire et Schweiger en donnent la date, avec la mention *editio prima*, ce qui n'indique pas une édition originale, on distinguait par *editio prima* et *editio secunda* les éditions contenant le texte seul de Donat et celles qui possèdent les commentaires de Servius Honoratus et de Sergius Grammaticus.

Commen=‖tarivs Erasmi Ro‖terod. in Nucem Ouidij, ad ‖ Ioannem Morum Thomæ ‖ Mori filium. ‖ Eivsdem Com=‖mentarius in duos hymnos ‖ Prudentij, ad Margaretam ‖ Roperam Thomæ Mori fi=‖liam. ‖ *Parisiis* ‖ Apud *Simonem Colinæum.* ‖ 1539 ‖.

In-8° de 60 ff. chiffr., sign. a, B-G par 8, H par 4; car. rom. et ital.;

init. sur bois à fonds criblés; le titre est placé dans l'encadrement *au Soleil* (page 141).

Le verso du titre est blanc, les feuillets 2 et 3 contiennent la dédicace : ᛞ *Erasmvs Roterodamvs* ‖ *Optimæ Spei Adolescenti* ‖ *Ioanni Moro S. D.* ‖, et l'avertissement *De Titvlo.* ‖; le texte d'Ovide accompagné des commentaires d'Erasme occupe les feuillets 4 à 30 recto; le premier commentaire sur l'hymne de Prudence *de natali puero Jesu*, précédé d'une dédicace : *Erasmvs Roterodamvs* ‖ *Castissimæ Pvellæ* ‖ *Margaretæ Roperæ S. D.* ‖, occupe les feuillets 30 recto à 46 recto, et le second commentaire, les feuillets 46 verso à 60 recto, le verso de ce dernier feuillet est blanc, il n'y a pas de souscription.

Copie des éditions de 1526 et de 1533.

PARIS : *Bibl. Nat.; Bibl. Mazarine.* — LONDRES : *Brit. Mus.*

De duplici co-‖pia Verborvm Ac Re=‖rvm D. Erasmi Rotero=‖dami, Commentarij duo,‖ Multa acceſſione, nouiſq̃ for=‖mulis locupletati. ‖ *Parisiis* ‖ Apud *Simonem Colinæum.* ‖ 1539 ‖.

In-8º de 387 pp. mal chiffr. jusqu'à 391 et 6 ff. non chiffr., sign. a-z, &, ā par 8; car. rom.; init. sur bois à fonds criblés; annotat. margin.; sur le titre est placée la marque du *Temps* nº 3 (page 298).

Le verso du titre est blanc, les pages 3 à 5 contiennent l'épître dédicatoire d'Erasme : *Des. Erasmvs Rote=*‖*rodamvs Ioanni Coleto,* ‖ *Decano ſancti Pauli apud Lon-*‖*dinum S. D.* ‖ (Londres, 3 des calendes de mai 1512); le premier traité occupe les pages 6 à 208 (204), le second, les pages 209 (205) à 315 (311); le reste du volume contient : *Epitome* ‖ *Libri De Copia Verbo=*‖*rum Eraſmi Roterodami, qua ratio va=*‖*riandæ orationis exemplis atq̃ ex=*‖*planationibus paulò aper=*‖*tioribus traditur.*‖; — *Ad Erasmvm Commen=*‖*tariorvm De Copia* ‖ *Avtorem.* ‖ (un distique latin); — *Index capitum* ‖ *Sev Titvlorvm Com=*‖*mentariorum De copia...*; le dernier feuillet, blanc au recto, porte au verso la même marque que le titre avec la souscription :

Parisiis ‖ *Ex officina Simonis Colinæi.* ‖ *1539* ‖.

Les pièces qui se trouvent à la fin des éditions de 1522, 1528, 1530, 1534 et 1536 sont remplacées ici par un épitome et des index.

PARIS : *Bibl. Nat.* — NEUFCHATEAU. — LONDRES : *Brit. Mus.*

D. Era-‖smi Rotero=‖dami Opvs De Con‖ſcribendis epiſtolis, quod qui=‖dam & mendoſum & mutilum ‖ ediderant, recognitum ab au=‖thore, & locupletatum. ‖ *Parisiis* ‖ Apud *Simonem Colinæum.* ‖ 1539 ‖.

In-8º de 193 ff. chiffr. et 1 f. non chiffr., sign. a-z par 8, & par 10;

car. rom.; annotat. margin.; init. sur bois à fonds criblés; le titre est placé dans l'encadrement *au Soleil* (page 141).

Le verso du titre et le feuillet 2 contiennent la préface : *Erasmvs Roterodamvs* || *Nicolao Beraldo, S. P.* ||, datée de Bâle, le 8 des calendes de juin 1522; le texte commence au feuillet 3 et occupe tout le volume à la fin duquel est placée la souscription :

Parisiis Ex Offi=||*cina Simonis Coli*||*næi, Anno Domini,* || *M. D. XL.*|| *Menfe Februario.* ||

Copie des éditions de 1523, 1527, 1530 et 1533.

AMIENS. — AVIGNON. — BESANÇON. — GAND : *Bibl. Univ.*

❧ De Civilitate || morum puerilium, per Def. || Erafmum Roterodamum li=||bellus nunc primum & con=||ditus & æditus. || *Parisiis.* || Apud *Simonem Colinæum.* || 1539 ||.

In-8º de 16 ff. chiffr., sign. a-b par 8; car. rom.; init. sur bois à fonds criblés; sur le titre, dont le verso est blanc, est placée la marque du *Temps* nº 3 (page 298).

Le petit traité d'Erasme, précédé de la dédicace ❧ *Erasmvs Rote=*|| *rodamvs Generoso* || *Cvm Primis Et Opti=*||*mæ fpei puero Adolpho* || *principis Veriani filio* || *Salutem.* || et daté de Fribourg-en-Brisgau, mars 1530, est terminé par la souscription :

❧ *Parisiis In Ædibvs Simonis* || *Colinæi, Mense Octobri,* || *Anno M. D. XXXIX.* ||

Copie des éditions de 1531, 1535 et 1537; réimprimé par Simon de Colines en 1541.

LONDRES : *Brit. Mus.*

Eutropij de ge-||stis Romanorvm || Libri Decem. || *Parisiis* || Ex officina *Simonis Colinæi.* || 1539 ||.

In-8º de 68 ff. chiffr., sign. a-h par 8, i par 4; car. rom.; init. sur bois à fonds criblés; sur le titre est placée la marque du *Temps* nº 3 (page 298).

Le verso du titre contient la dédicace : *Evtropivs Valenti* || *Maximo Perpetvo* || *Avgvsto.* ||; les dix livres d'Eutrope se terminent au recto du feuillet 68 qui est blanc au verso, il n'y a pas de souscription.

Copie de l'édition de 1531 réimprimée en 1542.

AMIENS. — LILLE. — TOURS. — LONDRES : *Brit. Mus.*

L. Feneftellæ de || Magiftratibvs, Sacer-||dotiifq; Romanorum libellus, iam primum || nitori fuo reftitutus. || Pomponij Læti itidem de magiftratibus & || facerdotijs,

& præterea de diuerfis legi=‖bus Romanorum. ‖ *Parisiis* ‖ Ex officina *Simonis Colinæi.* ‖ 1539. ‖

In-8º de 62 ff. chiffr. et 2 ff. non chiffr., sign. a-h par 8; car. rom.; init. sur bois à fonds criblés; annotat. margin.; le titre, dont le verso est blanc, porte la marque du *Temps* nº 3 (page 298).

L'ouvrage de Lucius Fenestella (André-Dominique Fiocchi) occupe les feuillets 2 à 43 recto, celui de Pomponius Lætus (Jules Sanseverino) les feuillets 43 verso à 61, les 2 feuillets suivants et le recto du 3ᵉ feuillet contiennent : *Brevis Index Dignita=‖tvm Omnivm Ac Magistra=‖ tuū, necnon & facerdotiorū quę in toto Fe‖neftella & Pomponio reperiri poffunt...,* imprimé sur 2 colonnes; le verso du dernier feuillet est blanc, il n'y a pas de souscription.

Copie des éditions de 1530 et de 1535; réimprimé en 1542.

Douai. — Tours.

Divi Pav‖li Apostoli ‖ Epistolæ Bre=‖uiffimis & facillimis fcho‖lijs per Ioannē Gagnæiū ‖ Parifinum Theologum ‖ Chriftianiffimi Francorū ‖ regis Ecclefiaften & do=‖ctorem illuftratæ. ‖ *Parisiis* ‖ Apud *Simonē Colinæū,* ‖ & *Galliotum à Prato.* ‖ 1539 ‖ Cum priuilegio ‖.

In-8º de 8 ff. non chiffr. et 160 ff. mal. chiffr. jusqu'à 164, sign. A, a-v par 8; car. rom.; annotat. margin.; init. sur bois à fonds criblés; le titre est placé dans l'encadrement que nous reproduisons page 347.

Le verso du titre est blanc, les feuillets liminaires contiennent la dédicace : *Illvstrissimo ‖ Principi Et Reve=‖rendissimo Domino D. ‖ Ioanni à Lotharingia facrofan-‖ctæ Romanæ ecclefiæ TT. ‖ Sācti Onofrij Cardinali di-‖gnifs. Ioānes Gagnæius ‖ Theologus fa-‖lutem in ‖ Chrifto.* ‖, et l'argument de la première épître; les feuillets chiffrés contiennent les épîtres de saint Paul, avec leurs arguments et les comtaires placés en marge, il n'y a pas de souscription.

Nous n'avons pas pu vérifier si cette édition est une copie de celle de 1538, ou bien la même dont on aura réimprimé le titre, et les derniers feuillets pour faire disparaître la souscription; réimprimé en 1543 avec les épîtres catholiques et l'apocalypse de saint Jean, commentées aussi par Jean de Gaigny.

Paris : *Bibl. Nat.; Bibl. Ste-Geneviève; Bibl. Université.* — Avignon. — Epinal. — Troyes. — Versailles.

Claudij Galeni Pergameni de ‖ Affectorvm Locorvm No=‖ titia, Libri Sex, Gvi=‖lielmo Copo Ba=‖siliensi Inter=‖

prete. ‖ Poft tertiam recognitionem iterum emendati. ‖ *Parisiis* ‖ Apud *Simonem Colinæum.* ‖ 1539 ‖.

In-folio de 150 pp. chiff. et 5 ff. non chiffr., sign. A-K par 8; car. rom.; init. sur bois à fonds criblés; annotat. margin.

Le verso du titre est blanc, les pages 3 et 4 contiennent la dédicace de Guillaume Copus à François Ier, les six livres de Galien occupent les autres pages chiffrées, les 5 derniers feuillets contiennent l'index.

La traduction est revisée pour la seconde fois, la première édition avait été donnée par Henri Estienne, sans date, en 1513, la seconde par Colines en 1520; il y en eut encore deux autres, Paris, Wechel, 1543, in-folio et Lyon, Roville, 1547, in-16.

PARIS : *Bibl. Fac. de Médecine.* — RENNES.

Methodus con-‖scribendi Episto-‖las, Per Christoph. Hegen=‖dorphinvm. ‖ Eiufdem dragmata locorum tum Rhetori=‖corum, tum Dialecticorum, cum exemplis ‖ ex optimis quibufq; autoribus. Eiufdem exē=‖pla ftatus coniecturalis, finitiui, qualitatis. ‖ *Parisiis.* ‖ Apud *Simonem Colinæum.* ‖ 1539. ‖

In-8º de 24 ff. non chiffr., sign. A-C par 8; car. rom.; annotat. margin.; sur le titre est placée la marque du *Temps* nº 3 (page 298).

Les deux traités sont précédés de la dédicace : *Christophorvs He-‖gendorphinus Laurentio Cʒoch ‖ difcipulo fuo S. D.* ‖; le deuxième traité commence au feuillet C.j.; le dernier feuillet est blanc au verso, il n'y a pas de souscription.

Réimprimé en 1543.

PARIS : *Bibl. Maʒarine.* — NANTES.

Herodiani hi-‖ftorici Græci Libri ‖ Octo Ab Angelo Politia=‖no Latinitate Donati. ‖ Quibus acceffit in fingulos libros Epitome ‖ Iacobi Omphalij Andernaci : authoris vita : & ‖ de Romana hiftoria quędā fcitu nō indigna. ‖ *Parisiis* ‖ Ex officina *Simonis Colinæi.* ‖ 1539 ‖.

In-8º de 16 ff. non chiffr. et 102 ff. chiffr., sign. aa-bb, a-m par 8, n par 6; car. rom.; annotat. margin.; sur le titre est placée la marque du *Temps* nº 2 (page 108).

Les 16 premiers feuillets contiennent la table, placée au verso du titre, la dédicace du traducteur : *Angelvs Politianvs* ‖ *Andreæ Magnanimo fuo S.* ‖ datée des nones de mai 1493, la préface, l'index, la vie d'Hérodien et quelques fragments suivis d'un abrégé des huit livres par Jacques Omphale. La traduction occupe tous les feuillets chiffrés, il n'y a pas de souscription.

Copie de l'édition de 1529.

Paris: *Bibl. Mazarine.* — Le Havre. — Montauban: *Bibl. Faculté de Théologie protestante.* — Rennes. — Tours. — Versailles. — Londres: *Brit. Mus.*

❦ Hippo-‖cratis Coi De ‖ natura humana liber, ‖ cum duobus commē=‖tarijs Galeni. ‖ Eivsdem de victus ra=‖ tione falubri liber, cum ‖ Galeni commentario. ‖ Hermanno Cruferio ‖ Campenfi interprete. ‖ *Parisiis* ‖ Apud *Simonem Colinæum* ‖ 1539 ‖.

In-16 de 111 ff. chiffr. et 1 f. bl., sign. a-o par 8; car. rom.; init. sur bois à fonds criblés; le titre est placé dans le petit encadrement que nous reproduisons plus loin, page 347.

Le verso du titre est blanc, les deux traités d'Hippocrate, avec les commentaires de Galien, occupent les feuillets 7 à 87 recto, ils sont précédés (feuillets 2 à 6) d'une dédicace du traducteur à Nicolas, fils du duc Antoine de Lorraine, datée de Paris, le 4 des calendes de juin, le verso du feuillet 87 est blanc; le volume contient encore : ❦ *Polybi De* ‖ *Salvbri Victv* ‖ *Libellvs Cvm Com=*‖*mentario Galeni, Hermanno* ‖ *Cruferio Cāpenfi interprete.* ‖; le verso du dernier feuillet est blanc, il n'y a pas de souscription.

Cette édition doit être la copie de celle que Maittaire indique sous la date de 1534. On trouvera, dans le volume suivant, une autre traduction du *de natura humana* par André Brentio et du *de victus ratione* par Guillaume Copus; une autre traduction du traité de Polybe, par Jean Gonthier d'Andernach, se trouve dans un des deux recueils de poèmes latins sur la médecine, décrits plus haut, imprimés par Simon de Colines en 1533.

Londres: *Brit. Mus.*

❦ Hippocra-‖tis ‖ Aphorifmi. ‖ De natura humana. ‖ De flatibus. ‖ Præfagia. ‖ De ratione victus. ‖ Galeni ars medicinalis. ‖ *Parisiis* ‖ Apud *Simonem Colinæum* ‖ 1539 ‖.

In-16 de 187 ff. chiffr. et 1 f. (bl. ?), sign. a-z par 8, & par 4; car. rom; init. sur bois à fonds criblés.

Le verso du titre est blanc, les aphorismes (feuillets 2 à 40 recto) et l'*Ars medicinalis* (feuillets 125 verso à 187) sont traduits par Nicolas Léonicenus, le *de natura humana* (feuillets 41 verso à 52 recto) par André Brentio, le *de flatibus* (feuillets 52 verso à 61) par Lascaris, les présages (feuillets 62 à 84 recto) et le *de ratione victus* (feuillets 84 verso à 125 recto) par Guillaume Copus; il n'y a pas de souscription.

Toutes ces traductions se trouvaient déjà dans les 3 petits volumes d'Hippocrate de 1524-1525, les aphorismes avaient été réimprimés depuis, avec une autre traduction des présages, par Laurentius Laurentianus, en 1532; enfin on a vu plus haut la traduction du *de natura humana* et du *de victus ratione* par Hermann Cruserius, imprimée en 1534 et en 1538.

LONDRES : *Brit. Mus.*

❧ Q. Horatij flacci ‖ Odarvm Sive Carminvm ‖ Libri Qvatvor. ‖ Epodon Liber vnus. ‖ Cum annotatiūculis q̄ antea auctioribus in margine ‖ adiectis, quæ breuis cōmentarij vice effe poffint. ‖ Nicolai Perotti libellus non infrugifer de metris ‖ Odarum Horatianarum. ‖ *Parisiis*. ‖ Apud *Simonem Colinæum*. ‖ 1539 ‖.

In-8º de 96 ff. chiffr., sign. *a-m* par 8; car. ital.; annotat. margin. en car. rom.; init. sur bois à fonds criblés; sur le titre est placée la marque du *Temps* nº 3 (page 298).

Le verso du titre est blanc, les 2 feuillets suivants contiennent la vie d'Horace, extraite de Pierre Crinitus; les Odes occupent les feuillets 4 à 74, les épodes occupent les feuillets 75 à 88 et le *Carmen sæculare*, les feuillets 89 à 90 recto, le reste du volume, feuillets 90 verso à 96, contient le petit traité de Nicolas Pérot sur le mètre des odes d'Horace; il n'y a pas de souscription.

PARIS : *Bibl. Ste-Geneviève*. — LONDRES : *Brit. Mus.*

❧ Q. Horatii flacci ‖ Epistolarvm Libri Dvo. ‖ Sermonum fiue Satyrarum libri duo, ad Mecœnatem. ‖ Ars poëtica, ad Pifones. ‖ Cum annotatiunculis quàm antea auctioribus in mar-‖gine adiectis, quę breuis cōmētarij vice effe poffint. ‖ *Parisiis*. ‖ Apud *Simonem Colinæum*. ‖ 1539 ‖.

In-8º de 75 ff. chiffr. et 1 f. bl., sign. A-I par 8, K par 4; car. ital.; annotat. margin. en car. rom.; init. sur bois à fonds criblés; sur le titre est placée la marque du *Temps* nº 3 (page 298).

Le verso du titre est blanc, les feuillets 2 à 28 contiennent les épîtres, les feuillets 29 à 66, les satyres, les feuillets 67 à 75 recto, l'art poétique; il n'y a pas de souscription.

Copie de l'édition de 1533; Simon de Colines a réimprimé les œuvres d'Horace en 1540 et 1543.

Paris : *Bibl. Ste-Geneviève.* — Londres : *Brit. Mus.*

Ioannis La=‖greni Labinen=‖fis rudimenta grammatices, ‖ omnia quæ inftituendis pue=‖ris vfui effe poffunt, multo ‖ apertius & clarius atq; alij li=‖belli vulgo Dominvs ‖ Qvæ Pars infcripti, ‖ compleɛtentia. ‖ *Parisiis.* ‖ Ex officina *Simonis Colinæi.* ‖ 1539 ‖.

In-8º de 11 ff. chiffr. et 1 f. bl., sign. a par 12; car. rom.; init. sur bois à fonds criblés; le titre est placé dans l'encadrement *au Soleil* (page 141).

Le verso du titre est blanc, les rudiments de Lagrenus occupent tous les feuillets chiffrés et se terminent par cette souscription :

Finis Libelli Vvlgo Inscri=‖pti, Dominus quæ pars. ‖ Parisiis, In Officina ‖ Simonis Colinæi, Anno ‖ M. D. XXXIX. ‖

Copie des éditions précédemment imprimées par Simon de Colines en 1526 et en 1531.

Chaumont.

M. V. Martialis ‖ Epigrammaton Libri ‖ xiiij. fumma diligentia caftigati. ‖ *Parisiis* ‖ Apud *Simonem Colinæum.* ‖ 1539 ‖.

In-16 de 207 ff. chiffr. et 1 f. bl., sign. *a-ʒ*, A-C par 8; car. ital.; init. sur bois à fonds criblés; sur le titre est placée la marque du *Temps* nº 2 (page 108).

Le verso du titre est blanc, le feuillet suivant contient l'épître : *Plinivs Ivnior,* ‖ *Cornelio Prisco* ‖ *Salvtem.* ‖; les épigrammes de Martial occupent le reste du volume, le feuillet 207 est blanc au verso, il n'y a pas de souscription.

Copie des éditions de 1528 et de 1533; réimprimé par Simon de Colines en 1540 et 1544.

Paris : *Bibl. Nat.; Bibl. Ste-Geneviève; Bibl. Université.* — Besançon. — Limoges. — Narbonne. — Orléans. — Troyes. — Londres : *Brit. Mus.*

Pomponij Melæ ‖ De Sitv Orbis Libri ‖ tres, cū annotationibus Petri Ioan=‖nis Oliuarij Valētini, Chriftianiff. ‖ reginæ Francorum in literis ‖ alumni, viri in

Geographia || eruditiſſimi. || Cum indice copioſiſſimo. || *Parisiis*. || Ex officina *Simonis Colinæi*. || 1539 ||.

In-8º de 67 ff. mal chiffr. et 21 ff. non chiffr., sign. a-l par 8; car. rom.; init. sur bois à fonds criblés; sur le titre est placée la marque du *Temps* nº 3 (page 298).

Le verso du titre est blanc, le feuillet 2 contient la dédicace : *Petrvs Ioannes Oliva=||rivs Valentinvs Orna=||tiſſimo ac eruditiſſimo viro Gulielmo || Maino filiorum Chriſtianiſſimi regis || Francorum præceptoris, nouo patrono || ſuo S. P. D.* ||, datée de Paris, ides de juillet 1536, suivie de quelques mots sur Pomponius Méla, les autres feuillets chiffrés contiennent le texte dont chaque chapitre est suivi de notes par Jean Olivarius; les feuillets de la fin renferment un avis : *Oliuarius Geo=||graphiæ Stvdioso.* || et l'index sur 2 colonnes; le verso du dernier feuillet est blanc, il n'y a pas de souscription.

La première des nombreuses éditions de ce géographe est celle qui fut imprimée à Milan, en 1471, par Antoine Zarot, de Parme, et qui est une des premières productions des presses milanaises.

PARIS : *Bibl. du dépôt des Cartes de la Marine*. — AUXERRE. — RENNES. — BRUXELLES.

Trium Poetarum || Elegantissimo-||rum, Porcelij, Baſinij, & Tre-||bani opuſcula, nunc primum di-||ligentia eruditiſſimi viri Chri-||ſtophori Preudhomme Barro=||ducani in lucem ædita. || *Parisiis* || Apud *Simonem Colinæum*. || 1539 ||.

In-8º de 108 ff. chiffr., sign. *a-n* par 8, *o* par 4; car. ital.; init. sur bois à fonds criblés; sur le titre est placée la marque du *Temps* nº 2 (page 108).

Le verso du titre est blanc, les feuillets 2 à 6 recto contiennent la dédicace : ☞ *Francisco Antonii* || *Lotharingiæ ducis primogenito Mar-||chioni à ponte, principi & heroi illu-||ſtriſſimo Chiſtophorus Preudhomme* || *Barroducanus.* ||, datée de Paris, calendes de décembre 1538, et des pièces de vers adressées par Christophe Preudhomme à Antoine de Lorraine, duc de Bar et de Gueldre, à Jean, comte de Salm, à Jean Preudhomme son père, à Jean et à Blaise Preudhomme, ses frères, à Maxime Cousin, à René Boudet et à Philippe Preudhomme; toutes ces pièces liminaires sont imprimées en caractères romains. Les poésies de Porcellio occupent les feuillets 7 à 85 verso, celles de Basinio les feuillets 85 verso à 101 recto et celles de Trebanio, les feuillets 101 verso à 105 recto, le volume contient encore trois pièces : ☞ *Tadevs Bononien=||sis Sacerdos Divo Sigis-||mvndo Pandvlfo Mal.* ||; — ☞ *Apollinis Vati=||cinivm De Sigismvndo Pan-||dvlfo Mal. Per Rober.* || *Flaminivm.* ||; —

🕮 *Gvarinvs Vero-‖nensis In Lavdem Divi* ‖ *Sigismvndi Pandvlfi* ‖ *Malatestæ.* ‖; le verso du dernier feuillet est blanc, il n'y a pas de souscription.

Toutes les pièces de vers comprises dans ce recueil avaient été écrites à la louange de Sigismond Pandolphe Malatesta, duc de Florence, et à celle de sa femme, Isotta de Rimini par des poètes contemporains, au milieu du xve siècle.

Paris : *Bibl. Nat.; Bibl. Ste-Geneviève.* — Angers. — Bordeaux. — Reims — Londres : *Brit. Mus.*

🕮 Les Princi-‖pes & premiers elementz ‖ de la langue Latine, par ‖ lesquelz tous ieunes en-‖fans feront facilement in-‖troduitz a la congnoissan‖ce dicelle. ‖ *Parisiis.* ‖ Apud *Simonem Colinæum.* ‖ 1539 ‖.

In-8º de 8 ff. non chiffr., sign. A par 8; car. rom. et ital.; le titre, dont le verso est blanc, est placé dans l'encadrement *aux Lapins* (page 48).

L'auteur de cette petite pièce doit être Claude Chaudière, petit-fils de Colines (voyez : du Verdier, édit. Rigoley de Juvigny, III, p. 338 et A. Claudin, *Les origines de l'imprimerie à Reims*, page 9), elle a été réimprimée par Simon de Colines en 1543, par les Chaudière en 1546 et plusieurs fois par Robert Estienne.

Paris : *Collection particulière.*

🕮 Epitome ‖ Fabii Qvintilia=‖ni nuper fummo & ingenio & ‖ diligentia collecta, qua poffit ‖ ftudiofa iuuentus, quicquid eft ‖ Rhetoricæ inftitutionis apud ip‖fum authorem, breuiore com=‖pendio & multo facilius adfe=‖qui. Authore Iona Philologo. ‖ *Parisiis* ‖ Apud *Simonem Colinæum.* ‖ 1539 ‖.

In-8º de 8 ff. non chiffr., 67 ff. chiffr. et 1 f. bl., sign. a-i par 8, k par 4; car. rom.; annotat. margin.; init. sur bois à fonds criblés; le titre est placé dans l'encadrement *aux Lapins* (page 48).

Les feuillets liminaires contiennent le titre, blanc au verso, la dédicace : *Ingenvo Ac Ivris Civilis* ‖ *prudentia ornatiffimo Siberto à Louuen=*‖ *borch Iona Philologus S.* ‖, sans date, et l'index, sur 2 colonnes; l'abrégé de la rhétorique de Quintilien est terminé par un avis *Candido Lectori S.* ‖; il n'y a pas de souscription.

Copie des éditions de 1531, 1534 et 1536, l'épitome de Quintilien a été réimprimé par Simon de Colines en 1542.

Amiens. — Chaumont.

Ioachimi Fortij ‖ Ringelbergii An=‖tuerpiani Rhetorica, nunc demū ‖ terfiffimè emendata. ‖ *Parisiis.* ‖ Ex officina *Simonis Colinæi.* ‖ 1539 ‖.

>In-8º de 20 ff. chiffr., sign. A-B par 8, C par 4; car. ital.; init. sur bois à fonds criblés; annotat. margin.; sur le titre est placée la marque du *Temps* nº 3 (page 298).
>
>Le verso du titre contient un avis *Stvdiosæ Ivventvti.* ‖ et 2 distiques latins : ❡ *Ad autorem defunctum : qui dum* ‖ *uiueret claudus erat, carmen* ‖ *Antonij Angli.* ‖, la rhétorique de Joachim Fortius Ringelberg, est terminée par une épître datée de Lyon, calendes de janvier 1531, adressée à Pierre Stella, professeur de droit, auquel le volume est dédié; il n'y a pas de souscription.
>
>Réimprimé par Simon de Colines en 1543 et 1545.
>
>>Paris : *Bibl. Nat.*

(Diego de Sagredo.) Raison Darchi‖tecture antique, extrai‖cte de Victruue, et aul-‖tres anciens Architecteurs, nouuellemēt tra‖duit Defpaignol en Frā‖coys : a lutilite de ceulx ‖ q̄ fe delectēt en edifices. ‖ ❡ Imprime par *Simon de Colines* demourant a *Paris* en la ‖ grand rue fainct Marcel, a lenfeigne des quatre ‖ Euangeliftes. ‖ 1539 ‖.

>In-4º de 51 ff. chiffr. et 1 f. bl., sign. *a-f* par 8, *g* par 4; car. ital.; init. sur bois à fonds criblés; nombreuses fig. sur bois; le titre est orné d'une figure représentant un portique, qui est répétée dans le volume, au feuillet 5 verso, en tête du chapitre : ❡ *Cy commencent les mefures Romaines,* ‖ *aultrement les mefures Italiennes.* ‖; nous la reproduisons ci-contre.
>
>Le verso du titre est blanc, le feuillet suivant contient la dédicace : *A trefnoble & redoubte* ‖ *Seignevr Dom Alphonce* ‖ *de Fonfera, archeuefque de Tollette, primas* ‖ *des Efpaignes, grant chancelier de Caftille,* ‖ *Diego de Sagredo, chapellain de noftre dame* ‖ *la Royne, humble reuerence & deofculatiō de* ‖ *fes mains munificques.* ‖ (sans date); l'ouvrage commence au feuillet 3 par ce titre de départ : *Deux interloquuteurs* ‖ *Sont Introdvictz̄ En* ‖ *ce prefent liure, faictz̄* [sic] *par forme de dialogue.* ‖ *lung eft vng ouurier de la grāde eglife de Tol-*‖*lette appellee* [sic] *Tampeso, et lautre eft vng* ‖ *paintre nōme Picard, lequel vient vifiter* ‖ *Tāpefo quil treuue portraiāt, et luy dict ainfi :* ‖; il n'y a pas de souscription.
>
>Le nom du traducteur ne figure nulle part; Brunet (V, 30) indique comme premières éditions connues du texte espagnol celles de Madrid et de Lisbonne imprimées en 1542, et fait remarquer qu'il doit cepen-

RAISON DARCHItecture antique, extraiête de Vitruue, et aultres anciens Architeêteurs, nouuellemēt traduit Despaignol en Frācoys:a lutilite de ceulx q̃ se delectēt en edifices.

¶ Imprime par Simon de Colines demourant a Paris en la grand rue sainct Marcel, a lenseigne des quatre Euangelistes.

1 5 3 9

dant en exister une antérieure à la traduction. Les nombreuses figures d'architecture, dont quelques unes sont remarquables par leur élégance, ne sont pas signées, on en attribue la gravure à Mercure Jollat. Simon de Colines a donné deux autres éditions, l'une sans date, qui a précédé celle de 1539, et l'autre en 1543 ; les Chaudière ont réimprimé ce volume en 1550, Gilles Gourbin et Benoist Prévost en 1555 et Denyse Cavellat en 1608.

C'est le premier volume qui porte la troisième adresse de Simon de Colines, à l'enseigne des quatre évangélistes, en la grand'rue Saint-Marcel.

PARIS : *Bibl. Éc. des Ponts et Chaussées.*

Pvb. Sex. Terentii Afri Comici, ‖ Hecyra. ‖ Adiectis in adulescentulorum gratiam, accentibus ‖ & breuiffimis argumentis ex Donato. ‖ *Parisiis.* ‖ Apud *Simonem Colinæum* ‖ & *Francifcum Stephanum.* ‖ 1539 ‖.

In-4° de 22 ff. chiffr., sign. A-B par 8, C par 6; car. ital.; sur le titre est placée la marque du *Temps* n° 3 (page 298).

Le verso du titre est blanc, l'*Argvmentvm Totivs Fabv-‖læ Ex Donato.* ‖ occupe le 2° feuillet, qui n'est pas coté ; il n'y a pas de souscription.

PARIS : *Bibl. Nat.* — BESANÇON.

Pvb. Sex. Terentii Afri Comici, ‖ Adelphi. ‖ Adiectis, in adulescentulorum gratiam, accentibus ‖ & breuiffimis argumentis ex Donato. ‖ *Parisiis.* ‖ Apud *Simonem Colinæum* ‖ & *Francifcum Stephanum.* ‖ 1539 ‖.

In-4° de 26 ff. chiffr., sign. A-B par 8, C par 10; car. ital.; sur le titre est placée la marque du *Temps* n° 3 (page 298).

Le verso du titre est blanc, l'*Argvmentvm Totivs Fabv-‖læ Ex Donato.* ‖ occupe le feuillet 2 ; il n'y a pas de souscription.

Cette plaquette et la précédente font partie d'une édition des œuvres de Térence, imprimée en gros caractères et très interlignée pour permettre aux étudiants d'y écrire des notes ; on trouvera plus loin l'Andrienne sous la date de 1541, l'Eunuque, Phormio et l'Héautontimorouménos, sous celle de 1542, il est possible que ces dernières comédies aient été précédemment imprimées par Simon de Colines pour faire partie de la même édition, car A.-A. Renouard, en la mentionnant dans les *Annales de l'imprimerie des Estienne*, page 98, donne à l'Andrienne et à l'Eunuque la date de 1538 et aux quatre autres comédies celle de 1539, ce sont aussi les dates indiquées par Maittaire.

Simon de Colines a donné une édition in-16 de Térence en 1541.

PARIS : *Bibl. Nat.* — BESANÇON.

❧ Georgii ‖ Trapezontii ‖ dialectica, hæc continens : ‖ De enunciatione. ‖ De prædicabilibus. ‖ De prædicamentis. ‖ De fyllogifmo categorico, & hypo-‖thetico. ‖ De enthymemate. ‖ De diffinitione ac diuifione. ‖ De thefi. ‖ Et Hæc Omnia Vti=‖liter, eleganterqʒ, & modo quidem ‖ perbreui ac introductorio. ‖ *Parisiis.* ‖ Apud *Simonem Colinæum.* ‖ 1539 ‖.

In-8º de 32 ff. chiffr., sign. A-D par 8; car. rom.; annotat. margin.; init. sur bois à fonds criblés; le titre est placé dans l'encadrement *aux Lapins* (page 48).

La dialectique est précédée de la dédicace de l'éditeur : *Iacobvs Faber Fortv=‖nato fuo S.* ‖, datée de Paris, 1508, elle est terminée par cette souscription :

Parisijs in officina Simonis Colinæi, XV. ‖ *Octobris, Anno à natali Christi* ‖ *faluatoris M. D. XXXIX.* ‖

Le verso du titre et celui du dernier feuillet sont blancs.

La dialectique de Georges de Trébizonde avait été déjà imprimée par Simon de Colines en 1528, 1532, 1534 et 1536, elle a été réimprimée par lui en 1544.

REIMS.

M D XL

28 mars 1540 — 16 avril 1541 n. s.

Laccord de la lan‖gue Frācoiſe auec la Latine, par le‖quel ſe congnoiſtra le moyē de bien ‖ ordonner et cōpoſer toutz motz, ‖ deſquelz eſt faiɛte mention au vo‖cabulaire des deux langues. ‖ *Parisiis.* ‖ Apud *Simonem Colinæum.* ‖ 1540. ‖

In-8° de 34 ff. non chiffr., sign. a-d par 8, e par 2; car. rom.; init. sur bois à fonds criblés; sur le titre est placée la marque du *Temps* n° 3 (page 298).
Le verso du titre est blanc, la souscription suivante se trouve au recto du dernier feuillet dont le verso est blanc :
Excvdebat Simon Coli=‖næus Impensis Reginaldi ‖ Chauldiere, Anno 1540 ‖ menſe Iunio. ‖
Ce petit traité de grammaire est divisé en huit chapitres, *du nom, du pronom, du verbe, de l'adverbe, du participe, de la conjonction, de la préposition et de l'interjection*, il se termine par : *Aucunes reigles ‖ Et Observations En Ge=‖neral pour ſcauoir former les verbes, & en ‖ eſpecial pour tous motz deriuatifʒ.* ‖; il a été réimprimé par Simon de Colines en 1543.

Paris : *Bibl. Nat.* — Chaumont. — Londres : *Brit. Mus.*

Αρατου ‖ Σολεως Φαινομενα. ‖ Ciceronis In Arati Phæ-nome-‖na interpretatio, quæ multo & amplior eſt & emendatior, ‖ quàm vulgata. ‖ Acceſservnt His Vergilii, Germa-‖nici Cæſaris, & Rufi Auieni carmina, iis refpondentia Arati, quæ à ‖ Cicerone conuerfa interciderunt. ‖ Hæc Avtem Latina Omnia Græcis ‖ ex altera parte refpondent Ioachimi Perionij opera, cuius obferuationes fimul ‖ eduntur. ‖ *Parisiis* ‖ Apud *Simonem Colinæum.* ‖ M. D. XL. ‖ Cvm Privilegio in quadriennium. ‖

<small>In-4º de 106 pages chiffr., les deux dernières cotées par erreur 106 et 104, et 1 f. bl., sign. A-M par 4, N par 6; car. grecs, rom. et ital.; sur le titre est placée la marque du *Temps* nº 3 (page 298).

Le verso du titre est blanc, les pages 3 à 12 renferment Λεοντίου Μηχανικοῦ Περὶ Κατασκευῆς ‖ 'Αρατείας Σφαίρας. ‖ et Περὶ τοῦ ὀφιούχου...; la page 13 est blanche, les pages 14 à 89 contiennent le texte grec avec la traduction latine en regard, le volume est terminé par : ⁂ *Ioachimi Perionii Benedi-‖ctini Observationes In ‖ Aratum Ciceronis.* ‖ et la souscription :

Parisiis ‖ *Excvdebat Ioannes Lodoi-‖cvs Tiletanvs* ‖ M. D. XL. ‖

Ce volume doit être joint à la traduction des éthiques d'Aristote par Joachim Périon, sur le titre de laquelle il est annoncé, et à deux autres éditions données par le même commentateur en 1540. Simon de Colines a fait imprimer ces quatre volumes, par Jean-Louis Tiletanus appelé aussi Jean Loys ou Jean Louys, imprimeur qui demeurait en face le collège de Reims, on trouvera dans Maittaire une liste des ouvrages qu'il a imprimés; M. Vander Haegen pense qu'il était originaire de Thielt, en Flandre.

Amiens. — Nantes. — Troyes. — Londres : *Brit. Mus.* </small>

⁂ Primvs Tomvs ‖ Theofophiæ Ioannis Arborei ‖ Lavdvnensis, Doctoris Theolo=‖gi, complectens fanam & luculentam difficillimorum locorum ‖ cum veteris tum noui teftamenti expofitionem, decem libris ab=‖foluitur: in quibus lepidiffimæ facrorum doctorū fententiæ dif=‖ cutiuntur, & multorum hærefes reuelluntur. ‖ *Parisiis.* ‖ Apvd *Simonem Colinævm.* ‖ M. D. XL. ‖

<small>2 volumes in-folio, car. rom.; init. sur bois à fonds criblés; annotat. margin. Premier Volume : 6 ff. non chiffr., 321 ff. chiffr. et 1 f. bl., sign. ✱ par 6, A-Z, AA-QQ par 8, RR par 10; sur le titre est placée la grande marque du *Temps* (page 104).

Le verso du titre contient l'extrait du privilège accordé pour 3 ans, le 9 janvier 1539 (1540, n. s.), à Simon de Colines, les autres feuillets liminaires contiennent la dédicace : *Nobiliffimo ac reuerēdiffimo car-‖dinali Lvdovico Borbonio, Ioan-‖nes Arboreus, doctor Theologus Pari-*</small>

fienfis, ‖ *S. P. D.* ‖. sans date, et l'*Index Rervm Omnivm Qvæ In Sin-*‖ *gulis libris huiufce Theofophiæ continentur.* ‖, sur deux colonnes; les dix premiers livres de la Théosophie occupent tous les feuillets chiffrés et se terminent par 7 distiques latins : *Avthoris Ad Candidvm Lectorem* ‖ *Epigramma.* ‖ et l'errata.

Deuxième Volume : 221 ff. chiffr. et 1 f. non chiffr., sign. a-z, aa-dd par 8, ee par 6; la grande marque du *Temps* (page 104) est placée sur le titre : ⁕ *Secundus tomus Theofophiæ* ‖ *Ioannis Arborei Lavdvnensis, Docto-*‖*ris Theologi, complectês fanam & luculentam difficillimorum* ‖ *locorum cum veteris tum noui teftamenti expofitionem, nouem* ‖ *libris abfoluitur, in quibus lepidiffimæ facrorum doctorum fen=*‖*tentiæ difcutiuntur, & multorum hærefes reuelluntur.* ‖ *Parisiis.* ‖ *Ex Officina Simonis Colinæi.* ‖ *M. D. XL.* ‖; au verso sont 12 distiques latins : *Ioannis Papilionis Campani, A d* ‖ *Lectorem Epigramma.* ‖, les livres 11 à 19 de la Théosophie occupent tout le volume qui est terminé par la souscription suivante :

Excvdebat Hoc ‖ *infigne opus Simõ Colinæus* ‖ *Parifijs, Anno M. D. XL.* ‖ *Menfe Ianuario.* ‖

Il faut, pour compléter cet ouvrage, un troisième volume qui n'a paru que 13 ans plus tard et a été imprimé par Mathieu David pour Jean de Roigny, en vertu d'un privilège accordé le 12 octobre 1553 : *Tertius tomus Theofophiæ Ioan-*‖*nis Arborei Laudunenfis... complectitur fanam & luculentam in omnes Diui Pau=*‖*li epiftolas explanationem, in qua facrorum & fcholafticorum Do-*‖*ctorum fententiæ difcutiuntur... Parisiis,* ‖ *Apud Ioannem de Roigny, via Iacobæa, fub infigni* ‖ *quatuor Elementorum.* ‖ 1553. ‖, il contient 6 ff. liminaires, 287 ff. chiffr. et 7 ff. d'index, la souscription est datée du 13 des calendes de novembre 1553. Les commentaires d'Arboreus sur l'Ecclésiaste et le Cantique des cantiques, imprimés par Simon de Colines en 1537, ont été réimprimés aussi par Jean Roigny en 1553.

Paris : *Bibl. Nat.; Bibl. Mazarine; Bibl. Université.* — Agen. — Amiens. — Auch. — Bordeaux. — Cambrai. — Lyon. — Marseille. — Troyes. — Valence. — Dublin : *Bibl. du coll. de la Trinité.* — Florence : *Bibl. Nat.* — Londres : *Brit. Mus.*

Aristotelis rhe-‖toricorvm Ad Theode=‖cten, Georgio Trapezontio ‖ interprete, libri III. ‖ Eivsdem Rhetorices Ad ‖ Alexandrum, à Francifco Philelpho in latinũ ‖ verfæ liber I. ‖ Nunc recens ad græcam veritatem recogniti. ‖ *Parisiis* ‖ Apud *Simonem Colinæum.* ‖ 1540 ‖.

In-8º de 142 ff. chiffr. et 2 ff. bl., sign. a-f par 8; car. rom.; init. sur bois à fonds criblés; sur le titre est placée la marque du *Temps* nº 3 (page 298).

Le verso du titre et les 2 feuillets suivants contiennent la table des

chapitres et la dédicace de Georges de Trébizonde, sans date, les trois livres à Théodecte et le livre à Alexandre occupent tout le volume; la souscription suivante est placée au bas du feuillet 142 recto dont le verso est blanc :
> *Parisijs apud Simonem Colinæum.* || *M. D. XL.* ||
> Copie de l'édition imprimée par Simon de Colines en 1530.

PARIS : *Bibl. Mazarine*. — AUCH. — BESANÇON. — LIMOGES. — ROUEN. — TROYES.

Ariftotelis ad Nicoma||chvm Filivm De Moribvs, || quæ Ethica nominãtur, Libri decem. || Ioachimo Perionio Benedictino || Cormeriaceno interprete. || Ad Reuerendum in Chrifto Patrem D. Francifcum || Boherū, Epifcopum Maclouienfem. || Commentarii eiufdem in eofdem libros, in || quibus de conuertendis coniungendisque Græcis || cum Latinis præcepta traduntur. || Acceffit Liber Ciceronis de Vniuerfitate, coniunctus cum ea || parte Timæi Platonis cui refpondet. Itemque Arati Phęnomena || quæcunque extant à Cicerone conuerfa, vt in vtroque genere o-||mnes optimum auctorem habeant quem imitentur. || Cum priuilegio in quadriennium. || *Parisiis* || Apud *Simonem Colinæum*. || 1540. ||

In-4º de 16 ff. non chiffr., 203 ff. chiffr. et 1 f. (bl.?); car. rom.; init. sur bois à fonds criblés.

Le verso du titre contient le privilège accordé pour quatre ans à *Symon de Colines, imprimeur et libraire juré de l'Université de Paris,* les feuillets liminaires renferment la préface, datée de Paris, nones de mai 1540 : *Reverendo In Christo Pa-||tri D. Francisco Bohero, || Episcopo Macloviensi, Ioa-||chimus Perionius Benedictinus Cor-||mœriacenus S. P. D.* ||, l'index imprimé sur deux colonnes et l'*Argvmentvm Ioachimi Perionii, Qvo* || *horum decem librorum cum fententia, tum ordo quem feruat* || *Ariftoteles, breuiter explicatur.* ||, en caractères italiques. La traduction latine des dix livres des éthiques d'Aristote par Joachim Périon occupe tous les feuillets chiffrés, terminés par la souscription :
> *Parisiis.* || *Excvdebat Ioannes Lo-||doicvs Tiletanvs.* || *1540.* ||

De toutes les parties annoncées sur le titre, ce volume ne contient que les éthiques d'Aristote, il faut donc, pour le compléter, lui joindre trois autres volumes que nous décrivons en cette année : *Perionii, de optimo genere interpretandi commentarii,* qui contient les commentaires de Joachim Périon sur les livres des éthiques, Αρατου Σολεως Φαινωμενα et Ἐκ Πλάτωνος Τιμαίου Τμημα.

Simon de Colines avait déjà donné la traduction des éthiques d'Aristote par Jean Argyropilus, avec les commentaires de Jacques Lefèvre, en 1522 et en 1530.

AMIENS. — AVIGNON. — CHAUMONT. — LYON. — TOURS. — TROYES.

(BIBLE IN-SEIZE.) ☙ Liber ‖ Psalmo=‖rvm. ‖ *Parisiis* ‖ Ex officina *Simonis Colinæi.* ‖ 1540 ‖.

In-16 de 140 ff. chiffr. et 4 ff. non chiffr., sign. a-s par 8; car. rom.; impression en rouge et en noir; une lettre initiale sur bois représente David jouant de la harpe.

Le verso du titre est blanc, les feuillets chiffrés contiennent les psaumes, précédés du prologue de Saint Jérôme et terminés par la souscription :

☙ *Impressvm Parisiis,* ‖ *in officina Simonis Colinæi,* ‖ *Anno domini Millefimo* ‖ *quingentefimo qua=*‖*dragefimo, Men*‖*fe Aprili.* ‖ ·.· ‖

Les feuillets non chiffrés de la fin contiennent l'index. Les psaumes avaient été déjà imprimés par Simon de Colines en 1523, 1524, 1528 et 1535.

PARIS : *Bibl. Ste-Geneviève.* — LONDRES : *Brit. Mus.*

(BIBLE IN-SEIZE.) Libri Regum IIII ‖ Libri Paralipomènon II ‖ Libri Efdræ IIII ‖ Liber Tobiæ ‖ Liber Iudith ‖ Liber Efther ‖ Liber Iob. ‖ *Parisiis.* ‖ Ex officina *Simonis Colinæi.* ‖ 1540 ‖.

In-16 de 583 ff. chiffr. et 1 f. bl., sign. a-z, &, aa-zz, &&, aaa-zzz, &&&, aaaa par 8; car. rom.; init. sur bois à fonds criblés.

Le verso du titre est blanc, les différents livres commencent aux feuillets 2, 231, 349, 470 verso, 488, 513, 539, ils sont précédés chacun de la préface de saint Jérôme; au bas du dernier feuillet, est placée cette souscription :

Absolvtvm XVI Ivlii, ‖ *M. D. XLI.* ‖

Copie des éditions données par Simon de Colines en 1526, 1529 et 1534.

PARIS : *Bibl. Ste-Geneviève.* — VERSAILLES.

Boetij Seuerini ‖ De Divisionibvs ‖ & diffinitionibus libri, emenda=‖tius quàm antea editi. ‖ Additis fcholiorum vice adnota=‖tionibus vtiliffimis. ‖ *Parisiis.* ‖ Ex officina *Simonis Colinæi.* ‖ 1540. ‖

In-8º de 32 ff. sign. A-D par 8; car. rom.; annotat. margin.; init. sur

bois à fonds criblés; sur le titre est placée la marque du *Temps* n° 2 (page 108).

Le verso du titre est blanc, les deux livres de Boëce occupent tout le volume qui est terminé, au verso du dernier feuillet, par 2 pièces de vers latins : ℭ *Ioannes Anglicvs Lvte=*‖*tianus ad Puerum.* ‖ et par la souscription :
Imprimebat Simon Coli=‖*nævs Impensis Nico*‖*lai Billeqvo.* ‖

Simon de Colines imprima l'année suivante, pour Nicolas Billequo, le traité de Boëce, *de differentiis topicis,* qui doit faire suite à celui-ci.

PARIS : *Bibl. Nat.* — AMIENS. — AVIGNON. — REIMS.

Dialectica Ioan‖nis Cæsarii, No=‖uiſſimè iam ab ipſo autore dili‖genter recognita, & acceſſione ‖ locupletata, capitibuſqʒ diſtin‖cta, miro compēdio omnia ferè ‖ eius artis præcepta cōplectens. ‖ *Paeisiis* [sic] ‖ Apud *Simonem Colinæum.* ‖ 1540. ‖

In-8° de 135 ff. chiffr. et 1 f. bl., sign. a-r par 8; car. rom.; init. sur bois à fonds criblés; sur le titre est placée la marque du *Temps* n° 3 (page 298).

Le verso du titre est blanc, le corps de l'ouvrage est précédé de la dédicace, datée de Cologne, ides de juin 1532 : ✥ *Viro Magnani=*‖*mo Ivxtaqve Egregie* ‖ *Docto Vvilhelmo Riffen=*‖*ſtein, Quæſtori & Cōſiliario generoſi & illu=*‖*ſtris comitis à Stolberga & Vuernigeroda,* ‖ *amico ſuo optimo & patrono plurimū ob=*‖*ſeruando, Ioannes Cæſarius S. D.* ‖, et de la *Præfatio operis;* il est terminé par la *peroratio,* et la souscription :
Parisiis, In Officina Si=‖*monis Colinæi, Anno Sv=*‖*pra milleſimum quingenteſimo qua=*‖*drageſimo pridie Calendas* ‖ *Maij.* ‖

Copie de l'édition de 1537; on trouvera en 1538 et en 1542 la rhétorique de Jean Cæsarius.

AMIENS. — TROYES.

M. Tul. Ciceronis ‖ Pro A Cecinna Oratio ‖ Didvcta In Svas Par-‖tes Atqve Explicata ‖ Petro Pellita-‖rio Amba-‖siano. ‖ Cvm Privilegio. ‖ *Parisiis.* ‖ Ex officina *Simonis Colinæi.* ‖ M. D. XL. ‖

In-4° de 8 ff. non chiffr., 2 ff. chiffr. ✶ et ✶✶, et 162 ff. chiffr. 5 à 166, sign. Aa par 8, *a* par 6, *b-v* par 8, x par 6; car. rom. et ital.; init. sur bois à fonds criblés; le titre est placé dans un grand encadrement en manière noire qui figurera dans les Heures de 1542.

Le verso du titre est blanc, les 13 feuillets suivants contiennent la dédicace datée du 8 des calendes de septembre 1540 : *Spectatissimo, ac ornatissi*‖*mo Viro Nicolao Bertellero* ‖ *palatij apud Parisios Præfecto, Petrus Pellitarius* ‖ *S. P. D.* ‖, et une épître aux lecteurs; le discours de Cicéron, précédé d'un argument et accompagné des commentaires de Pierre le Pelletier se termine, au recto du dernier feuillet dont le verso est blanc, par ces devises : 'Ο νοῦς ἐν σκύτεσιν, *Animus in pellibus, Pensee en peaulx*; il n'y a pas de souscription.

Seconde édition donnée par Simon de Colines, la première, de 1535, était accompagnée des commentaires de Jacques Omphale.

PARIS : *Bibl. Nat.* — BORDEAUX. — NANTES.

M. T. Cice-‖ronis Epiſtolarū ‖ ad Brutū Liber. ‖ *Pariſiis.* ‖ Ex officina *Simonis Colinæi.* ‖ 1540. ‖

In-8º de 18 ff. chiffr., sign. a-b par 8, c par 2; car. rom.; init. sur bois à fonds criblés; sur le titre est placée la marque du *Temps* nº 2 (page 108).

Le verso du titre est blanc, le texte de Cicéron, sans commentaires, commence au feuillet 2 et occupe tout le volume; il n'y a pas de souscription.

PARIS : *Bibl. Nat.* — ANGERS. — PAU.

Fundamentum Logicæ. ‖ Introductio in ‖ Terminorvm Cogni-‖tionē, in libros Logicorū Ariſtotelis, ‖ authore Iodoco Clichtoueo Neopor-‖tuenſi, vnà cum Ioannis Cæſarij Cō-‖mentarijs. ‖ *Parisiis.* ‖ Apud *Simonem Colinæum.* ‖ 1540. ‖

In-8º de 24 ff. chiffr., sign. A-C par 8; car. rom.; annotat. margin. en car. ital.; init. sur bois à fonds criblés; sur le titre est placée la marque du *Temps* nº 2 (page 108).

Le verso du titre est blanc, les 2 feuillets suivants contiennent la dédicace, datée de Deventer, ides de novembre (1504) : *Ad Servativm Ædicol=*‖*lium, bonarum artium ſtudioſiſſimum, Io=*‖*annis Cæſarij, Iuliacenſis Epiſtola.* ‖, la préface : *Iodocvs Clichtovevs* ‖ *Neopor. adoleſcētibus bonarū artiū ſtudioſis.* ‖ et la *Formvla Divisionis*; le reste du volume contient l'ouvrage de Clichtove accompagné des commentaires de Jean Cæsarius; le verso du dernier feuillet est blanc, il n'y a pas de souscription.

La première édition de ce traité, avec les commentaires de Jean Cæsarius, est de Deventer, Richard Paffroet, in-4º goth., 1504, nous l'avons déjà vu, sans les commentaires, en tête des *Introductiones in terminos*, imprimées en 1526, 1530, 1533 et 1535; notre édition est la copie de celle qu'avait donnée Chrestien Wechel en 1534, elle a été réimprimée par Simon de Colines en 1544, et plusieurs fois encore par d'autres imprimeurs, la *Bibliotheca Belgica*, donne la description de toutes ces éditions auxquelles il faut ajouter celle de Lyon, Sébastien Gryphe, 1544, copiée elle aussi sur celle de 1534.

Paris : Bibl. Nat.

Coniugaiſons la-‖tines Et Francoyses De ‖ verbes Aɛtifz auec Paſſifz, Neutres, Depo-‖nens, & Cōmuns : auſſi pareillement Sum, Volo, ‖ Nolo, & aucuns imperſonelz de la voix aɛtiue ‖ & paſſiue. ‖ *Parisiis.* ‖ Apud *Franciſcum Stephanum.* ‖ M. D. XL. ‖

In-8º de 56 ff. chiffr., sign. a-g par 8; car. rom. et ital.; sur le titre est placée la marque *au Cep* de François Estienne.

Au verso du titre est un avis de l'auteur : *Pveris S.* ‖, daté des nones de décembre 1537; les feuillets 2 à 43 recto renferment les verbes des quatre conjugaisons; le reste du volume contient : *Les verbes irre-‖gvliers : Cest A Dire,* ‖ *qui ne tiennent point la forme & ma-‖niere de ceulx qui font* ‖ *deuant dict.* ‖; le dernier feuillet, blanc au verso, porte au recto la table des verbes conjugués, il n'y a pas de souscription.

Imprimé avec les caractères de Simon de Colines.

Londres : Brit. Mus.

Parabolæ ſi=‖ve Similia D. Eras‖mi Roterodami poſtremum ab ‖ authore recognita, cum acceſſio-‖ne nonnulla, adieɛtis aliquot vo-‖cularum obſcurarum interpre=‖tationibus. ‖ *Parisiis* ‖ Apud *Simonem Colinæum.* ‖ 1540. ‖

In-8º de 100 ff. chiffr., sign. a-m par 8, n par 4; car. rom.; init. sur bois à fonds criblés; sur le titre est la marque du *Temps* nº 3 (p. 298).

Le verso du titre et les feuillets 2 et 3 contiennent l'épître dédicatoire : *Erasmvs Ro=‖terodamvs, Viro* ‖ *Cum Primo Ervdito* ‖ *Petro Ægidio celebratiſſi=‖mæ ciuitatis Antuuer=‖pienſis, ab actis, S. D.* ‖ datée de Bâle, ides d'octobre 1514. Les cinq parties : *Ex Plvtarchi Moralibvs, Ex Seneca, Ex Luciano, Xenophonte ac Demosthene, Ex Aristotele, Plinio, Theophrasto,* et *Vocvlarvm Qvarvndam Expositio,* commencent respectivement aux feuillets 4, 50, 56 verso, 57 et 97 verso; au bas du dernier feuillet est placée la souscription :

Parisiis Impressvm Apvd ‖ *Simonem Colinæum Pridie Nonas* ‖ *Aprilis M. D. XL.* ‖

Copie des éditions données par Simon de Colines en 1523 et 1529.

Paris : *Bib. Nat.*; *Bibl. Mazarine.* — Avignon. — Besançon. — Le Mans. — Montauban : *Bibl. Faculté de Théologie protestante.* — Tours.

(Charles ESTIENNE.) Naturæ nominū, ‖ Ex Prisciano Præ-‖cipuè collectæ. ‖ In adolefcentulorum gratiam. ‖ *Parisiis* ‖ Apud *Francifcum Stephanum.* ‖ 1540 ‖.

In-8º de 23 pp. chiffr. et 1 p. bl., sign. A par 8, B par 4; car. rom.; sur le titre est placée la marque *au Cep* de François Estienne.
Souscription :
Imprimebat Frācifco Stephano pri=‖uigno Simon Colinæus, Ann. M.‖D.XL. III. Non. Septemb. ‖
Les *Naturæ Nominum* avaient été imprimées en 1538 par Robert Estienne pour son frère François.

ALENÇON. — BORDEAUX.

(Charles ESTIENNE.) Naturæ Pronomi‖nvm, In Advlescen-‖tulorum gratiam, ex Prifciano ‖ collectæ.‖ *Parisiis* ‖ Apud *Francifcum Stephanum.* ‖ 1540 ‖.

In-8º de 11 ff. chiffr. et 1 f. bl., sign. A par 8, B par 4; sur le titre est placée la marque *au Cep* de François Estienne.
Le verso du titre et celui du feuillet 11 sont blancs; souscription :
Imprimebat Frācifco Stephano pri‖uigno Simō Colinæus, Ann. M.‖ D.XL. III. Non. Septemb. ‖
Copie de l'édition de 1537.

ALENÇON. — BORDEAUX.

(Charles ESTIENNE.) Naturæ conjunctionum ex Prisciano, *Parisiis,* apud *Franciscum Stephanum,* 1540.

In-8º de 15 pp. chiffr. et 1 p. bl., sign. A par 8; car. rom.
Le texte, sous forme de dialogue, est terminé par la souscription :
Imprimebat Frācifco Stephano pri=‖uigno Simon Colinæus, Ann. M. ‖ D.XL. III. Non. Septembr. ‖
Copie de l'édition imprimée par Robert Estienne en 1538.

ALENÇON. — BORDEAUX (ex. incomplet du titre).

(Charles ESTIENNE.) Naturæ infiniti-‖vorvm, Gervndio-‖ rum, & Supinorum. ‖ Ex Prisci Ani [sic] Et Aliorvm Bono=‖rum authorum fententia. ‖ *Parisiis* ‖ Apud *Francifcum Stephanum.* ‖ 1540. ‖

In-8º de 8 ff. chiffr., sign. A; car. rom.; sur le titre est placée la marque *au Cep* de François Estienne.

Le dernier feuillet est blanc au verso; le texte est terminé par cette souscription :
Imprimebat Frācifco Stephano pri‖*uigno, Simon Colinæus, Anno* ‖ *M.D.XL. VIII. Cal. Octobris.* ‖
Copie de l'édition de 1538.

Alençon. — Bordeaux.

(Charles Estienne.) Naturę verborū ‖ ex Prifciano. ‖ *Parisiis* ‖ Apud *Francifcum Stephanum.* ‖ 1540 ‖.

In-8º de 12 ff. chiffr., sign. a par 8, b par 4; car. rom.; sur le titre est placée la marque *au Cep* de François Estienne.

A la suite du texte, qui occupe toute la plaquette, se trouve la souscription :
Imprimebat Francifco Stephano ‖ *priuigno, Simon Colinæus, Anno* ‖ *do. M.D.XL. XV. Cal. Octo.* ‖
Copie de l'édition de 1538.

Alençon. — Bordeaux.

(Charles Estienne.) Naturæ Præpofi-‖tionum ex Pri-‖ fciano. ‖ *Parisiis* ‖ Apud *Francifcum Stephanum.* ‖ 1540 ‖.

In-8º de 16 et 4 ff. chiffr., sign. A-B par 8, A par 4; car. rom.; sur le titre est placée la marque *au Cep* de François Estienne.

Le verso du titre est blanc, la seconde série de chiffres contient : *Naturæ interie-*‖*ctionvm.* ‖, au bas du dernier feuillet recto, dont le verso est blanc, est la souscription :
Imprimebat Frācifco Stephano pri=‖*uigno, Simon Colinæus. Anno* ‖ *M.D.XL. XVII. Cal. Octob.* ‖
Copie de l'édition imprimée en 1538 par Robert Estienne.

Alençon. — Bordeaux.

(Charles Estienne.) Naturæ partici-‖piorvm, Ex Priscia-‖ no, In Gratiam Ado=‖lescentvlorvm. ‖ *Parisiis* ‖ Apud *Francifcum Stephanum.* ‖ 1540 ‖.

In-8º de 11 ff. chiffr. et 1 f. bl., sign. a par 8, b par 4; car. rom.; sur le titre est placée la marque *au Cep* de François Estienne.

Le verso du titre est blanc; souscription :
❦ *Excvdebat Simon Co-*‖*linæus Parifijs, fumptibus Francifci* ‖ *Stephani, in claufo Brunello,* ‖ *fub fcuto Franciæ.* ‖
Copie des éditions de 1537 et de 1538.

Alençon. — Bordeaux.

(Charles Estienne.) Naturæ aduer-‖biorvm, Ex Prisciani ‖ Sententia. ‖ In gratiam adolefcentulorum. ‖ *Parisiis*. ‖ Apud *Francifcum Stephanum*. ‖ 1540. ‖

In-8º de 16 ff. non chiffr., sign. a-b par 8; car. rom.; sur le titre est placée la marque *au Cep* de François Estienne.

Cette plaquette qui n'a pas de souscription a été imprimée comme les éditions de 1535, 1538 et 1542 par Simon de Colines.

Paris : *Collection particulière*.

De Ligno San-‖cto non permi=‖fcendo, Antonio Gallo me=‖dico autore. ‖ Idem In imperitos fucatofq̃ medicos. ‖ *Parisiis* ‖ Apud *Simonem Colinæum*. ‖ 1540 ‖ Cvm ‖ Privilegio. ‖

In-8º de 116 ff. chiffr., sign. a-o par 8, p par 4; car. rom. et ital.; init. sur bois à fonds criblés; sur le titre, dont le verso est blanc, est placée la marque du *Temps* nº 3 (page 298).

Le feuillet 2 contient la préface : *A. Gallvs Lectori* ‖ *Candido*. ‖, le premier traité (feuillets 3 à 111 recto), est suivi de l'*Erratvla*, le reste du volume contient le second traité; il n'y a pas de souscription.

Le *lignum sanctum* ou *hagioxylon* est le bois de gaïac; Alphonse Ferrier avait écrit, sur les propriétés de ce médicament, une dissertation dont les éditions latines sont très nombreuses et qui avait été traduite en français par Nicolas Michel, en 1540.

Paris : *Bib. Nat.; Bibl. Maʒarine; Bibl. Arsenal*. — Dijon. — Dole.

Difceptatio ad‖uerfus Lutheranos de valore operum bono‖rum : qua dilucide oftenditur quid per vir-‖tutis opus Chriftianus quifq; apud deū pro-‖moueat, edita à facræ Theologiæ profeffore ‖ F. Alfonfo de Herrera, ordinis prædicatorū ‖ Cæfaris concionatore. ‖ Curēt bonis operibus præeffe qui credūt deo ‖ *Parisiis* ‖ Apud *Simonem Colinæum*. ‖ 1540 ‖.

In-8º de 72 ff. chiffr., sign. a-i par 8; car. rom.; annotat. margin.; init. sur bois à fonds criblés; sur le titre est placée la marque du *Temps* nº 3 (page 298).

Le verso du titre est blanc, les feuillets 2 à 4 contiennent la dédicace : *Clariſſima Cęſarum progenie* ‖ *ortę D. Catherinę, dei gratia* ‖ *Luſitanię & Algarabiorū &c. re*‖*ginæ frater Alphonſus de Herre*‖*ra, ordinis* p̄dicatorū, facrę the=‖ologię pfeſſor, eius ī ſtudijs alū‖nus, Cęſariq; à cōtionibus, pro=‖ſpera omnia, ac regij ſtatus in=‖columen celſitudinem. ‖, sans date, et l'avertissement : *Alphonsvs Ab Herrera,* ‖ *ordinis prędicatorum pio lectori Salutem.* ‖; l'ouvrage d'Alphonse de Herréra est divisé en 2 parties, la première : ☾ *Dvo Capitales Errores* ‖ *Lvtheranorvm.* ‖ occupe les feuillets 5 à 56 recto, la seconde : ✠ *De Opere Satisfactorio,* ‖ *Tractatvs Secvndvs, Qvod* ‖ *opus chriſtianum ſit deo* ‖ ſatiſfactorium. ‖ occupe les feuillets 56 verso à la fin, il n'y a pas de souscription.

PARIS : *Bibl. Maȝarine; Bibl. Ste-Geneviève.* — AMIENS.

Horativs. ‖ Nicolai Perotti libellus nō in-‖frugifer de metris Odarum ‖ Horatianarum. ‖ *Parisiis* ‖ Apud *Simonem Colinæum.* ‖ 1540 ‖.

In-16 de 176 ff. chiffr. 1 à 100 et 1 à 76, 1 f. non chiffr. et 3 ff. bl., sign. A-L par 8, M par 6, N par 4, a-k par 8; car. ital.; le titre est placé dans le petit encadrement que nous reproduisons plus loin, page 347.

Le verso du titre est blanc, les 2 feuillets suivants contiennent la vie d'Horace par Pierre Crinitus, les odes occupent les feuillets 4 à 77 verso, les épodes, les feuillets 77 verso à 92 recto, le *carmen sæculare,* les feuillets 92 verso et 93, les feuillets 94 à 100 contiennent le traité de Nicolas Pérot : *Nicolai Peroti Sipontini* ‖ *Præsvlis Libellvs, De* ‖ *Metris Odarvm Ho-*‖*ratianarvm.* ‖ dédié à Cœlius Pérot, son frère, les feuillets 1 à 28 de la seconde série de chiffres contiennent les épîtres, les feuillets 29 à 67, les satyres, les feuillets 68 à 76, l'art poétique; le volume est terminé par la souscription suivante :

Excvdebat Svis Typis Si=‖*mon Colinævs In Alma* ‖ *Parisiorvm Academia,* ‖ *Anno Salvtis M. D. XL.* ‖ *Mense Octobri.* ‖

Copie de l'édition de 1531; Simon de Colines qui avait déjà donné quatre éditions des œuvres d'Horace en 1528, 1531, 1533 et 1539, les a réimprimées en 1543.

LONDRES : *Brit. Mus.*

✠ Ionæ Philologi ‖ Dialogi Aliqvot ‖ lepĭdi ac feſtiui, in ſtudioſæ iuuentutis infor=‖mationem nunc denuo recogniti. ‖ ✠ Qvibvs Accessit ‖ Advlationis Et Pavper‖tatis dialogus pulcherrimus, quo iuuentus ‖ monetur, ne vel vlla neceſſitudine deuicta à ‖ bonis literis animum inflectat. ‖ *Parisiis* ‖ Apud *Simonem Colinæum.* ‖ 1540 ‖.

In-8° de 28 ff. chiffr., sign. a-c par 8, d par 4; car. rom.; annotat.

margin.; sur le titre est placée la marque du *Temps* n° 3 (page 298).

La table des dialogues se trouve au verso du titre, au bas du dernier feuillet est la souscription :

Excvsvm Parisiis Per ‖ *Simonem Colinæum Menſe Fe-*‖*bruario, anno M. D. XL.* ‖

Copie de l'édition de 1530.

PARIS : *Bibl. Nat.* — REIMS. — LONDRES : *Brit. Mus.*

La Maniere de ‖ Tovrner Tovtes ‖ eſpeces de noms latins, en noſtre lan-‖gue francoyſe. ‖ ✠ A Lvtilite Des Iev-‖nes enfans, eſtudians es bōnes lettres. ‖ *Parisiis* ‖ Apud *Franciſcum Stephanum.* ‖ 1540 ‖.

In-8° de 11 ff. chiffr. et 1 f. bl., sign. a par 8, b par 4; car. rom.; sur le titre est placée la marque *au Cep* de François Estienne.

Le verso du titre est blanc, il n'y a pas de souscription. Imprimé par Simon de Colines qui en avait déjà donné une édition en 1537, réimprimé par Robert Estienne en 1547.

BORDEAUX.

La Maniere de ‖ Tovrner En Lan‖gue Francoiſe les verbes A=‖ctifz, Paſſifz, Gerondifz, Su=‖pins, & Participes : item les ver‖bes Imperſonelz, ayans termi=‖nation actiue ou paſſiue, auec ‖ le verbe ſubſtātif nōmé Svm. ‖ *Parisiis* ‖ Apud *Simonem Colinæum.* ‖ 1540 ‖.

In-8° de 28 pp. chiffr., 1 f. non chiffr. et 1 f. bl., sign. A-B par 8; car. rom. et ital.; sur le titre est placée la marque du *Temps* n° 3 (page 298).

Le verso du titre est blanc, le texte se termine au recto du feuillet non chiffré, il n'y a pas de souscription ; cette petite plaquette contient les déclinaisons des verbes *aimer* et *être* en latin et en français, Robert Ier Estienne en avait déjà donné cinq éditions en 1526, 1528, 1532, 1535 et 1536, Robert II l'a réimprimée trois fois, plus complète, *revue et corrigée en grande diligence.*

PARIS : *Bibl. Nat.* — LONDRES : *Brit. Mus.*

✠ M. V. Mar-‖tialis Epigram-‖matom [sic] Libri 14 ‖ ſumma diligentia caſtigati. ‖ *Parisiis* ‖ Apud *Simonem Colinæum.* ‖ 1540 ‖.

In-16 de 207 ff. chiffr. et 1 f. bl., sign. *a-z*, A-C par 8; car. ital.; init sur bois à fonds criblés; le titre est placé dans le petit encadrement que nous reproduisons plus loin, page 347.

Le verso du titre est blanc, le feuillet 2 contient l'épître de Pline le jeune à Cornelius Priscus, en caractères romains, les épigrammes de Martial occupent le reste du volume, le feuillet 207 est blanc au verso, il n'y a pas de souscription.

Simon de Colines avait déjà donné trois éditions des épigrammes en 1528, 1533 et 1539, il les a réimprimées en 1544.

LONDRES : *Brit. Mus.*

Ioachimi Perionii Benedict. ǁ Cormœriaceni De Optimo Genere ǁ interpretandi Commentarij. ǁ *Parisiis* ǁ Apud *Simonem Colinæum.* ǁ M. D. XL. ǁ Cvm Privilegio ǁ in quadriennium. ǁ

In-4º de 4 ff. non chiffr., 229 ff. chiffr. et 1 f. non chiffr., sign. A, A-Z, AA-FF par 4; car. grecs et ital.; sur le titre est placée la marque du *Temps* nº 3 (page 298).

Les feuillets liminaires contiennent la dédicace datée de Paris, le 12 des calendes d'octobre 1540 : *Reverendo In Christo Patri* ǁ *D. Francifco Bohero, Epifcopo Maclouien. Ioachimus Pe-*ǁ*rionius Benedictinus Cormœriacenus S. P. D.* ǁ, et la préface; le corps du volume contient les commentaires sur les 10 livres des éthiques, terminés par la souscription:

Parisiis ǁ *Excvdebat Ioannes Lvdoicvs Tiletanvs,* ǁ *M. D. XL.* ǁ

Ce volume doit faire suite à la traduction des éthiques d'Aristote, par Joachim Périon, imprimée la même année pour Simon de Colines et décrite plus haut.

AMIENS. — AVIGNON. — CHAUMONT. — TOURS. — TROYES.

(Joachim PÉRION.) De fabularum, Ludorum, ǁ Theatrorvm, Scenarvm ǁ ac fcenicorum antiqua confuetudine ǁ Libellus ad Comicos facilius ǁ intelligendos præcipue ǁ confcriptus ǁ In gratiam puerorum. ǁ *Parisiis* ǁ Apud *Francifcum Stephanum.* ǁ 1540. ǁ

In-4º de 11 ff. chiffr. et 1 f. bl., sign. a par 8, b par 4; car. rom.; annotat. margin.; sur le titre est placée la marque *au Cep* de François Estienne.

Le verso du titre est blanc, la souscription suivante se trouve au verso du feuillet 11 :

✥ *Excvdebat* ǁ *Francifco Stephano Si-*ǁ*mon Colinæus :* ǁ *Anno falutis* ǁ *M.D.XL.* ǁ *Menfe Ia*ǁ*nuario.* ǁ

Petit traité destiné à rendre plus facile aux écoliers la lecture des comiques grecs et latins; on l'attribue généralement à Joachim Périon.

TOURS.

Ἐκ Πλάτωνος Τιμαίου Τμῆμα Τό Τῷ ‖ Κικερωνος Περὶ Παντὸς Βι-‖βλιῳ Συμφωνοῦν. ‖ Ex Platonis Timæo Parti-‖cula. Ciceronis de Vniuerſitate libro reſpondens. ‖ Qui duo libri inter ſe coniuncti et reſpondentes, nunc primum opera ‖ Ioachimi Perionij Benedictini Cormœriaceni ‖ proferuntur in lucem. ‖ *Parisiis* ‖ Apud *Simonem Colinæum.* ‖ M. D. XL. ‖

In-4º de 54 pp. chiffr. et 1 f. bl., sign. A-E par 8, G par 4 (le G est gratté et surchargé d'un F); car. grecs, rom. et ital.; sur le titre est placée la marque du *Temps* nº 3 (page 298).

Le texte grec de Platon et le texte latin de Cicéron sont imprimés en regard, à la fin du volume se trouvent : *Ioachimi Perionii* ‖ *Benedictini Obser-*‖*vationes.* ‖ et la souscription :

Parisiis. ‖ *Excvdebat Io. Lodoicvs Tiletanvs.* ‖ *M. D. XL.* ‖

On doit joindre ce volume à la traduction des éthiques d'Aristote, par Joachim Périon, imprimée la même année et sur le titre de laquelle il est annoncé et aux deux autres volumes de Joachim Périon, Αρατου Σολεως Φαινομενα et *De optimo genere interpretandi.*

AMIENS. — TROYES.

Principia ‖ Elementaria, ‖ Iuuenibus maxime ac-‖commoda : quibus Na-‖turæ verborum subne-‖ctuntur. ‖ *Parisiis* ‖ Apud *Simonem Colinæum.* ‖ 1540 ‖.

In-8º de 8 ff. non chiffr., sign. a; car. rom.; init. sur bois à fonds criblés; le titre, dont le verso est blanc, est placé dans l'encadrement au *Soleil* (page 148).

Ce petit traité est divisé en 2 parties, les feuillets a.ij à a.iiij contiennent les *Principia* et les quatre derniers feuillets, les *Naturæ verborum*, il débute ainsi : *Quot modis de=*‖*bemus icipere materiâ ?* ‖ *Quatuor modis. Quib⁹?* ‖ *Nominatiuo, vocatiuo,* ‖ *ablatiuo poſito abſolu=*‖*te, & verbo imperſonali.* ‖

Simon de Colines, qui avait déjà imprimé cette petite plaquette en 1535, l'a réimprimée en 1541.

PARIS : *Collection particulière.*

Ioachimi Ringel‖bergii Antver‖piani Dialectica, ‖ *Parisiis* ‖ Apud *Simonem Colinæum.* ‖ 1540. ‖

In-8º de 28 ff. chiffr., sign a-c par 8, d par 4; car. rom., init. sur

bois à fonds criblés; sur le titre est placée la marque du *Temps* n° 3 (page 298).

Le verso du titre contient l'avertissement, daté d'Anvers, ides de mai 1529 : *Ioachimvs Ringel=‖bergius Antuerpianus* ‖ *Lectori*. ‖ le traité de Joachim Fortius Ringelberg occupe tout le volume terminé, au recto du dernier feuillet dont le verso est blanc, par la souscription :

Excvdebat Simon Coli=‖næus Impensis Nicolai ‖ *Billequo, Anno domini M. D. XL. Nonis Maij.* ‖

Simon de Colines avait imprimé l'année précédente, probablement pour Nicolas Billequo, la rhétorique de Ringelberg.

PARIS : *Bibl. Université*. — LE MANS.

Laurētij Vallæ de ‖ Lingvæ Latinæ Elegan-‖tia libri fex. ‖ Eiufdem de Reciprocatione Sui & Suus libel-‖lus apprime vtilis. ‖ Vnà cum Epitomis Iodoci Badij Afcēfij, nec‖non Antonij Mācinelli Lima fuis quibuf-‖que capitibus adiunctis. ‖ His itē perdoctę accefferunt anno-tationes eru‖ditiffimi viri Ioānis Theodorici, à quo in-‖fuper quingēta amplius loca (vt diligēs le-‖ctor facile deprehendet) reftituta funt. ‖ Cum indice multo quàm antea copiofiore. ‖ *Parisiis* ‖ Apvd *Simonem Colinævm.*‖ 1540. ‖

In-4° de 22 ff. non chiffr. et 332 ff. chiffr., le dernier coté 336 par erreur, sign. aa, B par 8, cc par 6, a-z, A-S par 8, T par 4; car. rom. et ital.; annotat. margin.; init. sur bois à fonds criblés; le titre est placé dans un encadrement qui figurera dans les Heures de 1542.

Les feuillets liminaires contiennent l'*Errata*, au verso du titre, l' ☞ *Index Eorvm Qvæ Hoc In Libro* ‖ *fcitu digna videbantur*,... à 2 colonnes et la dédicace : *Lavrentivs Valla Ioanni Tortel-‖lio Aretino*,.. ‖; les 6 livres de Valla occupent les feuillets 1 à 320 et le traité *de reciprocatione*, les feuillets 321 à 330, il est terminé par la souscription :

☞ *Hos Lingvæ Latinæ Ele-‖gantiarū libros, præclara Vallæ monimenta fuis* ‖ *typis, fummo nifu, veterumq; exemplariū accu-‖rata collatione excudebat Simon Colinæus anno* ‖ *à Christo nato 1540, Menfe Iunio.* ‖

Le reste du volume contient l'épilogue de Josse Bade sur le traité *de reciprocatione;* le verso du dernier feuillet est blanc.

Copie des éditions de 1532, de 1535 et de 1538, elle possède en plus que les précédentes les notes de Jean Théodoricus et a été réimprimée par Simon de Colines en 1544.

PARIS : *Bibl. Nat.; Bibl. Cour de Cassation*. — ANGERS. — ANGOULÊME. — BESANÇON. — CARCASSONNE. — CAEN. — CHALON-SUR-SAÔNE. — CHARTRES. — LE HAVRE. — BRUXELLES.

M D XLI

17 AVRIL 1541 — 8 AVRIL 1542 N. S.

Aphthonij So-‖phistæ Præcla=‖rissimi Rhetorica Pro=‖ gymnasmata. ‖ *Parisiis.* ‖ Apud *Simonem Colinæum.* ‖ 1541 ‖.

> In-8° de 23 ff. chiffr. et 1 f. bl., sign. a-c par 8; car. rom.; init. sur bois à fonds criblés; sur le titre est placée la marque du *Temps* n° 3 (page 298).
> Le verso du titre contient un avertissement *Ad Lectorem.* ‖, le feuillet 2, une préface : *Benignvs Martinvs* ‖ *Ioanni Serræ suo S. P. D.* ‖, datée du collège de Lisieux, des calendes de juin 1526. Le corps de l'ouvrage occupe le reste du volume, le nom du traducteur, Jean-Marie Cataneus, est indiqué dans le titre de départ; il n'y a pas de souscription.
> Copie des éditions de 1526 et 1539; réimprimé en 1543.
>
> BESANÇON. — BRUXELLES.

(BIBLE IN-SEIZE.) Sanctum ‖ Iesv Christi ‖ Evangelivm. ‖ Secundum Matthæum ‖ Secundum Marcum ‖ Secundum Lucam ‖ Secundum Ioannem. ‖ ❧ Acta Apo=‖stolo-rvm. ‖ *Parisiis.* ‖ Ex officina *Simonis Colinæi.* ‖ 1541. ‖

> In-16 de 264 ff., sign. a-z, &, aa-ii par 8; car. rom.
> Au verso du titre est l'extrait du catalogue de saint Jérôme; les évangiles commencent respectivement aux feuillets 2, 61, 97 verso et 160 et les actes des apôtres au feuillet 208.
> La seconde partie du nouveau Testament qui fait suite à celle-ci

dans l'exemplaire de la bibliothèque Sainte-Geneviève porte la date de 1544, elle existe probablement aussi en 1541 d'après l'indication de Maittaire (III, 322) : *Novum testamentum latine.* Simon de Colines a donné en 1541, une autre édition du nouveau Testament dans le format in-8º et l'a aussi réimprimé dans le volume suivant.

PARIS : *Bibl. Ste-Geneviève.*

Biblia ‖ Sacra iuxta vulgatam quam dicunt ‖ Æditionem, A Mendis Qvibvs Innvmeris ‖ partim ſcribarum incuria, partim ſciolorum audacia ſcatebat, ſumma cura ‖ parique fide repurgata, atq; ad priſcorum probatiſſimorumq; exemplario=‖rum normam, adhibita interdum fontium authoritate, reſtituta, Annorum ‖ à mundo creato ad Chriſtum natum computo illuſtrata. ‖ Adiecta eſt in fine Hebraicarum, Græcarum, cæterarumq; peregrinarum ‖ vocum cum illarum varia à noſtra prolatione interpretatio. ‖ Additus eſt tandem ſententiarum inſignium non vulgaris index accu=‖rate ſelectus. ‖ Quæ legenti ſigna paſſim occurrent epiſtola nuncupatoria 3. fol. ma=‖nifeſtabit. ‖ Cum priuilegio Regio. ‖ Ex officina *Simonis Colinæi,* pro *Galeato à Prato.* ‖ *Pariſijs* Menſe Octobri. ‖ 1541 ‖.

In-folio de 8 ff. non chiffr., 843 pp. mal chiffr. juſqu'à 833, les cotes 340 à 349 étant répétées, 1 p. bl. et 66 ff. non chiffr., sign. ✠, a-z, aa-zz, A-F par 8, G par 6, AA-GG par 8, HH par 10; car. rom., grecs et hébreux; init. sur bois à fonds criblés; annotations marginales.

Le verso du titre porte le privilège accordé pour 6 ans à Galiot du Pré et à Antoine Vincent, de Lyon, les feuillets liminaires contiennent : ✠ *Ordo, numerus & numera librorum veteris Teſtamenti iuxta He=‖bræorum traditionem.* ‖; — *Io. Benedictus Lectori Salutem.* ‖; — *Index Testimonio-‖rvm A Christo Et Apostolis* ‖ *in nouo teſtamento citatorũ ex veteri,...* (sur 2 colonnes); — *Incipit epiſtola ſancti Hieronymi* ‖ *Ad Pavlinvm Presbytervm : De* ‖ *omnibus diuinæ hiſtoriæ libris.* ‖; — ✠ *Svmma Omnivm Qvæ* ‖ *continentur in Sacris Biblijs,* ‖ *his paucis verſibus* ‖ *complexa.* ‖ (9 quatrains en vers léonins). L'ancien testament occupe les pages 1 à 662, le nouveau testament, les pages 662 à 833 (pour 843); les feuillets non chiffrés de la fin contiennent : ✠ *Hebræa, Chaldæa, Gręca & Lati‖na Nomina Virorvm, Mvliervm, Popvlo=‖rvm, Idolorvm, Vrbivm, Flvviorvm, Montivm, Cæterorvm=‖que locorum quæ in Biblijs leguntur, reſtituta, proprijs characteribus inſi=‖gnita. Hebræa inquam Hebræis, &*

22

Græca Græcis, & inde Latinis..., ils sont terminés par la souscription : ⁂ *Abfolutum eft hoc diuinum Bibliorum opus* ǁ *Parifiis in officina Simonis Colinæi pro* ǁ *Galeoto Pratenfe, Menfe Nouembri,* ǁ *1541* ǁ.

Au verso du dernier feuillet est placée l'une des grandes marques de Galiot du Pré et ces mots : *Cum priuilegio Regis.* ǁ

Le texte de cette Bible a été revisé par Jean Benoist, la dernière partie : *Hæbrea, chaldæa, græca et latina nomina virorum...* est de Robert Estienne. C'est la première fois que nous trouvons de l'hébreu dans un livre imprimé par Simon de Colines, il y a aussi en cette année deux éditions du nouveau Testament latin de formats in-16 et in-4°.

PARIS : *Bibl. Nat.* — ALENÇON. — AMIENS. — AUCH. — AVIGNON. — BORDEAUX. — CAEN. — DOLE. — LE MANS. — LYON. — MELUN. — ORLÉANS. — QUIMPER. — TOULOUSE. — TROYES. — BRUXELLES. — DUBLIN : *Bibl. du Coll. de la Trinité.* — MANCHESTER. — ROTTERDAM.

Seuerini Boetij de ǁ Differentiis Topiǁcis libri quatuor, magna cum dili=ǁgentia recogniti, vt non ofcitanti ǁ lectori facile innotefcet. ǁ *Parisiis* ǁ Ex officina *Simonis Colinæi.* ǁ 1541. ǁ

In-8° de 40 ff. chiffr., sign. A-E par 8; car. rom.; init. sur bois à fonds criblés; sur le titre est placée la marque du *Temps* n° 3 (p. 298).

Les quatre livres de Boëce, d'une impression compacte, occupent tout le volume, terminé par la souscription :

Ex officina Simonis Colinæi, ǁ *impensis vero Nicolai Billequo.* ǁ

En 1540 Simon de Colines avait imprimé les livres de Boëce *de divisionibus et diffinitionibus* pour le compte de Nicolas Billequo; on doit les réunir à celui-ci.

PARIS : *Bibl. Nat.* — AMIENS. — AUXERRE.

Catonis difticha ǁ De Moribvs. ǁ Adiecta, in adolefcen- tulorum gra=ǁtiā, Latina & Gallica interpretatione : ǁ vnà, cum accentibus, ad prolationem. ǁ Epitome D. Erafmi Rot. in fingula difticha. ǁ Dicta Sapientū ǁ Græciæ, Aliis Sen=ǁtētijs, explicata & vulgaribus ver=ǁ fibus reddita : vt à pueris fa=ǁcilius condifcantur. ǁ *Parisiis.* ǁ Apud *Simonem Colinæum,* & ǁ *Francifcum Stephanum.* ǁ 1541. ǁ

In-8° de 64 ff. chiffr., sign. A-H par 8; car. rom. et ital.

Au verso du titre est la dédicace : *Car. Steph. Riverio Svo S.* ǁ; le volume ne contient que la préface de Caton et les quatre livres des distiques traduits en latin par Erasme, avec la traduction française de certaines locutions latines; les *Dicta sapientum* se trouvent dans le volume suivant; il n'y a pas de souscription.

Copie de l'édition de 1538; une édition sous la même date, 1541, a été donnée par Robert Estienne, elle est différente de la nôtre et contient la traduction de Mathurin Cordier; Simon de Colines avait imprimé en 1533 une première édition des distiques de Caton contenant seulement la traduction latine d'Erasme.

Paris : *Bibl. Nat.; Bibl. Mazarine.* — Bordeaux.

Dicta Sapientū ‖ Græciæ : Aliis ‖ fententijs explicata : & vul=‖garibus verfibus reddita : vt ‖ à pueris facilius cōdifcātur. ‖ Adiectus eft Li‖bellvs De Mori=‖bus & vitæ inftitutione ‖ præcepta & fentē=‖tias continens. ‖ *Parisiis.* ‖ Apud *Simonem Colinæū, & Francifcum Stephanū.* ‖ 1541. ‖

In-8° de 20 ff. chiffr., sign. a-b par 8, c par 4; car. rom. et ital.

Au verso du titre est placée la dédicace : *Car. Steph. Rive-‖rio fuo S.* ‖; les Dits des sept Sages et les préceptes sont traduits en latin et en vers français par Charles Estienne.

Copie de l'édition de 1538, on doit la joindre au volume précédent sur le titre duquel elle est annoncée, elle est remplacée quelquefois par l'édition de 1542.

Bordeaux.

✠ M. Tvllii Cice=‖ronis Officia Dili=‖genter Restitvta. ‖ Eiufdem de Amicitia & Senectute dialogi ‖ finguli : ‖ Item Paradoxa, & Somnium Scipionis : ‖ Cum annotationibus Erafmi Roterodami, ‖ & Philippi Melanchthonis. ‖ Item, Annotat. Bartholomæi Latomi in ‖ Paradoxa. ‖ *Parifijs* apud *Simonem Colinæum.* ‖ 1541 ‖.

In-8° de 8 ff. non chiffr. et 180 ff. chiffr., sign. A-Z par 8, & par 4; car. rom.; annotat. margin.; init. sur bois à fonds criblés; sur le titre est placée la marque du *Temps* n° 3 (page 298).

Le verso du titre contient un avis au lecteur, les feuillets non chiffrés contiennent deux dédicaces : ✠ *Erasmvs Roteroda=‖mvs ornatiffimo viro M. Iacobo Tuto=‖ri, Iuris vtriufq; prudētiffimo, S. D.* ‖ (Paris, le 4 des calendes de mai 1498), et ✠ *Erasmvs Roteroda=‖mvs ornatiffimo Iacobo Tutori, inclytæ ‖ ciuitatis Antuuerpiēfis pēfionario S. D.* ‖

(Louvain, le 4 des ides de septembre 1519); à la suite sont les annotations de Melanchthon sur les livres des Offices, le *de Officiis*, le *de Amicitia*, le *de Senectute* et le *Somnium Scipionis* sont accompagnés des commentaires et des notes d'Erasme, les *Paradoxa* sont précédés d'une préface : Bartholomævs Lato=‖mus ſtudioſis Salutém, ‖ et accompagnés de ses notes; il n'y a pas de souscription.

Simon de Colines avait déjà imprimé en 1524 et 1528 ces traités de Cicéron avec les notes d'Erasme, en 1530 et en 1533, avec celles de Philippe Melanchthon et d'Erasme, et en 1538 avec celles de Melanchton, d'Erasme et de Barthélemy Latomus, il les a réimprimés en 1543.

PARIS : *Bibl. Nat.* — AVIGNON.

M. Tullij Cice‖ronis Rhetoricorvm ‖ Libri Qvatvor Ad ‖ Herennivm. ‖ ✥ Item M. Tullij Ciceronis ‖ de Inuentione libri duo. ‖ *Parisiis.* **‖ ✥ Ex officina** *Simonis Colinæi.* **‖ 1541. ‖**

In-8º de 156 ff. chiffr., sign. a-t par 8, v par 4; car. rom.; init. sur bois à fonds criblés; annotat. margin.; sur le titre est placée la marque du *Temps* nº 3 (page 298).

Le verso du titre est blanc, les quatre livres de Cicéron adressés à Herennius occupent les feuillets 2 à 78, les deux livres *de Arte Rhetorica* ou *de Inuentione* occupent les feuillets 79 à 156; il n'y a pas de souscription.

Copie des éditions de 1524, 1526, 1529, 1534 et 1539, Simon de Colines a donné en 1545 une dernière édition, in-16, de ces deux traités, avec les deux livres de Cicéron : *Topica ad Trebatium* et *Oratoriæ partitiones.*

PARIS : *Bibl. Nat.; Bibl. Arsenal.* — PAU. — LONDRES : *Brit. Mus.*

Les Oraisons de M. Tul Cicero, pere de l'eloquence latine, translatees de latin en francoys, par l'Esleu Macault, notaire, secretaire et vallet de chambre du roy, et par Claude de Cuzzy. Le tout nouuellement imprime a Paris, l'an mil cinq cens quarante et vng... on les vend a *Paris* **par** *Simon de Colines* **et par** *Arnoul et Charles les Angeliers,* **1541.**

In-8º de cxxiij ff. chiffr.

Édition citée par du Verdier, édit. Rigoley de Juvigny, II, 330, par Maittaire, III, p. 329 et par Brunet, II, col. 57; on trouvera plus loin et en 1544 les traductions françaises d'autres discours de Cicéron.

Loraison que fait Ciceron à Cesar pour le rappel de Marcus Marcellus, traduite par Antoine Macault. *Paris, Simon de Colines, 1541.*

In-8º.

Cité par Du Verdier, édit. Rigoley de Juvigny, III, p. 125 et par Maittaire, III, p. 328; La Croix du Maine indique une édition de 1534 avec le nom d'Antoine Augereau.

❧ De Civilitate ‖ morum puerilium, per Def. ‖ Erafmū Roterodamū ‖ libellus, nūc primū ‖ & conditus & ‖ æditus. ‖ *Parisiis* ‖ Apud *Simonem Colinæum.* ‖ 1541. ‖

In-8º de 16 ff. chiffr., sign. a-b par 8; car. rom.; init. sur bois à fonds criblés; sur le titre est placée la marque du *Temps* nº 3 (page 298).

Le petit traité d'Erasme, précédé de la dédicace : *Generoso* ‖ *Cvm Primis Et Optimæ* ‖ *fpei puero Adolpho princi=*‖*pis Veriani filio,* ‖ *Salutem.* ‖, et daté de Fribourg-en-Brisgau, mars 1530, est terminé par la souscription :

❧ *Parisiis In Ædibvs Simonis* ‖ *Colinæi, Mense Octobri, An*‖*no M. D. XLI.* ‖

Le verso du dernier feuillet est blanc. Copie des éditions de 1531, 1535, 1537 et 1539.

AMIENS. — BORDEAUX.

Clavdii ‖ Galeni Pergameni ‖ De Elementis Ex Hip-‖pocratis Sententia ‖ Libri Dvo, Gvinterio Ioanne An-‖dernaco Interprete Recens ‖ A Qvodam Ad Grecvm Exem-‖plar Recogniti. ‖ *Parisiis* ‖ Apud *Simonem Colinæum.* ‖ 1541. ‖

In-8º de 96 pp. chiffr., sign. A-F par 8; car. rom.; init. sur bois à fonds criblés et au trait.

Le verso du titre est blanc, les pages 3 et 4 contiennent : *Svmma Seqventis Commentarii* ‖ et *Philosophorvm Placi*‖*ta De Elementis.* ‖ les deux livres annoncés sur le titre sont suivis de : *Claudii Galeni* ‖ *Pergameni De Opti-*‖*ma Corporis Hvma-*‖*ni Constitvtione.* ‖ *Ioann. Gvinterio Andernaco* ‖ *Interprete.* ‖ et de la souscription :

Parisiis. ‖ *Impreffus Per Gulielmum Boffozelum.* ‖ *Impensis Reginaldi Chalderini.* ‖ *Anno 1541.* ‖

Simon de Colines avait imprimé une première édition de ce traité, avant la revision, en 1528. Celle-ci, d'une exécution assez défectueuse n'est pas imprimée avec le matériel de Simon de Colines, et a été faite aux frais de son gendre.

PARIS : *Bibl. Nat.* — BOURGES.

❧ Græcarum inſtitutio-‖nvm Libelli Vndecim ‖ Carolo Girardo ‖ Avthore. ‖ Apud *Simonem Colinæum,* & *Ioannem* ‖ *Engellier* Librarium Bituricenſem. ‖ 1541 ‖.

> In-4º de 143 ff. chiffr. et 1 f. bl., sign. A-S par 8; car. rom. et grecs; init. sur bois à fonds criblés; sur le titre est placée la marque du *Temps* nº 3 (page 298).
> Le verso du titre est blanc, les feuillets 2 et 3 contiennent la préface : *Publicæ & Biturigum* ‖ *Vtilitati Carolvs* ‖ *Girardus,* εὐπραγεῖν. ‖ datée des ides de novembre 1541; le reste du volume contient la grammaire grecque de Charles Girard, divisée en 11 livres; il n'y a pas de souscription.
> C'est la seconde fois que nous voyons Simon de Colines imprimer pour un libraire de Bourges.

> PARIS : *Bibl. Nat.; Bibl. Maʒarine.* — LYON.

❧ Praxis Criminis ‖ Perseqvendi, Elegantibvs Aliqvot ‖ Figvris Illvstrata, Ioanne Millæo Boio ‖ Syluigniaco, magni aquarū ſyluarumq̃ omnium Francicarum quæſ-toris in tri=‖bunali marmoreo Palatij apud Pariſios ſubpræfecto authore. ‖ Cum priuilegio. ‖ Sceptra tenens mollitque ‖ animos et temperat iras. ‖ Virgil. Æneid. I. ‖ Firmetur manus tua et exaltetur dex=‖tera tua : Iuſticia & Iudicium præpara=‖tio ſedis tuæ. Pſal. 88. ‖ *Pariſiis* ‖ Prostant Apvd *Simonem Colinævm.* ‖ 1541. ‖

> In-folio de 4 ff. non chiffr., 85 ff. chiffr. et 1 f. bl., sign. aa par 4, a-k par 8, l par 6; car. rom.; init. sur bois à fonds criblés; grandes fig. sur bois; sur le titre est un fleuron typographique au milieu duquel on lit : *Ponant in pondere Iudicium* ‖ *Et Iuſticia in menſura. Eſa. 28.* ‖ le vers de Virgile et le psaume de David, placés au dessous du fleuron, sont disposés sur 2 colonnes.
> Le verso du titre porte des armoiries gravées sur bois, qui sont probablement celles de l'auteur : *écartelé au 1 et au 4, 3 fers de lance placés 2 et 1, au 2 et au 3, une tête de cerf affrontée;* les 3 feuillets suivants contiennent la dédicace : ❧ *Sapientissimo Atqve Benignissimo Francisco Galliarvm Regi Ioannes* ‖ *Millæus S. D.* ‖, sans date, un avertissement : *Lectori.* ‖ et les pièces de vers latins suivantes : ❧ *Roberti Bavdry Pa*‖*riſiêſis, in ærarij regij tribunali* ‖ *conſiliarij Pariſijs, ad Le=*‖*ctorem Carmen.* ‖; — ❧ *Franc. A Salerone,* ‖ *I. Doc. Aleſtini, in ſuprema côſeſſu* ‖ *Pariſiêſi aduocati, ad Do. Io. Millæu* ‖ *generalis quæſtoris & reformatoris* ‖ *omnium ſyluarū regni Franciæ ſub=*‖*præfectum*

Hexaſtichon. ||; — ☙ *Iacobvs Le Roy Pa=*||*riſienſis, Regis Franciſci hoc no=*||*mine primi Referendarius* || *& commiſſarius.* ||; — ☙ *Ioanni Millæo S*)*=*||*luigniaco aquarum & foreſtarū re=*||*gni Franciæ generalis reformatoris* || *in tribunali tabulę marmoreę Pala=*||*tij Pariſienſis locum tenēti Diony=*||*ſij Godeffredi in ſuprema parlamē=*||*ti curia aduocati.* ||; — *Eiuſdem Godeffredi ad Lectorem.* ||; — *Eiuſdem Godeffredi ad inuidum.* ||; toutes ces pièces sont imprimées en caractères italiques. Le corps de l'ouvrage est accompagné de notes, qui sont beaucoup plus importantes que le texte, et disposées sur 2 colonnes, au verso du dernier feuillet est placé l'errata. Les nombreuses et très belles gravures sur bois, de pleine page, ne sont pas signées, on en attribue l'exécution à Mercure Jollat, elles représentent les treize sujets suivants : *Figura homicidii perpetrati* (f. 3 recto), *Figura percunctationis vulnerum* (f. 8 recto), *Figura quæstionis* (f. 11 verso), *Citatio per quatuor edicta* (f. 34 recto), *Figura præhensionis reorum* (f. 36 verso), *Figura interrogationis* (f. 37 verso), *Figura commissionis testium* (f. 55 verso), *Figura publicati diplomatis gratiæ* (f. 56 recto), *Figura torturæ gallicæ ordinariæ* (f. 61 recto), *Figura torturæ cothurnorum extraordinariæ* (f. 61 verso), *Figura torturæ tholosanæ* (f. 62 recto), *Figura condemnationis reorum* (f. 83 recto), et *Figura reorum plectendorum* (f. 85 recto). Il y a des exemplaires qui portent sur le titre, au lieu du nom de Simon de Colines, celui des Angeliers : *Prostant Apvd Arnoldvm Et Carolvm* || *Les Angeliers Parisiis In Palatio.* ||; Maittaire, (III, 324) cite le volume avec une troisième souscription : *Apud Simonem Colinæum, Arnoldum et Carolum les Angelliers, ad primam et secundam columnas positas juxta sacellum præsidum.*

Cet ouvrage est antérieur de dix ans à l'*Enchiridion rerum criminalium* de Josse de Damhoudère, qui a été si souvent imprimé et traduit, et qui est orné de figures bien inférieures comme exécution aux figures du *Praxis criminis persequendi.*

PARIS : *Bibl. Nat.* (peau de vélin); *Bibl. Carnavalet.* — CAEN. — LYON. — REIMS. — TROYES.

Tabulæ Ioannis || Mvrmellii Rv=||remundenfis in artis || componendorum || verſuum rudi=||menta. || *Parisiis* || Apud *Simonem Colinæum.* || 1541 ||.

In-8º de 22 ff. chiffr., sign. a-b par 8, c par 6; car. rom.; sur le titre est placée la marque du *Temps* nº 3 (page 298).

Le verso du titre contient l'*Index Dvodecim Tabv=*||*larvm huius libelli.* ||; les 12 chapitres ou tableaux occupent le reste du volume; il n'y a pas de souscription.

Copie des éditions de 1530 et de 1534; réimprimé en 1543.

VERDUN.

(Nouveau Testament.) Sanctum Iefu Chrifti ‖ Euange-lium. ‖ Secundum Matthæum. ‖ Secundum Marcum. ‖ Secundum Lucam. ‖ Secundum Ioannem. ‖ Acta Apof-tolorum. ‖ *Parisiis.* ‖ Ex officina *Simonis Collinæi* [sic]. ‖ Cum priuilegio. ‖

2 tômes in-4º; car. rom.; init. sur bois à fonds criblés. La première partie contient 214 ff. chiffr., 7 ff. non chiffr. et 1 f. bl., sign. a-z, aa-zz, aaa-fff par 4, ggg par 6.

Les évangiles occupent tous les feuillets chiffrés, les feuillets non chiffrés de la fin contiennent l'index, et l'errata précédé de la sous-cription suivante :

Abfolutum eft hoc Euangel. 4. opus quàm fanctiffimum ‖ Parifiis in officina Adami Saulnier ex impenfis ‖ Simonis Colinæi. Anno à natiuitate Iefu Chrifti Saluatoris noftri quadrage-‖fimoprimo fupra fefquimillefi-‖mum, vicefimaquinta die ‖ menfis Nouem. ‖

La seconde partie du nouveau Testament a pour titre :

Pavli Apo-‖ftoli Epiftolæ ‖ Ad Romanos ‖ Ad Corin-thios II ‖ Ad Galatas ‖ Ad Ephefios ‖ Ad Philippenfes ‖ Ad Coloffenfes ‖ Ad Theffalonicenfes II ‖ Ad Timo-theum II ‖ Ad Titum ‖ Ad Philemonem ‖ Ad Hebræos. ‖ Epiftolæ Ca-‖tholicæ. ‖ Iacobi ‖ Petri II ‖ Ioannis III ‖ Iudæ. ‖ Apocalypsis Beati ‖ Ioannis Apoftoli. ‖ Cum priuilegio. ‖

157 ff. chiffr. et 7 ff. non chiffr., sign. a par 2, A-Z, AA-QQ par 4; RR par 8.

Les feuillets chiffrés contiennent les épîtres de saint Paul, les épîtres catholiques et l'apocalypse terminée par la souscription :

Absolvtvm Est Hoc San-‖ctiffimum Iefu Chrifti faluatoris noftri Tefta-‖mentum nouum Parifiis, in officina Adami ‖ Saulnier, ex impenfis Simônis Colinæi : Anno à ‖ natiuitate eiufdem Chrifti Iefu, quadragefi-‖mo-‖primo fupra fefquimillefimum. ‖

Les feuillets non chiffrés, dont le dernier est blanc au verso, con-tiennent l'index et l'errata.

Simon de Colines a donné en cette même année, deux autres éditions du nouveau Testament, l'une faisant partie de la Bible in-16, et l'autre de la Bible in-folio; notre édition est de grand format et très interlignée, *ut interpretatio adscribi possit, dictante prælectore;* une autre édition isolée du nouveau Testament a été imprimée à frais communs entre Simon de Colines et Galiot du Pré en 1543.

Paris : *Bibl. Ste-Geneviève; Bibl. Arsenal; Bibl. Université.* — Bourges. — Le Mans. — Niort. — Sens. — Valence. — Londres : *Brit. Mus.* — Rotterdam.

P. Ovidii Nasonis Opera. *Parisiis*, apud *Simonem Colinæum*, 1541.

> 3 volumes in-16.
> Édition citée par Maittaire; elle se trouve aussi mentionnée au *Catalogue de la Bibliothèque d'un amateur* (II, p. 271), A.-A. Renouard avait mis vingt-cinq ans à réunir ces trois petits volumes dont il avait trouvé l'un en Allemagne, un autre en Italie et le troisième à Paris; nous n'avons pu rencontrer qu'un seul de ces trois volumes, celui qui contient les Métamorphoses :

☛ P. Ovi=‖dii Nasonis Me-‖tamorphoseon ‖ Liber Primvs. ‖ *Parisiis.* ‖ Apud *Simonem Colinæum.* ‖ 1541. ‖

> In-16 de 218 ff. mal chiffr. jusqu'à 220, les cotes 213 et 214 étant sautées, et 16 ff. non chiffr., sign. A-Z, Aa-Ee par 8, Ff par 10; car. ital.; le titre est placé dans le petit encadrement que nous reproduisons plus loin, page 347.
> Les 15 livres des Métamorphoses occupent tous les feuillets chiffrés, les feuillets non chiffrés de la fin contiennent : *P. Ovidii Nasonis Vita,* ‖ *ex eius ipfius libris collecta.* ‖, et l' ☛ *Index Fabvlarvm Et A-*‖*liorum quorundam apud Ouidium, fecundum* ‖ *ordinem alphabeti.* ‖; le verso du dernier feuillet est blanc, il n'y a pas de souscription.
> Simon de Colines avait déjà donné des éditions d'Ovide en 1528 et en 1536-1537.
>
> PARIS : *Bibl. Nat.*

☛ Principia Ele=‖mentaria, Iuuenibus maxi=‖me accomoda : quibus ‖ Naturæ verborū ‖ fubnectūtur. ‖ *Parisiis* ‖ Apud *Simonem Colinæum.* ‖ 1541. ‖

> In-8º de 8 ff. non chiffr., sign. a; car. rom.; init. sur bois à fonds criblés; sur le titre, dont le verso est blanc, est placée la marque du *Temps* nº 3 (page 298).
> Ce petit traité est divisé en 2 parties, les feuillets a.ij à a.iiij contiennent les *Principia elementaria* et les quatre derniers feuillets, les *Naturæ verborum.*
> Notre édition est copiée sur celles de 1535 et de 1540.
>
> CHAUMONT. — LONDRES : *Brit. Mus.*

M. Fabij Quintiliani orato-‖riarvm Institvtionvm Lib. XII. Ca-‖ftigati ad fidem optimorum exemplarium, infignitaq; lectionis diftin‖ctione, & additis in marginem adnotationibus percōmodè illuſtrati. ‖ *Pariſiis* ‖ Apud *Simonem Colinævm.* ‖ 1541. ‖

In-4º de 4 ff. non chiffr. et 250 ff. chiffr., sign. *a* par 4, a-z, A-G par 8, H par 10; car. rom.; annotat. margin.; init. sur bois à fonds criblés; sur le titre est placée la grande marque du *Temps* (page 104).

Les feuillets liminaires contiennent : *M. Fabij Quintiliani vita.* ‖, au verso du titre, et l'index sur 2 colonnes; les 12 livres des institutions oratoires de Quintilien occupent le reste du volume; il n'y a pas de souscription. On doit joindre à cette édition les *Declamationes* de 1542.

Paris : Bibl. Ste-Geneviève. — Abbeville. — Amiens. — Auch. — Bayeux. — Boulogne-sur-Mer. — Caen. — Le Mans. — Lille. — Nantes. — Quimper. — Rouen. — Tours. — Troyes. — Bruxelles. — Londres : Brit. Mus.

Ioānis Geneſii Se‖pvlvedæ Cordv=‖benſis opera nuper ab eodem au=‖thore recognita : quæ cum prius ‖ diſperſa ferrentur, nunc primum ‖ in vnum quaſi corpus digeſta, & ‖ impreſſa fuerunt. Ea vero ſunt : ‖ De fato, & libero arbitrio libri tres. ‖ Dialogus de appetenda gloria, qui inſcribitur Gonſalus. ‖ De Ritu nuptiarum, & diſpenſatione libri tres. ‖ Antapologia pro Alberto Pio in Eraſmum. ‖ Dialogus de honeſtate rei militaris, qui inſcribitur De-‖mocrates, libri tres. ‖ Dialogus de ratione dicendi teſtimonium in cauſis occul-‖torum criminum, qui inſcribitur Theophilus. ‖ *Pariſiis* ‖ Ex officina *Simonis Colinæi.* ‖ 1541. ‖

In-8º de 271 ff. chiffr. et 1 f. bl., sign. A-Z, Aa-L par 8; car. rom.; init. sur bois à fonds criblés; annotat. margin.

Le verso du titre est blanc, le premier traité, adressé : *Ad ampliſſimum* ‖ *Patrem Et Princi=*‖ *pem illuſtriſſimum Ioannem To*‖ *letum Epiſcopum Cordubenſem* ‖... est terminé au feuillet 56 verso par la souscription: *Pariſiis.* ‖ *Apud Simonem Colinæum* ‖ *1541.* ‖

Les quatre traités qui suivent, placés dans l'ordre annoncé sur le titre, sont dédiés : *Ad Lvdovicvm Cor=*‖ *dvbam Eivsqve Conivgem* ‖ *& gentilem, Elvirā, Sueſanos principes*... (feuillets 57 à 83); — *Ad Reverendiſs. Præ=*‖ *ſulem & Dominum Illuſtriſſ. Franciſcū* ‖ *Quignoniū. tt. S. Crucis in Hieruſa-*‖ *lem S. R. Eccleſiæ Preſb. Cardi-*‖ *nalē, Epiſcopū Caurien*... (feuillets 84 à 125 recto, ce dernier feuillet est blanc au verso); — *Ad Graviſſimvm Præ=*‖ *ſulem Rodulfum Pium, Epiſcopum Fa=*‖ *uentium*... (feuillets 126 à 163 recto); — *Ad Optimvm Et Clariſſi=*‖ *mum virum, D. Fernandum Toletum Al=*‖ *banorum ducem*... (feuillets 163 verso à 241) les feuillets 242 à 269 recto renferment le dernier traité, le reste du volume contient : *Svmma Sive Index Eorvm :* ‖ *quæ in hoc libello continentur per capita.* ‖; le verso du feuillet 271 est blanc.

Les œuvres complètes de Sépulvéda ont été publiées à Madrid, en 1780, par François Cerda y Rico.

PARIS : *Bibl. Ste-Geneviève; Bibl. Université; Bibl. Cour de Cassation.* — AMIENS. — BORDEAUX. — DIJON. — BRUXELLES.

Teren=‖ tivs. ‖ *Parisiis* ‖ Apud *Simonem Colinæum.* ‖ 1541 ‖.

In-16 de 198 ff. chiffr. et 2 ff. bl., sign. *a-z*, A-B par 8; car. ital.; le titre, dont le verso est blanc, est placé dans le petit encadrement gravé sur bois que nous reproduisons ci-dessus.

Les feuillets 2 à 4 verso contiennent : *P. Terentii Vita Per Æ-*‖*lium*

Donatum. ||, les six comédies occupent le reste du volume, elles sont accompagnées de préfaces, d'arguments et de résumés par Ælius Donat, Sulpice Apollinaire et Jean Calphurnius.

Schweiger cite une seconde édition in-16 de Térence donnée par Simon de Colines en 1544.

PARIS : *Bibl. Arsenal*. — DUBLIN : *Bibl. du Coll. de la Trinité*. — LONDRES : *Brit. Mus.*

Pvb. Sex. Terentii Afri Comici || Andria. || Adiectis, in adolefcentulorum gratiam, accentibus : || & breuiffimis argumentis ex Donato. || *Parisiis* || Apud *Francifcum Stephanum*. || 1541 ||.

In-4º de 26 ff. chiffr., sign. *a-c* par 8, *d* par 2; car. ital.; sur le titre dont le verso est blanc, est placée la marque *au Cep* de François Estienne.

Le feuillet 2 recto contient l'*Argvmentvm Totivs* || *Fabulæ Ex Donato*. || Cette comédie appartient à l'édition de Térence de 1539-1542; elle a été réimprimée en cette même année, de format in-8º, pour François Estienne.

PARIS : *Bibl. Nat*. — BESANÇON.

P. Terentii Andria; omni interpretationis genere in adolescentulorum gratiam, facilior effecta. *Parisiis, apud Simonem Colinæum et Franciscum Stephanum,* 1541.

In-8º

Édition citée dans les *Annales de l'imprimerie des Estienne*, p. 99; elle a été augmentée d'un index latin-français et réimprimée en 1547, pour François Estienne, par Ambroise Girault.

François Estienne a publié, en cette année 1541, cinq volumes, on en a vu quatre plus haut, le cinquième : *De recta latini* || *Sermonis Pronvncia-*||*tione & fcriptura, libellus : ob hoc* || *maxime æditus, vt noftri adolefcentuli facilius condif*||*cant, eam linguam cui quotidie dant operam, apte, di-*||*ftincte, ornate, pronunciare, ac fcribere*. || *Parisiis* || *Apud Francifcum Stephanum*. || *1541*. ||, ne semble pas imprimé avec les caractères de Simon de Colines; c'est un in-8º de 23 ff. chiffr. et 1 f. bl., sign. a-c par 8, imprimé en car. rom. et portant, sur le titre, la marque *au Cep* (Bibl. Nat.); François Estienne en avait déjà donné une édition en 1538.

M D XLII

9 AVRIL 1542 — 24 MARS 1543 N. S.

Rodolphi Agrico-‖læ Phrifij, de in=‖uentione dialectica libri tres, cum fcholijs ‖ Ioannis Matthæi Phriffemij. ‖ *Parisiis* ‖ Apud *Simonem Colinæum.* ‖ 1542 ‖.

In-4° de 9 ff. non chiffr., 445 pages chiffr., 1 page et 6 ff. non chiffr., sign. a-z, A-F par 8, G par 6; car. rom. et ital.; annotat. margin.; init. sur bois à fonds criblés; le titre est placé dans un encadrement qui figurera dans les Heures de 1543; 5 rubriques ☥, formant fleuron, sont disposées sur le titre en guise de marque typographique.

Les feuillets liminaires contiennent l'épitaphe d'Agricola, en 12 distiques latins, par Hermolaus Barbarus, placée au verso du titre, la dédicace du commentateur adressée à Mathias Wagener, et datée de Cologne, nones d'août 1523, et quelques autres pièces qui se trouvaient déjà dans les trois éditions précédentes. Le texte, suivi des commentaires de Mathieu Phrissemius, occupe toutes les pages chiffrées, au bas de la dernière est placée la souscription :

Excvdebat Simon Colinævs In ‖ *fua officina, anno falutis humanæ M. D. XLII.* ‖ *Quinto Idus Iulij.* ‖

La page et les feuillets non chiffrés qui terminent le volume contiennent l'index sur 2 colonnes, la liste des adages et 5 distiques latins.

Copie des éditions de 1529, de 1534 et de 1538; Simon de Colines a réimprimé aussi en 1542 un abrégé de la dialectique d'Agricola que nous décrivons à l'article suivant.

PARIS : *Bibl. Mazarine.* — BORDEAUX. — RENNES. — ROUEN. — SENS. — VALENCIENNES.

¥❧ Epitome Cō-‖mentariorvm Dia-‖lecticæ Inventionis ‖ Rodolphi Agricolæ. ‖ Per Bartholomævm ‖ Latomum Arlunenſem. ‖ *Parisiis* ‖ Apud *Simonem Colinæum* & ‖ *Franciſcum Stephanum.* ‖ 1542 ‖.

In-8° de 79 ff. chiffr. et 1 f. bl., sign. A-K par 8; car. rom.; init. sur bois à fonds criblés; annotat. margin.; sur le titre est placée la marque du *Temps* n° 3 (page 298).

Le verso du titre est blanc, les feuillets 2 et 3 contiennent la dédicace : *Bart. Latomus* ‖ *M. Andreæ Gov=‖ueano primario Collegij* ‖ *Barbarę, in Pariſien=‖ſi gymmaſio* ‖ *S. P. D.* ‖, calendes d'octobre 1533; l'épitome contient le reste du volume terminé par ¥❧ *Tabvla Di-‖ſpoſitionis.* ‖, il n'y a pas de souscription.

Simon de Colines avait déjà donné, en 1534, un abrégé de la dialectique d'Agricola par Jean Visorius.

PARIS : *Bibl. Maʒarine; Bibl. Université.*

¥❧ Annotationes Alexandri ‖ Aphrodisiensis Maximi Peripa-‖tetici, In Librvm Elenchorvm, ‖ id eſt de apparentibus redarguendi ‖ argumētis Ariſtotelis, Nuper ‖ diligenti cura in lati-‖num cōuerſæ. ‖ Guilelmo Dorotheo Veneto interprete. ‖ 🌸 ‖ Cum Priuilegio. ‖ *Parisiis* ‖ Apud *Simonem Colinæum.* ‖ 1542 ‖.

In folio de 48 ff. mal chiffr. jusqu'à 47, la cote 46 étant répétée, sign. A-H par 6; car. rom.; init. sur bois à fonds criblés; impr. sur 2 col.; sur le titre est placée la grande marque du *Temps* (page 104); il y a des exemplaires dont la suscription est ainsi libellée : *Parisiis* ‖ *Imprimebat Simon Colinæus ſibi* ‖ *& Ioanni Roigny.* ‖ 1542 ‖, ils portent, au lieu de la marque de Colines, la grande marque de Josse Bade qu'employait alors Jean de Roigny (Silvestre, *Marques typographiques* n° 787).

Le verso du titre est blanc, le feuillet 2 contient ¥❧ *Gabrieli Agnvesio, Sancti* ‖ *Seruatoris Leirenſis abbati digniſſimo Ioannes* ‖ *Nabaſcuenſis S. D.*‖, et ¥❧ *Marco Mavrocœno Senatori* ‖ *Veneto Doƈtorique Excellentiſſimo,* ‖ *Guilelmus Dorotheus Venetus Salutem.*‖, ces deux pièces sont imprimées à longues lignes, en caractères italiques; les notes d'Alexandre Aphrodisée, traduites par Guillaume Dorothei, occupent le reste du volume; le verso du dernier feuillet est blanc, il n'y a pas de souscription.

Simon de Colines a donné, la même année, des commentaires d'Ammonius, imprimés aussi pour lui et Jean de Roigny.

PARIS : *Bibl. Maʒarine.* — AVIGNON. — CAMBRAI. — CHARTRES. — TROYES.

※ Quantitates || Alexandri Galli, Vvlgo || de villa dei, correctione adhibita ab Huberto || Suffanæo locupletatæ, adiectis vtiliffimis ad=||notationibus, minimeque vulgaribus. || ※ Accesservnt Accentvvm || regulæ omnium abfolutiffimæ, ex varijs doctiffimisq̃ || autoribus collectæ per eundem Suffanæum. || ※ Additus eft Elegiarum eiufdem Liber. | *Parisiis* || Apud *Simonem Colinæum* || 1542 ||.

In-8° de 72 ff. chiffr., sign. A par 4, B-I par 8, K par 4; car. rom. et ital.; init. sur bois à fonds criblés; sur le titre est placée la marque du *Temps* n° 3 (page 298).

Le verso du titre et les feuillets 2 à 4 contiennent : *Ad eruditiff. artis Poëticæ doctorem* || *H. Suffanæum Caroli Coürexij adolefcentis* || *Sueffion. Carmen.* ||, 5 distiques latins; — ※ *De eodem Thomæ Fargæi Velaunij adolefcentis* || *Carmen.* ||, 5 distiques latins; — ※ *Regij Nauarræ Collegij* || *Meritiffimo Gymna-*||*fiarchæ, Ioanni Morino* || *Delphinati Hubertus Suffanæus S. P. D.* ||, Paris, nones de septembre 1542; la prosodie occupe les feuillets 5 à 52, les ※ *Accentuum regulæ ex Alexandro, & optimis quibufque autoribus* || *excerptæ per H. Suffanæum.* ||, les feuillets 52 à 65; les autres feuillets contiennent : *Petro Ruguæo Sueffionenfi* || *prefbytero Hubertus Suf=*||*fanæus, S. P. D.* ||; — ※ *Elegiarum H. Suffanæi Liber.* ||; le volume se termine par une gravure sur bois figurant les armoiries de Sussaneau; il n'y a pas de souscription.

Sussaneau avait donné, en 1539, des commentaires sur la prosodie de Despautère que Simon de Colines a imprimés en 1542 et que nous décrivons plus loin.

Paris : *Bibl. Nat.; Bibl. Mazarine.*

※ Ammonij Hermeæ in Præ-||dicamenta Ariftotelis Commentarij, || Per Bartholomævm Sylvianvm || Salonenfem nuper Latine conuerfi, necnon à Gaftono || Sala nuperrime recogniti. || 🙞 || *Parisiis* || Apud *Simonem Colinæum.* || 1542 ||.

In-folio de 64 ff. chiffr., sign. A par 4, B-L par 6; car. rom.; init. sur bois à fonds criblés; sur le titre est placée la grande marque du *Temps* (page 104).

Le verso du titre est blanc, les 2 feuillets suivants contiennent : ※ *Gastonvs Sala lectori S. D.* ||; — *Chriftophoro Madrutio Tridenti Epifcopo, Principi ornatiffimo* || *Bartholomæus Syluianus S. P. D.* ||; — ※ *Aristotelis Ge=*||*nvs Et Vita.* ||; — ※ *Qvæstio Vtrvm Pars* || *An*

Instrvmentvm Philoso=||phiæ Sit Logice. ||; — *Suſſanæus ad Lectores, de Martino* || *Beſardo, Ammonij emendatore.* ||, 6 distiques latins; — ※ *Ammonij Hermeæ commēta=||riorvm In Prædicamenta Aristo.* || *Præfatio.* ||; le reste du volume contient les commentaires d'Ammonius terminés par la souscription :

Pariſijs Simon Colinæus imprimebat pro ſe || *& Ioanne Roygni* [sic], *Idibus Septemb.* || *1542.* ||

Martin Bésard, à qui sont adressés les vers de Sussaneau, était correcteur dans l'imprimerie de Simon de Colines.

POITIERS. — ROUEN. — SENS. — TOURS.

※ Lvcvlen-||tissimi Ioannis || Arborei Laudunenſis || in librum περὶ ἑρμηνείας || Ariſtotelis Commen-||tarij. || *Parisiis* || Apud *Simonem Colinęum.* || 1542 ||.

In-8º de 100 ff. chiffr., sign. a-m par 8, n par 4; car. rom.; init. sur bois à fonds criblés; le titre est placé dans un encadrement emprunté aux Heures de 1527.

Le verso du titre est blanc, les feuillets 2 à 4 contiennent la dédicace, sans date : ※ *Doctissimo Viro Ma-||giſtro Claudio Roilletio, prudētiſſimo* || *Muſei Burgūdiani gymnaſiarchæ* || *Ioānes Arboreus S. P. D.* ||; les commentaires occupent le reste du volume et sont terminés par une épigramme *ad arborem*, jouant sur le nom d'Arboreus; il n'y a pas de souscription.

NANTES. — REIMS. — TOURS.

Contenta || Decem librorum Moraliū Ari=||ſtotelis, tres conuerſiones : Prima || Argyropyli Byzantij, fecūda Leo=||nardi Aretini, tertia vero Antiqua, || per capita & numeros conciliatæ : || communi familiariq; commen=||tario ad Argyropilū adiecto. || I. Fabri introductio in Ethicen. || Magna moralia Ariſtot. Geor=||gio Valla interprete. || Leonardi Aretini dialogus de || moribus. || Index in Ethicen. Item in Ma=||gna moralia.|| *Parisiis* || Ex officina *Simonis Colinæi.* || 1542 ||.

In-folio de 140 et 83 ff. chiffr., plus 1 f. bl., sign. a-q par 8, r par 6, s par 4, A-I par 8, K-L par 6; car. rom.; annotat. margin.; init. sur bois à fonds criblés; le titre est placé dans l'encadrement réservé aux ouvrages de philosophie (page 31).

Souscription :

☞ *Omnia vno volumine comprehenſa & accuratiſſime recognita : quo*

ad || beate viuendū nullum defit ſtudioſis præſidium. nullum enim vtilius ||
ſtudium exiſtimauit Socrates, & vniuerſa vere philoſophan-||tium ſchola :
eo in quo ad probitatem incitamur, & ad || virtutum accēdimur amorem.
Et abſoluta ſunt || impenſis, ſumptibus & diligentia Simo-||nis Colinæi :
in almo Pariſienſium || ſtudio. Anno ab incarna=||tione domini virtutum. ||
1542. Calend. || nouembr. || (·.·) ||

Copie des deux éditions précédemment données par Simon de Colines
en 1526-1528 et en 1535.

PARIS : *Bibl. Nat.* — AMIENS. — BAYEUX. — BORDEAUX. — LYON.
LONDRES : *Brit. Mus.* — MILAN : *Bibl. Ambroſienne.*

(BIBLE IN-SEIZE.) ✠ Libri Salo||monis. || Prouerbia, ||
Eccleſiaſtes, || Canticum canticorum. || ✠ Liber Sa-
pientiæ. || ✠ Eccleſiaſticus. || *Pariſiis* || Ex officina
Simonis Colinæi. || 1542 ||.

In-16 de 159 ff. chiffr. et 1 f. bl., sign. a-v par 8; car. rom.
La préface de saint Jérôme occupe le verso du titre et le feuillet 2;
les différentes parties commencent aux feuillets 3, 41 (coté 43 par
erreur), 54, 60 verso et 87; il n'y a pas de souscription.

Copie des éditions de 1524, 1526, 1527, 1535 et 1539, faisant, comme
celle-ci, partie de la Bible in-16.

AVIGNON.

(L'art et pratique de géométrie, par Ch. de Bouvelles.)
✠ Au Lecteur. ||

A My lecteur qui cerches les meſures,
Et quantitez des lignes & figures,
Et de tous corps, par art de Geometrie,
Et pluſieurs poinctz et ſecretz d'induſtrie
Qui en ceſt art ſont trouuez plus notables,
Et pour les gens d'eſperit profitables,
Qui leur ſcauoir redigent en effect.
⁋ Auoir te fault ce liure, qui fut faict
Dedans Noyon par Charles de Bouuelles,
Qui n'eſt iamais ſans faire' œuvres nouuelles.
Entens le donc, & ſi n'oublie pas
Leſquierre droict, la rigle, & le compas :

> Car de ces trois depend lart, & practique,
> Et le proffit de fcauoir geometrique.

Imprimé à *Paris* par *Simon de Colines,* ‖ Lan de grace, M. D. XLII. ‖

In-4º de 56 ff. chiffr., sign. A-G par 8; car. ital.; init. sur bois à fonds criblés; fig. sur bois; sur le titre sont représentés *Lefquierre, le Compas* et *la Rigle*.

Le verso du titre est blanc, les feuillets 2 à 4 contiennent : ❧ *Carolus Bouillus V. P.* ‖ *Do. Antonio Levfredo,* ‖ *Abbati Vrifcampi digniffimo, S.* ‖; dédicace datée de Noyon, novembre 1542; — ❧ *Rithmus circularis, Orontianus.* ‖, en 5 vers français; — ❧ *Prologue de laudeur, touchant Linuention* ‖ *de lart de Geometrie.* ‖; — ❧ *Comparaifon de Larithmetique* ‖ *à la Geometrie.* ‖; — ❧ *La table generale & vtile,* ‖ *à toute Geometrie.* ‖ La géométrie, divisée en 7 chapitres, occupe les feuillets 5 à 55, elle est terminée par la souscription suivante :

❧ *Cefte geometrie fut faicte à Noyon, par Maiftre* ❧ ‖ *Charles de Bouelles Chanoyne dudict Noyon,* ‖ *& imprimee à Paris le vii. iour de* ‖ *Decembre lan 1542.* ‖

Le volume contient encore : *De D. Orontio Fineo* ‖ *Delphinate, Regio Mathe=* ‖ *matum profeffore, H. Suffanæi* ‖ *Sueffionis Carmen.* ‖, 5 distiques; ❡ *Les Propositions Novvel=* ‖ *lement inuentees en la Geometrie par lautheur,* ‖ *contenues en ce prefent liure.* ‖ et l'errata.

Cet ouvrage, plusieurs fois réimprimé, est différent de celui que Henri Estienne avait imprimé en 1511 et 1516 et qui est aussi de Bouvelles.

PARIS : *Bibl. Nat.; Bibl. éc. des Ponts et Chauffées.* — CHARTRES. — CHAUMONT. — ROUEN.

Rheto‖rica Ioannis ‖ Cæfarij in feptem libros ‖ fiue tractatus ‖ digefta, vni=‖uerfam fere eius artis vim ‖ compendio complectens ‖ diligenter recognita. ‖ *Parifiis* ‖ Apud *Simonem Colinæum.* ‖ 1542. ‖

In-8º de 60 ff. chiffr., sign. *a-g* par 8, *h* par 4; car. ital.; init. sur bois à fonds criblés; le titre est placé dans un encadrement qui doit appartenir aux Heures in-8º de 1543.

Le verso du titre contient : *Avtorvm, Ex Qvibvs Hoc* ‖ *opufculum collectum atque conflatum* ‖ *eft, nomina hæc ferè funt :* ‖, les 2 feuillets suivants renferment la dédicace, Cologne, août 1534; la rhétorique occupe le reste du volume, au bas du dernier feuillet est la souscription:

Parifiis apud Simonem Colinæum. 16. ‖ *Calen. Augufti Anno. 1542.* ‖ Copie de l'édition de 1538.

PARIS : *Bibl. Nat.* — AMIENS. — CHARTRES.

De his quę mundo mi‖rabiliter Evenivnt : Vbi ‖ de
fenfuum erroribus, & potentijs animę, ‖ ac de influ-
entijs cælorum, F. Clau=‖dij Cæleſtini opuſculum. ‖
De mirabili poteſtate ar‖tis Et Natvræ, Vbi De ‖ philoſo-
phorum lapide, F. Rogerij Ba=‖chonis Anglici, libellus.‖
⁋ Hæc duo gratiſſima, & non aſpernanda opu=‖ſcula,
Orontius F. Delph. Regius Mathe=‖maticus, diligenter
recognoſcebat, ‖ & in ſuam redigebat har=‖moniam,
Lutetiæ ‖ *Pariſiorum.* ‖ Apud *Simonem Colinæum.* ‖
1542. ‖ 🌼 ‖

In-4º de 4 ff. non chiffr. et 52 ff. chiffr., sign. ❋, a-n par 4; car.
rom.; init. sur bois à fonds criblés.

Le verso du titre est blanc, les autres feuillets liminaires contiennent:
❋ *Orontius Fineus Del-*‖*phinas, Regivs Mathema=*‖*ticarum interpres :
Reuerendo ac erudito* ‖ *Patri, Domino Ioanni ab Hange=*‖*ſto, Nouio-
dunenſi epi=*‖*ſcopo digniſſ.* ‖ S. P. D. ‖, Paris, 1542, ❋ *Ad Evndem
Novio=*‖*dunenſem Epiſcopum,* ‖ *Hexaſtichon.* ‖, 3 distiques latins, et :
Egregio Viro M. Iacobo Tv=‖*nio decretorum doctori, & Præſidenti, in* ‖
Camera Inquæſtarum Regis, Fra=‖*ter Claudius Cæleſtinus,* ‖ *indignus
ad cæle=*‖*ſtia anhe=*‖*lare, S.* ‖; le verso du quatrième feuillet est blanc.
Le premier traité occupe les feuillets 1 à 36, le second occupe les
feuillets 37 à la fin; le verso du dernier feuillet est blanc, il n'y a pas
de souscription.

Paris : *Bibl. Nat.* — Besançon. — Bordeaux. — Dijon. —
Bruxelles. — Londres : *Brit. Mus.*

(Jean Colet, Guillaume Lily et Erasme.) ❋ De Octo ‖
Orationis Par=‖tium conſtructione libellus, ‖ cum cōmen-
tarijs Iunij Ra=‖birij. ‖ *Pariſiis* ‖ Apud *Simonem
Colinæum.* ‖ 1542 ‖.

In-8º de 103 ff. chiffr. et 1 f. bl., sign. a-n par 8; car. rom. et ital.;
le titre, dont le verso est blanc, est placé dans un encadrement qui doit
appartenir aux Heures in-8º de 1543.

Le feuillet 2 contient la préface : *Erasmvs Roterodamvs* ‖ *Candidis
lectoribus S. D.* ‖ (Bâle, le 3 des calendes d'août 1515). Le texte est
accompagné des commentaires imprimés en caractères plus fins et de
la traduction française des exemples latins; il n'y a pas de souscription.

Réimprimé en 1544 par Simon de Colines qui avait déjà donné ce
traité en 1523, 1526, 1527, 1532 et 1535.

Paris : *Bibl. Nat.* — Meaux. — Vesoul.

Dicta Sapientū ‖ Græciæ : Aliis ‖ fententiis explicata : & vulgari=‖bus verfibus reddita : vt à pueris ‖ facilius cōdifcantur. ‖ *Parisiis* ‖ Apud *Francifcum Stephanum.* ‖ 1542. ‖

> In-8º de 20 ff. chiffr., sign. a-b par 8, c par 4; car. rom. et ital.; sur le titre est placée la marque au *Cep* de François Estienne.
> Le verso du titre porte la dédicace : *Car. Steph. Riverio fuo S.* ‖; il n'y a pas de souscription.
> Copie des éditions de 1538 et de 1541.
>
> PARIS : *Bibl. Nat.*

(Charles ESTIENNE.) Naturæ aduer-‖biorvm, Ex Prisciani ‖ Sententia. ‖ In gratiam adulefcentulorum. ‖ *Parisiis,* ‖ Apud *Francifcum Stephanum,* ‖ 1542 ‖.

> In-8º de 16 ff. non chiffr., sign. a-b par 8; car. rom. et ital.; sur le titre est placée la marque *au Cep* de François Estienne.
> Cet opuscule n'a pas de souscription mais il a été imprimé, comme le précédent, avec les caractères de Simon de Colines.
> Copie des éditions de 1535 et de 1538; on trouvera en 1544 un petit traité, différent de celui-ci, portant le même titre : *Naturæ adverbiorum.*
>
> BORDEAUX.

Eutropij de ‖ Gestis Romano-‖rum Libri decem. ‖ *Parisiis* ‖ Apud *Simonem Colinæum.* ‖ 1542 ‖.

> In-8º de 60 ff. chiffr., sign. a-g par 8, h par 4; car. rom.; init. sur bois à fonds criblés; sur le titre est la marque du *Temps* nº 3 (p. 298).
> Le verso du titre contient la dédicace : *Evtropivs Valenti* ‖ *Maximo Perpetvo* ‖ *Avgvsto.* ‖; les dix livres d'Eutrope occupent tout le volume, il n'y a pas de souscription.
> Copie des éditions de 1531 et de 1539.
>
> PARIS : *Bib. Nat.* — AVIGNON. — CARCASSONNE. — QUIMPER. — RENNES. — SAINT-BRIEUC.

L. Feneftel-‖læ De Magistra=‖tibus, Sacerdotiifq; Romanorum ‖ libellus, iam primū nitori fuo re=‖ftitutus. ‖ Pomponij Læti itidem de magi=‖ftratibus & facerdotijs, & præ=‖terea de diuerfis legibus Ro=‖manorum. ‖ *Parisiis.* ‖ Ex officina *Simonis Colinæi.* ‖ 1542. ‖

> In-8º de 62 ff. chiffr. et 2 ff. non chiffr., sign. a-h par 8; car. rom.;

init. sur bois à fonds criblés; annotat. margin.; le titre, dont le verso est blanc, est placé dans un encadrement qui doit appartenir aux Heures in-8° de 1543.

L'ouvrage de Lucius Fenestella (André-Dominique Fiocchi) occupe les feuillets 2 à 43 recto, celui de Pomponius Lætus (Jules Sanseverino), les feuillets 43 verso à 61, les 2 feuillets suivants et le recto du 3e feuillet contiennent : *Brevis Index Dignita=‖tvm*..., sur 2 colonnes; le verso du dernier feuillet est blanc, il n'y a pas de souscription.

Copie des éditions de 1530, de 1535 et de 1539.

RENNES. — SENS.

Ioannis Fernelij Ambianatis, ‖ De naturali parte medicinæ Libri septem, ‖ ad Henricum Francifci Galliæ ‖ Regis filium. ‖ ❡ Apud *Simonem Colinæum.* ‖ *Parifijs.* ‖ Anno M. D. XLII. ‖ Cum priuilegio. ‖

In-folio de 10 ff. non chiffr. et 166 ff. mal chiffr. jusqu'à 165, sign. ‡ par 6, ‡‡ par 4, a-z, A-D par 6, E par 4; car. rom.; init. sur bois; annotat. margin.; sur le titre, dont le verso est blanc, est placée la grande marque du *Temps* (page 104).

Les feuillets liminaires contiennent la dédicace : ❡ *Ad Henricum Valefium ‖ Francifci Gallorum Regis filium, Delphinatium, ‖ Britonumque Ducem clariffimum, ‖ Ioannes Fernelius ‖ Ambianas. ‖*, sans date, et l'index imprimé sur 2 colonnes, les feuillets chiffrés renferment le corps du volume, terminé par la souscription suivante et par l'errata :

❡ *Imprimebat Parifijs Adamus Saulnerius, Impenfis honefti ‖ viri Simonis Colinæi. Anno M. D. XLII. ‖*

Le verso du dernier feuillet est blanc; les 7 livres, qui sont précédés d'une préface de l'auteur, traitent les sujets suivants : *de partium corporis humani descriptione, de elementis, de temperamentis, de spiritibus et innato calido, de animæ facultatibus, de functionibus et humoribus* et *de hominis procreatione atque semine.*

Dans ce volume, sorti des presses d'Adam Saulnier, les feuillets liminaires sont imprimés avec les caractères et l'une des initiales à fonds criblés de Colines; on a déjà vu en 1526, 1527 et 1528 trois autres traités de Fernel, *Monalosphærion, Cosmotheoria* et *De proportionibus.*

PARIS : *Bibl. Ste-Geneviève.* — AJACCIO. — BORDEAUX. — DIJON. — VALENCE.

Orontii ‖ Finei Delphin. Re=‖gii Mathematicarvm ‖ Professoris. ‖ Arithmetica ‖ Practica, Libris Qva=‖tuor abfoluta, omnibus qui Ma=‖thematicas ipfas tractare volunt ‖ perutilis, admodumque neceffa=‖ria : Ex nouiffima authoris reco=‖gnitione, amplior, ac emenda=‖

tior facta. ‖ 🙦 ‖ Æditio tertia. ‖ *Parisiis.* ‖ Ex officina *Simonis Colinæi.* ‖ 1542. ‖ Cum gratia & priuilegio Chri=‖ſtianiſſimi Francorum Regis. ‖

In-folio de 68 ff. chiffr., sign. A-H par 8, I par 4; car. rom.; annotat. margin.; init. sur bois à fonds criblés; tableaux de chiffres; le titre est placé dans l'encadrement réservé aux ouvrages d'Oronce Finé que nous reproduisons à la page 263.

Le verso du titre est blanc, le feuillet suivant contient la dédicace : ❦ *Orontivs Finevs Delphinas, Re=‖gius diſciplinarum (quæ Mathematicæ vocantur) interpres,* ‖ *Candido, ac ſtudioſo lectori S. P. D.* ‖ (Paris, 1542), *Tetraſtichon Orontianum.* ‖, et ❦ *Index Capitvm,...*; l'arithmétique d'Oronce Finé occupe les feuillets 3 (coté par erreur 2) à 67 verso; à la suite se trouvent : ℭ *Nicolai Borbonii, In Orontii* ‖ *obtrectatores, Scaʒon.* ‖, 10 vers latins signés de la devise : Σὺν ταῖς μούσαις, l'errata et : ❦ *In Orontivm Finevm Delphina=‖tem Regium Mathematicarum profeſſorem clariſſimum,* ‖ *Ioannis Foſſerij Matiſcenſis,* ‖ *Panegyricvs.* ‖ (17 distiques latins); le verso du feuillet 68 est blanc, il n'y a pas de souscription; le feuillet 3 est orné d'un bandeau, gravé sur bois, aux initiales O. F.

Copie améliorée de l'édition de 1535, Simon de Colines a réimprimé l'arithmétique de Finé en 1544, sur une nouvelle rédaction mise en abrégé par l'auteur lui-même.

Paris : *Bibl. Nat.*; *Bibl. Maʒarine*; *Bibl. du dépôt des Cartes de la Marine*; *Bibl. école Polytechnique.* — Angers. — Auxerre. — Avignon. — Carcassonne. — Le Havre. — Troyes. — Dublin : *Bibl. du Coll. de la Trinité.* — Londres : *Brit. Mus.*

❦ Orontij Finei ‖ Delphinatis, Regii ‖ Mathematicarvm ‖ Professoris, ‖ De mundi ſphæra, ſiue Coſmographia, ‖ primave Aſtronomiæ parte, Lib. V : ‖ Inaudita methodo ab authore reno=‖uati, propriiſque tum commentarijs ‖ & figuris, tum demonſtrationibus & ‖ tabulis recens illuſtrati. ‖ ❦ Eivsdem Orontii, Recta-‖rum in circuli quadrante ſubtenſarum (quos ‖ ſinus vocant) demonſtratio ſupputatioq; fa-‖cillima, nunc primum edita : vnà cum eorūdē ‖ ſinuū tabula, fideli admodū calculo reſtituta. ‖ ❦ Eivsdem Orontii, Orga-‖num vniuerſale, ex ſupradicta ſinuū ratione ‖ contextū, quo tū Geometrici, tū omnes aſtro‖nomici canones, ex quatuor ſinuū proportio-‖ne pendentes mira facilitate practicantur. ‖ ✿ *Parisiis* ‖ ✿ Ex officina *Simonis Coli-næi.* ‖ 1542. ‖ ✿ Cum ampliffimo Regis Priuilegio. ‖

In-folio de 6 ff. non chiffr. et 112 ff. chiffr., sign. ✶ par 6, A-O par 8; car. rom.; annotat. margin.; init. à fonds criblés et bandeaux gravés sur bois; tableaux de chiffres et fig. géométriques.

Le verso du titre est blanc, les feuillets liminaires contiennent les pièces suivantes : ✿ *Magnifico ac inculpato viro,* ‖ *D. Gvlielmo Poyeto, Franciæ* ‖ *Cancellario digniffimo : Orontius Fineus, Regius* ‖ *Mathematicarum interpres,* ‖ *S. P. D.* ‖, dédicace datée de Paris, 1542; un avis : ✿ *Ad candidum ac ftudiofum quemque lectorem.* ‖; une pièce de vers grecs : ✿ Ἀντωνίου Μυζάλδου, Ἀκρολουκιανοῦ πρὸς οὐρανοφίλους, ‖ ὀγδοάστιχον αὐτοσχέδιον. ‖; une pièce de vers latins du même Antoine Mizauld; l'index; l'errata; une pièce de 8 distiques latins : *Ad Lectorem.* ‖; une pièce de 18 distiques latins : ✿ *Antonii Myzaldi Monslvciani* ὁμοιοτέλευτα, ‖ *de eximio viro Orontio Fineo Delph. Mathematicarum* ‖ *difciplinarum profeffore regio.* ‖; une grande figure sur bois représentant la sphère céleste avec deux personnages, Uranie et Oronce Finé, enfin un distique de l'auteur : ✿ *Authoris diftichon.* ‖

La cosmographie occupe les feuillets 1 à 87, le feuillet 88 porte au recto une pièce de vers latins d'Oronce Finé : ✿ *Avthoris Phalevcivm,* ‖ *vbi liber lectorem alloquitur.* ‖, il est blanc au verso; les deux livres des sinus occupent les feuillets 89 à 104, le traité du quadrant occupe le reste du volume, le verso du dernier feuillet est blanc.

Une première ébauche de la cosmographie avait déjà paru dans le *Protomathesis* imprimé en 1532 (voyez page 230).

PARIS : *Bibl. Nat.; Bibl. Mazarine.* — AJACCIO. — ANGERS. — AVIGNON. — CLERMONT-FERRAND. — DIJON. — DOUAI. — LE HAVRE. — LIMOGES. — MONTPELLIER : *Bibl. Fac. de Médecine.* — NANCY. — NICE. — NIORT. — ORLÉANS. — RENNES. — TROYES. — VERSAILLES. — BRUXELLES. — FLORENCE : *Bibl. Nat.* — LONDRES : *Brit. Mus.* — TOURNAI.

✿ Galeni in li-‖brvm Hippocratis ‖ De victus ratione in morbis ‖ acutis Commentarij ‖ quattuor. ‖ Ioanne Vaffæo Meldenfi interprete, à quo ‖ denuo funt recogniti, & reguftati. ‖ *Parisiis* ‖ Apud *Simonem Colinæum.* ‖ 1542 ‖.

In-8º de 8 ff. non chiffr. et 172 ff. chiffr., sign. ✿, A-X par 8, Y par 4; car. rom. et ital.; init. sur bois à fonds criblés; sur le titre, blanc au verso, est placée la marque du *Temps* nº 3 (page 298).

Les feuillets liminaires contiennent la dédicace : ✿ *Ioanni Mo-*‖*rello Medico Re-*‖*gio, Michaeli Dumontio, Ioanni* ‖ *Hortêfio, & Martino Acacio, vi-*‖*ris vt doctis ita peritis Medicis* ‖ *Ioannes Vaffæus.* ‖, sans date, et : ✿ *Annotatio In Eos* ‖ *qui forbitionè ex hordeo damnant,* ‖ ₲

hordei vſus cum valemus non aſ-‖*ſuetus ſit : cõſuetudinis indicationẽ* ‖ *perperam intelligentes.* ‖; les commentaires de Galien sur Hippocrate occupent le corps du volume, il n'y a pas de souscription.

Simon de Colines avait donné, en 1531, avant la revision du traducteur, une première édition dont la dédicace était différente.

PARIS : *Bibl. Arsenal.* — AGEN. — LE MANS. — NANTES. — SOISSONS.

Ivnii Iv-‖venalis Aqvin-‖atis Satyræ decem & ſex. ‖ *Parisiis* ‖ Apud *Simonem Colinæum.* ‖ 1542. ‖

In-16 de 71 ff. chiffr. et 1 f. bl., sign. *a-i* par 8; car. ital.; le titre est placé dans le petit encadrement sur bois que nous reproduisons à la page 347.

La vie de Juvénal occupe le verso du titre, le verso du dernier feuillet est blanc; il n'y a pas de souscription.

Simon de Colines avait imprimé les satyres de Juvénal en 1528 et en 1535 avec les commentaires de Cœlius Curio.

LONDRES : *Brit. Mus.*

Le tresexcellent et sainct mystère du vieil testament par personnages, ouquel sont contenues les hystoires de la bible... On les vend a *Paris,* au Palais, par *Symon Colinet,* 1542.

In-folio de ccc.xxiiii ff. chiffr., sign. a-z, ℣, A-P par 8, Q, R par 6; car. goth.; impression sur 2 colonnes; nombr. fig. sur bois.

La table est au verso du titre, le mystère occupe tout le volume, à la fin duquel est placée la souscription :

☾ *Fin du vieil teſtament par per=*‖*ſonnages / reueu et corrige oul=*‖*tre la precedẽte impreſſion / Nou=*‖*uellement imprime a Paris par* ‖ *Jehan Real Lan mil cinq cens* ‖ *quarente et deux.* ‖

Cette édition a été partagée entre plusieurs libraires parisiens, Vincent Sertenas, Charles Langelier, Guillaume Le Bret et Vivant Gaulterot; un exemplaire avec le nom de Colinet a passé dans les bibliothèques Armand Bertin (nº 679) et Solar (nº 1603); le titre, imprimé en rouge et noir, doit être semblable, sauf la suscription, à celui de l'exemplaire de la bibliothèque Nationale qui est au nom de Gaulterot : *Le treſexcellẽt ℣ ſainct my=*‖*ſtere du vieil teſtament par perſonnages / ouquel ſont contenues les hy=*‖*ſtoires de la bible. Reueu et corrige de nouueau / et im=*‖*prime auecques les figures pour plus* ‖ *facille intelligence nouuelle=*‖*ment imprime a* ‖ *Paris.* ‖ ☾ *Lan mil cinq cens quarante et deux.* ‖ On *les vend a Paris en la rue ſainct Jacques a lymage ſainct Martin par* ‖ *Viuant Gaultherot.* ‖

C'est le troisième et dernier volume que nous avons à citer au nom de Symon Colinet.

א֎ Avli Per-‖sii Flacci Saty-‖ræ fex. ‖ *Parisiis.* ‖ Apud *Simonem Colinæum.* ‖ 1542. ‖

> In-16 de 14 ff. chiffr. et 2 ff. bl., sign. a-b par 8; car. ital.; le titre est placé dans le petit encadrement que nous reproduisons page 347.
>
> Le verso du titre contient la vie de Perse, les satyres occupent le reste du volume; il n'y a pas de souscription.
>
> Les satyres de Perse, qu'on trouve ordinairement jointes à celles de Juvénal, avaient été imprimées par Simon de Colines en 1528 et en 1535 avec les commentaires de Cœlius Curio; elles ont été réimprimées en 1544.
>
> LONDRES : *Brit. Mus.*

א֎ M. Fabii Quintiliani ‖ Oratoris Eloqventissimi ‖ Declamationes diligenter recognitæ. ‖ *Parisiis* ‖ Apud *Simonem Colinæum.* ‖ 1542 ‖.

> In-4º de 84 ff. chiffr., sign. A-K par 8, L par 4; car. ital ; init. sur bois à fonds criblés; sur le titre est placée la grande marque du *Temps* (page 104).
>
> Le verso du titre contient l'index, le texte de Quintilien occupe tout le volume et se termine, au recto du dernier feuillet dont le verso est blanc, par la souscription.
>
> ֎ *Excudebat Simon Colinæus, Parifiis Idibus Februarij,* ‖ *Anno redemptionis humani generis,* ‖ *1542* ‖.
>
> Ce volume est destiné à compléter les Institutions oratoires imprimées par Simon de Colines en 1541.
>
> ABBEVILLE. — AMIENS. — ANGERS. — BOULOGNE-SUR-MER. — LE MANS. — MOULINS. — NANTES. — QUIMPER. — ROUEN. — TROYES. — LONDRES : *Brit. Mus.*

א֎ Epitome ‖ Fabii Qvintilia=‖ni nuper fummo & ingenio & ‖ diligentia collecta, qua poſſit ‖ ſtudioſa iuuentus, quicquid eſt ‖ Rhetoricæ inſtitutionis apud ‖ ipſum authorē, breuiore com=‖pendio & multo facilius adſe=‖qui. Authore Iona Philologo. ‖ *Parisiis* ‖ Apud *Simonem Colinæum.* ‖ 1542 ‖.

> In-8º de 8 ff. non chiffr., 67 ff. chiffr. et 1 f. bl., sign. a-i par 8, k par 4; car. rom.; annotat. margin.; init. sur bois à fonds criblés; le titre est placé dans un encadrement qui doit appartenir aux Heures in-8º de 1543.
>
> Les feuillets liminaires contiennent le titre, blanc au verso, la dédicace : *Ingenvo Ac Ivris Civilis* ‖ *prudentia ornatiſſimo Siberto à Louuen=*‖

borch *Iona Philologus S.* ||, sans date, et l'index, sur 2 colonnes; l'abrégé de la rhétorique de Quintilien est terminé par un avis *Candido Lectori S.* ||; il n'y a pas de souscription.

Copie des éditions de 1531, 1534, 1536 et 1539.

AVIGNON.

(Diego de Sagredo.) Raison Darchi||tecture antique, ex-trai=||cte de Victruue, et aul=||tres anciēs Architecteurs, || nouuellemēt traduit De=||fpaignol en Francoys : a || lutilite de ceulx qui fe || delectent en edifices. || ℭ Imprime par *Simon de Colines* demourant a *Paris* en la || grand rue fainct Marcel, a lenfeigne des quatre || Euangeliftes. || 1542 ||.

In-4º de 51 ff. chiffr. et 1 f. bl., sign. *a-f* par 8, *g* par 4; car. ital.; init. sur bois à fonds criblés; nombreuses figures sur bois; le titre est orné de la figure, représentant un portique, dont nous avons donné la reproduction page 317.

Le verso du titre est blanc, le feuillet suivant contient la dédicace de Diego de Sagredo à Alphonse de Fonsera, archevêque de Tolède, sans date; l'ouvrage commence au feuillet 3 par le titre de départ que nous avons cité plus haut (page 316), dans lequel la première faute *faictz* subsiste et la seconde *appellee* a été corrigée; il n'y a pas de souscription.

Copie de l'édition sans date et de celle de 1539.

PARIS : *Bibl. Nat.* — ROUEN.

❧ Annotatio-||nes Hvberti Svssan-||næi, in contextum duorum librorum || artis verfificatoriæ Io. Defpauterij : vbi || multa, non triualia illa quidem, neq; || extrita reperientur. || ❧ Adiecta eft hiftoria Captiui Monachi, || ex profa D. Hieronymi in Elegū carmē || conuerfa, cum aliquot Odis. || *Parisiis.* || Apud *Simonem Colinæum* || 1542 ||.

In-8º de 4 ff. non chiffr. et 44 ff. chiffr., sign. ❧ par 4, A-E par 8, F par 4; car. ital. et rom.; annotat. margin.; sur le titre est placée la marque du *Temps* nº 3 (page 298).

Le verso du titre est blanc, les 3 feuillets suivants contiennent : ❧ *Spectatiffimo viro D.* || *Michaeli Hospita-*||*li Consiliario Regio,* || *iurifperitorum eloquētiffi-*||*mo, & eloquentium iu*||*rifperitiffimo H.* || *Suffa-næus* || *S. P. D.* ||; — ❧ *Epithalamium D. Michaëlis* || *hofpitalis, confi-*

liarij Regij in fupre-∥ma Parifiorum curia, & D. Ma-∥riæ Morinæ. ∥
Les notes d'Hubert Sussaneau sur les deux livres de la prosodie de Despautère traitant de la quantité des syllabes initiales et des syllabes médianes occupent les feuillets 1 à 36 recto et sont terminées par ces mots : *Finis libri Secundi.* ∥ ℂ *Primarum & mediarum fyllabarum regulas tra=∥didimus huberrimè in Quantitatibus Alexādrinis* ∥ *à nobis emendatis & locupletatis, anno D. 1539,* ∥ *inde qui volet, fumat. In vltimas fyllabas nihil ad=∥notamus, quia Defpauterius, quæ ad earum ratio=∥nem pertinerent, doctiſſimè confcripfit.* ∥; le reste du volume contient les pièces suivantes, en vers latins : ☙ *Captiuus Monachus* ∥ *Ex Prosa D. Hieronymi* ∥ *In Carmen Redactvs,* ∥ *Ad preces Andreæ Flādria=∥ni Vapinceñ. medici.* ∥; — ℂ *De die natali D. Iesv.* ∥; — ℂ *Quomodo tres Reges orientales Iesvm ado=∥rauerunt, & fua munera obtulerunt.* ∥; — ℂ *De D. Catharina.* ∥; — *De fefto D. Francifci.* ∥; — ℂ *De D. Nicolao.* ∥; — *Ad Petrum Bergerium Sueſſionen.* ∥; il n'y a pas de souscription.

Comme l'indique l'avis placé à la fin du second livre, ces annotations avaient paru pour la première fois en 1539; dès l'année 1543 Sussaneau s'est ravisé et a donné une nouvelle édition, imprimée aussi par Simon de Colines, à laquelle il a ajouté les annotations sur le troisième livre de Despautère qui traite de la quantité des syllabes finales.

PARIS : *Bibl. Nat.*; *Bibl. Université*; *Musée pédagogique*. — MENDE.

Pvb. Sex. Terentii Afri Comici ∥ Phormio. ∥ Adiectis, in adolefcentulorum gratiam, accentibus : ∥ & breuiſſimis argumentis ex Donato. ∥ *Parisiis* ∥ Apud *Simonem Colinæum, & Francifcum Stephanum.* ∥ 1542 ∥.

In-4° de 26 ff. chiffr., sign. *a-c* par 8, *d* par 2; car. ital.; sur le titre est placée la marque du *Temps* n° 3 (page 298).

Le verso du titre contient l'☙ *Argvmentvm Totivs Fabvlæ* ∥ *Ex Donato.* ∥; il n'y a pas de souscription.

PARIS : *Bibl. Nat.* — BESANÇON.

Pvb. Sex. Terentii Afri Comici, ∥ Eunuchus. ∥ Adiectis, in adolefcentulorum gratiam, accentibus : ∥ & breuiſfimis argumentis ex Donato. ∥ *Parisiis :* ∥ Apud *Francifcum Stephanum.* ∥ 1542 ∥.

In-4° de 28 ff. chiffr., sign. *a-c* par 8, *d* par 4; car. ital.; sur le titre est placée la marque *au Cep* de François Estienne.

Le verso du titre est blanc, l'*Argvmentvm Donati In Evnvchvm.* ∥ occupe le feuillet 2 recto; il n'y a pas de souscription.

PARIS : *Bibl. Nat.* — BESANÇON.

Pvb. Sex. Terentii Afri Comici, ‖ Heautontimorumenos. ‖ Adiectis in adulefcentulorum gratiam, accentibus ‖ & breuiffimis argumentis ex Donato. ‖ *Parisiis.* ‖ Apud *Simonem Colinæum* ‖ & *Francifcum Stephanum.* ‖ 1542 ‖.

In-4º de 26 ff. chiffr., sign. A-B par 8, C par 10; car. ital.; sur le titre est placée la marque du *Temps* nº 3 (page 298).

Le verso du titre contient l'*Argvmentvm Totivs Fa-‖bvlæ Ex Donato.* ‖; il n'y a pas de souscription.

Cette comédie et les deux précédentes font partie de l'édition des œuvres de Térence, imprimée en 1539-1542; l'Andrienne porte la date de 1541, Hécyra et les Adelphes, celle de 1539.

PARIS : *Bibl. Nat.* — BESANÇON.

Compēdium ‖ Dialecticæ Francis. ‖ Titelmanni, Ad Libros Lo=‖gicorum Arifto. admodum vtile ‖ ac necef-farium. ‖ *Parisiis* ‖ Apud *Simonem Colinæum.* ‖ 1542 ‖.

In-8º de 20 ff. chiffr., sign. A-B par 8, C par 4; car. rom.; init. sur bois à fonds criblés; sur le titre est placée la marque du *Temps* nº 3 (page 298).

Le verso du titre porte l'*Operis Divisio.* ‖, le corps du volume contient la dialectique de François Titelmann, divisée en 6 parties : *de vocibus prædicabilibus, de prædicamentis, de enunciatione, de argumentationum speciebus, de locis dialecticis, de sophisticis elenchis, hoc est redargutionibus;* le verso du dernier feuillet est blanc, il n'y a pas de souscription.

PARIS : *Collection particulière.*

Claudii Viexmontii Methodus confessionis compendiaria. *Parisiis,* apud *Simonem Colinæum* et *Franciscum Stephanum* ejus privignum, 1542.

In-4º.

Cette édition, citée dans les *Annales de l'Imprimerie des Estienne,* p. 99, doit être la copie de l'édition que nous décrivons plus haut, imprimée par Simon de Colines pour François Estienne en 1538.

Virgilivs ‖ *Parisiis.* ‖ Apud *Simonem Colinæum.* ‖ 1542. ‖

In-16 de 239 ff. chiffr. et 1 f. bl., sign. *a-z,* A-G par 8; car. ital.;

init. sur bois à fonds criblés ; le titre est placé dans le petit encadrement que nous reproduisons page 347.

Le verso du titre est blanc, le feuillet 2 contient la dédicace d'Alde à Pierre Bembo : *Aldvs P. M. Petrvm B. Compa*||*trem A Secretis Leonis X.* || *Pont. Max. Salvere Ivbet.* ||, sans date ; les Bucoliques occupent les feuillets 3 à 18 recto, les Géorgiques, les feuillets 18 verso à 57 et l'Enéide, les feuillets 58 à 235 ; le reste du volume contient les *Argvmenta,* suivis de quelques notes, et 4 distiques latins : *Io. Maffetus Campanus ad Nic.* || *Maffetum prefbyterum* || *cognatum fuum.* || ; il n'y a pas de souscription.

Simon de Colines avait déjà donné deux éditions in-16 de Virgile, en 1531 et 1538, il a imprimé plus tard, en 1545, pour les compléter, la série des petites pièces qu'il avait placées à la suite de l'édition in-8º de 1526 ; il y a une quatrième édition des œuvres de Virgile sans date.

LONDRES : *Brit. Mus.*

In P. Virg. Maronis Mo=||retvm Scholia, Ex Præstan-|| tiffimis quibufque fcriptoribus, maximè || ex Io. Ruellij Sueffionis, dum viueret, || medici lucubrationibus huc tranf-||pofita, Per H. Suffanæum. || *Parisiis* || Apud *Simonem Colinæum.* || 1542. ||

In-8º de 20 ff. chiffr., sign. A-B par 8, C par 4 ; car. rom. et ital. ; sur le titre est placée la marque du *Temps* nº 3 (page 298).

Le verso du titre et le feuillet 2 contiennent la dédicace : ※ *Hvbertvs Svssan=*||*næus Antonio Tempeftiuo* || *Sueffionenfi, fummo & *||* fingulari amico,* || *S. P. D.* ||, sans date, et 7 distiques latins : ※ *In Melanurum.* ||; le petit poème de Virgile, en caractères italiques, accompagné des scholies en caractères romains, prend fin au feuillet 19 verso et précède 3 pièces de vers latins : ※ *Ad God. Sezou, Trecoren Collegij* || *Primarium, Suffanæus.* ||; — ※ *Ad Ioan. Petracium, Ant. Tempeftiui* || *difcipulum, Ode Suffanæi.* ||; — ※ *Idem ad Iacob. Romanum.* ||, le verso du dernier feuillet contient les armoiries d'Hubert Sussaneau, gravées sur bois, et sa devise.

PARIS : *Bibl. Mazarine.* — BORDEAUX. — PAU.

M D XLIII

25 mars 1543 — 12 avril 1544 n. s.

Laccord de la langue Francoise avec la Latine, par lequel se congnoistra le moyen de bien ordonner et composer toutz motz, desquelz est faicte mention au vocabulaire des deux langues. *Parisiis,* apud *Simonem Colinæum,* 1543.

In-8º.

Nous n'avons pas vu l'édition de ce petit traité qui porte la date de 1543, elle est citée dans le catalogue de la bibliothèque Veinant et doit être la copie de l'édition de 1540.

Aphthonij So-‖phistæ Præcla=‖rissimi Rhetorica Pro=‖ gymnasmata. ‖ *Parisiis.* ‖ Apud *Simonem Colinæum.* ‖ 1543 ‖.

In-8º de 23 ff. chiffr. et 1 f. bl, sign. a-c par 8; car. rom.; init. sur bois à fonds criblés; annotat. margin.; sur le titre est placée la marque du *Temps* nº 3 (page 298).

Le verso du titre contient un avertissement *Ad Lectorem.* ‖, le feuillet 2, une préface : *Benignvs Martinvs,* ‖ *Ioanni Serræ fuo S. P. D.* ‖, datée du collège de Lisieux, des calendes de juin 1526. Le corps de l'ouvrage occupe le reste du volume, le nom du traducteur, Jean-Marie Cataneus, est indiqué dans le titre de départ; il n'y a pas de souscription.

Copie des éditions de 1526, 1539 et 1541.

Chartres. — Niort.

Scholia Ioānis Arborei || Lavdvnensis In Por-||phyrium de quinque vocibus, ex || Ariſtotele, Boëtio, Ammonio, Iaco||bo Fabro, & alijs eruditis autoribus || collecta, ab aliquot nuper repurgata || mēdis, & opulētiſſimè locupletata. || *Parisiis.* || Apud *Simonem Colinæum.* || 1543 ||.

In-8º de 96 ff. chiffr., sign. *a-m* par 8; car. ital.; initiales sur bois à fonds criblés; sur le titre est placée la marque du *Temps* nº 3 (page 298).

Le verso du titre et le feuillet 2 contiennent la dédicace : ❧ *Doctissimo Viro Sa=||criq; eloquij cultori diligentiſſimo, Hen=||rico Senaulio, Decano Roſetenſi, Ioānes || Arboreus Salutem dicit.* || (sans date). A la fin du volume sont placées les trois pièces de vers grecs et latins de Louis Le Roy qui se trouvaient déjà dans les éditions précédentes, et la souscription :

❧ *Parisiis Excvdebat Si=||mon Colinæus, Anno Domini M. D.* || *XLIII. Menſe Ianuario.* ||

Copie des éditions de 1533 et de 1537.

Chaumont. — Nantes. — Tours. — Londres : *Brit. Mus.*

❧ Compendiaria Ioannis || Arborei Lavdvnen-||ſis in dialectica elementa intro=||ductio, ab aliquot erratu=||lis repurgata, & locu=||pletius adaucta. || *Parisiis.* || Apud *Simonem Colinæum.* || 1543. ||

In-8º de 8 ff. non chiffr., 70 ff. chiffr. et 2 ff. bl., sign. a-k par 8; car. rom.; init. sur bois à fonds criblés; sur le titre est placée la marque du *Temps* nº 3 (page 298).

Le verso du titre est blanc, les feuillets liminaires contiennent la préface, imprimée en caractères italiques : ❧ *Ioannis Arborei Lav-||dunenſis ad Adrianum Gemellium Ar-||chidiaconum Laudunēſem, Theologum || moribus & literis abſolutiſſimum, de phi-||loſophiæ laudibus Oratio.* || L'introduction aux éléments de dialectique de Jean Arboreus, divisée en 13 chapitres, occupe tout le volume; le verso du feuillet 70 est blanc, il n'y a pas de souscription.

Copie des éditions de 1530, de 1533 et de 1535.

Nantes. — Milan : *Bibl. Ambrosienne.*

(Aristote.) In Hoc Libro || Contenta. || Politicorum libri Octo. || Commentarij. || Œconomicorum Duo. || Commentarij. ‖ Hecatonomiarum Septem. ‖ Œconomiarum publ. Vnus. ‖ Explanationis Leonar=‖di in œconomica. Duo. ‖ *Parisiis* ‖ Ex officina *Simonis Colinæi.* ‖ 1543. ‖

In-folio de 6 ff. non chiffr. et 198 ff. mal chiffr. jusqu'à 191, sign. ꝭ⚜ par 6, a-z, &, aa par 8; car. rom.; init. sur bois à fonds criblés; annotat. margin.; le titre est placé dans le grand encadrement sur bois réservé aux ouvrages de philosophie (page 31).

Le verso du titre est blanc, les feuillets liminaires contiennent la dédicace de Jacques Lefèvre d'Etaples à Guillaume Briçonnet, datée de 1505, 6 distiques latins : ꝭ⚜ *Ad Gabrielum Patinum presbyterum apud* ‖ *Gymnasium Monteacutum præcepto=*‖*rem Suffanæus.* ‖, la table et l'index sur 3 colonnes, les deux premières parties annoncées sur le titre (ff. 2 à 135, 136 à 145) sont précédées d'un prologue de Léonard Arétin, la troisième partie (ff. 146 à 176, pour 184), est dédiée par Jacques Lefèvre à Jean de Ganay, les deux dernières (ff. 177, pour 185 à 183 recto, pour 192, et de ce feuillet verso au dernier feuillet recto) terminent le volume avec 3 distiques latins de Béatus Rhénanus; le verso du dernier feuillet est blanc, il n'y a pas de souscription.

Copie de l'édition de 1526.

Paris : *Bibl. Mazarine.* — Rouen. — Tours. — Versailles.

Logica Aristo-‖telis Ex Tertia ‖ Recognitione. ‖ Libri Logicorum ad archetypos recogniti, ‖ cum nouis ad literam commentarijs : ad felices ‖ primum Parisiorum & communiter aliorum ‖ studioforum succeſſus, in lucem prodeant, ferantq; ‖ literis opem. Nunc ergo ò iuuenes ex Aristote=‖lico opere ceu ex proprio fonte puriſſimas hau=‖rite, delibatéq; aquas : peregrinas autē tanquam ‖ viles lacunas infalubréfq; Trinacriæ lacus, deui=‖tate. Omne enim malum ſtudijs infeminatum ‖ ferè eſt : quod authorum literis dimiſſis, ipſisque ‖ authoribus : ad vana gloſſemata ſeſe totos contu=‖lere. Et eos qui non eſſent authores (ac ſi apes fu=‖cos ſequerentur) pro ducibus & delegerunt & ſe‖cuti ſunt. Sed nunc melius ſtudiorum confulite ‖ rebus. Si autem dialecticam artem cum mode=‖ſtia ſuscipitis : confequens eſt, vt bonæ diſciplinæ ‖ redeant omnes. Bonas autem diſciplinas morum ‖ probitas & vitæ decor concomitatur omnis, om‖nifque virtus. quod fummopere ftudijs & opta=‖mus, & imprecamur. ‖ *Parisiis* ‖ Ex officina *Simonis Colinæi.* ‖ 1543 ‖.

In-folio de 271 ff. chiffr. et 1 f. bl., sign. a-z, A-L par 8; car. rom.; init. sur bois à fonds criblés; la première lettre ornée, Q, plus grande que les autres, représente un philosophe; figures dans le texte et dans les marges; le titre est placé dans l'encadrement des ouvrages philosophiques (page 31).

Copie des éditions de 1520, 1531 et de 1537, elle contient la même préface de Jacques Lefèvre d'Etaples; les divisions du volume sont les mêmes; à la fin se trouve la souscription suivante :

⸿ *Secvndi Elenchorvm Sophisticorvm* ‖ *Ariftotelis : & totius logices (quam & obfcurū nūcupauit organum)* ‖ *Finis. Parifiis ex officina libraria Simonis Colinæi. Anno* ‖ *Christi faluatoris omnium M. D. XLIII.* ‖ *Menfe Augufto.* ‖

Paris : *Bibl. Nat.; Bibl. Maȝarine.* — Bordeaux. — Limoges. — Louviers. — Nice — Troyes. — Versailles. — Milan : *Bibl. Ambrosienne.*

⸿ Catvllvs. ‖ Tibvllvs. ‖ Propertivs. ‖ *Parisiis,* ‖ Ex officina *Simonis Colinæi.* ‖ 1543 ‖.

In-16 de 160 ff. chiffr., sign. *a-v* par 8; car. ital.; le titre est placé dans le petit encadrement que nous reproduisons page 347.

Le verso du titre est blanc; la vie de chacun des trois poètes, extraite de Crinitus, précède ses œuvres; le texte de Catulle occupe les feuillets 4 à 47 recto, celui de Tibulle occupe les feuillets 49 à 86 recto, et celui de Properce, les feuillets 87 verso à la fin, il n'y a pas de souscription.

• Copie des éditions de 1529 et de 1534.

Paris : *Bibl. Nat.* — Londres : *Brit. Mus.*

M. T. Ciceronis Orationum volumen primum. *Parisiis* apud *Simonem Colinæum,* 1543.

In-16.

Premier des dix volumes de l'édition in-16 des œuvres de Cicéron, exécutée de 1543 à 1547; elle se compose de 8 volumes imprimés par Colines, que nous citons à leur date respective : *Orationes* vol. 1 et 2, 1543, vol. 3, 1544, *Officia, de amicitia, de senectute, paradoxa, somnium Scipionis,* 1 vol. 1543, *Rhetorica, de inventione, topica, oratoriæ partitiones,* 1 vol. 1545, *Epistolæ familiares,* 1 vol. 1545, *Opera philosophica,* 2 vol. 1545, et de 2 volumes imprimés par Robert Estienne pour compléter l'édition de son beau-père : *de Oratore,* 1 vol. 1546 et *Epistolæ ad Atticum,* 1 vol. 1547.

24

※ M. T. Cice-‖ronis Oratio-‖num volumen fe-‖cundum.‖ *Parisiis.* ‖ Apud *Simonem Colinæum.* ‖ 1543 ‖.

In-16 de 348 ff. mal chiffr. jusqu'à 356, les cotes 208 à 217 étant sautées, 1 f. non chiffr. et 1 f. bl., sign. a-z, AA-VV par 8, XX par 6; car. ital.; le titre, dont le verso est blanc, est placé dans le petit encadrement que nous reproduisons page 347.

Le volume se compose de 19 discours de Cicéron numérotés 14 à 32, terminés par 4 distiques latins : ※ *Ad Ioan. Gelinvm* ‖ *Britonem Diocœseos* ‖ *Briocenfis Hub. Suffanæus.* ‖, l'index et 6 distiques latins : ※ *Ad Anianvm Sa=*‖*mesmynvm Avrelivm* ‖ *Hvb. Svssanævs.* ‖, il n'y a pas de souscription.

PARIS : *Bibl. Ste-Geneviève.*

M. Tullii Ciceronis Officia diligenter restituta. Ejusdem de Amicitia & Senectute dialogi singuli : Item Paradoxa, & Somnium Scipionis. *Parisiis,* apud *Simonem Colinæum,* 1543.

In-16.

Ce petit volume, que nous n'avons pu rencontrer, fait partie de l'édition in-16 des œuvres de Cicéron; il est cité par Maittaire, *Historia typographorum*, et se trouvait dans l'exemplaire de la bibliothèque Solar.

M. Tull. Ciceronis de ‖ Oratore Dialogi ‖ tres, à Philippo Melāchthone noua ac ‖ locupletiore quàm anteà vnquam lo-‖corū infignium enarratione illuftrati. ‖ *Parisiis.* ‖ Ex officina *Simonis Colinæi.* ‖ 1543. ‖

In-8º de 23 ff. non chiffr., 1 f. bl. et 152 ff. chiffr., sign. *a-c, a-t* par 8; car. rom. et ital.; init. sur bois à fonds criblés; annotations marginales; sur le titre, qui est blanc au verso, est placée la marque du *Temps* nº 3 (page 298).

Les feuillets liminaires renferment les notes de Melanchthon, imprimées en caractères italiques, le reste du volume contient le texte de Cicéron terminé, au recto du dernier feuillet, dont le verso est blanc, par 4 distiques latins : ※ *D. Alano Hulheto LL. Doctori, fratri* ‖ *fuo Francif. Duffonus Appamien.* ‖, précédés de la souscription :

Parisiis Ex Officina Si=‖*monis Colinæi, Anno* ‖ *Salvtis. M. D. XLIII.* ‖

Imprimé par Simon de Colines en 1529, en 1534 et en 1537.

PARIS : *Bibl. Nat.* — BESANÇON. — EPINAL. — EVREUX. — PAU. — LONDRES : *Brit. Mus.*

☛ De Syllabarvm ‖ quantitate, regulæ fpeciales, quas ‖ Defpauterius in carmen non rede=‖git. Authore Maturino Corde=‖rio, Grammatices profeffore. ‖ *Parisiis.* ‖ Apud *Simonem Colinæum.* ‖ 1543 ‖.

In-8º de 31 ff. chiffr. et 1 f. bl., sign. a-d par 8; car. rom.; init. sur bois à fonds criblés; sur le titre, dont le verso est blanc, est placée la marque du *Temps* nº 3 (page 298).

La prosodie de Mathurin Cordier, qui est destinée à compléter celle de Despautère, est rédigée, comme elle, en vers latins; le verso du feuillet 31 est blanc, il n'y a pas de souscription.

Copie des éditions de 1530 et de 1537.

AVIGNON. — LE MANS. — QUIMPER.

Ioannis Darcii ‖ Venufini Canes, recens ‖ in lucem æditi. ‖ Item Epiftola Deidamiæ ad Achillem cum ali-‖ quot epigrammatis, eodem Authore. ‖ *Parisiis.* ‖ Apud *Simonem Colinæum.* ‖ 1543. ‖

In-8º de 16 ff. chiffr., sign. *a-b* par 8; car. ital.; annotat. margin. en car. rom.; sur le titre est placée la marque du *Temps* nº 3 (page 298).

Le verso du titre et le feuillet 2 contiennent la dédicace : *Reuerendo in Chrifto patri ac domino, Domino ‖ Andreæ Richerio Chalcedonenfi Epifcopo, ac ‖ ampliffimo Cardinali à Borbonio à fuffragijs, ‖ Ioannes Darcius S. ‖*, sans date, le petit poème *Canes*, de 294 vers hexamètres, occupe les feuillets 3 à 8 recto, le reste du volume contient : ✶ *Deidamia Achilli.* ‖, pièce de 136 distiques précédée d'un argument; ✶ *Sententia de Libanio expofita relatu ‖ perquàm lepidæ fabellæ fuper vene=‖ re & Rofa : Ex Politiano.* ‖, 30 distiques; ✶ *De Menfe Maio, & Veris tempore ‖ Carmen.* ‖, 14 distiques; ✶ *Ver de feipfo.* ‖, 2 distiques; ☙ *Ad fontem cognomine Damafcenum.* ‖, 9 distiques; il n'y a pas de souscription.

La Monnoye, dans ses notes sur La Croix du Maine (éd. Rigoley de Juvigny, 1, 485), pense que ce Jean Darcius, de Vénosa, est le même que Jean Darces ou d'Arces, qui vivait sous le règne de Henri II, et traduisit en français les 13 livres de Columelle imprimés en 1553.

PARIS : *Bibl. Nat.* — BESANÇON.

Periarchon grā-‖matices Opvscv-‖lum ftudiofis adolefcentibus ‖ conducibile, authore Io=‖anne Demaretho. ‖ *Parisiis.* ‖ Apud *Simonem Colinæum.* ‖ 1543 ‖.

In-8º de 43 ff. chiffr. et 1 f. bl., sign. a-e par 8, f par 4; car. rom.;

init. sur bois à fonds criblés; sur le titre est placée la marque du *Temps* n° 3 (page 298).

Le verso du titre et les feuillets 2 à 5 contiennent les pièces suivantes en caractères italiques : *De Io. Demaretho Suſſanæus* ‖ *Lectori.* ‖ (6 vers latins); — *Ad Suſſanæū Geruaſii Tornacæi* ‖ *Sueſſionen. Phaleucium.* ‖ (6 vers latins); — *Pe. à Quercu Sueſſionē. ad pubem* ‖ *Sueſſionicam Carmen.* ‖ (3 distiques latins); — ✤ *Io. Demarethvs Artis* ‖ *Palladiæ cultoribus Salutem.* ‖, Soissons, calendes de janvier; — *Crispino Mereto,* ‖ *Sueſſioneñ. Preſbytero, Gram=*‖*matices profeſſori, Ca.* ‖ *Coürexius* ‖ *Sueſſ.* ‖ (3 distiques latins). La grammaire de Jean Desmarets occupe les feuillets 6 à 42 recto, elle possède, dans quelques parties, la traduction interlinéaire de certains mots latins; le reste du volume contient des passages relatifs à la nécessité de l'enseignement extraits de Boèce, de Quintilien, de Sénèque, d'Horace, de Columelle, de saint Jérôme, du livre de l'Ecclésiaste et de Tortellius. Dans la petite pièce de vers latins placée en tête de la grammaire, Charles Coürexius cite le nom de Colines :

Demarethū en tenues miſit Colinæ[9] *ī auras*

Simon de Colines avait déjà imprimé, en 1536, le lexique de Jean Desmarets.

PARIS : *Bibl. Nat.; Bibl. Mazarine.*

✤ Syntaxis Io. Deſpaute=‖rii, A Sebastiano Dvis‖burgenſi in abſolutiſſimā mēthodū redacta. ‖ ✤ Item libellus de reciprocis, ac ordine in decla=‖ratione grammatica feruando. ‖ ✤ Adiectus eſt per eundem, de ſyncategorema=‖tis, de proprietate graduum comparationis, & de ‖ ſpeciebus numeri libellus vtiliſſimus. ‖ *Pariſiis* ‖ Apvd *Simonem Colinævm.* ‖ 1543. ‖

In-8° de 79 ff. non chiffr. et 1 f. bl., sign. A-K par 8; car. rom.; init. sur bois à fonds criblés; sur le titre est placée la marque du *Temps* n° 3 (page 298).

Le verso du titre et les deux feuillets suivants contiennent : ✤ *Hvb. Svssanævs* ‖ *ad Philipp. Riuallium* ‖ *Gratianop.* ‖ (9 vers latins), et ✤ *Sebastianvs Dvis*‖*bvrgensis, Henrico Risv*‖*vichio præclaræ indolis adole-*‖*ſcenti S. D.* ‖, 14 des calendes d'avril 1533; la syntaxe occupe les feuillets 4° à 64°, elle est suivie de : *Grāmaticæ Deſpauteria=*‖*næ Liber Nonvs, De* ‖ *ordine declarationis grammati-*‖*cæ, & de Syntaxi recipro-*‖*corum.* ‖ (feuillets 65° et 66° recto); — ☙ *Vtilissimvs De Signis,* ‖ *de graduum comparationis proprie-*‖*tate, ac de numeris libellus, ex* ‖ *Deſpauteriana Syntaxi* ‖ *exemptus.* ‖ *Sebaſtianus Duisburgenſis lectori S.* ‖, précédant le traité *de syncategorematis* ou *de signis* (feuillets 66° verso à 77° recto); — ✤ *Des. Erasmi Roteroda*‖*mi De ratione ſtudij,* ad Chriſtia-‖num Lubecenſem epiſtola ‖ parænetica. ‖ (feuillets 77° recto à 79°); il n'y a pas de souscription.

Simon de Colines avait imprimé les rudiments de Despautère en 1523 et 1538, sa syntaxe en 1536 et les notes de Sussaneau sur sa prosodie en 1542 et 1543.

Paris : *Bibl. Mazarine.* — Troyes.

Brevissi=‖ma Maximeqve ‖ compendiaria conficien=‖ darum epiſtolarum for=‖mula, Per Des. Eras. Ro=‖ terodamvm. ‖ *Parisiis.* ‖ Apud *Simonem Colinæum, & Franciſcum* ‖ *Stephanum,* eius priuignum. ‖ 1543. ‖

In-8° de 11 ff. non chiffr. et 1 f. bl., sign. a par 8, b par 4; car. rom.; init. sur bois à fonds criblés; le titre, dont le verso est blanc, est placé dans l'encadrement *au Soleil* (page 141).

Le corps de l'ouvrage est précédé d'une lettre adressée par Erasme à Pierre Paludanus, il est terminé par 2 distiques latins d'Hubert Sussaneau; le verso de l'avant dernier feuillet est blanc; il n'y a pas de souscription.

Copie de l'édition donnée par Simon de Colines en 1532.

Besançon. — Rennes. — Upsal : *Bibl. Univ.*

(Charles Estienne.) Pratum, ‖ Lacus, ‖ Arundinetum. ‖ *Parisiis.* ‖ Apud *Simonem Colinæum, & Franciſcum* ‖ *Stephanum,* eius priuignum. ‖ Cum priuilegio. ‖ 1543. ‖

In-8° de 36 ff. chiffr., sign. A-D par 8, E par 4; car. rom.; init. sur bois à fonds criblés; sur le titre est placée la marque du *Temps* n° 3 (page 298).

Le verso du titre est blanc, les feuillets 2 et 3 contiennent la dédicace : *Carolus Stepha=‖nus, Steph. Tornabullo præſidi ‖ Rhotomagenſi S.* ‖, datée de Paris, le 13 des calendes de février 1543 (1544, n. s.), les trois traités contenus dans le volume commencent respectivement aux feuillets 4, 24 et 30 verso, le verso du dernier feuillet est blanc, il n'y a pas de souscription.

Ces trois traités font suite aux dix petits traités du même genre déjà donnés par Charles Estienne, *de Re hortensi, Vinetum, Seminarium, Plantarium, Sylva, Frutetum, Collis, Arbustum, Fonticulus* et *Spinetum,* imprimés pour François Estienne par Robert Estienne ou par Simon de Colines.

Paris: *Bibl. Nat.; Bibl. Ste-Geneviève; Bibl. Arsenal.* — Amiens — Bordeaux. — Chartres. — Reims. — Bruxelles. — Londres : *Brit. Mus.* — Milan : *Bibl. Ambrosienne.* — Tournai.

(Charles ESTIENNE.) De re herbaria et hortensi. *Parisiis, apud Simonem Colinæum et Francifcum Stephanum, ejus priuignum*, 1543.

In-8°.

Cité dans les *Annales de l'imprimerie des Estienne*, page 100. Ce traité, imprimé pour la première fois en 1535 par Robert Estienne, est le premier des treize petits traités, cités à l'article précédent, qui furent l'ébauche du *Prædium rusticum* et plus tard de l'*Agriculture et Maison rustique* de Charles Estienne.

(Oronce FINÉ.) Les canons & do-‖cvmens Tresamples, ‖ touchant lufaige & practique des cō=‖muns Almanachz, que l'on nomme ‖ Ephemerides. ‖ ⚘ Briefue & ifago-gique in=‖trodvction, Svr La ‖ iudiciaire Aftrologie : pour fcauoir ‖ prognoftiquer des chofes aduenir, par ‖ le moyen defdictes Ephemerides. ‖ ℭ Le tout nou-uellement et trefclere=‖ment redigé en langaige Fran-cois. ‖ 🙰 ‖ ⚘ Imprimez à *Paris* par ‖ *Simon de Co-lines* ‖ 1543. ‖

In-8° de 44 ff. chiffr., sign. A-E par 8, F par 4; car. ital.; bandeaux gravés sur bois bois.

Le verso du titre est blanc, les feuillets 2 et 3 contiennent : ⚘ *A trefhumain & honoré* ‖ *Seignevr, Monsievr Mai*=‖*ftre Iehā du Val, feigneur de Dampierre,* ‖ *Confeiller & Secretaire du Roy noftre* ‖ *Sire, & treforier general de fon efpargne :* ‖ *Oronce Fine, Mathematicien dudict fei*=‖*gneur, Salut.* ‖ (en vers) et ℭ *La table des Canons, &* ‖ *Choses Generales Conte-*‖*nues en ce volume.* ‖ Le corps de l'ouvrage, qui contient 30 canons, débute au feuillet 4 par ce titre de départ : *Senfuyuent les* ‖ *Canons Des Epheme=*‖*rides, redigéz nouuellement en* ‖ *Francois, & trefample-*‖*ment & clerement* ‖ *elucidéz.* ‖, un nouveau titre de départ précède le dix-neuvième canon : ⚘ *Senfuyt vne briefue & Ifa*=‖*gogiqve Introdv-*‖*ction fur la iudiciaire Aftrolo*=‖*gie, pour fcauoir progno*=‖*ftiquer des chofes adue*=‖*nir, par le moyen des* ‖ *Ephemerides.* ‖; le volume se termine par la ℭ *Conclufion de L'acteur.* ‖ signée de la devise d'Oronce Finé : ⚘ *Virefcit vulnere virtus.* ‖; il n'y a pas de souscription.

Voici les titres de quelques uns des derniers canons : *Des aspectz et constellations qu'il fault observer et eslire, pour heureusement commencer et perfaire toutes œuvres et negotiations humaines; des élections qu'il convient observer en la phlebotomie et saignée; des élections pour prendre médicine*, etc.; les sujets traités peuvent étonner, même à cette époque, sous la plume d'un savant qui s'occupait spécialement des sciences exactes.

Il y a une seconde édition chez Regnauld Chaudière en 1551 et une troisième chez Guillaume Cavellat en 1557 à laquelle on a joint la traduction française, faite par Oronce Finé, du traité d'Alcabitius dont nous citons le texte latin à l'année 1521.

BORDEAUX.

Brevissima ‖ & facillima in omnes di=‖ui Pauli epiſtolas ſcho=‖lia, vltra priores editio=‖nes, ex antiquiſſimis Græ‖corum authoribus, abūde locupletata. ‖ Itidem in ſeptem Canonicas epiſtolas, ‖ & D. Ioannis Apocalypſin, breuiſſima ‖ ſcholia recens edita. ‖ Authore Ioanne Gagnæio Pariſino Theo-‖logo, Chriſtianiſſimi Francorum Regis ‖ Eccleſiaſtæ, ac primo Eleemoſynario. ‖ *Pariſiis* ‖ Apud *Simonem Colinæum.* ‖ 1543 ‖ Cum priuilegio ad quinquennium. ‖

In-8° de 8 ff. non chiffr. et 244 ff. chiffr., sign. ℭ, a-z, A-G par 8, H par 4; car. rom.; annotat. margin. avec les mots de rappel en car. goth.

Le verso du titre est blanc, les feuillets liminaires contiennent : *Illvstrissimo Prin=‖cipi Et Reverendissimo Do-‖mino D. Ioanni A Lotharingia Sacro-‖ſanctæ Romanç eccleſiæ TT. Sancti Ono-‖frij Cardinali dignifs. Ioannes Gagnæius ‖ Theologus ſalutem in Chriſto.* ‖; — *Ioannes Gagnæius Chriſtiano Lectori Sal.* ‖; — *Argvmentvm In ‖ epiſtolam ad Romanos.* ‖; les épîtres de saint Paul occupent les feuillets 1 à 154, les épîtres catholiques les feuillets 155 à 198, l'apocalypse les feuillets 199 à 243, le dernier feuillet contient au recto l'errata et est blanc au verso; il n'y a pas de souscription.

Les épîtres de saint Paul et leurs commentaires se trouvaient déjà dans les éditions de 1538 et de 1539, Jean de Gaigny, dans l'épître au lecteur, annonce encore des commentaires sur les évangiles et les actes des apôtres et des odes sur les psaumes de David.

PARIS : *Bibl. Maẓarine; Bibl. Ste-Geneviève.* — AMIENS. — AVIGNON. — CAMBRAI. — CHAUMONT. — LE MANS. — NANTES. — ORLÉANS : *Bibl. du grand Séminaire.* — REIMS. — TOULOUSE. — TOURS. — TROYES. — VERDUN. — VERSAILLES. — TOURNAI.

Cl. Galeni Pergameni Ars ‖ Medica Qvæ Est Ars Par-‖ua, Martino Acakia Catalaunenſi Doctore medico ‖ interprete et enarratore. ‖ Proſtat *Pariſiis* in ædibus

Simonis Colinæi, fub Sole ‖ aureo, è regione gymnafij Bellouacenfis. ‖ M. D. XLIII. Menfe Octob. ‖

In-folio de 20 ff. non chiffr., 335 pp. chiffr. et 1 p. non chiffr., sign. a-e, A-Z, Aa-Vv par 4, Xx par 6; car. rom. et ital.; annotat. margin. Les feuillets liminaires contiennent le privilège, accordé à Regnauld Chaudière pour 6 ans, le 8 des ides de mai 1543, au verso du titre, la dédicace : *Francisco Valesio Chri-*‖*ſtianiſſimo Francorum Regi Martinæ Acakia* ‖ *medicus felicitatem.* ‖, sans date, 3 distiques grecs : Εἰς τὸν Μαρτῖνον 'Ακακίαν, τὸν τῆς μικρᾶς τέχνης Γαληνοῦ ‖ ἐξηγητὴν 'Ιωάννου Γοραίου 'Επίγραμμα. ‖, 3 distiques latins : *Idem ab eodem in latinum conuerſum.* ‖, l'index sur 2 colonnes et l'errata; le traité de Galien, précédé d'un avertissement, est terminé par la souscription :
Imprimebat Michaël Vafcofanus Pariſiis Ann. ‖ M. D. XLIII. Cal. Octobr. ‖
Ce volume n'a été imprimé ni par Simon de Colines ni pour lui, mais il porte son nom et son adresse.

PARIS : *Bib. Nat.; Bibl. Maʒarine; Bibl. Fac. de Médecine.* — BOURGES. — EVREUX. — LIMOGES. — LYON. — TOURS. — TROYES. — LONDRES : *Brit. Mus.*

✠ Antonii Go=‖ueani pro Ariſtotele ‖ reſpōſio, aduerſus ‖ Petri Rami ‖ calūnias, ‖ ad ‖ Iacobum Spifamium ‖ Gymnaſij Pariſien. ‖ Cancellarium. ‖ *Parisiis* ‖ Apud Simonem Colinæum. ‖ 1543 ‖.

In-8º de 2 ff. non chiffr. et non sign. et de 58 ff. chiffr., sign. A-F par 8, G par 10; car. ital.; init. sur bois à fonds criblés; le titre est placé dans un petit encadrement en manière noire qui doit appartenir aux Heures in-8º de 1543.
Le verso du titre est blanc, le second feuillet porte la dédicace : ✠ *Iacobo Spifamio Regio* ‖ *Conſiliario, & Gymnaſii Pariſienſis* ‖ *Cancellario, Antonius* ‖ *Goueanus* ‖ *S. P. D.* ‖, Paris, calendes de décembre; le verso du dernier feuillet est blanc, il n'y a pas de souscription :
Antoine de Govéa répond, dans ce petit livre, aux *Institutionum dialecticarum libri tres* de Pierre la Ramée, parus en septembre 1543, qui avaient soulevé une indignation générale parce que la doctrine d'Aristote y était attaquée, et qui furent interdits, pendant deux ans, par le Parlement de Paris.

BESANÇON. — BORDEAUX.

Methodus con‖scribendi Episto‖las, Per Christoph. Hegen=‖dorphinvm. ‖ Eiufdem dragmata locorum tum

Rhetori=‖corum, tum Dialecticorum, cum exemplis ‖ ex optimis quibufq; autoribus. Eiufdē exem=‖pla ſtatus coniecturalis, finitiui, qualitatis. ‖ *Parisiis,* ‖ Apud *Simonem Colinæum.* ‖ 1543. ‖

In-8° de 24 ff. non chiffr., sign. A-C par 8; car. rom.; init. sur bois à fond criblé; annotat. margin.; sur le titre est placée la marque du *Temps* n° 3 (page 298).

Les deux traités sont précédés de la dédicace : *Christophorvs He*=‖ *gendorphinus Laurentio Czoch* ‖ *difcipulo fuo S. D.* ‖, sans date, le deuxième traité commence au feuillet C.j.; le dernier feuillet est blanc au verso, il n'y a pas de souscription.

Copie de l'édition de 1539.

VERSAILLES.

Diui Germani quondam ‖ Altissiodorensis E-‖piſcopi vita, anno quidem ab hinc circiter ‖ feptingenteſimo, carmine conſcripta, ſed ‖ nunc primum typis excuſa : ‖ Authore Herico Benedictino Altiſſiodo-‖renſi. ‖ *Pari-siis* ‖ Apud *Simonem Colinæum.* ‖ 1543. ‖

In-8° de 72 ff. chiffr., sign. A-I par 8; car. ital.; initiales sur bois à fonds criblés; sur le titre est placée la marque du *Temps* n° 3 (page 298).

Les 9 premiers feuillets contiennent les pièces suivantes : ❦ *Ex Ioann. Tritemio* ‖ *de fcriptoribus ecclefiafticis.* ‖; — ❦ *Lectori beneuolo S.* ‖; — *Illvstrissimo Principi Ac D.* ‖ *D. Ludouico à Lotharingia, Diui Germani* ‖ *Altiffiodorenfis abbati, Petrus Peffelixrus* ‖ *eiufdem monaf-terij cœnobita S. P. D.* ‖, Paris, le 4 des ides d'octobre 1543; — ❦ *Ad Eumdem Principem,* ‖ *D. Carolum à Lotharingia Archiepifco*‖*pum Re-menfem, ac primum Galliæ Pa-*‖*rem eiufdem Peffelixri Epigramma.* ‖ (6 distiques latins); — *Epistola Avthoris* ‖ *Dedicatoria.* ‖; — ❦ *Avthoris Invocatio, Pha*=‖*leucio hendecafyllabo defcripta.* ‖; — *Allocvtio Ad Li-brvm,* ‖ *dicolo diftropho decurfa.* ‖ La vie de saint Germain l'Auxerrois, écrite en vers hexamètres et divisée en 4 livres, précédés chacun d'une préface, occupe les feuillets 10 à 70, le reste du volume contient : ❦ *De D. Germano Altis-*‖*fiodoren. ciue & Epifcopo, H. Suf-*‖*fanæi Apoftrophe* ‖ *ad Ciues.* ‖ (10 distiques latins); — ❦ *De Nova Hvivs Opvscvli* ‖ *edi-tione, in laudem D. Germani Altiffiod.* ‖ *ad Chr. Picartum, N. Marcom=*‖ *uilli cœnobij eiufdem D.* ‖ *Germani vicarij,* ‖ *Epigramma.* ‖ (15 distiques latins); — ❦ *Errata.* ‖; — ❦ *Interpretatio Græcarvm Di-*‖*ctionum, quæ per totum hoc opus fparfæ funt.* ‖; le verso du dernier feuillet est blanc, il n'y a pas de souscription.

L'auteur de ce petit poëme est Héricus, bénédictin d'Auxerre, mort vers 881, qui a écrit aussi une histoire des miracles de saint Germain l'Auxerrois, publiée par Philippe Labbé dans son recueil : *Nova bibliotheca manuscriptorum librorum sanctorum sanctarumque vitas, miracula... repræsentans*, Paris, 1650. Voyez Potthast, *Bibliotheca historica medii ævi*, pp. 718 et 719.

PARIS : *Bibl. Nat.* — AUXERRE. — ROUEN. — VERDUN.

ჶ⬤ Batrachomyomachia ‖ Homeri E Græco In ‖ Latinum carmen verſa per Fran-‖ciſcum Villerium Continiacum, ac ‖ recens in lucem ædita. ‖ *Parisiis* ‖ Apud *Simonem Colinæum.* ‖ 1543. ‖

In-8° de 8 ff. non chiffr., sign. A; car. ital.; init. sur bois à fonds criblés; sur le titre est placée la marque du *Temps* n° 3 (page 298).

Le verso du titre contient la dédicace : ჶ⬤ *Sapientissimo Et Amplissi=‖mo viro D. Matthæo Paillarto auunculo & ‖ Mecœnati ſuo, Franciſcus Vil=‖lerius Continiacus ‖ S. D. ‖*, Paris, ides de novembre 1543. La traduction en vers latins par François Villiers occupe les 6 feuillets suivants, le dernier feuillet, qui est blanc au verso, porte au recto : *Nomina Ranarvm Et Mvrivm.* ‖, en grec, latin et français; il n'y a pas de souscription.

La Batrachomyomachie, ou Combat des Rats et des Grenouilles, petit poëme attribué à Homère, avait été traduite en français par Antoine Macault en 1540.

PARIS : *Bibl. Maʒarine.* — BESANÇON.

ჶ⬤ Horæ In Lav‖dem Beatissimæ ‖ virginis Mariæ, ad vſum ‖ Romanum. ‖ *Parisiis.* ‖ Apud *Simonem Colinæum.* ‖ 1543. ‖

In-4° de 176 ff. non chiffr., sign. a-y par 8; car. rom.; initiales, figures et encadrements sur bois; impression en rouge et noir; sur le titre 8 rubriques ჶ⬤ sont disposées en forme de fleuron.

Le verso du titre contient la table de Pâques, les 6 feuillets suivants le Calendrier, le 8ᵉ feuillet ℂ *Hymnus de ſacto Ioane euägeliſta.* ‖; les Heures commencent au 9ᵉ feuillet par ce titre de départ : ℂ *Initium ſancti euangelij ſecundum ‖ Ioannem, Gloria tibi domine.* ‖, elles occupent le reste du volume qui n'a pas de souscription; l'oraison dominicale, la salutation angélique, le symbole des apostres et les dix commandemens de la loy sont en français.

Toutes les pages, sauf le titre, sont entourées d'encadrements, au nombre de 16, dont huit au trait et huit en manière noire, qui alternent, quelques uns avaient été déjà utilisés par Simon de Colines pour orner les titres de ses volumes, d'autres portent les dates de 1536, 1537 ou

1539, ils doivent sortir de l'atelier de Geofroy Tory; il y a aussi 14 grands sujets, dont 7 signés de la Croix de Lorraine, avec des encadrements spéciaux. Une autre édition de ces Heures a été imprimée par Regnauld et Claude Chaudière en 1549, elle est ornée de la même façon et possède quelques encadrements de plus que celle-ci. Colines a donné en 1543 une édition de format in-8º, avec d'autres bois, que nous décrivons à l'article suivant.

VERSAILLES.

Horæ in laudem Dei ac beatissimæ Virginis Mariæ ad usum romanum, una cum calendario recens emendato. *Parisiis,* apud *Simonem Colinæum,* 1543.

In-8º de 176 ff. non chiffr., sign. A-Y par 8; encadrements et figures gravés sur bois; le titre est placé dans un encadrement au haut duquel on lit : *Simon de Colines.*

Auguste Bernard, *Geofroy Tory, peintre et graveur,* p. 272, décrit ainsi ces Heures, d'après l'exemplaire qui appartenait en 1858 à feu M. Renouvier, de Montpellier :

« Comme dans les Heures in-4º du même, les cadres des pages du « texte sont des arabesques de deux sortes, les unes au trait et les autres « en noir, et les sujets, au nombre de 13, sont dans un encadrement « spécial. Quelques uns de ces cadres portent la date de 1537, et l'un « d'eux le nom de Simon de Colines en toutes lettres, ce qui prouve « que ces gravures ont été exécutées pour lui. Voici l'indication des « sujets, dont un seul est signé, mais qui tous semblent sortir de la « main de Tory... »

Quelques uns des encadrements qui ont servi à l'illustration de ces Heures doivent être ceux que l'on retrouve sur les titres de plusieurs volumes in-8º imprimés par Simon de Colines.

Horativs. ‖ Nicolai Perotti libellus non in-‖frugifer de metris Odarum ‖ Horatianarum. ‖ *Parisiis.* ‖ Apud *Simonem Colinæum.* ‖ 1543 ‖.

In-16 de 176 ff. chiffr., sign. A-Y par 8; car. ital.; le titre est placé dans le petit encadrement que nous reproduisons page 347.

Le verso du titre est blanc, les 2 feuillets suivants contiennent la vie d'Horace par Pierre Crinitus, les odes occupent les feuillets 4 à 77 verso, les épodes, les feuillets 77 verso à 92 recto, le *carmen sæculare,* les feuillets 92 verso et 93, le traité de Nicolas Pérot, les feuillets 94 à 100, les épîtres, les feuillets 100 verso à 128 recto, les satyres, les feuillets 128 verso à 167 recto, l'art poétique, les feuillets 167 verso à 176 recto, au bas du recto de ce dernier feuillet, dont le verso est blanc, se trouvent encore 3 distiques latins : *H. Suſſanæus Coñrexio Violæ Sueſſionen.* ‖ suivis de la souscription :

Excvdebat Svis Typis Si-‖*mon Colinæus in alma Pariſiorum acade-*‖*mia, anno ſalutis M. D. XLIII.* ‖ *menſe Ianuario.* ‖

Simon de Colines avait déjà donné cinq éditions des œuvres d'Horace en 1528, 1531, 1533, 1539 et 1540, la nôtre est copiée sur cette dernière, mais avec une pagination continue.

FLORENCE : *Bibl. Nat.* — LONDRES : *Brit. Mus.*

Lvcanvs. ‖ *Parisiis* ‖ Apud *Simonem Colinæum.* ‖ 1543 ‖.

In-16 de 151 ff. chiffr. et 1 f. non chiffr., sign. a-t par 8; car. ital.; init. sur bois à fonds criblés; le titre, dont le verso est blanc, est placé dans le petit encadrement que nous reproduisons page 347.

Les dix livres de Lucain occupent les feuillets 2 à 147, le reste du volume contient les pièces suivantes : *M. Annæi Lvcani Vita Ex* ‖ *Clarissimis Avto-*‖*ribvs.* ‖; — *Eadem Ex Petri Crini-*‖*ti, De Poetis Lati-*‖*nis, Libro Ter-*‖*tio.* ‖; — *Luc. Vita* ‖ *M. Annæo Lvcano Cordv-*‖*bensi Poetæ, Beneficio* ‖ *Neronis Cæs. Fama* ‖ *Servata.* ‖; — *De Martino Beſardo Lucani correctore.* ‖ *H. Suſſanæus.* ‖, 12 vers latins; il n'y a pas de souscription.

Copie des éditions de 1528 et de 1537.

PARIS : *Bibl. Nat.* — DUBLIN : *Bibl. du coll. de la Trinité.* — LONDRES : *Brit. Mus.*

De Moribus et ‖ Vitæ Institv=‖tione, præcepta & ‖ ſententiæ· [sic] ‖ *Parisiis* ‖ Apud *Franciſcum Stephanum.* ‖ 1543 ‖.

In-8º de 8 ff., sign. a; car. rom. et ital.; annotat. margin.; sur le titre est placée la marque *au Cep* de François Estienne.

Le verso du titre et celui du dernier feuillet sont blancs, il n'y a pas de souscription; les caractères sont ceux de Simon de Colines.

Nous avons déjà vu ce petit recueil de préceptes, qui doit être de Charles Estienne, annoncé sur le titre des *Dicta Sapientum* de 1541.

PARIS : *Bibl. Nat.*

Tabulæ Ioannis Mur=‖mellii Rvremvn=‖denſis in artis componen-‖dorum verſuum ‖ rudimenta. ‖ *Parisiis* ‖ Apud *Simonem Colinæum.* ‖ 1543. ‖

In-8º de 22 ff. chiffr., 1 f. bl. et 1 f. non chiffr., sign. a-c par 8; car. rom.; sur le titre est placée la marque du *Temps* nº 3 (page 298).

Le verso du titre contient l'*Index Dvodecim Tabv-*‖*larvm huius libelli.* ‖; les 12 chapitres ou tableaux occupent les feuillets chiffrés, le dernier feuillet, précédé d'un feuillet blanc, porte au recto : ☛ *Ad Io Petracivm,* ‖ *aliâs Roſam Baïoneñ.* ‖ *Hub. Suſſanæus.* ‖ (4 distiques latins); il n'y a pas de souscription.

Imprimé par Simon de Colines en 1530, 1534 et 1541.

BESANÇON. — LE MANS.

☛ Nouum teſta-‖mentum, haud pœniten=‖dis ſacrorum Doctorum ‖ ſcholijs, Ioannis Benedi‖cti Theologi Pariſiẽſis, ‖ cura concinnatis, non in=‖utiliter illuſtratum. ‖ *Parisiis.* ‖ Apud *Simonem Colinæum,* ‖ & *Galeotum à Prato.* ‖ 1543 ‖ Cum priuilegio. ‖

2 tômes in-8°; car. rom.; init. sur bois à fonds criblés; annotat. margin.; la première partie contient 20 ff. non chiffr., 183 ff. chiffr. et 1 f. bl., sign. ☛, ☛☛ par 8, ☛☛☛ par 4, a-x par 8, y par 6.

Les feuillets liminaires contiennent le privilège accordé pour 6 ans à Galiot du Pré et à Antoine Vincent, de Lyon, la préface : ☛ *Io Benedictus candido lectori S.* ‖, l'☛ *Index Rervm* ‖ *Et Sententiarvm No=*‖*vi Testamenti.* ‖, sur 2 colonnes, et un distique latin *Lectori.* ‖; les évangiles commencent aux feuillets 1, 42, 67 verso et 109 verso et les actes des apôtres au feuillet 141 verso, le verso du dernier feuillet est blanc.

La seconde partie a pour titre :

☛ Divi Pav=‖li Epiſtolæ, ‖ non vulgaribus Do=‖ctorum ſcholijs ‖ illuſtratæ. ‖ ☛ ☛ ☛ ‖ *Parisiis,* ‖ Apud *Simonem Colinæum,* ‖ & *Galeotum à Prato.* ‖ 1543 ‖.

140 ff. chiffr. et 8 ff. non chiffr., sign. A-S par 8, T par 4.

Les feuillets chiffrés contiennent les épitres et l'apocalypse terminées par ces mots : ☛ *Totivs Novi* ‖ *Testamenti,* ‖ *Finis. 1543.* ‖; les feuillets non chiffrés renferment l'index, sur 2 colonnes; il n'y a pas de souscription.

Ce nouveau testament, édité par Jean Benoist, faisait partie de la Bible in-folio de 1541 portant le nom de Simon de Colines et de Galiot du Pré et imprimée en vertu du même privilège.

PARIS : *Bibl. Nat.; Bibl. Ste-Geneviève; Bibl. Arsenal; Bibl. Université.* — ABBEVILLE. — AIX. — AMIENS. — BORDEAUX. — CAMBRAI. — EPINAL. — LYON. — MARSEILLE. — NICE. — REIMS : *Bibl. Archevêché.* — SENS. — TOURS. — TROYES. — VALENCE. — VERSAILLES. — LONDRES : *Brit. Mus.* — MANCHESTER.

☛ Patelinvs. ‖ Noua Comœdia, aliàs Veterator, è vul-‖gari lingua in Latinā traducta per Ale-‖xandrum Cōnibertum LL. doctorem, & ‖ nuper quàmdiligentiſſimè recognita : vt ‖ conferenti cum veteri exemplari planè ‖ noua, hoc eſt longè terſior latinisq҄ auri-‖bus gratior videatur. ‖ Cvm Privilegio. ‖ *Parisiis* ‖ Imprimebat *Simon Colinæus Franciſco Stephano.* ‖ 1543. ‖

In-8º de 28 ff. chiffr., sign. A-C par 8, *d* par 4; car. ital.; init. sur bois à fonds criblés; sur le titre est placée la marque *au Cep* de François Estienne.

Le verso du titre contient 2 pièces de vers latins : *Ad D. Petrum Colſonum,* ‖ *H. Suſſanæus.* ‖, et *Ad Nicol. Iucundum, municipij Iucundi dominum,* ‖ *Io. Maſſetus Campanus.* ‖, le feuillet 2 contient une épître : *Ivo Morellvs Vtrivsqve* ‖ *Ivris Doctor, Alexandro* ‖ *Comniberto vtriuſque iuris doctori* ‖ *ſuo obſeruando auunculo,* ‖ *S. P. D.* ‖, et le feuillet 3, la *Præfatio.* ‖, en distiques latins; la farce de maître Pathelin, traduite du français en vers latins, occupe le reste du volume et se termine par la souscription :

❦ *Patelini, Sev* ‖ *Veteratoris fabulæ* ‖ *Finis.* ‖ *1543* ‖ (·.·) ‖

Il y a une édition antérieure donnée à Paris par Guillaume Eustache en 1512, in-16 goth., et une autre édition imprimée vers la même époque sans lieu ni date, in-8º goth.

Paris : *Bibl. Nat.* — Auch. — Besançon.

❦ Les Principes ‖ Et Premiers ‖ Elemētz de la langue La-‖tine, par leſquelz tous ieu-‖nes enfans feront facile-‖mēt introduictz à la con-‖gnoiſſance d'icelle. ‖ *Parisiis* ‖ Apud *Simonem Colinæum.* ‖ 1543. ‖

In-8º de 8 ff. non chiffr., sign. a; car. rom. et ital.; le titre est placé dans l'encadrement *au Soleil* (page 141).

Le verso du titre et celui du dernier feuillet sont blancs; cette petite pièce, déjà imprimée par Simon de Colines en 1539, n'est pas la traduction des *Principia elementaria* qu'il avait imprimés en 1535, 1540 et 1541.

Chaumont. — Londres : *Brit. Mus.*

❦ Qvintvs ‖ Cvrtivs De Re=‖bvs Gestis Alexan=‖dri Magni, Regis ‖ Macedonvm, ‖ Cum annotationibus Deſid. ‖ Eraſmi Roterodami. ‖ *Parisiis* ‖ Apvd *Simonem Colinævm.* ‖ 1543. ‖

In-8º de 6 ff. non chiffr., 354 pages chiffr. et 1 f. bl., sign. A par 6, a-x par 8, y par 10; car. rom.; init. sur bois à fonds criblés; sur le titre est placée la marque du *Temps* n° 3 (page 298).

Les feuillets non chiffrés contiennent, outre le titre dont le verso est blanc, la dédicace d'Erasme : ℭ *Clarissimo Principi Her=∥nesto Bavariæ Dvci ∥ Erasmvs Roter. ∥ S. P. D. ∥*, datée des nones de novembre 1517, l'*Index Annotationvm ∥ In Qvintvm Cvrtivm ∥ Per Erasmvm Ro=∥terodamvm. ∥* et l'épître : ✤ *Bartholomævs Mervla ∥ Generoso Adolescenti ∥ Francisco, Georgii ∥ Cornelij equitis & Decem=∥uiri clariſſimi filio, ∥ S. P. D. ∥*, datée de Venise, 3 des nones de juillet 1494. Les pages chiffrées contiennent les livres 3 à 10 de Quinte-Curce; il n'y a pas de souscription.

Copie de l'édition de 1533.

PARIS : *Bibl. Nat.; Bibl. Mazarine; Bibl. Ste-Geneviève* — ORLÉANS. — BRUXELLES. — GAND. — GOTTINGUE.

Ioachimi Fortij ∥ Ringelbergii An=∥tuerpiani Rhetorica, nunc demū ∥ terſiſſimè emendata. ∥ *Parisiis.* ∥ Apud *Simonem Colinæum.* ∥ 1543. ∥

In-8° de 20 ff. chiffr., sign. A-B par 8, C par 4; car. rom.; init. sur bois à fonds criblés; annotat. margin.; sur le titre est placée la marque du *Temps* n° 3 (page 298).

Le verso du titre contient un avis *Stvdiosæ Ivventvti.* ∥ et 2 distiques latins d'Antoine Anglus; la rhétorique de Joachim Fortius Ringelberg est terminée par une épître datée de Lyon, calendes de janvier 1531, adressée à Pierre Stella, professeur de droit, auquel le volume est dédié; il n'y a pas de souscription.

Copie de l'édition de 1539 réimprimée en 1545.

PARIS : *Bibl. Nat.* — BORDEAUX.

✤ Petri Roſſeti poëtæ ∥ Lavreati Christvs ∥ Secunda æditio. ∥ *Parisiis* ∥ Apud *Simonem Colinæum.* ∥ 1543. ∥

In-8° de 56 ff. chiffr., sign. A-G par 8; car. ital.; annotat. margin.; init. sur bois à fonds criblés ; sur le titre est placée la marque du *Temps* n° 3 (page 298).

Le verso du titre et le feuillet 2 contiennent une pièce de 5 distiques latins : ✤ *Ad Spectabilem Re=∥ctorem Academiæ Pariſienſis, ∥ D. Gulielmū Muſtellam, ∥ Canonicum Sueſſio=∥neñ. & Bellouac. ∥ Gymnaſiar=∥cham, ∥ H. Suſſanæus. ∥* et une épître : ℭ *Christianissimo Francorvm ∥ Regi, Francifco Valeſio Hubertus Suſſan=∥næus Sueſſio. S. P. D. ∥*, datée de Paris, le 14 des calendes de novembre 1543, *ex ædibus Simonis Colinæi*; le poème latin, se termine par un avertissement de l'éditeur,

3 distiques latins : *Ad Marcum Roſſetum Beaucianum* || *H. Suſſannæus.* ||, et la souscription :

Excvdebat Parisiis Simon || *Colinæus, anno ab orbe per Christvm re-*||*dempto M. D. XLIII, menſe Octobri.* ||

Le verso du dernier feuillet est blanc.

Copie de l'édition de 1534 ; les pièces de vers latins qui se trouvaient à la fin de cette édition sont supprimées.

Paris : *Bibl. Nat.: Bibl. Maʒarine.* — Bordeaux. — Verdun.

C. Criſpi Saluſtij Hiſto=||riographi Cla-||riſſimi. || L. Sergij Catilinæ contra Romanum Sena-||tum coniuratio, ſeu bellum Catilinarium. || Item bellum Iugurthinum. || Quibus Corollarij vice acceſſerunt, quæ || proxima pagina continentur. || *Parisiis.* || Apud *Simonem Colinæum.* || 1543. ||

In-8º de 8 ff. non chiffr., 283 pp. chiffr., 1 p. et 26 ff. non chiffr., sign. *, a-x par 8; car. rom.; annotat. margin.; sur le titre est placée la marque du *Temps* nº 3 (page 298).

Le verso du titre contient la table, les feuillets liminaires renferment les pièces qui se trouvaient dans l'édition de 1536. Le volume contient, outre la Conjuration de Catilina et la Guerre contre Jugurtha, le discours de Salluste à Cicéron et la réponse de Cicéron, les trois Catilinaires de Cicéron, le discours de Porcius Latro contre Catilina et les fragments qui subsistent de la *Grande Histoire* de Salluste, la page et les feuillets non chiffrés de la fin contiennent, sur 2 colonnes : *C. Crispi Salvstii* || *Flores, Selecti Per* || *Hvlderichvm Hvt=*||*tenvm Eqvitem.* ||; le verso du dernier feuillet est blanc, il n'y a pas de souscription.

Copie des éditions de 1523, 1530 et 1536.

Paris : *Bibl. Nat.* — Tours. — Londres : *Brit. Mus.*

C. Suetonij Tranquilli || Dvodecim Cæsares, || ex Eraſmi recognitione. || *Parisiis.* || Apud *Simonem Colinæum.* || 1543. ||

2 parties in-8º : Première Partie : 215 ff. chiffr., 16 ff. non chiffr. et 1 f. bl. sign. a-z, &, A-E par 8; car. rom.; init. sur bois à fonds criblés; annotations marginales; sur le titre, dont le verso est blanc, est placée la marque du *Temps* nº 3 (page 298).

Les vies des empereurs romains de Suétone sont précédées de la dédicace, datée d'Anvers, nones de juin 1517, adressée par Érasme aux ducs Frédéric et Georges de Saxe, elles sont terminées par les notes d'Érasme et la traduction latine des passages grecs par Egnatius. A la fin est la souscription suivante :

Emissvm Est Hoc C. Svetonii ǁ *Tranquilli, viri vel omnium calculis inter* ǁ *hiſtoriographos primates habendi,* ǁ *et memoriæ haudquaquam pœ=ǁnitendæ, duodecim Cæſa=ǁrum monimētum,* ǁ *Ex officina* ǁ *Simo=ǁnis* ǁ *Colinæi* ǁ *Pariſienſis* ǁ *typographi, An=ǁno. M. D.XLIII.* ǁ *VII die Maij.* ǁ

Deuxième Partie :

Ioannis Baptistæ ǁ Egnatii Veneti, In C. ǁ Svetonivm Tran=ǁqvillvm An=ǁnotatio=ǁnes. ǁ Des. Erasm. Roterod. ǁ loca reſtituta in ǁ Suetonio. ǁ Epitome Assis Budaici, Cv=ǁius ope, loca nonnulla Suetonij perperam ǁ expoſita, & ſatis abſtruſa, intellectui mani=ǁfeſta patebunt. ǁ ☙ ǁ

24 ff. non chiffr., sign. a-c par 8; car. rom.; init. sur bois à fonds criblés.

Le verso du titre porte trois distiques latins : *Franc. Duſſonus Appamienſis, ſpectatæ indolis* ǁ *adoleſcenti, Ioanni à Daigna Villafranco.* ǁ, le feuillet suivant contient l'avertissement d'Egnatius au lecteur, daté de 1517, le reste du volume contient les notes d'Egnatius, celles d'Erasme, l'épitome du *de Asse* et des tétrastiques latins sur les six empereurs romains.

Ces deux parties avaient été déjà imprimées deux fois par Colines en 1527 et en 1535.

Paris : *Bibl. Nat.;* *Bibl. Ste-Geneviève.* — Auxerre. — Dijon. — Niort. — Orléans. — Troyes. — Verdun. — Vitré. — Bruxelles. — Gand. — Londres : *Brit. Mus.*

❦ Annotatio-ǁnes Hvberti Svssan-ǁnæi, in cōtextum totius artis verſificatoriæ, quā ǁ Io. Deſpauterius carmine complexus eſt. ǁ ❦ Adiectū eſt Epithalamium D. Michaëlis Ho=ǁſpitalis & D. Mariæ Morinæ. ǁ ❦ Item Ecloga Syluius inſcripta, & Carminum ǁ Farrago. ǁ Secvnda Æditio ǁ *Pariſiis.* ǁ Apud *Simonem Colinæum.* ǁ 1543 ǁ.

In-8º de 8 ff. non chiffr. et 76 ff. chiffr., sign. ❦, A-I par 8, K par 4; car. rom. et ital.; init. sur bois à fonds criblés; sur le titre, dont le verso est blanc, est placée la marque du *Temps* nº 3 (page 298).

Les feuillets liminaires contiennent la préface : ❦ *Spectatiſſimo viro D.* ǁ *Michaeli Hospita-ǁli Consiliario Regio,* ǁ *iuriſperitorum elo-*

quentiſſi-‖mo, & eloquentium iu=‖riſperitiſſimo H. ‖ Suſſanæus ‖ S. P. D. ‖, différente de la préface de l'édition de 1542 bien que le titre soit identique, et les pièces de vers latins suivantes : ⸿ *Epithalamivm D. Mi-‖chaëlis Hoſpitalis, Senatoris optimi* ‖ *in ſuprema Pariſiorum curia,* ‖ *& D. Mariæ Morinæ,* ‖ *fœminæ lectiſſ.* ‖; — ⸿ *Ad Franciscvm* ‖ *Morinvm.* ‖; — ⸿ *Ad eundem Parænesis.* ‖; les notes de Sussaneau sur les deux premiers livres de Despautère occupent les feuillets 1 à 55 et sont terminées par cet avis : ⸿ *Primarum & mediarum ſyllabarum regulas tradidimus huber=‖rimè in Quantitatibus Alexandrinis à nobis emendatis* ‖ *& locupletatis, & iam ſecundo æditis, anno D.* ‖ *1542. In vltimas autem ſyllabas,* ‖ *quæ ſubiecta ſunt, adno-‖tauimus.* ‖, les notes sur le troisième livre de la prosodie de Despautère occupent les feuillets 56 à 62; le reste du volume contient encore : ⸿ *Ecgloga Syluius.* ‖ et ⸿ *Carminum H. Suſſan=‖næi Svessionis Farrago.* ‖; il n'y a pas de souscription.

Cette édition, la seconde donnée par Simon de Colines, mais en réalité la troisième, possède de plus que la précédente des notes sur le troisième livre de la prosodie de Despautère que Sussaneau n'avait pas encore publiées; toutes les pièces qui accompagnent le corps de l'ouvrage sont, sauf l'épithalame, différentes de celles qui avaient été placées dans l'édition de 1542.

PARIS : *Bibl. Nat.* — RENNES.

Vita martyrum Gervasii et Prothasii fratrum, cum descriptione Suessonensis civitatis (cujus illi sunt Divi tutelares); per H. Sussannæum ejusdem loci civem. *Parisiis,* ex officina *Simonis Colinæi,* 1543.

In-4°.
Cité par Brunet, V, 598.

Valerivs ‖ Maximvs. ‖ Addito Indice Perbre-‖vi, Cev Ad Omneis Hi=‖storias Asylo ‖ Tvtissimo. ‖ *Parisiis.* ‖ Apud *Simonem Colinæum.* ‖ 1543. ‖

In-8° de 235 ff. chiffr. et 9 ff. non chiffr., sign. a-z, &, A-E par 8, F par 4, G par 8; car. rom.; init. sur bois à fonds criblés; sur le titre est placée la marque du *Temps* n° 3 (page 298).

Le verso du titre et les feuillets 2 et 3 contiennent la vie de Valère Maxime et la table des chapitres; les 9 livres sont terminés par une pièce de 5 distiques latins : ⸿ *Ad Nic. Iucundum municipij Iucundi* ‖ *in Campania Gall. dominum,* ‖ *Io Maſſetus Campanus.* ‖ et par l'épitome du dixième livre : *Decimi Hvivs Operis Libri,* ‖ *per Caium Titum Probum Epitome.* ‖; les feuillets non chiffrés de la fin contiennent l'⸿ *Index Copiosissi=‖mvs, Facili Contextv* ‖ *Omnivm Nomina De*

Qvibus ‖ *paſſim in hac hiſtoria agitur, ſigillatim cō=‖ plectens*. ‖, imprimé sur 2 colonnes, et 4 distiques latins : *Ad Franciscvm Marevm,* ‖ *Thomas Fargæus.* ‖

Imprimé par Simon de Colines en 1527, 1531, 1533 et 1535, et réimprimé une seconde fois, de format in-16, en 1543.

CHAUMONT. — LE MANS.

Valerivs ‖ Maximvs. ‖ *Parisiis.* ‖ Ex officina *Simonis Colinæi.* ‖ 1543 ‖.

In-16 de 273 ff. chiffr., 14 ff. non chiffr. et 1 f. (bl.?), sign. *a-ʒ*, A-N par 8; car. ital.; le titre, dont le verso est blanc, est placé dans le petit encadrement que nous reproduisons plus haut, page 347.

Les feuillets 2 à 4 contiennent : *Compendiosa Vi=‖ta Valerii Maximi.* ‖ et la table, les 9 livres de Valère Maxime terminés par l'épitome du dixième livre : *Decimi huius Operis libri, per Caium* ‖ *Titum Probum Epitome.* ‖ occupent les feuillets 5 à 273 recto; le feuillet 273 verso et les feuillets non chiffrés renferment : *Index Copio-‖ sissimvs, Facili ‖ Contextv Omnivm ‖ nomina de quibus paſſim ‖ in hac hiſtoria agitur, ſi=‖gillatim cōplectens.* ‖.., imprimé sur 2 colonnes, en caractères romains; — *Ad D. Vincentium Gorchantum* ‖ *Preſbyterum, Britonem H.* ‖ *Suſſannæi Sapphicum* ‖ (16 vers latins); — *Eiuſdem Suſſannçi ad Io Coürexium* ‖ *Sueſſionem Ode tricolos* ‖ *tetraſtophos.* ‖ (24 vers latins); — *Eiuſdem ad Io. Cocquetæum Remen.* ‖ (3 distiques latins); le verso du dernier feuillet est blanc, il n'y a pas de souscription.

Seconde édition donnée sous cette date par Simon de Colines, voyez à l'article précédent la description de l'édition in-8° qui est accompagnée d'autres pièces.

LONDRES : *Brit. Mus.* — DUBLIN : *Bibl. du Coll. de la Trinité.*

Valerii Pro=‖bi Grammatici ‖ de ſcripturis antiquis ‖ compendioſum ‖ opuſculum. ‖ ‖ *Parisiis.* ‖ Apud *Simonem Colinæum.* ‖ 1543 ‖.

In-8° de 27 ff. non chiffr. et 1 f. bl., sign. a, B-C par 8, D par 4; car. rom.; init. sur bois à fonds criblés; sur le titre est placée la marque du *Temps* n° 3 (page 298).

Le verso du titre et le feuillet suivant contiennent un avis *Lectori.* ‖, et la *Præfatio Avthoris.* ‖; la souscription est placée au bas du verso du dernier feuillet :

Exaratvm Hoc Valerii Pro=‖bi grammatici ſatis (vt conſtat) antiqui ‖ & fide non indigni quantulūcun-‖que opuſculum, per Simonem ‖ Colinæum chalcogra=‖phum. Anno à ‖ Christo ‖ nato ‖ M. D. XLIII. ‖ menſe Iulio.‖

Copie de l'édition de 1527.

PARIS : *Bibl. Nat.; Bibl. Mazarine.* — BORDEAUX. — CARCASSONNE. — CHARTRES. — MARSEILLE. — NANTES.

Laurentii Vallæ ‖ Elegantiarvm Adeps, Ex ‖ Eivs De Lingva Latina Li=‖bris per Bonum Accurſiū Piſanum ſtudioſiſſi=‖me collectus, & denuo recognitus. ‖ *Parisiis* ‖ Apud *Simonem Colinæum.* ‖ 1543. ‖

In-8º de 69 ff. chiffr. et 7 ff. non chiffr., sign. a-i par 8, k par 4; car. rom.; init. sur bois à fonds criblés; annotat. margin.; sur le titre est placée la marque du *Temps* nº 3 (page 298).

Le verso du titre porte une pièce de 3 distiques latins : ⁂ *H. Svssanævs Ad Io.* ‖ *Anſelmum Niuernen.* ‖, le feuillet suivant contient l'avertissement au lecteur et la dédicace : *Bonvs Accvrsivs Pisanvs* ‖ *Magnifico Eqviti Avra=‖to, ac primo ducali ſecretario,* ‖ *ſapientiſſ. Ciccho Si=‖monetæ, S.* ‖, sans date; la première partie commence au feuillet 3, la seconde, au feuillet 36; les feuillets non chiffrés contiennent l'⁂ *Index Alphabeticvs.* ‖, sur deux colonnes; il n'y a pas de souscription.

Copie des éditions de 1528, 1530, 1533 et 1536.

Paris : *Bibl. Mazarine; Bibl. Arsenal.* — Vendôme. — Florence : *Bibl. Nat.*

⁂ P. V. Maronis ‖ Tityrus Ecloga, ‖ allegorica interpretatione ‖ illuſtrata, per Ioan. ‖ Bellofilium. ‖ *Parisiis,* ‖ Apud *Simonem Colinæum.* ‖ 1543 ‖.

In-8º de 15 ff. chiffr. et 1 f. bl., sign. A-B par 8; car. rom. et ital.; init. sur bois à fonds criblés; annotat. margin.; sur le titre est placée la marque du *Temps* nº 3 (page 298).

Le verso du titre porte les 3 pièces de vers latins suivantes : *Ad Serenissimvm* ‖ *principem dominum Ioan=‖nem à Borbonio, Ioan-‖nis Bellofilij* ‖ *Carmen.* ‖ (2 distiques), *Ad lectorem.* ‖ (1 distique), *Aliud.* ‖ (1 distique), le feuillet 2 contient la dédicace : *Generosiss. Principi* ‖ *mihiɋ ſemper obſeruando, D. Ioan.* ‖ *à Borbonio, Ioannes* ‖ *Bellofilius* ‖ *S. D.* ‖, ides d'août 1543. L'églogue de Virgile occupe les feuillets 3 à 12, avec l'interprétation de Jean Beaufils, en caractères romains, intercalée dans le texte; le reste du volume contient : *Hypomnema in Tityrū* ‖ *Maronis Per Evndem* ‖ *Ioannem Bellofilium.* ‖; — ☙ *Dictionum ex Græcis deſumpta-‖rum explicatio.* ‖; — ⁂ *Hvb. Svssanævs Ad* ‖ *Lectorem.* ‖ (8 distiques); le feuillet 15 est blanc au verso, il n'y a pas de souscription.

Paris : *Bibl. Mazarine.*

M D XLIV

13 avril 1544 — 4 avril 1545 n. s.

❧ Qvinqve ‖ Vocvm, Qvæ Prædica-‖bilia Porphirij ad Chryfaorium ‖ nuncupatur, liber : Boëtio Seue=‖rino interprete.‖Categoriarvm Prædi=‖camentorumq̄ Ariftotelis liber : eodem di=‖uo Seuerino Boëtio interprete. ‖ *Parisiis.* ‖ Apud *Simonem Colinæum.* ‖ 1544. ‖

> In-8° de 39 ff. chiffr. et 1 f. bl., sign. A-E par 8; car. rom.; init. sur bois à fonds criblés; annotat. margin.; sur le titre est placée la marque du *Temps* n° 3 (page 298).
>
> Simon de Colines avait déjà donné en 1531, 1538 et 1543 des éditions in-folio des Logiques d'Aristote, de la traduction de Boëce, il en a donné une quatrième, en 1544-1545, en 5 volumes in-8° dont celui-ci est le premier.
>
> Paris : *Bibl. Nat.* — Tours. — Genève.
> 2ex : R 9537 et R2 2873

❧ Aristotelis ‖ περὶ Ἑρμηνείας ‖ Libri Dvo. ‖ *Parisiis.* ‖ Apud *Simonem Colinæum.* ‖ 1544. ‖

> In-8° de 16 ff. chiffr., sign. A-B par 8; car. rom.; init. sur bois à fonds criblés; annotat. margin.; sur le titre est placée la marque du *Temps* n° 3 (page 298).
>
> Second volume de l'édition des Logiques de 1544-1545; Simon de Colines avait imprimé en 1542 les commentaires de Jean Arboreus sur ces deux livres d'Aristote.
>
> Paris : *Bibl. Nat.* — Tours. — Genève.
> R 9536

꧁ Topicorvm ‖ Aristotelis Libri ‖ octo, cum duobus Elenchorum ‖ Boëtio Seuerino interprete. ‖ *Parisiis.* ‖ Apud *Simonem Colinæum.* ‖ 1544. ‖

In-8º de 139 ff. chiffr. et 1 f. non chiffr., sign. A-Q par 8, S par 4; car. rom.; init. sur bois à fonds criblés; sur le titre est placée la marque du *Temps* nº 3 (page 298).

Les huit premiers livres occupent les feuillets 2 à 104, les deux derniers, les feuillets 105 à 139 recto; le verso du feuillet 139 contient : ꧁ *Ex Secvndo Elegiarvm* ‖ *Moralivm Libro Ioannis* ‖ *Murmellij, Elegia XVII.* ‖, et le recto du feuillet non chiffré, la souscription :

☙ *Excvdebat Simon* ‖ *Colinævs Parisiis,* ‖ *Ann. M. D. XLV.* ‖

Simon de Colines avait imprimé, en 1542, les commentaires d'Alexandre Aphrodisée, sur ces huit livres, traduits par Guillaume Dorothei; troisième volume de l'édition des Logiques d'Aristote de 1544-45.

PARIS : *Bibl. Nat.* — TOURS. — GENÈVE.
R 7533

(BIBLE IN-SEIZE.) ꧁ Pavli Apo=‖stoli Epistolæ ‖ Ad Romanos 4 ‖ Ad Corinthios II 27 ‖ Ad Galatas 66 ‖ Ad Ephefios 74 ‖ Ad Philippenfes 82 ‖ Ad Coloffenfes 88 ‖ Ad Theffalonicenfes II 94-99 ‖ Ad Timotheum II 102-108 ‖ Ad Titum 113 ‖ Ad Philemonem 116 ‖ Ad Hebræos. 117 ‖ ꧁ Epistolæ ‖ Catholicæ ‖ Iacôbi 137 ‖ Petri II 144-150 ‖ Ioannis III 161-162 ‖ Iudæ. 164 ‖ ꧁ Apocaly=‖psis Beati Ioan=‖nis. 166 ‖

In-16 de 193 ff. chiffr. et 23 ff. non chiffr., sign. A-Z, Aa-Dd par 8; car. rom.

Le verso du titre est blanc, les épîtres de saint Paul sont précédées du catalogue de saint Jérôme, les différentes parties commencent aux feuillets indiqués sur le titre; à la fin se trouve la souscription :

꧁ *Absolvtvm Est Hoc* ‖ *fanctiffimum Iesv Chri*‖*sti faluatoris nofri Tefta*‖*mentū nouum Parisiis,* ‖ *in officina Simônis Colinæi :* ‖ *Anno à natiuitate eiufdem* ‖ *Christi Iesv, fef=*‖*quimillefimo, quadragefimo=*‖ *quarto men=*‖*fe Aprili.* ‖

Les feuillets non chiffrés contiennent l'*Index* et la citation de Josué. Seconde partie du nouveau testament, la première partie qui accompagne celle-ci dans l'exemplaire de la bibliothèque Sainte-Geneviève porte la date de 1541, elle existe peut-être aussi, d'après Maittaire, avec celle de 1544.

Copie des éditions de 1524, 1525, 1528, 1529, 1533, 1535 et 1538.

PARIS : *Bibl. Ste-Geneviève.*

Le Mirouer de ‖ Vraye Religion, Par ‖ reuerend pere meſſire Antoine Ca-‖racciolo, de Melphe, abbe ‖ de ſainct Victor, ‖ lez Paris. ‖ On les vend à *Paris,* Rue ſainct Ie-‖hã de Beauuoys, en la maiſon ‖ de *Simon de Colines,* ‖ au ſoleil d'or. ‖ 1544. ‖

> In-8º de 34 ff. chiffr., sign. A-C par 8, D par 10; car. rom.; annotat. margin.; init. sur bois à fonds criblés.
>
> Le privilège, accordé pour quatre ans, le 4 janvier 1543 (1544, n. s.), à Regnault Chaudière, et l'errata sont placés au verso du titre; le petit traité d'Antoine Caracciolo qui n'est accompagné d'aucune pièce, occupe tout le volume et débute par le titre départ suivant : *Antoine Caracciolo,* ‖ *De Melphe, A Frere Nicole* ‖ *Baudoyn, chanoyne de ſainct Victor, lez* ‖ *Paris, ſalut en Ieſus Chriſt.* ‖; il n'y a pas de souscription.
>
> La Monnoye (La Croix du Maine, éd. Rigoley de Juvigny, I, p. 30); consacre une longue note à Antoine Caracciolo, qui fut évêque de Troyes et embrassa la religion réformée, Du Verdier (même éd., III, p. 98) cite ce volume comme ne portant pas de date.
>
> Paris : *Bibl. Nat.*

☞ Oraiſon que feit Marc ‖ Tvlle Ciceron, Opi-‖nant pour les Prouinces ‖ Conſulaires. ‖ Le premier liure des Epiſtres que ‖ Ciceron eſcrit à ſon frere Quinte. ‖ L'epiſtre que Cicerõ eſcrit à Octa=‖uius, depuis appellé Auguſte. ‖ Imprimé à *Paris* par *Simon de Colines.* ‖ 1544. ‖

> In-8º de 56 ff. chiffr., sign. a-g par 8; car. rom.; init. sur bois à fonds criblés; sur le titre, dont le verso est blanc, est placée la marque du *Temps* nº 3 (page 297).
>
> Les feuillets 2 à 5 contiennent : ☞ *A Tresnoble Sei=*‖*gneur, Meſſire Antoine du Prat,* ‖ *cheualier ſeigneur de Nantoil=*‖*let, gentil homme ordinaire de* ‖ *la chãbre du Roy, & Preuoſt* ‖ *de Paris, Le tranſlateur Sa=*‖*lut & felicité perpe=*‖*tuelle.* ‖ ☞ ‖, sans date, et : *Argvment De L'Oraiſon* ‖ *que feit Ciceron, opinant* ‖ *pour les prouinces* ‖ *Conſulaires.* ‖, les trois parties annoncées sur le titre commencent respectivement aux feuillets 6, 25 et 32; le verso du dernier feuillet est blanc; il n'y a pas de souscription.
>
> Le traducteur ne s'est nommé ni sur le titre du volume ni dans la dédicace.
>
> Paris : *Bibl. Nat.*

Trois oraisons de Ciceron, pour Marcellus; pour eslire Pompée chef de l'armée contre Mithridate et Tigrane; pour Ligarius; trad. par Est. Leblanc. *Paris, Simon de Colinez*, 1544.

> In-8º.
> Ce volume est cité par du Verdier, *Bibliothèque française*, (éd. Rigoley de Juvigny, III, p. 492), par Maittaire (III, p. 370) et par Brunet (II, col. 57) d'après l'exemplaire qui a passé dans la vente de la bibliothèque Veinant.
> Simon de Colines avait déjà donné, en 1541, deux petits recueils de discours de Cicéron traduits en français par Estienne Le Blanc, Claude de Cuzzy et Antoine Macault.

M. T. Ciceronis Orationum volumen tertium. *Parisiis*, apud *Simonem Colinæum*, 1544.

> In-16.
> Les deux premiers volumes des discours de Cicéron portent la date de 1543, ils font tous trois partie de l'édition in-16 des œuvres de Cicéron de 1543-47.

Fundamentum Logicæ. ‖ Introductio in ‖ Terminorvm Cogni-‖tionē, in libros Logicorū Aristo‖telis, authore Iodoco Clicththo‖ueo [sic] Neoportuenſi, vnà cū Ioan=‖nis Cæſarij Commentarijs. ‖ *Parisiis*. ‖ Apud *Simonem Colinæum*. ‖ 1544. ‖

> In-8º de 24 ff. chiffr., sign. A-C par 8; car. rom.; annotat. margin. en car. ital.; init. sur bois à fonds criblés; sur le titre est placée la marque du *Temps* nº 2 (page 108).
> Le verso du titre est blanc, les 2 feuillets suivants contiennent la dédicace, datée de Deventer, ides de novembre (1504), la préface et la *Formvla Divisionis;* le reste du volume contient l'ouvrage de Clichtove accompagné des commentaires de Jean Cæsarius; le verso du dernier feuillet est blanc, il n'y a pas de souscription.
> Copie de l'édition donnée par Simon de Colines en 1540; l'exemplaire qui est indiqué dans la *Bibliotheca Belgica* comme existant à la Bibliothèque nationale n'appartient pas à notre édition, il est bien de 1544, mais d'une réimpression faite en cette année à Lyon, chez Sébastien Gryphe, in-8º.

> POITIERS. — REIMS. — M. Vander Haegen cite l'exemplaire de
> TURIN : *Bibl. Univ.*

(Jean Colet, Guillaume Lily et Erasme.) De octo orationis partium constructione libellus, postposita ad ejus enodationem accessione perbrevi. *Parisiis,* apud *Simonem Colinæum,* 1544.

In-8º.

Cité par Maittaire (III, 374); nous avons déjà mentionné des éditions de ce petit traité données par Simon de Colines en 1523, 1526, 1527, 1530, 1532, 1535 et 1542; celle-ci possède probablement comme celle de 1542, les commentaires de Junius Rabirius.

Orontii ❦ ‖ Finæi Delphinatis, ‖ Regii Mathemati=‖carvm Lvtetiæ ‖ Professoris, ‖ Quadratura Circuli, tandem inuen=‖ta & clariſſimè demonſtrata. ‖ De circuli menſura, & ratione circūferentiæ ad ‖ diametrum, Demonſtrationes duæ. ‖ De multangularū omniū & regulariū figurarū ‖ deſcriptione, Liber hactenus deſideratus. ‖ De inuenienda longitudinis locorum differētia, ‖ aliter quàm per Lunares eclipſes, etiam dato ‖ quouis tempore, Liber admodùm ſingularis. ‖ Planiſphærium geographicum, quo tum longi=‖tudinis atq; latitudinis differētiæ, tum directæ ‖ locorum deprehenduntur elongationes. ‖ ❦ ❦ ‖ *Lvtetiæ Parisiorvm,* ‖ Apud *Simonem Colinæum.* ‖ 1544. ‖ Cum priuilegio Regis. ‖ Vireſcit uulnere uirtus. ‖

In-folio de 6 ff. non chiffr., 107 pp. chiffr. et 1 p. bl., sign. ❦, A-B par 6, C-E par 8, F-H par 6; car. rom.; annotat. margin. en car. ital.; init. à fonds criblés, figures et bandeaux gravés sur bois; le titre est placé dans un nouvel encadrement gravé sur bois, dans le genre de celui que nous reproduisons page 90, mais sans personnages; nous en donnons la reproduction ci-contre; il était employé 10 ans plus tard par Michel de Vascosan.

Le verso du titre et les 5 feuillets suivants contiennent l'extrait du privilège accordé, pour 10 ans, à Oronce Finé, en février 1543 (1544, n. s.) et une série de pièces : *Chriſtianiſſimo Galliorũ Regi,* ‖ *Francisco, Eivs Nomi=‖nis primo, Orontius Finæus Delphinas, S. D.* ‖, Paris, juillet 1544; — ❦ *Ad Christianissimvm Gallorvm Regem* ‖ *Franciſcum, De Orontio Finæo inſigni Mathematico,* ‖ *Antonius Miʒaldus, Monſlucianus.* ‖ (21 distiques); — ❦ *Ad ampliſſimum Lotharingiæ Cardi-*

ORONTII

SINAEI DELPHINATIS,
REGII MATHEMATI=
CARVM LVTETIAE
PROFESSORIS,

Quadratura Circuli, tandem inuen=
ta & clarissimè demonstrata.

De circuli mensura, & ratione circũferentiæ ad
diametrum, Demonstrationes duæ.

De multangularũ omniũ & regulariũ figurarũ
descriptione, Liber hactenus desideratus.

De inuenienda longitudinis locorum differẽtia,
aliter quàm per Lunares eclipses, etiam dato
quouis tempore, Liber admodùm singularis.

Planisphærium geographicum, quo tum longi=
tudinis atq; latitudinis differẽtiæ, cum directæ
locorum deprehenduntur elongationes.

LVTETIAE PARISIORVM,
Apud Simonem Colinæum.
1544.
Cum priuilegio Regis.

Virescit uulnere uirtus.

nalem, ‖ *ſtudioſa Mathematicarum iuuentus.* ‖ (en vers); — Λυδοδηχοῦ Δεφιενες Βιλλανοβανοῦ περὶ του λαμπροτάτουτε, ‖ χαι σοφῶτάτου ἀνδρὸς Οροντίου βασιλείου τοῦ ‖ Μαθημάτων διδασχάλου. ‖ (6 distiques); — ᛜ *Ludouicus Fienensis Villanonauus* [sic], *De Orontiana* ‖ *Circuli quadratura.* ‖ (3 distiques); — ☾ *In laudem Orontii Finæi, Delphinatis, Mathematici* ‖ *Regij, Ludouici Fontanier* ‖ *Epigramma.* ‖ (12 distiques); — ☾ *Idem Ludouicus, ad inuidum.* ‖ (3 distiques); — ᛜ *Franciſcus Bouffetus, Diuionenſis, de Orontio Finæo* ‖ *Delphinate, omnium Mathematicorum* ‖ *huius ætatis facilè principe,* ‖ *Contra Zoilos.* ‖ (en vers); — ᛜ *In inuidum, Michaëlis Lochiani Epigramma.* ‖ (10 distiques); — ᛜ *Index Problematvm,* ‖ *& propoſitionũ, atq; corollariorum, ſuccedentibus* ‖ *libris ſiue operibus Orontianis contentorum.* ‖; — ᛜ *Ad Dionyſiam Candidam,* ‖ *Lutetianam, Orontij Finæi vxorem, de eodem* ‖ *Orontio, Hub. Suffannæus.* ‖ (12 distiques). Les 5 parties dont se compose l'ouvrage d'Oronce Finé commencent respectivement au pages 1, 25, 41, 73 et 92; au bas de la page 107, à la suite du texte, on trouve encore une pièce de 12 vers latins : ᛜ *Ioannis Rovetii Senonensis,* ‖ *Medici, in Orontiomaſtigem,* ‖ *Scaʒon.* ‖, suivie de l' ☾ *Errata aliquot notatu digniora, impreſſoriæ artis* ‖ *labilitate commiſſa.* ‖, en deux lignes, et du registre des cahiers ; il n'y a pas de souscription.

Le catalogue de la bibliothèque Ambroise Firmin-Didot (1884, n° 208) mentionne un opuscule in-folio de 24 pages, débutant par un titre de depart : *Orontii Finæi... circuli quadratura,* imprimé avec les caractères de Colines, qui serait le premier jet du travail d'Oronce Finé sur la quadrature du cercle, l'exemplaire cité est imprimé sur peau de vélin.

Paris : *Bibl. Nat.; Bibl. Maʒarine; Bibl. Université.* — Angers. — Auxerre. — Dijon. — Douai. — Le Havre. — Le Mans. — Toulouse. — Versailles. — Dublin : *Bibl. du Coll. de la Trinité.* — Florence : *Bibl. Nat.* — Londres : *Brit. Mus.*

☙ Orontii ☙ ‖ Finæi Delphinatis, Regii ‖ Mathemati=‖carvm Lvtetiæ ‖ Profeſſoris, ‖ In ſex priores libros Geometricorum ‖ elementorum Euclidis Megarēſis de-monſtratio=‖nes, Recèns auctæ, & emendatæ : vnà cum ipſius ‖ Euclidis textu græco, & interpretatione ‖ latina Bartholamæi Zamberti Ve=‖neti. Omnia ad fidem geome=‖tricam, per eundē Oron=‖tium recognita. ‖ *Lvtetiæ Parisiorvm,* ‖ Apud *Simonem Colinæum.* ‖ 1544. ‖ Cum Priuilegio Regis. ‖ Vireſcit vulnere virtus. ‖

In-folio de 4 ff. non chiffr. et 152 pp. chiff., sign. ᛜ par 4, a-M par 6, N par 4; car. rom. et grecs; init. sur bois à fonds criblés; fig. et bandeaux ornés, annotat. margin.; le titre, sur lequel 5 rubriques

߱ sont disposées en forme de fleuron, est placé dans l'encadrement gravé sur bois, dont nous donnons la reproduction à la page 394.

Le verso du titre est blanc, les 2 feuillets suivants contiennent la dédicace, datée de Paris, octobre 1536, *et rursus* août 1543 : ߱ *Chriſtianiſſimo ac potentiſ.* || *Galliarvm Regi, Francisco Hvivs* || *nominis primo, Orontius Finæus Delphinas, S. D.* ||, la préface : *Idem Orontivs Ad Candidvm* || *quenque, ac ſtudioſum Lectorem.* ||, Paris, août 1544 ; — *Antonivs Miʒaldvs Monslvcianvs,* || *Lectori.* ||, 8 vers latins ; — ߱ *Index Opervm, Ab Orontio Finæo* || *Delphinate, Regio Mathematicarum Lutetiæ profeſſore, ab hinc* || *annis XXVIII (quibus eaſdem Mathematicas Lutetiæ publi*=||*cè docere, ac inſtaurare non ceſſauit) ſucceſſiuè conſcriptorum.* || comprenant une liste de 29 ouvrages, parmi lesquels 9 ne sont pas encore imprimés, et enfin 9 distiques latins : ߱ *Avthor In Invidivm.* ||

Copie de la première édition qui avait été donnée par Simon de Colines en 1536.

PARIS : *Bibl. Maʒarine; Bibl. Ste-Geneviève; Bibl. Université.* — ANGERS. — AUXERRE. — CLERMONT-FERRAND. — DOUAI. — NICE. — TOURS. — TROYES. — BUDAPESTH. — DUBLIN : *Bibl. du Coll. de la Trinité.* — GENÈVE. — LONDRES : *Brit. Mus.* — TOURNAI.

Orontii || Finæi Delphi-||natis, Regij Mathe=||maticarū Lutetiæ || Profeſſoris, || Arithmetica || practica, in compendiū per Authorem || ipſum redacta, multiſq̉ acceſſionibus || locupletata : Iis qui ad liberam quāuis, || nedū Mathematicā, adſpirant philoſo-||phiā perutilis, admodumq̉ neceſſaria. || ߉ || *Lvtetiæ Pariſiorvm* || Apud Simonem Colinæum. || 1544. || Vireſcit vulnere virtus. ||

In-8° de 95 ff. chiffr. et 1 f. non chiffr., sign. a-m par 8; car. rom.; init. sur bois à fonds criblés; annotat. margin.; le titre est placé dans un encadrement gravé sur bois emprunté probablement aux Heures in-8° de 1543.

Le verso du titre contient : ߱ *Avthoris Octostichon* || *Ad Lectorem.*|| et le feuillet 2 la préface : *Ad Reverendvm... Leufredū, Vriſcampi Abbatē digniſſimū...*, Paris, novembre 1544; les 4 livres de l'arithmétique pratique commencent respectivement aux feuillets 3, 30 verso, 51 verso et 72 verso, le dernier feuillet contient l'index et l'errata; il n'y a pas de souscription.

Abrégé fait par Oronce Finé de son arithmétique publiée en 1532 dans le *Protomathesis,* en 1535 et en 1542.

PARIS : *Bibl. Nat.; Bibl. du dépôt des Cartes de la Marine; Bibl. École des Ponts et Chauſſées.* — AVIGNON. — BORDEAUX. — CHAUMONT. — LE MANS. — LILLE. — TROYES. — VERSAILLES. — LONDRES : *Brit. Mus.* — TOURNAI.

M. Val. Martialis ‖ Epigrammaton ‖ Libri 14. Summa dili=‖gentia caftigati. ‖ Adiecta Græcarum vocum, ‖ quibus author vtitur, ‖ interpretatione. ‖ *Parisiis.* ‖ Apud *Simonem Colinæum.* ‖ 1544. ‖

In-16 de 208 ff. chiffr., sign. *a-z*, A-C par 8; car. ital.; init. sur bois à fonds criblés; sur le titre est placée la marque du *Temps* sous sa quatrième forme, elle est plus petite que les trois précédentes et a été très fréquemment employée, après la mort de Colines par Claude Chaudière; nous la reproduisons ici.

Marque du *Temps* n° 4.

Le verso du titre est blanc, le feuillet 2 contient l'épitre de Pline le jeune à Cornelius Priscus, en caractères romains, les épigrammes de Martial occupent les feuillets 3 à 206 recto, elles sont terminées par la souscription :

Simon Colinævs Excvd. ‖ *Parisiis, Anno 1544.* ‖

Le reste du volume contient : *Dictionvm Interpretationes.* ‖ avec un avertissement : *Othmarvs Nachtgal* ‖ *Lectori S.* ‖

Simon de Colines avait déjà donné quatre éditions des épigrammes de Martial en 1528, 1533, 1539 et 1540; celle-ci contient de plus que les précédentes la traduction latine des citations grecques.

VERSAILLES. — DUBLIN : *Bibl. du Coll. de la Trinité.* — LONDRES : *Brit. Mus.*

Natvræ ‖ aduerbiorū, in gratiam ‖ rudium adhuc puero=‖rum excogitatæ, inter=‖iecta exemplorū & vo=‖

cabulorum interpreta=‖tione. ‖ *Parisiis.* ‖ Apud *Simonem Colinæum.* ‖ 1544. ‖

In-8º de 8 ff., sign. a; car. rom. et ital.; init. sur bois à fonds criblés; le titre est placé dans un encadrement en manière noire, probablement emprunté aux Heures in-8º de 1543.

Ce petit opuscule n'est pas le même que le *Naturæ adverbiorum ex Prisciano*, de Charles Estienne; il renferme uniquement la liste des adverbes latins, classés par genre, avec leur traduction en français.

Paris : *Bibl. Mazarine.*

Auli Perſij Flac‖ci Satyræ Sex. ‖ Cum annotatiūculis in margine adiectis, ‖ quæ breuis commentarij vice ‖ eſſe poſſint. ‖ *Parisiis* ‖ Apud *Simonem Colinæum.* ‖ 1544 ‖.

In-8º de 12 ff. chiffr., sign. A par 8, B par 4; car. ital.; annotat. margin. en car. rom.; sur le titre est placée la marque du *Temps* nº 3 (page 298).

Le verso du titre contient la vie de Perse, les satyres occupent tout le volume et sont accompagnées des commentaires de Cœlius Curio placés dans les marges; il n'y a pas de souscription.

Simon de Colines avait imprimé trois fois déjà les satyres de Perse, en 1528, 1535 et 1542.

Paris : *Bibl. Nat.*

Rabani Mauri, Theologi ‖ In Ecclesiasticvm Com=‖mentarij, recèns in lucem editi. ‖ *Parisiis* ‖ Apud *Simonem Colinæum.* ‖ 1544. ‖ Cum priuilegio. ‖

In-folio de 6 ff. non chiffr. et 134 ff. chiffr., sign. *a* par 6, *b-r* par 8, *ſ* par 6; car. rom et ital.; annotat. margin.; init. sur bois à fonds criblés; sur le titre est placée la grande marque du *Temps* (page 104).

Les feuillets liminaires contiennent, outre le titre dont le verso est blanc, la dédicace de l'éditeur : *Illuſtriſſimo Principi ac domino D. Carolo à Lo=‖tharingia Archiepiscopo, Dvciqve Re-‖menſi, ac primo Franciæ Patricio P. Peſſelierus, Altiſſiodorenſis,* ‖ *Benedictinus.* ‖ *S.* [sic] *P. D.* ‖, datée du monastère de Saint-Germain l'Auxerrois, calendes de mai 1544; une pièce de 14 distiques latins : *Ad Franc. Picartvm Parisien.* ‖ *Doctorem Theologum, N. Marcomuillus.* ‖, la dédicace : *Domino in domino dominorum dilectiſſimo Ot=‖gario Archiepiscopo, Rabanvs Pecca-‖tor in Chriſto ſalutem.* ‖ et l'index, imprimé sur deux colonnes. Le corps du volume contient les 9 livres de l'Ecclésiastique, en caractères romains et les commentaires de Rabin Maur, en caractères italiques; la souscription suivante se trouve au bas du verso du dernier feuillet :

༜ *Absolvtvm Est Hoc Insigne* ‖ *opus Rabani Mauri ſuper Eccleſiaſticum Pariſijs :* ‖ *in officina Simonis Colinæi, anno* ‖ *1544. Cal. Maij.* ‖

AMIENS. — CHAUMONT. — DOLE. — EPINAL. — LE MANS. — LYON. — REIMS.

༜ De Vita Et ‖ Moribvs Imperato-‖rum Romanorum, excerpta ex ‖ libris Sexti Aurelij Victoris, ‖ à Cæſare Auguſto vſq; ad ‖ Theodoſium Impe=‖ratorem. ‖ ༜ ‖. ༜༜ ‖ *Pariſiis.* ‖ Apud *Simonem Colinæum.* ‖ 1544. ‖

In-8º de 28 ff. chiffr., sign. A-C par 8, D par 4; car. rom.; init. sur bois à fonds criblés; sur le titre, dont le verso est blanc, est placée la marque du *Temps* nº 4 (page 397).

Les vies des empereurs romains occupent tout le volume, qui est terminé par la souscription :
Excudebat Simon Colinæus ‖ *Ann. M. D. XLIIII.* ‖
Copie de l'édition de 1531.

PARIS : *Bibl. Arsenal.* — AVIGNON. — SAINT-BRIEUC. — TROYES.

༜ De Reſurrectione Domini noſtri ‖ Ieſv Chriſti Carmen, Qvo Ani-‖morum immortalitas validis ſcripturæ ſacræ teſti=‖monijs aſſeritur, authore Hub. Suſſannæo. ‖ *Pariſiis.* ‖ Apud *Simonem Colinæum.* ‖ 1544. ‖

In-4º de 4 ff., sign. A; car. ital.; initiale sur bois à fond criblé; annotat. margin. en car. rom.; sur le titre est placée la grande marque du *Temps* (page 104).

Le verso du titre contient la dédicace, en 10 distiques latins : ༜ *Ad Ampliſſ. Rectorem Pariſien.* ‖ *Michaëlem Granarium, Pleſſiacum Gymnaſiarcham,* ‖ *Hubertus Suſſannæus.* ‖; le poëme, composé de 80 distiques latins, occupe les 3 feuillets suivants, et se termine, sans souscription, par un petit bois représentant les armoiries de Sussaneau.

PARIS : *Bibl. Sté de l'histoire du Protestantisme français.* — DIJON.

Terentius. *Pariſiis,* apud *Simonem Colinæum,* 1544.

In-16.
Édition citée par Schweiger (II, 1059); elle doit être copiée sur celle de 1541.

Dialecticæ methodus, Patritio Todæo Scoto authore. *Parisiis,* apud *Simonem Colinæum,* 1544.

<small>In-4º; souscription datée du mois d'*octobre;* ce volume est cité par Maittaire (III, p. 364).</small>

☙ Georgii ‖ Trapezontii ‖ dialectica, hæc continens : ‖ De enunciatione. ‖ De prædicabilibus. ‖ De prædicamentis. ‖ De fyllogifmo categorico, & hypothetico. ‖ De enthymemate. ‖ De diffinitione ac diuifione. ‖ De thefi. ‖ Et Hæc Omnia Vti=‖liter, eleganterq;, & modo quidē ‖ perbreui ac introductorio. ‖ *Parisiis.* ‖ Apud *Simonem Colinæum.* ‖ 1544 ‖.

<small>In-8º de 32 ff. chiffr., sign. A-D par 8; car. rom.; annotat. margin.; init. sur bois à fonds criblés; le titre est placé dans l'encadrement *aux Lapins* (page 48).

La dialectique est précédée de la dédicace de l'éditeur : *Iacobvs Faber Fortv=‖nato fuo S.* ‖, datée de Paris, 1508, elle est terminée par une pièce en vers latins : *Ant. Tempeftiuo, Dialectico Montifacuti ‖ Hubertus Suffanæus.* ‖, en vers, précédé de la souscription :
Parisijs in officina Simonis Colinæi, XXII. ‖ *Aprilis, Anno à natali Christi* ‖ *faluatoris. 1544.* ‖
Le verso du titre et celui du dernier feuillet sont blancs.

La dialectique de Georges de Trébizonde avait été déjà imprimée par Simon de Colines en 1528, 1532, 1534, 1536 et 1539.

Reims. </small>

☙ Laurentii ‖ Vallæ De Lingvæ ‖ Latinæ Elegantia ‖ Libri Sex. ‖ Eiufdem de Reciprocatione Sui & Suus, libel-‖lus apprimè vtilis. ‖ Vnà cū Epitomis Iodoci Badij Afcenfij, nec-‖non Antonij Mancinelli Lima. ‖ His accefferunt perdoctæ annotationes eru-‖ditiffimi viri Ioannis Theodorici Belloua-‖ci : qui locos infuper è varijs authoribus à ‖ Valla citatos, ex codicum Ciceronis, Quin-‖tiliani, Liuij & aliorum fideli collatione re-‖pofuit, germanæq; integritati reftituit. ‖ Cum Indice multo quàm antea locupletiore. ‖ *Parisiis.* ‖ Apvd *Simonem Colinævm.* ‖ 1544. ‖

<small>In-4º de 22 ff. non chiffr., 331 ff. chiffr. et 1 f. bl., sign. aa, B par 8,</small>

cc par 6, a-z, A-S par 8, T par 4; car. rom. et ital.; annotat. margin.; init. sur bois à fonds criblés; le titre est placé dans un encadrement emprunté aux Heures de 1543.

Le verso du titre est blanc, les feuillets liminaires contiennent l'index à 2 colonnes et la dédicace : ❦ *Lavrentivs Valla Ioanni Tortellio* ‖ *Aretino, cubiculario Apoſtolico, theologorum facundiſſimo, S.* ‖, sans date; les 6 livres de Valla occupent les feuillets 1 à 316 et le traité *de reciprocatione*, les feuillets 317 à 330 recto, il est terminé par la souscription :

❦ *Hos Elegantiarvm Lingvæ La=*‖*tinæ libros, excudebat Simon Colinæus anno à Chri-*‖*ſto nato 1544, Menſe Septembri.* ‖

Le reste du volume contient l'épilogue de Josse Bade sur le traité *de reciprocatione;* le verso du dernier feuillet est blanc.

Simon de Colines avait déjà donné des éditions de ce volume en 1532, 1535, 1538 et 1540, cette dernière possède, comme la nôtre, les notes de Jean Théodoricus.

PARIS : *Bibl. Maʒarine; Bibl. Arsenal; Bibl. Université.* — AMIENS. — ANGOULÊME. — AVIGNON. — AVRANCHES. — BORDEAUX. — BOULOGNE-SUR-MER. — CHARTRES. — CHAUMONT. — DIJON. — LIMOGES. — ORLÉANS. — PÉRIGUEUX. — TOURS. — VITRÉ. — TOURNAI.

M D XLV

5 avril 1545 — 24 avril 1546 n. s.

Priorvm ‖ Analyticorvm ‖ Ariſtotelis, Libri duo : ‖ Boëtio Seuerino ‖ interprete. ‖ *Parisiis*. ‖ Apud *Simonem Colinæum*. ‖ 1545. ‖

> In-8º de 80 ff. chiffr., sign. A-K par 8; car. rom.; init. sur bois à fonds criblés; sur le titre est placée la marque du *Temps* nº 3 (p. 298). Le verso du titre et celui du dernier feuillet sont blancs.
>
> Paris : *Bibl. Nat.* — Tours. — Genève.

Posterio=‖rvm Analyticorvm ‖ Ariſtotelis, Libri duo : ‖ Boëtio Seuerino ‖ interprete. ‖ *Parisiis*. ‖ Apud *Simonem Colinæum*. ‖ 1545. ‖

> In-8º de 52 ff. chiffr., sign. A-F par 8, G par 4; car. rom.; init. sur bois à fonds criblés; sur le titre, dont le verso est blanc, est placée la marque du *Temps* nº 3 (page 298).
>
> Ce volume et le précédent complètent l'édition in-8º, en 5 volumes, des Logiques d'Aristote dont les 3 premiers volumes avaient été imprimés l'année précédente.
>
> Paris : *Bibl. Nat.* — Tours. — Genève.

M. Tvllii Ciceronis De ‖ Philosophia, Prima ‖ Pars, Idest, ‖ Academicarū quæſtionū editionis primæ liber ‖

fecundus, editionis fecundæ, liber primus. ‖ De finibus bonorum & malorum libri V. ‖ Tufculanarum quæftionum libri V. ‖ Quibus in libris, quæ in alijs editionibus depra=‖uata legebantur, multa funt reftituta. ‖ *Parisiis.* ‖ Apud *Simonem Colinæum.* ‖ 1545. ‖

In-16 de 317 ff. chiffr., 1 f. non chiffr. et 2 ff. bl., sign. A-Z, AA-RR par 8; car. ital.; sur le titre, dont le verso est blanc, est placée la marque du *Temps* n° 4 (page 397).

Les deux livres des Questions académiques commencent aux feuillets 2 et 50, le *De finibus bonorum et malorum,* au feuillet 62 et les Questions tusculanes au feuillet 189, le feuillet non chiffré de la fin, dont le verso est blanc, contient au recto la souscription :

₪ *Excvdebat Parisiis* ‖ *Simon Colinævs, Anno* ‖ *Domini Millesimo Qvin*‖*gentesimo Qvadragesi-*‖*mo Qvinto, Mense Maio.* ‖

Les Questions académiques avaient été imprimées séparément par Colines en 1535 et le *De finibus,* avec des notes de Jean Olivier, en 1537, tous deux de format in-8°.

PARIS : *Bibl. Nat.* — BESANÇON.

M. T. Cice. De Philosophia ‖ Volvmen Secvndvm, Id Est, ‖ De natura deorum libri III. ‖ De diuinatione libri II. ‖ De fato liber I. ‖ De legibus libri III. ‖ De Vniuerfitate liber I. ‖ Qu. Ciceronis de petitione confulatus ‖ ad M. fratrem liber I. ‖ *Parisiis* ‖ Apud *Simonem Colinæum.* ‖ 1545. ‖

In-16 de 256 ff. chiffr., sign. a-ʒ, aa-ii par 8; car. ital.

Le verso du titre contient un avis *Lectori ftudiofo S.* ‖, les différentes parties annoncées sur le titre commencent respectivement aux feuillets 2, 98 verso, 172 verso, 185 verso, 233 verso et 245; le texte prend fin au bas du recto du dernier feuillet, dont le verso est blanc, par la souscription :

Absolvtvm Est Hoc Vo-‖*lvmen Sexto Idvs* ‖ *Octob. 1545* ‖.

Simon de Colines avait imprimé en 1533 le *De natura deorum* et, en 1540, le *De universitate* joint à des passages du Timée de Platon.

PARIS : *Bibl. Nat.; Bibl. Ste-Geneviève.*

Rhetoricorum ad C. Herennium. lib. IIII. ‖ M. Tvl. Ciceronis, ‖ De inuentione lib. II. ‖ Topica ad Tre-

batium lib. I. || Oratoriæ partitiones lib. I. || Variæ
lectiones ad calcem reiectæ. || *Parisiis,* || Apud *Simo-
nem Colinæum.* || 1545. ||

In-16 de 218 ff. chiffr., 4 ff. non chiffr. et 2 ff. bl., sign. a-z, A-E
par 8; car. ital.; sur le titre est placée la marque du *Temps* sous une
cinquième forme, plus petite que toutes les précédentes, nous la reproduisons ici.

Marque du *Temps* nº 5.

Le verso du titre est blanc; les différentes parties annoncées sur le
titre commencent respectivement aux feuillets 2, 86, 174 et 192; les
Variæ Lectiones. || occupent les feuillets non chiffrés de la fin, il n'y a
pas de souscription.

Les deux premiers traités contenus dans ce volume avaient été
imprimés déjà par Colines en 1524, 1529, 1534, 1536, 1539 et 1541, et
les deux derniers en 1535.

AUXERRE. — CLERMONT-FERRAND.

Marci Tullii Ciceronis Epistolæ familiares. *Parisiis,* apud *Simonem Colinæum*, 1545.

In-16; sur le titre est placée la marque typographique d'Henri
Estienne.

Les épîtres familières sont précédées d'une préface de Claude
Chaudière au lecteur, dans laquelle celui-ci explique qu'il avait été
chargé de corriger le texte de cette édition, et nous apprend qu'il
dirigeait alors l'imprimerie de Simon de Colines dont il était le petit-
fils, *ex filiâ nepos*; cette préface a été reproduite en entier par Maittaire.

Notre volume est le seul de tous ceux qui portent le nom de Colines
sur lequel figure la marque d'Henri Estienne; il fait partie, comme les
trois volumes ci-dessus, de la petite édition des œuvres de Cicéron

qu'Henri Estienne termina en 1546 et 1547 par l'impression des deux volumes suivants :

M. Tvllii Ciceronis ‖ *De oratore ad Quintum fratrem lib. I.* ‖ *De claris oratibus, qui dicitur Brutus, lib. I.* ‖ *Orator ad Brutum lib. I.* ‖ *Eiufdem de optimo genere oratorum Præfa-*‖*tio quædam.* ‖ *Variæ lectiones ad calcem reiectæ.* ‖ *Lvtetiæ.* ‖ *Ex officina Rob. Stephani typographi Regij.* ‖ *M. D. XLVI.* ‖

In-16 de 281 ff. chiffr., sign. a-z, A-L par 8, M par 12; car. ital.

M. Tvllii Ciceronis ‖ *Epiftolæ ad Atticum, fumma diligentia cafti-*‖*gatæ, vt in ijs menda, quæ plurima erāt, pau-*‖*ciffima iam fuperfint.* ‖ *Pavli Manvtii In Eas-*‖*dem Epiftolas Scholia, quibus abditi locorum* ‖ *fenfus oftenduntur, cum explicatione cafliga-*‖*tionum, quæ in his epiftolis penè innumerabi=*‖*les factæ funt.* ‖ *Lvtetiæ.* ‖ *Ex officina Rob. Stephani typographi Regij.* ‖ *M. D. XLVII.* ‖

In-16 de 336 ff. chiffr., sign. A-Z, AA-TT par 8; car. ital.

Paraphrafis, ‖ Sev Potivs Epitome In-‖fcripta D. Erasmo Roterod. luculēta, iuxta ac bre-‖uis in Elegantiarum libros Laurentij Vallæ, ab ipfo ‖ iam recognita. ‖ Cum Gallica tum dictionum, tum ‖ locutionum expofitione. ‖ Cui addita eft & Farrago fordidorum verborum, fiue ‖ Augiæ ftabulum repurgatū per Cornelium Crocum. ‖ *Parisiis.* ‖ Apud *Simonem Colinæum.*‖ 1545. ‖

In-8º de 218 pp. chiffr. et 19 ff. non chiffr., sign. a-q par 8; car. rom.; annotat. margin.; sur le titre, dont le verso est blanc, est placée la marque du *Temps* nº 3 (page 298).

Les pages 3 et 4 contiennent : *Des. Erasmvs Rotero=*‖*damus Lectori S.* ‖, sans date, précédant la paraphrase qui occupe le corps du volume, les feuillets non chiffrés de la fin renferment l'*Index Omnivm Tvm Latina-*‖*rum tum barbararum dictionum, quæ hac E=*‖*rafmi Paraphrafi, fimul & Cornelij Croci Far=*‖*ragine explicantur & reftituuntur.* ‖, imprimé sur 2 colonnes, en caractères romains, et terminé par la souscription :

Excvdebat Simon Coli=‖*nævs Lvtetiæ Parisio=*‖*rvm, Anno M. D. XLV.* ‖ *Sexto Cal.* ‖ *Ivlii.* ‖

Le verso du dernier feuillet est blanc. Cet abrégé des six livres de Valla avait été écrit par Erasme à l'âge de 18 ans et fréquemment imprimé sans son assentiment, il revit son livre en 1533 et le fit précéder d'une préface aux lecteurs.

PARIS : *Bibl. Nat.* — AMIENS. — CHARTRES. — DIJON. — TOURS.

D. Erafmi Roterod. ‖ Epistola Ad Fratres ‖ Inferioris Germanię, accomodatiffi-‖ma ad intelligendum rationē contro-‖uerſiarum, quæ nunc ſunt in religione : ‖ in qua vir ille excellens, pro ingenij ſui ‖ dexteritate & facilitate, apertè expli-‖cuit, quænam illi eſſet de diuer-ſitate ‖ opinionum, quibus exagitatur reſpub. ‖ Chriſtiana, ſententia. ‖ 🍎 *Parisiis.* ‖ Apud *Simonem Colinæum.* ‖ 1545. ‖ Cum priuilegio. ‖

In-8º de 112 pp. chiffr., sign. A-G par 8; car. ital.; init. sur bois à fonds criblés.

Le verso du titre contient le privilège, accordé pour 2 ans, le 28 juillet 1545, à Regnauld Chaudière, et l'errata; la lettre d'Erasme occupe le reste du volume, il n'y a pas de souscription.

PARIS : *Bibl. Ste-Geneviève; Bibl. Cour de Cassation.* — AIX. — LYON. — TOURS. — TROYES.

❦ Moralis Ia=‖cobi Fabri Stapvlen=‖ſis in Ethicen intro-ductio, Iudoci Clich-‖touei Neoportuenſis familiari commē=‖tario elucidata. ‖ *Parisiis* ‖ In ædibus *Simonis Colinæi.* ‖ 1545 ‖.

In folio de 54 ff. chiffr. et 2 ff. non chiffr., sign. a-g par 8; car. rom.; init. sur bois à fonds criblés; annotat. margin.; le titre est placé dans l'encadrement réservé aux ouvrages de philosophie (page 31) et porte aussi la marque du *Temps* nº 3 (page 298).

Le texte, précédé de l'épître dédicatoire de Josse Clichtove à Pierre Briçonnet et de la préface de Jacques Lefèvre d'Étaples, se termine, au feuillet 54, par la souscription :

Has Pervtiles In Ethicen Introdvctiones ‖ Qvanta Potvit Cvm Arte Tvm Diligentia ‖ excuſſit Simon Colinæus in alma Pariſiorum Acade-mia. ‖ Anno à Christo nato 1545, ‖ menſe Septembri. ‖

Le feuillet 54 verso et les deux feuillets non chiffrés contiennent la pièce de vers de Baptiste Mantuan *Virtutis Querimonia,* et l'index.

Copie des éditions de 1528, de 1532 et de 1537.

PARIS : *Bibl. Nat.; Bibl. Maʒarine.* — AMIENS. — BAYEUX. — DIJON. — MOULINS. — LONDRES : *Brit. Mus.* — MILAN : *Bibl. Ambrosienne.*

Orontii Finæi, tabula proportionalis, omnibus astrono-micis supputationibus indifferenter accommoda fideliter admodum supputata, 1545.

Cité aux catalogues de 1546 et 1548, c'est le seul volume indiqué dans ces catalogues dont la date soit mentionnée.

❧ Clavdii Galeni ‖ Pergameni De Simplicivm ‖ Medicamentorvm Facvltatibvs ‖ Libri Vndecim. ‖ Theodorico Gerardo Gavdano Interprete. ‖ Qui emendationes exeunt locis compluribus reſtitutis ex vetuſtiſ=‖ſimorum exemplarium collatione. ‖ *Parisiis* ‖ Apvd *Simonem Colinævm.* ‖ 1545. ‖

> In-folio de 5 ff. non chiffr., 1 f. bl., 265 pages chiffr., 1 page et 1 f. bl., sign. ❧ par 6, a-q par 8, r par 6; car. rom.; initiales sur bois à fonds criblés; sur le titre est placée la grande marque du *Temps* (p. 104).
>
> Les feuillets non chiffrés contiennent, outre le titre dont le verso est blanc, la dédicace de Jean Sturmius à Jean de Hangest, (Paris, calendes de septembre 1530) et l'index, imprimé sur 3 colonnes en caractères italiques. Les onze livres de Galien occupent toutes les pages chiffrées et sont terminées par cette souscription :
>
> *Excvdebat Lvtetiæ Simon Colinævs.* ‖ *An. Domini M. D. XLV. Non. Martii.* ‖
>
> Copie améliorée de l'édition de 1530.
>
> RENNES.

Antonii Goveani ‖ Commentarivs In M. ‖ Tvllii Ciceronis Topica, ‖ Ad Ioannem Mansencallvm ‖ Primvm Tolosæ Præsidem. ‖ Eiuſdem, Ad L. Imperium de Iuris. om. ‖ Iudicum ff. ‖ *Parisiis* ‖ Apud *Simonem Colinæum.* ‖ 1545 ‖.

> In-8º de 75 ff. chiffr. et 1 f. bl., sign. *a-i* par 8, *k* par 4; car. rom. et ital.; init. sur bois à fonds criblés; sur le titre est placée la marque du *Temps* nº 4 (page 397).
>
> Le feuillet 2 contient la dédicace : *Antonivs Govea*=‖*nvs Ioanni Mansen*=‖*callo Primo Tolosæ* ‖ *Præsidi S. D.* ‖, Toulouse, ides de février, qui précède le texte de Cicéron, imprimé en caractères romains, accompagné des commentaires d'Antoine de Govéa, en caractères italiques; les feuillets 67 à 75 contiennent le petit traité : *Antonivs Govea*=‖*nvs Ad Legem Impe*=‖*rivm De Ivrisdic.* ‖ *Omnivm Ivd.* ‖, précédé d'une épître dédicatoire à Jean Corasus (Toulouse, le 10 des calendes de mars) et terminé par la souscription :
>
> *Imprimebat Simon Coli*=‖*næus Reginaldo Calde*=‖*rio commoranti è regio*=‖*ne gymnaſij Bellouacen*=‖*ſis in ædibus eiuſdem Co*‖*linæi ſub ſole aureo.* ‖
>
> Nous avons vu plus haut, en cette même année, le texte de Cicéron imprimé sans commentaires par Simon de Colines.
>
> PARIS : *Bibl. Nat.; Bibl. Ste-Geneviève; Bibl. Cour de Cassation.* —
> BESANÇON. — BORDEAUX. — TROYES.

Nicolai Magni, ‖ Doctoris Medici, de medicis pul-‖ueribus libellus. ‖ *Parisiis* ‖ Vænit in ædibus *Simonis Colinæi*, ‖ fub Sole aureo. ‖ M. D. XLV. ‖ Cum priuilegio Regis. ‖

In-16 de 57 ff. chiffr. et 3 ff. non chiffr., sign. A-G par 8, H par 4; car. ital.; annotat. margin.

Le verso du titre contient le tableau des abréviations employées dans le volume, et les feuillets 2 et 3 : *Ad Candidvm Lectorem* ‖ *Præfatio.* ‖ sans date; les autres feuillets chiffrés renferment le corps de l'ouvrage qui se compose uniquement de recettes pour faire des poudres; le volume est terminé par : *Capita Morborvm Qvibvs* ‖ *ex ordine falubres pulueres infcripfimus.* ‖ et par la souscription :

Imprimebat Michael Vafcofanus Reginaldo ‖ *Chauldière commorâti è regione gymnafii* ‖ *Bellouacêfis in ædibus Simonis Colinæi fub* ‖ *fole aureo.* ‖

Encore un volume qui n'a été exécuté ni par Simon de Colines ni pour lui.

NANCY. — REIMS.

C. Plinii Secvndi Novo-‖comenfis de viris illuftribus liber, qui vulgo Corne=‖lio Nepoti afcribitur. ‖ Svetonii Tranqvilli De ‖ claris grammaticis & rhetoribus liber. ‖ Ivlii Obseqventis Pro-‖digiorum liber imperfectus. ‖ *Parisiis.* ‖ Apud *Simonem Colinæum.* ‖ 1545. ‖

In-8° de 99 pp. chiffr., 1 p. et 6 ff. non chiffr., sign. a-g par 8; car. rom.; sur le titre, dont le verso est blanc, est placée la marque du *Temps* n° 4 (page 397).

Le livre de Pline occupe les pages 3 à 49, celui de Suétone, les pages 50 à 72, et le livre d'Obséquent les pages 73 à 99; les feuillets non chiffrés de la fin contiennent la table, imprimée sur 2 colonnes en caractères italiques et terminée par la souscription :

Excvdebat Simon Colinævs ‖ *Parisiis, Ann. M. D. XLV.* ‖ *Prid. Id. Maii.* ‖

Le verso du dernier feuillet est blanc.

Ce volume est la copie de l'une des 6 éditions que Robert Estienne avait déjà données à cette époque.

BESANÇON. — EPINAL. — QUIMPER.

Ioachimi Fortij Rin=‖gelbergij Antuerpiani Rhe=‖torica, nunc demum ter=‖fiffimè emendata. ‖ *Parisiis,* ‖ Apud *Simonem Colinæum.* ‖ 1545. ‖

In-8° de 20 ff. chiffr., sign. a-b par 8, c par 4; car. rom.; init. sur bois à fonds criblés; annotat. margin.; sur le titre est placée la marque du *Temps* n° 4 (page 397).

Le verso du titre contient un avis : *Stvdiosæ Ivventuti.* ‖ et 2 distiques latins : *Ad Avthorem Defvnctvm,* ‖ *qui dum viueret claudus erat, carmen Antonii Angli.* ‖, la rhétorique de Joachim Fortius Ringelberg est terminée par une épître datée de Lyon, calendes de janvier 1531, adressée à Pierre Stella, professeur de droit, auquel le volume est dédié; il n'y a pas de souscription.

Copie des éditions de 1539 et de 1543.

AMIENS. — DOLE.

De diffectione partium corporis ‖ humani libri tres, à Carolo Stephano, doctore Me=‖dico, editi. Vnà cum figuris, & incifionum decla=‖rationibus, à Stephano Riuerio Chirurgo cōpofitis. ‖ Cum priuilegio. ‖ *Parisiis.* ‖ Apud *Simonem Colinæum.* ‖ 1545. ‖

In-folio de 12 ff. non chiffr., 379 pp. mal chiffr. jusqu'à 375, et 1 p. bl., sign. ✶, ✶✶ par 6, A-Z par 8, AA par 6; car. rom.; annotat. margin. en car. ital.; init. sur bois à fonds criblés; nombreuses fig. sur bois; sur le titre, dont le verso est blanc, est placée la grande marque du *Temps* (page 104).

Les feuillets liminaires renferment la préface : *Carolus Stephanus, doctor Medicus, anatomicarum* ‖ *rerum ftudiofis, fuis. S.* ‖, sans date, l'*Index eorum quæ tribus diffectionum anatomicarum* ‖ *libris continentur :...,* sur 3 colonnes, imprimé en caractères italiques, et l'errata. Le corps du volume contient les trois livres de Charles Estienne; il n'y a pas de souscription.

Le volume est orné de 56 grandes figures sur bois, dont deux sont répétées trois fois et deux autres deux fois ce qui fait en tout 62 planches, la première est signée des initiales d'Etienne de la Rivière, S R, une autre est signée de la croix de Lorraine seule, et 7 portent le monogramme ou le nom de Jollat, avec ou sans la croix de Lorraine, l'une avec la date de 1530, une autre avec celle de 1531 et deux avec la date de 1532; toutes ces figures doivent sortir de l'atelier de Geofroy Tory, presque toutes ont des refaits, pour les parties anatomiques, exécutés d'après les dessins d'Etienne de la Rivière; il y a en outre, dans le troisième livre, une quantité de petites figures dans le texte. Nous reproduisons plus loin (page 413) l'une des gravures tirée de l'édition française de 1546, et qui est répétée trois fois dans notre volume, avec la légende en latin, pages 43, 102 et 308.

L'anatomie de Charles Estienne était à peu près achevée d'imprimer en 1539, lorsqu'un procès fut intenté à son auteur pour avoir contrefait ou imité le traité d'anatomie de Vésale. C'est ce que nous prouvent une lettre de Vésale à l'imprimeur Jean Oporin, professeur de langue grecque à Bâle, et quelques mots de la préface de Charles Estienne, qui se plaint, au contraire, d'avoir été contrefait en Allemagne; le volume, sur lequel on travaillait déjà en 1530, comme l'indique la date de l'une des figures resta donc 16 ans sur le chantier. Charles Estienne en a fait une traduction française qui fut imprimée par Colines en 1546 et qui contient deux planches de plus, on retrouve aussi tout ou partie des planches dans un recueil de figures anatomiques, sans texte, publié par Kerver en 1537 et 1575. (Voyez : A. Firmin-Didot, *Histoire de la Gravure sur bois*, col. 91 et ss., col. 166 et ss.; A. Bernard, *Geofroy Tory, peintre et sculpteur*, pp. 286 et ss.)

PARIS . *Bibl. Nat.* (ex. sur peau de vélin); *Bibl. Mazarine; Bibl. Université; Bibl. Fac. de Médecine.* — AMIENS. — CAMBRAI. — CLERMONT-FERRAND. — DIJON. — LE MANS. — LYON. — MONTPELLIER : *Bibl. Fac. de Médecine.* — NANCY. — NIMES. — ORLÉANS. — RENNES. — ROUEN. — SENS. — TOULOUSE. — TOURS. — BRUXELLES. — DUBLIN : *Bibl. du Coll. de la Trinité.* — GENÈVE. — LONDRES : *Brit. Mus.* — MANCHESTER : *Bibl. Soc. de Médecine.*

Historia || De Vita Et Rebvs Ge-||stis M. Tvllii Cice-||ronis M. Filii. || Simone Vallamber-||to Heduo Avalo-||nensi Avtore. || *Parisiis* || In ædibus *Simonis Colinæi* fub Sole au-||reo è regione gymnafii Bellouacenfis. || M. D. XLV. || Cum priuilegio. ||

In-8º de 55 ff. chiffr., 2 ff. non chiffr. et 1 f. (bl.?), sign. A-G par 8, H par 4; car. ital.; init. sur bois à fonds criblés.

Le verso du titre est blanc, les 2 feuillets suivants contiennent la dédicace datée de Paris, calendes d'octobre : *Iacobo Iavcvrtio Vil-||larnoldo Cœnobii Bar-||bellii Et Fontenayi Et Cormericen. Abbati, || Simon Vallambertus S. D.* || Le corps de l'ouvrage est terminé par une table qui occupe les 2 feuillets non chiffrés de la fin.

Simon de Vallambert est l'auteur de nombreux ouvrages dont les plus connus sont : *De l'obéissance qu'on doit à justice*, traduit de Platon, 1542, *Méditation de l'oraison des chrétiens*, sans date, *Epitaphe du duc d'Orléans*, 1545, *De la conduite en chirurgie*, 1568 et *Cinq livres de la manière de nourrir les enfants*, 1565.

BORDEAUX. — LE MANS.

P. V. Maronis Lv-||svs, Sive Opvscvla Omnia, || quotquot extant, nuper diligentiffimè recognita. ||

In-16 de 86 ff. chiffr., 1 f. non chiffr. et 1 f. bl., sign. Aa-Ll par 8; car. ital.

Ce petit volume ne possède pas de titre, le premier feuillet, qui est paginé 1 et signé A*a.i.* débute par le titre de départ ci-dessus; les opuscules qui le composent sont : *Maphæi Vegii Laudensis XII libr. Æneid. Supplementum,* des arguments par Modestin, jurisconsulte, les épigrammes de Virgile précédées d'épigrammes par Cornelius Gallus, Sulpitius de Carthage, et Alcinoüs; les poëmes *Rosæ, Culex, Difæ ad Battarum, Ætna incerti autoris, Ciris, Moretum, Coppa,* et les pièces suivantes : *Diversorum poetarum in Priapum lusus, Virgilii ex Servio, Donato, Tacito, Macrobio, Crinito et aliis,* des extraits de Quintilien, de Pline le jeune et de Phavorinus, philosophe; le feuillet 86 verso et le feuillet non chiffré contiennent l'index et la souscription :

Excvdebat Simon Coli-||næus Parisiis, Ann. M. D. || XLV. III. Id. Mart. ||

L'absence de titre et les signatures doublées indiquent que ce volume était imprimé pour être joint aux exemplaires des éditions in-16 de Virgile de 1531, 1538 ou 1542; le *Catalogue* de 1546 et Maittaire le citent cependant isolément.

Paris : *Bibl. Nat.* (ex. incomplet de quelques feuillets).

M D XLVI

25 avril 1546 — 9 avril 1547 N. S.

La diffection des parties du corps ‖ humain diuifee en trois liures, faictz par Charles Eftienne ‖ docteur en Medecine : auec les figures & declaratiō des in-‖cifions, compofees par Eftienne de la Riuiere Chirurgien. ‖ Imprime a *Paris, chez Simon de Colines*. ‖ 1546. ‖ Auec priuilege du Roy. ‖

In-folio de 8 ff. non chiffr., 405 pp. chiffr., 1 p. non chiffr. et 1 f. bl., sign. *a*, A-Z, AA-BB par 8, CC par 4; car. ital.; annotat. margin. en car. rom.; init. sur bois à fonds criblés et nombreuses fig. gravées sur bois; sur le titre, dont le verso est blanc, est placée la grande marque du *Temps* (page 104).

Les feuillets liminaires renferment la préface : *Charles Eftienne, docteur en medecine, a fes eftu=‖dians en anatomie S.* ‖, sans date, et le *Repertoire des chofes contenues en ces trois liures de diffe‖ctions Anatomiques...*; le corps de l'ouvrage est terminé par *Avlcvnes Favltes Trovvees En Qvel-‖ques endroictz de ce liure apres l'impreffion d'iceluy*,...; il n'y a pas de souscription.

Ce volume est la traduction française, faite par l'auteur lui-même, du *De dissectione partium corporis humani*, publié l'année précédente et imprimé par Simon de Colines; il contient deux grandes figures sur bois de plus que l'édition latine, celles des pages 11 et 13, qui portent la croix de Lorraine et la signature de Jollat, la seconde avec la date de 1532, la figure que nous reproduisons ci-contre, en réduction, est

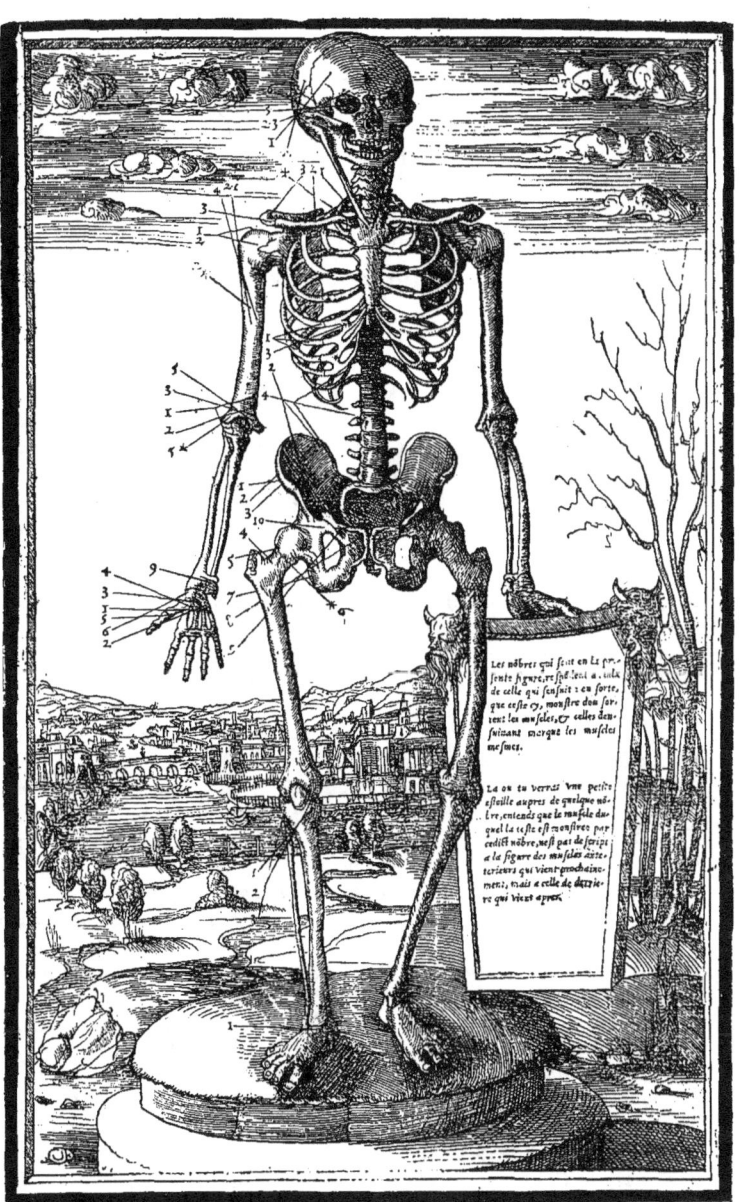

répétée trois fois dans le volume, pages 37, 96 et 336, elle occupe, dans l'édition latine, les pages 43, 102 et 308, avec la légende en latin.

PARIS : *Bibl. Nat.; Bibl. Mazarine; Bibl. Ste-Geneviève; Bibl. Fac. de Médecine.* — AMIENS. — ANGERS. — CHARTRES. — CLERMONT-FERRAND. — DIJON. — LE MANS. — LYON. — MONTPELLIER : *Bibl. Fac. de Médecine.* — NICE. — ORLÉANS. — ROUEN. — TOULOUSE. — TOURS. — GENÈVE. — LONDRES : *Brit. Mus.*

Claudii Galeni Pergameni opu-‖scvla Aliqvot, Qvorvm Seqven-‖tis paginæ index te admonebit. ‖ *Parisiis.* ‖ Apud *Simonem Colinæum.* ‖ 1546. ‖

In-folio de 304 pp. chiffr., sign. a-t par 8; car. rom.; init. sur bois à fonds criblés; sur le titre est placée la grande marque du *Temps* (page 104).

Le volume contient les 30 traités suivants : *Hippocratis de aere, aquis et locis libellus,* Jano Cornario interprete; *Galeni... de cibis boni et mali,* Ferdinando Balamio siculo interprete; *de attenuante victus ratione liber unus,* Martino Gregorio interprete; *de ptisana liber,* Ioanne Polito interprete; *de parvæ pilæ exercitio liber,* Valerio Centannio vicentino interprete; *libellus de cognoscendis curandisque animi morbis, quas perturbationes latini appellant,* Bernardo Donato veronensi interprete; *de cujusque animi peccatorum notitia,* Junio Paulo Crasso patavino interprete; *de assuetudinibus liber,* Nicolao Regio calabro interprete; *ars tuendæ sanitatis,* Paulo Crasso patavino interprete; *de instrumento odoratus liber* Ludovico Bellisario medico metunensi interprete; *de motu thoracis et pulmonis fragmentum; liber in quo inquirit an omnes particulæ animalis quod fætatur fiant simul,* Nicolao Regio calabro interprete; *liber falso adscriptus an animal sit id quod in utero est,* Horatio Limano interprete; *de septimestri partu liber,* Joanne Bernardo Feliciano interprete; *liber de marasmo, specie tabis,* Nicolao Lauachio, medico florentino, interprete; *de comate liber,* Nicolao Regio calabro interprete; *de causis procatarcticis liber,* Nicolao Regio calabro interprete; *de urinis,* Jos. Strutio polono interprete; *de theriaca,* Joachimo Gamerario interprete; *liber ad Salonem medicum primarium de remediis facile paratibus, de remediis facile acquisitibus, de remediis facile parabilibus; liber de substitutis medicinis* Juliano Martiano Rota interprete; *documentum de puero epileptico,* Nicolao Leonico Thomæ patavino interprete; *liber de incantatione; de adjuratione et suspensione; de oculis; de anatomia oculorum,* Nicolao Regio calabro interprete; *liber de renum affectus dignotione et medicatione,* Christ. Heyl. Vuissbadiensi interprete; *liber quod qualitates incorporeæ sint,* Horatio Limano interprete; *liber de bonitate aquæ.*

Simon de Colines avait déjà donné deux recueils de ce genre contenant divers traités de Galien en 1534 et 1536.

PARIS : *Bibl. Ste-Geneviève; Bibl. Fac. de Médecine.* — ANGERS. — CHARTRES. — LE MANS. — NANTES.

ÉDITIONS SANS DATE

🌀 Pavli Belmisseri ‖ Pontremvlani Ele-‖giæ tres exhortatoriæ ad=‖bellum [sic] aduerfus ‖ Turcas. ‖ Eiufdem Epithalamium in nuptiis Henrici, filii ‖ Chriftianiffimi Gallorum Regis Fran-‖cifci, celebratis Maffiliæ, Anno ‖ Domini 1533. ‖ die Diuo Martino dedi-‖cata. ‖

In-8º de 8 ff. non chiffr., sign. *a*; car. ital.; init. sur bois à fonds criblés.

Le verso du titre est blanc, les 3 élégies sont précédées de la dédicace : 🌀 *Christianissimo Gal=‖liarum Regi Francisco Paulus ‖ Belmifferus Pontremulanus doctor & le-‖ctor ac phyficus Bononienfis, S. P. D.* ‖, sans date ; l'épithalame occupe les feuillets 7 verso et 8 ; il n'y a pas de souscription.

Cette petite pièce ne porte pas le nom de Simon de Colines mais elle a été imprimée avec ses caractères, le seul exemplaire que nous en avons vu se trouve relié à la suite du recueil de poésies du même auteur imprimé par Colines en 1534 ; elle doit être de la même année ou de la fin de 1533.

PARIS : *Bibl. Ste-Geneviève.*

🌀 Ioannis Ba‖ptistæ Egnatii Vene=‖ti, In C. Svetonivm Tran=‖quillvm Annotationes, Des. Eras. Rot. Loca Resti=‖tvta in Suetonio. ‖ Epitome Assis Bvdaici,...

In-8º (trois éditions différentes).

Seconde partie, ne portant pas de date, du Suétone imprimé trois fois par Simon de Colines en 1527, 1535 et 1543 ; on peut la rencontrer isolément car elle forme un tout à part, mais elle ne porte pas le nom de Colines; les premières lignes du titre d'un exemplaire suffiront à indiquer à laquelle des trois éditions il appartient :

Édition de 1527 : ❧ *Ioannis Ba*‖*ptistæ Egnatii Vene*=‖*ti, In C. Svetonivm Tran*=‖*qvillvm*…

Édition de 1535 : *Ioannis Baptistæ* ‖ *Egnatii Veneti, In C.* ‖ *Svetónivm Tranquil*=‖*lvm*…

Édition de 1543 : *Ioannis Baptistæ* ‖ *Egnatii Veneti, In C.* ‖ *Svetonivm Tran*=‖*qvillvm*…

Nous renvoyons d'ailleurs à la description qui en a été donnée plus haut, pages 102, 255 et 385.

❧ Elegie Nvptia=‖le Presentee A Tresno-‖ble & trefilluftre Princeffe Madame Magda‖leine premiere fille de France, le lendemain de ‖ fes nopces & mariage celebré auec le Roy ‖ d'Efcoce. ‖

In-8º de 4 ff., sign. A; car. ital.

Cette petite pièce n'a qu'un titre de départ, elle se compose de 198 vers de 10 pieds dont voici les premiers et les derniers :

> *Royne de pris du franc lys geniture,*
> *Et noble fleur quon uoit en flouriture*
> *De tout honneur, & triumphant arroy*
> *Ia fe nommer fille & femme de Roy.*
> . . . .
>
> *Mais c'eft affez. Donc mes uers taifez uous*
> *Que ne fafchez ce beau gentil efpous*
> *Si uous lifant fa belle Magdeleine*
> *Tant f'amufoit a chofe fi tres uaine,*
> *Qu'elle laifaft luy rire, & fe iouer,*
> *Et fes plaifirs tous entiers alouer.*

Le nom de Colines n'y figure pas mais la pièce est imprimée avec ses caractères, et nous l'avons trouvée, à la bibliothèque de Bordeaux, dans l'exemplaire de *Loraison que feit Crispe Saluste contre Mar. Tul. Ciceron*, traduite par Pierre Saliat et imprimée par Colines en 1537; il est probable qu'elle fut donnée gratuitement aux acheteurs de ce volume, qui aura paru au moment du mariage de Madeleine de France avec Jacques d'Ecosse, car Maittaire (III, p. 271) annonce le discours de Salluste et l'élégie sous la même rubrique, faut-il en conclure que Saliat en est aussi l'auteur?

La date de l'impression ne peut être que 1537, année du mariage et de la mort de la reine d'Ecosse.

BORDEAUX.

Elenchus librorum tum græcorum quum latinorum quos Colinæus suis typis excudit.

In-16.
Nous n'avons pu malheureusement rencontrer aucun exemplaire de ce catalogue officinal, le seul connu qui ait été imprimé par Colines lui-même, il est cité dans le *Catalogue de la Bibliothèque d'un Amateur*, IV, page 240. Nous indiquons plus loin (page 423) trois catalogues imprimés après la mort de Colines par les Chaudière et par Robert Estienne, ils contiennent les livres provenant du fonds de Colines qui se trouvaient en magasin en 1546 et qui ont été partagés entre ces deux libraires.

❦ Familia=‖rivm Collo-‖qviorvm Des. Erasmi ‖ Rot. Opvs, Ab Avthore ‖ Diligenter Recogni=‖tvm, Emendatvm, Et ‖ Locvpletatvm : Adie=‖ctis Aliqvot Novis. ‖

2 parties, in-12 allongé; car. rom.; init. sur bois à fonds criblés.
PREMIÈRE PARTIE : 336 ff. chiffr. et 30 ff. non chiffr., sign. a-z, A-G par 12, H par 6; le verso du titre est blanc, les colloques occupent les feuillets chiffrés et sont précédés de la dédicace adressée à Jean-Erasme Froben : *Des. Erasmvs Rot. Opti‖mæ fpei puero Ioan. Erafmio ‖ Frob. S. D.* ‖, et datée de Bâle, calendes d'août 1524; les feuillets non chiffrés de la fin contiennent : *Aliqvot Loca In Collo‖quijs explicata breuiffimis fcholijs, ‖ in quibus lector non admodum pe=‖ritus hærere poterat.* ‖, une épître d'Erasme, datée de Bâle, le 12 des calendes de juin 1524 : *Des. Erasmvs Rotero=‖damus De vtilitate Colloquiorũ, ‖ ad lectorem.* ‖, et l'index.
DEUXIÈME PARTIE : ❦ *Desyderii ‖ Erasmi Rotero=‖dami Colloqvia Ali=‖qvot Nova, Mire Et ‖ Vrbana, Et Ervdita, ‖ Qvorvm Nomina Hæc ‖ Svnt, ‖ Amicitia. ‖ Opulentia fordida. ‖ Concio. ‖ Exequiæ feraphicæ. ‖ Philodoxus.* ‖
46 ff. chiffr. (et 1 f. bl.?), sign. aa-dd par 12; il n'y a pas de souscription.
Ce volume, qui est imprimé avec les caractères de Simon de Colines ne porte pas son nom. Nous pensons qu'il appartient à l'édition des Colloques que Simon de Colines avait imprimée en 1527 et tirée à 24000 exemplaires quelques temps avant leur interdiction; il est probable que, pour écouler une aussi nombreuse édition, il aura réimprimé le premier titre, sur lequel devait figurer son nom, et supprimé le dernier feuillet de la deuxième partie, qui contenait probablement la souscription; la description sommaire que A.-A. Renouard donne de l'édition de 1527 se rapporte bien à la nôtre (voyez plus bas page 96). Nous n'avons vu aucun autre volume imprimé par Colines dans ce format, mais les

catalogues de 1546 et de 1548 indiquent une édition des Heures à l'usage de Rome, *forma longiuscula*, qui doit avoir les mêmes dimensions.

    Paris : *Collection de MM. Firmin-Didot.*

☙ Γαληνου Προς Πατροφι=‖λον Περι Συνταξεως ‖ Ιατρικης. ‖ ❧ Galeni Ad Pa=‖trophilvm De Constitvtione Medicinæ. ‖ Εν λευκετία των παρησίων ‖ παρὰ Σίμωνι τω Κολιναιω. ‖

  In-8º de 33 ff. chiffr. et 1 f. non chiffr., sign. A-Δ par 8, E par 2; car. grecs; sur le titre, dont le verso est blanc, est placée la marque du *Temps* nº 2 (page 108).

  Le feuillet 2 contient la dédicace de l'éditeur, en latin : ☙ *Ornatissimo Adv-‖lescenti Michaeli Brail-‖lon Gvinterivs Ioannes ‖ Andernacvs S. D.* ‖; les autres feuillets chiffrés renferment le traité de Galien, dans le texte grec, le feuillet non chiffré porte au recto l'errata et au verso la même marque que le titre.

  Cet opuscule doit avoir été imprimé en 1529 ou en 1530 comme les deux petits traités περὶ τῶν σφυγμῶν et περὶ ευποριστῶν, et les deux traités suivants.

    Paris : *Bibl. Nat.* — Bordeaux. — Londres : *Brit. Mus.*

☙ Γαληνου Περι Ουρων ‖ Βιβλιον. ‖ ❧ Galeni De Vri-‖nis Liber. ‖ Εν λευκετία τῶν παρησιων ‖ παρὰ Σίμωνι τω Κολιναιω. ‖

  In-8º de 48 ff. chiffr., sign. α-ζ par 8; car. grecs; sur le titre, dont le verso est blanc, est placée la marque du *Temps* nº 2 (page 108).

  Le traité περὶ ουρων occupe les feuillets 2 à 14, le feuillet 15 est blanc, les feuillets 16 à 45 contiennent : ☙ Γαληνου Περι Ευχο-‖μιας Και Κακο-‖χυμιας. ‖; et les feuillets 46 à 48 recto : Γαληνου Περι Βδελ‖λων, αντισπασεως, σικυιας, και ἐγχαρά-‖ξεως, και ατασχασμου. ‖; le verso du dernier feuillet est blanc.

  Imprimé probablement en 1529 ou 1530 comme le précédent et le suivant. Le second traité, traduit en latin par Jean Gonthier d'Andernach, a été imprimé par Simon de Colines en 1530 : *De euchymia et cacochymia, seu de bonis malisque succis generandis*, le troisième, traduit aussi par Gonthier, se trouve dans les *Opera diversa* de 1536 : *De hirudinibus, revulsione, cucurbitula et scarificatione.*

    Paris : *Bibl. Nat.; Bibl. Maʒarine.* — Bordeaux.

[s. d.] BIBLIOGRAPHIE. 419

Galenus, de ossibus, græcè. *Parisiis,* apud *Simonem Colinæum.*

In-8º.
Édition citée par Brunet, II, 1450, et imprimée probablement en 1529 ou 1530 comme les deux petits traités grecs qui précèdent.

Sermons de Guer‖ricvs Abbe D'Igny, ‖ tranflatez de latin en langue vulgai=‖re francoife, par Iehan de Gaigny, ‖ Doɛteur, Confeiller, & premier Aul=‖mofnier du Roy, par le commande=‖ment dudiɛt feigneur. ‖ Auec priuilege pour cinq ans. ‖ Imprimé à *Paris* par *Simon* ‖ *de Colines.* ‖

In-4º de 4 ff. ni chiffr. ni sign., 235 ff. chiffr. et 1 f. bl.; sign. A-Z, AA-FF par 8, GG par 4; car. rom.; init. sur bois à fonds criblés; sur le titre est placée la marque du *Temps* nº 3 (page 298).
Les feuillets liminaires contiennent, outre le titre, dont le verso est blanc, la préface du traducteur : *Au leɛteur Chre=‖stien, Iehan De ‖ Gaigny, doɛteur & premier ‖ aulmofnier du Roy, fa=‖lut en noftre fei=‖gneur.* ‖, sans date, le 4º feuillet est blanc. Le corps du volume contient 52 sermons pour l'Avent, Noël, l'Epiphanie, la purification, le carême, l'Annonciation, les rameaux, la résurrection, les rogations, l'Ascension, la Pentecôte, les fêtes de saint Jean-Baptiste, saint Pierre et saint Paul, saint Benoît, l'Assomption, la nativité et la Toussaint; il n'y a pas de souscription.
Jean de Gaigny est l'auteur des commentaires latins sur les épîtres de Saint Paul, les épîtres canoniques et l'apocalypse, que nous citons aux années 1538, 1539 et 1543.
Imprimé vers 1540.

PARIS : *Bibl. Mazarine; Bibl. Arsenal.* — ÉPINAL. — NIORT.

Ἡσιόδου τοῦ ἀσκραίου ἔργα καὶ ἡμέραι. ‖ ἐν λευκετίᾳ τῶν παρησίων ‖ παρὰ Σίμωνι τῷ Κολιναίῳ. ‖

In-8º de 16 ff. non chiffr., sign. α-β par 8; car. grecs; init. sur bois à fond criblé; sur le titre, qui est placé dans l'encadrement *aux Lapins* (page 48), se trouve aussi la marque du *Temps* nº 2 (page 108), nous en donnons la reproduction à la page suivante.
Le texte grec d'Hésiode commence au verso du titre et occupe toute la plaquette, le verso du dernier feuillet est blanc.
Imprimé probablement, comme toutes ces petites plaquettes en grec,

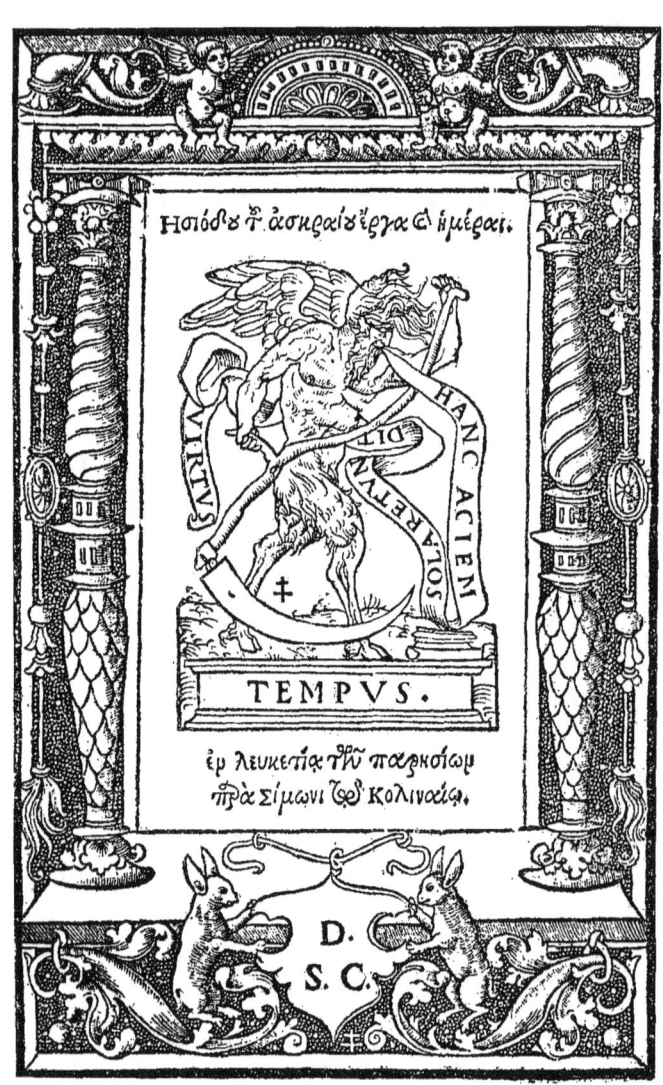

en 1529 ou 1530; elle était peut-être destinée à accompagner la grammaire grecque de Jacques Ceporinus, imprimée par Simon de Colines en 1529.

BESANÇON.

(Raymond JORDAN.) ❧ Les contemplations fai‖ctes a lhonneur et louenge de la tref=‖facree vierge Marie / par quelque de=‖uote perfonne qui feft voulu nommer ‖ Lidiote / tranflatees par leuefque de ‖ Meaulx, le xiiii. Aouft, M. D. XIX. ‖

> In-8° goth. de 24 ff. non chiffr., sign. a-c par 8; init. sur bois.
>
> Le verso du titre et le feuillet suivant contiennent : ❧ *Lettres de Leuefque de* ‖ *Meaulx / aux fœurs / abbeffe & religieu=*‖*fes de Faremonftier.* ‖, datées de Meaux, le 8 août 1519; le verso du dernier feuillet est blanc.
>
> L'auteur de ce petit traité est Raymond Jordan ou *Idiota*; Jacques Lefèvre d'Etaples avait publié chez Henri Estienne, en août 1519, une édition des *Contemplationes idiotæ*, que Simon de Colines a réimprimée en 1530 et 1535, et qui était dédiée à Michel Briçonnet, évêque de Nîmes, c'est en cette même année, et dans ce même mois, que l'évêque de Meaux, Guillaume Briçonnet, cousin-germain de Michel, fit cette traduction française de la seconde des contemplations de Jordan.
>
> Ce volume qui peut avoir été publié dès 1519 est peut-être dû à Henri Estienne plutôt qu'à Simon de Colines, il est imprimé avec leur caractère gothique, orné de leurs initiales et annoncé dans les Catalogues de 1546 et de 1548.
>
> PARIS : *Bibl. Société de l'histoire du protestantisme français.*

(Antoine PIGAFETTA.) Le voyage et na=‖uigation / faict par les Efpaignolz es ‖ Ifles de Mollucques, des ifles quilz ‖ ont trouue audict voyage / des Roys ‖ dicelles / de leur gouuernement & ma=‖niere de viure / auec plufieurs aultres ‖ chofes. ‖ Cum priuilegio. ‖ ❡ On les vend a *Paris* en la maifon de ‖ *Simon de Colines* / libraire iure de lu‖niuerfite de Paris / demourāt en la rue ‖ fainct Jehan de Beauluais / a lenfei=‖gne du Soleil Dor. ‖

> In-8° de 76 ff. chiffr. et 4 ff. non chiffr., sign. a-h par 8, k par 4; car. goth.; init. sur bois à fonds criblés; annotat. margin.
>
> Le verso du titre est blanc, la relation du *voyage* fait aux îles

Molluques commence par le titre de départ suivant : ℂ *Le voyage ℭ nauigation aux iſles de* ‖ *Mollucque / deſcrit ℭ faict de noble* ‖ *homme Anthoine Pigaphetta Vin=*‖*cētin / Cheualier de Rhodes / preſen=*‖*tee a Philippe de villiers liſle adam* ‖ *grant maiſtre de Rhodes. commēce* ‖ *ledict voyage lan mil cinq cens dix=*‖*neuf / et de retour Mil. cccc. xxii. le* ‖ *huytieſme iour de Septembre.* ‖, elle occupe tous les feuillets chiffrés et se termine par ces mots : ℂ *Cy finit lextraict dudict liure /* ‖ *tranſlate de Italien en* ‖ *Francois.* ‖; les 4 derniers feuillets contiennent : *Aucuns motz des peuples de liſle de Breſil* et la table, imprimée sur 4 colonnes, en caractères romains. La traduction de ce fragment de la relation d'un compagnon de Magellan a été demandée à Jacques-Antoine Fabre par Louise de Savoie, mère de François 1er; le manuscrit original *Primo viaggio intorno el globo terracqueo*, ne fut publié qu'en 1800 par le docteur Amoretti, à Milan; les éditions italiennes de Venise, 1534, et de 1536, sans lieu, sont la traduction de notre volume. (Voyez Brunet, IV, 650 et 651, V, 1167 et 1168, et Harrisse, p. 247.)

Harrisse fait remarquer que le volume ne peut pas être antérieur à 1524, année pendant laquelle Pigafetta fut créé chevalier de Rhodes; l'adresse de Simon de Colines, *au Soleil d'or*, ne nous permet pas de lui fixer une date antérieure à 1526.

PARIS : *Bibl. dépôt des Cartes de la Marine.* — LILLE. — ORLÉANS.

(Diego de SAGREDO.) Raison Darchi‖tecture antique, ex-trai‖cte de Victruue, et aul-‖tres anciens Archite-‖cteurs, nouuellemēt tra‖duit Deſpaignol en Frā‖coys : a lutilite de ceulx ‖ q̄ ſe delectēt en edifices. ‖ ℂ Imprime par *Simon de Colines* demourant a *Paris* rue ‖ ſainct Iehan de Beauuais, a lenſeigne du ſoleil dor. ‖ Auec priuilege. ‖

In-4° de 51 ff. chiffr. et 1 f. bl., sign. *a-f* par 8, *g* par 4; car. ital.; init. sur bois à fonds criblés; nombreuses fig. sur bois; le titre est orné d'une figure représentant un portique, que nous reproduisons p. 317.

Simon de Colines a donné de ce volume deux éditions, en 1539 et en 1543, qui portent l'adresse, *rue Saint Marcel, à l'enseigne des quatre évangélistes* et ne mentionnent pas le privilège, elles sont donc postérieures à l'édition sans date et probablement imprimées après l'expiration du privilège qui devait être accordé pour 2 ou 4 ans; il faut donc fixer la date de l'impression de cette première édition entre 1526, année de l'établissement au *Soleil d'or* et 1537.

MORLAIX : *Bibl. du Cercle littéraire.* — ORLÉANS.

Octavien de SAINT-GELAIS.) Oraisons tres deuotes a l'honneur de la tres sacree et glorieuse Vierge Marie, mere de Dieu, auec plusieurs autres deuotes chansons faictes et composees par reverend pere en Dieu Monsieur Levesque de Senlis. *Paris,* en la Maison *Simon de Colines.*

In-8º; imprimé en rouge et en noir, musique notée et fig. sur bois.
Ce volume est cité par Brunet (IV, 199) d'après l'exemplaire de la vente Libri (1861, nº 5109). *B N. p.ye. 296*

Virgilivs. ‖ Singvlæ Dictiones ‖ polyſyllabæ in pueroru̅ vſum ſuis ſi=‖gnatæ ſunt accentibus, verſusque lon‖ giuſculè ab inuice̅ (ad commodè exci‖pienda præceptorum dictata) ſeiun=‖cti ſunt. ‖ Ex officina *Simonis Colinæi.* ‖

In-4º de 196 et 192 ff. chiffr., sign. A-Z, AA par 8, BB par 4, *a-z,* *&* par 8; car. ital.; sur le titre est placée la marque du *Temps* nº 3 (page 298).
La première série de chiffres contient la dédicace de Paul Manuce à Pierre Bembo : *Aldvs P. M. Petrvm B. Compatrem A Se=‖cretis Leonis X. Pont. Max.* ‖ *Salvere Ivbet.* ‖, placée au verso du titre, les Bucoliques (ff. 2 à 25), les Géorgiques (ff. 26 à 87 recto), *Rosæ* (ff. 87 verso à 88) et les cinq premiers livres de l'Enéide (ff. 89 à 196); la seconde série de chiffres contient les sept derniers livres de l'Enéide (ff. [1] à 170 recto), le livre de Maphæus Vegius et les arguments; il n'y a pas de souscription.
Comme il est indiqué sur le titre, les lignes sont espacées pour permettre aux élèves d'inscrire, au dessus du texte, les notes dictées par le professeur. Simon de Colines a donné des éditions des œuvres de Virgile en 1526, 1531, 1538 et 1542; celle-ci doit avoir été imprimée vers 1540.

LONDRES : *Brit. Mus.* — TOURNAI.

En 1546 Regnauld et Claude Chaudière publièrent un catalogue des livres qu'ils avaient en magasin, contenant les éditions de leur propre fonds et celles qui leur étaient échues en partage à la mort de Colines : *Libri venales bibliopolio* ‖ *Reginaldi Calderij, tum ab Simone* ‖ *Colinæo, tum à Calderio excuſi.* ‖ *Parisiis,* ‖ *M. D. XLVI. menſe Auguſto.* ‖ in-8º de

28 feuillets non chiffrés signés A-C par 8, D par 4 (Paris, bibliothèques Mazarine et Sainte-Geneviève), un second catalogue publié en 1548, qui n'est qu'une copie de celui de 1546 avec quelques articles en plus ou en moins, a été réimprimé in-extenso par Maittaire; enfin Robert Estienne, vers 1546 aussi, donna un catalogue des livres qui lui provenaient du fonds de son beau-père : *Libri Væna=∥les in bibliopolio Roberti ∥ Stephani typographi Re=∥gii, tum ab Henrico Ste=∥ phano patre, tum à Simo=∥ne Colinæo eius vitrico ∥ excuſi. ∥,* in 8º de 16 feuillets non chiffrés signés A-B (Paris, bibliothèque Mazarine). Dans ces trois catalogues nous avons relevé un certain nombre de volumes que nous n'avons rencontrés ni avec le nom de Colines, ni avec ceux de Regnauld Chaudière ou de Henri Estienne, nous terminerons en les mentionnant ici car les dates ne sont pas indiquées et nous n'avons pu les placer à leur ordre chronologique; ils ne sont probablement pas tous imprimés par Simon de Colines, les catalogues ne distinguant pas les éditions de Colines de celles de Henri ou de Chaudière (1).

Psalterium afflictorum, *minori forma.*

Hortulus animæ, seu Cursus sparsim hincinde in devotionum libellis inventi, summa cum diligentia in unum collecti : prout in fine secundi codicis ordo hujusmodi cum numero foliorum est inscriptus, *minori forma.*

Ce titre est différent de ceux des éditions citées par Brunet (III, 341).

Liber psalmorum Davidicorum, cum accentibus, *minori forma.*

Les différentes éditions des psaumes que nous avons décrites ne sont pas accentuées.

* In aliquot psalmos Davidicos oratiunculæ, sive breves homiliæ octo et quadraginta.

Hymni qui in vesperis, matutinis, atque aliis horis canonicis in ecclesia Dei per totum annum leguntur : cum accentibus et anno-

---

(1) Nous avons fait précéder d'une astérisque les volumes portés au catalogue de Robert Estienne et qui sont, par conséquent, de Colines ou de Henri.

tatiunculis authorem hymni et genus carminis indicantibus, *minori forma*.

Vesperæ pro omnes ferias dicendæ : cum complectorio et precibus, *minori forma*.

Prosæ totius anni, *minori forma*.

Horæ ad usum Romanum, characteribus italicis, *forma longiuscula*.

<small>Les catalogues indiquent quatre autres éditions : *majori forma, quibus elegantiores hactenus non sunt visæ, minori, mediocri* et *minima forma*, qui doivent correspondre aux quatre éditions de 1524-25, 1527 et 1543, la nôtre est probablement du même format que les Colloques d'Erasme de 1527.</small>

* Horæ ad usum Parisiensem, *mediocri et minori forma*.

Forma orationum per illustrissimam reginam in Francia regentem.

De institutione novitiorum.

Corona beatæ mariæ.

* Liber epistolarum beati Augustini episcopi Hipponensis ecclesiæ, complurumque sanctorum et illustrium virorum ad ipsum Augustinum rescribentium, cum duplici indice a fronte et a tergo posito.

Chrysostomus in dictum apostoli, modico vino utere, *græce*.

* Petri Longobardi, magistri sententiarum, Parisiensis quondam episcopi, in omnes divi Pauli apostoli epistolas collectanea ex Augustino, Ambrosio, Hieronymo, aliisque nonnullis scripturæ primariis interpretibus, summa arte diligentiaque contexta, opus eximium et anno MCXL conscriptum, nunc primum in lucem editum.

<small>Une édition de 1537 porte le nom Claude Chevallon.</small>

* Paulus Cortesius in sententias : qui in hoc opere eloquentiam cum theologia conjunxit.

P. Apollonii Collatii, presbyteri novariensis, excidii ierosolymitani libri quatuor, nunc primum in lucem editi per Joannem Gagnæium, theologum.

<small>Poême latin. C'est peut-être l'édition imprimée en 1540, in-8°, dont parle Brunet, I, 347.</small>

* Laurentii Vallæ, de voluptate ac vero bono declamationes ac disputationes de falso veroque bono chistianam fidem commendantes et voluptatem cælestem commorantes.

<small>Brunet cite une édition de Josse Bade, en 1512.</small>

* Index omnium titulorum juris civilis, ordine alphabetico.

Juris analecta in tit. De verborum significatione, libro V. Decretal. Grego. IX, ex commentariis verum quotidianarum Io. Quintini Hedui, juris doctoris, et ordinarii professoris lutetiæ.

Digestorum seu pandectarum juris civilis volumina quinque.

> Robert Estienne a donné en 1527-28 une édition de ces 5 livres qui ne contiennent pas moins de 1772 feuillets d'impression, sans compter les feuillets liminaires; n'y aurait-il pas eu partage de l'édition entre Robert et Colines?

Institutionum imperialium juris civilis libri quatuor.

* Epitomes institutionum imperialium, tabulæ tres, de jure personarum,... de rerum divisione ac acquisitione,... de obligationibus et actionibus.

Institutiones forenses Galliæ, per Joannem Imbertum, Rupellanum.

> Imprimé pour la première fois en 1538 (Brunet, III, 410).

Paraphrase en langage françoys du premier livre des institutions forenses, ou autrement practique judiciaire, translaté de latin par Maistre Jehan Imbert, licencié ès droictz, natif de La Rochelle, et advocat à Fontenay le Conte, autheur d'icelles institutions.

> Brunet (III, 410) indique, comme la première, une édition de 1548, celle-ci, qui figure au catalogue de 1546, lui est antérieure. La Croix du Maine (éd. de 1584, p. 234) cite ce volume comme imprimé par Symon de Colines ou Colinet, sans en donner la date.

Francisci Hotomani Parisiensis tabulæ aliquot breves de criminibus puniendisque sontibus, et temperandis suppliciis secundum atrocitatem et æstimationem scelerum, in communem studiosorum utilitatem.

Briefve introduction pour avoir intelligence de la langue pour messieurs les enfans de France.

Tabulæ totius grammaticæ, Jacobo Fabro authore.

> Ce sont sans doute les placards dont Colines parle dans la préface de la *Grammatographia*.

* Tabulæ totius græcorum grammatices summam methodo quondam complectentes.

* Tabulæ de varia græci sermonis constructione ex probatissimis scriptoribus collectæ.

Disciplina et institutio puerorum.

In Joannis Despauterii figuras Huberti Sussanæi collectanea huberrima, poeticæ et rhetorices studiosis valde conducibilia, ubi permulti versus supplentur, et fere omnes figuræ enodantur.

<small>Différent des *Annotationes Sussanæi in contextum artis versificatoriæ Despauterii* de 1542 et 1543.</small>

Ciceronis Orationes tres, antequam iret in exilium, post reditum ab exilio in senatu, item altera ad Quirites, cum argumentis singulis Joannis Sturmii.

<small>Cité aussi par Maittaire avec la date de 1541, nous avons omis de le mentionner à cette année.</small>

Ciceronis Orator ad Brutum, cum adnotationibus Philippi Melanchthonis.

* Rudimenta Ascensiana, cum prima parte doctrinalis, diligenter recognita et explanata. Cumque Syntaxi penitus per eundem reposita : et dictionariolo in primam partem addendo.

Divi Aurelii Augustini Hipponensis episcopi, principia rhetorices.

* Pauli Æmylii veronensis, de rebus gestis Francorum libri quatuor.

L'histoire des successeurs d'Alexandre le Grand, extraite de Diodore Sicilien : et quelque peu des vies écrites par Plutarque, translatée par messire Claude de Seyssel, conseiller et maître des requestes du Roy Loys, Roy de France, douzième de ce nom.

<small>Cité par La Croix du Maine (éd. de 1584, p. 63) comme imprimé par Symon de Colines, sans indication d'année.</small>

Disticha moralia, titulo Catonis inscripta, cum accentibus.

Catonis disticha in formam elegiacam redacta, opera Joan. Tuillerii, scholia nonnulla adjecta, singula recognita, jam recens edita.

<small>On a vu plusieurs éditions des distiques de Caton, qui ne répondent pas aux titres de celles-ci.</small>

Terentius, cum latina et gallica interpretatione.

<small>C'est sans doute à cette édition qu'appartient le gros volume de l'Andrienne que nous citons à l'année 1541 (*Addenda*).</small>

Commentaria in Sophoclem, *græce*.

<small>Probablement publié en même temps que texte grec des sept tragédies de Sophocle qui est de 1528.</small>

Isagoge Joannis Murmelii Ruremundensis, in decem prædicamenta Aristotelis, *minori forma*.

Enchiridion artis numerandi, parvo admodum negotio, omnem calculi praxim docens in integris, minutis vulgaribus, et projectilibus, regulis aliquot mercatorum additis nequaquam contemnendis, nunc recognitum et accuratius excusum. Ex secunda editione cum annotationibus plurimis.

Instrumentum de diebus criticis, cum Ioannis Martini Poblacii libello ipsius instrumenti explanatore.

> Nous n'avons cité, à l'année 1535, que le petit livre de Poblacion.

Instrumenta mathematica in Fernelii de proportionibus libris depicta, perbelle concinnata.

> Album qui devait accompagner le volume de Fernel publié en 1528, il coûtait 12 sols, tandis que le Fernel n'en coûtait que 5.

Generalis horarii instrumentum, recte apparatum.

Secundum Monalosphærii instrumentum.

> C'étaient probablement deux albums de planches accompagnant le *Monalosphærium* de Fernel (1526) et qui valaient 10 sols et 6 sols, le volume coûtant 5 sols.

Æquatoris instrumentum, probè concinnatum.

> Album qui devait accompagner les deux livres de Sarzosus Cellanus, *In æquatorem planetarum*, de 1526, il valait 10 sols et le Sarzosus 5 sols.

Antiphonielz, messelz, bréviaires, yver et esté, journaulx, synodaulx à l'usage de Soyssons.

> Sans nul doute imprimés par Chaudière, dont on retrouve les quittances dans les comptes du diocèse de Soissons; seuls ces livres de liturgie ne se retrouvent pas dans le catalogue de Robert.

* Messelz, manuelz et graduelz à l'usage d'Autun.

> Jean Hygman a imprimé un missel pour ce diocèse en 1493, Henri Estienne en a imprimé deux en 1505 et 1518 et un bréviaire en 1508, Simon de Colines a imprimé un manuel en 1523.

* Messelz à l'usage de Bourges.

* Messelz à l'usage de Cambray.

> Henri Estienne en a donné deux en 1503 et en 1507.

* Bréviaires yver et esté, processionnaires à l'usage de Sens.

* Heures petites, messelz à l'usage de Chaalons.

> Robert Estienne possédait un missel imprimé sur parchemin, il en demandait 25 sols.

* Heures petites et heures gros traict, messelz petis et grans, graduelz, bréviaires notez ou antiphonielz à l'usage de Chartres.

    Henri Estienne a imprimé un missel pour ce diocèse en 1511.

* Journaulx, à l'usage de Fontevaulx.

    Henri Estienne a imprimé un missel et des offices en 1515.

* Messelz, heures gros traict à l'usage de Meaulx.

* Messelz à l'usage de Nevers.

* Messelz petis à l'usage de Poictiers.

    Jean Hygman a imprimé un missel en 1498.

* Heures gros traict, bréviaires yver et esté, à l'usage de Senlis.

    Il est très probable que beaucoup de ces éditions de livres liturgiques sont de Chaudière, pour qui elles étaient une sorte de spécialité, quelques unes peuvent provenir aussi du fonds de Jean Hygman.

ADDENDA

Brevissima maximeque compendiaria conficiendarum epistolarum formula, per D. Erasmum Roterodamum. *Parisiis,* apud *Simonem Colinæum*, 1526.

In-8º.

M. Vander Haeghen nous signale l'existence de cette édition à Tournai, elle nous avait échappé lors de notre passage dans cette ville.

TOURNAI.

C. Crispi || Salvstii Historici || Clarissimi || L. Sergij Catilinæ coniuratio, || Bellum Iugurthinum, || In M. T. Ciceronem inuectiua. || Ciceronis in Saluſtiū recriminatio. || Eiuſdē Ciceronis in Catilinā ora=||tiones ſeu inuectiuæ quatuor. || Porcij Latronis cōtra eundem Ca=||tilinam declamatio. || Fragmenta quædam ex libris hiſto||riarum C. Criſpi Saluſtij. || Cum alphabetico floſculorū Salu=||ſtianorum ab Huldericho Hut=||teno ſelectorum indice. || *Pariſijs,* apud *Simonē Colinæū.* || 1530 ||.

In-8º de 8 ff. non chiffr., 153 ff. chiffr. et 39 ff. non chiffr., sign. *, a-ʒ, & par 8; car. ital.; annotat. margin.

Les feuillets liminaires contiennent : *Ex Libris Petri Crini-*||*ti de hiſtoricis ac oratoribus Latinis,* || *Saluſtij annotatiunculæ.* ||; — *Rvrsvs Alia Salvst. Vi-*||*ta, Incerto Avthore.* ||; — *Fragmentvm Oratio-*||*nis Ciceronis pro M. Cælio, in quo mo-*||*res Catilinæ tanqʒ penicillo* || *exprimuntur.* || Les parties annoncées sur le titre commencent aux feuillets 1,

27 verso, 80 verso, 82 verso, 87, 117 verso et 133; le verso du dernier feuillet chiffré et les feuillets non chiffrés contiennent : *C. Crispi Salvstii Flores,* ‖ *feleĉti per Hulderichum Huttenum equitem.* ‖; il n'y a pas de souscription.

Simon de Colines avait déjà donné en 1523 une édition de Salluste qui ne contenait probablement pas les *Flores*, il en a donné deux autres en 1536 et en 1543 qui sont copiées sur la nôtre.

PÉRIGUEUX.

Vtilia Ad-‖modvm Ad Prædica-‖menta Ariftotelis fcholia, à Ioanne Arbo-‖reo Laudunēfi, ex eruditis authoribus fe-‖leĉta, & nuper commodè locupletata. ‖ *Parisiis* ‖ Apud *Simonem Colinæum.* ‖ 1533. ‖

In-8º de 92 ff. chiffr., sign. a-m; car. rom.; init. sur bois à fonds criblés; sur le titre est placée la marque du *Temps* nº 2 (page 108).

Le verso du titre est blanc, les feuillets 2 et 3 contiennent la préface : *Vnico Philofophorvm* ‖ *phœnici, viro fanĉtioribus facri eloquij ftu‖dijs addiĉtiffimo Iacobo Fabro Stapulenfi, Ioannes Arboreus Laudunas S.* ‖. Les scholies occupent tout le volume et se terminent par ces mots :

...*Finis.* ‖ *Anno Salutis humanæ. 1533. Menfe O-‖ĉtobri.* ‖

Le verso du dernier feuillet contient encore : *Caroli Gervaifii Cam-‖pani, doctiffimo viro Nicolao Goujet in* ‖ *commendationem Ioannis Arborei præce-‖ptoris fui diligentiffimi Carmen.* ‖

Nous empruntons cette description à Mlle Pellechet *(Mémoires de la Société Éduenne,* t. XVIII). Colines a donné deux autres éditions de ces commentaires en 1528 et en 1538.

AUTUN : *Bibl. du grand Séminaire.*

❧ Pavli Apo=‖ftoli Epiftolæ ‖ Ad Romanos ‖ Ad Corinthios II ‖ Ad Galatas ‖ Ad Ephefios ‖ Ad Philippenfes‖ Ad Coloffenfes ‖ Ad Theffalonicenfes II ‖ Ad Timotheum II ‖ Ad Titum ‖ Ad Philemonem ‖ Ad Hebræos.‖ ❧ Epiftolæ ‖ Catholicæ ‖ Iacôbi ‖ Petri II ‖ Ioannis III ‖ Iudæ. ‖ ❧ Apocaly=‖pfis Beati Ioan=‖nis. ‖ [1534].

In-16 de 193 ff. chiffr. et 23 ff. non cotés, sign. A-Z, Aa-Dd par 8, car. rom.; init. sur bois à fonds criblés; notes marginales. Le verso du titre est blanc, les feuillets 2 et 3 contiennent le catalogue de saint Jérôme, le dernier feuillet chiffré contient au verso la souscription :

☙ *Absolvtvm Est Hoc* ‖ *fanctiffimũ Iesv Chrifti* ‖ *faluatoris noftri Teftamentum* ‖ *nouum Parifiis, in officina* ‖ *Simonis Colinæi : Anno à* nati=‖uitate eiuſdem Chriſti Ie=‖ſv, triceſimoquarto ſupra ſeſ=‖quimille-ſimū, mēſe Februario. ‖

Les autres feuillets contiennent l'*Index* et la citation de Josué.

Cette seconde partie du nouveau testament fait suite aux évangiles de 1533.

VERDUN.

D. Eras. Roteroda-‖mi De Dvplici Copia, Verbo-‖rū, ac rerū, cōmentarij duo : adiectis ad mar-‖ginē Chiſtophori Hegendorphini ſcholijs. ‖ Eiuſdē de ratione ſtudij, deq̃ pueris inſtituēdis ‖ comentariolus, ad Petrū Viteriū gallum. ‖ Item eiuſdem de laudibus literariæ ſocietatis, ‖ Reipublicæ, ac Magiſtratuum vrbis Argen-‖tinæ, epiſtola plane Erasmica, hoc eſt, elegās, docta, & mire candida. ‖ *Parisiis* ‖ Apud *Simonem Colinæum*. ‖ 1534. ‖

In-8º de 136 ff. chiffr., 19 ff. non chiffr. et 1 f. bl., sign. a-v; car. rom.; annotat. margin.; init. sur bois à fonds criblés; sur le titre est placée la marque du *Temps* nº 2 (page 108).

C'est sur cette édition qu'a été copiée la suivante de 1536, elle contient la dédicace d'Érasme à Jean Colet, les deux traités, les pièces de vers à Sébastien Brandt, à ¦Sapidus et à Didymus, un avis : *Philippvs Melanchton* ‖ *Stvdiosis S.* ‖, la table et un autre avis : *Georgivs Maior Candi-*‖*do Lectori S.* ‖; il n'y a pas de souscription.

D'après la description donnée par Mlle Pellechet dans les *Mémoires de la Société Éduenne*, t. XVIII. Simon de Colines a donné plusieurs autres éditions de ce volume en 1522, 1528, 1530, 1536 et 1539.

AUTUN : *Bibl. du grand Séminaire.*

Lvcvlen-‖tissimi Ioan-‖nis Arborei Laudu‖nenſis in librum περὶ ἑρμηνείας Ariſtotelis cō‖mentarij. ‖ *Parisiis* ‖ Apud *Simonem Colinæū*. ‖ 1535. ‖

In-8º de 100 ff. chiffr., sign. a-n; car. rom.; init. sur bois à fonds criblés; le titre est placé dans un des deux encadrements *aux Lapins* ou *au Soleil*.

Le verso du titre est blanc, les feuillets 2 à 4 contiennent la dédicace : *Doctissimo Viro Magi-*‖*ſtro Claudio Roilletio, prudentiſſimo Mu-*‖*ſei Burgūdiani gymnaſiarchæ Ioannes Ar-*‖*boreus S. P. D.* ‖; les commentaires occupent le reste du volume et sont terminés par une épigramme *ad arborem,* jouant sur le nom d'Arboreus; il n'y a pas de souscription.

Nous empruntons la description à Mlle Pellechet *(Mémoires de la Société Éduenne,* t. XVIII). Colines à réimprimé les commentaires en 1542.

AUTUN : *Bibl. du grand Séminaire.*

La discipline d'Amour divine, ensemble la repetition de la Disciple. Auquel livre ou pourra apprendre à cognoistre Dieu, & à l'aymer parfaictement, comme aussi à se cognoistre soy-mesmes. A *Paris,* par *Simon de Coline{,* et par *Vincent Sertenas,* 1538.

In-8°.

Cité par Du Verdier (éd. de 1585, page 271). Il existe deux éditions antérieures données par Regnauld Chaudière en 1519 et en 1537, la nôtre se confond peut-être avec cette dernière.

P. Ovidii Na=‖sonis Amatoria. ‖ Heroidum Epiſtolæ. ‖ Auli Sabini, vt creditur, Epiſtolæ tres. ‖ Elegiarum libri tres. ‖ De arte amandi, libri tres. ‖ De remedio amoris, libri tres. ‖ In Ibin. ‖ Ad Liuiam, de morte Druſi. ‖ De Nuce. ‖ De medicamine faciei. ‖ Recens Accessere ‖ Fragmenta quædam ex Epigramma-‖tis Nasonis. ‖ Carmen ad Piſonem incerti authoris : ele= gantia ‖ tamen & eruditione iuxta nobile. ‖ *Parisiis* ‖ Apud *Simonem Colinæum.* ‖ 1541 ‖.

In-16 de 224 ff. chiffr., sign. A-Z, AA-EE par 8; car. ital.; init. sur bois à fonds criblés.

Les pièces contenues dans ce volume sont les mêmes que celles de l'édition de 1529.

MILAN : *Bibl. Ambrosienne.*

P. Ovidii ‖ Nasonis ‖ Fastorvm Lib. VI. ‖ Tristivm Lib. V. ‖ De Ponto Lib. IIII. ‖ *Parisiis* ‖ Apud *Simonem Colinæum.* ‖ 1541 ‖.

In-16 de 240 ff. mal chiffr. jusqu'à 230, sign. *a-{, aa-gg* par 8; car.

ital.; le titre, blanc au verso, est placé dans le petit encadrement reproduit page 347.

Le volume est terminé par : *Cla. Ptolemæi Inerran-||tium ſtellarum ſignificationes per Nicolaum || Leonicum è Græco tranſlatæ.* || et par : *Romanorvm Menses || in veteribus monimentis || Romæ reperti.* ||

Milan : *Bibl. Ambrosienne.*

P. Terentij Afri || Comici, Andria : Om||ni interpretationis genere, in ado||leſcentulorum gratiam facilior ef||fecta. Vt ex hac comœdia, omnes || deinde alias ab eodem Comico || conſcriptas, nullo negotio adſe=||quantur iuuenes bonarum litera=||rum ſtudioſi. || Addita eſt conſtructionis ratio, tum uulgaris, tum etiā || Latina : Item ſcholia, quæ ſelectiorum uocabulorum uim, || & bene latinarum locutionum formulas contineant; cum || Ciceronis & bonorum authorum ſermone conferant : cor=||ruptam ac uitiatam loquendi conſuetudinem emendent. || Cvm Privilegio. || *Parisiis.* || Apud *Simonem Colinæum,* & *Franciſcum Stephanum.* || 1541. ||

In-8º de 15 ff. non chiffr., 1 f. bl., 247 ff. chiffr. et 1 f. bl., sign. ✱, ✱✱, a-z, A-F par 8; car. rom. et ital.; init. sur bois à fonds criblés; annotat. marginales.

Les feuillets liminaires contiennent les pièces suivantes : *Volcatii Sedigiti De Comi=||cis Latinis Iambi.* ||, 13 vers latins; — *Carolvs Stephanvs* || *Amvso Svo S.* ||; — *Terentii Vita, Et De Tragœdia* || *ac Comœdia non pauca, ex Ælio Donato.* || — *Ælii Donati... Præfatio In An-||driam...;* — *Argvmentvm Eivsdem In* || *Eandem.* ||; — *Argvmentvm Philippi Melan=||chthonis In Andriam Terentii.* ||. Les feuillets chiffrés contiennent le texte de Térence accompagné de scholies copieuses avec la traduction française de toutes les locutions latines.

Il doit exister des commentaires semblables pour les cinq autres comédies de Térence, d'après une indication des Catalogues : *Terentius, cum latina et gallica interpretatione.*

Milan : *Bibl. Ambrosienne.*

Alcabitius, 1521.

La traduction française du traité d'Alcabice par Oronce Finé a été publiée à Paris chez Guillaume Cavellat à la suite d'une nouvelle édition des *Canons touchant les Almanachz,* en 1558.

Textus de sphæra Joannis de Sacrobosco, 1521.

Il y a une dixième édition, donnée par Henri Estienne et Wolfgang Hopyl en 1503.

Evangelium, 1523.

Le volume est signé a-z, &, A par 8, B par 4, C par 8.

J. Clichtovei et J. Fabri Stapulensis introductiones in terminos, 1526.

Entre la deuxième et la troisième introduction se trouve une petite pièce de 6 distiques latins : ℭ *Ioannes Bibaucius ad lectores.* ||

Galeni de nervis compendium, 1526.

Indiqué dans les Catalogues de 1546 et 1548 comme faisant suite à un autre traité de Galien : *Galeni dissectionis venarum arteriarumque commentarium.*

Lagreni rudimenta, 1526.

Un chapitre *de Pronomine* suit le chapitre *de Nomine*.

Vallæ de linguæ latinæ elegantia libri sex, 1532.

Nous avons donné la description de cette édition d'après un exemplaire incomplet, le volume doit contenir encore l'épilogue de Josse Bade précédé de la souscription suivante :
Hos Lingvæ Latinæ Elegantiarvm || *libros, præclara Vallæ monimenta, fuis typis, fummo* || *nifu, veterumque exemplarium accurata collatione, ex=*||*cudebat Simon Colinæus anno à Christo nato* || *1532, Menfe Iulio.* ||

Evangelium, 1533.

La seconde partie de cette édition du nouveau testament porte la date de 1534, nous en donnons la description plus haut (page 431).

Ciceronis Oratio pro Cælio, 1534.

Pour que le volume soit complet il faut qu'il ait encore un cahier de 4 feuillets, signé a, qui a été imprimé après coup, comme l'indique un avis : *Ioannes Tislinvs* || *Lectori S. P. D.* ||, il contient, outre cet avis, l'errata, l'index, imprimé sur 2 colonnes, 3 distiques latins : *Michael Parroivs Ad* || *Henricvm Dalbonvm* || *Præpositvm Sancti* || *Iohannis Apvd Lvg=*||*dvnenses.*|| et la date : 1534.

SIMON DE COLINES.

Aux exemplaires des éditions de Simon de Colines que nous avons rencontrés dans des bibliothèques publiques il faut ajouter les suivants :

1520. — Galeni de affectorum locorum notitia. — AVIGNON.
Montholonius, promptuarium divini juris. — PAU (1ᵉʳ vol.). — GENÈVE.
1521. — Alcabitii isagoge. — ALBI. — CAMBRAI. — MARSEILLE. — FLORENCE : *Bibl. Nat.*
Philosophiæ naturalis paraphrases. — ALBI. — LAON.
Clichtovei elucidatorium ecclesiasticum. — AUTUN : *Bibl. du grand Séminaire.* — LYON.
Guil. de Mara, de tribus fugiendis. — LE MANS.
De memorabilibus et claris mulieribus. — AUTUN : *Bibl. du grand Séminaire.* — NICE. — SAINT-BRIEUC.
Simeon, in gesta sancti Nicolai. — ALBI. — AUTUN : *Bibl. du grand Séminaire.* — VALENCE.
1522. — Actuarius, de urinis. — MARSEILLE.
Divi Benedicti regula. — MELUN.
Briçonnet, alter sermo synodalis. — AUTUN : *Bibl. du grand Séminaire.*
Fabri et Clichtovei in libros arithmeticos Boetii introductio. — AVIGNON.
Melanchthon, compendiaria dialectices ratio. — LYON.
1523. — Evangelium. — PARIS : *Bibl. Société de l'Histoire du protestantisme français.*
1524. — Aristotelis problemata. — ÉPINAL. — PAU. — LONDRES : *Brit. Mus.*
Aristotelis historia animalium. — AUTUN : *Bibl. du grand Séminaire.*
Clichtovei antilutherus. — AUTUN : *Bibl. du grand Séminaire.*
1525. — Ciceronis orationum volumen secundum. — PAU.
Erasmi querimonia pacis. — TOURNAI.
1526. — Clichtovei propugnaculum ecclesiæ. — AVIGNON. — AUTUN : *Bibl. du grand Séminaire.*
Clichtovei et Fabri introductiones in terminos. — AVIGNON. — GENÈVE.
Clichtoveus, de sacramento eucharistiæ. — AUTUN : *Bibl. du grand Séminaire.*
Erasmi commentarius in nucem Ovidii. — AVIGNON. — LONDRES : *Brit. Mus.*
Fernelii monalosphærium. — PARIS : *Bibl. Fac. de Médecine.* — CAMBRAI. — MONTPELLIER. — NICE.
Joannis Martini Silicei arithmetica. — AVIGNON.
Sarzosi in æquatorem planetarum. — PARIS : *Bibl. Mazarine.* — ALBI — AVIGNON.
1527. — Erasmi de conscribendis epistolis opus. — PARIS : *Bibl. Nat.* — AVIGNON.
De octo orationis partium constructione libellus. — TOURNAI.
Vallæ elegantiarum libri sex. — LE MANS. — FLORENCE : *Bibl. Nat.*
1528. — Themistii in libros Aristotelis commentaria. — AVIGNON. — ÉPINAL.
Brucherius, in septem sapientum Græciæ apophthegmata. — TOURNAI.
Cerrati de virginitate libri. — MARSEILLE.
Fernelii de proportionibus libri. — NANCY.
Galeni opus de usu partium. — ALBI.
Galeni de differentiis et causis symptomatum libri. — NANCY.
1529. — Agricola, de inventione dialectica. — AUTUN : *Bibl. du grand Séminaire.*
Catullus, Tibullus, Propertius. — AVIGNON.
Ciceronis rhetoricorum libri. — AVIGNON.
Clichtovei compendium veritatum. — CAMBRAI.
Herodianus. — PÉRIGUEUX.

1530. — Aristotelis rhetoricorum libri. — VALENCE.
Aristotelis ethicorum libri. — AVIGNON.
Aristotelis parva moralia. — AVIGNON. — LE MANS. — LYON.
Caruajalus, dulcoratio amarulentiarum Erasmicæ responsionis. — TOURNAI.
Claudiani opuscula. — AIX. — LE MANS. — PAU.
Fenestella et Pomponius Lætus. — LYON.
Galeni de alimentorum facultatibus libri. — ALBI.
Galeni de simplicium medicamentorum facultatibus libri. — AVIGNON. — NICE. — VALENCE.
Murmellii tabulæ. — TOURNAI.
Nicolai Leonici Thomæi opuscula. — LYON.
1531. — Aristotelis philosophiæ naturalis paraphrases. — PONTOISE.
Aristotelis logica. — TARBES.
Libri prophetarum. — LYON.
Libri Machabæorum. — LYON.
Diodorus Siculus. — ALBI. — CAMBRAI.
Quintiliani epitome. — AUTUN : Bibl. du grand Séminaire.
Silius Italicus. — TOURNAI.
Terentianus Maurus. — ALBI. — TOURNAI.
1532. — Æginetæ opus de re medica. — PAU.
Pentateuchus Moysi. — LYON.
Roberti Britanni de parsimonia libellus. — PAU.
1533. — Arborei in dialectica elementa introductio. — AUTUN : Bibl. du grand Séminaire.
Arborei scholia in Porphyrium de quinque vocibus. — AUTUN : Bibl. du grand Séminaire.
Evangelium. — VERDUN.
Blondus Flavius. — PÉRIGUEUX. — TOURS.
Galeni de causis respirationis libellus. — GENÈVE.
Horatii odæ. — CAMBRAI.
Horatii epistolæ. — CAMBRAI.
Quintus Curtius. — GOTTINGUE. — LEYDE.
Serenus Sammonicus, de medicina. — PAU.
1534. — Ciceronis oratio pro Cælio. — PARIS : Bibl. Nat.
Novum testamentum. — VERDUN.
Sacrobosco, textus de sphæra. — PAU.
Visorii ad dialectices candidatos methodus. — PARIS : Bibl. Mazarine.
1535. — In politica Aristotelis Fabri introductio. — ALBI. — MILAN : Bibl. Ambrosienne.
Fenestella et Pomponius Lætus. — AUTUN : Bibl. du grand Séminaire.
Foresti, supplementum chronicorum. — AUTUN : Bibl. du grand Séminaire. — LE MANS.
Suetonius. — TOURS.
1536. — Apuleii metamorphoseos. — MILAN : Bibl. Ambrosienne.
Arborei in dialectica elementa introductio. — AUTUN : Bibl. du grand Séminaire.
Perronii oratio de laudibus Dionysii Briconeti. — LE MANS.
Ruellius, de natura stirpium. — TOURNAI.
1537. — Arborei in ecclesiasticen commentarii. — AUTUN : Bibl. du grand Séminaire. — MILAN : Bibl. Ambrosienne.
Villanovanus, syruporum universa ratio. — PARIS : Bibl. Société de l'Histoire du protestantisme français.
1538. — Agricola, de inventione dialectica. — TOURNAI.
Catonis disticha. — LOUVAIN : Bibl. Univ.

        C. Stephani sylva, frutetum, collis. — Milan : *Bibl. Ambrosienne.*
1539. — Erasmus in nucem Ovidii. — Gottingue. — Louvain : *Bibl. Univ.*
        Herodianus. — Pau.
        Trium poetarum opuscula. — Montpellier.
1540. — Ciceronis in Arati phænomena. — Milan : *Bibl. Ambrosienne.*
        Arborei theosophia. — Milan : *Bibl. Ambrosienne.*
        Erasmi parabolæ sive similia. — La Haye. — Rotterdam.
        Ant. Gallus, de ligno sancto. — Le Mans.
        Ex Platonis Timæo particula. — Milan : *Bibl. Ambrosienne.*
1541. — Ovidii metamorphoseon. — Milan : *Bibl. Ambrosienne.*
        Genesii Sepulvedæ opera. — Paris : *Bib. Nat.*
1543. — Quintus Curtius. — Leyde : *Bibl. Univ.*
1544. — Orontii Finæi quadratura circuli. — Montpellier.
        Orontii Finæi in Euclidis elementa demonstrationes. — Montpellier.

BIOGRAPHIE

Jean Hygman, imprimeur originaire d'Allemagne, où il avait sans doute appris son art, vint s'établir à Paris en 1484; il exerça jusqu'à sa mort, en 1498, et donna de nombreuses impressions généralement estimées pour leur belle exécution, ce sont surtout des livres de liturgie; il était, quoique étranger, messager de l'Université et qualifié bourgeois de Paris. Dans les dernières années de sa vie, il s'associa avec Wolfgang Hopyl, imprimeur venu aussi d'Allemagne, qui lui succéda. Hopyl, à son tour, prit en 1502 pour associé Henri Estienne, premier du nom, qui devint le chef de l'illustre famille d'imprimeurs et de savants parisiens. Cette association ne fut pas de longue durée; Estienne était probablement depuis plusieurs années déjà dans la maison, car il avait épousé, dès 1500 ou 1501, la veuve de Jean Hygman et hérité du titre de messager de l'Université (1), il se sépara de Hopyl en 1503 et demeura

---

(1) Les *messagers* de l'Université de Paris étaient choisis parmi les bourgeois les plus notables pour servir de correspondants et de banquiers aux étudiants arrivant des provinces ou des pays étrangers, ils étaient assermentés et jouissaient de nombreuses immunités; il y avait un messager pour chaque diocèse, Hygman et Henri Estienne devaient être accrédités pour le diocèse de Soissons.

seul successeur de Hygman. C'est après lui que Simon de Colines prit, en 1520, la direction de cette imprimerie, déjà renommée, qui depuis trente-six ans n'avait cessé de mettre au jour des éditions recommandables tant par le fond que par la forme.

Colines ne faillit pas aux traditions de la maison; il s'entoura des hommes les plus érudits, imprima de très nombreux volumes en s'attachant toujours à la correction des textes, sans rien négliger pour y parvenir, et, au point de vue matériel, donna à ses livres une élégance inconnue jusqu'à lui. Son rôle dans l'évolution de l'imprimerie a été considérable, c'est à lui, à son élève Robert Estienne et un peu plus tard à Michel de Vascosan que l'on doit surtout l'introduction dans l'imprimerie parisienne des principales réformes que les Alde avaient apportées dans leur art à Venise : l'abandon des caractères gothiques, l'adoption de formats portatifs, l'impression de livres à bon marché pour les étudiants; c'est lui qui le premier suivit l'exemple des Alde en employant le caractère italique pour un grand nombre de ses éditions; c'est aussi lui qui fit exécuter à Paris le premier beau caractère grec accentué, plus de dix ans avant l'apparition du grec royal.

A sa mort, en 1546, l'imprimerie passa à Regnauld Chaudière, gendre de Jean Hygman, et à Claude Chaudière son fils; elle resta dans la même famille jusqu'au milieu du XVIIe siècle (1).

Colines a eu pour principal biographe Maittaire qui lui consacre une notice dans son *Historia typographorum aliquot parisiensium* (1717) et dans ses *Annales typographicæ* (1719-1725); ces deux ouvrages renferment une liste assez complète des éditions colinéennes, mais ne nous donnent aucun détail sur la vie de notre imprimeur; nous n'avons guère été plus

---

(1) Les imprimeurs et libraires de cette famille qui ont succédé à Claude Chaudière sont : Guillaume Ier, son fils, 1564-1601; Gilette Haste, veuve de Guillaume Ier, 1601-1610; Regnauld II, fils des précédents, 1604-1632; Guillaume II, fils de Regnauld II, 1618-1627; la veuve de Guillaume II, 1627; Pierre, second fils de Regnauld II, 1632-1648; Jean, fils de Pierre, qui s'établit à Bourges et y exerça de 1654 à 1661.

BIOGRAPHIE. 441

heureux que Maittaire dans nos recherches, et quelques documents des archives nationales et des archives de l'Hôtel-Dieu de Soissons, qui se rapportent surtout aux prédécesseurs de Colines, nous ont seuls fourni quelques renseignements sur sa vie privée.

La date de sa naissance n'est pas connue, mais on peut vraisemblablement la fixer entre les années 1470 et 1480, en le supposant à peu près du même âge que sa femme qui, comme nous le verrons, ne pouvait avoir moins de quarante ans lorsqu'elle l'épousa, en 1522 (1); quand il mourut, vingt-trois ou vingt-quatre ans plus tard, il était à peu près retiré des affaires et probablement d'un âge avancé. Nous ne connaissons pas son pays d'origine, un manuscrit conservé à la bibliothèque nationale, fonds français n° 22103, indique Gentilly-lès-Paris comme lieu de sa naissance et le *Dictionnaire des hommes illustres du département de la Somme*, en le réclamant pour l'un des siens, le fait naître à Pont-de-Colines, en Ponthieu; ces indications ne sont pas accompagnées de leurs sources, et comme nos recherches pour les confirmer n'ont pas donné de résultat, nous ne pouvons prendre parti pour l'une ni pour l'autre; nous le connaissons établi à Paris, et il n'avait pas l'habitude, assez constante pourtant à son époque, de faire suivre son nom de celui de sa ville natale.

C'est en 1520 que son nom apparaît pour la première fois dans un privilège qui lui fut accordé, le 2 octobre, pour l'impression du *Promptuarium divini juris* de Jean de Montholon, volume achevé quelques jours plus tard, le 25 octobre, et ne portant que le nom de Henri Estienne (2); le 12 décembre de la même année, un autre volume, *De vita et moribus sacerdotum*, de Josse Clichtove, porte le nom de Colines seul; la transmission de l'imprimerie, qui doit coïncider avec la mort de Henri Estienne, se fit donc entre le 24 juillet 1520, date du dernier volume au nom seul de Henri (3), et le 2 octobre; le

(1) Elle avait déjà deux enfants en 1498.
(2) Cheviller indique comme première édition donnée par Colines le *De regis officio*, de Josse Clichtove, imprimé en 1519, cette édition porte le seul nom de Henri Estienne.
(3) *Clichtovei introductiones in terminos*, in-4°.

Promptuarium, qui forme deux tomes in-folio de 836 et de 681 pages était achevé d'imprimer, à l'exception des premières et dernières feuilles, au moment où Colines prit la charge de l'imprimerie, et on laissa subsister sur les titres et dans la souscription le nom de celui qui l'avait exécuté. Nous retrouverons encore, le 7 mars 1521, après quatre volumes au nom de Colines, un ouvrage, *Logica Aristotelis*, dont la souscription porte : *ex officina Henrici Stephani et successoris ejus Simonis Colinæi*, et le 30 avril de la même année, après trois autres volumes au nom de Colines, l'*Elucidatorium ecclesiasticum* du même Clichtove, dont la souscription est conçue en termes identiques; comme le *Promptuarium*, ces deux volumes, de 544 et de 576 pages, devaient être en cours d'exécution au moment de la mort de Henri Estienne.

C'est là tout ce que nous savons des relations qui existèrent entre Estienne et Colines; on ne peut guère en déduire qu'ils aient été associés au début, comme les biographes le disent ordinairement; il semble plutôt que le nom de Colines ne parut que lorsque celui d'Estienne eût disparu; il n'est pourtant pas probable que Colines fût étranger à la maison lorsqu'il en prit la direction, peut-être y était-il employé à un titre quelconque ou entretenait-il avec Estienne des relations d'amitié ou d'affaires; il est possible aussi qu'Estienne ait eu recours à lui dans des moments de grands embarras pécuniaires, lorsque la perte d'une longue série de procès le força à payer, en 1517, quatorze années de fermages en retard pour les terres de Drachy et de Pisseleu qu'il tenait de sa femme; le mariage de Colines, quelques années plus tard, avec la veuve de Henri Estienne, semble venir à l'appui de cette supposition : il aura voulu réunir des intérêts différents, qu'il eût peut-être été difficile ou nuisible de séparer.

La veuve de Henri Estienne, veuve déjà de Jean Hygman, se nommait Guyone, elle avait eu de son premier mari une fille, Geneviève, qui épousa Regnauld Chaudière, imprimeur parisien, et un fils, Damien, qui devint à son tour libraire (1), ils

(1) Damien Hygman, qui écrivait son nom *Ichman*, était établi en

étaient tous deux mineurs en 1507; de son second mari elle avait trois fils, François, Robert et Charles Estienne. Son mariage avec Simon de Colines eut lieu en 1521 ou en 1522 car Robert Estienne, dans sa Réponse aux censures des Théologiens de Paris, parle de Colines comme étant son beau-père dès cette époque; les trois fils de Henri étaient encore fort jeunes, l'aîné ne devant pas avoir plus de vingt ans, et ce n'est pas un des moindres titres de gloire de leur beau-père que d'avoir su terminer l'éducation de ces jeunes gens qui devaient tous trois illustrer leur nom.

Par son mariage avec Guyone, Colines devint fermier des terres de Drachy et de Pisseleu que Jean Hygman avait prises à bail, pour 99 ans, le 20 avril 1495, jour de la Saint-Jean-Baptiste; le loyer était pour « la maison, cense, prés, boys, seigneurie, droiz, rentes, revenus, appartenances et appendances de Pisseleu-sur-Marne près Charli » de 68 livres tournois payables en deux termes, à Noël et à Pâques; la ferme de Drachy était située à quelques lieues de Meaux, nous n'en avons pas trouvé le bail. Ces terres étaient sans doute grevées car Hygman eut en peu de temps treize procès à soutenir pour en obtenir la jouissance et mourut sans avoir eu gain de cause. Henri Estienne, devenu à son tour fermier du chef de sa femme, s'était décidé, en 1507, à poursuivre le chapitre de l'église cathédrale de Soissons, de qui ces fermes dépendaient, pour l'obliger à terminer à ses frais les treize procès, à lui payer en dédommagement une somme de 1 000 livres tournois et à le faire jouir librement de son héritage dans l'avenir, il succomba une première fois par arrêt du 22 juin 1507 et une seconde fois, en appel, par arrêt du 14 août 1517 (1); nous ne

---

1520 rue Saint-Jacques à l'enseigne des quatre Éléments, il fit imprimer en cette année par Colines les Discours de Richard Croke (voyez page 6).

(1) Voici les premières lignes de cet arrêt :

« Cum in certa causa mota et pendente coram preposito nostro parisiensi, seu ejus locumtenente, inter *Henricum Stephanum*, universitatis parisiensis nuncium juratum, et *Guyonam ejus uxorem et perantea defuncti Johannis Hicqueman uxorem*, suis nominibus et tanquam *liberorum annis minorum dictorum defuncti et Guyonæ* gardiam burgensem habentes, actores, ex una parte... »

savons si la cause était bonne, en tous cas ses adversaires avaient jugé à propos de se concilier les juges et nous avons retrouvé, dans les comptes de l'Hôtel-Dieu de Soissons, les traces des dépenses qu'ils firent dans ce but : *Item pour une pièce de porc sanglée donnée au conseiller à Paris pour le procès Henry Estienne*, XXIV sols (1514); *Item pour quatre perdris et quatre begasses présentées à M. le conseiller Thibault, rapporteur du proscès contre Henry Estienne, payé pour chacune pièce 4 sous tournois*, XXV sols IV deniers parisis (1516-1517), le conseiller Thibault et le président reçurent encore six perdrix chacun. C'est par ces mêmes comptes que nous apprenons que Henri Estienne avait payé en 1516-1517, à la suite de sa condamnation, 8 livres 12 sols parisis dus pour le terme de Pâques 1503 et 303 livres parisis pour les arrérages des années 1504 et 1505, déduction faite de 20 écus soleil déjà payés en 1509. Simon de Colines, à son tour, dut plaider; il ne fut pas plus heureux que Henri car sa demande fut repoussée et il se vit condamner, le 29 avril 1534, par une sentence de Jean d'Estouteville, garde à la prévôté de Paris, à se conformer aux clauses du bail de Pisseleu (1).

Colines exerça de 1520 à 1525 dans les anciens locaux de Henri Estienne, rue Saint-Jean-de-Beauvais, près de l'école de droit; il eut probablement les trois fils de Henri Estienne comme auxiliaires pendant cette période, nous en sommes certain au moins pour Robert qui partagea ses travaux et eut bientôt la direction de l'imprimerie. Nous avons relevé pour ces six années 99 volumes portant le nom de Colines (2); la maison avait donc pris une très rapide extension car Henri Estienne, en dix-neuf ans, de 1502 à 1520, n'en avait imprimé, à notre connaissance, que 125 (127 en y comprenant les deux volumes de 1520 qui portent aussi le nom de Colines).

1) « Simon de Colines et sa femme paravant femme de maistre Jean Hicquemen, Regnauld Chauldière, sa femme et Damien Hicquemen, lesdictz Damien et femme dudict Chauldière héritiers dudict deffunct maistre Jehan Hicquemen... »

(2) 1520, 9 vol.; 1521, 17 vol.; 1522, 14 vol.; 1523, 24 vol.; 1524, 21 vol.; 1525, 14 vol.

Dans les premiers mois de 1526, entre le 17 février (nouveau style) et le 18 mai, il se sépara de son beau-fils et créa un nouvel établissement, dans la même rue, près du collège de Beauvais, à l'enseigne du Soleil d'or; il laissait la maison paternelle à Robert, qui l'exploita dès lors pour son propre compte, mais conservait la propriété de l'ancien fonds de ses prédécesseurs; il est facile de s'en rendre compte en comparant la liste des éditions de Henri Estienne avec celle des éditions de Robert et de Colines (1); tandis que Colines donnait un grand nombre de réimpressions des volumes édités par Henri, continuait les séries par lui commencées, et imprimait pour les mêmes auteurs, les Lefèvre d'Étaples, les Clichtove, les Briçonnet, Robert se donnait tout entier à un genre nouveau, n'éditant à ses débuts que des livres de pédagogie ou des classiques, adoptant presque uniformément l'in-octavo, et ne réimprimant aucun des volumes de son père. La division de l'atelier, dont Colines avait vraisemblablement emporté une partie du matériel, ne ralentit pas sa production : Robert, dès la première année, donnait au moins 12 volumes, Colines, de son côté, en imprimait 25.

Jusqu'en 1539 l'établissement du Soleil d'or est en pleine production; le nombre des volumes au nom de Colines est considérable pendant ces quatorze années, nous en avons porté 434 sur notre liste (2); les presses dont il disposait étaient même insuffisantes car, de 1529 à 1531, il se vit obligé, pour bon nombre de ses impressions, de s'adresser à un imprimeur voisin, Louis Blaubloom (en latin Cyaneus, traduction de son nom flamand *bluet*), originaire de Gand, qui avait une nombreuse clientèle de libraires et imprimait peu pour lui-même; les volumes qu'il fit pour Colines sont identiques par les

---

(1) On trouvera dans l'*Histoire de la famille des Estienne et de leurs éditions*, par Ant.-Aug. Renouard, in-8°, 1843, les listes des éditions de Henri et de Robert et leur biographie; les listes pourraient être complétées aujourd'hui par un assez grand nombre de volumes dont l'existence a été signalée depuis 1843.

(2) 1526, 25 vol.; 1527, 19 vol.; 1528, 43 vol.; 1529, 28 vol.; 1530, 43 vol.; 1531, 33 vol.; 1532, 27 vol.; 1533, 36 vol.; 1534, 35 vol.; 1535 37 vol.; 1536, 21 vol.; 1537, 26 vol.; 1538, 25 vol.; 1539, 36 vol.

caractères, les initiales, les encadrements et les marques à ceux que Colines imprimait, et c'est par la souscription seule qu'on peut les distinguer. De 1537 à 1543, Colines mit ses ateliers à la disposition de son beau-fils François Estienne, pour l'impression d'un assez grand nombre de volumes. François Estienne qui était libraire sans être imprimeur, bien qu'il portât le titre d'imprimeur et de libraire juré, fit aussi faire quelques impressions à son frère Robert, mais le plus grand nombre sort des presses de Colines (1), ces volumes portent ordinairement le nom de Colines dans leur souscription avec la mention que l'impression était faite pour François, quelques-uns ont les deux noms de Colines et de François sur leurs titres et la marque de l'un ou de l'autre, ce qui laisse supposer qu'il y eut association entre eux, au moins pour le débit d'un certain nombre d'éditions; ainsi, dans l'exemplaire du Térence de 1539-1542, conservé à la bibliothèque nationale, qui forme 5 parties, il y a des parties au nom seul de François avec sa marque, d'autres à celui de Colines seul avec sa marque, d'autres enfin à leurs deux noms avec la marque du *Temps;* il s'agit sans aucun doute d'une édition partagée dont on pourrait former des exemplaires portant une firme unique.

En 1538 ou 1539, une importante modification s'opéra dans l'établissement de Simon de Colines; les deux seuls volumes sur lesquels nous trouverons dorénavant son adresse, deux éditions de la *Raison d'architecture antique* de 1539 et de 1542, portent : *Imprimé par Simon de Colines demeurant à Paris en la grand'rue Saint-Marcel, à l'enseigne des quatre évangélistes.* Colines avait donc abandonné la maison de la rue Saint-

(1) A.-A. Renouard, *loc. cit.*, donne la liste des volumes au nom de François Estienne, on doit la compléter avec les suivants : 1538, *Naturæ adverbiorum*, in-8°. — 1541, *Dicta sapientum Græciæ*, in-8°; *De recta latini sermonis pronuntiatione*, in-8°; *Terentius. Andria*, in-4°. — 1542, *Dicta sapientum Græciæ*, in-8°; *Terentius, Phormio, Eunuchus, Heautontimorumenos*, in-4°. — 1543, *Meditationes in artem grammaticam*, in-4°; *De moribus et vitæ institutione præcepta*, in-8°; *Patelinus*, in-8°. — 1547, *Disticha de moribus*, in-8°; *Titelmannus, compendium naturalis philosophiæ*, in-8°. Nous avons décrit plus haut ceux qui ont été imprimés par Colines (voyez l'index des libraires et des imprimeurs) et quelques-uns de ceux qu'a imprimés Robert Estienne (pages 293, 294 et 348).

Jean-de-Beauvais où nous trouvons Regnauld Chaudière établi et donnant des éditions dont les titres portent : *in ædibus Simonis Colinæi, sub sole aureo*. Chaudière, s'il avait repris la librairie, n'avait pas pris l'imprimerie et ses éditions étaient imprimées quelquefois par Colines, mais souvent aussi par d'autres imprimeurs ; c'est ainsi que certains volumes, comme le traité sur les poudres médicinales de Nicolas le Grand, ne sont imprimés ni par Simon de Colines ni pour lui, mais pourtant portent son nom. Un arrangement de famille, dont les termes sont assez obscurs, sera intervenu, probablement à l'époque de la mort de Guyone. Colines ne cessa ni d'imprimer ni de publier et ses livres portent simplement *apud Simonem Colinæum;* on ne peut supposer que le public était laissé dans la nécessité de distinguer entre cette suscription et celle qu'employait Chaudière : *in ædibus Simonis Colinæi,* pour savoir s'il devait s'adresser rue Saint-Jean-de-Beauvais ou grand'rue Saint-Marcel ; il faut donc admettre que les éditions de Colines et celles de Regnauld Chaudière se débitaient simultanément au Soleil d'or, mais que chacun d'eux les exécutait séparément pour son propre compte.

L'obscurité qui plane sur cette période de la vie de Colines est encore accrue par l'existence de trois volumes, imprimés en 1539 et en 1542, qui portent le nom de Symon Colinet ou Collinet, libraire établi au Palais dans la galerie qui menait à la chancellerie ; ils sont ornés d'une marque absolument différente de celles qu'employait Colines (page 305) avec une autre devise que la sienne. Les bibliographes qui ont cité ces volumes les lui ont cependant attribués sans hésitation. On sait que les différentes galeries du Palais, notamment la galerie *par où on va à la chapelle où l'on chante la messe de Messieurs les présidents* et la galerie *par où on va à la chancellerie*, étaient encombrées, à chaque pilier, d'échoppes de libraires, dont quelques-unes n'étaient que des succursales d'établissements situés en ville ; on pourrait donc penser que, comme plusieurs de ses confrères, Colines y avait établi une échoppe pour vendre ses éditions et que le nom de Colinet qu'il y prenait était celui sous lequel le public traduisait son nom latin. Il est difficile d'admettre cette opinion; les trois volumes, *Les triumphes de la noble dame* par Jean Bouchet, de 1539, la *Cronicque* de Philippe de Commines, de 1539, *Le très excellent et sainct mystère du vieil testament*, de 1542, ne sortent pas de ses presses; ce sont des éditions partagées entre de nombreux libraires, Oudin et Jean Petit, Denys Janot, Vincent Sertenas, Jean Longis, Arnoul et Charles Langelier, Estienne Hervault, Alain Lotrian, Félix Guybert, Galliot du Pré, François Regnault, Guillaume Le Bret et Vivant Gaulterot; on ne voit pas l'intérêt que Colines aurait eu à posséder une boutique spécialement destinée au débit de volumes à la fabrication desquels il n'avait pas participé, car s'il avait dû y vendre ses propres éditions, il aurait aussi mentionné sur leurs titres son adresse au palais comme le faisaient ceux des libraires qui n'y avaient qu'une succursale (1); enfin, pourquoi aurait-il adopté, pour ces volumes étrangers, une marque spéciale, grossièrement gravée, qui ne rappelle en rien celle des *Lapins* ou celles du *Temps*, et une nouvelle devise : *Omni tempore diligit qui amicus est*. Notre conviction est qu'il faut voir dans Symon Colinet une autre personne que Simon de Colines, peut-être un parent, peut-être même un fils qui aurait ajouté, pour se distinguer de son père, un diminutif à son nom (2).

Il est infiniment probable que l'on pourra rencontrer au nom de Symon Colinet des exemplaires d'autres éditions françaises qui ont été partagées entre les mêmes libraires de 1539 à 1542, *le grand Olympe des histoires poétiques* d'Ovide, *l'honnête Volupté* de Platine, *le grand Térence en français*, *les Ordonnances royaux* en 1539, *les Annales d'Aquitaine* de

---

(1) D'après Maittaire il y aurait des exemplaires du *Praxis criminis persequendi* de 1541, dont la souscription porterait : *Apud Simonem Colinæum, Arnoldum et Carolum les Angelliers, ad primam et secundam columnas positas juxta sacellum præsidum*, les deux échoppes des frères l'Angelier étaient placées au pied de la première et de la deuxième colonne de la galerie, l'adresse ne se rapporte donc pas à Colines.

(2) La Croix du Maine, qui était presque un contemporain, écrit toujours, au lieu de *Colines*, *Colinez* et quelque fois *Colinez ou Colinet*, ce qui semblerait indiquer que la prononciation du nom latin l'avait emporté sur la prononciation française.

BIOGRAPHIE.   449

Bouchet, *le bon Mesnager* de Pierre des Crescens en 1540, *le Caméron* de Boccace, *les Triumphes de la noble dame* et *les anciennes et modernes Généalogies des Roys de France* de Jean Bouchet en 1541, *la Célestine* en 1542.

Dans les dernières années de sa carrière, il semble que Colines se retirait peu à peu des affaires et se déchargeait tantôt du soin de la vente de ses volumes, et tantôt de leur exécution; plusieurs éditions imprimées par lui portent sur leurs titres à côté de son nom celui de Galliot du Pré, d'Arnould et Charles les Angeliers, de Jean Engellier de Bourges, de Jean de Roigny, d'autres sont imprimées pour lui par Louis Tiletan et Adam Saulnier, d'autres enfin sont exécutées aux frais de Simon Billequo ou de Regnauld Chaudière, sans parler de celles qu'il fit pour François Estienne. Claude Chaudière, le petit-fils de sa femme, était alors chargé de la direction de l'imprimerie comme l'avait été autrefois Robert Estienne, il s'occupa spécialement de l'édition des épîtres familières de Cicéron qu'il fit précéder d'une épître au lecteur. De 1540 à 1546, nous rencontrons encore 187 volumes au nom de Colines, ce qui, avec ses impressions antérieures et les volumes non datés, donne un total de 734 volumes en 27 ans (1); ce nombre est certainement inférieur au nombre réel de ses impressions, beaucoup d'entre elles ont dû nous échapper, comme le prouve la liste des éditions portées aux catalogues de 1546 et de 1548 dans laquelle une cinquantaine de volumes paraissent encore devoir être attribués à Colines (voyez pages 424 et ss.).

Colines mourut en 1546; un avis placé, en latin ou en français, en tête de plusieurs éditions données par les Chaudière en cette année nous l'apprend (2) :

(1) 1540, 36 vol.; 1541, 26 vol.; 1542, 34 vol.; 1543, 48 vol.; 1544, 23 vol.; 1545, 18 vol.; 1546, 2 vol.; sans date, 14 vol.

(2) En 1546, outre les deux volumes au nom de Colines, la *Dissection* de Ch. Estienne et les *Opuscula* de Galien, il sortit encore de l'imprimerie plusieurs éditions au nom des Chaudière : *Libri vænales* (p. 432); *Despauterii rudimenta; Miʒaldi phænomena, sive aeriæ ephemerides; Principia elementaria; Les principes et premiers éléments de la langue latine; La manière de tourner en langue française les verbes actifs; Lettre du roi de Portugal; Brosserius, philosophiæ epitome; Acta concilii Tridentini.*

Claude Chaudière au lecteur.

Ami lecteur, lorsque Simon de Colines par séparation du corps et de l'ame passa de ce monde mortel a immortalité, il laissa plusieurs hoirs; entre lesquels sont les Chaudieres. A iceulx Chaudieres par succession hereditaire sont escheuz et advenuz les characteres, lettres et autres ustensiles de l'imprimerie d'icelluy, ensemble la marque du Temps portant la faulx que ledict de Colines apposoit coustumièrement au commencement de ses liures. Or donc tous liures qui doresenauant sortiront en lumiere de l'officine ou Imprimerie des susdicts Chaudieres, saches Lecteur, qu'ils sont imprimez des mesmes characteres desquels usoit ledict de Colines. Et pour l'aduenir, sois seur qu'on s'efforcera tellement satisfaire a tes desirs que l'elegance et beaulté des susdictz characteres sera tousiours accompaignee de bonne et entiere correction. Voila le point que nous auons voulu te faire briefuement entendre et scauoir.

Tout avec le temps.

Parmi les nombreux héritiers dont il est question devaient figurer au même titre que les Chaudière, Damien Hygman, François, Robert et Charles Estienne (1); Robert Estienne et les Chaudière donnèrent, après le partage de la succession, des catalogues des livres provenant du fonds de Colines et de Henri Estienne; les titres de volumes et les prix marqués sont les mêmes chez Robert et chez les Chaudière.

Comme ses héritiers sont les enfants de sa femme, il est probable que Colines ne laissa pas de postérité. Plusieurs auteurs, se basant sur les souscriptions des volumes imprimés pour François Estienne : *Excudebat Simon Colinæus Francisco Stephano ejus vitrico,* ont écrit qu'il avait eu une fille, mariée à François Estienne, il ne faut voir là, sans doute, qu'une mauvaise interprétation du mot *vitricus*, qui a le double sens de beau-fils ou de gendre.

L'établissement de Colines continua à fonctionner sous la direction des deux Chaudière jusqu'en 1551, Claude se sépara alors de son père, et, emportant une partie du matériel, alla s'établir à Reims qui ne possédait pas encore d'imprimerie;

---

(1) Un Nouveau testament publié en 1550 porte sur le titre : *Apud hæredes Simonis Colinæi.*

il y exerça jusqu'en 1557 puis revint à Paris où il reprit l'établissement de son grand-père (1).

Nous n'avons, comme on a pu s'en rendre compte, donné que peu de renseignements sur la vie privée de Simon de Colines, nous ne pouvons ajouter à ce que nous venons d'exposer qu'un seul document, une petite pièce de vers latins insérée par Hubert Susanneau dans le troisième livre de son recueil intitulé : *Ludorum libri*, publié en 1538 :

Ad Simonem Colinæum.

Colinæe tuis cognomen moribus aptum
    Refers, decusque nobile
Mente agitas, et jam te animis cælestibus addis,
    Relevando inopiam pauperum,
Divitias è thesauro dum promis in illos
    Tuo, novum in cælo extruis,
Et tibi concilias Christum, Christique parentem.
    Paras ad hæc amiculos,
Non illos certè fucosos : infimus Orbis
    Qualeis alit, ad fæcem cadis
Siccatis fugientes. Te sitienter amici
    Stabiles tui expectant Jovis
In templo : quo fata velint te sero redire,
    Sororum idoneum novem
Inventis : quæ venturum transmittis in ævum
    Pulcherrimis typis. Deus
More tuo reliquam faxit traducere vitam,
    Suisque donis impleat.

Hubert Susanneau, dont la plume était infatigable et qui écrivit de nombreux volumes sur des sujets très différents, était un familier, peut-être même un collaborateur de Colines; il trouva moyen, de 1531 à 1544, et surtout dans les trois dernières années, de placer quelques poésies dans les pièces liminaires de plus de 24 volumes édités par Colines; en 1543,

(1) Voyez : A. Claudin, *Origines de l'imprimerie à Reims*. Paris, Claudin, 1891. M. Claudin n'a vu dans Claude Chaudière qu'un neveu de Simon de Colines.

par exemple, nous avons relevé dans 13 volumes, au moins un distique de Susanneau (1).

Il nous reste à examiner l'œuvre de Colines comme imprimeur, comme graveur, et comme savant.

Comme imprimeur, la longue liste des éditions qui précède cette notice nous dispensera d'en dire bien long. Pendant les premières années de sa carrière, il poursuivit surtout l'œuvre de son prédécesseur, réimprimant les volumes épuisés du fonds de Henri Estienne et continuant les séries par lui commencées de philosophie, de théologie, de médecine, de mathématiques; mais à côté de ces éditions, on en rencontre d'autres, dès le début, qui se ressentent de l'évolution générale des esprits et de la tendance nouvelle à la divulgation des sciences; le volume bon marché et portatif destiné aux écoliers et aux étudiants était alors à peu près inconnu, Colines est un des

(1) Henri Estienne a indiqué quelquefois à la fin de ses volumes le nom des correcteurs chargés de l'édition, Colines n'a pas suivi son exemple; aussi ne connaissons-nous de ses collaborateurs que Robert Estienne et Claude Chaudière; nous savons cependant qu'il avait un correcteur nommé Thomas, auteur d'un distique inséré dans la *Grammatographia :*

Thomas Chalcographus ad lectores.
*Parcite Chalcographis, si paucula menda reperta est
Non est mos nullam linquere Chalcographis.*

Jean Faciot, dans ses *Hendecasyllaborum libri* imprimés par Colines en 1538 nous donne les noms de deux autres correcteurs de l'imprimerie

*Valete Hendecasyllabum libri
Valete Hendecasyllabum patroni
Simon cujus ope ac labore multo
Cujus ære typisque lux perennis
Data est Hendecasyllabum quadrigæ
(Quadrigam voco quattuor libellos)
Æternum valeas. Stupo et Besarde
Nævos tergere queis datur librorum,
Prætermittere syllabam nec ullam
Nullam invertere litteram, nec ullum
Punctum omittere, quo juvetur ipse
Lector, cura quibus, simul valete.*

Nous savons par une petite pièce de Susanneau que Martin Bésard corrigea le Lucain de 1543.

premiers qui suivit l'exemple des Alde et en entreprit la publication ; il commença par les traités d'Érasme, les textes de Cicéron, l'Écriture sainte divisée en 7 volumes de tout petit format ; et, peu à peu, la majeure partie de ses impressions consiste en livres de pédagogie et de morale à l'usage des enfants ou des étudiants, et en textes classiques soigneusement revisés ; le format des livres suit la même évolution, l'in-folio fait place à l'in-quarto, l'in-octavo et l'in-seize, très rarement employés jusque-là, deviennent fréquents (1). Le rôle de Colines, à ce point de vue, ne saurait passer inaperçu, c'est avec lui que le livre cesse d'être l'apanage du riche, le lourd meuble fixé par une chaîne aux pupitres des bibliothèques. Il avait peut-être succédé à Henri Estienne comme messager de l'Université et ses rapports constants avec les étudiants l'auront incité à travailler presque exclusivement pour eux ; il fallait que chaque écolier pût avoir entre les mains les textes des auteurs anciens et des savants contemporains, leur bourse était pourtant légère et l'époque n'était pas éloignée où les élèves du collège Montaigu parcouraient les rues en mendiant leur pain quotidien. Il suffit de jeter un coup d'œil sur la liste des volumes qui sont sortis de ses presses pour lui accorder une large part dans l'influence que l'imprimerie a exercée sur la renaissance des lettres au XVIe siècle.

Presque toutes les éditions de Colines portent sur leurs titres soit une de ses marques, soit un des huit encadrements qu'il fit spécialement exécuter pour orner ses volumes ; quelques titres portent des cadres provenant de l'illustration de ses livres d'heures, quelques autres sont ornés de gravures spécialement destinées à un ouvrage. Les marques dont il fit usage sont au nombre de deux : la première, la marque *aux Lapins* (page 15) est employée de 1520 à 1527, on la trouve encore en 1535 sur un seul volume ; elle porte le nom *S. de Colines* et les initiales S. D. C. ; les lapins, en vieux français *conils*, sont géné-

(1) Ces formats ne correspondent pas aux dimensions que nous leur donnons aujourd'hui ; le grand in-folio du XVIe siècle est à peu près notre in-folio écu, l'in-folio, notre in-8º colombier, l'in-4º, notre in-8º raisin, l'in-8º, notre in-16 double couronne, et l'in-16, notre in-32 raisin.

ralement considérés comme ayant été adoptés pour faire un jeu de mots sur le nom de Colines, cependant la maison était connue depuis longtemps sous cette enseigne des *lapins*, un volume imprimé en 1502 par Henri Estienne et Wolfgang Hopyl porte à la souscription : *venalis in officina cuniculorum juxta scholas decretorum* (1). La seconde marque, celle du *Temps*, qu'il a rendue surtout célèbre, *omnibus notissimus insignis*, a été gravée cinq fois, dans des dimensions toujours décroissantes et avec de notables différences dans le dessin, en 1526, 1528, 1538, 1544 et 1545 (2). Le Temps est représenté sous la forme allégorique qu'on lui prête ordinairement, un vieillard ailé, tenant une faux, accompagné du mot *Tempus* et de la devise : *Hanc aciem sola retundit virtus*, la vertu seule émousse cette lame; les Chaudière, qui ont employé cette marque après lui, l'ont fait reproduire à leur tour cinq ou six fois sous des formes un peu différentes.

Simon de Colines n'a pas employé indifféremment ses marques ou ses encadrements sur les titres de ses volumes; il s'en est servi pour distinguer les différentes séries dont il avait entrepris la publication. C'est un des traits les plus intéressants de son œuvre que cette division de ses éditions en catégories distinctes; il est, croyons-nous, le premier éditeur qui ait cherché à créer des collections, il est en tous cas le seul qui, au xvie siècle, ait compris la nécessité de les distinguer par un signe apparent sur le titre pour guider les acheteurs.

La première série que nous rencontrons est celle des ouvrages de philosophie : elle est, à quelques exceptions près, formée de volumes in-folio, ornés à partir de 1522, lorsque le titre ne le rendait pas impossible par sa trop grande étendue, d'un encadrement spécial, portant dans le haut les armes de l'Université de Paris, dans le bas, des lapins soutenant un écusson aux initiales S. D. C., et, sur les côtés, les portraits des six plus grands philosophes de l'antiquité, Aristote, Pythagore, Socrate, Platon, Cicéron, Sénèque (page 31); les nombreux ouvrages de cette

---

(1) *Faber et Clichtoveus, Artificialis introductio per modum epitomatis in decem libros ethicorum Aristotelis*, in-folio.

(2) Pages 104, 108, 298, 397 et 402.

catégorie sont presque exclusivement des commentaires sur les textes d'Aristote.

Dans le format in-folio, une autre série très importante est celle des ouvrages scientifiques; elle contient principalement les œuvres de Fernel et d'Oronce Finé; à partir de 1526, les titres sont ornés d'un très bel encadrement à entrelacs et à fond criblé, avec les armes de France, celles du dauphin et huit cartouches contenant des allégories et des personnages, l'astronomie, Ptolémée, la musique, Orphée, la géométrie, Euclide, l'arithmétique, Al Korismi (page 90); en 1536, apparaît un autre cadre avec des dauphins, la fleur de lys couronnée de François Ier et quatre allégories, la géométrie, l'astronomie, l'arithmétique et la musique, il n'est employé que pour les ouvrages d'Oronce Finé (page 263); enfin, en 1544, nous trouvons un nouvel encadrement, à fond criblé et à entrelacs, sans personnages. Il faut rattacher à cette série les cinq éditions du *Textus de sphæra* de Sacrobosco qui ont, sur leurs titres, des gravures spéciales (pages 23 et 101).

La troisième série des in-folio est celle des ouvrages de médecine; c'est la grande marque du *Temps* (page 104) qui figure sur les titres de ces volumes; cependant, en 1530 et en 1531, trois volumes sont ornés d'un grand encadrement à personnages (page 157); on y voit dans le haut le Christ guérissant le lépreux, dans le bas, une leçon d'anatomie avec de nombreux personnages, sur les côtés, les portraits d'Hippocrate, de Galien, de Paul d'Égine et d'Oribase, enfin deux médecins, en costumes du temps, surmontés des initiales S. C. et S. D. Ces initiales sont peut-être les premières lettres du nom de ces deux savants, mais on peut leur donner une toute autre signification et les traduire : *Simon Colinæus sculpsit et delineavit*, ou *Simon Colinæus sibi delineavit*, ou enfin, comme la croix de Lorraine se trouve dans la partie inférieure, *Simon Colinæus sculpsit, delineavit Torinus* ou bien encore *Simoni Colinæo sculpsit et delineavit Torinus;* malheureusement, il est impossible de trouver une raison qui plaide en faveur de l'une plutôt que de l'autre de ces interprétations, et par conséquent d'en déduire d'une façon certaine que Colines était réellement dessinateur ou graveur. Ce cadre ne figure que sur trois volumes, probablement parce qu'un accident sera survenu pendant le tirage du dernier. Simultanément Colines donnait deux autres séries d'ouvrages de médecine en in-quarto et en in-octavo, dont les titres portent aussi la marque du *Temps;* les œuvres de Galien en forment presque la totalité, quelques traités seulement sont dans le texte grec, les autres sont traduits en latin et accompagnés souvent de commentaires *ad medicinæ candidatos.* Il est probable que la haute direction de cette importante série avait été confiée par Colines à son beau-fils, Charles Estienne, qui devint professeur à la Faculté de médecine, et dont nous trouvons, en 1545 et en 1546, deux éditions, latine et française, d'un ouvrage fameux sur la dissection du corps humain; les traductions originales sont presque toutes de Jean Gonthier d'Andernach.

Les séries les plus importantes sont, dans le format in-octavo, celles des ouvrages de pédagogie et des classiques latins; les nombreuses réimpressions des volumes qui en font partie indiquent combien ils avaient de succès auprès des étudiants; de 1522 à 1528, ils sont ornés de l'encadrement aux *Lapins* (page 48), signé de la croix de Lorraine et portant, dans la partie inférieure, un écusson aux initiales S. D. C. soutenu par des lapins; à partir de 1528 et de 1529 l'encadrement *aux Lapins* est exclusivement réservé aux ouvrages de grammaire destinés aux enfants, et un nouvel encadrement *au Soleil* (page 141), signé aussi de la croix de Lorraine et rappelant par un soleil la nouvelle adresse de Colines, figure, sauf quelques exceptions, sur les titres des volumes destinés aux étudiants, tandis que la marque du *Temps* se trouve sur ceux des classiques latins. Il y a aussi dans les in-octavo une série assez importante de poètes latins contemporains.

Enfin, dans les in-seize, nous rencontrons une petite collection fort intéressante de classiques latins; un encadrement spécial (page 347), qui de 1533 à 1539 est employé sur des volumes de ce format sans attribution apparente, est réservé à cette série à partir de 1540, plusieurs volumes cependant ne le portent pas à cause de la trop grande étendue de leurs titres; cette petite collection est aujourd'hui très difficile à réunir bien que ne comptant qu'un nombre restreint de volumes (1).

Colines ne s'est pas borné à l'impression des volumes qui rentrent dans les séries que nous venons d'énumérer, il en a donné bien d'autres, de théologie, de droit, d'histoire contemporaine dont nous ne pouvons passer les titres en revue; on les trouvera en parcourant la liste des éditions ou la table des auteurs; nous devons nous contenter de signaler en passant les volumes les plus importants qui peuvent servir à nous éclairer sur son histoire.

En premier lieu nous signalerons les *Commentarii initiatorii in quatuor evangelia*, de Jacques Lefèvre d'Étaples, volume imprimé en 1522, dont la souscription est datée de Meaux (page 36). Le nom de cette ville sur un volume imprimé par Colines ne peut manquer de surprendre, l'expression : *impensis Simonis Colinæi*, qui diffère des formules ordinaires : *apud Simonem Colinæum, ex officina Simonis Colinæi, per Simonem Colinæum, excudebat Simon Colinæus*, permet de douter que l'impression ait été réellement faite par lui, il est pourtant constant que les caractères et les initiales ornées sont les siens; Auguste Bernard explique, dans son ouvrage sur Geofroy Tory, qu'un très petit matériel pouvait suffire à l'impression du volume, en ne montant à la fois que quelques feuilles, il suppose donc que Colines aura voulu permettre à Lefèvre, alors en résidence à Meaux près de l'évêque, Guillaume Briçonnet, de suivre de plus près l'impression de son volume, et qu'il lui aura fait établir une presse à l'évêché. Cette supposi-

(1) Elle se compose des volumes suivants :
Virgile, 1531 (?), 1538 ou 1542; opuscules 1545;
Martial, 1533, 1539, 1540 ou 1544;
Horace, 1540 ou 1543;
Ovide, 3 volumes, 1541;
Térence, 1541 ou 1544;
Juvénal, 1542;
Perse, 1542;
Cicéron, 8 volumes de 1343 à 1545 qu'on doit compléter avec 2 volumes imprimés par Robert Estienne en 1546 et 1547;
Catulle, Tibulle et Properce, 1543;
Valère-Maxime, 1543.

tion est très vraisemblable. Colines devait beaucoup à Lefèvre d'Étaples qui était son protecteur, comme il avait été celui de Henri Estienne, et qui, outre qu'il lui confiait l'impression de ses ouvrages et de ceux de Clichtove, le maintenait dans les faveurs des Briçonnet et des Guillard ; il aura pu ne pas reculer devant les dépenses et les inconvénients que devaient nécessairement lui causer cette succursale momentanée, peut-être même aura-t-il envoyé auprès de Lefèvre le jeune Robert Estienne chargé de diriger la fabrication du volume. Une autre supposition plus vraisemblable encore peut être faite : le volume aura été exécuté à Paris et, pour flatter à la fois Lefèvre et Briçonnet, Colines aura mis sur le livre le nom de la ville où il avait été écrit et corrigé. Quoi qu'il en soit, les *Commentarii* sont le seul volume connu qui porte le nom de Meaux au xvie siècle ; Deschamps, dans son *Dictionnaire de géographie ancienne et moderne à l'usage du libraire et de l'amateur de livres*, fait remonter le fonctionnement de la première presse locale aux dernières années du xviie siècle, et M. Claudin, qui a fait à ce sujet des recherches spéciales à Meaux, n'a trouvé, ni dans les archives de la ville ni dans celles de l'évêché, aucune trace d'une imprimerie passagère.

C'est en 1522 aussi que Colines fit paraître les premiers volumes de sa petite Bible in-16, dont les huit ou neuf parties qui se vendaient séparément ont été si fréquemment réimprimées ; l'idée de mettre l'Écriture sainte à la portée des bourses les plus modestes et de lui donner un format plus portatif que l'inévitable in-folio n'avait pas encore été mise à exécution ; ce fut Robert Estienne qui se chargea du soin de l'édition, il compulsa des manuscrits pour établir un texte correct et publia en 1522 les Épîtres de saint Paul et l'Apocalypse, en 1523 les Évangiles, les Actes et les Psaumes ; cette publication eut un immense succès auprès du public auquel elle était destinée, mais elle faillit coûter cher à ses éditeurs ; la Faculté de théologie, pour qui la vulgarisation des textes semblait dangereuse, poursuivit aussitôt Simon de Colines, l'accusant d'avoir altéré l'Écriture sainte en plusieurs endroits. Robert, fier de son œuvre et plein de l'assurance qu'il n'avait fait que restituer dans les textes sacrés des passages jusque-là mutilés ou mal interprétés, réclama pour lui seul toute la responsabilité et commença, à peine âgé de vingt ans, les longues disputes qu'il devait soutenir contre la Faculté jusqu'au jour où, poursuivi de plus près, il fut contraint de se réfugier à Genève. Dans sa défense, qu'il publia simultanément en latin et en français en 1552 (1), Robert rappelle en quelques mots les attaques que cette première publication lui valut :

« Ie me tay de ce qu'ils avoyent ja tenté l'an M.D.XXII, dit-il en parlant des docteurs en Sorbonne, quand le Nouveau testament fut imprimé en petite forme par mon beau-père Simon de Colines, qui le rendit bien net et correct et en belle lettre : (c'estoit alors une chose bien nouvelle, veu la malignité de ce temps la, que de trouver des liures de la saincte escripture corrects) et d'autant que j'avoye la charge de l'imprimerie, quelles tragédies esmeurent-ils contre moy? Ils crioyent deslors qu'il me falloit envoyer au feu, pource que j'imprimoye des livres si corrompus : car ils appeloyent corruption, tout ce qui estoit purifié de ceste bourbe commune, à laquelle ils estoyent accoustumés. Et lors je rendis tel compte de mon faict comme il appartenoit... »

Comment la querelle se termina-t-elle ? L'édition fut-elle supprimée ? Colines s'engagea-t-il seulement à en modifier le texte dans une prochaine impression ? Robert ne nous l'apprend pas, mais dès 1524, et avant que l'Ancien testament soit publié, nous trouvons une nouvelle édition du Nouveau testament donnée, cette fois, d'après le texte de saint Jérôme, et une nouvelle édition des Psaumes, soignée par Jacques Lefèvre. C'est le texte de saint Jérôme que Colines réimprima dans huit éditions successives, en 1525, 1528, 1529, 1531, 1533-34, 1535, 1538-39 et 1541-44; en 1532 il donna aussi la version d'Érasme. On voit comment cette tentative d'une Bible porta-

(1) *Les Censures des Théologiens de Paris, par lesquelles ils avoyent faulsement condamné les Bibles imprimées par Robert Estienne imprimeur du Roy : avec la réponse d'iceluy Robert Estienne, traduictes de latin en francois*, 1552. Cette défense a été réimprimée par A.-A. Renouard, dans l'*Histoire de la famille des Estienne*, et plus tard en facsimilé, à Genève, par Jules-Guillaume Fick (1866).

tive fut accueillie du public, de 1522 à 1534 nous avons rencontré dix éditions du Nouveau testament, cinq des Psaumes de David, cinq du Pentateuque, quatre du livre des Rois, quatre des Prophètes, quatre des Machabées et six des proverbes de Salomon (1); l'exemple de Colines fut d'ailleurs rapidement suivi et les éditions de la Bible en petit format ont été successivement données par plusieurs libraires.

Deux ans plus tard, Colines attira de nouveau sur lui la censure des théologiens à l'occasion de la première traduction française de la Bible, entreprise par Jacques Lefèvre d'Étaples qui lui en avait confié l'impression. Les premiers volumes, le Nouveau testament et les Psaumes, parurent en 1523; l'édition fut immédiatement épuisée, et, dès 1524, Colines réimprimait le Nouveau testament. Si la Faculté de théologie prenait ombrage d'une édition populaire de la Bible en latin, à plus forte raison devait-elle interdire une édition en français qui rendait l'Écriture sainte accessible aux moins savants; ne pouvant cette fois s'attaquer au texte lui-même elle condamna la préface que, sous le titre d'épître exhortatoire, Lefèvre adressait *à tous chrétiens et chrétiennes* et en défendit la vente par un arrêt du 28 août 1525; Lefèvre d'Étaples ne fut point inquiété, François Ier le protégeait, comme il protégea Robert Estienne contre les arrêts de la Faculté, et lui avait confié l'éducation de ses enfants; la publication fut achevée à l'étranger, à Bâle et à Anvers, en parties séparées, puis réunies à Anvers, en 1530, en un seul volume connu sous la dénomination de *Bible de Lempereur*, du nom de son imprimeur, Martin Lempereur.

Cette interdiction devait fatalement nuire aux intérêts de Colines, en le mettant dans l'impossibilité d'exploiter son privilège; nous avons cependant rencontré, sous la date de 1524, une troisième édition dont il existe deux sortes d'exemplaires, les uns portent le nom de Colines, quoique ne sortant certainement pas de son imprimerie, les épîtres exhortatoires ne s'y trouvent pas et la mention en est supprimée sur les titres, mais il manque à chacune des deux parties un premier cahier de 16 pages; dans les autres exemplaires, le titre a été réim-

---

(1) Voyez le détail de ces éditions successives page 34.

primé, l'épître est annoncée et s'y trouve en effet, tandis que tout nom d'imprimeur a disparu. Comment expliquer l'existence de cette édition, est-elle une contrefaçon des éditions de Colines, ou ne faut-il pas voir là, plutôt, une supercherie de sa part ? Ne voulant pas perdre le profit de son privilège, mais ne voulant pas non plus s'exposer encore une fois aux coups de la Faculté dont l'arrêt, s'il n'était pas encore officiellement rendu était sans doute déjà prévu, il aura chargé un imprimeur de ses confrères, probablement Antoine Couteau, dont nous croyons avoir reconnu les caractères, de réimprimer une troisième fois le Nouveau testament, et il aura scindé son édition en deux parties, l'une destinée à être vendue dans le ressort de la Faculté de théologie de Paris, sans les épîtres et avec son nom, et l'autre, contenant les épîtres, pouvant être vendue partout ailleurs; la précaution d'avoir fait imprimer en dehors de ses ateliers le mettait à l'abri de toute recherche ultérieure.

Une troisième fois, en 1527, la Faculté de théologie défendit la vente d'une de ses éditions ; il venait d'imprimer les Colloques d'Érasme qu'il avait tirés à 24 000 exemplaires, comme nous l'apprend Érasme dans une de ses lettres, lorsque la publication en fut interdite; il dut, pour épuiser son édition, supprimer son nom des titres et faire disparaître la souscription.

On pourrait reprocher à Simon de Colines de n'avoir pas eu le courage de certains de ses confrères, de Simon du Bois entre autres, d'Estienne Dolet ou de Robert Estienne, qui payèrent de leur vie ou de l'exil la tenacité de leurs opinions, mais nous ignorons quelles étaient ses convictions intimes et nous pensons que la responsabilité qu'il avait des intérêts de sa femme et de ses beaux-fils ne lui permettait pas de compromettre l'avenir de sa maison.

En 1528 apparaissent pour la première fois les deux beaux caractères qui ont surtout donné aux éditions de Colines leur réputation de belle exécution typographique, son italique et son grec. L'italique était en grande faveur à Venise où les Alde l'avaient adopté les premiers et en faisaient un usage fréquent dans leurs éditions, de Venise il avait pénétré à Lyon où il était employé par les contrefacteurs des éditions aldines. A Paris son usage était très rare et quelques imprimeurs seulement l'employaient pour les citations, la gravure en était lourde et défectueuse ; Colines fut le premier qui l'utilisa comme caractère de texte. Le même progrès était réalisé par l'exécution d'un nouveau grec accentué, il suffit de le comparer avec celui de Henri Estienne que Colines employait jusqu'à cette époque dans les passages grecs de ses éditions latines, pour apprécier la différence considérable du nouveau grec avec l'ancien ; Colines n'en fit pas usage longtemps, car dès que fut gravé le fameux *grec royal,* il abandonna le sien, comme très inférieur, et n'imprima plus aucun volume avec son grec. Le dessin et la gravure du grec et de l'italique sont excessivement soignés; la ligne et l'approche sont irréprochables ; on y sent la main d'un maître. La tradition veut que ce soit Colines lui-même qui les ait exécutés, soit comme dessinateur, soit comme graveur ; nous n'avons malheureusement trouvé aucun texte qui nous permette de l'affirmer, mais rien ne nous autorise à aller à l'encontre d'une tradition qui s'est perpétuée chez les biographes qui ont parlé de notre imprimeur et de ses types (1); Auguste Bernard, cependant, réclame pour Tory la gloire d'avoir gravé l'italique. Nous donnons en fac-similé les trois types du nouvel italique, et nous y ajoutons une page de *l'Orthographiæ et flexus dictionum græcarum apud Statium* de l'édition aldine, pour qu'on puisse la comparer à la même page de l'édition colinéenne. La supériorité du type de Colines y apparaît facilement, le caractère est beaucoup plus élégant et les principaux défauts ont disparu ; Colines, pas plus que les Alde, n'avait de lettres capitales italiques, mais il ne séparait pas ses capitales de la suite du mot, ce qui était d'un effet désagréable dans les éditions aldines. Avec ces deux pages on pourra faire aussi la comparaison des deux grecs, comparaison qui reste tout à l'avantage de celui de Colines.

(1) Lottin et le manuscrit de la bibliothèque nationale, fonds français n° 22103, disent simplement : « Il fut un des premiers qui s'adonna à tailler des poinçons et à frapper des matrices pour les caractères d'imprimerie. »

P.H. Sussannæus æquissimo
apud Parisiorū Luteciam
Proprætori Ioanni
Morino S. P. D.

Ondemnarer iniquita-
tis, Proprætor illustris
& iuste, non cuiusuis
quidem, sed summæ, ni-
si, quod in mea vnum
est potestate, tuam erga
me beneuolentiam, si non Rethoricè auge-
rem & ornarem, scriptis saltem insignem
vtcunq̃ facerem. Qui enim contra naturæ
studia sic obduruit, vt alterius in se merita
gloriatione indigna existimet, non ille pro-
fectò ingenuè & elegāter educatus est, sed
paulùm oppidò à beluis differt. Cùm itaque
admirabilis tuæ humanitatis memoria mo-
uerer, cogitans propter singularem scientiā,
virtutisq̃ opinionem ad honorē maximum

Page extraite de *Huberti Sussannæi ludorum libri*, 1538.

✿ ORTHOGRA-
PHIA DICTIONVM
GRAECARVM APVD
STATIVM.

a BASábantos á-
banta. ὁ ἄβας τ̄
ἄβαντος τὸν ἄ-
βαντα. λυγκίως καὶ
ὑπερμνήστρας ὑός. Lyn-
cei & Hypermnestræ fi
lius.
Abantiádes abantiáden. ὁ
ἀβαντιάδης τὸν ἀβαν-
τιάδην. ἄβαντος ὑός.
Abantis filius.
Abydenus na. num. ὁ ἀβυ-
δηνός. ἡ ἀβυδηνή. τ̄ ἀ-
βυδηνόν. ἀπὸ τῆς ἀβύ-
δου πόλεως ἐθνικὸν ὄνο-
μα. ab Abydo vrbe gen
tile nomen.
Acámas acámátos acáman
ta. ὁ ἀκάμας τοῦ ἀκά-
μαντος τὸν ἀκάμαν-
τα. ἀντήνορος ὑός. an-
tenoris filius. παρὰ τὸ
μὴ κάμνειν. quasi inde-
fessus.
Acáthus, & ácathos. ácan-

thon. ὁ ἄκανθος τ̄ ἄκαν
θον. παῖς ἢ ἄνθος ἢ δέν-
δρον. puer aut flos, aut
arbor. πρὰ τὴν ἄκανθαν
ἀπὸ τοῦ τῇ ἀκῇ ἀνθεῖν.
Acarnán acarnânos acar-
nâna acarnânes acar-
nânas. ὁ ἀκαρνάν τ̄ ἀ-
καρνᾶνος τὸν ἀκαρνᾶνα
οἱ ἀκαρνᾶνες τὸς ἀκαρ
νᾶνας. ἐθνικὸν ὄνομα τῆς
ἀκαρνανίας. gentile no
men acarnaniæ.
Achelûus, & acheloos ache
lôon. ὁ ἀχελῶος τὸν ἀχε
λῶον. μέγιστος ποταμὸς
μεταξὺ τ̄ αἰτωλίας ⁊
ἀκαρνανίας. κοινῶς ἢ ⁊
πᾶν ὕδωρ. maximꝰ flu
uius inter ætoliam, & a-
carnaniam. cōmuniter
autem & omnis aqua.
Acheloius ia. ium. ὁ ἀχε-
λώϊος ἡ ἀχελωΐα ᵈ ἀχε
λώϊον. ἀπὸ τ̄ ἀχελῶ
παρώνυμον. ab acheloo
denominatiuum.
Achæmenides achæmeni-
den ὁ achæmenide. ὁ ἀ-
χαιμενίδης τὸν ἀχαιμε

Page extraite de *Orthographia et flexus dictionum græcarum apud Statium*, 1530, édition de Simon de Colines.

ORTHOGRAPHIA
DICTIONVM
GRAECARVM
APVD STA
TIVM.

BAS ábantos ábantu. ὁ ἄβας τῦ ἄβαντος τ̃ ἄ=βαντα. λυγκέως καὶ ὑπερμνήςρας ὑός. Lyncæi & Hypermnestræ filius.

Abantiádes abantiáden. ὁ ἀβαντιάδης τ̃ ἀβαντιά=δην. ἄβαντος ὑός. Abantis filius.

Abydenus·nā·nū· ὁ ἀβυδηνός. ἡ ἀβυδηνή. τ̃ ἀβυ=δηνόν. ἀπὸ τῆς ἀβύδυ πό=λεως ἐθνικόν ὄνομα. ab Abydo urbe gentile no=men.

Acámas acámantos acá=mantα. ὁ ἀκάμας τῦ ἀ=κάμαντος τ̃ ἀκάμαντα. ἀντήνορος ὑός antenoris filius. παρὰ τὸ μὴ κά==μνειν. quasi indefessus.

Acanthus, et acánthos. ἄ=canthon. ὁ ἄκανθος τ̃ον ἄκανθον. ταῖς ἢ ἄνθος ἢ δέν δρον. puer aut flos, aut arbor. παρὰ τὴν ἄκανθαν ἀπὸ τῦ τῇ ἀκμῇ ἀνθεῖν.

Acarnán acarnânos acar=nâna acarnânes acarnâ=nas. ὁ ἀκαρνὰν τῦ ἀκαρ νᾶνος τ̃ ἀκαρνᾶνα οἱ ἀκαρ νᾶνες τὺς ἀκαρνᾶνας. ἔθνι κὸν ὄνομα τῆς ἀκαρνανί=ας gentile nomen acar=naniæ.

Achelôus, et acheloôs ache lôon. ὁ ἀχελῶος τ̃ ἀχε=λῶον. μέγιστος ποταμὸς με ταξὺ τῆς αἰτωλίας καὶ α=καρνανίας. κοινῶς δὲ καὶ πᾶν ὕδωρ. maximus flu uius inter ætolia, et acar naniam. communiter au=tem et omnis aqua.

Acheloïus·ia·ium. ὁ ἀχε λώϊος ἡ ἀχελωΐα τὸ ἀχε=λώϊον. ἀπὸ τῦ ἀχελῶου πα ρώνυμον. ab acheloo de=nominatiuum.

Achæmenides achæmeni=den ὁ achæmenide. ὁ ἀ=χαιμενίδης τ̃ ἀχαιμενί=

Page extraite de *Orthographia et flexus dictionum græcarum apud Statium*, édition Aldine, sans date.

Que Colines ait ou non gravé ses types il en était en tous cas le seul propriétaire ; il mettait souvent dans la souscription de ses volumes : *excudebat suis typis*, quelquefois même, *suis typis nitidissimis*, et l'avis des Chaudière au public, que nous citons plus haut, prouve que la propriété des types fit partie de son héritage. Il est d'ailleurs infiniment probable que

❧ VALERII MAXIMI ❦
FACTORVM AC DICTORVM
MEMORABILIVM LIBER
PRIMVS, AD TIBERIVM
CAESAREM.

PROLOGVS.

VRBIS Romæ, exterarúmque gentium facta simul ac dicta memoratu digna, quæ apud alios latius diffusa sunt, quàm vt breuiter cognosci possint, ab illustribus electa authoribus deligere constitui: vt documenta sumere volentibus, longæ inquisitionis labor absit. Nec mihi cuncta complectendi cupido incessit. Quis enim omnis æui gesta modico voluminum numero comprehenderit? Aut quis compos mentis, domesticæ peregrinæq; historiæ seriem felici superiorum stylo conditam, vel attentiore cura, vel præstantiore facundia traditurum se sperauerit ? Te igitur huic cœpto, penes quem hominum Deorùmque consensus, maris ac terræ regimen esse voluit, certissima salus patriæ Cæsar, inuoco : cuius cælesti prouidentia virtutes, de quibus dicturus sum, benignissimè fouentur, vitia seuerissimè vindicantur. Nam si prisci Orato

Page extraite de *Valerius Maximus*, 1543.

Colines était un artiste et un élève ou condisciple de Geofroy Tory. Dès le début de sa carrière ses relations avec Tory sont constantes ; c'est lui qui fut chargé de l'impression du petit recueil que composa Tory à l'occasion de la mort de sa fille, en 1523, et de l'impression de l'*Ædiloquium* et des *Epitaphia septem* en 1530, c'est aussi lui qui imprima les deux premiers livres d'heures illustrés par Geofroy Tory, en 1524 et en 1527; pour le premier même il y eut certainement entre eux une association, puisque des exemplaires portent le seul nom de Colines qui resta propriétaire de tout ou partie des bois; enfin la plupart de ses encadrements et ses deux premières marques du *Temps* sont signés de la croix de Lorraine; après la mort de Tory, c'est à son atelier qu'il s'adressa encore pour l'exécution de ses deux livres d'heures de 1543. Colines donna toujours à ses éditions, soit par sa belle série d'initiales à fonds criblés, soit par les encadrements de ses titres ou les illustrations intérieures, un cachet spécial dans lequel on reconnaît le goût d'un artiste. Il ne s'est peut-être pas borné à la gravure de ses caractères, nous avons signalé plus haut l'interprétation qu'on pourrait donner des initiales S. C., S. D. qui se trouvent sur le frontispice de trois volumes de médecine; pourrait-on lui attribuer d'autres gravures? Henri Estienne avait orné un certain nombre de ses éditions de figures, qui ne sont généralement pas signées, et dont le faire est beaucoup plus lourd que celui de Tory, nous retrouvons, dans les éditions de Colines, quelques gravures du même genre : le chevalier du titre de la médecine vétérinaire de Jean du Ruel, l'encadrement du *De natura stirpium*, du même auteur, plus finement gravé, mais confus et offrant peu le sens de la perspective, et quelques autres encore; si Colines était dessinateur ou graveur et si nous lui attribuons ces bois, nous aurons trouvé l'origine de ses relations premières avec Henri Estienne.

Nous avons parlé des belles initiales à fonds criblés dont Colines faisait usage, on en trouve l'origine dans les impressions de Henri Estienne où les premiers alphabets apparaissent déjà, mais peu soignés et mal gravés, à côté de suites d'initiales à fonds noirs ou à personnages dont Colines est devenu aussi propriétaire mais qu'il a rarement employées; il existe plusieurs séries de ces initiales dans différentes grandeurs; elles sont évidemment de Tory, car on y reconnaît la même main que dans la belle série de Robert Estienne, dont la lettre G, initiale du prénom de Tory, est signée de la croix de Lorraine. Quelquefois, pour donner plus de luxe à ses éditions, Colines n'a pas hésité à faire exécuter des lettres initiales spéciales ornées soit des armoiries, soit du nom de l'auteur, nous en donnons ici deux échantillons. Ce n'est qu'à de très rares exceptions que les initiales classiques se rencontrent dans les volumes imprimés en italiques, ce qui prouve encore une fois le souci artistique que Colines prenait de ses livres.

En 1541, Colines donna une très belle édition du *Praxis criminis persequendi* de Millæus, qu'il imprima pour son compte et pour celui des frères Langelier, ce volume est orné de 13 grands sujets gravés sur bois qu'on attribue à Mercure Jollat et qui sont de dix ans antérieurs à l'illustration de l'*Enchiridion rerum criminalium* de Josse de Damhoudère; quoique

beaucoup moins recherchées parce qu'elles sont moins connues les figures de notre édition sont infiniment supérieures, tant par la composition que par l'exécution, à celles de l'*Enchiridion*.

Un autre ouvrage qui doit attirer l'attention aussi bien par son exécution typographique que par les figures dont il est orné, est le traité de Charles Estienne sur la *Dissection du corps humain* dont Colines a donné deux éditions, une édition latine en 1545 et une édition française en 1546. Les grandes figures, dont quelques-unes sont signées de Mercure Jollat avec ou sans la croix de Lorraine, sont malheureusement très gâtées par des refaits pour les parties anatomiques, dont les raccords sont fort mal dissimulés et qui n'ont pas été exécutés par une main aussi habile que les figures elles-mêmes (1). La gravure des

(1) Nous donnons le fac-similé d'une des figures de cet ouvrage, p. 413.

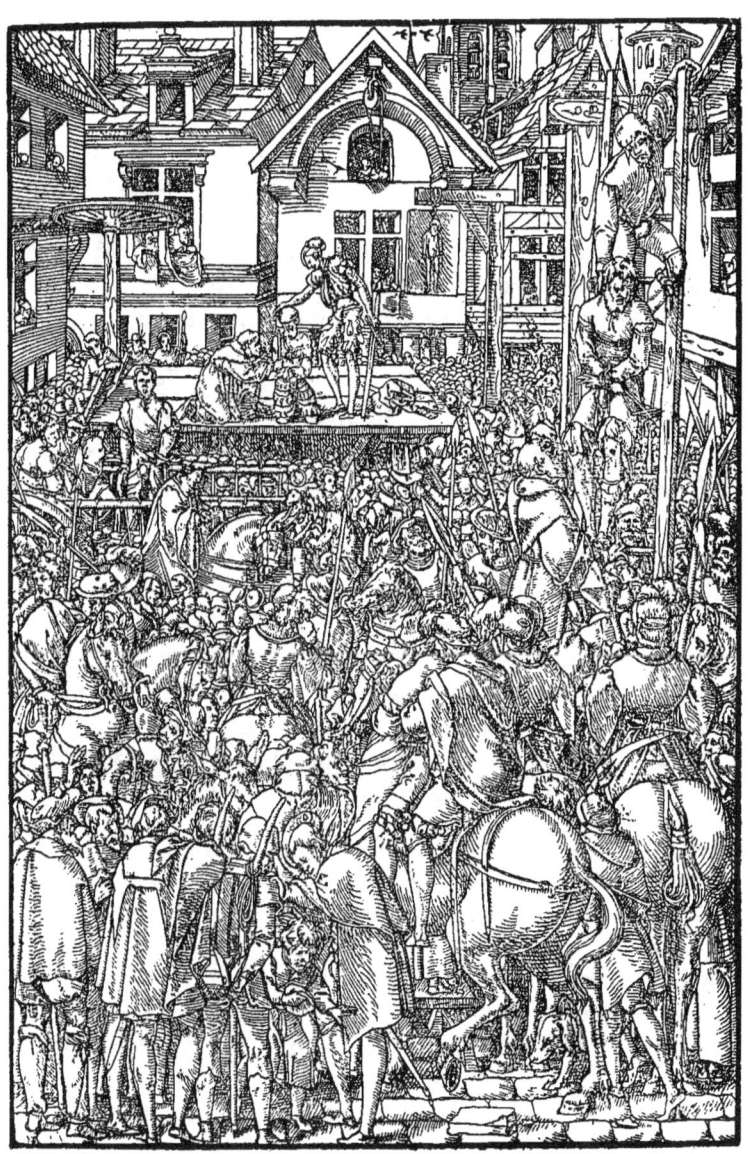

Fac-similé réduit d'une figure du *Praxis criminis persequendi* de 1541.

planches avait été commencée en 1530 et l'impression du volume allait être achevée lorsque, en 1539, défense fut faite à Charles Estienne de poursuivre sa publication comme contrefaisant les figures de Vésale; Estienne se plaint au contraire dans la préface, que ses planches, qu'il avait été impossible à l'imprimeur de garder pendant six ans avec assez de soin pour que quelques exemplaires n'en soient dérobés, aient été contrefaites en Allemagne; le volume ne put voir le jour que lorsque le privilège qui protégeait Vésale fut expiré.

Le *Praxis criminis persequendi* et la *Dissection* ne sont pas les seuls ouvrages illustrés donnés par Colines, nous avons déjà mentionné les Heures de 1524-25, de 1527 et de 1543 ornées des beaux cadres sortis des ateliers de Tory, nous citerons encore les *Epitaphia septem* qui font suite à l'*Ædiloquium* de 1530 et contiennent sept petits bois non signés qui sont évidemment de Tory, auteur du texte, et les éditions de la *Raison d'architecture antique* qui contiennent d'élégantes figures d'architecture attribuées à Mercure Jollat. Colines a imprimé aussi trois albums de figures d'instruments astronomiques qui devaient être joints au traité de Sarzosus, *In æquatorem planetarum*, et à ceux de Fernel, *Monalosphærium* et *De proportionibus;* nous n'avons pas rencontré d'exemplaires de ces albums qui doivent être importants car ils sont portés à des prix élevés dans les catalogues de 1546 et de 1548.

Nous n'avons pas de donnée sur le nombre d'exemplaires que Colines faisait tirer de ses volumes; pour un seul, les *Colloques* d'Érasme de 1527, nous connaissons le chiffre du tirage qui fut de 24 000 exemplaires, mais ce n'était là qu'une exception, le chiffre ordinaire devait être beaucoup moins élevé. Les comptes de l'Hôtel-Dieu de Soissons nous apprennent que Regnauld Chaudière tira à 500 et à 1000 exemplaires les petites brochures qu'il imprima pour l'Hôtel-Dieu de 1545 à 1548 (1), ce sont probablement ces nombres qui étaient ceux

(1) Regnauld Chaudière tira, en 1545, 500 exemplaires des *Articles des pardons donnez aux bienfaitteurs de l'Ostel-Dieu*, qui coûtèrent 100 sols tournois, en 1546, 500 nouveaux exemplaires qui ne coûtèrent que 50 sols tournois, et en 1547 et 1548, 1000 exemplaires qui coûtèrent 60 sols tournois.

des tirages ordinaires à cette époque. Colines devait tirer, comme l'avait fait Henri Estienne, quelques exemplaires de ses volumes les plus importants sur parchemin, nous en avons signalé 11, dont 3 exemplaires du même volume (1). Le papier employé pour les exemplaires ordinaires est des plus beaux, il a conservé toute sa main et toute sa blancheur pendant trois siècles et demi.

Les catalogues des Chaudière et de Robert Estienne nous indiquent les prix auxquels se vendaient, en 1546, les volumes qui provenaient de la librairie de Simon de Colines; ils varient avec l'importance des ouvrages et avec leur format, les petites plaquettes de grammaire valaient de 2 à 8 deniers, les in-octavo ordinaires variaient entre 1 et 6 sols, les plus chers sont les traités de Cicéron avec commentaires qui atteignent 7 et 8 sols, les in-seize sont portés entre 3 et 5 sols, les in-quarto entre 10 et 12 sols, les in-folio entre 15 et 25 sols; les ouvrages atteignant les prix les plus élevés, parmi ceux qui figurent dans ces catalogues, sont le *Supplementum chronicorum* et les deux volumes du *Promptuarium divini juris* valant 40 sols, la *Dissection* de Charles Estienne dont les deux éditions valaient chacune 30 sols, et un missel à l'usage de Châlon, imprimé sur parchemin, dont Robert Estienne demandait 25 sols.

Il est bien évident que pour diriger une maison comme la sienne, pour mener à bonne fin les séries de sciences, de philosophie et d'enseignement qu'il avait entreprises, Colines devait être au moins un lettré et un érudit; on comprendrait difficilement que celui sous les conseils duquel se termina l'éducation de Charles, de Robert et de François Estienne et qui présida sans doute à celle de Claude Chaudière, eût été un

(1) Les volumes imprimés sur parchemin dont l'existence nous est connue, sont les suivants : *Psalterium David,* 1524 (d'après Dibdin), *Heures de la Vierge,* 1525 (Bibl. Nat.); *Divi Joannis Chrysostomi liber contra gentiles,* 1528 (3 exemplaires, Bibl. Nat., Bibl. de feu le baron J. de Rothschild et Leipzig, Bibl. univ.); *Galenus, de compositione medicamentorum,* 1530; *Galeni opera de pulsibus,* 1532; *Fineus, in sex priores libros elementorum Euclidis,* 1536; *Millæus, praxis criminis persequendi,* 1541; *Stephanus, de dissectione partium corporis humani,* 1545 (tous ces exemplaires à la Bibliothèque Nationale).

ignorant. Colines était dans les meilleurs termes avec son beau-fils Robert, il fréquentait donc cet intérieur où les domestiques eux-mêmes parlaient latin :

> Nempe uxor, ancillæ, clientes, liberi
> Quo Plautus ore, quo Terentius, solent
> Quotidiane colloqui...

Sa maison était le rendez-vous des savants dont il imprimait les œuvres, qui se sont souvent loués du soin dont il entourait leurs éditions; plusieurs préfaces sont datées *in ædibus Simonis Colinæi;* Maittaire cite une intéressante lettre de Jean Genès Sépulvéda qui lui écrit d'Espagne pour le consulter sur la publication d'un de ses ouvrages. Nous pouvons en conclure qu'il dirigeait effectivement et soignait par lui-même les éditions qu'il publiait.

Nous n'avons cité dans les volumes qu'il a imprimés aucun ouvrage qui porte son nom comme auteur, cependant la préface qu'il mit en tête de la *Grammatographia*, en 1529, peut laisser croire qu'il y a collaboré, aussi ce volume lui est-il généralement attribué :

SIMON COLINÆUS OMNIBUS CITO ET FACILE DISCENDO
GRAMMATICÆ CUPIDIS, S.

Hoc grammaticali artificio, perfacile initiandi omnes, quæque ad grammaticen spectantia discent. Nam ut in universali descriptione mundi (quam cosmographiam vocant) promptissime omnes, et parvo quidem tempore, totum oculis perlustrant orbem, et quodam modo discunt, quod vix plurimo tempore discursu librorum fieri possit, sic universali descriptione grammatices (quam idcirco grammatographiam dici liceat) deprompte parvoque tempore, omnia penè ad grammaticen spectantia cernuntur et quodam modo discuntur, modo sint qui in ipso litterarum aditu adposite id monstrare queant. Et generales formæ magnis chartis compinguntur, ut in abditioribus studii locis domi parietibus adfigi possint, quo semper domi, discentes habeant præ oculis, quousque formæ illæ mente sint conceptæ tenaciterque hæreant. Compinguntur et in libro cum formis tabulisque specialibus, ut foris etiam existentibus non desit proficiendi occasio. Formæ generales, primum memoria discendæ sunt, et deinde ex specialibus ad eas recurrendum. Et hoc adserere ausim, vno anniculo hoc artificio ferventes et attentos peramplius discere posse, quam alioqui sex annis in ludis litterariis discere soliti sint, maxime qui arte tesserisque noverint feliciter uti. Quod quidem artificium in gratiam Serenissimæ adolescentulæ D. Magdalenes, quæ est superstitum Christianissimi Francorum regis Francisci hoc nomine primi, filiarum major natu filia elaboratum. Quæ quidem haud invidet ad publicam utilitatem cæteris iri communicatum, imo optat hoc ipso omnibus bene esse consultum.

Les catalogues de 1546 et de 1548 nous apprennent cependant que l'auteur est Jacques Lefèvre d'Étaples, et mentionnent aussi les placards, destinés à être affichés, dont il est question dans la préface et qui sont aujourd'hui perdus (1). Le rôle de Colines aura sans doute consisté à rédiger ces enseignements de façon à les réunir en un volume, dans lequel ils sont encore divisés en tableaux. En 1529 parut aussi un *Vocabulaire du psaultier* dont la disposition typographique toute spéciale et l'impression en rouge et en noir sont les mêmes que celles de la *Grammatographia*, il est dédié comme elle aux Enfants de France et semblerait devoir être attribué aussi à Lefèvre, mais les catalogues ne lèvent pas l'anonyme et nous pouvons nous demander si Colines, après avoir rédigé les douze tableaux de la *Grammatographia*, n'aurait pas cherché à en faire immédiatement l'application sur le texte de quelques psaumes; un troisième volume, dédié aussi aux Enfants de France, est anonyme comme le *Vocabulaire*, c'est l'*Extrait ou recueil des isles nouvellement trouvées en la grande mer Océane*, traduit de Pierre Martyr et publié en 1532; M. Émile Picot (2) pense que le traducteur pourrait bien être Simon de Colines, nous ne demandons pas mieux que de l'admettre avec lui.

Nous ne pensons pas que Simon de Colines ait eu d'enfant ou de parent portant son nom et ayant comme lui suivi la carrière de l'imprimerie; peut-être, comme nous l'avons dit plus haut, Simon Colinet était-il de sa famille, nous ne savons rien sur son compte. L'existence d'un imprimeur du nom de Fran-

(1) *Tabulæ totius grammaticæ, Jacobo Fabro authore.*
(2) *Catalogue de la bibliothèque de feu M. le baron James de Rothschild*, II, 1955.

çois de Colines, qui est signalé par Lottin comme ayant exercé en 1529, est probablement imaginaire, elle doit venir de cette mention de Du Verdier (1) :

« Vocabulaire du pseautier exposé en François avec les déclinaisons et conjuguaisons des noms et verbes contenus audit pseautier pour l'institution en Grammaire de monseigneur d'Angoulesme et madame Magdeleine sa sœur enfans de France. [imprim. à Paris par François de Colines 1529. »

Nous décrivons, page 146, un exemplaire de ce volume conservé à la bibliothèque Sainte-Geneviève, il porte sur le titre *Apud Simonem Colinæum* et n'a pas de souscription; nous sommes donc autorisé à voir là une erreur de Du Verdier, c'est aussi ce qu'a pensé Rigoley de Juvigny qui, dans la nouvelle édition qu'il a donnée des *Bibliothèques françaises* de La Croix du Maine et de Du Verdier, a restitué le nom de Simon de Colines, sans faire de cette correction l'objet d'aucune remarque. Lottin cite aussi un Louis de Colines ayant exercé en 1535 et en 1544, on lui attribue l'impression des deux volumes suivants : *Caroli Stephani libellus ex Bayfio excerptus de re vestiaria*, 1535, et *Caroli Stephani libellus ex Bayfio excerptus de vasculis, addita vulgari latinarum vocum interpretatione*, 1535, on connaît deux éditions de ces opuscules portant la même date, l'une avec le nom de Robert Estienne et l'autre avec celui d'Ambroise Girault.

Dans les premières années du xviie siècle un imprimeur parisien portait le nom de *Stephanus Colineus*, nous avons vu des volumes sortis de ses presses dans les années 1604, 1605 et 1608, il n'employait ni les caractères de Simon de Colines ni sa marque, Lottin, d'ailleurs, le nomme, en français, Étienne Colin.

(1) Édition de 1585, page 1190.

INDEX ALPHABÉTIQUE

DES AUTEURS [1]

Abdilazus, *voyez* Alcabitius.

Acakia (Martinus). — *Galenus, de ratione curandi*, 1538, **294**. — *Galenus, ars medica*, 1543, **375**.

Accord de la langue française avec la latine, 1540, **320**; 1543, **366**.

Accursius (Bonus) [Buonaccorso]. — *Vallæ, elegantiarum adeps*, 1528, **129**; 1530, **170**; 1533, **220**; 1536, **271**; 1543, **388**.

Acta apostolorum, 1523, **42**; *voyez* Biblia, Novum testamentum *et* Evangelia.

Actuarius. — De urinis, 1522, **28**.

Ægidius (Petrus), *voyez* Egidius *et* Gillius.

Ægineta (Paulus), *voyez* Paulus Ægineta.

Ælianus. — De re militari, 1532, **189**.

Æmylius (Paulus). — (De rebus gestis Francorum libri quatuor, **427**.)

(Æquatoris instrumentum, **428**).

Æsopus. — Tres et triginta fabulæ, 1521, **11**.

Agricola (Rodolphus) [Roëloff Huysmann]. — De inventione dialectica, 1529, **130**; 1534, **221**; 1538, **287**; 1542, **349**. — *Visorius, librorum de inventione dialectica epitome*, 1534, **222**. — *Latomus*,

---

(1) Les chiffres gras indiquent les pages; les titres composés en caractères romains sont ceux qui suivent le nom de l'auteur du texte ou des commentaires, les titres composés en caractères italiques suivent le nom du traducteur ou celui de l'auteur de quelque pièce accessoire; les titres placés entre parenthèses sont ceux des volumes qui ne sont peut-être pas de Colines.

476 SIMON DE COLINES.

eorumdem librorum epitome, 1542, 350. — *Arborei scholia in Porphyrium*, 1528, 108; 1533, 202; 1537, 272; 1543, 367. — *Catonis disticha*, 1532, 206.

AGRIPPA (Paulus). — *Galenus, de usu partium*, 1528, 117.

AILLY (Pierre d'), *voyez* ALIACUS (Petrus).

ALBINUS [ALCUIN]. — De rhetorica disceptatio, 1529, 131.

ALBUS (Antonius). — *Hippocratis aphorismi*, 1532, 196.

ALCABITIUS. — Judiciorum astrorum isagoge, 1521, 12, 434.

ALCINOUS. — *Virgilii opuscula*, 1545, 410.

ALCUIN, *voyez* ALBINUS.

ALCYONIUS (Petrus). — *Aristoteles, de historia animalium*, 1524, 58; 1533, 204.

ALDUS MANUTIUS (Paulus). — Orthographia et flexus dictionum græcarum apud Statium, 1530, 166. — *Despauterius, rudimenta*, 1523, 47. — *Ciceronis orationes*, 1525, 71; 1532, 191, 192. — *Virgilii opera*, 1526, 92; 1538, 297; 1542, 364; s. d., 423. — *Strozii poëtæ*, 1530, 166. — *Ciceronis epistolæ*, 1532, 192.

ALEXANDER APHRODISIÆUS. — Problemata, 1524, 57; 1534, 223. — In Aristotelis libros de anima commentaria, 1528, 110. — In Aristotelis libros de prima philosophia commentaria, 1536, 257. — In Aristotelis librum elenchorum annotationes, 1542, 350.

ALEXANDER GALLUS. — Quantitates, 1542, 351.

ALIACO (Petrus AB) [Pierre D'AILLY]. — Vita beati Cælestini quinti, 1539, 300.

ALLARDUS (M.). — *Erasmus, de recta latini græcique sermonis pronuntiatione*, 1528, 114.

Alphabetum græcum, 1531, 171.

ALPHONSUS (divus), Romanorum et Hispaniorum rex. — Astronomicæ tabulæ, 1521, 13.

AMMONIUS. — In prædicamenta Aristotelis commentarii, 1542, 351. — *Arborei scholia in Porphyrium*, 1528, 108; 1533, 202; 1537, 272; 1543, 367.

AMOMO. — Rime toscane, 1535, 252.

ANDERNACUS (Joannes), *voyez* GUINTERIUS Andernacus (Joannes).

ANGLICUS (Joannes). — *Boëtius, de divisionibus*, 1540, 324.

ANGLUS (Antonius). — *Ringelbergii rhetorica*, 1539, 316; 1543, 383; 1545, 408.

ANTIPATER SIDOMUS. — *Ovidii amatoria*, 1529, 142.

Antonius Nebrissensis (Ælius) [Antoine, de Lebrija]. — In cosmographiæ libros introductorium, 1533, 202.

Aphthonius. — Rhetorica progymnasmata, 1526, 76; 1539, 301; 1541, 336; 1543, 366.

Apocalypsis beati Ioannis, 1522, 34. — *Gagnæus, in Apocalypsin scholia*, 1543, 375. — *Voyez* Biblia, Novum testamentum *et* Pauli epistolæ.

Apollonius Collatius (P.). — (Excidii ierosolymitani libri, 425).

Apuleius (Lucius). — Metamorphoseos, 1524, 57; 1536, 258.

Aratus. — Phænomena, 1540, 320.

Arboreus [Jean d'Abres]. — Ad prædicamenta Aristotelis scholia, 1528, 107; 1533, 431; 1538, 288. — In Porphyrium de quinque vocibus scholia, 1528, 108; 1533, 202; 1537, 272; 1543, 367. — In Aristotelis περὶ ἑρμηνείας commentarii, 1585, 432; 1542, 352. — In dialectica elementa introductio, 1530, 147; 1533, 203; 1536, 258; 1543, 367. — Commentarii in Ecclesiasten, in Canticum canticorum, 1537, 273. — Theosophia, 1540, 321.

Aretinus [Léonard Bruni, d'Arezzo]. — Dialogus de moribus, 1522, 29; 1526, 77; 1527, 93; 1530, 148; 1535, 239; 1542, 352. — De bello italico, 1534, 222. — *Aristotelis politica*, 1526, 76; 1543, 367.

Argyropilus (Joannes). — *Aristotelis ethica*, 1522, in-f°, 29; 1522, in-8°, 29; 1530, 148. — *Aristotelis moralia*, 1526, 77; 1527, 93; 1535, 239; 1542, 352.

Aristote. — Logica, 1520, 1; 1530, 148; 1531, 171; 1537, 273; 1543, 368. — Priorum analyticorum libri, 1545, 402. — Posteriorum analyticorum libri, 1545, 402. — Topicorum libri, 1544, 390. — Περὶ ἑρμηνείας, 1544, 389. — Prædicabilia et categoriæ, 1544, 389. — Magna moralia, 1522, 30. — Moralia, magna moralia, 1526, 77; 1527, 93; 1535, 239; 1542, 352. — Ethica, 1522, in-f°, 29; 1522, in-8°, 29; 1530, 148; 1540, 323. — De animalibus, 1524, 58; 1533, 204. — Problemata, 1524, 57; 1534, 223. — Problemata ad stirpium genus et olearca pertinentia, 1533, 311. — Politica, œconomica..., 1526, 76; 1543, 367. — Rhetorica, 1530, 147; 1540, 322. — Parva naturalia, 1530, 149. — *Faber et Clichtoveus, philosophiæ naturalis paraphrases*, 1521, in-f°, 14; 1521, in-8°, 15; 1528, 109; 1531, 172. — *Brosserius, philosophiæ naturalis epitome*, 1536, 259. — *Faber, introductio in ethicen*, 1527, 97; eadem cum *Clichtovei commentario*, 1528, 115; 1532, 189; 1537, 274; 1545, 406. — *Faber et Clichtoveus, in politica introductio*, 1535, 240. — *Iidem, introductiones in terminos*, 1526, 81; 1530, 151; 1533, 209; 1535, 244. — *Clichtoveus, fundamentum logicæ*, 1540, 326; 1544, 392. — *The-*

mistius et Alexander Aphrodisiæus, in parva naturalia commentaria, 1528, **110**. — *Arborei ad prædicamenta scholia*, 1528, **107**; 1533, **431**; 1538, **288**. — *Ejusdem in Porphyrium de quinque vocibus scholia*, 1528, **108**; 1533, **202**; 1537, **272**; 1543, **367**. — *Ejusdem in librum* περὶ ἑρμηνείας *commentarii*, 1535, **432**; 1542, **352**. — *Demochares, in topica hypomnema*, 1535, **245**. — *Alexandri Aphrodisiæi commentaria in libros de prima philosophia*, 1536, **257**. — *Ejusdem annotationes in librum elenchorum*, 1542, **350**. — *Leonici Thomæi opuscula*, 1530, **167**. — *Ammonius, in prædicamenta commentarii*, 1542, **351**. — *Titelmannus dialecticæ compendium*, 1542, **364**. — *Erasmi parabolæ*, 1523, **49**; 1529, **137**; 1540, **327**. — *Goveani pro Aristotele adversus P. Rami calumnias responsio*, 1543, **376**. — (*In prædicamenta Murmellii isagoge*, **427**).

ARMENAULT (Dionysius). — *Fernelii monalosphærium*, 1526, **85**. — *Fernelii cosmotheoria*, 1527, **97**; 1528, **116**.

ARUNCIUS (Renatus). — *Mantuani elegia de morte contemnenda*, 1527, **99**.

ASCLEPH Barbatus (Nicolaus). — Epigrammaton, 1520, **3**.

AUGUSTINUS (divus). — (Liber epistolarum, **425**). — (Principia rhetorices, **427**).

AULU-GELLIUS. — *Æsopi fabulæ*, 1521, **11**.

AULUS-SABINUS. — *Ovidii amatoria*, 1529, **143**; 1541, **433**.

AUMEVILLEUS (Petrus-Floridus). — *Richardi confessionale*, 1524, **68**.

AURELIANUS (Cælius). — Liber celerum vel acutarum passionum, 1533, **204**.

AUSONIUS. — *Ovidii amatoria*, 1529, **143**; 1541, **433**. — *Catonis disticha*, 1533, **206**.

AUTONIACUS (Janus). — *Galenus, de constitutione artis medicæ*, 1531, **179**.

AVIENUS (Rufus). — *Arati phænomena*, 1540, **320**.

BACCALAUREOS (Jacobus). — *Brosserius, Aristotelis philosophiæ naturalis epitome*, 1536, **259**.

BACHON (Rogerius). — De philosophorum lapide, 1542, **355**.

BADIUS Ascensius [Josse BADE van Aassche]. — In libros elegantiarum Vallæ epitome, 1524, **59**; 152B, **144**; 1532, **201**; 1535, **256**; 1538, **296**; 1540, **335**; 1544, **400**. — (Rudimenta ascensiana, **427**).

BALAMIUS (Ferdinandus). — *Galeni opuscula*, 1546, **414**.

BARLANDUS (Adrianus). — *Erasmus, de recta latini græcique sermonis pronuntiatione*, 1528, **114**.

INDEX ALPHABÉTIQUE. 479

BARPTHOLOMÆUS [Nicolas BARTHÉLEMY]. — Ennœæ, 1531, **174**. — Christus xylonicus, 1531, **174**.

BASILIUS Magnus [Saint BASILE-LE-GRAND]. — Epistolæ, 1531, **174**.

BASINIUS. — Opuscula, 1539, **314**.

BAUDRY (Robertus). — *Millæus, praxis criminis persequendi*, 1541, **342**.

BELINÆUS (Thomas). — *Brucherii adagia*, 1523, **43**.

BELLISARIUS (Ludovicus). — *Galeni opuscula*, 1546, **414**.

BELLOFILIUS [Jean BEAUFILS]. — Virgilii Tityrus, 1543, **388**.

BELLUSGENIUS (Persevaldus). — *Murmellii tabulæ*, 1530, **162**.

BELMISSERUS (Paulus). — Opera poëtica, 1534, **223**. — Elegiæ tres, s. d., **415**.

Benedicti (divi) regula, 1522, **32**.

BENEDICTUS [Jean BENOIST]. — *Biblia sacra*, 1541, **337**. — *Novum testamentum*, 1543, **381**.

BENTINUS (Michaël). — Marci Terentii Varronis fragmenta, 1529, **144**.

BERGOMENSIS *ou* BERGOMAS [Jacques-Philippe FORESTI, de Bergame]. — Supplementum chronicorum, 1535, **247**. — *De claris mulieribus*, 1521, **20**.

BEROALDUS (Philippus). — *Apuleii metamorphoseos*, 1536, **258**.

BERTULPHUS (Hilarius). — *Erasmus, de recta latini græcique sermonis pronuntiatione*, 1528, **114**.

BIBAUCIUS (Joannes). — *Faber, introductiones in terminos*, 1526, **434**.

Biblia sacra, *latine*, in-16, 1522-44, *voyez* page **34**; in-f°, 1541, **337**.

BIGUS (Ludovicus). — *Aristotelis ethica*, 1522, **29**.

BILLANOBANOS, *voyez* VILLANOVANUS.

BLANC (Estienne LE), *voyez* LEBLANC (Estienne).

BLONDUS (Flavius), *voyez* FLAVIUS.

BOETIUS (Manlius-Torquatus-Severinus). — Arithmetica, 1521, **15**. — Fabri et Clichtovei, in arithmeticos libros epitome, 1522, **38**. — De divisionibus, 1540, **324**. — De differentiis topicis, 1541, **338**. — *Aristotelis logica*, 1520, **1**; 1530, **148**; 1531, **171**; 1537, **273**; 1543, **368**. — *Aristotelis priorum analyticorum libri*, 1545, **402**. — *Aristotelis posteriorum analyticorum libri*, 1545, **402**. — *Aristotelis topicorum libri*, 1544, **390**. — *Aristotelis περὶ ἑρμηνείας*, 1544, **389**. — *Aristotelis prædicabilia et categoriæ*, 1544, **389**. — Sacrobosco, *de sphæra*, 1521, **22**; 1527, **100**; 1531, **184**; 1534, **236**; 1538, **295**. — *Arborei in Porphyrium scholia*, 1528, **108**; 1533, **202**; 1537, **272**;

1543, 367. — *Ciceronis topica,* 1535, 244. — *J. Demarethi periarchon grammatices,* 1543, 371.

BOHERUS [Gilles BOYER]. — *Vulteii inscriptiones,* 1538, 298.

BONADUS (Franciscus). — Monodiæ, 1538, 288.

BONETUS de Latis, *ou* Latensis. — *Sacrobosco, de sphæra,* 1521, 22; 1527, 100; 1531, 184; 1534, 236; 1538, 295.

BONONIENSIS (Jacobus). — *Salustii opera,* 1536, 269; 1543, 384.

BORBONIUS [Nicolas BOURBON de Vandœuvre]. — Nugæ, 1533, 205. — Tabellæ elementariæ, 1539, 302. — *Finæus, arithmetica practica,* 1542, 357.

BOUCHET (Jehan). — Les triomphes de la noble dame, 1539, 303.

BOUSSETUS (Franciscus). — *Finæus, quadratura circuli,* 1544, 393.

BOUVELLES (Charles DE), *ou*

BOVILLUS (Carolus). — De raptu divi Pauli, 1531, 176. — L'art et pratique de géométrie, 1542, 353.

BOYSSI (Honoratus DE). — *Fernelii cosmotheoria,* 1527, 97; 1528, 116.

BOYSSONEUS. — *Vulteii hendecasyllabi,* 1538, 299.

BRENTIUS (Andreas). — *Hippocrates, de natura humana,* 1524, 64; 1539, 311.

BREUL (Ludovicus DU). — *Terentianus Maurus, de litteris,* 1531, 185.

BRICONNETUS [Guillaume BRIÇONNET]. — Sermo synodalis, 1522, 34. — *Jordan, contemplations à l'honneur de la Vierge Marie,* s. d., 421.

BRISSÆUS [Nicolas BRISSÉ]. — *Terentianus Maurus, de litteris,* 1531, 185.

BRISSOTUS (Petrus). — Apologetica disceptatio... in viscerum inflammationibus, 1525, 70.

BRITANNUS (Robertus). — De parsimonia, 1532, 190.

BRIXIUS [Germain DE BRIE]. — *Erasmus, de recta latini græcique sermonis pronuntiatione,* 1528, 114. — *Divi Joannis Chrysostomi liber contra gentiles,* 1528, 124. — *Vulteii hendecasyllabi,* 1538, 299.

BROSSERIUS (Simon). — Aristotelis philosophiæ naturalis epitome, 1536, 259.

BRUCHERIUS (Joannes). — Adagiorum ex Erasmicis chiliadibus epitome, 1523, 43. — Commentarii in septem sapientum Græciæ apophthegmata, 1528, 112; 1534, 225.

BUDÆUS [Guillaume BUDÉE]. — *Egnatii in Suetonium annotationes,*

INDEX ALPHABÉTIQUE.

1527, 102; 1535, 255; 1543, 385. — *Galenus, methodus medendi,* 1530, 156.

Buschius [Hermann Busch]. — Decimationum plautinarum pemptades, 1521, 16. — *Silius Italicus*, 1531, 185.

Butinus (Joannes). — Ad syllabarum quantitatem isagoge, 1532, 190.

Cæsarius (D.). — *Serenus Sammonicus, de medicina*, 1533, 218.

Cæsarius (Joannes). — Dialectica, 1537, 275; 1540, 325. — Rhetorica, 1538, 289; 1542, 354. — *Clichtoveus, fundamentum logicæ*, 1540, 326; 1544, 392.

Caietanus (Janus-Mathias). — *Galenus, de usu partium*, 1528, 117.

Calcagninus (Cælius). — *Strozii poëtæ*, 1530, 166.

Calderius [Claude Chaudière]. — *Ciceronis epistolæ familiares*, 1545, 404. — Libri vænales, 1546, 423; 1548, 424.

Calphurnius (Joannes). — *Terentii opera*, 1541, 348.

Camertis (Joannes). — *Solinus polyhistor*, 1533, 219.

Campester (Ludovicus). — Heptacolon in summam scripturæ sacrilegæ Lutheri, 1523, 44. — Apologia in Lutherum, 1523, 44.

Caracciolo (Antoine). — Le mirouer de vraye religion, 1544, 391.

Carolus Magnus [Charlemagne]. — *Albinus, de rhetorica disceptatio*, 1529, 131.

Carpentarius (Antonius). — *Aristotelis philosophiæ naturalis paraphrasis*, 1528, 109.

Carronius [Denys Carron]. — *Dioscorides, de medica materia*, 1537, 277.

Carvaialus [Louis Caravajal]. — Dulcoratio amarulentiarum Erasmicæ responsionis..., 1530, 150.

Cataneus (Joannes-Maria). — *Aphthonii rhetorica progymnasmata*, 1526, 76; 1539, 301; 1541, 336; 1543, 366.

Catharinus [Ambroise Catherin]. — Annotationes in cardinalis Caietani excerpta quædam, 1535, 242.

Cato (Dionysius). — Disticha moralia, 1533, 206; 1538, 290; 1541, 338; (427). — (Eadem cum accentibus, 427).

Catullus. — Opera, 1529, 132; 1534, 226; 1543, 369.

Cebes. — Tabla, sacada en castellano, 1532, 190.

Centannius (Valerius). — *Galeni opuscula*, 1546, 414.

Ceporinus [Jacques Wiesendanger]. — Compendium grammaticæ græcæ, 1529, 132.

Cerratus (Paulus). — De virginitate, 1528, 112.

CHÆLIUS (Ulrichus). — Galenus, de compositione medicamentorum κατὰ γένη 1530, **158**.

CHESNE (Pierre DU), *voyez* QUERCU (Petrus A).

CICERO (Marcus-Tullius). — Rhetoricorum et de inventione libri, 1524, **61**; 1529, **133**; 1534, **227**; 1536, **260**; 1539, **304**; 1541, **340**. — Iidem libri, topica, oratoriæ partitiones, 1545, **403**. — Topica, 1535, **244**. — Oratoriæ partitiones, 1535, **243**. — Officia, de amicitia, de senectute, paradoxa, somnium Scipionis, 1524, **62**; 1528, **113**; 1530, **150**; 1533, **207**; 1538, **291**; 1541, **339**; 1543, **370**. — De oratore, 1529, **133**; 1534, **227**; 1537, **276**; 1543, **370**. — Brutus, seu de claris oratoribus, 1535, **242**. — Orationes, 1525, **71**; 1532, **191, 192**; 1543-44, **369, 370, 392**; orationum volumen primum, 1538, **291**. — Oratio pro Cælio, 1534, **226, 435**. — Oratio pro Cecinna, 1535, **243**; 1540, **325**. — Oratio pro lege Manilia, 1534, **227**. — Orationes antequam iret in exilium, 1541, **427**. — Epistolæ ad Atticum, ad Brutum, ad Quintum fratrem, 1532, **192**. — Epistolæ ad Brutum, 1540, **326**. — Epistolæ familiares, 1545, **404**. — Academicæ questiones, 1535, **243**. — De natura deorum, 1533, **206**. — De finibus bonorum et malorum, 1537, **276**. — De philosophia, 1545, **402, 403**. — De universitate, 1540, **334**. — In Arati phænomena interpretatio, 1540, **320**. — Orationes contra Catilinam, 1523, **55**; 1530, **430**; 1536, **269**; 1543, **384**. — De senectute, *græce*, 1528, **113**. — Oraison responsive à celle de Saluste, 1537, **284**. — Oraisons trad. par Ant. Macault et Cl. de Cuzzy, 1541, **340**. — Oraison pour le rappel de Marcellus, trad. par Ant. Macault, 1541, **341**. — Oraison pour les provinces consulaires..., 1544, **391**. — Trois oraisons, trad. par Est. Leblanc, 1544, **392**. — *Aristotelis totius philosophiæ naturalis epitome*, 1536, **259**. — *In topica Goveani commentarius*, 1545, **407**.

CLAUDIANUS (Claudius). — Opuscula, 1530, **151**.

CLAUDIUS, cælestinus. — De his quæ mundo mirabiliter eveniunt, 1542, **355**.

CLICHTOVEUS [Josse CLICHTOVE ou CLICHTOUE]. — De vita et moribus sacerdotum, 1520, **3**. — De doctrina moriendi, 1520, **4**; 1534, **228**. — De vera nobilitate, 1520, **5**. — Elucidatorium ecclesiasticum, 1521, **17**. — De bello et pace, 1523, **45**. — De veneratione sanctorum, 1523, **46**. — Antilutherus, 1524, **62**. — Propugnaculum ecclesiæ adversus Lutheranos, 1526, **80**. — Introductiones in terminos, 1526, **81, 434**; 1530, **151**; 1533, **209**; 1535, **244**. — Fundamentum logicæ, 1540, **326**; 1544, **392**. — De sacramento eucharistiæ, 1526, **82**. — Compendium veritatum ad fidem pertinentium, 1529,

134. — De laudibus trium antiquorum patrum Joseph, David et Tobiæ, 1533, **207**. — Improbatio quorumdam articulorum Lutheri, 1533, **208**. — *Aristotelis philosophiæ naturalis paraphrases*, 1521, in-f°, **14**; 1521, in-8°, **15**; 1528, **109**; 1531, **172**. — *In Aristotelis politica Fabri introductio*, 1535, **240**. — *Aristotelis magna moralia*, 1522, **30**. — *Dati præcepta eloquentiæ*, 1521, **18**. — *In Boetii arithmeticam epitome*, 1522, **38**. — *Fabri in ethicen introductio*, 1528, **115**; 1532, **189**; 1537, **274**; 1545, **406**. — *Arborei in Porphyrium scholia*, 1528, **108**; 1533, **202**; 1537, **272**; 1543, **367**.

COLET (Jean). — De octo orationis partium constructione, 1523, **47**; 1526, **83**; 1527, **94**; 1530, **152**; 1532, **192**; 1535, **245**; 1542, **355**; 1544, **393**.

COLINÆUS [Simon DE COLINES]. — *Hippocrates, de natura humana*, 1524, **64**. — *Grammatographia*, 1529, **135**; 1533, **210**. — *Claudiani opuscula*, 1530, **151**. — *Despauterius, contextus grammaticæ*, 1536, **261**. — Elenchus librorum quos Colinæus excudit, s. d., **417**.

Colloquia familiarum, 1528, **113**; 1532, **193**.

COLUMELLA (Lucius-Moderatus). — *Demarethi periarchon grammatices*, 1543, **371**.

COMMINES (Philippe DE). — Chroniques, 1539, **304**.

Conjugaisons latines et françaises des verbes, 1540, **327**.

CONNIBERTUS (Alexander). — *Patelinus*, 1543, **381**.

Constitutiones synodales diocesis Carnotensis, 1526, **87**; 1530, **159**.

Constitutiones synodales diocesis Belvacensis, 1531, **186**.

Contemplationes Idiotæ, *voyez* JORDANUS.

Contemplations à l'honneur de la vierge Marie, *voyez* JORDANUS.

COPUS (Guilielmus). — *Galenus, de affectorum locorum notitia*, 1520, **6**; 1539, **309**. — *Hippocratis aphorismi*, 1524, **64**; 1539, **311**. — *Hippocrates, de natura humana*, 1524, **64**. — *Pauli Æginetæ præcepta*, 1527, **93**.

CORDERIUS (Maturinus). — De syllabarum quantitate, 1530, **152**; 1537, **277**; 1543, **371**.

CORNARIUS (Janus). — *Galeni opuscula*, 1546, **414**.

CORNELIUS Gallus. — *Virgilii opuscula*, 1545, **440**.

(Corona beatæ Mariæ, **425**).

CORTÆSIUS (Hilarius). — Volantillæ, 1533, **210**. — *Hermogenis præexercitamenta*, 1526, **88**; 1535, **252**. — (*In Longobardi sententias*, **425**).

Courexius (Carolus). — *Alexandri Galli quantitates*, 1542, **351**. — *Demarethus, periarchon grammatices*, 1543, **371**.

Crassus (Julius-Paulus). — *Galeni opuscula*, 1546, **414**.

Craveneldus (Franciscus). — *Erasmus, de recta latini græcique sermonis pronuntiatione*, 1528, **114**.

Crinitus (Petrus). — *Horatius*, 1528, **124**; 1531, **181**; 1533, **215**; 1539, **312**; 1540, **331**; 1543, **379**. — *Catullus, Tibullus, Propertius*, 1529, **132**; 1534, **226**; 1543, **369**. — *Salustius*, 1530, **430**; 1536, **269**; 1543, **384**. — *Lucanus*, 1543, **380**. — *Virgilii opuscula*, 1543, **410**.

Crocus (Cornelius). — *Erasmus, in Vallæ elegantias epitome*, 1545, **405**.

Crocus [Richard Croke]. — *Orationes duæ*, 1520, **6**. — *Oratio ad Cantabrigienses*, 1529, **136**.

Cruserius (Hermannus). — *Galenus, de pulsibus*, 1532, **195**. — *Hippocrates, de morbis epidemiis*, 1534, **232**. — *Hippocrates, de natura humana*, 1534, **233**; 1539, **311**.

Curio (Cœlius). — *Juvenalis satyræ*, 1528, **125**; 1535, **253**; 1542, **360**. — *Persii satyræ*, 1528, **128**; 1535, **254**; 1542, **361**; 1544, **398**.

Curtius (Petrus). — *Brosserius, Aristotelis philosophiæ naturalis epitome*, 1536, **259**.

Cuzzy (Claude de). — *Les oraisons de Cicéron*, 1541, **340**.

Dampetrus [Jean de Dampierre]. — *Vulteii hendecasyllabi*, 1538, **299**.

Darcius [Jean d'Arces ou Darces]. — *Canes*, 1543, **371**.

Datus (Augustinus). — *Præcepta eloquentiæ*, 1521, **18**.

Davioletus (Enimondus). — *Sussanæus, dictionarium Ciceronianum*, 1536, **270**.

Decreta concilii Senonensis, 1529, **136**; 1532, **193**.

Demarethus [Jean Desmarets]. — *Paronomasia*, 1536, **260**. — *Periarchon grammatices*, 1543, **371**.

Demochares [Antoine de Mouchy]. — *In topica Aristotelis hypomnema*, 1535, **245**.

Demoilainus (Carolus). — *Virgilii opera*, 1538, **297**.

Demosthenes. — *Erasmi parabolæ*, 1523, **49**; 1529, **137**; 1540, **327**.

Dephienes, *voyez* Fienensis (Ludovicus).

Despauterius (Joannes). — *Rudimenta*, 1523, **47**; 1538, **294**. — *Contextus grammatices*, 1536, **261**. — *Syntaxis*, 1543, **372**. — *Sussa-*

næus, *in artem versificatoriam annotationes,* 1542, **362**; 1543, **385**.
— (*Sussanæus, in figuras collectanea,* **424**).

Dicta sapientum Græciæ, 1538, **290**; 1541, **339**; 1542, **356**.

Didymus (Thomas). — *Erasmus, de duplici copia verborum,* 1522, **35**; 1528, **115**; 1530, **153**; 1534, **432**; 1536, **262**.

(Digestorum seu pandectarum juris civilis volumina quinque, **426**.)

Diodorus Siculus. — Historiæ, 1531, **177**. — (Histoire des successeurs d'Alexandre le Grand, **427**).

Dioscorides. — Stirpium differentiæ, 1534, **237**. — De medica materia, 1537, **277**. — *Sophoclis tragœdiæ,* 1528, **128**.

(Disciplina et institutio puerorum, **426**).

Discipline (La) d'amour divine, 1538, **433**.

Donatus (Ælius). — De octo partibus orationis, 1539, **306**. — *Terentii comœdiæ,* 1541, **347**. — *Terentii Hecyra, Adelphi,* 1539, **318**; *Andria,* 1541, in-8°, **348**; 1541, in-4°, **348**, **434**; *Eunuchus, Phormio,* 1542, **363**; *Heautontimorumenos,* 1542, **364**. — *Virgilii opuscula,* 1545, **411**.

Donatus (Bernardus). — *Galeni opuscula,* 1546, **414**.

Donatus (Hieronymus). — *Themistius, in Aristotelis parva naturalia commentaria,* 1528, **110**.

Dorotheus (Sanctus). — *Novum testamentum,* 1534, **234**.

Dorotheus (Guilelmus). — *Annotationes Alexandri Aphrodisiensis in Aristotelis elenchorum librum,* 1542, **350**.

Ducherus (Gilbertus). — *Croci orationes,* 1520, **6**.

Duisburgensis (Sebastianus). — *Despauterii syntaxis,* 1543, **372**.

Dussonus (Franciscus). — *Cicero de oratore,* 1543, **370**. — *Egnatius, in Suetonium annotationes,* 1543, **385**.

Eckius (Joannes). — Enchiridion locorum communium adversus Lutheranos, 1526, **83**; 1527, **95**.

Egidius (Petrus). — *L. Vallæ elegantiarum libri,* 1527, **103**. — *Voyez aussi* Gillius (Petrus).

Egnatius (Joannes-Baptista). — In Suetonium annotationes, 1527, **102**; 1535, **255**; 1543, **385**. — *Suetonius, duodecim Cæsares,* 1527, **100**; 1535, **255**; 1543, **384**.

Élégie nuptiale à Madeleine de France, s. d., **416**.

Elenchus liborum quos Colinæus excudit, s. d., **417**.

Emericus Trojanus. — *Barptholomæi Christus xylonicus,* 1531, **174**.

Enchiridion artis numerandi, **427**).

ENGENTINUS (Philippus). — *Valerii Flacci argonauticon*, 1532, **200**.

EOBANUS Hessus. — Bonæ valetudinis conservandæ præcepta, 1533, **211**.

Epistolæ (divi Pauli), *voyez* Pauli epistolæ.

Épistres (les) S. Paul..., *voyez* LEFÈVRE d'Étaples (Jacques).

(Epitomes institutionum imperialium tabulæ tres, **424**).

ERASMUS (Desiderius). — De duplici copia verborum, de ratione studii, de laudibus literariæ societatis, 1522, **35**; 1528, **115**; 1530, **153**; 1534, **228, 432**; 1536, **262**. — De duplici copia verborum, 1539, **307**. — De octo orationis partium constructione, 1523, **47**; 1526, **83**; 1527, **94**; 1530, **152**; 1532, **192**; 1535, **245**; 1542, **355**; 1544, **393**. — Enchiridion militis christiani, 1523, **49**; 1529, **137**. — Parabolæ sive similia, 1523, **49**; 1529, **137**; 1540, **327**. — De conscribendis epistolis, 1523, **50**; 1527, **96**; 1530, **153**; 1533, **212**; 1539, **307**. — Conficiendarum epistolarum formula, 1526, **430**; 1532, **194**; 1543, **373**. — Breviores epistolæ, 1524, **63**; 1531, **177**. — Querimonia pacis, 1525, **71**; 1530, **153**. — Bellum, 1525, **72**; 1530, **153**. — De ratione studii ac legendi authores, concio de puero Jesu..., 1526, **84**. — Commentarius in nucem Ovidii et in duos hymnos Prudentii, 1526, **84**; 1533, **212**; 1539, **306**. — Colloquia familiaria, 1527, **96**; s. d., **417**. — De recta latini græcique sermonis pronuntiatione, 1528, **114**. — De civilitate morum puerilium, 1531, **178**; 1535, **246**; 1537, **278**; 1539, **308**; 1541, **341**. — Apophthegmatum opus, 1532, **193**. — Epistola ad fratres inferioris Germaniæ, 1545, **405**. — In Vallæ elegantias epitome, 1545, **405**. — *Brucherius, adagiorum ex erasmicis chiliadibus epitome*, 1523, **43**. — *Ciceronis officia*, 1524, **62**; 1528, **113**; 1530, **150**; 1533, **207**; 1538, **291**; 1541, **339**. — *Lactantius, liber de opificio dei*, 1529, **142**. — *Suetonius, duodecim Cæsares*, 1527, **100**; 1535, **255**; 1543, **384**. — *Egnatius, in Suetonium annotationes*, 1527, **102**; 1535, **255**; 1543, **385**. — *Quintus Curtius*, 1533, **218**; 1543, **382**. — *Testamentum novum*, 1532, **194**. — *Catonis disticha*, 1533, **206**; 1538, **290**; 1541, **338**. — *Hessus, bonæ valetudinis conservandæ præcepta* (medicinæ encomium), 1533, **211**. — *Despauterii syntaxis*, 1543, **372**. — *Du Saix, la touche naifve*, 1537, **281**. — *Saliat, déclamation contenant la manière de bien instruire les enfans*, 1537, **283**.

ERLAUTÆUS (Antonius). — *Alexandri Aphrodisiæi commentaria*, 1536, **257**.

ERUCTOS. — *Sophoclis tragœdiæ*, 1528, **128**.

ESTIENNE (Charles). — Naturæ pronominum, 1537, **278**; 1540, **328**. — Naturæ participiorum, 1537, **279**; 1538, **292**; 1540, **328**. — Naturæ verborum, 1538, **291**; 1540, **329**. — Naturæ infinitivorum, 1538, **292**; 1540, **328**. — Naturæ adverbiorum, 1538, **292**; 1540, **330**; 1542, **356**. — Naturæ præpositionum et interjectionum, 1540, **329**. — Naturæ conjonctionum, 1540, **329**. — Naturæ nominum, 1540, **328**. — Sylva, frutetum, collis, 1538, **293**. — Pratum, lacus, arundinetum, 1543, **373**. — De re herbaria, 1543, **374**. — De dissectione partium corporis humani, 1545, **409**. — La dissection des parties du corps humain, 1546, **412**. — *Catonis disticha*, 1533, **206**; 1538, **290**; 1541, **338**. — *Dicta sapientum Græciæ*, 1538, **290**; 1541, **339**; 1542, **356**. — *Terentii Andria*, 1541, **434**.

Estienne (Robert), *voyez* Stephanus (Robertus).

Euclides. — Geometria, 1521, **22**; 1527, **100**; 1531, **184**; 1534, **236**; 1538, **295**; (**424**). — In Geometricorum elementorum sex libros Finæi demonstrationes, 1536, **262**; 1544, **395**,

Eusebius Pamphilus. — De evangelica præparatione, 1534, **229**.

Eutropius. — De gestis Romanorum, 1531, **178**; 1539, **308**; 1542, **356**.

Evagrius (Sulpitius). — *Galenus, de usu partium,* 1528, **117**.

Evangelia, 1523, **42, 434**; 1524, **59**; 1525, **69**; 1528, **110**; 1529, **131**; 1531, **175**; 1533, **205, 435**; 1535, **240**; 1538, **288**; 1541, in-16, **336**; 1541, in-4°, **344**. — *Voyez* aussi Biblia *et* Novum Testamentum.

Évangiles en français, *voyez* Lefèvre d'Étaples (Jacques).

Expositio in quinquagesimum psalmum, 1523, **55**.

Faber (Dionysius). — *Petrus ab Aliaco, vita Cælestini quinti,* 1539, **300**.

Faber Stapulensis (Jacobus), *voyez* Lefèvre d'Étaples (Jacques).

Fabre (Jacques-Antoine). — *Pigafetta, voyage ez isles de Mollucques,* s. d., **421**.

Fabularum (de), ludorum... consuetudine, *voyez* Perionius (Joachimus).

Faciot (Jean), *voyez* Vulteius (Joannes).

Fargæus (Thomas). — *Alexandri Galli quantitates,* 1542, **351**. — *Valerius Maximus,* 1543, in-8°, **386**.

Felicianus (Joannes-Bernardus). — *Galeni opuscula,* 1546, **414**.

Fenestella (Lucius) [André-Dominique Fiocchi]. — De magistratibus sacerdotiisque Romanorum, 1530, **154**; 1535, **246**; 1539, **308**; 1542, **356**.

Fernelius (Joannes). — Monalosphærion, 1526, **85**. — Cosmotheoria, 1527, **97**; 1528, **116**. — De proportionibus, 1528, **117**. — De naturali parte medicinæ, 1542, 357. — (Generalis horarii instrumentum, 428). — (Secundum Monalosphærii instrumentum, 428). — (Instrumenta mathematica in Fernelii libris depicta, 428).

FERONA (Janus). — *Saliat, déclaration contenant la manière de bien instruire les enfans*, 1537, 283.

FERRARIUS (Joannes). — Adnotationes in Justitiani institutionum libros, 1533, 213.

FIENENSIS ou Δεφιενες [Louis de FIENNES]. — *Finæus, quadratura circuli*, 1544, 393.

FIERA (Baptista). — Cœna, 1533, 211.

FINÆUS ou FINEUS [Oronce FINÉ]. — Galliæ descriptio, 1525, 72. — Quadrans astrolabicus, 1534, 229. — Arithmetica practica, 1535, 246; 1542, 357; 1544, 396. — In Euclidis elementa demonstrationes, 1536, 262; 1544, 395. — De mundi sphæra, sive Cosmographia, 1542, 358. — Les canons et documens des almanachz, 1543, 374. — Quadratura circuli, 1544, 393. — Tabula proportionalis, 1545, 407. — *Ricius, de motu octavæ sphæræ*, 1521, 22. — *Rupeus, commentaria philosophiæ moralis*, 1537, 281. — *De Bouvelles, l'art et pratique de géométrie*, 1542, 353. — *Claudius, de his quæ mundo mirabiliter eveniunt; Bachon, de philosophorum lapide*, 1542, 355.

FLAMINIUS (Robertus). — *Trium poëtarum opuscula*, 1539, 314.

FLAVIUS (Blondus). — De Roma triumphante, 1533, 213.

FONTANIER (Ludovicus). — *Finæi quadratura circuli*, 1544, 393.

FONTANUS (Carolus). — *Vulteii inscriptiones*, 1538, 298.

FORESTI (Jacobus-Philippus), *voyez* BERGOMENSIS.

(Forma orationum, 425).

FORTIUS (Joachimus), *voyez* RINGELBERGIUS.

FORTOLUS (Antonius). — *Galenus, de nervis*, 1526, 86.

FOSSERIUS (Joannes). — *Finæi arithmetica*, 1535, 246; 1542, 357.

FRACHETIUS (Antonius). — *Sussanæus, dictionarium ciceronianum*, 1536, 270.

FROBENIUS (Joannes). — *Erasmus, de duplici copia verborum*, 1522, 35.

FROSSARDUS [Jean FROISSARD]. — Historiæ, 1537, 279.

FULGOSUS (Baptista). — De fœminis quæ doctrina excelluerunt, 1521, 20.

GAGNÆIUS [Jean de GAIGNY]. — In divi Pauli epistolas scholia, 1538, 294; 1539, 309. — Eadem, cum scholiis in epistolas canonicas et in Apocalypsin, 1543, 375. — Sermons de Guerricus, s. d., 419. — (*Apollonii Collatii, excidii hierosolymitani libri*, 425).

GALENUS (Claudius). — De affectorum locorum notitia, 1520, 6; 1539, 309. — De temperamentis, 1523, 50. — De differentiis febrium, 1523, 51; 1535, 249. — De nervis, 1526, 86, 435. — De usu partium corporis humani, 1528, 117. — De elementis, 1528, 118; 1541, 341. — Introductio, seu Medicus, 1528, 118. — Definitiones medicæ, 1528, 119. — De arte curativa, 1528, 119. — De ratione curandi, 1538, 294. — De motu musculorum; quos oportet purgare, 1528, 119. — De differentiis et causis morborum, 1528, 120. — De differentiis et causis symptomatum, 1528, 121. — Methodus in differentiis et causis morborum et symptomatum, 1535, 249. — De naturalibus facultatibus; de pulsuum usu, 1528, 121. — De facultatum naturalium substantia; quæ animi mores corporis temperaturam sequuntur; de propriorum animi cujusque affectuum agnitione et remedio, 1528, 122. — De atra bile, 1529, 138. — De pulsibus, liber introductorius, *græce*, 1529, 138. — De pulsibus commentariolus, 1531, 179. — De pulsibus, 1532, 195. — De diebus decretoriis; de morborum temporibus; de generalibus morborum temporibus, 1529, 139. — De euchymia et cacochymia, 1530, 155; *græce*, s. d., 418. — De alimentorum facultatibus, 1530, 155. — De facilibus paratu remediis, *græce*, 1530, 155. — De antidotis; de remediis paratu facilibus, 1533, 215. — De simplicium medicamentorum facultatibus, 1530, 156; 1545, 406. — Methodus medendi, 1530, 156. — De compositione medicamentorum κατὰ γένη, 1530, 158. — De compositione medicamentorum secundum locos, 1532, 250. — De sanitate tuenda, 1530, 158. — De crisibus, 1530, 159. — De constitutione artis medicæ, 1531, 179. — De theriaca, 1531, 180. — De anatomicis administrationibus, 1531, 180. — Perioche septem librorum priorum methodi, 1534, 230. — De semine, 1533, 214. — De causis respirationis, 1533, 214. — Institutiones anatomicæ, 1536, 264. — Ars medicinalis, 1524, 64; 1539, 311. — Ars medica, 1543, 275. — De constitutione medicinæ, *græce*, s. d., 418. — De urinis, *græce*, s. d., 418. — De ossibus, *græce*, s. d. 419. — In Hippocratis de natura humana librum commentaria, 1534, 233; 1539, 311. — In ejusdem aphorismos et prædictiones commentaria, 1532, 196. — In ejusdem de victus ratione in morbis acutis librum commentaria, 1531, 180; 1542, 359. — In ejusdem de morbis epidemiis libros commentaria, 1534, 232. — In ejusdem prorrhetici librum commentaria, 1535, 250. — De Hippocratis et Platonis placitis, 1534, 231. — Varia opera, 1534, 231. — Opera diversa, 1536, 265. — Opuscula aliquot, 1546, 414.

GALLARTIUS (Jacobus). — *Gaza, de mensibus atticis*, 1535, 251.

Gallus (Alexander), *voyez* Alexander Gallus.

Gallus (Antonius). — De ligno sancto, 1540, 330. — *Galenus, de atra bile,* 1529, 138. — *Galenus, de compositione medicamentorum,* 1530, 158. — *Galenus, de ratione curandi,* 1538, 294.

Gamerarius (Joachimus). — *Galeni opuscula,* 1546, 414.

Gasnerius (Joannes). — *Vulteii hendecasyllabi,* 1538, 299.

Gaudanus (Theodoricus-Gerardus). — *Galenus, de simplicium medicamentorum facultatibus,* 1530, 156; 1545, 406.

Gaza (Theodorus). — De mensibus atticis, 1535, 251. — *Cicero, de senectute, græce* (1523, 45); 1528, 113. — *Aristotelis problemata,* 1524, 57; 1534, 223. — *Aristoteles, de historia animalium,* 1524, 58; 1533, 204.

Georgius Trapezuntius. — Dialectica, 1528, 129; 1532, 200; 1534, 237; 1536, 270; 1539, 319; 1544, 400. — *Aristotelis rhetorica,* 1530, 147; 1540, 322. — *Eusebius, de evangelica præparatione,* 1534, 229.

Germanicus Cæsar. — *Arati phænomena,* 1540, 320.

Gerson (Jehan). — Opus tripartitum, *latine et gallice,* 1526, 86.

Gervaisius (Carolus). — *Arboreus, in Porphyrium scholia,* 1528, 108; 1533, 431.

Gilles (Pierre), *voyez* Gillius (Petrus) *et* Egidius (Petrus).

Gillius (Petrus). — *Scoppæ collectanea,* 1521, 24. — *Simeon, sancti Nicolai gesta,* 1521, 25. — *Valla, historiæ Ferdinandi regis Aragoniæ,* 1521, 27. — *Voyez* Egidius (Petrus).

Girardus (Carolus). — Institutiones græcæ, 1541, 342.

Goclenius (Conrardus). — *Erasmus, de latini græcique sermonis pronuntiatione,* 1528, 114.

Godeffredus (Dionysius). — *Millæus, praxis criminis persequendi,* 1541, 342.

Gonthier d'Andernach (Jean), *voyez* Guinterius Andernacus (Joannes).

Goraios (Joannes). — *Galenus, ars medica,* 1543, 375.

Goveanus [Antoine de Govéa]. — Pro Aristotele adversus P. Ramum responsio, 1543, 376. — Commentarius in Ciceronis topica, 1545, 407.

Grammatographia, *voyez* Lefèvre d'Étaples (Jacques).

Gregorius Turonensis. — Vita Monegundis, 1521, 20.

Gregorius (Martinus). — *Galeni opuscula,* 1546, 414.

Guarinus Veronensis. — *Trium poëtarum opuscula,* 1539, 314.

GUERRICUS. — Sermons, s. d., 419.

GUILLARDUS (Ludovicus). — Constitutiones synodales diocesis Carnotensis, 1526, 87; 1530, 159.

GUILLERMUS Meldensis, *voyez* BRIÇONNET (Guillaume).

GUINTERIUS Andernacus (Joannes). — *Galenus, de elementis*, 1528, 118; 1541, 341. — *Galeni introductio, seu Medicus*, 1528, 118. — *Galenus, de motu musculorum*, 1528, 119. — *Galenus, de naturalibus facultatibus*, 1528, 121. — *Galenus, de facultatum naturalium substantia*, 1528, 122. — *Galenus, de atra bile*, 1529, 138. — *Galenus, de euchymia et cacochymia*, 1530, 155. — *Galenus, de compositione medicamentorum*, 1530, 158; 1535, 250. — *Galenus, de pulsibus*, 1531, 179. — *Galenus, de theriaca*, 1531, 180. — *Galenus, de anatomicis administrationibus*, 1531, 180. — *Galenus, de Hippocratis et Platonis placitis*, 1534, 231. — *Galenus, opera varia*, 1534, 231. — *Galenus, de semine*, 1533, 214. — *Galenus, de antidotis, de remediis paratu facilibus*, 1533, 215. — *Galenus, institutiones anatomicæ*, 1536, 264. — *Galenus, opera diversa*, 1536, 265. — *Galenus, de constitutione medicinæ*, s. d., 418. — *Paulus Ægineta, de re medica*, 1532, 188. — *Cælius Aurelianus, liber celerum vel acutarum passionum*, 1533, 204. — *Eobanus Hessus, bonæ valetudinis præcepta*, 1533, 211. — *Oribasius, commentaria in aphorismos Hippocratis*, 1533, 217.

GYMNICUS (Joannes). — *Buschius, decimationum plautinarum pemptades*, 1521, 16.

HADRIANUS. — De sermone latino; iter Julii II, 1528, 122; 1534, 232.

HEGENDORPHINUS (Christophorus). — Methodus conscribendi epistolas, 1539, 310; 1543, 376. — *Erasmus, de duplici copia verborum*, 1528, 115; 1530, 153; 1536, 262.

HEILMAN (Christophorus). — *Galenus, de compositione medicamentorum*, 1530, 158.

HERESBACHIUS (Conrardus). — *Herodotus, de genere vitaque Homeri*, 1528, 123.

HERICUS. — Divi Germani Altissiodorensis vita, 1543, 377.

HERISSÆUS (Guliermus). — *Sussanæus, dictionarium Ciceronianum*, 1536, 270.

HERISSÆUS (Ludovicus). — *Sussanæus, dictionarium Ciceronianum*, 1536, 270.

HERMOGENES. — Ad artem oratoriam præexercitamenta, 1526, 88; 1535, 252.

HERMOLAUS Barbarus. — *Themistius, in Aristotelis parva naturalia commentaria*, 1528, **110**. — *Agricola, de inventione dialectica*, 1534, **221**; 1538, **287**; 1542, **349**.

HERODIANUS. — Historia græca, 1529, **139**; 1539, **310**.

HERODOTUS. — De genere vitaque Homeri, 1528, **123**.

HERRERA (Alfonso DE). — Disceptatio adversus Lutheranos, 1540, **330**.

HESIODUS. — Opera et dies, *græce*, s. d., **419**.

Heures à la louange de la vierge Marie, selon l'usage de Rome, 1525, **72**. — *Voyez* Horæ.

HIERONYMUS (divus). — *Sussanæus, annotationes in Despauterium*, 1542, **362**. — *Demarethus, periarchon grammatices*, 1543, **371**. — *Voyez* Biblia.

HIPPOCRATES. — Aphorismi, præsagia, 1524, **64**; 1532, **196**; 1539, **311**. — De natura humana, de victus ratione salubri, 1524, **64**; 1534, **233**; 1539, **311**. — De flatibus, 1525, **74**. — De morbis epidemiis, 1534, **232**. — *In librum de victus ratione in morbis acutis, Galeni commentarii*, 1531, **180**; 1542, **359**. — *Galenus, de Hippocratis et Platonis placitis*, 1534, **231**. — *Galenus, de elementis, ex Hippocratis sententia*, 1528, **118**; 1541, **341**. — *In prorrhetici librum Galeni commentarii*, 1535, **250**. — *Oribasius, in aphorismos commentaria*, 1533, **217**. — *Galeni opuscula*, 1546, **414**.

HISCA (Charlotta D'). — *Rime toscane d'Amomo*, 1535, **252**.

HISPALENSIS (Joannes), *voyez* JOANNES Hispalensis.

HOMERUS. — Batrachomyomachia, 1543, **378**. —*Herodotus, de genere vitaque Homeri*, 1528, **123**.

Horæ in laudem virginis Mariæ secundum consuetudinem Romanæ curiæ, 1524, **65**; 1525, **74**; 1527, **98**; 1543, in-4°, **378**; 1543, in-8°, **379**; (**425**). — *Voyez* Heures.

(Horæ ad usum parisiensem, **425**).

(Horarii generalis instrumentum, **428**).

HORATIUS. — Opera, 1528, **124**; 1531, **181**; 1533, **215**, **216**; 1539, **312**; 1540, **331**; 1543, **379**. — *Demarethus, periarchon grammatices*, 1543, **371**. — *Ovidii amatoria*, 1529, **142**; 1541, **433**.

(Hortulus animæ, **424**).

HOTOMANUS (Franciscus). — (Tabulæ de criminibus puniendisque sontibus et temperandis suppliciis, **426**).

HUTTENUS (Hulderichus). — *Salustius*, 1530, **165**, **430**; 1536, **269**; 1543, **384**.

(Hymni qui per totum annum leguntur, **424**).

IDIOTA, *voyez* JORDANUS (Raymondus).

IMBERTUS [Jean IMBERT]. — (Institutiones forenses Galliæ, **426**). — (Paraphrase des institutions forenses, **426**).

(Index omnium titulorum juris civilis, **426**).

(Institutione (de) novitiorum, **425**).

(Institutiones imperiales juris civilis, **426**). — (Earumdem epitome, **426**).

(Instrumenta mathematica in Fernelii de proportionibus libris depicta, **428**).

Introductiones in terminos, *voyez* ARISTOTE, CLICHTOVEUS (Judocus) et LEFÈVRE d'Étaples (Jacques).

ISOCRATES. — Ad Demonicum sermo, ad Nicoclem oratio, 1529, **140**. — *Catonis disticha moralia*, 1533, **206**.

JOANNES CHRYSOSTOMUS (divus). — Liber contra gentiles, 1528, **124**. — Quod nemo læditur nisi a se ipso, 1530, **160**. — (In dictum apostoli, modico vino utere, **425**).

JOANNES Hispalensis [JEAN, de Séville]. — *Alcabitius, ad magisterium judiciorum astrorum isagoge*, 1521, **12**.

JOANNES Saxonius [JEAN, de Saxe]. — *Alcabitius, ad magisterium judiciorum astrorum isagoge*, 1521, **12**.

JONAS Philologus. — Dialogi, 1530, **160**; 1540, **331**. — Quintiliani institutionum oratoriarum epitome, 1531, **183**; 1534, **234**; 1536, **267**; 1539, **315**; 1542, **361**. — *Galenus, definitiones medicæ*, 1528, **119**.

JORDANUS (Raymondus). — Idiota, de statu religiosorum, 1521, **19**. — Contemplationes Idiotæ, 1530, **161**; 1535, **253**. — Contemplations à l'honneur de la vierge Marie, s. d., **421**.

JUSTINIANUS. — Ferrarii adnotationes in quatuor libros institutionum, 1533, **243**. — *Voyez* Institutiones.

JUSTINIANUS (Leonardus). — *Simeon, sancti Nicolai gesta*, 1521, **25**.

JUSTINUS. — Historiæ, 1530, **161**.

JUVENALIS (Junius). — Satyræ, 1528, **125**; 1535, **253**; 1542, **360**.

LABERIUS (Henricus). — *Vulteii inscriptiones*, 1538, **298**.

LACTANTIUS Firmianus (Cœlius). — De opificio dei, 1529, **142**.

LAGRENUS (Joannes). — Rudimenta grammatices, 1526, **89**, **435**; 1531, **181**; 1539, **313**.

LASCARIS (Janus). — *Hippocrates, de flatibus*, 1525, **74**; 1539, **311**. — *Sophoclis tragœdiæ*, 1528, **128**. — *Galenus, methodus medendi*, 1530, **156**. — *Ruellius, veterinaria medicina*, 1530, **165**.

Latomus (Bartholomæus). — *Georgii Trapezuntii dialectica,* 1528, **129**. — *Ciceronis officia,* 1538, **291**; 1541, **339**. — *Agricolæ dialecticæ inventionis epitome,* 1542, **350**.

Laurentianus (Laurentius). — *Galenus, de differentiis febrium,* 1523, **51**; 1535, **249**. — *Hippocratis prædictiones,* 1532, **196**.

Lavachius (Nicolaus). — *Galeni opuscula,* 1546, **414**.

Lazarelus (Ludovicus). — *Mercurii Trismegisti Pimander et Asclepius,* 1522, **40**.

Leblanc (Estienne). — *Trois oraisons de Cicéron,* 1544, **392**.

Lefèvre (Denys), *voyez* Faber (Dionysius).

Lefèvre d'Étaples [Jacobus Faber Stapulensis]. — *Aristotelis philosophiæ naturalis paraphrases,* 1521, in-f°, **14**; 1521, in-8°, **15**; 1528, **109**; 1531, **172**. — *Commentarii initiatorii in quatuor evangelia,* 1522, **36**. — *In libros arithmeticos Boetii epitome,* 1522, **38**. — *Introductiones in terminos,* 1526, **81, 434**; 1530, **151**; 1533, **209**; 1535, **244**. — *In Aristotelis ethicen introductio,* 1526, **77**; 1527, **97**; 1528, **115**; 1532, **189**; 1537, **274**; 1545, **406**. — *In Aristotelis politica introductio,* 1535, **240**. — *Grammatographia,* 1529, **135**; 1533, **210**. — *Vocabulaire du psaultier,* 1529, **146**. — (*Tabulæ totius artis grammaticæ,* **426**). — *Aristotelis logica,* 1520, **1**; 1530, **148**; 1531, **171**; 1537, **273**; 1543, **368**. — *Aristotelis ethica,* 1522, in-f°, **29**; 1522, in-8°, **29**; 1530, **148**. — *Aristotelis politica,* 1526, **76**; 1543, **367**. — *Aristotelis moralia,* 1526, **77**; 1527, **93**; 1535, **239**; 1542, **352**. — *Sacrobosco, de sphæra,* 1521, **22**; 1527, **100**; 1531, **184**; 1534, **236**; 1538, **295**. — *Mercurii Trismegisti Pimander et Asclepius,* 1522, **40**. — *Le nouveau testament, en français,* 1523, **51, 52**; 1524, **65, 66, 67**. — *Le psaultier de David,* 1523, **53**; 1525, **74**. — *Psalterium David,* 1524, **60**. — *Arboreus, in Porphyrium, de quinque vocibus scholia,* 1528, **108**; 1533, **202**; 1537, **272**; 1543, **367**. — *Jordanus, contemplationes idiotæ,* 1530, **161**; 1535, **253**. — *Georgii Trapezuntii dialectica,* 1532, **200**; 1536, **270**; 1539, **319**; 1544, **400**.

Le Lieur (Jean). — *Fernelii monalosphærion,* 1526, **85**.

Leonicenus (Nicolaus). — *Hippocratis aphorismi,* 1524, **64**; 1532, **196**; 1539, **311**. — *Galenus, ars medicinalis,* 1524, **64**; 1539, **311**. — *Galenus, de arte curativa,* 1528, **119**. — *Galenus, de motu musculorum,* 1528, **119**. — *Galenus, de differentiis morborum,* 1528, **120**. — *Galenus, de crisibus,* 1530, **159**. — *Ovidii fastorum, tristium, de ponto libri,* **433**.

Le Roy (Jacobus). — *Millæus, praxis criminis persequendi,* 1541, **342**.

INDEX ALPHABÉTIQUE. 495

Le Roy, *voyez* Regius.

Le Sourt (B.). — Almanach pour 1528; 1528, **125**.

Libri venales in bibliopolio Calderii, (1546), **423**; (1548), **423**.

Libri venales in bibliopolio R. Stephani, (s. d.), **424**.

Lilius (Guilelmus). — De octo orationis partium constructione, 1523, **47**; 1526, **83**; 1527, **94**; 1530, **152**; 1532, **192**; 1535, **245**; 1542-335; 1544, **393**.

Limanus (Horatius). — *Galeni opuscula*, 1546, **414**.

Linacer *ou* Linacrus (Thomas). — *Galenus, de temperamentis*, 1523, **50**. — *Galenus, de motu musculorum*, 1528, **119**. — *Galenus, de differentiis symptomatum*, 1528, **121**. — *Galenus, de natura, libus facultatibus*, 1528, **121**. — *Galenus, methodus medendi*, 1530, **156**. — *Galenus, de sanitate tuenda*, 1530, **158**.

Lochianus (Michaël). — *Finæus, quadratura circuli*, 1544, **393**.

Longobardus (Petrus). — In Pauli apostoli epistolas collectanea, **425**.

Longolius [Pierre de Longueil]. — *Visorius, in Agricolæ de inventione dialectica libros epitome*, 1534, **222**.

Lucanus. — Pharsalia, 1528, **125**; 1537, **279**; 1543, **380**.

Luceus (Antonius). — *Brissoti apologetica disceptatio*, 1525, **70**.

Lucianus. — *Erasmi parabolæ*, 1523, **49**; 1529, **137**; 1540, **327**.

Luscinius [Ottemar Nachtigall]. — *Isocratis sermones*, 1529, **140**. — *Martialis epigrammaticon*, 1544, **397**.

Lusitanus (Joannes-Baptista). — *Fernelius, monalosphærion*, 1526, **85**. — *Fernelius, de proportionibus*, 1528, **117**.

Macault (Antoine). — *Les oraisons de Cicéron*, 1541, **340**. — *Oraison de Cicéron pour le rappel de Marcellus*, 1541, **341**.

Machabæorum libri, 1524, **61**; 1526, **79**; 1531, **176**; 1537, **275**.

Macrinus (Salmonius). — Carmina, 1528, **126**. — Carmina, 1530, **162**. — *Vulteii inscriptiones*, 1538, **298**. — *Vulteii hendecasyllabi*, 1538, **299**.

Macrobius. — *Virgilii opuscula*, 1545, **410**.

Major (Georgius). — *Erasmus, de duplici copia*, 1534, **432**.

Mamurra (Hector). — *Galenus, de usu partium*, 1528, **117**.

Mancinellus (Antonius). — *Badius, in Vallæ elegantiarum libros epitome*, 1524, **59**; 1529, **144**; 1532, **201**; 1535, **256**; 1538, **296**; 1540, **335**; 1544, **400**.

Manderston (Gulielmus). — Dialectices epitome, 1528, **126**.

Manicurtius (Joannes). — *Rossetus, Christus*, 1534, **235**.

Manière (La) de tourner toutes espèces de noms latins en nostre langue françoyse, 1537, 280; 1540, 332.

Manière (La) de tourner en langue francoyse les verbes actifz, passifz..., 1540, 332.

MANTUANUS (Baptista). — Elegia de morte contemnenda, 1527, 99. — *Æsopi fabulæ*, 1521, 11. — *Clichtoveus, de bello et pace*, 1523, 45. — *Aristotelis moralia*, 1526, 77. — *Faber, in ethicen introductio*, 1527, 97; 1528, 115; 1532, 189; 1537, 274; 1545, 406.

Manuale curatorum eduense, 1523, 54.

MARA (DE) [Guillaume DE MARE OU DE LA MARE]. — De tribus fugiendis, 1521, 19.

MARCOMVILLUS [Nicolas de MARCONVILLE]. — *Hericus, divi Germani altissiodorensis vita*, 1543, 377. — *Rabanus Maurus, in ecclesiasticum commentarii*, 1544, 398.

MARTIALIS. — Epigrammaton, 1528, 127; 1533, 216; 1539, 313; 1540, 332; 1544, 397.

MARTINIUS Gandavus (Joachinus). — *Galenus, de alimentorum facultatibus*, 1530, 155.

MARTINUS (Benignus). — *Aphthonius, rhetorica progymnasmata*, 1526, 76; 1539, 301; 1541, 336; 1543, 366.

MARTINUS Siliceus (Joannes). — Arithmetica, 1526, 89.

MARTYR (Pierre). — Extraict ou recueil des isles nouvellement trouvees en la grand mer Oceane, 1532, 196.

MASSETUS (Joannes). — *Virgilii opera*, 1542, 364. — *Valerius Maximus*, 1543, in-8°, 386. — *Patelinus comœdia*, 1543, 381.

MATTHÆUS Phrissemius (Joannes). — *Agricola, de inventione dialectica*, 1529, 130; 1534, 221; 1538, 287; 1542, 349.

MAXIMUS Tyrius. — *Novum testamentum, græce*, 1534, 234.

MECHANICOS (Leo). — *Arati phænomena*, 1540, 320.

MELANCHTHON (Philippus). — Compendiaria dialectices ratio, 1522, 39. — Dialectica, 1532, 199. — Institutiones rhetoricæ, 1523, 54; 1528, 127; 1531, 182; 1533, 217. — Rhetorices elementa, 1532, 199. — *Cicero, de oratore*, 1529, 133; 1534, 227; 1537, 276; 1543, 370. — *Cicero, de officiis*, 1530, 150; 1533, 207; 1538, 291; 1541, 339. — *Erasmus, de duplici copia verborum* 1534, 432. — *Ciceronis topica*, 1535, 244. — (*Ciceronis orator*, 424). — *Terentii Andria*, 1541, 434.

Memorabilibus (de) et claris mulieribus, 1521, 20.

MERCURIUS TRISMEGISTUS. — Pimander, Asclepius, 1522, 40.

INDEX ALPHABÉTIQUE.

Merula (Barptholomæus). — *Quintus Curtius*, 1523, **218**; 1543, **382**.

Mery (Antonius de). — *Galenus, perioche septem librorum priorum methodi*, 1534, **230**.

Methodus confessionis, *voyez* Viexmontius (Claudius).

Millæus Boius (Joannes). — Praxis criminis persequendi, 1541, **342**.

Mizaldus (Antonius), *voyez* Myzaldus.

Modestinus. — *Virgilii opuscula*, 1545, **410**.

Molinæus (Ludovicus). — *Vulteii inscriptiones*, 1538, **298**.

Moltherus (Menradus). — *Albinus, rhetorica*, 1529, **131**.

(Monalosphærii secundum instrumentum, **428**).

Monsdraconicus [Guillaume de Montdragon]. — *Butinus, ad syllabarum quantitatem isagoge*, 1532, **190**.

Montholonius [Jean de Montholon]. — Promptuarium divini juris, 1520, **8**.

Montisdocca (Joannes). — *Aristotelis parva naturalia*, 1530, **149**.

Morellus (Ivo). — *Patelinus, comœdia*, 1543, **381**.

Moribus (De) præcepta, 1543, **380**.

Mouchy (Antoine de), *voyez* Demochares (Antonius).

Moyffaict (Henricus). — *Jordanus, idiota de statu religiosorum*, 1521, **19**.

Multivallis (Joannes). — *Clichtoveus, de vera nobilitate*, 1520, **5**.

Murmellius (Joannes). — Tabulæ in artem componendorum versuum, 1530, **162**; 1534, **233**; 1541, **343**; 1543, **380**. — (In Aristotelis prædicamenta isagoge, **427**). — *Aristotelis logica*, 1520, **1**; 1531, **171**; 1537, **273**; 1543, **368**. — *Aristotelis ethica*, 1522, **29**. — *Aristotelis topica*, 1544, **390**. — *Æsopi fabulæ*, 1521, **11**.

Mycillus (Jacobus). — *Erasmus, de duplici copia verborum ac rerum*, 1536, **262**.

Mycreus (Jacobus). — *Epistolæ Basilii magni*, 1531, **174**.

Mystère du vieil testament, 1542, **360**.

Myzaldus [Antoine Mizauld]. — *Finæus, de mundi sphæra*, 1542, **358**. — *Finæus, quadratura circuli*, 1544, **393**. — *Finæus, in Euclidis elementa*, 1544, **395**.

Nabascuensis (Joannes). — *Alexandri Aphrodisiensis annotationes in librum elenchorum Aristotelis*, 1542, **350**.

Nachtgal (Othmarus), *voyez* Luscinius.

Naturæ adverbiorum, 1535, **253**; 1544, **397**. — *Voyez aussi* Estienne (Charles).

3_2

Naturæ verborum, 1534, **233**. — *Voyez aussi* ESTIENNE (Charles).

Naturæ adverbiorum, conjunctionum, infinitivorum, nominum, participiorum, præpositionum et interjectionum, pronominum, verborum, *voyez* ESTIENNE (Charles).

NEBRISSENSIS (Ælius-Antonius), *voyez* ANTONIUS Nebrissensis.

NEOMAGUS (Joannes). — *Georgii Trapezuntii dialectica*, 1528, **129**.

NERVIUS (Jacobus-Rogerius). — *Martini Silicæi arithmetica*, 1526, **89**.

NICANDER Toletanus (Ambrosius). — *Silius Italicus, de bello punico*, 1531, **185**.

NICOLAUS Magnus. — De medicis pulveribus, 1545, **408**.

NIGER (Franciscus). — Regulæ elegantiarum, 1521, **18**.

NOLANUS (Ambrosius-Leo). — *Actuarius, de urinis*, 1522, **28**.

Novum Testamentum, *græce*, 1534, **234**; *latine*, 1532, **194**; 1541, **344**; 1543, **381**; *voyez aussi* Biblia, Evangelia, Acta apostolorum, Pauli epistolæ *et* Apocalypsis; *gallice*, *voyez* LEFÈVRE d'Étaples (Jacques).

OBSEQUENS (Julius). — Prodigiorum liber, 1545, **408**.

Octo (de) orationis partium constructione libellus, *voyez* COLETUS (Joannes).

OLIVARIUS (Petrus-Joannes). — In Ciceronem, de finibus bonorum et malorum, annotationes, 1537, **276**. — In Pomponium Melam, de situ orbis, annotationes, 1539, **313**.

OLIVETANUS (Marius-Æquicolus). — *Aristotelis philosophiæ naturalis paraphrases*, 1528, **109**; 1531, **172**.

OMPHALIUS (Jacobus). — In Ciceronis pro lege Manilia orationem commentaria, 1534, **227**. — Prolegomena in Ciceronis pro Cecinna orationem, 1535, **243**. — Nomologia, 1536, **265**. — De elocutionis imitatione, 1537, **280**. — *Herodianus*, 1529, **139**; 1539, **310**.

OPTATUS (Cæsar). — *Galenus, de differentiis febrium*, 1523, **51**; 1535, **249**.

Oraisons très dévotes, *voyez* SAINT-GELAIS (Octavien DE).

(Oratiunculæ in psalmos, **424**.)

ORIBASIUS. — In Hippocratis aphorismos commentaria, 1533, **247**.

OVIDIUS. — Opera, 1529, **142-143**; 1536-37, **266-280**; 1541, **345**, **433**. — *Erasmus, in nucem commentaria*, 1526, **84**; 1533, **212**; 1539, **306**. — *Tibullus*, 1529, **132**.

Papilio (Joannes). — *Arboreus, theosophia*, 1540, **321**.

Papinius. — *Ovidii opera*, 1529, **142**; 1541, **433**.

Parænesis, seu exhortatio ad pœnitentiam, *voyez* Viexmontius (Claudius).

Parroius (Michaël). — *Ciceronis oratio pro Cælio*, 1534, **435**.

Patelinus, comœdia, 1543, **381**.

Pauli apostoli epistolæ, 1522, **32**; 1524, **60**; 1525, **69**; 1528, **111**; 1531, **175**; 1534, **431**; 1535, **241**; 1539, **301**; 1541, **344**; 1543, **381**; 1544, **390**. — *Gagnæii scholia*, 1538, **294**; 1539, **309**; 1543, **375**. — (*Longobardi collectanea*, **425**.) — *Voyez aussi* : Biblia *et* Novum testamentum.

Paulus Ægineta. — *Præcepta salubria*, 1527, **93**. — *De diebus criticis*, 1528, **121**. — *De re medica*, 1532, **188**.

Paulus Diaco [Paul Warnefried]. — *De gestis Romanorum*, 1531, **182**.

Pelletarius (Joannes). — *Aristotelis philosophiæ naturalis paraphrases*, 1521, **14**; 1531, **172**.

Pellitarius (Julianus). — *Mantuani de morte contemnenda elegia*, 1527, **99**.

Pellitarius (Petrus). — *Ciceronis pro Cecinna oratio*, 1540, **325**.

Pentateuchus Moysi, 1525, **70**; 1527, **94**; 1530, **150**; 1532, **189**; 1539, **302**; *voyez aussi* Biblia.

Perionius *ou* Perronius [Joachim Périon]. — *Oratio de laudibus Dionysii Briconeti*, 1536, **267**. — *Arati phænomena*, 1540, **320**. — *Aristotelis ethicorum librorum commentaria*, 1540, **323**. — *De optimo genere interpretandi*, 1540, **333**. — *De fabularum, ludorum... antiqua consuetudine*, 1540, **333**. — *Ex Timæo particula*, 1540, **334**. — *Titi Livii conciones*, 1532, **199**.

Perottus (Nicolaus). — *Horatii odæ*, 1528, **124**; 1533, **245**; 1539, **312**. — *Horatii opera*, 1531, **181**; 1540, **331**; 1543, **379**.

Perrellus (Joannes). — *Finæus, arithmetica practica*, 1535, **246**. — *Gaza, de mensibus atticis*, 1535, **251**.

Perronius (Joachimus), *voyez* Perionius.

Persius. — *Satyræ*, 1528, **128**; 1535, **254**; 1542, **361**; 1544, **398**.

Pesseliærus *ou* Pesselierus (Petrus). — *Hericus, divi Germani altissiodorensis vita*, 1543, **377**. — *Rabanus Maurus, in Ecclesiasticum commentarii*, 1544, **398**.

Petrutius *ou* Petrucius (Joannes-Baptista). — *Scoppæ collectanea*, 1521, **24**.

Phavorinus. — *Virgilii opuscula*, 1545, **410**.

PHILELPHUS (Franciscus). — *Aristotelis rhetorica*, 1530, **147**; 1540, **322**.

PIGAFETTA (Antoine). — Voyage ez isles de Mollucques, s. d., **421**.

PIGHIUS (Albertus). — Adversus Marci Beneventani astronomiam apologia, 1522, **40**.

PINUS [Jean DE PINS]. — *Divæ Catharinæ Senensis vita*, 1521, **20**.

PISCINARIUS (Joannes). — *Bonadus, monodiæ*, 1538, **288**.

PLANCA (Nicolaus A). — *Mantuani de morte contemnenda elegia*, 1527, **99**.

PLATO. — Ex Timæo particula, 1540, **334**. — *Thomæi opuscula*, 1530, **167**. — *Galenus, de Hippocratis et Platonis placitis*, 1534, **231**.

PLAUTUS. — Buschius decimationum plautinarum pemptades, 1521, **16**.

PLINIUS Junior. — De viris illustribus, 1545, **408**. — *Erasmi parabolæ*, 1523, **49**; 1529, **137**; 1540, **327**. — *Martialis epigrammata*, 1528, **127**; 1533, **216**; 1539, **313**; 1540, **332**; 1544, **397**. — *Virgilii opuscula*, 1545, **410**.

PLUTARCHUS. — De virtutibus mulierum, 1521, **20**. — Apophthegmata, 1530, **163**. — (Histoire des successeurs d'Alexandre le Grand, **427**). — *Erasmi parabolæ*, 1523, **49**; 1529, **137**; 1540, **327**. — *Du Saix, la touche naifve*, 1537, **281**.

POBLACION *ou* POBLATIUS (Joannes-Martinus). — Tabla de Cebetes, en castellano, 1532, **190**. — In figuram dierum criticorum explanatio, 1535, **254**. — (Instrumentum de diebus criticis, **428**).

POGGIUS Florentinus. — *Vallæ elegantiæ*, 1527, **103**. — *Diodori Siculi historiæ*, 1531, **177**.

POLITIANUS (Angelus). — *Herodianus*, 1529, **139**; 1539, **310**.

POLITUS (Joannes). — *Galeni opuscula*, 1546, **414**.

POLYBUS. — De victus ratione, 1533, **211**; 1539, **311**.

POMPONIUS LÆTUS [Jules SANSEVERINO]. — De magistratibus sacerdodotiisque Romanorum, 1530, **154**; 1535, **246**; 1539, **308**; 1542, **356**.

POMPONIUS MELA. — De situ orbis, 1539, **313**.

PONTANUS (Michaël). — *Faber et Clichtoveus, in politica Aristotelis commentaria*, 1536, **240**.

PORCELLIUS. — Opuscula, 1539, **314**.

PORPHYRIUS. — Aristotelis logica, 1520, **1**; 1531, **171**; 1537, **273**; 1543, **368**. — Prædicabilia, 1544, **389**. — *Arboreus, in prædicabilia scholia*, 1528, **108**; 1533, **202**; 1537, **272**; 1543, **367**.

PORTA (Petrus). — *Mercurius Trismegistus, Pimander et Asclepius*, 1522, **40**.

PORTIUS LATRO. — Salustius, 1530, **430**; 1536, **269**; 1543, **384**.

PRATO (A) [Antoine DU PRAT]. — Decreta concilii senonensis, 1529, **136**; 1532, **193**.

PREUDHOMME (Christophorus). — *Trium poëtarum opuscula*, 1539, **314**.

Principes et premiers éléments de la langue latine, 1539, **315**; 1543, **382**.

Principia elementaria, 1535, **254**; 1540, **334**; 1541, **345**.

PROBOLINUS (Eusebius). — *Torinus, ædiloquium*, 1530, **169**.

PROCLUS Lycius. — *Thomæi opuscula*, 1530, **167**.

PROPERTIUS. — Opera, 1529, **132**; 1534, **226**; 1543, **369**.

Prophetarum libri, 1524, **61**; 1526, **79**; 1531, **176**; 1537, **275**. — *Voyez* Biblia.

(Prosæ totius anni, **425**).

PRUDENTIUS. — *In hymnos de natali puero Jesu et de epiphania Erasmi commentaria*, 1526, **84**; 1533, **213**; 1539, **306**.

(Psalterium afflictorum, cum accentibus, **424**).

Psalterium Davidis, *ou* Psalmorum liber, 1523, **43**; 1524, **60**; 1528, **111**; 1535, **241**; 1540, **324**; (**424**). — *Voyez* Biblia.

Psaultier de David, 1523, **53**; 1525, **74**.

PSELLIUS. — Commentarius de victus ratione, 1530, **155**.

QNIPHATIUS. — *Galenus, definitiones medicæ*, 1528, **119**.

QUERCU (A) [P. DU CHESNE]. — *Demarethus, periarchon grammatices*, 1543, **371**.

QUINTILIANUS. — Oratoriæ institutiones 1541, **345**. — Jonas Philologus, oratoriarum institutionum epitome, 1531, **183**; 1534, **234**; 1536, **267**; 1539, **315**; 1542, **361**. — Declamationes, 1542, **361**. — *Demarethus, periarchon grammatices*, 1543, **371**. — *Virgilii opuscula*, 1545, **411**.

QUINTINUS (Joannes). — (Juris analecta, **426**).

QUINTUS CURTIUS. — De rebus gestis Alexandri Magni, 1533, **218**; 1543, **382**.

QUIRITIUS (Franciscus). — *Macrini carmina*, 1528, **126**.

RABANUS MAURUS. — In Ecclesiasticum commentaria, 1544, **398**.

RABIRIUS (Junius). — *De octo orationis partium constructione*, 1542, **355**.

Raison d'architecture antique, *voyez* SAGREDO (Diego DE).

RAMUTINUS (Alamanus). — *De memorabilibus et claris mulieribus,* 1521, 20.

RAVISIUS TEXTOR [Jean TIXIER DE RAVISY]. — De memorabilibus et claris mulieribus, 1521, 20.

REGIUS (Jacobus), *voyez* LE ROY (Jacobus).

REGIUS (Joannes). — *Plutarchi apophthegmata,* 1530, **163**.

REGIUS (Ludovicus). — *Arboreus, in Porphyrium scholia,* 1533, **202**; 1537, **272**; 1543, **367**.

REGIUS (Nicolaus). — *Galenus, de usu partium,* 1528, **117**. — *Galeni opuscula,* 1546, **414**.

REGIUS (Raphaël). — *Plutarchi apophthegmata,* 1530, **163**.

REGNERIUS (Andreas). — De nonnullis juris casibus, 1531, **183**.

Regum libri, 1526, **78**; 1529, **131**; 1534, **225**; 1540, **324**. — *Voyez* Biblia.

RHÆTUS (Thomas-Æglolphides). — *Arithmetica Martini Silicæi,* 1526, **89**.

RHASES. — De curatione morborum particularium, 1534, **235**.

RHEMNIUS FANNIUS (Q.). — De ponderibus et mensuris, 1533, **218**.

RHENANUS (Beatus). — *Aristotelis politica,* 1526, **76**; 1543, **367**.

RICHARDUS (Petrus). — Confessionale, 1524, **68**.

RICHARDUS a Sancto Victore. — De potestate ligandi, 1526, **91**; 1534, **237**.

RICHERIUS (Christ.). — *Vulteii hendecasyllabi,* 1538, **299**.

RICIUS (Augustinus). — De motu octavæ sphæræ, 1521, **22**.

RINGELBERGIUS [Joachim FORTIUS]. — Rhetorica, 1539, **316**; 1543, **383**; 1545, **408**. — Dialectica, 1540, **334**.

RIVERIUS [Estienne DE LA RIVIÈRE]. — *Stephanus, de dissectione partium corporis humani,* 1545, **409**; *Estienne, la dissection des parties du corps humain,* 1546, **412**.

ROMBERCH (Joannes). — *Eckius, enchiridion locorum communium,* 1526, **83**; 1527, **95**.

ROSSELLETUS (Claudius). — *Gaza, de mensibus atticis,* 1535, **251**.

ROSSETUS (Petrus). — Christus, 1534, **235**; 1543, **383**.

ROTA (Julianus-Martianus). — *Galeni opuscula,* 1546, **414**.

ROVETIUS (Joannes). — *Finæus, quadratura circuli,* 1544, **393**.

RUCIANUS (Perardus). — *Vulteii inscriptiones,* 1538, **299**.

Rudimenta ascensiana, *voyez* BADIUS.

INDEX ALPHABÉTIQUE. 503

RUELLIUS [Jean DU RUEL]. — Veterinaria medicina, 1530, **165**. — De natura stirpium, 1536, **267**. — *Dioscorides, de medica materia*, 1537, **277**. — *Sussanæi, in Virgilii moretum scholia*, 1542, **365**.

RUFUS *ou* RUFFUS (Girardus). — *Boetii arithmetica*, 1521, **15**. — *Aristotelis magna moralia*, 1522, **30**.

RUPEFORTI (Claudius A'). — *Gaza, de mensibus atticis*, 1535, **251**.

RUPEUS (Hieronymus). — In philosophiam naturalem Aristotelis lucubrationes, 1536, **259**. — Commentaria philosophiæ moralis, 1537, **281**.

SACROBOSCO (DE) [Jean DE HOLYWOOD]. — Textus de sphæra, 1521, **22**, **435**; 1527, **100**; 1531, **184**; 1534, **236**; 1538, **295**.

SADOLETUS (Jacobus). — De liberis recte instituendis, 1534, **236**. — *Saliat, déclamation contenant la manière de bien instruire les enfans*, 1537, **283**.

SAGITTARIUS (Petrus). — *Agricola, de inventione dialectica*, 1534, **222**.

SAGREDO (Diego DE). — Raison d'architecture antique, 1539, **316**; 1542, **362**; s. d., **422**.

SAINT-GELAIS (Octavien DE). — Oraisons très dévotes, s. d., **422**.

SAIX (Antoine DU). — La touche naifve, 1537, **281**. — Petitz fatras d'un apprentis, 1537, **282**.

SALA (Gastonus). — *Ammonii in prædicamenta Aristotelis commentarii*, 1542, **351**.

SALERONE (Franciscus A). — *Millæus, praxis criminis persequendi*, 1542, **341**.

SALIAT (Pierre). — Déclamation contenant la manière de bien instruire les enfans, 1537, **283**. — *Salluste, oraisons en français*, 1537, **284**.

Salomonis proverbia, 1524, **61**; 1526, **79**; 1527, **94**; 1535, **241**; 1539, **302**; 1542, **353**.

SALLUSTIUS. — Opera, 1523, **55**; 1530, **165**, **430**; 1536, **269**; 1543, **384**. — Oraisons, trad. par P. Saliat, 1537, **284**.

SANSEVERINO (Jules), *voyez* POMPONIUS LÆTUS.

SARZOSUS (Franciscus). — In æquatorem planetarum, 1526, **91**. — (Æquatoris instrumentum, **428**).

SAXANUS (Antonius), *voyez* SAIX (Antoine DU).

SAXONIUS (Joannes), *voyez* JOANNES Saxonius.

SCEPPEREUS (Cornelius). — *Boetii arithmetica*, 1521, **15**.

Scève (Georges de). — *Vulteii hendecasyllabi,* 1538, **299.**

Scoppa (Lucius-Joannes). — Collectanea, 1521, **24.**

Sedigitus (Volcatius). — *Terentii Andria,* 1541, **434.**

Seneca. — *Erasmi parabolæ,* 1523, **49**; 1529, **137**; 1540, **327.** — *Demarethus, periarchon grammatices,* 1543, **371.**

Sepulveda (Joannes-Genesius). — Opera, 1541, **346.** — *Alexandri Aphrodisiæi in Aristotelem de prima philosophia commentarii,* 1536, **257.**

Serenus Sammonicus (Q.). — De medicina, 1533, **218.**

Servet (Michel), *voyez* Villanovanus.

Servius. — *Virgilii opuscula,* 1545, **410.**

Sextus Aurelius. — Historiæ imperatorum, 1530, **161**; 1531, **184**; 1544, **399.**

Seyssel (Claude de). — (Histoire des successeurs d'Alexandre le Grand, **427**).

Silius Italicus. — De bello punico, 1531, **185.**

Simeon. — Sancti Nicolai gesta, 1521, **25.**

Simonides. — *Sophoclis tragœdiæ,* 1528, **128.**

Sleidan (Jean). — *Frossardi historiarum opus,* 1537, **279.**

Solinus (Caius-Julius). — Polyhistor, 1533, **219.**

Sophocles. — Tragœdiæ, *græce,* 1528, **128.** — (*In Sophoclem commentaria,* **427**).

Sophronius. — *Novum testamentum,* græce, 1534, **234.**

Spifamius (Jacobus). — *Boetii arithmetica,* 1521, **15.**

Statius. — Opera, 1530, **165.**

Stephanus (Carolus), *voyez* Estienne (Charles).

Stephanus [Robert Estienne]. — Hebræa, chaldæa... nomina quæ in Bibliis leguntur, 1541, **338.** — Libri vænales, s. d. **424.** — *Pauli apostoli epistolæ,* 1522, **32.** — *Apocalypsis,* 1522, **34.** — *Evangelia,* 1523, **42.** — *Acta apostolorum,* 1523, **42.**

Stilus ecclesiasticæ jurisdictionis Biturencis, 1529, **143.**

Strabius Gallus. — *Eobani Hessi bonæ valetudinis præcepta,* 1533, **211.**

Strozius (Ercole). — Opera, 1530, **166.**

Strozius (Tito-Vespasiano). — Opera, 1530, **166.**

Strutius (Josephus). — *Galeni opuscula,* 1546, **414.**

Sturmius (Joannes). — *Galenus, de simplicium medicamentorum facultatibus*, 1530, **156**; 1545, **406**. — *Ciceronis orationes*, 1541, **427**.

SUETONIUS. — Duodecim cæsares, 1527, **100**; 1535, **255**; 1543, **384**. — De claris grammaticis, 1545, **408**. — *Egnatii annotationes*, 1527, **102**; 1535, **255**; 1543, **385**.

SUIDAS. — *Ovidii amatoria*, 1529, **142**; 1541, **433**.

SULPITIUS Apollinaris. — *Terentii opera*, 1541, **347**.

SULPITIUS Carthaginiensis. — *Virgilii opuscula*, 1545, **410**.

SULPITIUS (Joannes). — *Lucani pharsalia*, 1528, **125**.

SUSSANÆUS, SUSSANNÆUS ou A SUSANNA [Hubert SUSANNEAU]. — Dictionarium Ciceronianum, 1536, **270**. — Ludorum libri, 1538, **296**. — Annotationes in artem versificatoriam Despauterii, 1542, **362**; 1543, **385**. — (In Despauterii figuras collectanea, **426**). — De resurrectione domini nostri Jesu-Christi, 1544, **399**. — Vita martyrum Gervasii et Prothasii, 1543, **386**. — *Terentianus Maurus, de litteris*, 1531, **185**. — *Rossetus, Christus*, 1534, **235**; 1543, **383**. — *Virgilii opera*, 1538, **297**. — *Vulteii hendecasyllabi*, 1538, **299**. — *Quantitates Alexandri Galli*, 1542, **351**. — *Ammonii in Aristotelis prædicamenta commentarii*, 1542, **351**. — *De Bouvelles, l'art et pratique de géométrie*, 1542, **353**. — *Ruellius, in Virgilii moretum scholia*, 1542, **365**. — *Aristotelis politica*, 1543, **367**. — *Ciceronis orationes*, 1543, **370**. — *Demarethus periarchon*, 1543, **371**. — *Despauterii syntaxis*, 1543, **372**. — *Erasmus, conficiendarum epistolarum formula*, 1543, **373**. — *Hericus, divi Germani altissiodorensis vita*, 1543, **377**. — *Horatii opera*, 1543, **379**. — *Lucanus*, 1543, **380**. — *Murmellii tabulæ*, 1543, **380**. — *Patelinus, comœdia*, 1543, **381**. — *Valerius Maximus*, 1543, in-16, **387**. — *Valla, elegantiarum adeps*, 1543, **388**. — *Virgilius, Tityrus*, 1543, **388**. — *Finæus, quadratura circuli*, 1544, **393**. — *Georgius Trapezuntius, dialectica*, 1544, **400**.

SYLVANUS (Pascasius). — *Rossetus, Christus*, 1534, **235**.

SYLVIANUS (Bartholomæus). — *Ammonii in prædicamenta Aristotelis commentarii*, 1542, **351**.

SYLVIUS [Jacques DU BOIS]. — In Galenum de differentiis et causis morborum et symptomatum tabellæ, 1535, **249**.

SYMEON (Gabriel). — *Rime toscane d'Amomo*, 1535, **252**.

(Tabulæ de varia græci sermonis constructione, **426**).

(Tabulæ totius græcorum grammatices, **426**).

TACITUS. — *Virgilii opuscula*, 1545, **410**.

TADEUS Bononiensis. — *Trium poëtarum opuscula*, 1539, **314**.

TERENTIANUS MAURUS. — De litteris, 1531, **185**.

TERENTIUS. — Opera, 1541, **347**; 1544, **399**; (*latine et gallice*, **424**.) — Hecyra, 1539, **318**. — Adelphi, 1539, **318**. — Andria, 1541, in-4°, **348**; 1541, in-8°, **348, 434**. — Phormio, 1542, **363**. — Eunuchus, 1542, **363**. — Heautontimorumenos, 1542, **364**.

TEXTOR (Benedictus). — *Stirpium differentiæ*, 1534, **237**.

TEXTOR (Ravisius), *voyez* RAVISIUS TEXTOR.

THEMISTIUS. — In Aristotelem commentaria, 1528, **110**. — *Brosserius, Aristotelis philosophiæ naturalis epitome*, 1536, **259**.

THEODORICUS (Joannes). — In Vallam de latinæ linguæ elegantia annotationes, 1540, **335**; 1544, **400**.

THEOGNIDES. — *Rupeus, commentaria philosophiæ moralis*, 1537, **281**.

THEOPHRASTES. — *Erasmi parabolæ*, 1523, **49**; 1529, **137**; 1540, **327**.

THOMÆUS (Nicolaus-Leonicus). — Opuscula, 1530, **167**. — Dialogi, 1530, **168**. — *Aristotelis parva naturalia*, 1530, **149**. — *Galeni opuscula*, 1546, **414**.

THOMAS. — *Grammatographia*, 1529, **135**; 1533, **210**.

THOMAS (Simon). — *Galenus, de differentiis febrium*, 1535, **249**.

THYLESIUS (Antonius). — Araneola, Cicindela, 1529, **145**.

TIBULLUS. — Opera, 1529, **132**; 1534, **226**; 1543, **369**.

TISLINUS (Joannes). — In Ciceronis pro Cælio orationem commentaria, 1534, **226, 435**.

TITELMANNUS (Franciscus). — Compendium dialecticæ, 1542, **364**.

TITUS LIVIUS. — Conciones, 1532, **199**.

TITUS PROBUS (Caius). — *Valerius Maximus*, 1543, in-8°, **386**; 1543, in-16, **387**.

TIXIER de Ravisy, *voyez* RAVISIUS TEXTOR (Joannes).

TODÆUS SCOTUS. — Dialecticæ methodus, 1544, **400**.

TORINUS [Geofroy TORY]. — In filiam epitaphia, 1523, **55**. — Ædiloquium, 1530, **169**.

TORNACÆUS (Gervasius). — *Demarethus, periarchon grammatices*, 1543, **371**.

TORNATUS (Andreas). — *Mantuanus, de morte contemnenda*, 1527, **99**.

TORNEMOLANUS (Joannes). — *Demarethus, paronomasia*, 1536, **260**.

TORTELLIUS. — *Demarethus, periarchon grammatices*, 1543, **371**.

TOUSANOS (Jacobus). — *Galenus, de ratione curandi*, 1538, **294**.

TRAPEZUNTIUS (Georgius), *voyez* GEORGIUS Trapezuntius.

TREBANUS. — Opuscula, 1539, **314**.

TRITEMIUS (Joannes). — *Hericus, divi Germani altissiodorensis vita*, 1543, **377**.

TUILLERIUS (Joannes). — (*Catonis disticha*, **427**).

VALERIUS FLACCUS. — Argonauticon, 1532, **200**.

VALERIUS MAXIMUS. — Historiæ, 1527, **102**; 1531, **186**; 1533, **219**; 1535, **255**; 1543, in-8°, **386**; 1543, in-16, **387**.

VALERIUS PROBUS. — De scripturis antiquis, 1527, **103**; 1543, **387**.

VALLA (Georgius). — *Aristotelis magna moralia*, 1522, **30**; 1526, **77**; 1527, **93**; 1535, **239**; 1542, **352**.

VALLA (Laurentius). — Historiæ Ferdinandi Aragoniæ regis, 1521, **27**. — Elegantiarum libri, 1527, **103**; 1532, **204**, **435**; 1535, **256**; 1538, **296**; 1540, **335**; 1544, **400**. — Eorumdem librorum Badii epitome, 1524, **59**; 1529, **144**. — Elegantiarum adeps, 1528, **129**; 1530, **170**; 1533, **220**; 1536, **271**; 1543, **388**. — Erasmus, in elegantias epitome, 1545, **405**. — Dialectica, 1530, **169**. — (De voluptate ac vero bono, **425**). — *Æsopi fabulæ*, 1521, **11**.

VALLAMBERTUS [Simon de VALLAMBERT]. — Historia M. T. Ciceronis M. filii, 1545, **410**.

VALLENSIS (Laurentius), *voyez* VALLA (Laurentius),

VARANIUS (Valerandus). — *De gestis Joannæ virginis Franciæ*, 1521, **20**.

VARRO (Marcus-Terentius). — De lingua latina, 1539, **144**.

VASSÆUS (Ludovicus). — *Manderston, dialectices epitome*, 1528, **126**.

VASSÆUS *ou* VASSEUS (Joannes), — *Galenus, in Hippocratem de victus ratione*, 1531, **180**; 1542, **359**. — *Galenus, de causis respirationis*, 1533, **214**. — *Galenus, in Hippocratis prorrhetici librum commentaria*, 1535, **250**.

VATABLUS (Franciscus). — Aristotelis philosophiæ naturalis paraphrases, 1528, **109**; 1531, **172**.

VEGIUS (Maphæus). — *Virgilii opera*, 1526, **92**; s. d., **423**. — *Virgilii opuscula*, 1545, **410**.

Veneratione (de) sanctorum, *voyez* CLICHTOVEUS (Judocus).

VERGILLIUS (Marcellus). — *Textor, stirpium differentiæ*, 1534, **237**.

(Vesperæ pro omnes ferias dicendæ, **423**).

VIDA (Marcus-Hieronymus). — Scachorum liber, 1529, **145**.

VIEXMONTIUS [Claude VIEUXMONT]. — Exhortatio ad pœnitentiam,

1533, 220. — Catechismus, 1537, 285. — Methodus confessionis, 1538, 297; 1542, 364 — (Christiana veritas, 425).

Villanovanus [Billanobanos]. — *Brosserius, Aristotelis philosophiæ naturalis epitome*, 1536, 259.

Villanovanus [Michel Servet]. — Syruporum universa ratio, 1537, 285.

Villerius (Franciscus). — *Homeri batrachomyomachia*, 1543, 378.

Villiers (Carolus de). — Constitutiones synodales diocesis Belvacensis, 1531, 186.

Virgilius. — Opera, 1526, 92; 1531, 187; 1538, 297; 1542, 364; s. d., 423. — Tityrus, 1543, 388. — Opuscula, 1545, 410. — *Ovidii amatoria*, 1529, 143; 1541, 433. — *Sussanæus, in moretum scholia*, 1542, 365.

Visorius (Johannes). — De inventione dialectica Agricolæ epitome, 1534, 222. — Methodus, 1534, 237.

Vitruve. — Raison d'architecture antique, 1539, 316; 1542, 362; s. d., 422.

Vives (Ludovicus). — Introductio ad sapientiam, 1527, 105. — De subventione pauperum, 1532, 201.

Vocabulaire du psaultier, 1529, 146.

Volaterranus (Raphaël). — De moribus mulierum, 1521, 20. — *Æsopi fabulæ*, 1521, 11. — *Xenophontis œconomicon*, 1535, 240.

Volcardus (Jacobus). — *Erasmus de recta latini græcique sermonis pronuntiatione*, 1528, 114.

Voyage ez isles de Mollucques, *voyez* Pigafetta (Antoine).

Vuissbadiensis (Christ.-Heyl.). — *Galeni opuscula*, 1546, 414.

Vulteius [Jean Faciot]. — Inscriptiones, 1538, 298. — Hendecasyllabi, 1538, 299.

Wiesendanger, *voyez* Ceporinus (Jacobus).

Wimphelingius (Jacobus). — *Erasmus de duplici copia verborum*, 1522, 35; 1536, 262.

Xenophons. — Œconomicon, 1535, 240. — *Erasmi parabolæ*, 1523, 49; 1529, 137; 1540, 327.

Zambertus (Bartholamæus). — *In Euclidis elementa Finæi demonstrationes*, 1536, 262; 1544, 395.

INDEX ALPHABÉTIQUE

DES LIBRAIRES ET DES IMPRIMEURS

Angellier (Jean l'), *voyez* Engellier.

Angelliers (Arnoul et Charles les). — Oraisons de Cicéron, 1541, 340. — Millæus, praxis criminis persequendi, 1541, **342**.

Augerellus (Antonius). — Eusebius, de evangelica præparatione, 1534, **229**.

Badius (Judocus). — *Voyez l'index alphabétique des auteurs.*

Bertault (Barthélemy), de Bourges. — Stilus ecclesiasticæ juridictionis biturencis, 1529, **143**.

Billequo (Nicolas). — Boetius, de divisionibus et diffinitionibus, 1540, **324**. — Ringelbergii dialectica, 1540, **334**. — Boetius, de differentiis topicis, 1541, **338**.

Blaublomius, Cyaneus ou Cyanius (Lodovicus). — Cicero, de oratore, 1529, **133**. — Herodianus, 1529, **139**. — Vida, scachorum liber, 1529, **145**. — Aristotelis parva moralia, 1530, **149**. — Erasmi opus de conscribendis epistolis, 1530, **153**. — Galenus, de simplicium medicamentorum facultatibus, 1530, **156**. — Galenus, de sanitate tuenda, 1530, **158**. — Galenus, de crisibus, 1530, **159**. — Plutarchi apophthegmata, 1530, **163**. — Ruellius, veterinariæ medicinæ libri duo, 1530, **165**. — Leonici Thomæi opuscula, 1530, **167**. — Leonici Thomæi dialogi, 1530, **168**. — Valla, de dialectica libri tres, 1530, **169**. — Vallæ elegantiarum adeps, 1530, **170**. — Erasmi epistolæ, 1531, **177**. — Constitutiones synodales diocesis Belvacensis, 1531, **186**. — Alexandri Aphrodisiensis in Aristotelem commentaria, 1536, **257**.

Bossozel (Guillaume). — Galenus, de elementis, 1541, **341**.

Caveiller (Estienne). — J. Bouchet, les triumphes de la noble dame, 1539, **304**.

Chaudière (Claude). — *Voyez l'index alphabétique des auteurs.*

Chaudière (Regnauld). — L'accord de la langue française avec la latine, 1540, **320**. — Galenus, de elementis, 1531, **341**. — Goveani commentarius in Ciceronis topica, 1545, **407**. — Nicolaus Magnus, de medicis pulveribus, 1545, **408**. — Libri vænales, 1546, **423**; 1548, **424**.

Couteau (Antoine). — Nouveau testament en français, 1523, **66**.

Cyaneus ou Cyanius (Lodovicus), *voyez* Blaublomius.

Danont (Guillaume), *voyez* Dauoust.

Dauoust (Guillaume). — Clichtoveus, compendium veritatum, 1529, **134**. — Decreta concilii senonensis, 1529, **136**; 1532, **193**.

Engellier (Jean), de Bourges. — Girardus, græcarum institutionum libri, 1541, **342**.

Estienne (Charles). — *Voyez l'index alphabétique des auteurs.*

Estienne (François). — Caroli Stephani naturæ pronominum, 1537, **278**; 1540, **328**; naturæ participiorum, 1537, **279**; 1538, **292**; 1540, **329**; naturæ verborum, 1538, **291**; 1540, **329**; naturæ infinitivorum, 1538, **292**; 1540, **328**; naturæ adverbiorum, 1538, **292**; 1540, **330**; 1542, **350**; naturæ nominum, 1540, **328**; naturæ pronominum, 1540, **328**; naturæ conjunctionum, 1540, **328**; naturæ præpositionum, 1540, **329**. — La manière de tourner toutes espèces de noms latins, 1537, **280**; 1540, **332**. — Conjugaisons latines et françoises des verbes actifs, passifs..., 1540, **327**. — Rupei commentaria philosophiæ moralis, 1537, **281**. — Catonis disticha de moribus, 1538, **290**; 1541, **338**. — Dicta sapientum Græciæ, 1538, **290**; 1541, **339**; 1542, **356**. — C. Stephani sylva, frutetum, collis, 1538, **293**. — Viexmontii methodus confessionis, 1538, **297**; 1542, **364**. — Vita Cælestini quinti, 1539, **300**. — Terentii Hecyra, 1539, **318**; Adelphi, 1539, **318**; Andria, 1541, in-4°, **348**; in-8°, **348**, **434**; Phormio, 1542, **363**; Eunuchus, 1542, **363**; Heautontimorumenos, 1542, **364**. — Perionii de fabularum, ludorum... antiqua consuetudine 1540, **333**. — Agricolæ dialecticæ inventionis epitome, 1542, **350**. — C. Stephani pratum, lacus, arundinetum, 1543, **373**. — C. Stephanus, de re herbaria et hortensi, 1543, **374**. — Brevissima conficiendarum epistolarum formula, 1543, **373**. — Patelinus, 1543, **382**.

Estienne (Henri). — Logica Aristotelis, 1520, **1**. — Montholonius, promptuarum divini juris, 1520, 8. — Clichtoveus, elucidatorium ecclesiasticum, 1521, 17.

ESTIENNE (Robert). — Ciceronis epistolæ familiares, 1545, 404.

HYGMAN (Damien), *voyez* ICHMAN.

ICHMAN (Damien). — Orationes Richardi Croci, 1520, 6.

NYVERD (Jacques). — Supplementum chronicorum, 1535, 247.

PRÉ (Galliot DU). — Supplementum chronicorum, 1535, 247. — Gagneius, Pauli apostoli epistolæ, 1538, 294; 1539, 309. — Biblia sacra, 1541, 337. — Novum testamentum, 1543, 381.

RÉAL (Jean). — Mystère du vieil testament, 1542, 360.

ROIGNY (Jean DE). — Annotationes Alexandri Aphrodisiæi in Aristotelem, 1542, 350. — Ammonius Hermias, in prædicamenta Aristotelis, 1542, 351.

SAULNIER (Adam). — Novum testamentum, 1543, 344. — Fernelius, de naturali parte medicinæ, 1542, 357.

SERTENAS (Vincent). — La discipline d'amour divine, 1538, 432.

TILETAN (Louis). — Ciceronis in Arati phænomena interpretatio, 1540, 320. — Aristotelis ethica, 1540, 323. — Perionius, de optimo genere dicendi, 1540, 333. — Ex Platonis Timæo particula, 1540, 334.

TORY (Geofroy). — In filiam epitaphia, 1523, 55. — Horæ in laudem virginis Mariæ, 1524, 65; 1525, 74; 1527, 99. — Heures à la louange de la vierge Marie, 1525, 73. — Ædiloquium, 1530, 169.

VASCOSAN (Michel DE). — Galeni ars medica, 1543, 375. — Nicolaus magnus, de medicis pulveribus, 1545, 408.

VINCENT (Antoine), de Lyon. — Biblia sacra, 1541, 337.

ERRATA

1520, page 6, ll. 21 et 22, lisez : fils de la veuve de Henri Estienne.
    page 8, l. 33, lisez : ccccx ff. chiffr.
    page 10, l. 12, lisez : cccxxxi ff. chiffr.
1521, page 25, l. 22, lisez : fancti ll. 24 et 25, lisez : patritio ‖ Ve-neto : in‖terpre‖te. ‖ *Parisiis* ‖ l. 37, lisez : *Maij. XV.* ‖
1522, page 32, l. 1, lisez : *glorię, vice=‖ſimo* l. 2, *Se=‖ptembris.* ‖
1523, page 42, l. 8, lisez : 211 ff. chiffr.
    page 56, l. 22, lisez : 1865
1525, page 71, l. 17, lisez : M. T. Cicero-‖nis Orationvm ‖ volumen fecun=‖dum. ‖ l. 23 : *Volvminis. Mense* ‖
1526, page 76, l. 20, lisez : In l. 23, lisez : Explanationis ll. 25 et 26, A par 6, a-z par 8, & par 10;
    page 81, l. 38, lisez : *Nouemb.*
    page 88, l. 10, lisez : *ſynodaliū*
1527, page 95, l. 7, lisez : *San=‖cti* ll. 8 et 9, *Candi=‖dis* l. 24, ajoutez, 1530
    page 96, l. 16, lisez : *Mil‖leſimo*
    page 99, ll. 5, lisez : *Gloria*
    page 103, l. 29, supprimez 1534, l. 35, lisez : cuſoria
    page 105, l. 21, lisez : *Men=‖ſe*
1528, page 109, l. 2, lisez : Natvralis
    page 129, l. 13, lisez : lingua l. 16 : *Colinæum* ‖
1529, page 134, l. 8, lisez : Compendivm
    page 143, ll. 3 et 4, lisez : ele-‖gantia
1530, page 156, l. 31, lisez : Galeni
    page 161, dernière l., lisez : 16 ff. non chiffr.
    page 166, l. 34, lisez : *Divis Epi‖cedivm; — Titi Vespasiani Stroʒæ Poe‖tæ Illvstris. Epicedivm* ‖ *Per Hercvlem* l. 39, lisez: *præuentus*

1530, page 170, l. 21, lisez : *in Chalcographia* ‖ *Lvdovici Blavblomii* ‖ *Gandavi,*

1531, page 180, l. 33, lisez : Medico

1532, page 194, l. 29, lisez : 12 ff. non chiffr., supprimez : 1 f. bl.; ll. 33 et 34, les distiques de Sussaneau ne se trouvent que dans l'édition de 1543.

page 201, l. 25, lisez : *Apoſtolico,*

1533, page 214, l. 11, ajoutez : *Pariſijs* ‖ *Apud Simonem Colinæum* ‖ *1533.* ‖

page 215, l. 3, lisez : 6 ff. non chiffr., ll. 7 et 8, *præſtantiſſimo, Ioannes Vaſſeus*

page 216, l. 6, lisez Crinitus;

1534, page 231, l. 32, après Gvinterio ajoutez : Andernaco Interprete, ‖ Partim nunc recens ædita,

page 232, l. 3, après *naturalium* ajoutez *substantia;* l. 6, après *commentarii duo;* ajoutez : *in ejusdem opus de victus ratione privatorum, commentarius;*

page 236, l. 26, lisez : *Suſſannæus*

1535, page 240, l. 12, lisez : *obſequium.* ‖ l. 21, lisez : *ad lectores* ‖ *duodecaſtichum*

page 249, l. 28, lisez : *Sylvius*

1537, page 278, l. 29, lisez : prono-‖minvm, In

page 279, l. 8, lisez : participiorum

page 280, l. 2, lisez : A Lvtilite Des

1538, page 296, l. 1, lisez : Suſſanei ‖

1541, page 342, l. 22, lisez : Iuſtitia l. 27, lisez : *Ponam in pondere Iudicium:* ‖ *Et Iuſtitiā* l. 33, *Benignissimo* ‖ l. 38 : *ſupremo*

page 343, l. 16, au lieu de : (f. 53 verso), lisez : (f. 48 verso) l. 24, lisez : suscription

page 345, ll. 12 et 13, lisez : les cotes 113 et 114 étant sautées, 17 ff. non chiffr. et 1 f. bl., sign. A-Z, Aa-Ee par 8, Ff par 12;

TABLE DES FIGURES

	Pages.
Bandeau emprunté aux *Heures* in-4º de 1543	1
Figure du titre du *De doctrina moriendi*, 1520 (réduite) . . .	4
Encadrement et titre de *Galeni de affectorum locorum notitia*, 1520 (réduits)	7
Encadrement et titre du *Promptuarium divini juris*, 1520 (réduits)	9
Figure du titre de *Alcabitii ad magisterium judiciorum astrorum isagoge*, 1521.	13
Marque *aux Lapins*	15
Figure du titre du *Textus de sphæra Joannis de Sacrobosco*, 1521 (réduite)	23
Figure du titre de *Simonis Metaphrastis, in gesta sancti Nicolai*, 1521	26
Encadrement des ouvrages de philosophie, titre de *Opus magnorum moralium Aristotelis*, 1522 (réduits)	31
Souscription de *Commentarii initiatorii in quatuor evangelia*, 1522	36
Encadrement et titre de *Commentarii initiatorii in quatuor evangelia*, 1522 (réduits)	37
Encadrement *aux Lapins*, titre de *Rudimenta Despauterii*, 1523	48
Encadrement des ouvrages de science, titre de *Arithmetica Joannis Martini Silicei*, 1526 (réduits)	90
Figure du titre du *Textus de sphæra Joannis de Sacrobosco*, 1527, 1531, 1534, et 1538 (réduite)	101
Marque du *Temps* nº 1	104
Marque du *Temps* nº 2	108

	Pages.
Encadrement *au Soleil*, titre de *Isocratis oratoris sermo ad Demonicum*, 1529	141
Encadrement des ouvrages de médecine, titre de *Galeni methodus medendi*, 1530 (réduits)	157
Figure du titre de *Ruellius, veterinariæ medicinæ libri duo*, 1530 (réduite)	164
Figure du titre de *Pauli Belmisseri opera poëtica*, 1534 (réduite)	223
Encadrement des ouvrages d'Oronce Finé, titre de *Fineus, in sex priores libros Euclidis*, 1536 (réduits)	263
Encadrement et titre de *Ruellius, de natura stirpium*, 1536 (réduits)	268
Marque du *Temps*, n° 3	298
Marque de Symon Colinet	305
Encadrement et titre de *Raison d'architecture antique*, 1539 (réduits)	317
Encadrement des classiques in-16, titre de *Terentius*, 1541	347
Second encadrement des ouvrages de science, titre de *Finæi quadratura circuli*, 1544 (réduits)	394
Marque du *Temps* n° 4	397
Marque du *Temps* n° 5	404
Figure extraite de *La dissection des parties du corps humain*, par *Charles Estienne*, 1546 (réduite)	413
Encadrement *aux Lapins* et marque *du Temps* n° 2, titre de Ἡσιόδου ἔργα καὶ ἡμέραι, sans date	419
Spécimen du caractère italique, page extraite de *Sussanæi ludorum libri*, 1538	463
Spécimen du caractère italique et du caractère grec, page extraite de *Orthographiæ et flexus dictionum apud Statium*, 1530	464
Spécimen du caractère italique et du caractère grec employés par les Alde, page extraite de *Orthographiæ et flexus dictionum apud Statium*, édition aldine	465
Spécimen du caractère italique, page extraite de *Valerius Maximus*, 1543	466
Initiales ornées	463 et 468
Figure extraite de *Millæus, praxis criminis persequendi*, 1541 réduite)	469

TABLE DES MATIÈRES

	Pages.
Préface.	v
Bibliographie.	1
Addenda.	430
Biographie.	439
Index alphabétique des auteurs.	475
Index alphabétique des imprimeurs et des libraires.	509
Errata.	513
Table des figures.	515

IMPRIMÉ

PAR

CHAMEROT ET RENOUARD

19, rue des Saints-Pères, 19

PARIS

www.ingramcontent.com/pod-product-compliance
Lightning Source LLC
Chambersburg PA
CBHW051402230426
43669CB00011B/1731